主编简介

　　滕玉成，博士，山东大学政治学与公共管理学院行政管理系教授、博导，兼任山东大学人才战略与区域发展研究中心主任。曾任山东大学MPA教育中心副主任、行政管理系主任。主要教学和研究领域为：人力资源管理与组织文化、城镇化与基层治理。长期为党政机关和企事业单位的管理、服务、文化建设等提供咨询培训，参与其人员录用、竞聘的命题，并出任考官。

复旦博学
21世纪人力资源管理丛书

公共部门
人力资源管理

滕玉成　于　萍　编　著

H
R
M

本丛书荣获
第六届高等教育
国家级教学成果奖

复旦大学出版社

内容提要

　　本书的特点主要是：第一，逻辑清晰、体系完整、重点突出，形成了完整的公共部门人力资源管理的逻辑、结构和内容体系。第二，以战略管理为统领，故也可称为"公共部门战略性人力资源管理"。第三，注重纵向分析对我国古代、近代公职人员管理的现代传承，横向总结对发达国家公共部门人力资源管理的学习借鉴，并聚焦于我国当下与未来一段时间的公共部门人力资源管理实践。第四，语言简明，易于理解，并在每章的开始安排了学习思路和重点，后面选编了阅读资料、案例分析和复习思考题。

　　总之，本书既可作为公共管理各专业本科生、MPA研究生教材，还可作为公共部门各级各类管理人员教育培训开发和自学用书。

丛书编辑委员会

主　任　曾湘泉

委　员（按姓氏笔画排序）

文跃然　孙健敏　刘子馨　刘尔铎　萧鸣政

苏荣刚　郑功成　徐惠平　彭剑锋

总策划

文跃然　苏荣刚

本书篇章结构

公共部门人力资源管理功能	公共部门人力资源管理职能（活动）	篇（主要依据公共部门人力资源管理功能）	章（主要依据公共部门人力资源管理职能活动）
		第1篇 公共部门人力资源管理的系统、演进与战略转变	第1章　公共部门人力资源管理导论 第2章　公共部门人力资源管理的演进 第3章　公共部门战略性人力资源管理 第4章　公共部门人力资本管理
获取	职位分析 职位评价 职位设计 人员分类 胜任力 人力资源规划 招募甄选与录用 组织结构与设计▲	第2篇 公共部门人力资源的获取与发展	第5章　公共部门职位分析、职位评价、职位设计与胜任力 第6章　公共部门人员分类 第7章　公共部门人力资源规划 第8章　公共部门人力资源招募、甄选与录用
发展	教育培训与开发 职业生涯管理		第9章　公共部门人力资源教育、培训与开发 第10章　公共部门人力资源职业生涯管理
激励	绩效管理 薪酬管理 教育培训与开发★ 职业生涯管理★ 纪律与奖惩■ 激励理论▲	第3篇 公共部门人力资源的激励、维持与整合	第11章　公共部门人力资源绩效管理 第12章　公共部门人力资源薪酬管理
维持	职业生涯管理★ 薪酬管理★ 健康与安全■ 权责与伦理■ 纪律与奖惩■ 员工关系■		
整合	组织文化管理▲ 沟通管理▲ 人际关系处理▲ 冲突处理▲		第13章　公共部门组织文化管理

说明：

1. 本书逻辑结构的设计综合考虑了以下因素：① 公共部门人力资源管理的功能、职能（活动）及其对应关系。② 公共部门人力资源管理的系统性、科学性。公共部门（战略性）人力资源管理系统模型见图1-2。③ 与《管理学》《组织行为学》等教材的合作与分工。其中，按惯例纳入《管理学》《组织行为学》的加注了▲，同时为了体现整合功能，以及文化管理的特殊性、重要性，设置了第13章。④ 教材容量和教学课时等的需要和限制。暂不纳入该教材的加注了■。⑤ 考虑到部分学校已将"公务员制度"合并到"公共部门人力资源管理"课的需要。

此外，公共部门人力资源管理各功能和职能活动不是一一对应关系，如教育培训开发、职业生涯管理、绩效管理、薪酬管理等职能活动体现了多重功能，故在重复时加注了★。

2. 本书也可称为公共部门战略性人力资源管理。

前　言

从 2001 年主编《公共部门人力资源管理》教材第一版至今已是 17 年了，一个问题一直萦绕于心，即《公共部门人力资源管理》教材选取内容的依据是什么？具有什么样的结构？形成什么样的体系？……要回答这些问题，不仅要回应包括公共部门战略性人力资源管理在内的公共部门人力资源管理的理论研究与实践操作，还涉及与《管理学》《组织行为学》《公务员制度》等教材的协作与分工，以及教材容量、教学课时的限制等。所以，本教材在致力于建设"科学与人文兼具、理论与实践共进、制度与文化协和、国际化与本土化并举、中西合璧的公共部门人力资源管理"的基本原则和指导思想下，积极吸收相关学术研究成果、管理实践成就与同行成果，提出了《公共部门人力资源管理》或《公共部门战略性人力资源管理》教材内容、结构的逻辑依据，进而撰写各章，从而完成了对《公共部门人力资源管理》教材从逻辑经结构到内容的一次改造。

为此，本书的逻辑、结构和内容，综合考虑了公共部门人力资源管理的功能、职能（活动）及其对应关系，公共部门人力资源管理的系统性、科学性，我国公共部门人力资源管理的历史总结、实践检验及其与西方发达国家的比较，与《管理学》《组织行为学》等教材的合作与分工，以及教材容量和教学课时的要求与限制，形成了 3 篇 13 章。

第一，就"篇"而言，除第 1 篇是关于公共部门人力资源管理的系统、历史发展和战略转变外，其余都是依据公共部门人力资源管理应发挥或体现出来的"功能"，即按获取、发展、激励、维持、整合等功能的顺序确定先后；就"章"而言，则是根据公共部门人力资源管理的职能或职能活动或实践活动或活动与上述功能的对应关系而确定的先后顺序。当然，这并非是说各功能和职能活动是一一对应关系，事实上，各职能活动，如教育培训开发、职业生涯管理、绩效管理、薪酬管理等都体现了多重功能。

第二，按惯例已纳入《管理学》《组织行为学》教材的，如组织结构、组织设计、激励理论、冲突管理等，不纳入本教材，但为了体现整合功能，以及组织文化管理的特殊性和重要性，设置了公共部门组织文化管理一章；限于教材容量和教学课时，健康与安全、权责与伦理、纪律与奖惩、员工关系等，暂不纳入本教材。

第三，将公共部门战略性人力资源管理、公共部门人力资本管理两章列入第 1 篇，公共部门职位分析、职位评价、职位设计与胜任力作为第 5 章提到公共部门人力资源规划之前，公共部门人力资源的培训开发、职业生涯管理提到绩效管理之前。

第四，针对我国公共部门人力资源管理的制度、实践及其与西方发达国家的比较，以及考虑到部分学校将"公务员制度"合并到"公共部门人力资源管理"课的需要，专门在公共部门战略性人力资源管理一章撰写了我国人才强国战略与公共部门战略性人力资源管理的问题和改进一节，在人员分类、招募甄选与录用、教育培训与开发、职业生涯管理、绩效管理、薪酬管理等章撰写了中西相关制度和实践比较、我国公共部门存在的有关问题与改进方向一节，以及在公共部门人力资源规划一章撰写了我国公共部门人力资源规划一节，并在相关章节梳理了我国公务员和事业单位工作人员有关管理的党内法规制度与国家法律法规依据。

第五，鉴于教材容量，将各章的阅读资料或案例分析以二维码形式提供。

因此，本书的特点主要是：第一，逻辑清晰、体系完整、重点突出，形成了完成的公共部门人力资源管理的逻辑、结构和内容体系。第二，以战略管理为统领，也可称为《公共部门战略性人力资源管理》。第三，注重纵向分析我国古代、近代公职人员管理的现代转承，横向总结发达国家公共部门人力资源管理的经验借鉴，并聚焦于我国当下与未来一段时间的公共部门人力资源管理实践。第四，语言简明，易于理解，并在每章的开始安排了学习思路和重点，章末选编了阅读资料（或案例分析）和复习思考题。

总之，本书既可作为公共管理各专业本科生、MPA 研究生教材，也可作为各相关专业研究生参考教材，还可作为公共部门各级各类管理人员教育培训开发和自学用书。

本书由滕玉成设计编写提纲，并最后通稿定稿。参加初稿编写的还有赵霞、李闪闪、付振、李吉峰、张金楠、孙蕾、李飞飞、吴玲、许光亚、杨洁、刘丽敏等，特别是赵霞、李闪闪、张金楠做了大量的工作。在编写过程中，我们参考了大量国内外的资料，除书内注明的之外，尚借鉴了许多专家、学者的专著、教材、论文、案例与网站资料，在此，一并表示衷心的感谢！本书是按前述思考及确立的基本原则和指导思想，在中国人民大学出版社出版的三版同名教材基础上，重新构思、设计、组队撰写的，在此向中国人民大学出版社及编辑们与相关作者表示诚挚的谢意！同时对复旦大学出版社给予的支持和指导，以及编辑们的辛勤劳动表示感谢！

由于我们水平有限，书中难免有不妥与疏漏之处，诚盼您的批评指正！

最后，请允许在此引用亨利·明茨伯格（Henry Mintzberg）的名言："我们可以把管理教育比作在高山的山脊上行走，四周冰雪皑皑。山脊的这一边是万丈悬崖，这是于事无补的学究式研究，我们不想掉进那里面去。山脊的那一边是直落而下的陡峭山坡，这是庸常的实际操作。要是往这边走，由于惯性的控制，你可能永远也别想停下来。我们看见很多管理项目都往那边滑下去了，就像在这边悬崖的下面，我们同样也能看见很多过于学术化的项目摔得粉身碎骨……所以，如果你要想走好这条道路，唯一可以停留的地方就是这条山脊，这是管理教育和管理发展汇合的地方，理论和实践相结合的地方。这不是一条容易走的路，你需要时时小心翼翼。但它同时也令人心旷神怡，因为未来更好的管理就在前面。"我的目标就是想跟大家一起好好地沿着这道山脊一路走下去，追寻前面那心旷神怡……

山东大学政治学与公共管理学院行政管理系教授、博士生导师

山东大学人才战略与区域发展研究中心主任　滕玉成

2018 年 9 月

目　录

第1篇 公共部门人力资源管理的系统、演进与战略转变

第 1 章 公共部门人力资源管理导论

学习思路和重点

诚如罗素（B. Russell）所言："决定一个国家兴衰的，不是它拥有的资源、财富，而是创造资源、财富的人，是人的素质、智慧和能耐。"但是，这还要取决于对人的素质、智慧和能耐的管理或人的管理。正所谓"大量受过良好教育的人从事管理工作，它决定了我们的经济进步的步伐和质量，决定了我们的政府服务的有效性，决定了我们的国防力量。我们进行'管理'的方式，我们影响组织的方式，影响并反映出我们社会的形成过程。"公共部门人力资源管理已经成为衡量一个国家或地区的治理能力、管理文明和政治文明的重要内容或指标。学完本章，应掌握人力资源、人力资源管理、公共部门人力资源、公共部门人力资源管理等基本概念，把握公共部门人力资源管理的逻辑体系与系统模型。

1.1 人力资源与人力资源管理

1.1.1 人力资源的含义与特点

1. 人力资源的含义

《辞海》把资源解释为"资财的来源"，资财就是某种可备利用、提供资助或满足需要的东西。经济学通常把为了创造物质财富而投入生产过程中的一切要素称为资源。当代西方经济学家除了承认土地、资本、劳动是生产要素之外，又加上企业家的才能、技术、信息等要素；目前国内公认的生产要素包括劳动、资本、技术、管理等。因此，在劳动者身上体现的"人力"始终是社会财富创造过程中的一项重要资源。而资源可从多个角度进行划分，普遍认同的是将其分为人力资源、自然资源、资本资源和信息资源。另外，根据资源产生的渊源，可分为天然资源和再生资源；根据资源的形态，可分为物质资源和非物质资源；根据资源的生物特性，又分为人力资源和非人力资源。

尽管科蒙斯（J. Commons）于 1919 年与 1921 年，分别在其两本著作中使用"人力资源"（Human Resource）一词，但公认的在现代意义上使用该概念的是德鲁克（P. Drucker）。他于 1954 年在其《管理的实践》一书中提出了管理三个更广泛的职能：管理企业、管理管理者、管理员工及他们的工作，并提出人力资源是一种"特殊资源"——拥有其他资源所没有的特性，即"协调、整合、判断和想象的能力"，而且，唯有这个人本身才能充分自我利用，发挥所长，这是人力资源与其他资源最大的区别。[①]

国内外不少学者从不同的角度，乃至不同的学科，将"人力资源"作为"特殊资源"

进行了界定。综合这些研究可见，主要分为以下两类。尽管有的学者提出以其一为主，兼收另一种的合理因素，但基本上还是二者取一。

一是"人员观"，即将其界定为"人"或"人员""人口"。如帕纳斯（H. Parnas）认为人力资源是指其生产贡献能满足人类需要的人。[②]彭剑锋认为人力资源是作为要素投入的一种特殊资源，由于其将人力资源与人口资源、劳动力资源和人才资源视为包含关系，所以，这实为人员观。

二是"能力观"，即将其定义为"能力"。德鲁克就将人力资源界定为能力。再如布里顿（J. Bratton）等将人力资源定义为人在工作中的特性——智力、态度、承诺、隐含的知识和技能，以及继续学习的能力。[③]董克用认为人力资源是指人所具有的对价值创造起贡献作用，并且能够被组织所利用的体力和脑力的总称。[④]

我们持"人员观"，并界定为人力资源是指已经投入和将要投入社会财富创造过程的、具有劳动能力的人的总和。之所以这样定义，是想强调如下几点：

（1）人力资源是指具有劳动能力——脑力和体力的人的总和，是社会财富创造过程中的一项重要因素，离开了人力资源，也就无所谓社会生产，也就没有社会财富的创造。

（2）人力资源有两种存在形式，一是正在被使用的人力资源，它由在业的劳动者构成；二是尚未被使用的人力资源，它由劳动预备军、待业人员等构成。还可以分为现实的人力资源和潜在的人力资源，前者包括正在从事社会劳动的，以及由于各种原因暂时未能从事社会劳动的；后者是指处于储备状态，正在培养成长，逐步具备劳动能力的，或虽具有劳动能力，但由于各种原因不能或不愿从事社会劳动的，并在一定条件下可以投入社会劳动的，如在校青年学生、现役军人、从事家务劳动的家庭妇女等。

这涉及劳动年龄，各国对其划分不一，我国现行规定是从 16 岁到退休，处于期间的为劳动适龄人口。当然，劳动适龄人口内部还存在丧失劳动能力的残疾人，以及由于各种原因未能参加社会劳动的；退休的也有一些具有劳动能力、还在从事社会劳动的人。[⑤]

（3）人力资源具有时间和空间的制约。它表达的是一定区域或组织在一定时期内所拥有的人力资源，如一国或一地区、某党政机关或某企事业单位等在一定时期内所拥有的。

（4）人力资源是数量和质量的统一。其中，前者是标志人力资源总量的基础性指标，是人力资源量的特点；后者是显示人力资源总体素质的指标，反映了人力资源质的因素。

人力资源数量又分为绝对数量和相对数量。从宏观上看，人力资源的绝对数量，反映的是一个国家或地区人力资源绝对量的水平；而人力资源的相对数量，是现实的人力资源数量在总人口中所占的比重，是反映经济实力的更重要的指标，又称人力资源率。人力资源质量是一个国家或地区拥有劳动能力的人口的身体素质、文化素质、专业知识和劳动技能水平与劳动态度的统一。与人力资源数量相比，人力资源的质量对于社会经济发展的作用更加重要。特别是随着科学技术的发展，提高一个国家或地区人力资源的质量是人力资源发展的重要目标和方向。但要说明的是，在应对老龄化社会的今天，更要回归人力资源所强调的数量和质量的统一，既要提高人力资源的质量，又要重视人力资源数量的基础性作用。

（5）人力资源强调"人"，人力资本强调"能力"。对人力资源的界定持"人员观"，也是为了避免与人力资本定义的重复（详见本书 4.1）。

不过，要说明的是，"人员观"和"能力观"的区分更多是为了研究的需要。究其本源，二者本质一致，因为"能力"毕竟是以"人"为载体，而"人"身上体现的"能力"正是这种"资源""资产"或"资本"的价值所在。

2. 人力资源的特点

人力资源既是天然资源，又是再生资源；既是物质资源，又是非物质资源，从而具有下列特点。

（1）生物性。人是人力资源的载体，人力资源是一种"活"的资源，与人的自然生理特点密切相关。因此，尊重人的基本的自然属性，满足人的基本需要，是人力资源管理的重要前提。

（2）社会性。一个社会的政治、经济、教育和文化等因素，决定了在这个社会中成长起来的人力资源的数量与质量，也决定了个体素质能否提高和发挥作用。换言之，人力资源的形成、配置、开发和使用等都是一种社会活动。

（3）能动性。人可以根据自身的条件、愿望和意志，以及外部环境的可能性，有目的地确定活动的方向，创造性地选择自己的行为。特别是当人力资源作为生产要素的一部分进入生产过程后，即居于中心位置，起着主导作用，能够发挥引导、操纵、控制其他资源的功能。这是人力资源的一个根本特点，是区别于其他资源的本质所在。

（4）时效性。人力资源是一种存在于人的生命之中的资源，其形成、开发、配置、使用都要受到时间的限制。生命的周期影响着人力资源在各个时期的可利用程度。另外，从当代医学、生物学的角度看，人有生命周期，人力资源不能长期储而不用，否则会失去其应有的价值。

（5）再生性。① 基于人口的再生产和劳动力的再生产，通过个体的不断替换更新和劳动力消耗—生产—再消耗—再生产的过程，人力资源被不断地再生产出来。② 人的体能在一个生产过程中消耗之后，又可以通过休息和补充能量得到恢复。③ 知识可以通过培训学习等得到更新。当然，这不同于一般生物资源的再生性，即除了遵守生物学一般规律之外，还受到人自身的意识、意志支配等主观能动性的影响。

（6）消耗性。与一般物质资源的一个明显区别是，人力资源在闲置过程中，为维持其本身的生存，必须消耗一定数量的其他物质资源，这意味着，即使一部分人力资源处于闲置状态，其组织或社会也必须付出必要的经济性补偿和物质保障。由此提出了人力资源管理中培训转岗、强化再就业措施，以及建立社会保障体系的问题。

（7）内耗性。这是指受人的素质、社会文化和管理不善等负面因素的影响，工作积极性受挫、身心损耗加大、潜能发挥被抑制、价值创造能力降低、人际关系紧张，以及组织管理成本上升、人力资源整体效用下降等。这也在一定程度上反映了一个群体、一个组织的管理文明程度乃至一个民族的社会声誉。

（8）层次性。这是指一个国家或地区的人力资源，在不同的行业、职业群体、阶层之间有不同的分布状态和特点；即使在一个微观的组织内部，也存在不同部门、职系、专业之间的层次性。而且，随着全球化的深入影响，人力资源分布的国际性特点也愈加明显。

（9）高增值性。"人力资本（Human Capital）之父"舒尔茨（T. Schultz）认为，土地本身并不是使人贫穷的主要因素，人的能力和素质才是决定贫富的关键。旨在提高人口质量的投资能够极大地推动经济繁荣和增加穷人的福利。人力资源的使用和开发，既创造财富，也可以提高自身的价值。

（10）特殊资本性。这是因为人力资本既是投资的结果，又能创造财富，或者说，人力资源既是生产者又是消费者，具有两重性。一方面，人力资源同样具备资本的三个最突出的特点：① 它是投资的结果和产物。② 在一定时期内，它能够不断地给投资者带来收益。这种收益不一定直接表现为货币形态，也可能以非货币的形式出现。③ 在使用中会出现有形磨损和无形磨损，前者如衰老，后者如知识、技能等的老化。另一方面，不同于一般实物资本的收益递减的规律，人力资本呈现出收益递增的规律，其收益份额大大超过了自然资源和资本资源。⑥

3. 与人力资源相关的几个概念

研究"人力资源"就会发现，还有一些概念与其混用，如人才（Talent）、人才（Talent Resources）、人力资本、人力资产（Human Assets）、劳动力（Labor Force）、劳动力资源（Labor Resources）、员工（Workforce）等。大多数情况下，人们并没有去刻意区分它们之间的差别，因为对其进行过多的区别并无太大意义。但有些辨析还是有必要的。

（1）人口资源、劳动力资源与人才资源。人口资源强调的是一定时空内有生命的个人的总称；劳动力资源强调的是达到法定劳动年龄、具有现实劳动能力，且能参加社会就业的那一部分人；而人才常与"人材"通用，是我国的一个特有的概念，相关中英文词典对其也难有一个相对客观的合理定义，而因统计、评价、培养等的维度不同也对其各有界定。长期以来，一直使用1982年提出的标准，即具有中专及以上学历和初级及以上专业技术职称的人员。随着经济社会发展，一些地方逐渐提高了人才标准的学历、职称。但人们一直质疑按学历、职称确定人才。不过，有一点是共同的，即人们都承认其本质在于创造性，是人力资源中能力和素质较高的劳动者，可称为"优质的人力资源"。正如2003年《中共中央、国务院关于进一步加强人才工作的决定》所指出的："要坚持德才兼备原则，把品德、知识、能力和业绩作为衡量人才的主要标准，不唯学历、不唯职称、不唯资历、不唯身份""只要具有一定的知识或技能，能够进行创造性劳动……都是党和国家的人才"。随后，中共中央、国务院印发的《国家中长期人才规划发展纲要（2010—2020）》界定：人才是指具有一定的专业知识或专门技能，进行创造性劳动并对社会作出贡献的人，是人力资源中能力和素质较高的劳动者。人才是我国经济社会发展的第一资源。可见，四者强调的都是"人"，而从人才资源、劳动力资源、人力资源到人口资源是概念上

的从小到大的包容关系，而且是依次递增的金字塔形关系。[7]（有关人才管理的发展和含义详见本书 2.1.1）

（2）人力资本、组织资本、社会资本、知识资本和心理资本。

① 人力资本。人力资源强调的是具有体力劳动和脑力劳动能力的人的总和，人力资本强调的是由劳动者的知识、智能和技能构成的资本（详见本书第 4 章）。而研究人力资本又必然涉及如下概念。

② 组织资本（Organizational Capital）。普瑞斯科特（E. Prescott）和维斯切（M. Visscher）最早从信息角度定义了组织资本。他们把有关员工和任务特征的信息等称为组织资本，把获得有关员工个人的信息、群体的信息和其特有的人力资本作为组织资本的投资方式。吐默（J. Tomer）则从人力资本的概念出发，把人力资本进一步分为四类：纯人力资本、纯组织资本（O-O 资本）、人力-组织资本（即 H-O 资本）与组织-人力资本（O-H 资本）。国内学者将其定义为依赖于特定的组织和社会交往模式，通过长期组织学习和工作实践积累形成的，存在于个体、团队和组织之间，员工共同创造的编码化或部分编码化的组织共享知识（技术知识、管理知识等）、能力和价值观。它是组织所拥有，不随员工个体的流失而流失的。[8]对企业来讲，组织资本存量是指企业在某个特定时点上的组织资本投资总额，包括战略资本存量、结构资本存量和文化资本存量。[9]

③ 社会资本（Social Capital）。尽管对社会资本有不同学科的界定，但大多认为它以社会资源为载体，以一定的关系网络为运作基础，网络结构中的每个人根据占有资源情况各自拥有自己的场域和位置。从更广阔的意义上看，社会资本关系网络成员彼此间频繁的交流、接触和互动产生了信任，这种信任生成了声望和制约关系，从而能够使网络成员对稀缺资源进行配置，因此，网络资源是社会资本的运作基础，信任、声望和参与是社会资本的核心要素。[10]世界银行社会资本协会（The World Bank's Social Capital Initiative）界定广义的社会资本，是指政府和市民社会为了一个组织的相互利益而采取的集体行动，该组织小至一个家庭，大至一个国家。

④ 知识资本或智力资本（Intellectual Capital）。不同学者分别从无形资产、知识资产和创新能力等角度界定了知识资本，其中有两点是共同的，一是都承认知识作为资本形态而存在的现实，二是都认可知识资本是对传统资本概念的延伸、扩充和创新性的拓展。对一个组织来讲，这是为实现组织目标服务的，由组织所拥有和一定程度上由组织所控制或能为组织所用，能给组织带来现实价值和潜在价值知识要素的总和。[11]所以，它不仅是纯知识形态，还包括相应的智力活动，即它不仅是静态的无形资产，也是有效利用知识的过程、实现目标的手段。[12]

⑤ 心理资本（Psychological Capital）。路桑斯（F. Luthans）提出并界定心理资本为个体在成长和发展过程中表现出来的一种积极心理状态，是超越人力资本和社会资本的一种核心心理要素，是促进个人成长和绩效提升的心理资源，能通过有针对性地投入和开发而使个体获得竞争优势。[13]

1.1.2　人力资源管理的含义

德鲁克在其《管理的实践》一书中还对人事管理职能的定位和作用进行了深入的分析。而将人力资源管理作为企业的一种职能性管理活动，要源于工业关系和社会学家巴克（E. Bakke）。国内外对人力资源管理（Human Resource Management，HRM）的界定，分别侧重于人力资源管理的目的、目标、职能、活动、过程、方式、制度及其综合等，形成不同定义，主要有以下观点：

一是从人力资源管理目的，如杰克逊（S. Jackson）、舒勒（R. Schuler）等提出的，人力资源管理就是对组织中的人员加以有效管理，其目的在于使员工、企业及社会均能受益。[14]

二是从人力资源管理的目标，如伯兰德（G. Bohlander）等提出：人力资源管理的本质是将不同的人组织到一起去达到一个共同的目标。[15]

三是从人力资源管理职能，巴克在其1958年出版的《人力资源功能》一书中，首次将人力资源管理作为管理的普通职能加以讨论，并从七个方面说明了为什么人力资源管理职能超出了人事经理或工业关系经理的工作范围。伊万切维奇（John Ivancevich）等认为：人力资源管理是与组织中的员工相关的项目，是组织中为了更有效地提升员工效率以实现组织和员工目标而进行的管理职能。[16]

四是从人力资源管理活动，如沃纳（J. Werner）等认为，人力资源管理是由人力资源专家和直线经理共同分担，有效地甄选和配置员工，从而出色地完成组织战略目标以及员工需求和目标的活动。[17]

五是从人力资源管理过程，德斯勒（G. Dessler）认为，人力资源管理是一个获取、培训、评价员工和向员工支付报酬的过程，也是一个关注员工关系、健康和安全，以及公平等方面问题的过程。[18]

六是从人力资源管理方式方法，作为员工至上学说的信奉者和多元主义的拥护者，斯托瑞（J. Storey）等人认为，从本质上讲，人力资源管理是为了躲避工会和掩饰管理控制方法的一种复杂的管理方式。他们认为，人力资源管理是用来显示管理人合法性的一种不同方法，而不是作为工具或手段存在的。布里顿等把人力资源管理视为管理员工关系的战略方法，强调开发人的潜能对获取持续竞争优势至关重要，通过结合各种员工政策、活动和实践获得这种优势。[19]

七是从人力资源管理制度、政策，如诺伊（R. Noe）等认为人力资源管理是指对员工的行为、态度以及绩效会产生影响的各种政策、管理实践及制度的总称。[20]

八是从综合的角度，如赵曙明认为，人力资源管理是对人力这一特殊的资源进行有效开发、合理利用与科学管理。[21]彭剑锋将其定义为：人力资源管理是根据组织和个人发展的需要，对组织中的人力资源这一特殊的战略性资源进行有效开发、合理利用与科学管理的机制、制度、流程、技术和方法的总和。[22]

我们持综合观，并首先将人力资源管理划分为宏观人力资源管理与微观人力资源管理两个层面。其中，宏观人力资源管理是指对社会人力资源的管理，是政府的一项重要管理职能，是国家对人力资源整体的管理。而微观人力资源管理是指各个组织对其内部人力资源的管理，即对组织内部人力资源进行有效开发、合理利用与和科学管理的活动及其所依据或形成的理念、机制、制度、流程、技术、方法等的总和。

1.2　公共部门人力资源与公共部门人力资源管理

1.2.1　公共部门的界定

要明确公共部门人力资源与公共部门人力资源管理的定义，需先阐释和界定"公共部门"，因为"公共部门"或"公共组织"几个字在一定程度上决定了公共部门人力资源与公共部门人力资源管理所具有的特殊性。根据组织的目标及其行为的不同，组织通常划分为政府组织、私人部门（Private Sector），以及介于二者之间的"准公共部门"即第三部门（the Third Sector）。而在公共部门人力资源管理界，对公共部门达成共识还有一定困难。

从概念上看，公共部门（Public Sector）是指这样一种提供服务和产品的部门，其所提供的服务和产品的范围与种类不是由消费者的直接愿望决定的，而是由政府机构决定的，在民主社会，是由公民的代表来决定的。[23]该定义虽然没有概括公共部门的全部活动，但它揭示了公共部门的一个关键点，即公共部门是公共政治决策的产物，而非市场运作的结果。它与私营部门的重要区别在于两个方面：一是经营公共部门的负责人所拥有的职务的合法性直接或间接从政治选举过程中产生；二是政府被赋予一定的强制力，这权力是私人机构所不具有的。简单地讲，公共部门与私营部门的核心差异在于其是否拥有合法的强制力，政府是社会中唯一可以合法使用暴力的机关。当然，虽然政府拥有这种强制权，但在民主社会中，"政府仍依赖于各方面的自愿服从"[24]。所以，公共部门是相对于私营部门而言的一种组织形态，是以公共权力为基础的，而这种公共权力产生于社会，并凌驾于社会之上，具有明显的强制性。公共部门存在的合法性受到公众的信任与支持，它们依法管理社会公共事务，不以市场取向或利润、营利为存在的目的，其目标是谋取社会的公共利益，对社会与公众负责，而不偏私于某个政党或集团的独特利益。因此，其产出是维持社会存在与发展的公共物品、公共秩序与安全、社会价值的分配。这样的界定，一般将拥有公共权力、执行国家法律、管理社会公共事务、裁决各种纠纷等职能的部门，视为主要的公共部门。在一个国家中，国家立法机关、行政机关、司法检察机关等，即构成国家政权的组织体系。

但无论是从经济角度还是从其他角度分析，把公共部门和私营部门看作相互排斥的领域都是武断的。虽然界定二者的标准因国家和时代而有所区别，但二者之间一直存在大量互动，严格的一分为二的划分更多地是一种误导。第二次世界大战后，随着行政权的扩大，政府管理经济与社会事务的形式也发生了重大变化。政府由传统的"守夜人"和社会生活的仲裁者，直接进入了人们社会生活的各个方面。如政府直接投资兴办国有企业，提供公共物品；直接开办公立学校，使更多的平民子女接受国民教育；授权委托其他社会组织，分担一部分社会事务管理责任，等等。因此，具有原公共部门一部分内在性质的组织范围明显扩大了。特别是在新公共管理（New Public Management，NPM）运动的影响下，民营化、外包、公民参与及非营利组织（Non-Profit Organization，NPO）或第三部门兴起等，公、私部门的界限愈趋模糊。

1. 国外公共部门的界定

在西方发达国家，有的仍把公共部门视为行使公共权力的政府，有的正逐步把第三部门纳入公共部门的视野，如美国。据吴志华等在亚马逊英文网上书店所进行的在线搜索，国外关于公共部门人事管理或人力资源管理的著作和教材，几乎都是论述政府系统的公务员管理。唯一例外的是派恩斯（J. Pynes），他认为："近来，公共事务和行政管理学院全国联合会重新定义了'公共行政管理'中'公共'一词，这使得该词的含义也包括了非营利领域……公共行政管理领域内的实践者和研究人员已经越来越专注于非营利性机构的管理。虽然许多公共行政管理课程都增加了非营利性领域管理的内容，但目前还没有一本公共人事的教科书是阐述非营利性领域内问题的。"[25]近一个时期，许多公共行为新工具具有如下突出特点：第三方分享了政府一项更为基本的功能——对公共权力的自由裁量和对公共财政资源的使用。正是由于这些工具的这一属性和当前政府管理的规模和复杂性，导致部分——很多情况下是大部分——公共项目是由第三方而不是负责的政府部门实施的。如政府部门直接提供的物品与服务目前只占美国联邦政府全部行政行为的 5%，即使将收入转移、直接贷款与利率支付纳入"直接政府行为"的范畴，它仍然只占联邦行为的 28%。所以，萨拉蒙（L. Salamon）基于其"工具途径"（the Tools Approach）或"新政府治理"（the New Governance），提出了"职业公民"的概念，它比传统的公务员范围要广，涵盖了解决公共问题涉及的所有主要职位，包括政府部门的职位，非营利组织、基金会、社区事务项目中的职位，甚至还包括志愿的公民行为。他们接受专业的培训，以有薪或志愿的形式为解决公共问题而工作，其中包括对公共问题的辨识、分析，设计解决方案，以及实施方案，而不管是受聘于政府部门、非营利组织，甚至营利性公司中关注解决公共问题的部门。[26]因此，坚持把第三部门纳入公共部门的理由就是因为其基本目标的公益性，投资主体是政府并多由政府控制其活动，市场化程度低乃至完全非市场化，提供的往往是公共产品或准公共物品等而成为公共部门。如此，公共部门就既涉及国家政权组织，也涉及由政府直接投资、在所有制形式上属于国有的国有企业、科研院所、公立学校、公立医院，以及得到授权的其他机构等。

总之，国外对公共部门的界定共涉及以下三部分，一是政府，二是第三部门，三是国有企业。其区别在于：有的国家仅把政府作为公共部门，有的是政府加第三部门，有的是三者均包括在内。当然，各个国家对国有企业的界定又有所不同。

2. 我国公共部门的界定

孙柏瑛认为公共部门包括了国家政权组织系统、第三部门及国有企业和公共公司（Public Corporation）。[27]吴志华认为："公共部门人力资源管理，在国外是指公务员的管理及其制度，国内是指公务员制度和事业单位对人管理的制度。"[28]萧鸣政则认为："在现代社会中，公共领域和非公共领域成为社会管理的两大基本领域。在公共领域，代表社会公共利益、承担社会公共事务的政府和非政府组织是主要组织形式，其运行遵循着公共生活的制度和规则。在非公共领域，企业构成其主要组织形式，作为市场主体，其运行遵循着市场的制度和规则。按照这两大领域及其主体组织形式，可把人力资源的管理分为公共部门人力资源管理和企业人力资源管理两大类型。"[29]胡象明则主张："公共部门应该既包括'纯粹的'公共部门即政府组织，也包括'准'公共部门即第三部门。"[30]因此，公共部门包括"纯粹的"公共部门和第三部门，这基本没有争议，问题是对公益类国企的界定。

在我国，哪些国有企业属于公共部门，进而属于公益类国企，既是一个历史遗留问题，也是一个政府职能转变的重大现实问题。从一般意义上讲，把国有企业纳入公共部门，缘于国有企业是建立在公有产权基础上，所有权属于全体人民的经济组织，其不但提供公共商品，而且在一定程度上承担着政府的某些特定职能，具有提供公共产品、调节经济、执行公共政策、维护公共利益和促进社会公平的作用。问题在于，也有相当一部分国有企业介入的领域和传统的私人部门无异，是以营利为目的、追求自身利益最大化的，将其称之为国有企业，只是表明国家是最大的或唯一的投资人，因此这部分国有企业就不应属于公共部门。但由于政企职责不清，有必要先对其进行分类，厘清政府、企业的职能，划分出公益类中央企业。当然，像城市公交公司、自来水公司等公用事业或市政服务事业划为公共部门，基本没有争议。

有学者根据国有企业提供的产品性质、所处行业及规模的差异，将其分为竞争性和不完全竞争性两类，其中后者又可分为提供公共产品的非竞争性企业与处于基础产业和支柱产业地位的垄断性企业。[31]而国有大企业可分为功能性和竞争性两类，前者包括基础设施和公共产品的供给、重要资源的开发和关系国计民生的重要企业；[32]还可从资本来源与构成、功能定位与核心目标以及产品定价方面，建立细化的分类划分标准，将其划分为公益型、竞争型和介于两者之间的"混合型"三类；[33]也可从目标维度（公益导向还是利润导向）、经营维度（垄断还是竞争）两个维度将国有企业分为三种——公益性国有企业（如公交、地铁、环卫、国防设施、公共卫生保健、义务教育等），竞争性国有企业（电信、汽车、电子、钢铁、医药、金融、建筑等），垄断性国有企业（具体分为自然垄断类国有企业和稀缺资源类国有企业）。[34]如果从企业使命差异的逻辑来替代基于行业性质差异的分类，可用"一般商业性"的提法替代常见的"竞争性"的提法，用"公共政策性"的提法替代"公益性"的提法，将国有企业区分出公共政策性、特定功能性和一般商业性三种；[35]还可从影响力、控制力和活力三个维度出发，可分为国家安全类（如宇航、军工等关系国防安全的战略性产业），公共保障类（供水、供电、燃气、路桥、公共交通等企业），市场引导类（如商贸、房地产、制造加工等企业）。㊱从国有企业的目标和功能可分为三类：公益性（如公交、地铁、环卫、国防设施、公共卫生保健、义务教育等），竞争性（电信、汽车、电子、钢铁、医药、金融、建筑等）与（合理）垄断性，其中（合理）垄断性又包括自然垄断性（输电、管道燃气、自来水、铁路运输、水利基础设施建设等）和稀缺资源垄断性（稀缺资源是指不可再生的资源，如石油、黄金等矿产资源）。㊲

2015 年 9 月，国务院印发《关于深化国有企业改革的指导意见》，明确提出要根据国有资本的战略定位和发展目标，结合不同国有企业在经济社会发展中的作用、现状和发展需要，将其分为商业类和公益类。其中，前者按照市场化要求实行商业化运作，以增强国有经济活力、放大国有资本功能、实现国有资产保值增值为主要目标，自然不在公共部门之列；而后者则以保障民生、服务社会、提供公共产品和服务为主要目标。2015 年 12 月，国务院国有资产监督管理委员会（下称国资委）等发布《关于国有企业功能界定与分类的指导意见》，提出公益类国有企业"重点在提供公共产品和服务方面作出更大贡献"，"把提供公共产品、公共服务的质量和效率作为重要监管内容"，所以，从中央到地方所有公益类国企都属于公共部门。当然，这不包括商业类国企。

综上所述，我国公共部门是指提供（准）公共物品或服务的组织，即"纯粹的"公共部门和第三部门这种"准"公共部门。其中，公益类国企属于第三部门，包括从中央到地方的所有公益类国企，公用事业或市政服务事业属于其中一部分。具体如下：

（1）拥有公共权力，依法管理或参与管理国家和社会公共事务，提供公共产品与服务，谋取公共利益，不以营利为目的的组织。这是"纯粹的"公共部门，如立法机关、行政机关、监察机关㊳、司法机关和检察机关，中国共产党机关、中国人民政治协商会议机关、各民主党派和工商联机关等，其公共性、合法性、权威性等决定其既是政治组织，又是管理组织。

（2）由政府委托或授权或投资的，提供准公共物品或服务，不以营利为目的的组织。这是"准"公共部门，可分为两部分：① 非政府公共组织。它们管理有关社会公共事务或从事公共服务，其活动经费不论是否由政府或财政提供，其职能与纯公共部门近似，如人民团体和群众团体等群团组织、中国青少年基金会等。② 公共事业，即立足社会公益、提供公共服务的事业单位（关于事业单位的界定与内涵详见 2.2.2）。其所需资金主要由政府或财政提供，部分是其为社会服务所得收入。政府对其实行行政管制，为其服务或产品定价，要求其活动必须优先体现政府的意图，甚至直接服务于政府的目标。它们一般不实行企业化管理。如公立的医院、学校、疗养院、养老院、幼儿园、文化馆、图书馆、美术馆、博物馆、科研机构、公益组织、社会福利机构等。

（3）由政府出资组建，提供（准）公共物品或服务，以社会效益为主要导向的企业化运营的组织，即公益类国有企业。这一般由政府投资，政府垄断其生产并制定价格，但实行企业化经营，自负盈亏，必要时政府给予补贴。这也是"准"公共部门，可分为两个层面。① 各地公益类国企，即公共企业组织或公用事业组织或市政服务事业等，如垃圾清除、污水处理等环境卫生事业，地铁、电车、公共汽车等公共旅客运输事业，自来水、电力、煤气、热力的生产、分配和供应，文化体育场所、公园、房屋修缮、邮政通信、火葬场等其他公共日常服务组织。② 公益类中央企业，如中国储备粮管理总公司、中国储备棉管理总公司等。对中央层面的公益类国企的界定，需要进一步划清政府和企业的职责，进而将政府承担的公共服务职能从相关企业中剥离出来，如果政府承担的公共服务职能仍由企业来完成，政府从该企业购买服务即可。⑳

1.2.2　公共部门人力资源的含义与特点

1. 公共部门人力资源的含义

（1）西方发达国家公共部门人力资源的含义。

公共部门人力资源的范围是源于本国政治制度、文化传统以及管理的实际情况而定的。前述对公共部门的界定不同，就决定了公共部门人力资源的范围也不同。这也是随时代演进的动态概念。就公务员而言，标准主要有：① 职能标准，即从事公务活动；② 编制标准，严格执行国家编制；③ 经费标准，工资福利等由国家财政支付或部分由国家财政支付。这涉及文官、公务员、政府雇员等概念。"文官"一词的英文是 Civil/Public Service（复数是 Civil/Public Servant），也译为公务员，在英国仅指事务官，英联邦国家通用"文官"。美国的文官称政府雇员，即 Government Employee，有广义、狭义之分。广义指除了军人、国会议员与职员、法官之外的所有联邦政府雇员，包括政务官和事务官。狭义的文官仅指事务官，不包括政务官和聘任制人员。在法国，将政府公职人员称为"公务员"，该词源于法语 La Fonctionaire。德国称为"联邦公务员"或"联邦官员"。有的国家将公务员分为"国家公务员"和"地方公务员"，如日本。有的分为"一般职"和"特别职"，如德国，前者适用于联邦公务员法，后者不适用联邦公务员法，如总理、国务秘书、部长等，即一般职公务员经公开考试优录用产生，特殊职公务员经选举或政治任命产生。西方发达国家的公务员大体上可分为三种情况。

一是小范围。仅指中央政府中非选举产生和非政治任命的事务官，不包括由选举后政治任命产生的内阁成员及各部政务次官、政治秘书等政务官。如英国，截至 2016 年，劳动力人数为 3 181 万，就业率为 74.5%。其中，17% 的人在公共部门工作，包括公立学校、国家医疗服务体系（National Health Service，NHS）等，仅有 1.3% 的人在政府部门工作，人数为 41.6 万。

二是中等范围。是指行政系统所有公职人员，包括政务官和事务官。但适用公务员法规的只有事务官。如美国，政府雇员分为三部分：联邦公务员、州公务员以及地方公务员，地方公务员主要是指县、市公务员。联邦、州、地方公务员的人员构成不同，如州及地方公务员包括大量公立学校的教师，而联邦公务员则包括邮局员工等。这三部分公务员各有自己的选拔、考核、工资福利、退休等管理体制，互不相干。根据《2013 年公务员就业及工资年度报告》（Annual Survey of Public Employment & Payroll Summary Report；

2013），截至 2013 年 3 月，包括全职与半职雇员在内，全美共有 2 183 万名政府雇员（全职雇员指每周工作 30 小时以上者，半职雇员指每周工作不到 30 小时者）。其中，61% 为公立学校教职员工（49.9%）、公立医院雇员（5.8%）以及警务人员（5.3%），联邦、州、地方政府雇员分别是 274.5 万人、528.1 万人、1 380.4 万人。此外，还包括邮局、医院、自然资源管理、高速公路管理、图书馆等雇员。其中，地方政府雇员中，公立中小学雇员人数最多；而州政府雇员中，公立大学的雇员人数最多；警察人数、司法部门雇员人数最多的是地方政府。

　　三是最大范围。从中央到地方政府机关的公职人员、国会除议员外的工作人员、审判官、检察官、国有企事业单位工作人员，如日本、法国、德国等。在德国，联邦行政法院认为"凡是在联邦、州、乡以及国家监督的团队、研究所和基金会从事公务活动的人都属于公务员范畴"，也就是由政府财政支付工资的公职人员，都属于公务员范畴。包括政府官员、公立医院医护人员、公立学校教师、法官、军人、国企经理、公共游泳馆馆长、清洁工、火车司机等。而法国分三类：① 国家公务员（Fonction Publique de l'Etat，FPE），包括国家的行政部门、服务机构、公共研究机构等工作人员，截至 2014 年，约有 240 万名，其中从事教育和研究的占 54%。② 地区公务员（Fonction Publique Territoriale，FPT），包括地方行政、技术、文体、健康等八个部门工作人员，约有 180 万，占全体公务员的 30%。③ 医务公务员（Fonction Publique Hospitalière，FPH），包括公共医疗机构和社会救助机构工作人员，如医院、退休者救助中心、儿童救助中心、残疾人救助中心等，约有 11 万，占全体公务员的 20%，其中护理工作人员占近七成。

　　（2）我国公共部门人力资源的含义。

　　我国公共部门人力资源是指在党政群团机关、事业单位、公益类国企等公共部门中各类工作人员的总和，包括了"纯"公共部门和第三部门这一"准"公共部门的所有人员。既包括公务员、参照公务员管理的工作人员，也包括有关事业编制人员和工勤人员[40]；既包括事业单位、公益类国企的管理人员，还包括其中的各类专业技术人员和工人；既包括选任制、委任制人员，也包括考任制、聘任制人员，还包括临时工作人员。其中，临时工作人员主要分为两类，一是虽然没有正式编制，但与单位签订劳动合同；二是为完成某项重要任务而从社会上或其他部门临时"借用"的人员，该任务完成后，他们仍回原单位工作。可统称为机关事业单位工作人员和公益类国企工作人员。据人力资源和社会保障部（下称人社部）公布的 2015 年度人力资源和社会保障事业发展统计公报数据显示，截至 2015 年底，全国共有公务员 716.7 万人。截至 2014 年，共有事业单位 111 万个，事业编制 3 153 万人。[41]与此相关还涉及三个概念：

　　一是公务员。按 2006 年 1 月 1 日实施的我国第一部干部人事管理法律——《中华人民共和国公务员法》（下称《公务员法》）第二条的规定，公务员是指依法履行公职、纳入国家行政编制、由国家财政负担工资福利的工作人员，包括下列机关中除工勤人员以外的工作人员：中国共产党各级机关、各级人民代表大会及其常务委员会机关、各级行政机关、中国人民政治协商会议各级委员会机关、各级审判机关、各级检察机关、各民主党派和工商联的各级机关。

二是参照公务员法管理机关（单位）工作人员，即参照公务员法管理的（机关）单位中除工勤以外的管理人员，即参公管理人员。包括两大类：一类是参照公务员法管理的群团机关工作人员，如团委、科协、妇联等；另一类是参照公务员法管理的事业单位工作人员，如气象局、监狱、劳教所等。

三是干部。这是颇具中国特色的概念，通常是指担任公职的人员，常与工人、农民、士兵等相区别。20 世纪 80 年代前，因党政不分、政企不分、政事不分，无论是党群机关、政府机关、立法机关、司法机关工作人员，还是企事业单位的管理人员和专业技术人员，都统称为"干部"或"国家干部"。从 1993 年的《国家公务员暂行条例》颁布实施，到《公务员法》，原来由八大部分组成的干部，即 ① 行政机关工作人员，② 党务机关工作人员，③ 权力机关工作人员，④ 审判机关工作人员，⑤ 检察机关工作人员，⑥ 企业单位管理人员和专业技术人员，⑦ 人民团体工作人员，⑧ 事业单位管理人员和专业技术人员，除⑥和⑧外，都属于公务员。中共中央办公厅（下称中办）印发的《2010—2020 年深化干部人事制度改革规划纲要》包括了党政干部制度改革、国有企业人事制度改革和事业单位人事制度改革；2015 年 10 月，中共中央印发的《干部教育培训工作条例》第三条规定：本条例适用于党的机关、人大机关、行政机关、政协机关、审判机关、检察机关，以及列入《公务员法》实施范围的其他机关和参照公务员法管理的机关（单位）的干部教育培训工作，国有企业、不参照公务员法管理的事业单位结合各自特点执行本条例；中共中央纪律检查委员会、中共中央组织部（下称中组部）也对"党员领导干部"进行了界定。结合上述规定，"干部"一词不仅包括公务员，还包括企事业单位中的干部编制人员，即企事业单位的管理人员和专业技术人员。其中的领导干部主要包括以下三部分：一是党政机关中的领导干部，包括党的机关、人大机关、行政机关、政协机关、监察机关、审判机关、检察机关、各民主党派和工商联机关，以及参照公务员法管理的单位中担任各级领导职务和四级调研员以上职级的；二是国有企业中的领导干部，包括大型、特大型国有和国有控股企业（含国有和国有控股金融企业）中层以上领导人员，中型以下国有和国有控股企业（含国有和国有控股金融企业）领导班子，以及上述企业中其他相当于县处级以上层次的干部；三是事业单位中的领导干部，包括事业单位（未列入参照公务员法管理范围）领导班子和其他六级以上管理岗位的管理人员，即通常所说的上述机关单位中的副处级以上干部。据人社部公布的 2015 年度人力资源和社会保障事业发展统计公报数据显示，截至 2015 年底，按照领导干部管理的县处级副职以上职务的公务员约占公务员队伍总数的10%。当然，公共部门人力资源中的干部还应执行中国共产党管理干部的相关规定。但要指出的是，我们界定的公共部门人力资源不包括非公益类国企的各类工作人员。

2. 公共部门人力资源的特点

尽管公共部门具有组织的一般性特点，但鉴于公共部门与私营部门的本质性区别，公共部门人力资源除具有人力资源的一般性特点外，还具有如下特殊性。

（1）政治性。公共部门人力资源从根本上要受到国家本质的影响和制约。一方面，公共部门人力资源都必须符合社会政治和经济制度的要求，其职务活动都必须以维护基本政治经济制度为前提。另一方面，公共部门人力资源也是公共部门实现其政治功能的重要保障。政治功能几乎是居于大多数公共部门所有功能中的首位，而其得以实现是以所有公职人员的高效履职为前提的。

（2）责任性。对大多数公共部门人力资源来说，他们掌握公共权力，从事公共事务，执行国家政策和法律法规，关乎公共利益和社会发展，在社会价值的权威性分配中起着重要的作用，其行为的过程和结果直接关系到公共部门的公共形象、合法性和工作效能，而社会公众也对其有着很高的期望值，这就必然要求其与特定的公共责任有机结合在一起。这些公共责任主要包括提供公共服务、维护公共秩序、保障公共安全和增进公共利益等。

（3）有限性。从数量上看，公共职位的有限性决定了公共部门人力资源的有限性，这意味着并非所有人力资源都可以转化为公共部门人力资源。从质量上看，公共事务的复杂多样等又对从业者提出了一定的资格要求，除小部分从事事务性、操作性的人员外，对大多数公共部门人力资源的公共精神、职业操守、法治水平等都有较高的要求，乃至接受良好的专业教育、具备较高的能力、经过严格的考试和竞争等。如许多国家对事务官的考试录用、高校教师的高学历和医生的专门训练或资格证书要求等。这就限定了只有接受相应教育、掌握相应知识、具备相应素质、拥有相应能力、满足相应标准条件的才能成为公共部门人力资源。

（4）保障性。各国都对公共部门人力资源作出了相应的保障性规定，尤其是公务员。如公务员的"终身职"设计，具有宪法或其他法律规定的身份和职位的保障，以维护其公务员地位，保证其安心履行公务员职责。

在我国，公共部门人力资源还有其他特点：一是其中的中共党员必须拥护党的纲领，遵守党的章程，履行党员义务，执行党的决定，严守党的纪律，保守党的秘密，对党忠诚；二是其中的干部都是党的干部，必须全心全意为人民服务；三是公务员无政务官和事务官之分。

1.2.3　公共部门人力资源管理的含义与特点

1. 公共部门人力资源管理的含义

公共部门人力资源管理（Human Resource Management in the Public Sector）分为宏观和微观两个层面。宏观的公共部门人力资源管理是指公共部门依法对社会人力资源进行规划、开发、使用等实践活动及其所依据或形成的理念、理论、政策、制度、技术等的总和。它立足于社会经济发展的总体规划，有计划地投资于人力资源管理领域，开拓人力资源培养、继续教育的路径和专业，保证人力资源整体结构的适应性与合理性。其主要内容是：宏观的人力资源状况预测及计划、战略制定，就业政策的制定与就业管理，社会人力资源投资与投资政策制定，收入政策及其调节机制的设计，社会人力资源保护，组织并协调劳务输出与输入，人力资源管理法规的制定与实施等。

微观的公共部门人力资源管理是指每个具体的公共部门，依法对本部门内人力资源进行有效开发、合理利用与科学管理的活动及其所依据或形成的理念、理论、机制、制度、流程、技术、方法等的总和。这是一个系统，包括相应的价值理念、管理体制、管理制度、运作机制、业务流程和技术方法等。之所以这样定义，是想强调如下几点。

（1）宏观与微观的两个方面不是截然分离的两个体系，而是有机地结合在一起，它们互为条件、相互保障，共同组成公共部门人力资源管理系统。前者的目的在于调整和改善社会人力资源的整体状况，使之适应社会经济等各项事业的发展要求，促进人的全面发展和社会的稳定进步。而后者在于支持每个公共组织的目标达成，服务于组织的发展战略。但就学科性质而言，公共部门人力资源管理主要是研究和探讨微观的公共部门人力资源管理。如无特别说明，公共部门人力资源管理即指微观层面。

（2）公共部门人力资源管理不仅要通过制度进行管理，还要通过文化进行管理，是制度管理和文化管理的协和统一。所以，对公共部门人力资源管理的界定，不仅包括上述实践活动及其依靠的方法、技术和工具，还应同时包括进行上述活动所依据的理念理论、政策制度。换言之，它是实践过程（及其所依靠的方法、技术和工具）、理念理论、政策制度的统一。当然，公共部门人力资源管理也正是由此为组织战略服务的。

（3）公共部门人力资源管理是对人、事和组织三者——人与人之间、事与事之间、人与事之间、人与组织之间的管理。管理人与人之间的关系，解决相互矛盾，协调相互关系；管理事与事之间的关系，优化组织架构，保持流程顺畅；管理人与事之间的关系，实现人事相宜，达到人尽其才；管理人与组织之间的关系，完善人与组织的匹配，最终达成组织的目标。

（4）公共部门人力资源管理并非让组织成员被动地适应事和组织，而是要为组织成员提供介入组织的合适的职位，通过人与工作的有效匹配及一系列管理行为，提供给组织成员施展才华的平台，充分激活组织成员的潜能，最终实现组织的目标。

2. 公共部门人力资源管理的特点

尽管公共部门人力资源管理与私营部门人力资源管理在管理的活动、工具、方法、功能乃至理念、逻辑、目标等诸多方面有共同或相似之处，特别是在新公共管理运动推动下，为提高管理的有效性，公共部门主动"师法企业"，借鉴私营企业管理的经验，强化了管理主义（Managerialism），但由于公共部门与私营部门在组织的性质、目标、功能、任务等若干方面存在本质性差异，公共部门人力资源也有其特殊性，从而决定了公共部门人力资源管理具有受政治因素影响深、深受法律规章和规则程序的限制、目标追求大而广泛的公共利益、绩效难以衡量、决策程序冗长、较不受市场竞争的影响、预算有限且受限制、公务员身份保障等特点；[42]也可以归纳为公共性、服务性、公开性、复杂性、稳定性、高资本性[43]。

（1）公共性。公共部门的公共管理活动，是其利用公共权力，以实现公共利益为目的的。该公共性决定其人力资源管理必须围绕公共产品和服务的供给来运作，即实现公共利益的最大化；否则，将丧失其基本依据。这是与私营部门谋求自身利益最大化有着本质上不同的。

（2）政治性。在任何国家，公共部门大多数政策的制定与实施不仅要考虑成本、技术和管理等，还必须基于政治考虑。这自然包括人力资源管理在内。尽管西方发达国家把"政治中立"或"价值中立"的"去政治化"设定为核心制度或原则，但当今各国的公共部门人力资源管理具有明显的政治性，尤其是政府组织。如政府的运作经常受到既得利益团体的影响；重要官员的选拔任用，要充分融合多方面的政治利益，保持多元政治价值的平衡；相当数量的官员恰是通过政治选任和委任担任公职的；人事任用的公开性和功绩制原则在很大程度上也是为了反对和防止政治特权的出现等。

（3）法治性。公共部门人力资源管理活动是以国家法律规范为前提的，比私营部门的人力资源管理活动具有更强的政策性和更多的约束性。公共部门人力资源，尤其是公务员，其条件、义务与权利、录用、考核、工资福利等都由法律法规规定；公共部门人力资源管理机构的性质、职权、行为等也是由法律法规规定的。

（4）公开性。从某种意义上讲，公共部门人力资源管理实际上是公共权力与社会互动的过程，人力资源管理活动必须以法公开，并接受公民的监督和组织成员的监督。这也很容易从上述三个特性得出。而私营企业的人力资源管理往往是其商业秘密的一部分。

（5）复杂性。公共部门特别是政府组织是一个纵横交错、层层节制的官僚制组织结构体系，它是按照完整统一原则建立起来的，要求目标统一、事权统一和功能配置统一。因此，合理划分各级组织特别是中央和地方的人事管理权、建立完整统一的人事管理制度、明确职责范围，是高效管理人力资源的基础，而这却是一项其他组织无法比拟的复杂的系统工程。而公共部门人力资源的绩效又难以衡量，这直接导致其绩效管理的难度增大和复杂性升高。此外，第三部门的管理，受政府管理和私营企业的双重影响，也加大了管理的复杂性。

（6）稳定性。公共部门的组织结构很少发生变化，管理模式也很少发生根本性变革，而其人力资源管理又要受到法律法规的约束，所以公共部门人力资源管理具有鲜明的稳定性特点，比私营企业僵化。

（7）民族性。在世界范围内看，即使是在被全球化浪潮裹挟下的今天，任何组织的人力资源管理都带有一定的民族色彩，但与私营企业相比，公共部门人力资源管理尤其如此。特别是作为国家政治制度重要组成部分的公务员制度，更是受其国家独特的政治、社会、历史、文化等影响发展的结果。

1.3　公共部门人力资源管理逻辑体系与系统模型

由前可知，相对于私营部门，公共部门的构成及其人力资源种类多且复杂，而不同的公共部门也往往采取不同的人力资源管理模式，如在管理理念、政策、制度、活动等，有着不同的选择。如政府组织对其公务员实施公务员制度，公共企业或公司可采取与私营企业类似的管理，至于第三部门可以上述两种模式为"两极"，根据自己的性质、目标等选择类政府管理、企业化管理或半企业化管理模式等。但不论哪种模式，其逻辑体系和系统模型都有其共性。

1.3.1　公共部门人力资源管理的逻辑体系

任何公共部门的人力资源管理都是沿着管理理念（哲学）、管理政策、管理制度、管理实践的逻辑顺序展开的。其中，公共部门人力资源管理理念（哲学）主要是指组织如何看待和对待人力资源，以及如何看待人力资源在组织成功中的作用等，体现了组织对人性、人和组织的关系、组织成员对组织的价值等的思考和评判。通常，这都是原则性的、哲学性的。所以，尚需要在其下形成具体的公共部门人力资源管理政策，如薪酬政策等。公共部门人力资源管理制度是实施上述政策的更加具体的程序和规则，是管理理念和政策的落地，所以必须是可以操作的具体的行动指南；而公共部门人力资源管理实践则是指从政策的形成到制度的执行这一活动过程。当然，公共部门的人力资源管理实践又对现有的管理理念（哲学）、政策和制度进行检验、反馈，从而形成相应的循环，推进公共部门人力资源管理系统的优化完善。见图 1-1。图中的虚线表达的正是实践检验对制度、政策和理念的反馈。

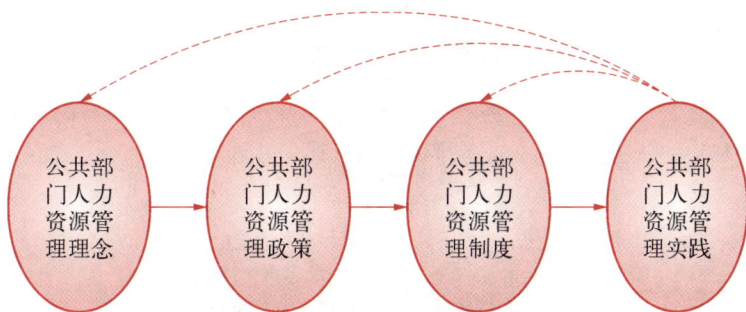

图 1-1　公共部门人力资源管理逻辑体系示意图

所以，任何公共部门的人力资源管理都是为了完成组织的使命、达成组织的愿景、践行核心价值观、实现组织的战略，而由人力资源管理主体，围绕人力资源管理目标，依据人力资源管理原理，充分发挥人力资源管理功能而展开的一系列人力资源管理实践活动。

1.3.2　公共部门人力资源管理的系统模型

公共部门人力资源管理是一个复杂的系统，其模型见图 1-2。[14]该系统主要包括战略前提、管理主体、职能活动、信息化和电子化与外包、环境因素、管理功能与管理目标等。

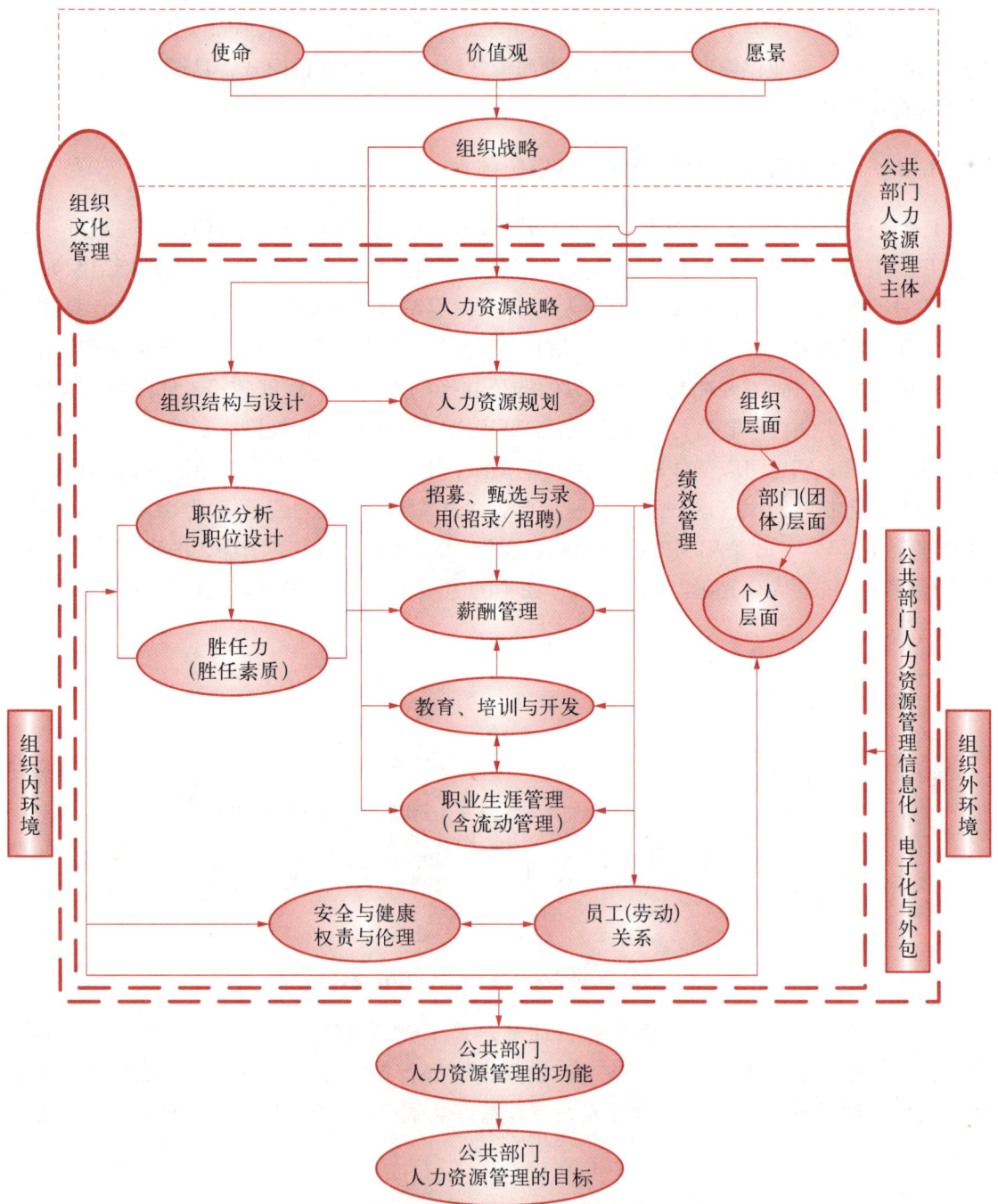

图1-2　公共部门（战略性）人力资源管理系统模型示意图

1. 公共部门人力资源管理的战略前提

公共部门人力资源管理的战略前提或战略基础，包括组织的使命（Mission）、愿景（Vision）、核心价值观（Core Value）和战略（Strategy）等战略要素。它们是组织生存与发展的决定性因素，也正如上述逻辑体系所表达的，这些理念还是公共部门人力资源管理的起点。由图 1-2 可见，该系统再次明确了这一点。在当代，不论是基于现实还是着眼未来，人力资源管理都应居于组织的战略地位，并通过统一性和适应性相结合的战略性人力资源管理（Strategic Human Resources Management, SHRM），将人力资源管理的各实践活动与组织的使命、愿景、价值观、战略相一致，进而在战略目标的导引下既与组织结构、业务流程、组织文化等相匹配，又实现相互之间的协同共进。反过来，通过实施战略性人力资源管理，各公共部门才能将其人力资源管理活动聚焦于组织战略，最终完成战略目标，践行核心价值观，达成使命和实现愿景。其中，作为职能战略之一，公共部门的人力资源战略是在组织确定其战略后，对其如何实现求才、用才、育才、激才和留才，以确保组织战略的实现，而作出的整体性和战略性的规划。人力资源管理活动必须围绕人力资源战略进行。

因此，公共部门人力资源管理系统和公共部门战略性人力资源管理系统的模型是一致的。当然，我国公共部门实现由人力资源管理向战略性人力资源管理的转变还有个过程，甚至是个较长的过程。[45]

2. 公共部门人力资源管理主体

（1）公共部门人力资源管理主体分类。现代人力资源管理越来越强调人力资源管理职责承担者或人力资源管理主体的多样性。在舒勒（R. Schuler）和胡博（V. Huber）看来，一个组织负有人力资源管理职责的有高层管理者、各部门负责人（直线管理人员）、人力资源管理专业人员（即人力资源管理机构或部门的工作人员）[46]，以及每个组织成员自身。因此，公共部门人力资源管理主体包括两类，一是机构或职能部门——公共部门人力资源管理机构或职能部门，二是个人——公共部门人力资源管理者。

① 西方发达国家公共部门人力资源管理主体分类。西方发达国家公共部门人力资源管理主体，一是机构或职能部门，二是个人或个体。

● 机构或职能部门。按该机构与政府行政机构的关系，大体可分为三类：一是部外制管理机构，即在政府行政组织外设置的独立机构，其目的是公平处理有关人力资源管理事宜，以美国、日本为代表。二是部内制管理机构，即在政府行政系统内设置相应管理机构，负责处理本部门和各项人力资源管理事务（又称非独立制），通常负责制定政策、法规，监督协调，提出一般的原则性意见等，不从事具体实际工作，以法国、德国为代表。三是折中制管理机构，即综合了部外制和部内制的特点，采取这种办法建立的半独立性机构也称混合制。由独立的机构与政府部内机构共同管理，以英国为代表。

● 个体或个人。上述人力资源管理专业人员都是公共部门人力资源管理者，可视为狭义上的公共部门人力资源管理者。广义的公共部门人力资源管理者，即除狭义之外，再包括：第一，每个公共部门及其所属各部门的负责人。实际上，人力资源管理者的范围在扩大，即非传统意义上的人力资源管理者的人力资源管理职责日益突出。第二，所有公共部门的工作人员。

② 我国公共部门人力资源管理主体分类。

● 机构或职能部门。从纵向可把我国公共部门人力资源管理机构或职能部门分为两类：一是中央主管机关，包括中组部、人社部、中央机构编制委员会（下称中央编委）及其常设办事机构——中央机构编制委员会办公室（下称中央编办）、国家公务员局等；财政部、退役军人事务部、国家医疗保障局等[47]；对事业单位、公益类国企负有管理或主管等责任的中央国家机关，如教育部、科学技术部、卫生健康委员会、国资委等；中央国家机关各部委、各人民团体内设的组织人事部门。二是地方主管部门，即上述中央主管机关所对应的地方各级机关及其内设的有关部门。

从横向可把我国公共部门人力资源管理机构分为四类：一是地方综合性的管理机构，如地方各级组织部、人社部门与编委及编办等；二是对当地事业单位、公益类国企负有管理或主管等责任的地方国家机关，如教育厅（局）、科学技术厅（局）、卫生健康委员会、国资委等；三是地方各部门设立的执行性的管理机构，即内设的组织人事部门等；四是各事业单位、公益类国企等内设的组织人事（人力资源）部门。

根据《中华人民共和国宪法》（下称《宪法》）确立的原则，上述机构之间的关系是：一是上级主管部门对下级主管部门进行业务指导与监督；二是各级主管部门对其各部门内设管理部门进行业务指导与监督；三是根据相关党内法规制度和国家法律规范，中央、地方各综合管理部门负责所辖各事业单位、公益类国企等组织人事综合管理工作，主管部门具体负责所属事业单位、公益类国企组织人事管理工作，即各事业单位、公益类国企等接受上级综合管理部门和主管部门的领导。

要说明的是，一方面，按照中共中央2018年3月印发的《深化党和国家机构改革方案》，为加强党对机构编制和机构改革的集中统一领导，理顺机构编制管理和干部管理的体制机制，调整优化中央编委领导体制，作为党中央决策议事协调机构，统筹负责党和国家机构职能编制工作。中央编办作为中央编委的办事机构，承担中央编委日常工作，归口中组部管理。各级编委负责同级机构改革和机构编制管理工作，编办在同级编委领导下负责行政管理体制和机构改革以及机构编制的日常管理工作，特别是其涉及的"三定"规定[48]是人力资源管理的重要内容。为更好落实党管干部原则，加强党对公务员队伍的集中统一领导，更好统筹干部管理，建立健全统一规范高效的公务员管理体制，将国家公务员局并入中组部。中织部对外保留国家公务员局牌子。调整后，中组部在公务员管理方面的主要职责是，统一管理公务员录用调配、考核奖惩、培训和工资福利等事务，研究拟订公务员管理政策和法律法规草案并组织实施，指导全国公务员队伍建设和绩效管理，负责国家公务员管理国际交流合作等。不再保留单设的国家公务员局。另一方面，除上述从中央到地方的各级组织、人社等部门外，各级教育、卫生健康、发展和改革、体育等主管部门，既从宏观公共部门人力资源管理角度，依法对社会人力资源进行规划、开发、使用等，都是宏观上的公共人力资源管理机构，同时还要对其主管的各类事业单位、公益类国企进行人力资源管理。

　　● 个体或个人。同理，上述各人力资源管理机构的工作人员即人力资源管理专业人员，都是人力资源管理者，主要包括从中央到地方的各级组织、人社和编委及编办干部，各部门内的组织、人事干部，以及各事业单位、公益类国企等的组织、人事（人力资源）部门工作人员。这也是狭义上的公共部门人力资源管理者。广义上的还包括每个公共部门及其所属各部门的负责人，以及作为自己的人力资源管理者的每个组织成员。

　　总之，第一，按照我国《宪法》及其他法律规定，各级人力资源管理机构承担相应的人力资源管理的决策、参谋、执行、监督、协调、服务等职能。其中，综合管理机构的职能主要包括：制定管理规范，对同级人力资源管理机构和下级部门进行业务指导，对某些管理事务进行跨地区、跨部门协调，行使审核、审批权，对人力资源管理工作实施监督。部门执行机构的职能主要是录用权、考核权、奖惩权、职级升降权、任免权、辞退权、其他人事决定权，以及根据本部门实际情况制定一些规范性文件。

　　第二，中央国家机关各部委、各人民团体组织人事部门，受本部门首长的领导，同时受中央组织人事部门的业务指导和监督；县级以上地方各级组织部、人社厅（局）、编委及编办，受当地相应首长的直接领导，同时受上级相应部门的业务指导和监督。

　　第三，在一个具体的公共组织内部，人力资源管理主体是：作为机构，主要是指组织人事等人力资源管理部门。当然，组织内部各部门均承担一定的人力资源管理职能，不过，这与人力资源管理职能部门之间有明确的职能划分。[49]而且从组织设计和人力资源管理实际运作看，人力资源管理部门只是一个参谋部门，人力资源管理的决策权集中于高层管理者和各部门负责人手中。作为个人，主要分为三部分：各层管理人员是第一部分，他们都是人力资源管理者，其中在党政领导班子中，党政一把手就是本组织人力资源管理的最高责任人，这意味着，作为高层管理者，要从战略高度对待人力资源管理，并为其提供相应的思想基础和价值标准，思想基础用来解释一个组织所作所为的原因，价值标准用于评价这些行为的对错与好坏；[50]而所有有直接下属的人，作为其直接下属的直接上级，对其直接下属负有人力资源管理责任。第二部分是人力资源管理专业人员。第三部分，所有的组织成员都是自己的人力资源管理者。各主体职责分担与部门分工分别见表 1-1 和表 1-2。

表 1-1　组织内部人力资源管理主体的职责分担

高层 管理者	● 主持或参与确立人力资源管理的理念并达成共识 ● 主持或参与确立人力资源管理的战略与目标 ● 主持或参与制定人力资源的政策与制度体系 ● 主持或参与组织整体绩效目标与标准的确定 ● 主持或参与绩效述职与绩效面谈，承担本部门或本系统的绩效责任 ● 主持或参与组建各级领导管理团队及核心团队（人才的选拔、配置、使用、开发与激励） ● 对所属组织成员的成长和发展承担责任（培训、开发、约束、激励） ● 发现并推荐优秀人才 ● 承担人力资源管理责任的组织保障 ● 承担高层管理者自我超越、自我发展的责任

（续表）

直线 管理人员	• 参与人力资源管理理念与政策的确定 • 贯彻执行人力资源的理念或战略举措 • 根据部门业务发展提出部门用人计划 • 参与部门职位筹划与职位分析 • 制定本部门（团队）绩效目标与绩效计划，并对绩效的最终结果承担责任，主持本部门绩效考核面谈 • 当教练，辅导组织成员制定行动计划，对组织成员的绩效进行评估 • 与组织成员进行有效的沟通，对组织成员的行为进行指导、约束与激励 • 配合组织人力资源的各项举措提出本系统、本部门的解决方案 • 参与组织成员招募与人才选拔 • 营造良好的团队文化氛围 • 发现并推荐优秀人才
人力资源 管理部门	• 为组织战略及人力资源管理战略方案的制定提供支持 • 系统规划与构建人力资源战略管理体系并推进实施 • 为直线管理部门的人力资源活动提供咨询答疑等支持 • 监督人力资源管理政策的具体执行与落地 • 与业务部门共同对组织的绩效目标负责；使 HR 管理流程、活动与业务流程相适应、相匹配；为业务部门提供合适、有效的人力资源解决方案 • 提供战略化、系统化、专业化的人力资源管理产品和服务 • 研发设计基于组织和组织成员需求的创新性人力资源管理产品和服务 • 主动参与变革，引导变革中组织成员的理念和行为，营造变革的文化氛围，提供变革中人力资源问题的系统解决方案 • 做好员工关系管理工作，为组织成员个人提供心理咨询 • 推进组织成员职业发展中心建设 • 推进人力资源管理共享服务平台建设 • 推进组织内部的知识共享，创建学习型组织 • 建设组织文化，促进组织内的沟通交流；营造和谐氛围
组织成员	• 为人力资源管理提供合理的参考建议 • 保持自我开发与管理，积极做好组织内的职业生涯规划 • 积极参与团队协作活动 • 提升个人绩效，支持组织战略目标的实现 • 根据组织与职位需求，为组织推荐合适的人才 • 理解、接受并积极参与组织变革 • 为组织构建和谐人际关系贡献力量 • 积极参与组织内部的知识共享活动

资料来源：彭剑锋，《战略人力资源管理》，中国人民大学出版社 2014 年版，第 14 页。

表 1-2　组织内部人力资源管理部门与非人力资源管理部门分工

职能活动	人力资源管理部门	非人力资源管理部门
职位分析	• 根据其他部门提供的信息，编制职位说明书 • 与其他部门沟通，修订职位说明书	• 向人力资源管理部门提供信息 • 配合人力资源管理部门修订职位说明书
人力资源规划	• 汇总各部门的需求计划，综合平衡预测组织的人力资源需求 • 预测组织的人力资源供给 • 拟定供需平衡的计划	• 向人力资源管理部门提交人力资源需求计划

（续表）

职能活动	人力资源管理部门	非人力资源管理部门
招募甄选录用	• 制定相关计划，发布有关信息 • 对报名者进行初步筛选 • 配合其他部门进行笔试、面试等有关测评，确定最终人选 • 为新组织成员办理有关手续	• 提出对组织成员的需求条件 • 在人力资源管理部门配合下确定最终人选
教育培训开发	• 制定培训体系 • 汇总各部门的培训需求，平衡并形成组织的培训计划 • 组织实施组织的培训计划 • 收集有关反馈意见	• 提出培训需求 • 参加有关培训项目 • 提出有关意见、建议
职业生涯管理	• 制定职业生涯管理体系 • 指导各部门实施职业生涯规划、管理等 • 处理有关职业生涯管理的投诉 • 收集有关反馈意见 • 办理有关手续等	• 实施本部门的职业生涯规划、管理 • 提出有关职业生涯规划、管理的方案、建议、意见等
绩效管理	• 制定绩效管理体系 • 指导各部门实施绩效管理，包括确定绩效考核指标体系等 • 对管理者进行考核培训 • 处理组织成员对考核的投诉 • 保存考核结果 • 根据考核结果做出相关决策	• 实施本部门的绩效管理 • 具体确定本部门的绩效考核指标等 • 参加对考核者的培训 • 实施绩效考核 • 根据考核结果向人力资源管理部门提出相关建议等
薪酬管理	• 制定薪酬管理体系 • 核算每个组织成员的具体薪酬数额 • 审核各部门的奖惩建议 • 办理有关保险等	• 提出有关奖惩的建议等
员工关系管理	• 制定并实施组织文化建设方案 • 建立沟通的机制和渠道 • 听取组织成员的各种意见、建议等	• 具体实施本部门的组织文化建设方案 • 直接处理组织成员的相关意见等

资料来源：董克用，《人力资源管理概论》（第 3 版），中国人民大学出版社 2011 年版，第 99～100 页。引用时有修改。

　　（2）公共部门人力资源管理专业人员的角色与胜任力。

　　① 公共部门人力资源管理专业人员的角色。公共部门人力资源管理者的关键角色分为技术专家、职业从业者、管理教育家和企业家。[51]美国国际公共人力资源管理协会（International Public Management Association for Human Resources，IPMA-HR）提出，一位优秀的人力资源管理者不仅是人力资源管理管理专家，还应是业务伙伴、领导者和变革推动者（见表 1-3）。

表1-3 美国国际公共人力资源管理协会的人力资源管理者角色与胜任力模型

编号	胜 任 力	角 色			
		业务伙伴	变革推动者	领导者	人力资源管理专家
1	了解组织的使命和战略目标	☆			
2	了解业务程序，能实施变革以提高效率和效果	☆	☆		
3	了解客户和组织文化	☆	☆		
4	了解组织的运作环境	☆	☆		
5	了解团队行为	☆		☆	
6	具有良好的沟通能力	☆	☆	☆	
7	具有创新能力，及创造可承担风险的工作环境的能力	☆			
8	评估、平衡相互竞争的价值		☆	☆	
9	具有运用组织建设原理的能力	☆			
10	理解整体性业务系统思维	☆	☆		
11	在人力资源管理中运用信息技术		☆		
12	具有分析能力，可进行战略性和创造性思维	☆	☆	☆	
13	有能力设计并执行变革		☆		
14	能运用咨询和谈判技巧，有解决争端的能力		☆	☆	
15	具有建立信任关系的能力	☆	☆		
16	具有市场营销及代表能力		☆		
17	具有达成共识和建立同盟的能力		☆	☆	
18	熟悉人力资源法规、政策及人力资源管理流程与方法				☆
19	将人力资源管理与组织使命和业务绩效挂钩	☆			
20	展现客户服务意识		☆		
21	理解、重视并促进组织成员的多元化			☆	
22	为人正直，遵守职业道德			☆	
胜任力的角色分配		12 种	15 种	8 种	1 种

　　沃尔里奇（D. Ulrich）于 20 世纪 90 年代提出人力资源管理"战略性角色"这一概念，并描绘了人力资源管理的四种主要角色：管理战略性人力资源、管理组织的机制结构、管理员工的贡献程度、管理组织的转型与变化。图1-3 反映了人流资源管理在面向未来/战略与面向日常/可操作性工作两个维度上的四种角色。到 21 世纪，沃尔里奇又提出改进版的人力资源管理角色框架体系：其一是在管理员工贡献度层面强调了人力资本开发者的作用，其二是强调了人力资源管理者作为领导者的存在，并最终演化为现代流行的"三支柱模型"——人力资源业务伙伴（HR Business Partner, HRBP）、人力资源专家中心（HR Center of Expertise, HR COE）、共享服务中心（HR Shared Service Center, HR SSC）。

面向未来/战略

| 管理战略性人力资源 | 管理转型与变化 |
| 管理组织的机制结构 | 管理员工的贡献程度 |

面向日常/可操作性工作

图 1-3　人力资源管理的多重角色模型

资料来源：戴维·沃尔里奇，《人力资源教程》，新华出版社 2000 年版，第 27 页。

该三支柱模型引领了几乎所有跨国公司的人力资源管理部门再造。

　　② 公共部门人力资源管理专业人员的胜任力（关于胜任力的概念及其模型详见本书6.4）。人力资源管理是一个领域，因此要求其专业人员具有较高的专业知识和业务能力。沃尔里奇 2012 年得出的六大胜任力是：可信赖的实践者、战略制定者、能力构建者、变革拥护者、人力资源创新者与整合者及技术支持者能力模型（见图 1-4）。

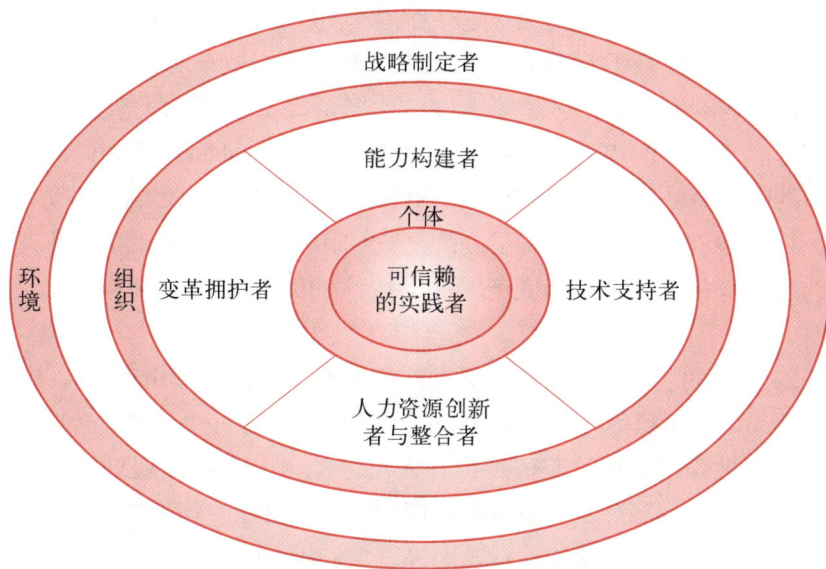

图 1-4　人力资源管理者能力模型（2012）

资料来源：戴维·尤里奇等，《国际化的 HR》，中国电力出版社 2014 年版，第 20 页。

　　麦格兰根（P. Mclagan）把人力资源管理专业人员的知识和能力分为四类 35 项。这四类分别是技术知能、组织知能、人际关系知能和知识技能。[52]赵曙明采用团体施测获得的数据表明，第一，从管理层级上看，高层人力资源管理者在决策能力、情绪能力、自我效能、社交能力、沟通能力、领导能力上的平均数显著高于中层和基层人力资源管理者的平均数，而中层和基层人力资源管理者之间在这些胜任力上的差异未见显著，这说明高层人力资源管理者的上述能力都显著强于中层和基层人力资源管理者，在这些胜任力上有更高的水平和自我评定；而中层和基层人力资源管理者在这些胜任力水平和自我评定上没有显著的差异。另外，高层人力资源管理者的变革能力较强，中层人力资源管理者的变革能力较弱，但基层人力资源管理者也有较强的变革能力。第二，从学历上看，大专及以下学历的人力资源管理者比本科及以上学历的人力资源管理者具有更强的领导能力。第三，从年龄段上看，41 岁以上年龄段的人力资源管理者的决策能力高于 31~40 岁年龄段的人力资源管理者。第四，从地域上看，不同地区的人力资源管理者在决策能力和领导能力上存在极其显著的差异。[33]胡月星的研究获得了公务员通用胜任特征模型结构主要由知识维度、能力维度和品质维度三大要素构成，分别包括 10 项、28 项和 26 项要素。[54]原劳动和社会保障部职业技能鉴定中心等曾利用职位分析问卷，获得了我国企业人力资源管理专业人员的基本胜任力模型。美国国际公共人力资源管理协会的人力资源管理专业人员胜任力模型见表 1-3。但要说明的是，不论依据哪一种模型，人力资源管理专业人员都需要掌握多种知识、能力或技能，当然，没有一位人力资源管理者能够拥有以上全部知识、能力或技能，然而也没有一个人力资源管理部门能够在完成本职工作时可以忽略这些知识、能力或技能。

3. 公共部门人力资源管理活动

人力资源管理的活动，即组织围绕其人力资源展开的管理活动，可分为三大类：一是战略性和变革性活动，涉及组织整体性的战略调整、组织变革等；二是业务性的职能活动，即如下所说的各职能活动；三是行政性的事务活动，包括相关手续的办理、福利发放、档案管理等。赖特（P. Wright）和麦克马汉（G. Mcmahan）认为，对这些活动投入的时间和具有的附加值并不是正相关的。60%的时间耗费在行政性事务活动中，但产生的附加值很低，约占整个附加值的 10%左右；业务性职能活动，耗费的时间和产生的附加值大致相等，约为 30%；而战略性和变革性活动投入的时间最少，约为 10%，但附加值最大，约为 60%。

通常所说的公共部门人力资源管理活动主要是指业务性的职能活动，即承担哪些职责、从事什么活动等，可简称为职能或活动，也就是前述的有效开发、合理利用与科学管理的活动，主要包括职位分析、职位评价、人员分类、人力资源规划、招募甄选与录用（招录或招聘）、教育培训与开发、职业生涯管理、绩效管理、薪酬管理、健康与安全、权益责任与伦理、员工关系（劳动关系）管理等。它们相互联系、相辅相成，从而构成一个完整的活动体系。

从某种意义上讲，人力资源管理就是要解决"人"与"事"的匹配问题，或者去实现"人"与"事"尽可能"完美"的匹配。正如怀特（L. White）所说，当代人事管理有两大支柱：一是选拔人才，一是职位分类，二者缺一不可。[55]为此，组织在确定其使命、愿景、价值观和战略后，接着就需要设计合理的组织结构，进而根据该组织结构和业务流程，进行职位设计和职位分析。这是其他职能活动的"基石"。由此也就明确了组织要做的"事"。对"人"的明确是通过人力资源规划、招募甄选与录用等来实现的。当然，人力资源的招募甄选与录用也是以职位分析和人力资源规划为前提的。所以，上述职能活动解决了做什么"事"和由什么"人"来做的问题，可以称为人力资源管理的基础职能活动。但这并不能保证这些"人"一定会做这些"事"，因此，对此提供"保证"的绩效管理就成为人力资源管理的核心，也是组织管理的核心内容或环节之一，还是加薪、晋升、培训等人力资源管理决策的重要依据。同时，教育培训与开发、职业生涯管理等既是对上述问题的重要"保证"，也是满足组织成员发展需求的职责所在。在解决了上述"保证"之后，就要解决这些"人"做了这些"事"后的薪酬问题。但是，对任何组织而言，薪酬管理既是个分配问题，又能改善员工关系，更能激励组织成员沿着组织目标和绩效而努力工作，将组织理念转化为日常行为。

4. 公共部门人力资源管理的信息化、电子化与外包

公共部门人力资源管理信息技术应用大体经历了人力资源信息系统阶段、人力资源管理系统阶段和电子化人力资源管理阶段。人力资源信息系统（Human Resources Information System，HRIS）是指公共组织对组织成员及其所从事的工作等有关信息进行收集、保存、分析和报告。人事管理模块不断增加，信息逐步丰富，从基本情况到出勤记录、薪酬计算，成为人力资源管理辅助系统和基础性的人力资源管理决策支持系统；自身也从手工系统发展成为利用计算机存储和使用的系统。随着互联网技术的发展，在 HRIS 基础上，增加了人力资源管理的几乎所有职能活动模块，形成了互联网时代的人力资源管理信息系统（Human Resources Management System，HRMS），不仅使公共部门人力资源管理者能从传统的日常的人力资源管理解脱出来，还增加了有关决策指导系统和专家系统。而随着"互联网+"时代的到来，以及电子政务、电子商务的发展，电子化人力资源管理（Electronic Human Resources Management，e-HR）逐步兴起并成熟。e-HR 是基于先进的软件、网络技术和高速且大容量的硬件，借助集中式的信息库、自动处理信息、自助服务以及服务共享等实施人力资源管理综合解决方案。这重塑了人力资源管理的业务流程，大大降低了管理成本，提高了管理效率，提升了人力资源管理的标准化和规范化水平，强化了领导者和各级管理者的人力资源管理责任，促使人力资源管理部门及其专业人员有更多的时间和精力从价值较低的事务性工作转向较高价值的战略管理活动。

"外包"的英文是"outsouring"，意思是"外部寻源"，是组织从外部寻找资源来完成内部的工作。近些年，公共部门以适应改革和降低成本的需要将部分人力资源管理活动进行外包，如将大量行政性的事务活动如人事档案保管、社保费用缴纳等，乃至部分职能活动如招募和甄选、培训实施等外包。这与新公共管理的取向一致。例如，江苏、山东等地将领导干部选拔、聘任制公务员选拔的部分工作外包给相关专业公司，武汉市将绩效考核新方案的制定外包给麦肯锡集团（McKinsey & Company），至于培训外包、工资发放外包等更为普遍。德鲁克曾在 1993 年预言：从现在起 10 年内，公司将把所有不能在事业上为雇员带来发展机会，并有助于雇员提升到高级管理职位的工作外包出去……这与节约毫无关系，注重的是质量。[⑳]因此，应通过合理运用外部资源，促使对内部资源的有效配置，如减少行政性事务，乃至业务性职能活动，改变工作方式，并有利于促进人力资源管理部门的扁平化和网络化，使人力资源管理部门及其人员把更多的时间和精力投入战略性和变革性活动，夯实人力资源管理的组织战略合作伙伴。我国公共部门人力资源管理外包的需求

较强、注重实效，但对外包缺乏规划和评估，外包的内容和形式单一，还没有形成与外包商的协作机制，为此，未来应注重外包的统筹规划和科学评估，在建立健全与外包商间的协作机制的基础上，丰富外包的内容和形式。

从人力资源管理活动的时间投入和产生的附加值看，人力资源管理部门及其专业人员要想提升自己的价值，必须改变其工作层次，将时间和精力投入战略性和变革性活动，为此，除了对人力资源管理流程进行再设计或流程再造外，就是 e-HR 和外包。总之，信息化、电子化、外包化的公共部门人力资源管理是虚拟化公共部门人力资源管理的主要形式，正在迅猛发展之中，会促使人力资源管理更富有弹性和战略性。如图 1-2 中间部分外虚线框所示的就是公共部门人力资源管理的信息化、电子化和外包。

5. 公共部门人力资源管理功能

公共部门人力资源管理功能，是指公共部门人力资源管理应有的或应发挥的有利的效能或作用或功用。它与职能不同，如前所述各职能是指人力资源管理所担承的职责、从事的活动，而功能是指人力资源管理所具有的或应发挥的正面作用。当然，二者是有联系的，因为这些功能毕竟需要借助人力资源管理各职能来实现的。

从整体上看，不论是宏观上对国家社会还是微观上对一个具体的公共部门，公共部门人力资源管理都具有政治维护、经济调节、资源优化、效能提升、人员和组织稳定发展的功能。但具体来说，自从巴克（E. Bake）在其 1958 年出版的《人力资源功能》一书中，首次将人力资源管理作为管理的普通职能加以讨论，并从七个方面说明了为什么人力资源管理职能超出了人事经理或工业关系经理的工作范围以来，关于人力资源管理的功能就有不同的界定。美国人力资源管理协会（Society for Human Resource Management，SHRM）确定的人力资源管理的六大领域是：人力资源规划、甄补和选用，人力资源发展，报偿与福利，安全与健康，员工与劳工关系，人力资源研究。还可将其分为规划、获取、开发和保障与约束。[57]公共部门人力资源管理是为了达成组织的目标、实现组织的战略，这就决定了其应具备的功能可分为如下五个方面；而且，鉴于公共部门人力资源管理的功能是通过人力资源管理职能活动发挥出来的，所以，可把人力资源管理职能活动大体上与功能对应连接起来。

一是获取，即获得与目标职位相匹配的任职者。具体体现为职位分析、人员分类，人力资源规划，以及招募、甄选和录用等职能活动。

二是发展，或开发与发展，即不断提高人的知识、技能和态度等，不断开发其潜能，实现人力资本的保值增值。具体体现为教育、培训与开发，职业生涯管理等职能活动。

三是激励，即激发组织成员的积极性和创造性。具体体现为薪酬管理与绩效管理、职业生涯管理等职能活动。

四是维持，即保持组织成员的相对稳定性，大力提升其工作绩效、工作满意度、组织承诺度和组织支持感等。具体体现为绩效管理、薪酬管理、健康与安全、权责与伦理、纪律与奖惩、员工关系等职能活动。

　　五是整合，即保证组织成员正确履职，使其具有与组织相一致的理念和行为。具体体现为组织文化管理、沟通管理、人际关系处理、冲突处理等职能活动。由此可见，公共部门人力资源管理的一项职能活动可能同时具有多项功能，见图1-5。

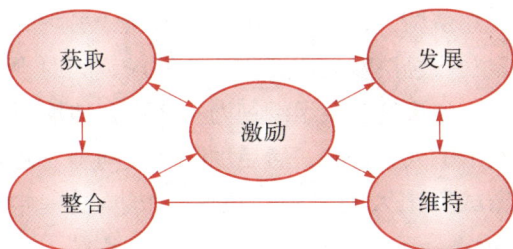

图 1-5　公共部门人力资源管理功能示意图

　　公共部门人力资源管理以理念为起点，凭借其功能，既要实现组织的战略目标，又要使人们的工作满意度和自我实现感得到尽可能大的提升；既要有效利用和开发每个人的潜能，又要统筹和兼顾个人、群体、组织和社会公众利益。因此，一方面，公共部门人力资源管理的功能不仅是通过所有的人力资源管理活动发挥出来的，而且各人力资源管理活动之间也是相辅相成的，上述功能与活动的对应连接仅是一种直接体现而已。例如，获取功能直接体现为招募、甄选、录用等活动，但一个组织为了吸引人才，必须在薪酬、教育培训开发、职业生涯管理、劳动关系、组织文化等诸多方面对求职者有相当的吸引力。另一方面，在诸项功能之间，"获取"是前提，没有合适的人力资源，其他功能将无从谈起。"激励"是核心，以促使组织成员形成职业化行为，进而转变成自觉行为，去主动完成工作任务和目标；反之，没有工作任务和目标的完成，其他功能也是无效的。"发展"既是手段也是目的，因为组织成员技能的提高、潜力的开发等都证明了组织成员在"发展"，而员工的这一"发展"正是组织"发展"的手段，但又何尝不是组织发展的目的？"维持"是基础，只用使组织成员留在组织内，并保持一定的稳定性，着力提升其满意度等，"激励""发展"和"整合"才能实现并有望持久有效。"整合"是关键，以使组织成员具备与组织相一致的理念和行为，进而实现人力资源管理从理念经制度、政策到实践的基本逻辑。

6. 公共部门人力资源管理目标

　　公共部门的战略目标是公共部门人力资源管理的出发点和归宿点。阿姆斯特朗（M. Armstrong）认为人力资源管理要实现十个目标，[58] 而在舒勒和胡博看来，人力资源管理活动直接影响组织目标的实现，有效的人力资源管理目标是与组织目标相一致的，是为组织目标服务的。他们把组织目标相一致的人力资源管理目标分为三个层次，即直接目标、具体目标和最终目标。直接目标是通过人力资源管理活动来吸引人、留住人、激励人和开发人；具体目标是提高组织成员生产率、改善工作质量、遵从法律的要求、获取竞争优势、增强组织成员的灵活性；最终目标是通过组织中有效的人力资源管理来维持组织的生存、促进组织的发展和利润的增长、提高组织的竞争力和适应外部不断变化环境的灵活性[59]。换言之，每个公共部门的人力资源管理都必须服从于本部门的使命、愿景、价值追求和战略目标，即公共部门人力资源管理的目标要紧紧围绕公共部门的公共管理和公共服务目标，因此，公共部门人力资源管理的目标应定位于：获取、发展公共管理工作需要的各类人力资源，建立公共部门与组织成员之间的良好合作关系，进而以高效管理和优质服务满足社会经济发展需要和公众需求，同时也满足组织成员个人成长和发展的需求。

如果把公共组织视为一个资源转换器，那么，人力资源管理就是如何选择和控制进入组织的人力资源，然后加以开发利用，使之发挥应有的作用，最后依法和根据战略需要保留或排出人力资源。在这一转换过程中，人力资源管理的目标就是识人（才）、选人（才）、用人（才）、育人（才）和留人（才）。如果说这是直接目标的话，其余各种目标都是以此为前提和基础的。

（1）识人。这是指通过识别和洞察人的心理特征和规律，识别组织成员的个性差异和能力优势等，从而为组织提供相应的标准、程序、技术和方法等。为此需要掌握相关的理论、技能和技术工具等。

（2）选人。这是指通过各种渠道，借助各种方法，为公共部门寻求和吸收优秀的人力资源。为此，一方面，要建立和完善劳动力市场，扩展人力资源来源的社会基础；另一方面，要以统一的人力资源标准、完善的双向选择机制、良好的人力资源规划和发展路线、合理的选拔和晋升体制、适宜的薪酬待遇等，保证公共部门既能从社会中广泛获取优秀人才，又能从内部及时得到优秀人才。

（3）用人。对已录用人员，要真正关心、真心尊重、充分信任、大胆使用，尽最大可能发挥其潜能，做到人尽其才。为此，要通过职位设计、人员分类、绩效管理、薪酬管理、晋升政策等，最大限度地调动每个人的积极性、主动性和创造性。组织只有用好人，才可能求得人才、留得人才。不论是中国传统人事管理，还是现代人力资源管理，用人始终是组织人力资源管理的核心。

（4）育人。公共部门在使用人力资源的同时，还要立足培育人才。为此，要建立健全教育培训开发体系，借助个人开发、职业生涯管理等，进一步开发人力资源的潜力，使其在适应社会发展与组织发展需要的同时，也能够实现自己的职业生涯规划，即实现组织发展与个人发展的双向良性共进。

（5）留人。留住所需要的人才，组织才能在可持续发展的同时，实现组织的使命、愿景和战略目标。为此，要通过完善的人力资源管理，给人们以成长、发展的空间和动力。留才是对上述目标实现状况的综合评价，如果没有完成渴望求才、合理用才、科学育才等目标，也就很难实现留住人才的目标。

7. 公共部门人力资源管理环境

从 1964 年法默（R. Farmer）和里奇曼（B. Richman）开创性地提出比较管理理论模式，把管理过程同组织外部环境区别开来，并将环境制约因素归纳为教育的、社会的、政治法律的和经济的四种变量以来，人们愈加认识到环境对组织内部管理的制约作用。广义地讲，环境是无限的，作为组织管理一个重要和关键的子系统，公共部门人力资源管理的环境要素包括了公共部门内外对人力资源管理活动施加影响的每一个因素。组织环境可以定义为存在于组织边界之外的并对组织具有潜在或部分影响的所有因素，并分为任务环境和一般环境。二者的区分在于其对组织的影响是直接的还是间接的，具有直接影响的是任务环境，具有间接影响的是一般环境。^⑩也可以是指直接地或间接地影响或作用于公共部门人力资源管理系统及其活动的各种要素的总和，包括一般环境和交关环境。^⑪因此，下面以我国一个具体的公共部门，如某市财政局、某县实验小学的边界为准，把公共部门人力资源管理环境划分为外部环境和内部环境两大部分。

（1）公共部门人力资源管理的外部环境。

公共部门人力资源管理的外部环境是公共部门以外的、影响公共部门人力资源管理的所有因素，即 STEPED（即社会的、技术的、经济的、政治的、环境的和人口的英文首字母的组合），主要包括以下几个方面：

① 人口和教育环境。人口环境即一个国家或地区可向公共部门提供的人力资源的性质、数量、质量、分布、结构等。像人口老龄化进入快速发展期、二胎新政策及生育全面放开、城镇化下农村人口的迁移、智能机器人的大量使用、人口红利正在逐步消失等都是重要的人口环境变化。教育环境即该国家或地区对教育的重视程度和公民的平均文化水平，教育制度的完善程度和专业化程度，以及受过高等教育和专门训练的人所占比例等。《中共中央关于制定国民经济和社会发展第十三个五年规划的建议》提出"推动义务教育均衡发展，普及高中阶段教育"，2014 年高中阶段教育毛入学率为 86.5%（高于中高收入国家平均水平）、高等教育毛入学率为 37.5%（超过中高收入国家平均水平）等都是重要的教育环境变化。

② 政治和行政环境。政治制度包括国家政权组织的组织形式及相互关系、政治体制、政治结构、政治权力集中或分散的程度、政治组织的性质及政党政治的状况等。行政体制则包括行政权力的性质、政府首脑的权力、行政组织与其他政权组织的关系、行政权力的划分结构等。公共部门人力资源管理与国家政治制度和行政体制的关系紧密相连。具体而言，政治制度与行政体制对国家管理权力划分的原则和方式，决定了人力资源管理的体制及其人事管理权的划分方式。可以说，公共部门人力资源管理本身就是国家政治制度和行政体制的表现形式之一。另外，公共部门人力资源管理通过选人、用人、发展人，有效维护了国家政治体系与行政体系的稳固和运作。

③ 经济环境。经济环境主要包括国家的经济制度、经济体制、经济发展水平、国民生活水平等。其中，第一，经济体制是一个国家经济运行的具体方式，集中体现为资源的配置方式。第二，经济发展状况在一定程度上决定了对人力资源的需求程度。第三，经济变化也迫使聘用和就业的方式发生改变，如从传统产业转向现代服务业等。这都决定了组织人力资源战略及人力资源管理活动必须主动调整和跟进。而且，经济实力和经济发展也决定了人力资源开发的物质基础和人们的经济收入水平等。

④ 法律环境。公共部门人力资源管理并非一种单纯的技术行为，而是涉及大量法律事务的社会性行为，而且公共部门人力资源管理法律体系本身就是国家法律渊源的有机组成部分，因此一方面，公共部门人力资源管理必须模范遵守法律法规和党内法规，也只有依法管理，才能切实维护公共部门及其人力资源管理部门和组织成员的合法权益。另一方

面，公共部门人力资源管理既受国家法治建设进程的制约，同时，自身的法治化程度也直接反映了国家的法治化水平。

⑤ 社会环境。社会环境即国家的社会结构、社会制度、社会变迁、社会治理等。尤其是我国正处于前所未有的双重大转型时期，既要完成从传统社会转向现代社会的历史任务，又面临从工业社会向后工业社会转型的时代任务，城乡二元分割分治局面尚未完全打破，社会治理改进任务艰巨，这对我国公共部门人力资源管理的影响巨大而深远。

⑥ 文化环境。文化环境即国家的社会历史背景、意识形态、价值观念和社会准则等，以及由此生成的社会人际关系、交往方式的总和。德鲁克将管理视为科学，"但管理又受一定的社会文化的影响，并受到特定社会中的价值理念、传统和习惯等因素的制约……管理越是能够运用社会传统、价值观念和信念，它就越能够取得成就"[②]。这主要在两方面对公共部门人力资源管理产生影响。一方面，公共部门人力资源来自一定社会文化（民族文化）环境中，他们所具有的价值观念和行为准则会促使公共部门人力资源管理选择特定的管理模式；另一方面，公共部门及其工作人员所接受与形成的社会意识形态、价值观念、领导方式会作用于公共部门人力资源管理的实践过程。公共部门人力资源管理必然是在特定的社会文化环境下生成、发展和成熟起来的。

⑦ 科学技术环境。科学技术环境即全社会科学技术的发展、进步和创新水平，以及科学技术作为新的知识或技术手段被全社会认识、重视并广泛应用的程度。它关系到公共部门人力资源管理使用新的技术方法的可能性，涉及公共部门人力资源接受新观念、新事物的认识水平、接受能力及其本身的科学技术素养。我国电子商务产生改变了经济结构，电子政务正方兴未艾，信息技术使公共组织开始减少管理层级，先进的网格化治理开始推行，同时也创造了公众参与公共事务治理的条件并强化了公众的权利意识，社会要求公权力越来越透明化运行，自媒体的发展也对公共管理提出了相应的挑战，而且随着技术和产品更新周期的越来越短，对新知识、新技术、新技能的要求越来越高，公共组织的结构调整，新旧职位的更替，人力资源的预测、开发，人力资源管理的电子化等将成为常态，人力资源拥有的技术水平也正在成为组织生存和发展的关键因素。

⑧ 生态环境。我国自然环境先天不足，尽管1982年就把环境保护作为基本国策写入《宪法》，1992年又提出了保护环境、实施可持续发展的战略，投入了大量的人力、物力和财力，但仍面临资源约束趋紧、环境污染严重、生态系统退化的严峻形势。党的十八大把生态文明建设纳入了中国特色社会主义事业"五位一体"（包括经济建设、政治建设、文化建设、社会建设、生态文明建设）的总体布局，2015年4月，中共中央、国务院在印发的《关于加快推进生态文明建设的意见》中提出：牢固树立尊重自然、顺应自然、保护自然的理念，坚持绿水青山就是金山银山，加快形成人与自然和谐发展的现代化建设新格局，开创社会主义生态文明新时代。生态兴则文明兴，生态衰则文明衰，公共部门人力资源管理必须立足于实现资源的永续利用、环境的不断改善和生态的良性循环，实现中华民族的永续发展。

⑨ 国际环境。从一般意义上讲，不论是公共部门还是私营部门，从来没有像今天这样受到国际环境的重要影响，可以说，所有的国内部门都会受到国际因素的影响，我国公共管理面临的国际压力是巨大而空前的。因为每个国家均越来越开放，信息技术越来越发展，国际合作越来越密切，而不论是对抗还是合作，世界上某一个角落的政治、经济、技术、军事等的变动将会迅速波及全球，我们就是要在这样的国际环境下确定政府和市场的边界与功能。各国人力资源管理的共同趋势，以及特定国家在全球系统下的角色变动就是一个重要的国际因素。正如系统科学那句名言所说：纽约市一只蝴蝶翅膀的振动会引起新加坡上空的一场暴风雨。

总之，从国内看，我国经济发展进入新常态，经济转轨、社会转型、政治改革等也将进入前所未有的关键期；从国际上看，我国从来没有像今天这样接近世界舞台的中央，从来没有像今天这样全面参与国际上的各种事务，也从来没有像今天这样承担着维护世界和平与发展的重要责任，这都给公共部门人力资源管理带来了新的生机和新的压力。

（2）公共部门人力资源管理的内部环境。

公共部门人力资源管理的内部环境即公共部门内部影响其人力资源管理的因素，是直接影响公共部门人力资源管理活动各种要素的总和。它与公共部门人力资源管理的互动关系极为明显和重要，主要包括以下几个方面。

① 组织制度。公共部门人力资源管理系统只是组织管理系统的一个子系统，是组织管理制度的一部分，整个组织管理制度的健全规范程度，如决策制度、组织架构、业务流程、财务管理、办公管理等，在相当程度上决定了人力资源管理制度建设的水平；也就是说，不合理的组织制度既影响人力资源管理功能的正常发挥，也会阻碍人力资源管理的科学发展，而良好的组织制度自然会促进人力资源管理的系统化、科学化。

② 组织文化。对组织文化的界定，有不同的观点和角度，其中，有狭义和广义之分。狭义的组织文化是指理念（精神）文化，这既是战略前提的核心，又决定和影响着管理主体乃至组织所有成员的认知、理念和行为；广义的组织文化，除了理念文化外，还包括制度文化、物质文化和行为文化等。[⑱] 所以，组织文化不仅是环境要素，还是系统要素，从而决定了在系统模型图中，它既要跨越系统的边界，又要跨越战略前提和职能活动的边界。因此，第一，从系统要素来说，组织文化与人力资源管理有"重叠"关系，人力资源管理的理念、政策、体制、制度、机制、技术、工具等就是组织文化的相应部分。第二，从环境要素来看，组织文化与人力资源管理是互相作用的关系，组织文化选择和塑造着组织成员的价值观、态度与行为方式，也决定了组织成员对人力资源管理法律、法规、政策、制度、措施的态度与接受程度，进而影响了人力资源管理政策的制定与体制、制度、机制的完善，以及人力资源管理各职能的效率和效果；反过来，人力资源管理正是通过其各项职能，推进组织成员与组织文化的认知、认同等，也就是说，优秀的组织文化还需要人力资源管理制度去培植，为组织文化提供人力资源管理制度保障，并促其发扬光大，即人力资源管理成为强化和维系组织文化的基本力量。对此，还是雷恩（D. Wren）说得好："管理思想

既是文化环境的一个过程，也是文化环境的产物。"[64]这也在一定程度上说明了狭义的组织文化（理念）和人力资源管理之间的互动关系，也应是文化管理与制度管理的良好互动。

③ 组织高层管理者的认知、理念和风格。作为组织人力资源管理的最高责任人，没有一个组织的高层管理者不重视用人，但这并非说明他重视人力资源管理，所以，从某种程度上讲，高层管理者对人力资源管理重要性的认知就影响了人力资源管理的地位和作用；高层管理者的理念也就是人力资源管理的思想理论和价值取向，为人力资源管理制度和技术工具注入了核心部件；高层管理者的领导风格也决定了人力资源管理的格调，总之，组织高层管理者的认知、理念和风格，在一定程度上决定了公共部门人力资源管理的高度和深度。

④ 组织其他部门。现代人力资源管理强调，公共组织内的每个部门都对本部门人力资源管理负有主要责任，每个管理者也应该是一个称职的人力资源管理者；人力资源管理部门不但不能凌驾于其他部门之上，而且应成为其他部门的助手和参谋，二者是一种伙伴关系，人力资源管理各种活动都需要二者的密切合作。实际上，在今天，一方面，每个部门的人力资源管理水平影响了整个组织的人力资源管理水平；另一方面，人力资源管理部门为其他部门解决管理中具体问题的水平，又影响了人力资源管理部门在组织中的地位和作用的发挥，进而影响了组织人力资源管理的水平。

⑤ 组织成员。在特别强调以人为本、人职匹配、个性化管理的今天，第一，每个组织成员都是自己的人力资源管理者，都应负起对自己的管理职责。特别要对自己的学习成长、工作绩效、团队合作等担责。第二，人有千差万别，即使同一个人，在其不同的发展阶段，也有其特殊性，因此，组织必须在了解和把握每个人的需求的基础上，实施不同的管理，努力实现人职匹配、人尽其才。第三，心理契约、工作满意度、工作敬业度、组织支持感、组织公民行为等都从不同的角度说明了现代组织与组织成员应努力发展成为一种良好关系，应实现组织发展和组织成员成长共进。因此，组织成员的需求、素质、行为等就在一定程度上成为公共部门人力资源管理的重要影响因素。

⑥ 非正式组织。非正式组织是组织成员在共同的工作过程中自然形成的以感情、喜好等为基础的、松散的、没有正式规定的群体。一般而言，非正式组织的作用具有两重性，这取决于非正式组织的目标与正式组织的目标的一致性程度。非正式组织对其成员的工作积极性、心理满意度等也有较大的影响，有时也会围绕工作形成约定俗成的工作标准和行为规则等，该标准规则也会与组织的正式标准规则有冲突。与正式组织相比，非正式组织的沟通范围要大，可以弥补正式组织沟通范围的不足。同时，非正式组织内部会逐渐产生其"领袖人物"，该"领袖人物"对非正式组织影响较大。对任何部门来说，都必须善于利用非正式组织的力量。

（3）公共部门人力资源管理环境与公共部门人力资源管理的关系。

① 公共部门人力资源管理环境决定和制约人力资源管理活动。这主要包括：第一，公共部门人力资源管理环境影响人力资源管理目标的建立及其实现程度；第二，公共部门人力资源管理环境能够影响组织结构建设；第三，公共部门人力资源管理环境决定或影响人

力资源管理的理念、活动、过程、行为和方法。

② 公共部门人力资源管理必须主动适应环境及其变化。这意味着人力资源管理要适应环境提供的有利或不利条件，因地、因时制宜，扬长避短，提高管理的成效。同时，人力资源管理要随环境的变化而变化，通过调整其目标、活动过程和行为方式，满足环境提出的要求。

③ 公共部门人力资源管理系统具有反作用。公共部门人力资源管理系统不是完全消极、被动地对环境作出反应，而是对环境具有反作用。显而易见，公共部门人力资源管理的高效，能使公共部门获得并不断开发出高素质的人力资源，从而对社会经济的发展产生促进作用；反之，如果公共部门人力资源管理不善，无法调动工作人员的积极性或是优秀人才短缺或大量流失，就会阻碍公共管理活动的有效运行，甚至会给组织形象和政权合法性带来极大的负面影响，阻滞社会经济发展。

8. 我国公共部门人力资源管理的基本原理

我国公共部门人力资源管理的基本原理是指我国公共部门完成人力资源管理目标、发挥人力资源管理功能、指导人力资源管理职能活动的有关思想、理论和原则等。他们除源自相关理论和公共部门人力资源管理的逻辑体系外，还来自党内法规和法律法规等。

（1）战略统领。战略统领是指通过建立和完善公共部门战略性人力资源管理系统，强化公共部门人力资源战略对组织战略的支撑，以最终实现组织战略。公共部门人力资源是一个国家区或地方的战略性资源，公共部门人力资源管理是公共部门管理的重要组成部分，公共部门人力资源战略是公共部门战略的重要职能战略之一。战略性人力资源管理是关于人的管理的一种新视野、新概念和新模式，强调将人力资源管理提升到战略的高度来对待，以及着眼于未来，关注组织长期发展的战略性因素，确保组织的持续发展。为此，组织结构、组织文化，人力资源的政策、活动都必须与其相匹配。当然，对我国公共部门来说，不论是人力资源战略还是组织战略，都要服从和服务于党和国家的发展战略。

（2）党管人才。《公务员法》第四条规定：公务员制度坚持党管干部原则。中办于2012 年 9 月印发的《关于进一步加强党管人才工作的意见》指出：党管人才主要是管宏观、管政策、管协调、管服务，包括规划人才发展战略，制定并落实人才发展重大政策，协调各方面力量形成共同参与和推动人才工作的整体合力，为各类人才干事创业、实现价值提供良好服务等。党管人才是党的组织制度的重要组成部分，是人才工作沿着正确方向前进的根本保证。2014 年 4 月公布的我国第一部系统规范事业单位人事管理的行政法规——《事业单位人事管理条例》第二条规定："事业单位人事管理，坚持党管干部、党管人才原则。"为什么要党管人才？2003 年 12 月，中共中央、国务院印发的《关于进一步加强人才工作的决定》指出：人才问题是关系党和国家事业发展的关键问题，新世纪新阶段人才工作的根本任务是实施人才强国战略，而大力实施人才强国战略，必须坚持党管人才原则。总之，要坚持党管人才原则，聚天下英才而用之，加快建设人才强国。实行更加积极、更加开放、更加有效的人才政策，以识才的慧眼、爱才的诚意、用才的胆识、容才的雅量、聚才的良方，把党内和党外、国内和国外各方面优秀人才集聚到党和人民的伟大奋斗中来，鼓励和引导人才向边远贫困地区、边疆民族地区、革命老区和基层一线流动，努力形成人人渴望成才、人人努力成才、人人皆可成才、人人尽展其才的良好局面，让各类人才的创造活力竞相迸发、聪明才智充分涌流。⑯（关于我国人才强国战略，详见本书 3.1.4。）2018 年 2 月，党的十九届三中全会通过的《中共中央关于深化党和国家机构改革的决定》提出："党政军民学，东西南北中，党是领导一切的。"要优化党的组织机构，确保党的领导全覆盖，确保党的领导更加坚强有力。这也是我国公共部门人力资源管理的一个显著特色。

（3）以人为本。以人为本原理即人本原理，是指人是管理的出发点和归宿，反对各种形式的以物为本、以官为本。这就要求首先从"人力"的层面上，由把人当做"成本"提升到把人当做"资源""资本"或"资产"。当然这仍是手段或工具意义上的，所以还需要在此基础上进一步把人从"资源""资本"或"资产"层面提升到主体人格层面，实现"人本"意义上的"把人当人"。德鲁克在提出"人力资源"这个概念的时候，就已明确指出："我们也必须重视'人性面'，强调人是有道德和社会性的动物，设法让工作的设计安排合乎人的特质。作为一种资源，人力能为企业所'使用'，然而作为'人'，唯有这个人本身才能充分自我使用，发挥特长。这是人力资源与其他资源的最大的分别"；"人对于自己要不要工作，握有绝对的自主权。"⑰这就要求组织必须在理念层面、制度层面、政策层面、工作环境等各个方面，实现尊重人、关心人、爱护人，真正落实以人为本。

（4）民主法治。坚持民主法治是对公共部门人力资源管理公共性的重要保证，是我国公共部门人力资源管理特别是干部人事制度改革的内在要求，是全面依法治国的必然选择。为此，在充分认识公共部门人力资源管理民主和法治的关系基础上，一要夯实基础，即实现公共部门人力资源管理的民主化。公共部门人力资源管理，特别是干部人事管理是国家政治生活的重要内容，这就要求管理的政策、制度、过程、活动等依法全面公开。这既可以增强公共部门人力资源管理的公开性和透明度，主动接受全社会监督，又可以促进公共部门与社会公众的联系，提升人们对公共部门人力资源管理的认同、信任和支持。二要抓住关键，即实现公共部门人力资源管理的法治化。2015 年 12 月，中共中央、国务院印发的《法治政府建设实施纲要（2015—2020 年）》提出，树立重视法治素养和法治能力的用人导向，完善政府工作人员法治能力考查测试制度，注重通过法治实践提高政府工作人员法治思维和依法行政能力，以全面提高政府工作人员法治思维和依法行政能力，这既给公共部门人力资源管理提出了更加规范的法律要求，也说明了公共部门人力资源管理的法治能力和法治水平是我国法治政府建设的重要内容之一，是全面依法治国、促进国家治理体系和治理能力现代化的重要内容，为此，公共部门人力资源管理必须依据党内法规制度和国家法律规范；必须健全制度体系，实现干部人事工作法制化，法制化毕竟是法治的前提和基础；必须完善法律监督体系，严格执法执纪；必须立足建立一支具有法治化的公共部门人力资源队伍。

（5）分类管理。没有分类，就无法管理；没有合理的分类，也就没有科学的管理，合理的分类是科学管理的前提和基础。例如，英美等国在建立现代文官制度时就分为政务类公务员和事务类公务员，或政务官和事务官。20 世纪 70 年代之后的改革，又设立了高级文官制度。《公务员法》第八条规定"国家对公务员实行分类管理"。《事业单位人事管理条例》规定"对事业单位工作人员实行分级分类管理"。《关于进一步加强人才工作的决定》提出：对党政人才、企业经营管理人才和专业技术人才坚持分类指导，整体推进。2010 年 4 月，中共中央、国务院印发的《国家中长期人才发展规划纲要（2010—2020）》提出统筹抓好党政人才、企业经营管理人才、专业技术人才、高技能人才、农村实用人才以及社会工作人才等人才队伍建设。公共部门人力资源的分类管理可以不同的标准进行。第一，可按组织进行分类，如党政机关的人力资源管理、事业单位的人力资源管理、公益类国企的人力资源管理。第二，可按人力资源进行分类，如公务员的管理、事业单位工作人员的管理等。又可按公务员的领导成员与非领导成员，综合管理类、专业技术类和行政执法类进行分类管理；事业单位的管理人员、专业技术人员和工勤人员进行分类管理。事业单位和公益类国企的管理人员还可按高层、中层和基层三类管理人员进行分类管理。第三，可按职位或工作的性质、难易程度、责任大小及任职资格条件等进行分类。

（6）开发先导。重在开发是现代人力资源管理的显著特征，人力资本理论揭示了人力资源开发对于经济增长的积极作用，人力资源的质量差异是一个国家或地区经济收益异常悬殊的主要原因。这也是践行以人为本，谋求组织和个人的协同发展。从某种意义上讲，人力资源管理就是以开发为先导，以整体优化人力资源管理系统为目标，以相关学科（如经济学、管理学、心理学、社会学、统计学等）的交叉应用为研究手段，以调动人的主观能动性为核心的管理思想、管理原理、管理过程、管理技术和管理方法。

（7）系统优化。系统优化原理是指人力资源管理系统经过组织、协调、运行、控制，整体功能获得最大发挥。每个公共部门都是一个系统，人力资源管理系统是其一个子系统，而人力资源的教育培训与开发、绩效管理等又是人力资源管理的子系统。系统优化原理的基本要点：一是整体性。即重视整体效应，系统的整体功能必须在大于部分功能之和的各值中取最优，并注意处理好各部分的关系。二是结构性。所谓结构，是指系统内各要素的组织形式，即要素间的关系。系统通过结构将要素连接起来，并将要素的变化限制在一定的范围内，决定了系统的整体功能。例如，组织的人力资源管理制度就可以看做人力资源管理系统的结构，规范并约束着作为要素的组织成员，因此科学合理的人力资源管理制度建设是人力资源管理的重要内容，并具有基础性作用。三是层次性。任何一个人力资源管理系统，都必须形成合理的结构层次，且具有一定的前瞻性，能从战略高度为组织的未来发展提供结构层次合理的人力资源，如组织成员的年龄结构、学历结构、性别结构、专业结构、职称结构等。四是互补性。由于每个个体的多样性和差异性，因而存在着人力资源整体中的知识互补、气质互补、能力互补、性别互补、年龄互补、技能互补。任何一个有劳动能力的人都可以在不同的组织系统和工作岗位上发挥作用。正所谓没有无用之人，只有不用之人。而且，发挥了每个个体的优势，人力资源系统的功能方为最优。这自然要求尽可能降低各种内耗，注意人们之间理想、事业、气质、品德和修养等方面的和谐，形成最佳组合阵容。同时应遵循动态平衡的原则，保证合适的人员流动，实现人力资源的相互选择和重新组合，以达到最优的互补增值。五是相关性。人力资源管理系统内各要素之间、要素与整体之间，以及系统与环境之间相互联系、相互影响，因此，必须注意人力资源管理制度与组织文化、组织成员与管理制度、组织成员与组织文化等之间的相互关系。

（8）职、责、权、能、利对应。这是指公共部门人力资源的职位、责任、权力、利益和能力要统一对应，即职位分明、责任明确、权力明晰、能力适应、利益合理，保证事有人管、管事有权、权连其责、能力相符、利随其绩，实现事得其人、人适其事、人尽其才、人事两宜。尽可能减少彼得原理所说的"每位员工都将晋升到自己不能胜任的阶层"（关于彼得原理，详见本书10.5.2）。不过，尽管不同的职位意味着不同的权力、责任和利益，如对管理人员来说，高层侧重于决策、指挥，中层侧重于组织协调，基层更侧重于技术和执行，这就自然对任职者的胜任力提出了相应要求，但不论是这种胜任力要求还是任职者的胜任力，都具有动态性、可变性与开放性，因此，职、责、权、能、利对应也是一个动态调适直至相对最佳的过程。

（9）合理流动。作为生产要素之一，人力资源的合理流动，不仅是正常现象，而且也有利于个人能力的全面发展和组织实现人力资源的有效配置，所以，英美发达国家从20世纪70年代开始逐步改变"职务常任"，打破公务员的终身制，促其合理流动。按《公务员法》第十三条、《公务员法（修订草案）》（2018年11月面向社会征求意见）第十四条的规定，我国公务员享有非因法定事由、非经法定程序，不被免职、降职、辞退或者处分的权利，但近几年公务员辞职者逐渐增多。根据国内知名人力资源机构智联招聘发布的《2015春季人才流动分析报告》显示，公务员跳槽率上升明显，政府/公共事业/非营利机构行业的白领跨行业跳槽人数比上年同期上涨34%。有意思的是，他们跳槽后，爱跨界到房地产和金融行业，最爱的还是到企业继续做行政类工作。另有数据表明，某些地方基层公务员流失率近几年升高较大，如某设区市乡镇机关公务员流失率达30.8%。[⑰]不管这种流失率是否合适，或者多大的流动率才合适[⑱]，问题是一个社会既需要高素质的公务员，还需要高素质的老板、高素质的社会服务者……只有整体提升，进步才会成为可能。何况"户枢不蠹，流水不腐"，再优秀的人才，不加入社会的大循环，也会给其成长带来伤害。公务员流动率太低，绝对会拖累整个社会。所以，尽管不同地域、部门的公务员的流失原因不尽相同，但在我们这个"官本位"较为根深蒂固、连续多年公务员报考者过百万的国家里，公务员常任制的打破毕竟向着合理流动迈出了关键且可喜的一步。

但需要说明的是，从企业的人员流动和近几年公务员的流失看，在注意到其合理流动的同时，还要正视有"逆淘汰"问题，即辞职的多是工作能力强、表现优异的中坚力量。这既会打击人才的事业心和积极性，乃至恶化职场生态，也会动摇组织为培养人才加大投入的决心，最终给组织发展带来伤害。所以，与保持多大的流动率一样，"为什么离开的偏偏是优秀人才"也将会时常考验着每个组织的人力资源管理。

（10）文化凝聚。正是组织的使命、愿景、核心价值观等文化选择和塑造着组织成员的价值观、态度与行为方式，从而形成强大的凝聚力。因此，通过包括使命管理、愿景管理、价值观管理等在内的文化管理，既可以实现组织成员的自我管理、自我诊断、自我启发和自我完善，调动每个组织成员的积极性、主动性和创造性，又可以达到用文化管理来吸引人才、凝聚力量、塑造队伍、激励人才的最高境界。

注释　　　　　　　资料

复习思考题

1. 如何理解人力资源的含义？它有何特点？
2. 如何理解人力资源管理的含义？它有何特点？
3. 公共部门人力资源如何界定？它有何特点？
4. 公共部门人力资源管理如何界定？它有何特点？
5. 如何理解公共部门人力资源管理的逻辑体系？
6. 如何理解公共部门人力资源管理的系统模型？
7. 如何理解公共部门人力资源管理的战略前提？
8. 公共部门人力资源管理管理主体有哪些？如何理解其职责分担？如何理解公共组织内部人力资源管理部门与非人力资源管理部门分工？如何理解公共部门人力资源管理专业人员的角色与胜任力？
9. 公共部门人力资源管理职能活动有哪些？
10. 如何理解公共部门人力资源管理的信息化、电子化与外包？
11. 公共部门人力资源管理环境因素有哪些？如何理解公共部门人力资源管理与其环境之间的关系？
12. 公共部门人力资源管理功能有哪些？
13. 公共部门人力资源管理目标是什么？
14. 我国公共部门人力资源管理有哪些原理？

第2章　公共部门人力资源管理的演进

学习思路和重点

不论是从人性的角度，如格林斯潘（A. Greenspan）所说的"人性自古未变，它将我们的未来锁定在过去"；还是从中国自身发展的逻辑，即科斯（R. Coase）说的"中国能从自己的过去中学到很多教训，这些才是中国需要解决的重点问题"，我们都需要从传统人事管理经人力资源管理到战略性人力资源管理与人力资本管理的演变中，多视角地了解过去、把握现在、思考未来，即分析现代人力资源管理产生的原因，总结每个发展阶段对人的管理的要求与应对措施，以及向战略性人力资源管理和人力资本管理的战略转变，并寻找其中的基本逻辑。实际上，公共部门人力资源管理一直处于一个不断自我调整、改进与完善的动态过程之中，以适应环境持续的变动、影响与压力，实现公共部门的使命、愿景、价值追求与战略目标，因此，学完本章，应熟悉发达国家公共部门人力资源管理的产生与沿革，把握我国公共部门人力资源管理的演变与完善，掌握公共部门人力资源管理的趋势与挑战。

2.1　西方发达国家公共部门人力资源管理的产生与沿革

2.1.1　从人事管理到战略性人力资源管理、人力资本管理与人才管理

对人和事的管理是伴随着组织的出现而产生的，这可以追溯到非常久远的年代。当然，组织的性质、规模、目标不同，人和人与人和事之间关系的内容和处理方式也随之不同，如部落、军队、政府、党团、企事业单位等的人际关系和处理方式就大相径庭。但不管何种组织，构成管理关系两端的必然是管理者和被管理者，也就必然产生如何管理的问题。以经济组织来说，在历史的不同阶段，管理者分别是奴隶主、土地所有者、资本家、业主、主管、工头和经理等，而被管理者主要是奴隶、农奴和工人等不同形式的劳动者。上述这些管理者如何支配、指挥、役使、管理被管理者即劳动者的问题，就形成了劳动管理（Labor Management）。在人事管理（Personnel Management 或 Personnel Administration）概念出现之前，劳动管理已经存在了很长时间。劳动管理与人事管理有不同的特点，但从管理对象和管理方式来看，两者又存在某种渊源，因此，又可把劳动管理看做人事管理的前期形式。人事管理作为一种管理体制出现于工业革命之后[1]，并在 20 世纪五六十年代逐步推广和完善。而 20 世纪七八十年代之后，随着现代科学技术的高度发展和知识经济的到来，人事管理又发展到更新的阶段——人力资源管理阶段。[2]劳动管理、人事管理、人力资源管理是同一历史过程的不同阶段。当然，对这些历史阶段的划分，存在不同的观点。

有的学者是从人事管理与人力资源管理的区别来划分的，如托林顿（D. Torrington）、霍尔（L. Hall）和泰勒（S. Taylor）总结了人事管理发展的四个阶段后，将人力资源管理视为第五个阶段。有的学者是按照人事技术和主要人事思想与观点的发展来划分，如弗伦奇（W. French）认为，早在 20 世纪初，现代人力资源管理的内容就已经形成，其后的发展主要在观点和技术方面，并将人力资源管理历史划分为科学管理运动、工业福利运动、早期工业心理学、人际关系运动时代、劳工运动、行为科学与组织理论时代六个阶段。舒勒和杰克逊（S. Jackson）则将其分成员工福利（1900—1910 年）、任务效率（1910—1920 年）、个性区别（1920—1930 年）、工会化和生产率（1930—1940 年）、经济安全（1940—1950 年）和人际关系（1950—1960 年）六个阶段。罗兰（K. Rowland）和费里斯（G. Ferris）根据人力资源的功能，将其分成工业革命时代、科学管理时代、工业心理时代、人际关系时代和工作生活质量时代五个阶段。卡肖（W. Cascio）从功能的角度将其分成档案保管（20 世纪 60 年代）、政府职责（20 世纪 70 年代）、组织职责（20 世纪 70 年代末和 20 世纪 80 年代）和战略伙伴（20 世纪 90 年代）四个阶段。福姆布龙（Fombrun）、蒂奇（Tichy）和德兰纳（Deranna）依据人力资源管理所扮演的角色，将其分成操作性角色时代、管理性角色时代和战略性角色年代。还有学者依据人力资源管理的内容，将人力资源管理历史分为现场事务管理、档案业务管理和指导协调管理三个阶段。孙健敏将其分成六个阶段，即工业革命时代（19 世纪末之前）、科学管理时代（19 世纪末至 20 世纪 30 年代）、人际关系时代（20 世纪 30—40 年代）、行为科学时代（20 世纪 40 年代末至 70 年代）、权变理论时代（20 世纪 70—90 年代）和战略管理时代（20 世纪 90 年代至今）。彭剑锋提出了人事行政管理（20 世纪 40—70 年代）、人力资源管理职能管理（20 世纪 70—80 年代）、战略人力资源管理（20 世纪 80 年代—21 世纪初）和人力资源价值增值管理（21 世纪初至今）四个阶段。闻效仪将其则分成人事管理的萌芽（1880—1915 年）、人事部门的出现（1916—1920 年）、福利资本主义时代（1921—1928 年）、大萧条及新政（1929—1938 年）、第二次世界大战及工会主义（1939—1945 年）和人力资源管理的产生（1946—1970 年）六个阶段。[③]

1. 缘起：福利人事与科学管理

工业革命在 18 世纪末始于英国，19 世纪席卷了美国：机器取代了工匠、能源取代了人力、工厂取代了手工业作坊。工厂体系的出现是人事管理的基础，它将一无所有的劳动力与工厂主和生产材料结合起来，使生产力迅速扩张。随着工厂规模的扩大和生产的程序化，管理和监督众多的工人变得很有必要。在一些场合，工厂主与管理者二任兼一，工厂主对工人的管理活动完全是专横的、家长式的个人行为。在另一些场合，工厂主委派工头管理工人，工头的任务是对工人加以控制和监督。无论是工厂主本人也好，工头也好，对工人的控制方式大都是暴力的和非人道的，无视工人的工作条件与安全条件。所谓的员工管理，也就是工人雇用、职位调动、工资设定、纠纷处理、工人解雇等。这种管理方式几乎贯穿整个 19 世纪，工人与工厂主的冲突激烈，工人的工作条件与生活条件极差。需要特别指出的是，工业革命在提高了劳动专业化水平和生产力水平的同时，也对生产过程的管理，尤其是对生产中员工的管理提出了更高的要求，从而出现了专门的管理人员，负责对员工的生产进行监督和对与员工有关的事务进行管理。从这一时期开始，人事管理被组织尤其是企业接受，人事管理作为一种管理活动也正式进入企业的管理活动范畴。可把这一时期看做现代人事管理的开端。

19世纪末至20世纪初，西方发达国家实现了从农业社会向工业社会的转变，工业社会的规模也由小变大，大机器生产已是社会生产的主要方式。与大机器生产相适应，出现了庞大且复杂的生产组织即大机器工业工厂。随着企业组织规模的扩大，企业组织的功能也出现了以分工和专业化为特征的变化。公司的所有权与管理权逐步分离，工厂已雇用了薪酬管理人员。但人事管理并没有得到相应的进步和提高，企业发展的重点仍然是扩大生产规模、改进机器和生产技术，而不是改善工厂的管理，包括对员工的管理，绝大多数工厂仍然坚持对工人实行控制型的专横管理，工头仍然奉行非人道的野蛮管理方法。这使得工人对低薪、高强度、无保障的劳动极度不满，进一步激化了工人与管理人员之间的冲突。19世纪后期出现了数次经济萧条与金融恐慌，机器进步使工厂对技术工人的依赖减少，普通劳动力剧增，工资一跌再跌；同时，移民与农村人口涌入城市，更使失业率居高不下，工资水平再一次下降。为了保护自己的利益，工人开始罢工和联合抵制，工会崛起，劳资关系空前紧张。所以，如何管理好大机器生产组织中的人、提高生产效率，便成为这一时期管理的中心问题。

为此，不少企业被迫采取各种各样的福利措施来吸引工人。如美国"沃尔瑟姆制"工厂就通过建立寄宿所来吸引女工，并竭力营造工厂生活在道德和教育方面的优越性。其后为增进工人对企业的忠诚，消除一年中的工作单调性和加强个人间的关系；企业也开始采取多种福利措施以留住工人，如经常利用传统的节日组织工人进行郊游和野餐等。

劳工问题的解决措施导致福利人事概念的形成和发展。所谓福利人事，即由组织单方面提供或赞助的、旨在改善组织成员及其家庭成员的工作与生活的一系列活动和措施。在美国，一些公司纷纷设立了"福利秘书"的职位。福利秘书通过建议改善工作环境、住房、医疗、教育和娱乐设施等来给工人提供工作福利帮助。工作福利是指非法律规定和生产必需的能使员工的心理和社会生活得到改善和进一步提高的一切活动。这些福利秘书就是现在的人力资源管理经理的前身，他们在组织与雇员当中起着稳定阀的作用。如固德瑞奇（B. F. Goodrich）公司于1900年成立了雇佣事务部，但其职责仅仅是招聘。1902年美国国家收银机公司（National Cash Register Company）建立了第一个职能全面的劳动部门。它的职责主要是工资管理、处理矛盾、改善雇佣和工作环境、改进卫生条件、保管记录、促进工人发展等。直到今天，人们仍能从人力资源管理中找到传统福利人事的影响。如组织设置澡堂和餐厅，提供医疗保健服务，修建各种娱乐和健身设施，兴办员工托儿所，甚至派福利代表到员工家中嘘寒问暖，提供营养和卫生方面的咨询等。

可见，福利人事是在"关心工人"和"改善工人境遇"的观点基础上建立起来的一种有关"工人应如何被对待"的思想体系，其基本信念是"福利工作是能强化诚信和提高工人士气的善举"，这会改善劳资关系，并有希望促进生产率的提高。然而，福利人事提高生产率的作用在实践中并没有得到显现。

同样关注劳工问题的泰勒（F. Taylor）认为，劳动组织方式和报酬体系是生产率问题的根本所在。他是从工作管理的角度进行研究的。他呼吁劳资双方都要进行一次全面的思想革命，以和平代替冲突，以合作代替争论，以齐心协力代替相互对立，以相互信任代替猜疑戒备。建议劳资双方都应将眼睛从盈余分配转到盈余的增加上，通过盈余的增加使劳资双方没有必要再为如何分配而争吵。

科学管理理论首次运用科学的职位分析方法，并提出以金钱为主要激励要素的激励理论。一般来说，这一时期人事管理的主要目的是激励、控制和提高员工，尤其是新员工的劳动生产率水平。实施科学管理成为人事管理的主要工作。人事管理人员开始进行时间和运动姿势及特征的研究，并以此为基础进行职位分析，通过职位分析制定职位说明书。招聘时开始考虑员工的体力、脑力和工作相匹配的问题，生理和心理测验逐渐成为招聘的一种辅助手段。虽然在今天看来，科学管理及其相关理论由于时代的局限存在许多不合理的成分，但它第一次将科学管理的观念引入人事管理，揭示了人事管理和劳动生产率及工作绩效之间的关系，说明通过有效的管理可以提高组织成员的劳动生产率和工作绩效，从而达到提高组织绩效的目的。

总之，运用福利人事来坚持"工人应如何被对待"的信仰与价值观，运用科学管理来提高生产率使企业得以生存与发展，福利人事与科学管理的融合使企业管理的研究者和实践者认识到，过去由一线管理人员直接负责招聘、挑选、培养、薪酬、考核、任命、奖励等工作的做法，已不能适应企业组织规模扩大的现实，企业要做好对人的管理这项工作，必须要有专业人士为一线管理人员提供建议，这为人事管理作为参谋部门而非直线部门的出现奠定了基础。1910 年，实行泰勒制的典范——普利茅斯出版社成立了人事部，任命威廉斯（J. Williams）为首任人事部经理。其职责就是通过职位分析确定适当的人选，训练和引导工人，保存工作记录，每月接见每个工人一次，每 6 个月为增加工资评定效率等级，听取意见，照顾出了事故或者生病的工人，管理储藏流行杂志和技术书籍的图书馆，为家庭提供财务咨询，提供餐厅及其他服务。从此，人事管理作为一个独立的管理职能正式进入企业管理的活动范畴。

2. 演化：人事管理

在企业，人事管理是为企业对人员的管理提供支持的一种雇佣体系，它关注的焦点在于建立、维护和发展特定的体系，从而提供一种雇佣体制框架。这种体系作用于员工受雇于企业的整个过程，从受雇（招募与选聘等）、雇佣关系管理（奖励、评估、发展、劳资关系、申诉与违纪等），到雇佣关系的结束（退休、辞职、减员和解雇等）。

随着《心理学与工业效率》一书于 1912 年的出版，芒斯特伯格（H. Münsterberg）开创了工业心理学这一领域。他指出，只有对人的行为进行科学的研究才能鉴别一般模式和解释人的个体差异。有意思的是，芒斯特伯格看到了科学管理和工业心理学的关系：二者都致力于通过科学的职位分析和提高个体技能与各种各样工作的相适应程度，来影响工作效率。

早期关于人事管理的论文常发表在《年报》（*The Annals*）和《管理杂志》（*Engineering Magazine*）这两本杂志上，1916年，《年报》出版专刊讨论了"工业管理中的人事和雇佣问题"。第一本以"人事管理"为书名的教科书出版于1920年，该书归纳出在雇佣、报酬、纪律及其他相关领域的一些流行做法。

20世纪30年代，梅奥（G. Mayo）等人的霍桑实验为人事管理的发展开拓了新的方向。霍桑实验证明：员工的生产率不仅受职位设计和报酬的影响，而且受许多社会和心理因素的影响。因此，有关工作中人的假设发生了变化，工业社会学、人际关系学、工业关系学和行为科学等新兴学科应运而生，大量研究成果在人事管理领域得到了广泛运用，并推动了人事管理的迅速发展。设置培训主管，强调对组织成员的关心和支持，增强员工和管理人员之间的沟通等人事管理的新方法被很多企业采用，人事管理人员负责设计和实施上述各项方案，人事管理的职能被极大地丰富了。这些结论致使在组织运作与实现组织目标的同时，对人的因素有了新的重视，同时也导致了家长式管理的加强。霍桑实验并非没有遇到批评，有些学者对实验过程、结果分析及其所归纳的结论都进行了抨击。但从历史的角度看，该研究是否具有可靠的学术性或论证是否言之有据都无关紧要，重要的是，它促进了对人的因素的研究。

工业社会学将企业作为一个社会系统，研究组织化的员工问题，并强调社会系统的相互作用。在工业社会，企业是一个社会系统，而社会系统是以相互作用、相互依赖但变化不定的各个单位的一种集合体为特征的，它要求在各个组成部分之间保持平衡。当这一思想被运用于人事管理领域时，员工参与、工会与管理层合作、员工代表计划等进入了人事管理研究者与实践者的视野。

人际关系学以"管理应该更多地关心人而不是关心生产"为核心观点，认为从工艺技术方面来解释工作的意义和以讲求效率的经济逻辑作为衡量绩效的基础，会把个人的社会需求挤到次要的地位，最终会降低个人在工作中进行协作的能力。因此，人际关系学强调管理的社会和人际技能而不是技术技能；强调通过团体和社会团结来重建人们的归属感；强调通过工会参与领导；以及将工厂中的正式组织与非正式组织结合起来使权力平均化。根据这一学说，沟通才是人事管理的主要任务和必备技能，员工满意度成为衡量人事管理工作的重要标准。

工业关系学认为，管理层与工人在关于如何分配由先进的技术化社会所创造的盈余上存在着必然矛盾，这种工业化冲突的解决不在于人际关系，而在于克服管理层和有组织的工人之间的利益争夺与意识形态上的冲突，工业化的和谐只有通过集体的讨价还价，以及专业的工业关系专家参与才可能实现。因此，工业关系专家登上了人事管理的舞台，劳资冲突化解、集体谈判等又成了人事管理的职责。

20 世纪 50 年代，行为科学理论正式问世。过去的人际关系理论建立在过于简单的行为分析的基础上，它强调组织只有理解组织成员的需要，才能提高组织成员的满意度和生产力。而行为科学研究发现，组织中人们的行为是多种多样、复杂多变的，不能仅仅认为组织成员的行为方式就是人际关系。组织本身对组织成员的表现具有塑造、控制和协调作用，而组织成员行为还受其所处的职位和技术要求的影响。与泰勒在科学管理中所做的相似，他们也借助科学的方法来研究组织行为。但不同于人际关系运动的成员，行为科学理论家专注于对组织内的人际行为进行客观性研究。行为科学的研究重点是对组织中人群的行为进行分析，在方法上吸收了心理学、社会学、人类学等有关学科的成就，目的在于使管理人员懂得从人的需要和动机出发去管理人、激励人，完善人的群体关系和集团作用。在行为科学理论中，满足人的需要从而激励人的行为，使之提高劳动生产率，是一个核心问题。行为科学理论最大的进步在于，它强调组织成员不是机器，而是有需要、有动机、有个性的组织成员。组织成员的需要、动机、个性与组织的因素，均会影响其的行为，因此应激励其积极行为，克服消极行为，使企业提高劳动生产率。不同于古典人力资源的监督性或强制性管理，在行为科学理论阶段，它强调的是人力资源的行为管理，即从人的需要出发，对人的行为进行积极的引导或激励。行为科学的发展使人事管理中对个体的研究与管理扩展到了对群体与组织的整体研究与管理，人事管理的实践也因此发生了很大的变化。行为科学对人事管理理论与实践的影响在 20 世纪六七十年代达到了顶峰。

尽管霍桑实验带来了整个管理学界在 20 世纪前半叶对人的因素的关注，也促进了人事管理的发展，但这一时期所确定的人事管理内容仍是杂乱的。人事管理没能形成一个科学、严格的定义，而是将以人为中心的管理活动合并在一起统称为人事管理。

在 20 世纪六七十年代，西方发达国家涉及人事和工作场所的相关立法急剧增加，并且立法的关注点也从工会与管理层间的问题转向了员工关系。随着各项法律的出台，企业很快意识到，卷入与员工或雇佣有关的司法诉讼花费巨大。于是，大量的律师走进人事部，规范一线经理管理行为的合法性，尽可能为企业避免司法诉讼和直接处理有关的司法诉讼等成为人事管理的新职能。

20 世纪 80 年代是一个充满了持续而快速的组织变革的时代，敌意接管、杠杆收购、兼并、剥离等事件层出不穷，人事管理也进入企业更高的层次，从关注员工道德、工作满意度转变为关注组织的有效性。高级的人事主管开始参与讨论有关企业未来发展方向、战略目标等问题，工作生活质量、工作团队组织、组织文化等成为人事管理的重要内容。

总之，人事管理的发展是不断应对挑战的过程。就在该过程中，其职能丰富了，地位提升了，人事经理也开始跻身于企业高层管理者之列。但人事管理依然没能形成完整而严密的理论体系，仍是一系列对人的管理活动的集合。

3. 蜕变：从人事管理到人力资源管理

巴克认为，人力资源职能包括人事行政管理、劳工关系、人际关系与行政人员的开发等方面，这对组织的成功来讲，与其他职能一样重要。根据巴克的观点，1964 年，皮格尔斯（P. Pigors）、迈尔斯（C. Myers）和马姆（F. Malm）等人的《人力资源管理：人事行政管理读本》强调这样一种观点：管理人是管理的中心，是第一位的。他们最早使用"人力资源管理"一词，并视其为一个比人事管理更广泛和更全面的一个概念。尽管其后的学术著作和教科书往往是"人事管理"与"人力资源管理"交替互换使用，但从 20 世纪 50 年代开始到 60 年代初，人事管理开始向人力资源管理转变。

20 世纪 70 年代变化巨大：（1）"人事管理"广泛地被"人力资源管理"所取代。这种取代不仅是术语上的变化，而且具有十分丰富的实质性意义。（2）管理的东西方交流。随着第二次世界大战后日本经济的迅速发展，欧美发达国家注意到日本的管理对日本企业发展的特殊贡献，并从中汲取经验。20 世纪 70 年代末至 80 年代初，美国公司开始学习日本一些成功的管理做法，如无工会的人力资源管理活动、全面质量管理等。在这种交流中，美日的共识是，员工是企业的主要资源，只有对他们进行有效管理，才能形成企业的竞争优势。（3）人力资源管理体系取代了产业关系体系。产业关系体系从 20 世纪中叶流行到 20 世纪 70 年代后，终于被现代人力资源体系所取代。其后人力资源管理的职能一直在变化，被认为是组织在今天的竞争环境下生存和发展的重要因素。（4）注意提高员工的生活质量。人力资源管理必须通过职位设计、职业生涯管理等工作，努力提高组织成员对组织的满意度。同时，要重视对人力资源的投资，这种投资既体现在对组织成员的教育培训上，也体现在调整组织成员的观念、态度、价值认识等方面。

其中，1972 年，美国管理协会出版了由达特尼克（R. Datnik）编著的《改革人力资源管理》一书。稍后，在 20 世纪 70 年代中期，大多数教科书里的"人力资源管理"定义的内容与人事管理所做的工作非常接近。有人已把二者等同起来。1979 年，彼得森（R. Peterson）、特蕾西（L. Tracy）的《人力资源系统》一书出版，但仍未解决是人事管理还是人力资源管理的问题。随后，海勒曼（H. Henneman）、施瓦伯（D. Schwab）、弗塞姆（J. Fossum）和戴尔（L. Dyer）等人用人事管理、人力资源管理基本解决了这个问题。

1984 年，亨特（J. Hunt）设想了人事管理重点的转移，引起人事管理有关人员的广泛注意，最终导致了人事管理向人力资源管理的转变。同年，德兰纳等人提出了"人力资源管理圈"。1987 年，哥斯特（D. Guest）侧重分析了人力资源管理与人事管理的区别。美国联邦政府审计署（Government Accountability Office，GAO）于 1987 年发表了一份《人力资源管理：促进生产力的政府机构实务状况》报告书，这反映了当时"人事管理"已逐渐被"人力资源管理"一词取代的趋势。

首部产生巨大影响的人力资源管理著作是哈佛商学院教授比尔（M. Beer）等人于 1984 年出版的《管理人力资本》。他们指出，传统的人事管理定义狭窄，人事管理活动是针对各自特定的问题和需要，而不是针对一个统一、明确的目标做出的反应，造成了人事管理职能之间及其与其他管理职能之间相互割裂、互不相关。竞争压力的变化已要求企业在人力资源问题上有一个定义更广泛、更全面和更具有战略性的观点，要求从组织角度对人予以更多的关注，在对人员的管理上采取更长远一些的观点，把人当做一项潜在的资本，而不仅仅是把人看做一种可变的成本。因此，比尔等人的人力资源管理包括影响企业与员工之间关系的所有管理决策与行为，其人力资源管理模式包括五个基本构件：利益相关者的利益、具体情况要素、人力资源管理政策选择、人力资源产出和长期效果。

在这一模式中，首先，比尔等人把员工看做企业中与股东、管理层地位平等的一个主要利益相关者，该观点显示了人力资源管理协调管理层和组织成员间利益冲突的重要性，大大扩展了人力资源管理涉及的范围，并暗示直线经理（特别是总经理）应承担更多的人力资源管理职责。其次，比尔等人认为，人力资源管理政策和实践的设计与实施，必须与大量的、重要的具体因素相一致，这些具体因素包括劳动力特征、企业经营战略和条件、管理层的理念等。通过这些具体因素，比尔等人将人的问题与经营问题有机地结合起来，并使人力资源管理具有战略价值。再次，比尔等人把多而分散的人事管理行为归纳为四个人力资源政策领域：员工影响、人力资源流动、报酬体系和工作体系，而且它们之间需要一定程度的一致性。最后，比尔等人指出，人力资源管理政策与实践的评估应是分层次的，人力资源管理政策与实践的直接效果可以用组织成员的能力、组织成员的承诺、人力资源管理政策的一致性和人力资源政策的成本收益来评估，而人力资源管理政策与实践的长期效果则应从组织有效性、员工福利和社会福利三个方面来考察。

比尔等人的人力资源管理模式提供了一个很有价值的分析框架，学术界对该模式所包含的变量评价较高，认为该模式既反映了雇佣关系中所涉及的商业利益，也反映了雇佣关系应该实现的社会责任。然而比尔等人并没有明确指出人力资源管理究竟与人事管理有什么不同，这一问题直到 1992 年才由斯托瑞（J. Storey）给出了答案。[④]斯托瑞通过对人力资源管理内在特征的分析，找出了人力资源管理与人事管理的不同点，并将这些不同点分为四大类：信念与假设、战略方面、直线经理和关键手段。人事管理致力于建立一种对组织成员进行规范与监管的机制，以保证企业经营活动低成本地有效运行。而人力资源管理则将员工视为能创造价值的最重要的企业资源，致力于建立一种能把人的问题与企业经营问题综合考虑的机制。因此，如果说人事管理是管理的一种职能的话，那么，人力资源管理则无疑是一种新的管理模式。

具有标志性意义的是，1989 年 9 月 1 日，具有 41 年历史的美国人事管理学会正式更名为美国人力资源管理协会。1990 年 1 月，其出版发行的杂志《人事管理者》和《人事新闻》分别更名为《人力资源》和《人力资源通讯》。紧接着，美国相关大学、企业等的职能部门和学术机构也纷纷更名，随后经过若干年的传播和推广，"人力资源管理"一词及其理念风行全球。

从 20 世纪中期以后，尤其是到了 20 世纪八九十年代，人力资源开发理论有了长足的发展。该理论的核心是不能将劳动力看做机器，也不能仅仅将劳动力看做被动地接受管理的对象。劳动力是资源，即丰富的具有能动性的人力资源。因此，人力资源管理应当是一种开发性的管理，应将人力资源挖掘出来，转化为巨大的生产力和社会发展的动力。人力资源管理应当研究采取何种方式来达到开发人力资源的目的。为此，近一个时期，人力资源管理理论的研究，综合了经济学、管理学、数学、社会学、人口学、心理学乃至物理学等各学科的知识和研究方法，研究范围也拓展到以社会人力资源的开发与管理为宏观背景，来研究组织的人力资源管理。可以说，人力资源管理从最早的监督性或强制性管理，到行为管理，再发展到开发性管理，是人力资源管理不断走向科学的一个进步过程。

从历史的纵向来看，卡肖认为，现代人力资源管理产生的源泉可以归结为九个相互关联的因素：（1）工业革命带来的快速的技术变革，使劳动力的专业化与工业革命的联系更加密切；（2）自由的集体谈判，对雇主和工会的活动形成了一定的限制和约束；（3）科学管理运动的推动；（4）早期的工业心理学；（5）公务员服务委员会的成立；（6）私营企业对人事管理的态度，以及人事专家的出现；（7）人际关系运动；（8）行为科学；（9）20世纪六七十年代的立法。⑤

谢晋宇等人则提出，美国人力资源管理是下述五种力量共同作用的结果：（1）从雇佣关系管理中所产生的矛盾和冲突中产生；（2）由于工作组织规模的扩大而带来的与劳动相关的管理越来越专业化；（3）利用人际关系等学说来看待对雇员的管理，使管理人的科学越来越科学化；（4）人力资源管理实务工作者和理论研究者的苦心经营；（5）近30年来，发达国家与就业相关的法律法规的系统化。⑥实际上，根据上面美国人力资源管理历史的演进，不难发现这些原因或动力，也就是说，美国人力资源管理是以下诸多因素形成合力的结果：工业革命、劳工运动、科学管理运动、人际关系运动、行为科学的发展运用、立法、管理人员和研究者的努力。

4. 战略转变：战略性人力资源管理、人力资本管理和人才管理

一般认为，德兰纳、福姆布龙和蒂奇于1981年发表的《人力资源：一个战略观》一文是战略性人力资源管理或战略性人力资源管理研究领域诞生的标志，稍后，其他学者也相继提出该理论。比尔等人在《管理人力资本》一书中提出的观点被认为是最有影响的战略人力资源管理理论。不过比尔等人并没有明确地提出战略的概念。而由此至今的几十年间，关于战略性人力资源管理的研究呈爆炸式增长。其中，1992年，赖特和麦克马汉界定了战略性人力资源管理——使组织达成自身目标的有计划的人力资源调度和活动的模式，并指出它在职能和关注焦点两方面与人力资源管理有所不同。同年，舒勒从六个方面阐述了战略性人力资源管理活动。1995年，胡斯里德（M. Huselid）提出了被后人称为具有"通用性"的战略人力资源管理研究方法。从战略管理（Strategy Management）的角度，静态研究的波特（M. Porter）的经典范式，动态研究的明茨伯格（H. Mintzberg）的"5P"和10个战略学派⑦的归纳总结影响深远。新世纪之交，由于以互联网为核心的新技术革命推动，以美国为代表的西方发达国家"后工业化"特征日益明显，全球化趋势强劲，因此，人力资源，特别是知识员工及其所拥有的专业化的人力资本，越来越成为决定组织成败的战略性要素。

从中可以看到一个显著的变化，即从关注企业绩效的环境决定因素转为强调企业的内部资源、战略与企业绩效的关系。如企业能力理论认为，与外部条件相比，企业的内部因素对于企业获取市场竞争优势具有决定性的作用。从企业资源基础的理论出发，许多学者相信，传统的竞争优势来源（如技术、财务资源的获得）已不再是以稀缺的、不可模仿的和不可替代的方式为企业创造价值。由于人力资源的价值创造过程具有路径依赖和因果关系模糊的特征，其细微之处竞争对手难以模仿，所以，企业的人力资源，特别是其专业化的人力资本，将是持久竞争优势的重要来源，有效地管理人力资源而不是物质资源，将是企业绩效的最终决定因素。同时，许多西方学者对人力资源管理的人本化思想、战略性理念和系统化运作等进行了一系列探索。这些研究显著提高了人力资源在形成竞争优势方面的地位，促进了从提高组织竞争力角度对人力资源管理的研究，人力资源管理管理发生了战略转变。

战略性人力资源管理把人力资源管理视为一项战略职能，以"整合"与"适应"为特征，探索人力资源管理与组织层次行为结果的关系。其着重关注：（1）人力资源管理应完全整合进组织的战略；（2）人力资源管理政策在不同的政策领域与管理层次间应具有一致性；（3）人力资源管理实践应作为日常工作的一部分被直线经理与组织成员接受、调整和运用。

人力资本观点的起源很早，到 20 世纪 60 年代，舒尔茨明确提出并界定了这一概念，即体现在人身上的知识、能力与健康。由于人力资源管理本身的理论局限和实际运行的障碍，加上知识经济的要求，人力资本管理（Human Capital Management）应运而生。所以，美国许多理论家和管理人员提出"人力资源功能应重新界定为人力资本管理"[8]。而到 20 世纪 90 年代中后期，企业界和管理学界提出战略性人力资源管理的新命题后，美国联邦政府的管理专家把它引入公共部门人力资源管理领域，并于 1998—1999 年举办了三次以"战略性人力资源管理"命名的圆桌研讨会，其中在 1999 年 3 月举办的第二次研讨会上对人力资本概念达成一些共识。与会者认为，与人力资源相比，人力资本更具有使用价值，因为人力资本突出了雇员具有价值的资本属性，是一种能动的、可变的、可再生的特殊资本，可以而且需要通过培训、开发、奖赏等形式的投资来获得增值效应。"人力资本不是一种应该最小化的成本，而是一种应该强化的战略资产"，"人力资本管理"便由此替代了"战略性人力资源管理"，特别是 GAO 首次使用"人力资本"一词，将公共部门人力资本视为重要资产而非组织成本，强调对联邦政府人力资本进行投资，并运用战略性管理以扩大其收益，[9]因此，美国联邦政府自 1999 年开始，就在其出版的报告书中，开始大量地以"人力资本"取代"人力资源"。

人才管理（Talent Management）也是 20 世纪末以来，因全球化、信息技术的迅猛发展及劳动力队伍结构的变化等外部环境因素导致企业人才吸引和保留的难度增大，而内部的人力资源管理不论从战略层面还是战术层面都面临诸多困境，从而被赋予了一种超越按照职能模块分工的传统人力资源管理的新思维和新实践[10]。但至今对其界定没有形成共识，这不仅源于如 1.1.1 所述的对"人才"一词的多维度理解，也确实是由于其管理对象难以确定。国内外一些学者、机构都给予其界定，对其的关注点集中于关键人才的吸引、保留及其使用。这实际上涵盖了人力资源管理的所有职能活动。如人才管理就是为了吸引、留住、开发和激励具有高技能的组织成员和管理人员而采取的系统性的、有计划的战略性措施。[11]而卡佩利（P. Cappelli）则认为，人才管理主要着眼于预测组织未来的人力资源需求，然后再设法通过制定相应的人才吸引及保留计划满足该需求。[12]周文霞则提出了在中国情境下的定义，即通过有效的技术和管理手段去招募、识别、发展、管理和留任关键人才，从而帮助组织和个人最佳地发挥其长期优势，为组织提供持续的人才供应。其核心议题是招聘、发展、管理、留任关键人才，具体的业务活动则包含招聘、绩效管理、继任管理、职业规划、学习管理、领导力开发、技能与胜任力管理等诸多方面，并据此提出了一个人才管理模型[13]。美国人事管理署（Office of Personnel Management，OPM）也指出，人才管理的两个关键成功要素是人才招募和人才保留，其作用就在于确保联邦政府各个机构能够在正确的时间、正确的地点获得拥有正确技能的人。因此，人力资源管理应被视为一个整体，而不再被割裂成模块，应保证人才的获取具有明显的前瞻性、主动性和灵活性，为组织发展提供持续的人才供应。为此，应重在人才理念和标准的多元化、人才的获取与发展、建设包容的组织文化、领导者的角色和领导方式转变、人力资源能力建设等方面下功夫，实现公共部门的战略性人力资源管理。

由上可见，第一，对人的管理的转变有个过程，有关学者对其的理解和归纳见表 2-1。第二，从人事管理到人力资源管理究竟意味着什么？斯托瑞认为在人事管理和人力资源管理之间有 27 个不同点。而莱格（Karen Legge）认为，人力资源管理与传统人事管理既有相似之处，也有差异，这可从规范层面和实务层面来比较。相似之处主要是：（1）二者皆强调要努力整合人事管理/人力资源管理和组织目标达成之间的关系；（2）二者都视人事管理/人力资源管理为直线部门管理者权限职责范围内的管理活动；（3）二者均强调要促进组织成员个人能力的充分实现，借此增进组织成员的工作满意度，以实现组织目标；（4）二者都强调"把正确的人放到正确的位置上"，而且这是整合人事管理/人力资源管理与组织目标的重要手段。相异之处主要是：（1）人事管理活动主要是针对非管理职位的组织成员，而人力资源管理更强调管理层级方面的人力资源规划与发展等活动；（2）人力资源管理更强调人力资源管理部门与其他部门的整合问题；（3）人力资源管理强调组织文化的塑造与变革领导是高级主管的主要管理任务。[14]如果说人事管理是组织管理的一种职能，那么人力资源管理则无疑是一种新的组织管理模式。综合这些研究，我们认为，公共部门人力资源管理与传统人事管理的主要区别如表 2-2 所示。（另外，关于战略性人力资源管理与人力资源管理的特点详见本书 3.3，关于人力资源管理与人力资本管理的区别详见本书 4.3。）第三，由于人力资源管理在保证组织走向成功的同时，还能够帮助组织成员发展与成熟，因而从长期来看，人力资源管理能达到手段与目的的统一。但从短期来看，人力资源管理是一种手段而难以成为目的，因此衡量人力资源管理的最终标准仍是组织的绩效。第四，人事管理关注的是组织运作过程中人的问题，而人力资源管理关注的是与人有关的组织运作问题。因此，与人事管理相比，人力资源管理的定义更加宽泛、全面，且具有战略性，这必然会对组织绩效产生更大的影响。第五，如果把人力资源管理视作一种管理模式，表明其必将涉及组织运作的每一个层面与角落，也包括所有与组织成员相关联的组织的管理行为。因此，人力资源管理当然不只是人力资源管理部门的专权，所有管理者都应承担相应的人力资源管理职责。[⑮]最后，人力资源管理的演化显示出人们越来越深刻认识到人在组织中的重要性。人力资源管理取代人事管理，并最终发生战略转变是历史的必然，其显著标志是战略性人力资源管理的确立。需要强调的是，无论是人力资本管理还是人才管理，都是从不同角度去探讨如何更进一步地实现战略性人力资源管理。所以，本书既把公共部门战略性人力资源管理、人力资本管理单独成章（分别见第 3 章、第 4 章），又以战略性人力资源管理统筹该书，故本书又可称为《公共部门战略性人力资源管理》。

表2-1　国外对人的管理的概念演变

发展阶段	劳工管理	人事管理	人力资源管理	战略性人力资源管理	人力资本管理
年代	20 世纪 30 年代	20 世纪 30 年代至 70 年代	20 世纪 70 年代至今	20 世纪 80 年代后期至今	20 世纪 90 年代至今
时代背景	工业经济	工业经济	从工业经济走向知识经济	知识经济	知识经济
管理对象	体力雇工	体力和脑力雇员	脑力和体力雇员	知识员工	知识员工
管理目标与特点	● 组织目标 ● 着重今日	● 组织利益 ● 着重当前 ● 缺乏整体框架	● 着重组织目标 ● 兼顾现在与未来 ● 着重环境 ● 着重绩效	● 着重组织目标 ● 着重环境 ● 着重战略	● 兼顾组织与组织成员 ● 创新 ● 绩效

资料来源：吴志华等，《公共部门人力资源管理》，复旦大学出版社 2007 年版，第 4 页；吴琼恩等，《公共人力资源管理》，北京大学出版社 2006 年版，第 4 页。

表2-2　公共部门人力资源管理与传统人事管理的主要区别

项　　目	公共部门人力资源管理	人 事 管 理
观念	视组织成员为有价值的重要资源	视组织成员为成本负担
目的	满足组织成员自我发展的需要，保障组织的长远利益实现	保障组织的短期目标
导向	注重过程	注重成果
模式	以人为中心	以事为中心
视野	广阔、远程性	狭窄、短期性
性质	战略、策略性	战术、业务性
深度	主动、注重开发	被动、注重管好
功能	系统、整合	单一、分散
内容	丰富	简单
地位	决策层	执行层

（续表）

项　　目	公共部门人力资源管理	人 事 管 理
工作方式	参与、透明	控制
与其他部门的关系	和谐、合作	对立、抵触
本部门与组织成员的关系	帮助、服务	管理、控制
对待组织成员的态度	尊重、民主	命令式、独裁式
角色	挑战、变化	例行、记载
部门属性	效益部门	非效益部门
管理人员	通才	专家
劳动关系	平等的、和谐的	从属的、对立的

2.1.2　公务员制度的形成与变革

公务员是公共部门人力资源的重要组成部分，公务员制度（Civil Service System）是公共部门人力资源管理的重要制度。

1. 公务员制度的形成及其原则与机制

目前世界上有 60 多个国家和地区程度不同地实行公务员制度。作为政府行政管理的一种基本制度和国家政治制度的重要组成部分，公务员制度最早形成于 19 世纪中叶。"公务员"一词来源于英语，原文为 civil servant，翻译为中文，有的译为"公务员"，有的译为"文职人员"或"公职人员"，有的译为"文官"。日本在第二次世界大战前采用"文官"的称谓，战后改称"公务员"。按照约定俗成的原则，英美等国对公务员仍采用"文官"的称谓。公务员有广义和狭义之分。广义的公务员，是指政府中行使行政权力和承担政府公务的所有工作人员，既包括通过选举产生的政府官员，也包括常任制的、非选举产生的政府公务人员。狭义的公务员，特指非选举产生的政府公务人员，他们一般通过公开竞争考试被择优录用，在无过失的情况下，一经录用，即可长期任职而不与内阁共进退。

中世纪以前的欧洲各国，还没有公务员或文官的概念。后来，西欧各国君主在市民阶层的支持下，先后建立了统一的中央集权政府。这时，出现了由君主直接任命并协助君主进行统治、对君主负责的文职人员，他们成为欧洲国家最早的文职官员，但并不是现代意义上的公务员。当时的官吏制度主要是"恩赐官职制"（包括君主专制的恩赐制和资产阶级权贵的个人恩赐制）和"政党分肥制"。前者是指文职官员的任命，由国家的最高统治者根据门第和私人关系予以恩赐。后者是随着资产阶级两党制的正式形成而出现的。在两党制下，执政党的更迭和内阁的变动比较频繁，本着"战利品归胜利者所有"的观念，每一个党正式执政并组成内阁后，就会相应地任命大批本党成员担任政府公职，撤换一批官员，从而形成了政府行政人员中经常性的大换班，造成了肥缺分赃、营私舞弊的恶风，埋没了真正的人才，使政府管理效率低下。无论是前者还是后者，都有利于封建残余势力和资产阶级贵族，但因此形成了任人唯亲、效率低下的社会现象，损害了整个资产阶级特别是后起的工业资产阶级的利益，并且引起了广大公众的强烈不满，有时甚至形成严重的政治危机。为了建立一个廉洁、稳定、高效的政府，以保护整个资产阶级的利益并促进资本主义生产的发展，从 19 世纪 50 年代开始，先是在英国，尔后在世界上许多国家逐渐形成公务员制度。这些国家公务员制度的形成大致有三种情况。

（1）在反对"恩赐官职制"和"政党分肥制"的过程中，逐步确立了公务员制度。其突出代表是英国。英国是现代公务员制度的发源地。1853 年，英国财政大臣格莱斯顿（W. Gladstone）委派诺斯科特（S. Northcote）和屈维廉（C. Trevelyan）调查英国任用官吏的情况，次年两人提出的报告（即著名的《关于建立英国常任文官制度的报告》，通常称为《诺斯科特-屈维廉报告》）指出，在英国想做官的多是庸碌无能之辈，凡是在公开竞争的职业中站不住脚的或不想积极努力的，才安于在行政部门里混日子；能进到政府里做官的人大多同大臣有关系。报告建议设立一个考试委员会，按照才能和教育程度录用应考的年轻人。这份报告还就文官制度的改革提出了四项后来逐步得到实现的重要原则性建议：① 将政府的行政事务工作分为智力工作和例行工作两大类，前一类指行政管理和政治性职务，由通过以大学课程为基础的考试选用的人员完成；任用例行工作人员也要考试，但只要求具有中学文化程度，大量的办公室工作由后一类人员完成。1876 年，枢密院宣布试图建立一个文书人员系统，但这种意图在 40 多年之后方得以实现。1920 年，全国文官被统一分为行政、执行、文书和事务人员四个等级。② 凡初任人员都应按规定的年龄从学校毕业，通过竞争考试表明具有通才智力后才能被择优录用。1855 年英国成立了文官事务委员会，举行统一考试，从各部提名的候补人员中择优选拔，四年以后又规定，只有经这个委员会录取而被使用的人员才享有在退休后领取退休金的权利。1870 年枢密院又宣布，除外交、内政两部外，其他各部的缺职均应由公开竞争考试合格的人员担任。③ 对各部人员实行统一管理，各部之间人员可以互相转调和提升。实际上直到 1919 年，英国才真正做到了文官全国一体化。④ 高级文官职位的提升以上级的年终考核报告为依据，低级事务人员的提升则多以年资为基础。

根据以上四项原则建立起来的制度，把政府官员分为两大类：一类是随内阁更迭而进退的政务官，另一类是事务官即文官。事务官不参加政党活动，若无过失即终身任职，年老退休后依法享有领取退休金的权利。

（2）主要在反对"政党分肥制"的过程中确立了公务员制度。其代表是美国。1801 年，杰弗逊（T. Jefferson）就任总统后，创立了民主党，开始任命一批自己的人；1829 年，杰克逊（A. Jackson）就任总统后，任命大批本党成员担任政府公职，撤换了大约 20% 的官员以安插同党。从 1840 年开始，美国社会各界反对"政党分肥制"的舆论日甚，国会和总统也开始在小范围内进行小规模的考任制试验。1883 年，国会通过了《文官制度法》（Pendleton Act，通常称为《彭德尔顿法》），开始实行以通过公开考试择优任用官员的"功绩制"为主要内容的现代文官制度。《彭德尔顿法》是以英国文官制度为蓝本，结合美国自身的经验而制定的，具有美国的特点。其要点是：① 通过"竞争性考试"选拔公职人员，并且从低级公务员开始，这是功绩制原则的核心，也是这部法律的中心思想。② 相对的职业保障，凡通过文官考试而被录用的人员，不得因政治原因（指政党关系）被免除公职。③ 文职人员在政治上保持中立，禁止"强制任何人采取政治行为"（主要指强迫公职人员向政党或其候选人捐助竞选基金或为之竞选）。

《彭德尔顿法》要求竞争性考试"具有务实性"，并同文职人员要履行的职责相联系。该法还规定公职人员的录用考试和提升考试，在公职的任何一级，对任何人开放。该法拒绝给予文官以绝对的职业保障，规定可以免除文官的职务。以上几点与英国的文官制度是有差异的。《彭德尔顿法》对联邦政府文职人员的招聘、考试、试用期，以及考试中作弊、行贿受贿的惩处都做了规定。它还规定成立一个两党的文官委员会来实施这一法律，委员会由三人组成，委员由总统任命、参议院批准，任期六年，委员会的主要工作是拟订人事法规，举办文官考试，防止政治腐化，受理人事诉讼。

1888 年，美国颁布了新的全美公务员职位细则和基于职位的薪酬制度；1896 年又规定对公务员进行绩效考核，并以此作为其升迁奖惩的依据；1897 年又规定禁止公务员参加政治竞选活动，以保持政治中立。

（3）总结和仿效英、美等国公务员制度，建立起自己的公务员制度，如法国、日本、德国等。公务员制度的建立与各国的社会发展相适应，反映了社会进步和社会政治发展的客观要求。它在百余年的发展中，吸取了不同国家人事管理的经验和教训。各国在实施公务员制度过程中做过许多技术方面的修改，但其基本的原则和内容相对稳定，形成了现代文官制度的基本特色。

总之，西方发达国家的公务员制度的形成，离不开政治与行政二分法（Politics-Administration Dichotomy）和行政管理职业主义取向的理论基础，并经过长期的发展，基本形成了功绩主义、公平竞争、法治精神、分权主义、追求效率、政治中立、两官分途、权利保障、专业管理、公务伦理等基本原则，以及公务员管理的竞争机制、保障机制、激励机制、更新机制、监控机制等运行机制。

2. 公务员制度在新公共管理运动中的变革调适

第二次世界大战以后，西方主要资本主义国家普遍推行凯恩斯主义（Keynesianism），加强政府对市场的调节和监控，同时实行福利国家政策。这确实推动了经济的发展。但 20 世纪六七十年代以后，各国经济出现普遍滞涨，政府管理出现效率低下、税收加重等问题，产生诸多社会矛盾，社会不满加剧，一个相对于传统的公共行政（Public Administration）而言的行政学新概念——新公共管理运动应运而生。主要表现为美国的"重塑政府"（Reinventing Government）、英国的"公民宪章"（the Citizens Charter）和"竞争求质量"（Competing for Quality）等，还有其他经合组织（OECD）国家普遍实施的市场导向和顾客导向的行政改革运动。尽管对其还有多种称谓，如"管理主义""企业化政府"等，但特点基本就是经合组织 1995 年度公共管理发展报告《转变中的治理》中总结的八项：转移权威、提供灵活性，保证绩效、控制和责任制，发展竞争和选择，提供灵活性，改善人力资源管理，优化信息技术，改善管制质量和加强中央指导职能。这引发了公务员制度的变革：公务员（文官）的永业观念已被打破；合同雇用、临时雇用等的出现使雇员的解聘更容易，业绩评估和绩效工资制成为一种主要的报酬方式；传统的片面强调对人的控制的人事管理模式正在向注重人才的培养与开发、以人为本的人力资源管理模式转变。[16]

英国是新公共管理运动的先行者。1968 年，富尔顿委员会（Fulton Committee）提出《富尔顿报告》，1971 年英国政府采纳该报告，拉开了文官制度改革的序幕。撒切尔夫人（M. Thatcher）执政期间，大力推进公务员制度改革。一是裁减公务员队伍；二是成立国家审计办公室，引入绩效评估机制；三是取消公务员部，将原有公务员部的职能划分到财政部和内阁办公厅下设的管理和人事局负责；四是遵循"新公共管理"理念，将公务员的工资、晋升等权力下放到各部门；五是引入市场竞争机制和企业家精神，着力于顾客（公民）服务。其后的梅杰（J. Major）政府在肯定并继承撒切尔夫人改革的基础上，又有所发展。

在美国，1978 年 10 月，国会通过《文官制度改革法》（the Civil Service Reform Act）。该法确立了功绩制的九项原则，实行了新的绩效考核制度，确认每项职务的关键内容，而不是依照笼统的考核表格评价他们的工作，各单位在作出培训、奖励、提升、降级、留用、重新委派工作、开除等人事决定时，必须以考核为依据，但只有在给予雇员合理的时间和机会改进其工作表现以后，方可免职或降级；实行功绩工资制，对部分中上级官员实行按工作表现付酬的办法，以鼓励和酬劳表现优异的官员；设立了高级行政职位（Senior Executive Service，SES），包括一般职（General Schedule，GS）序列中的 GS-16、GS-17、GS-18 三个职等的公务员，介于政治任命官与其他公务员之间；建立新的人事管理机构，取消了原文官委员会，成立了人事管理署、功绩制保护委员会（Merit System Protection Board，MSPR）和联邦劳工关系局（Federal Labor Relation Authority，FLRA）三个独立机构；建立了联邦文官学院，专门培训政府公务员；承认了联邦雇员组织起来，进行集体谈判和通过工会参与涉及他们的决定的权利。1993 年，克林顿（B. Clinton）总统进行了一场延续八年的重塑联邦政府运动——"国家绩效评估"（National Performance Review，NPR）；1998 年后更名为国家重塑政府伙伴关系（National Partnership for Reinventing Government），其成果体现在 1993 年国会通过的《政府绩效与结果法案》（Government Performance and Results Act，GPRA）、总统的行政命令和国家绩效评估报告中。2001 年，布什（G. Bush）总统提出了新的联邦政府改革方案——"总统管理议题"（the President's Management Agenda）。在前述克林顿"重塑政府"过程中，进行了被称为"重塑人力资源管理"的公务员制度改革，试图用人力资源管理模式全面改造传统人事行政式的公务员制度，这是在前八年改革的基础上，进一步推动公务员制度向现代化转型，力图建立一种以"人力资本战略管理"为特征的新型公务员制度。2010 年，美国国会通过了《政府绩效与结果修正法案》（GPRAMA），以期对上述 GPRA 中存在的突出问题进行修正，要求各联邦机构向美国行政管理和预算署（Office of Management and Budget，OMB）与国会提交至少向后覆盖四年的战略规划，同时规定至少每三年对战略规划修订一次（国防部战略规划为每四年修订一次），并将之发布在部门网站上，接受社会各界监督；与之配套的是，每个财政年度之初各机构必须向总统和国会提交一份年度绩效计划，明确年度绩效目标和考核指标，年后提交一份年度绩效报告，陈述年度绩效计划中确立的绩效指标及特定工作项目完成情况。

这场兴起于 OECD 国家的新公共管理运动，不论是以美国为代表的平衡型（在部分坚持原有制度的基础上大力引入新公共管理理论），还是以英国、澳大利亚和新西兰为代表的激进型（对原有制度进行较大力度的改革），抑或以法国、德国和日本为代表的保守型（基本坚持原有制度，改革部分枝节），都不同程度地推动了一系列国营事业民营化和政府部门财务管理的改革，包括普遍采用私营部门的管理方法，如分权、赋予管理者个人责任、绩效管理、弹性管理、解除规制等，这不仅带来了组织结构的变化，如扁平化、分散化等，而且改变了政府人事管理的理念和方法。其给公共部门人力资源管理带来下列变化：（1）将私营部门的管理方式引入政府部门，如实行全面质量管理和目标管理，对公务员进行量化绩效考评，签订短期就业合同，重视物质奖励。（2）从重视工作过程和投入转向注重结果和产出，对公共组织的工作目标给予测量，并对达到其至超额完成预期目标的机构及人员实行奖励。（3）重视人力资源开发。培训开发不但被置于管理的核心，而且在法律上得到保障。（4）解除管制，废除大量人事管理方面的法规，或者把执行人事政策交给各个执行部门，放弃通过各种规则来控制过程的管理方法，给管理者更多的裁量权，以迅速作出适合实际情况的决策。（5）实行全面质量管理，改变忽视效果的传统目标管理制度，强调以服务为目标取向，以公众满意程度作为评估绩效的主要标准。（6）实行业绩奖励制度。[17]

而在张世杰看来，以解除官僚化及推动分权化、民营化和管理主义为核心内容的新公共管理，对公共部门人力资源管理有较大的影响。当然，这些影响是一种可能性的、趋势性的观察与预测。有一个值得深思的议题是：新公共管理对文官体系的不满与批评、逐渐依赖短期聘任人力来承担传统文官的职务，以及政治任命的职务数量逐渐增加，都有可能破坏过去文官体系中的功绩主义、政治中立、专业主义等价值基础。[18]陈天祥则把这种变化或影响总结为：政治中立原则日渐式微、政府雇佣关系重塑、政府人事管理职能再造、简化人事规则、注重人力资源开发。[19]具体来说，新公共管理下人力资源管理的变革调适主要有五点。

（1）人力资源管理实务的创新。新公共管理开启了公共部门人力资源管理的弹性化大门，其强调学习私营企业的管理风格，解除烦琐的人事法规，在聘任和薪酬方面增加弹性空间，以获取优秀人才。其主要假设是公共部门并不缺乏优秀人才，但为何公务员的服务质量与能力一直为人所诟病呢？原因就在于僵化笨拙的客观制度环境让优秀人才裹足不前，不敢加入公务员队伍，即使加入，也无法发挥所长。因此应该：① 改变公务员招录制度。逐渐舍弃过去冗长且复杂的聘任程序和笔试制度，改为较弹性的、真正能够招募到特定需求人才的考试制度，如资格审查加面试。② 授予下级单位更多的人事与财务自主权，促进人力资源管理有更多的创新的实务表现。例如克林顿政府的"国家绩效评估"便鼓励联邦政府机构能推动"改革试验方案"（Laboratories of Reform），其根据各机构单位的任务需求，量身定制一些小规模的改革方案，为此，有些机构将过去一些烦琐的职位分类系统予以简化，或是通过一些报酬诱因机制鼓励以团队建立为主的工作方式。③ 委托私营企业或公共法人机构处理有关招募、培训等人力资源管理职能，从而使这些业务更符合每个政府单位的实际需要。

（2）民营化的趋势冲击传统人事管理者的角色。国营事业转换成民营企业时，一方面，有关原来组织成员身份与权益的改变会成为人事管理单位必须处理的议题。当委托经营时，代表人事管理单位的某些角色功能将会减退，例如，烦琐的聘任手续和教育训练等就可以委托民间的签约单位进行。另一方面，若涉及将政府业务委托给民间部门经营时，必须要先评估政府哪些业务或工作可以委托经营，也许人力资源管理单位也要提交成本效益分析，计算出委托经营的效益和可能伴随而来的成本，这意味着人力资源管理单位的评估与规划工作日益重要。但问题在于：① 民营化的趋势使得政府人力资源管理更容易暴露在政治因素的阴影之中，例如，在政府业务委托民间办理过程中，存在何种业务可以委托、中标者的资格标准为何的问题，这难免受到利益相关者的关注。② 人力资源管理者只是被要求设法做好"成本控制"工作，而不是去调和各界对政府人力资源管理制度所持的各种相互冲突的价值观点。因为，假使许多人力资源政策皆以市场竞争的效率观点作为决策标准，那么如何以最经济实惠的方式来实现目标，便成为公务员所遵守的最高指导原则。

（3）高级文官甄补的分权化趋势。在英国开始新公共管理运动之后，其高级文官甄补逐渐出现分权化的趋势，特别是文官部（The Civil Service Department）在 1981 年裁撤之后，有关中央政府文官人员的甄补责任便逐渐授权给各个部委自行处理。例如，1991 年的《枢密院文官命令》（Civil Service Order in Council）规定，第七级以下的文官人员（除了适用快速晋升制度的文官之外）全部由各个部委自行招募甄补。美国在推动《文官制度改革法》后，便已逐渐将联邦公务员的甄补责任下放给各个联邦政府机构自行处理，特别是有些职位只在某特定联邦机构才有设置。基本上，在 1998 年之前，所有联邦机构公务员的甄补与聘用权都已下放给各机构自行处理。

（4）绩效管理与绩效薪俸。以"结果取向的管理"取代"过程取向的管理"是新公共管理运动的一大特色，而绩效管理与绩效薪俸正好符合结果取向的管理理念。一般而言，英美等国早先主要是在高级文官的层级实施绩效管理与绩效薪俸，虽然目前在各层级逐渐实施，但由于高级文官的绩效管理与绩效薪俸有时会与其聘任契约结合起来操作，因此最受各国重视。例如 SES 就是最早将绩效管理与绩效薪俸应用到高级文官的一套人力资源管理制度。但问题在于，如何在个人绩效与组织绩效之间达成一个清楚且有效的联结，乃是其实施的成功要件之一。然而，从 SES 及其他层级的功绩俸制度（Merit Pay System）实施状况来看，至今很难达到这个目的。尽管绩效管理与绩效薪俸是推行新公共管理的核心手段，可问题是公共部门很难学习到私营企业的风险承担精神与企业文化，因此绩效考核的结果对个人与机构都会有不良的影响。如何减少这些负面疑虑与担心，是值得讨论的问题。

（5）雇佣关系弹性化与聘任契约的运用。新公共管理实践使公务员的终身任期制度可能逐渐被临时短期的聘任契约制度所取代，这带来一个问题，即政府机构必须了解其核心能力与非核心能力的区别。一般而言，在中、低阶层的文官系统中，核心能力表现在一些重要的政策规划与执行功能上，而这些最好是由永业化的公务员来承担责任；相对而言，类似文书作业、档案整理、信息设备维护等非核心能力的职务则可以通过委外契约或临时性的人来承担。未来公共部门人力资源将呈现出混合永业化终身制和临时聘用制的弹性化雇佣方式。可值得注意的是，英国、新西兰等国文官系统最高阶层的人力甄补也逐渐依赖聘任契约的运用，特别是新西兰，更是完全采取聘任契约作为高级文官主管的雇佣制度。但是否所有国家都能像新西兰那样通过制度完善来保证功绩主义的实现，避免这种聘任契约中出现过度政治化的问题呢？

要强调的是，经过不断地改革调适，西方发达国家公务员的分类管理、管理机构设置、权益义务法律保障、运行机制、管理技术等许多方面得以改善优化。但同时，像政治中立、终身任职等一些基本原则也一直受到冲击和挑战。

2.2 我国公共部门人力资源管理的演变与完善

2.2.1 我国公务员制度的确立与完善

1. 我国公务员制度的确立

我国公务员制度在继承和发扬了中国共产党和国家干部人事工作的优良传统的基础上，总结吸收了近几十年来干部人事制度改革的经验，同时借鉴了外国公务员制度中一些有益的科学管理办法。它的建立经历了一段漫长而曲折的历程。

在我国数千年的历史进程中，出现了许多官吏选拔制度，如世卿制（分封制、宗法制），恩荫制（葆子、任子、荫袭），荐举制（乡举里选、保举、察举、九品中正制、访举），征辟制（征召、辟除），捐纳制（卖官、纳贵），军功制（军功爵制、吏进），考试制（科举、制举），舍选制（学选）和特恩制等。其中世卿制、荐举制和考试制是古代官吏的主流选拔方式，影响至今。沿历史顺序看，先秦实行的是世卿制。而自秦朝开始，我国建立了高度中央集权的统一的封建帝国，废除了世卿世禄制，建立了官僚制。皇帝独揽一切国家权力，从中央到地方的所有官吏都是皇帝的奴仆。在人事管理方面，凡官职设置、入仕途径、用人标准、管理办法等，都由皇帝亲自决定，过去各诸侯国自行任免官员的制度则随着郡县制的建立而消失，从宰相到县令都由皇帝任命和撤换，从而奠定了国家统一任命和调配官员的基本体制。汉代选拔录用官员的办法主要是"察举"，魏晋南北朝时期的主要办法是"九品中正制"。但这些办法实施起来弊端明显，因为"人物难知""爱憎难防""情伪难明"。为此，早在西汉时就断断续续地实行过对被推荐者进行"策试"的办法。南北朝时策试越来越多。但开始时策试比较简单，采用一问一答的口试，以后渐渐发展为笔试。到了隋朝，废除了"九品中正制"，直接采用考试办法选拔官员。唐朝的考试制度进一步完善，当时考试科目较多，分科举士，遂称为"科举"。到宋代，科举制度发展到鼎盛时期，对扩大应试者范围、增加录取人数、简化录取程序、增加考试等级、限定主考官的权力及考试规则等，都有了具体而明确的规定，而且越来越严密。明代科举制度又有了新的发展，大致分为童试、乡试、会试、殿试四级。清朝继续实行科举制度，作为选拔和任用官吏的主要途径，至光绪三十一年（1905 年），科举制度才被废止。应注意到，历代封建王朝都十分注重官吏制度建设，形成了一套以官吏选拔、品位、俸给、考课、奖惩、监察、育才、致仕等制度为核心内容的完整制度，对封建王朝的稳定和发展起到了巨大作用。但这套系统的官吏制度为封建专制服务的目的决定着它不可能具有现代公务员制度的功能。当然，科举制度其实就是考试录用制度。

1912 年 1 月 1 日，随着中华民国的成立，在借鉴西方发达国家文官制度和遵循孙中山"五权宪法"理论的基础上，开创了具有现代意义的我国政府人事管理制度。1928 年颁布的《国民政府刑法》第十七条开始使用"公务员"一词，"称公务员者谓依法从事于公务之人员"。1933 年 3 月，南京国民政府公布《公务员任用法》，明文规定了各类公务员的任用资格和原则，至此公务员制度初步确立。以后，国民政府逐步将"官吏"用词改为"公务员"。到 1949 年，公务员制度建设受到高度重视，形成了一套系统的较为科学的管理制度，其主要标志是：（1）具有完善的公共人事管理机构，包括考试院、公务员惩戒委员会和监察院。（2）具有完善的公务员考选制度，包括《考试法》（1929 年）、《典试法》（1929 年）和《监试法》（1930 年）。《考试法》是考选基本法，后二者是考选程序基本法。另外，政府还制定了公务员考选基本法的附属法规、单行考选法规和一些特别考选法规等。（3）具有完善的公务员铨叙制度，包括考试、任用、俸给、考绩、服务、奖惩、退休、抚恤、登记等方面的制度。国民党退踞台湾地区以后，原先公务员制度的整体框架基本保留下来并继续运行。

新民主主义革命时期，中国共产党高度重视干部工作，强调并坚持"德才兼备"和"任人唯贤"，制定了一整套严密的干部队伍纪律，明确了党管干部的原则，对干部的培训培养主要采用"从战争中学习战争"的办法等。这一时期党的干部人事工作主要根据党中央的有关政策和各级党委的有关规定进行。

自中华人民共和国成立至 1993 年 10 月，政府的人事管理一直沿用干部人事管理制度。该干部人事制度，是在革命战争时期干部制度的基础上，借鉴苏联的人事管理经验逐步建立和发展起来的，带有明显的战争痕迹和时代烙印。这一时期大体可分为三个阶段：

（1）创立和发展阶段，自 1949 年 10 月至 1966 年"文化大革命"前。这段时间，从上到下建立了管理机构，制定了一些管理制度，如干部的录用、任免、调配、奖惩、工资、福利、退休退职制度等。虽然各方面的制度还不够健全和完善，但初步适应了实际需要，取得了不小的成绩。

（2）挫折倒退阶段，自 1966 年 5 月至 1976 年 10 月。在这期间，各级人事机构相继被撤销，人事干部被遣散，有效的管理制度被否定，人事工作遭到了严重的破坏。

（3）法制化建设阶段，自 1976 年 10 月至 1993 年 10 月。这段时间，恢复了人事管理机构和一些行之有效的规章制度。特别是 1984 年以后，随着经济体制改革的全面展开和政治体制改革的不断发展，干部人事制度改革也进入了深入发展的新阶段。1993 年 8 月 14 日，国务院发布《国家公务员暂行条例》，这标志着我国公务员制度的建立。

自 2006 年 1 月 1 日起施行的《公务员法》标志着我国公务员制度以国家立法形式得以确立。随后，又陆续颁布了近 20 部相关配套规范性文件[20]，涉及现代公务员制度的大多数内容，如录用、考核、调任、培训、回避、申诉、公开遴选、职务任免与升降、职务与职级并行等。2018 年 10 月，鉴于中国特色社会主义进入新时代，党和国家事业发生历史性变革，公务员法也逐渐出现一些不适应、不符合新形势新要求的地方，需要与时俱进地加以修改完善，《公务员法（修订草案）》提请全国人大常委会审议，11 月 1 日面向社会征求意见。同时，中国共产党还先后制定了一系列党内法规及其他意见、通知[21]，涉及政绩考核、选拔任用、教育培训、廉洁自律、纪律处分、问责监督、后备干部、队伍建设、人才工作等，既表现了与西方公务员制度的共同特点，又具有鲜明的中国特色。党的十八届三中全会审议通过的《中共中央关于全面深化改革若干重大问题的决定》提出，应建立完善满足全面深化改革需要有力的组织保证和人才支撑，开启了公务员制度进一步完善的新时期。

2. 我国公务员制度的基本精神与主要特点

（1）基本精神。① 始终把坚持党的基本路线作为建立和推行公务员制度的根本指导思想。② 全面体现党管干部原则，贯彻执行干部队伍"四化"方针和德才兼备原则。③ 贯穿公开、平等、竞争、择优、法治和监督约束与激励保障并重的原则，实行分类管理，提高管理效能和科学化水平。④ 总结和完善干部人事制度改革的新鲜经验，吸收和借鉴国外公务员制度的有益经验。

（2）主要特点。① 公务员队伍是中国共产党干部队伍的重要组成部分，要接受党的领导，坚持社会主义方向，是人民的公仆，不搞政治中立。② 坚持党管干部原则。③ 实行共产党领导的多党合作和政治协商制度，没有政务类和事务类的划分。④ 公务员的任用，坚持德才兼备、以德为先的原则。

有研究指出，中、西方公务员制度共有的原则是公开、公平、公正和法治，西方特有的是政治中立、两官分途和分权制衡，我国独有的是马克思主义指导、党管干部、民主参与和德才兼备。[22]

3. 我国公务员制度持续完善的方向

虽然我国公务员制度建设已取得了一定的成绩，但这仅仅意味着公务员制度进入一个新的发展阶段而已。第一，从公务员制度本身看，虽然经过几十年的改革，人事制度中的弊端有些已经基本消除，有些其严重程度有所降低，但毋庸讳言，我国公务员制度毕竟脱胎于计划经济时期的传统人事制度，特别是那些几十年来仍未克服的弊病，会不可避免地存留在新的公务员制度之中，况且，其几十年难以克服本身就提醒我们必须予以高度重视，需花大气力解决这些遗传性顽疾。第二，走中国特色社会主义道路也是新的探索，公务员制度应及时反映和吸收改革开放的新成果，反映社会大众的基本要求。第三，国际环境的变化，全球化知识经济体系的发展，时代的进步要求，先进的管理理念、管理技术手段方法等，都要求乃至逼迫我们及时跟进这些变化，完善公务员制度。第四，《公务员法》的配套法规建设任务还相当艰巨，这些配套法规还需要实践的检验，而且与西方发达国家改革的结果相比，我国公务员制度存在一些缺陷，如法治仍不健全、录用制度未能实现公正、考核存在主观随意性、工资制度不合理、聘用制的推行步履艰难。所以，《2010—2020 年深化干部人事制度改革规划纲要》提出，党政干部制度改革重点突破项目是：规范干部选拔任用提名制度，健全促进科学发展的党政领导班子和领导干部考核评价机制，推行差额选拔干部制度，加大竞争性选拔干部工作力度，逐步扩大基层党组织领导班子成员公推直选范围，坚持和完善从基层一线选拔干部制度，建立健全干部职务与职级并行制度，健全调整不适宜担任现职干部制度，探索建立拟提拔干部廉政报告制度，深入整治用人上的不正之风，实行干部工作信息公开制度；并在上述重点突破项目的带动下，逐步健全干部选拔任用、考核评价、管理监督和激励保障机制，整体推进党政干部制度改革。《中共中央关于全面深化改革若干重大问题的决定》提出，全面深化改革，需要有力的组织保证和人才支撑，因此要坚持党管干部原则，深化干部人事制度改革。因此，我国公务员制度持续发展、不断完善的空间和动力是巨大的，其持续完善的方向主要有以下五点。

（1）注意平衡好三种关系。① 传统与创新的关系。任何制度的发展不会隔断自己的历史，总会有一些延续传统的东西，而延续乃至维护某些必要的传统，不等于传统的存在形式可以一成不变，恰恰需要推陈出新。例如，我国公务员管理体制及方式建构，既要体现党管干部的原则，又要在党管干部的体制及方式上有所创新，以与公务员管理的要求相适应。② 统一与多样的关系。在二者的关系中，我国公务员制度更强调统一，这对维护新制度的权威来说是必要的。但需要研究和实践探索的是，如何在保持必要的统一性的同时，突破传统人事制度中那种"一刀切"的统一模式，为公务员制度适应对象的多样性，以及公务员制度环境的变化留有弹性空间，避免过分偏重统一而导致陷于一种管理模式、方法、政策适用所有情况的困境。③ 规范与弹性的关系。制度本质上是一套规范体系，应规范和保障制度的稳定性，但制度的稳定性与环境的易变性之间存在矛盾，这一矛盾在社会变迁速率大大加快的当今时代更为突出。避免这一矛盾的途径就是在公务员管理的某些单项制度的再设计及规范中，尽可能避免出现规定得过细、过死和过于统一的情况，以便为日后进一步探索公务员管理模式预留空间，增强公务员制度适应环境变化的灵活性。[23]

（2）主动适应法治政府和服务型政府建设的需要，并注重公务员治理能力建设。2007年，党的十七大报告提出加快行政管理体制改革，建设服务型政府；2012年11月，党的十八大报告提出"深化干部人事制度改革，建设高素质执政骨干队伍"；《中共中央关于全面深化改革若干重大问题的决定》指出，必须切实转变政府职能，深化行政体制改革，创新行政管理方式，增强政府公信力和执行力，建设法治政府和服务型政府，为此，要加强有效管用、简便易行的选人用人机制建设，改善政治生态，以及公务员的职业化体系建设、伦理精神重塑、心理契约重构、廉政建设、公务员的素质能力和作风提升等。

（3）完善分类改革，打破干部部门化，拓宽选人视野和渠道，加强干部跨条块跨领域交流，优化监督制度。深化公务员分类改革，推行公务员职务与职级并行、职级与待遇挂钩制度，加快建立专业技术类、行政执法类公务员和聘任人员管理制度。破除"官本位"观念，推进干部能上能下、能进能出。完善和落实领导干部问责制，完善从严管理干部队伍制度体系。完善基层公务员录用制度，在艰苦边远地区适当降低进入门槛[24]，并有效总结"政府雇员制"的得失，并纳入现行公务员制度框架。[25]

（4）坚持和发展党内民主、体现功绩主义的精神，改革和完善考核评价制度，改进竞争性选拔办法，改进优秀年轻干部培养选拔机制，区分实施选任制和委任制干部选拔方式，建立制度化的工资增长机制，完善竞争激励机制。

（5）继续向私营部门学习借鉴现代人力资源管理经验。主要包括：引入现代人力资源管理的精神理念改造公务员制度；借鉴现代人力资源管理体系，优化公务员管理的体制和机制；引进现代人力资源管理的先进技术、手段和方法，这涉及人员分类、人力资源规划、考试录用、绩效管理、薪酬管理、培训开发、晋升与退出、社会保障与健康卫生安全等。

2.2.2　我国事业单位人事制度改革的过程与方向

1. 我国事业单位人事制度改革历史简要回顾

英文中的事业单位一般译为"non-profit public institutions"，也有的译为"public service units"；而在我国台湾，"事业单位"一般被称为"公营或国营事业单位"，这在大陆相对应的是国有或国营企业。事业单位是我国宪法规定的六大类组织之一，也是《中华人民共和国民法通则》规定的四类法人之一，以及《中华人民共和国民法总则》规定的非营利法人之一。1998年10月国务院颁布的《事业单位登记管理暂行条例》（2004年修订）首次赋予事业单位以法律内涵。2005年国家事业单位登记管理局颁布的《事业单位登记管理暂行条例实施细则》进一步明确：事业单位是指国家为了社会公益目的，由国家机关举办或者其他组织利用国有资产举办的，从事教育、科研、文化、卫生、体育、新闻出版、广播电视、社会福利、救助减灾、统计调查、技术推广与实验、公用设施管理、物资仓储、监测、勘探与勘察、测绘、检验检测与鉴定、法律服务、资源管理事务、质量技术监督事务、经济监督事务、知识产权事务、公证与认证、信息与咨询、人才交流、就业服务、机关后勤服务等活动的社会服务组织。按照 2011 年的《中共中央、国务院关于分类推进事业单位改革的指导意见》和《国务院办公厅关于印发分类推进事业单位改革配套文件的通知》，现有事业单位依据社会功能分为承担行政职能、从事生产经营活动和从事公益服务三个类别。其中，前两种不再批准设立，承担行政职能的事业单位逐步将行政职能划归行政机构，从事生产经营活动的事业单位要逐步转为企业或撤销。从事公益服务的事业单位，即面向社会提供公益服务和为机关行使职能提供支持保障的事业单位，改革后，只有这类单位继续保留在事业单位序列。根据职责任务、服务对象和资源配置方式等情况，将其细分为两类：公益一类事业单位，即承担义务教育、基础性科研、公共文化、公共卫生及基层的基本医疗服务等基本公益服务，不能或不宜由市场配置资源的事业单位。这类单位不得从事经营活动，其宗旨、业务范围和服务规范由国家确定。公益二类事业单位，即承担高等教育、非营利医疗等公益服务，可部分由市场配置资源的事业单位。这类单位按照国家确定的公益目标和相关标准开展活动，在确保公益目标的前提下，可依据相关法律法规提供与主业相关的服务，收益的使用按国家有关规定执行。经过几十年的发展，我国事业单位分布广泛，人才密集，已经成为教育、科技、文化、卫生等各项社会事业发展的基础和骨干力量。截至 2014 年，全国事业单位共 111 万家，事业编制 3 153 万人，其中教育、卫生和农技服务从业人员合计占总人数的 3/4，教育系统人员即达一半左右，各类专业技术人员占 67% 以上。

从 1987 年开始，事业单位人事制度的改革已完成了以下三个阶段，即改革的初步探索阶段（1978—1987 年）、改革的逐步推进阶段（1987—1993 年）、改革的深入探索阶段（1993—1998 年）、改革的加快推进阶段（1998—2010 年）。2011 年以来是改革的攻坚阶段。1995 年，全国事业单位机构和人事制度改革会议正式启动了事业单位人事制度改革工作；2000 年，中央先后印发了《深化干部人事制度改革纲要》《加快推进事业单位人事制度改革的意见》两份文件，对事业单位人事制度改革提出了总体思路，即逐步建立适应不同类型事业单位特点的人事管理制度，建立一套适合科学、教育、文化、卫生等各类事业单位特点，符合专业技术人员、管理人员和工勤人员各自岗位要求的具体管理制度。

近年来的改革进程和内容主要是：2009 年 12 月，中办印发了《2010—2020 年深化干部人事制度改革规划纲要》，对深化事业单位人事制度改革作了明确部署。2010 年 6 月，中央印发了《国家中长期人才发展规划纲要（2010—2020 年）》，在体制机制创新中，对事业单位人事制度改革工作提出了明确要求。

2011 年 3 月，《中共中央、国务院关于分类推进事业单位改革的指导意见》发布；7 月，国务院办公厅（下称国办）又印发了《关于事业单位分类的意见》等 9 份配套文件。2011 年 8 月，中办、国办印发《关于进一步深化事业单位人事制度改革的意见》。2011 年 11 月，国务院法制办就《事业单位人事管理条例（征求意见稿）》公开征求意见，并于 2014 年 4 月正式颁布《事业单位人事管理条例》（于 2014 年 7 月 1 日起施行）。2012 年 1

月，为认真贯彻落实《中共中央、国务院关于分类推进事业单位改革的指导意见》和相关配套文件精神，扎实做好事业单位人事制度、收入分配制度、养老保险制度改革工作，人社部发布了《关于认真贯彻落实分类推进事业单位改革有关文件精神的通知》。截至 2012年底，事业单位新进人员公开招聘工作已经在全国范围内基本实现全覆盖，初步建立了公开、竞争、择优选拔新进人员的制度框架。

党的十八大报告指出要推进事业单位人事制度改革。《中共中央关于全面深化改革若干重大问题的决定》指出加快事业单位分类改革，加大政府购买公共服务力度，推动公办事业单位与主管部门理顺关系和去行政化，创造条件，逐步取消学校、科研院所、医院等单位的行政级别；建立事业单位法人治理结构，推进有条件的事业单位转为企业或社会组织；建立各类事业单位统一登记管理制度；加快社会事业改革，努力为社会提供多样化服务，如深化教育领域综合改、健全促进就业创业体制机制、建立更加公平可持续的社会保障制度、深化医药卫生体制改革等。2015 年 1 月，国务院印发《关于机关事业单位工作人员养老保险制度改革的决定》，决定从 2014 年 10 月 1 日起对机关事业单位工作人员养老保险制度进行改革。

2015 年 5 月，北京市结合本市实际，就创新事业单位管理，印发《关于创新事业单位管理加快分类推进事业单位改革的意见》，提出创新事业单位机构编制管理、创新公益服务提供方式、创新公益类事业单位用人机制；5 月底，深圳市也发布了深化公立医院综合改革实施方案，不再实行编制管理，取消行政级别。

2016 年 2 月，中央深改组第 20 次会议审议通过了《关于开展承担行政职能事业单位改革试点的指导意见》；8 月，中央深改组第 27 次会议又审议通过了《关于从事生产经营活动事业单位改革的指导意见》。

2017 年 1 月，人社部等公布了《关于开展公立医院薪酬制度改革试点工作的指导意见》，统筹考虑编制内外人员薪酬待遇，推动公立医院编制内外人员同岗同薪同待遇；同月印发的《国家教育事业发展"十三五"规划》提出，加快推进县域内城乡义务教育学校教师编制标准统一，推动地方实行城乡统一的中小学教职工编制标准，对村小学和教学点采取生师比和班师比相结合的方式核定教职工编制。[20]

2018 年 2 月，《中共中央关于深化党和国家机构改革的决定》提出全面推进承担行政职能的事业单位改革，理顺政事关系，实现政事分开，不再设立承担行政职能的事业单位。加大从事经营活动事业单位改革力度，推进事企分开。区分情况实施公益类事业单位改革，面向社会提供公益服务的事业单位，理顺同主管部门的关系，逐步推进管办分离，强化公益属性，破除逐利机制；主要为机关提供支持保障的事业单位，优化职能和人员结构，同机关统筹管理。全面加强事业单位党的建设，完善事业单位党的领导体制和工作机制。

其中，《事业单位人事管理条例》的公布实施，不仅为深化事业单位人事制度改革提供了法治框架，为建立集聚人才体制机制营造了法治环境，也为深化事业单位改革提供了

"牵一发而动全身"的促动力。它既是针对近年来事业单位人事管理制度初步建立后仍然存在的问题提出的"治疗"方案，也是今后深化事业单位人事制度的基本指导性文件。作为我国第一部系统规范事业单位人事管理制度的行政法规，《事业单位人事管理条例》的立法初衷是将多年来初步建立的以聘用制度、岗位管理制度和公开招聘制度为主要内容的人事管理制度以法律形式予以确认，并对聘用合同的订立、履行、解除、终止等环节作出规定，同时健全奖惩等激励保障机制，明确人事争议处理依据。立法着眼于调动事业单位各类专门人才和广大职工的积极性，优化公益事业资源的配置和促进基本公共服务均等化，促进事业单位服务功能的充分发挥和社会事业发展。但要说明的是，许多国家都将类似于我国事业单位的诸如公立的科学、教育、文化、卫生等机构视为一种特殊类型的行政组织，并将其工作人员纳入政府雇员，实行与公务员统一的管理制度。而我国则借鉴企业管理制度，实行与公务员不同的人事制度，这使得我国也成为在世界范围内率先对公共服务机构人事管理进行专门规定的国家。2015 年 6 月，中办印发《事业单位领导人员管理暂行规定》，指出要任用事业单位领导人员，区别不同情况实行选任制、委任制、聘任制。对行政领导人员，逐步加大聘任制推行力度，以进一步转换用人机制，搞活用人制度。

事业单位人事制度改革持续几十年，取得了一定的成绩，一是聘用制度推行面不断扩大。2014 年底事业单位聘用制推行率达 93%。二是岗位设置管理制度实施工作全面推开，各地区和部门正在加快制度入轨。全国事业单位岗位设置完成率超过 95%。三是公开招聘制度稳步实施。截至 2014 年，事业单位公开招聘制度推行率达到了 91%。四是事业单位人事管理法规建设步伐加快[27]。特别是以聘用制度、岗位管理制度和公开招聘制度为主要内容的人事管理制度初步建立。但是，相对于企业和机关的改革，事业单位人事制度改革是严重滞后的；相对于事业单位的发展和社会要求来说，事业单位人事制度改革远远难以满足需要，至今未取得实质性的突破，与预期目标还有一定差距，极大地制约了我国科教文卫事业的发展。2005 年世界银行的报告《中国：深化事业单位改革，改善公共服务提供》指出：中国需要在重新界定政府在服务提供中的职能的基础上，进行深入的事业单位改革；全面改革事业单位势在必行。事业单位人事制度的改革不仅是事业单位改革的一个有机组成部分，而且涉及政府职能转变、政事分开、政府与市场中介组织分开、社会保障体系的建立等，事业单位人事制度必须加快改革。

2. 我国事业单位人事制度存在的问题与改革方向

我国事业单位人事制度改革也面临着诸多问题，如能进能出、能上能下的用人机制尚未真正建立；聘用合同的订立、履行、解除、终止，各地做法不统一；奖惩等激励保障机制不够健全；人事争议处理依据不够明确。而且，事业单位职员制存在若干表象性问题、症结性问题和根源性问题[28]，同时《事业单位人事管理条例》的实施也带来事业单位人事管理的双重性和公共雇员制[29]，并在搞活与规范、授权与监管、统一与分类、公益与权益等方面依然存在价值冲突和政策冲突。

究其原因，除了改革本身的复杂性及改革本身理论准备不足外，还在于政府的制度供给不足：一是事业单位性质定位模糊，二是事业单位体制关系仍未理顺，三是人事制度改革中的政府制度供给意愿不足。因此，破解事业单位人事制度改革难题，推进事业单位人事制度改革的路径主要涉及以下三个层面：一是厘清事业单位的性质定位，二是理顺事业单位的体制关系，三是强化政府制度供给意愿。[30]根据我国事业单位总体改革的战略目标，从事业单位作为公共服务机构的基本定位出发，遵循公共服务机构的基本管理规律，重新选择改革的模式和路径。[31]即围绕由行政管理向人力资源管理模式的转变，制度规范"进、管、出"环节，创新人员编制管理理念，提高编制管理的质量和效益。[32]

《2010—2020年深化干部人事制度改革规划纲要》指出：要深化事业单位人事制度改革，就是要按照加快推进事业单位分类改革的总体要求，以健全聘用制度和岗位管理制度为重点，创新管理体制，转换用人机制，形成权责清晰、分类科学、机制灵活、监管有力，符合事业单位特点的人事制度。其主要任务是：健全事业单位领导人员选拔任用制度，完善委任、聘任、选任等任用方式，制定符合不同行业特点的事业单位领导班子和领导人员综合考核评价办法；健全以合同管理为基础的事业单位用人机制，探索不同行业、不同类型事业单位实行聘用合同制度的具体办法；完善岗位设置管理制度，全面推行公开招聘和竞聘上岗；建立健全以聘用合同和岗位职责为依据、以工作绩效为重点内容、以服务对象满意度为基础的事业单位工作人员考核办法；完善事业单位收入分配制度，健全事业单位社会保障制度；建立事业单位工作人员编制总量调控体系，进一步加强和规范机构编制管理；加快事业单位人事管理法规体系建设。

《国家中长期人才发展规划纲要（2010—2020年）》指出：克服人才管理中存在的行政化、"官本位"倾向，取消科研院所、学校、医院等事业单位实际存在的行政级别和行政化管理模式；在科研、医疗等事业单位探索建立理事会、董事会等形式的法人治理结构；建立与现代科研院所制度、现代大学制度和公共医疗卫生制度相适应的人才管理制度；鼓励地方和行业结合自身实际建立与国际人才管理体系接轨的人才管理改革试验区。

《中共中央、国务院关于分类推进事业单位改革的指导意见》强调深化事业单位人事制度改革，重在以转换用人机制和搞活用人制度为核心，以健全聘用制度和岗位管理制度为重点，建立权责清晰、分类科学、机制灵活、监管有力的事业单位人事管理制度；加快推进职称制度改革；对不同类型事业单位实行分类管理，依据编制管理办法分类设岗，实行公开招聘、竞聘上岗、按岗聘用、合同管理。到2020年，形成健全的管理体制、完善的用人机制和完备的政策法规体系。为此，事业单位人事制度改革重在用人机制、公平竞争机制、绩效评价机制、分配激励机制、人员退出机制和监督管理机制。

人社部印发的《关于认真贯彻落实分类推进事业单位改革有关文件精神的通知》指出：

一要抓紧部署贯彻实施。按照"分类指导、分业推进、分级组织、分步实施"的方针，坚持从实际出发，分别对事业单位人事制度改革、收入分配制度改革、养老保险制度改革做出安排部署。

二要着力完善以下政策措施。在人事制度改革方面，要以转换用人机制、搞活用人制度为核心，以健全聘用制度和岗位管理制度为重点，逐步建立和完善权责清晰、分类科学、机制灵活、监管有力的事业单位人事管理制度。在收入分配制度改革方面，要以完善工资分配激励约束机制为核心，健全符合事业单位特点、体现岗位绩效和分级分类管理要求的收入分配制度。在社会保险制度改革方面，要进一步完善事业单位及其工作人员参加基本养老、基本医疗、失业、工伤等社会保险政策，建立起独立于单位之外、资金来源多渠道、保障方式多层次、管理服务社会化的社会保障体系。

三要扎实推进以下重点工作。深化人事制度改革，全面推行聘用制度，抓紧完善聘后管理。全面实施岗位管理制度，尽快实现岗位设置管理制度的入轨运行。全面推行公开招聘制度，尽快实现公开招聘全覆盖。会同有关部门开展事业单位公开招聘检查，遏制和防范进人上的不正之风，规范用人行为。要深化收入分配制度改革，在巩固义务教育学校、公共卫生与基层医疗卫生事业单位实施绩效工资成果的基础上，全面推进其他事业单位绩效工资实施工作。加强事业单位特殊岗位津贴补贴的规范管理，研究拟订事业单位高层次人才激励机制、工作人员兼职兼薪管理指导意见和主要领导激励约束机制等政策。要加快社会保险制度改革。

特别要指出的是，北京市、深圳市取消公立医院编制管理，率先开启了以编制改革为代表的新一轮事业单位改革。因为按照《中共中央、国务院关于分类推进事业单位改革的指导意见》（下称《意见》），到 2020 年，应建立起功能明确、治理完善、运行高效、监管有力的事业单位管理体制和运行机制。因此，随着改革的深入，一些事业单位因性质比较模糊，到底是从事生产经营活动的实业性质的，还是政府机构性质的；到底是公益一类还是公益二类的争议[33]，以及多年未解的编内、编外"同工不同酬"的遗留问题将有望破解。[34]

2.2.3　我国公益类国有企业人事制度改革的历史与方向

1. 我国公益类国有企业人事制度改革历史简要回顾

我国公益类国有企业人事制度改革，与商业类国有企业一样，都是伴随着国有企业改革和干部人事制度改革逐步推进的，主要经历了以下三个阶段。

（1）初步探索阶段（1984—1998 年）。该阶段主要在国有企业扩权让利的背景下，集中于扩大企业自主权，强化企业内部管理，重要举措是实行厂长（经理）责任制，并在大多数国有企业实行承包经营责任制。1993 年 11 月，党的十四届三中全会通过的《中共中央关于建立社会主义市场经济体制若干问题的决定》明确指出，国有企业的改革方向是建立"适应市场经济和社会化大生产要求的、产权清晰、权责明确、政企分开和管理科学"的现代企业制度，要求通过建立现代企业制度，使企业成为自主经营、自负盈亏、自我发展、自我约束的法人实体和市场竞争主体。在社会主义市场经济体制框架下建立现代企业制度是国企改革实践的重大突破，具有划时代的意义，为国企改革指明了方向，也为国企人事制度改革提出要求。

（2）持续推进阶段（1999—2008年）。1999年9月，党的第十五届四中全会通过的《中共中央关于国有企业改革和发展若干重大问题的决定》指出：要深化国有企业人事制度改革。2000年6月，中办印发了《深化干部人事制度改革纲要》。其中，对国有企业人事制度改革提出要完善国有企业的领导人员管理体制、改进国有企业领导人员选拔任用方式、完善国有企业领导人员考核办法、健全国有企业领导人员激励机制、强化国有企业领导人员监督约束机制、健全国有企业领导人员培训培养制度、完善国有企业内部用人机制。2003年10月，党的十六届三中全会通过的《中共中央关于完善社会主义市场经济体制若干问题的决定》中指出，要"建立健全现代产权制度，产权是所有制的核心和主要内容，包括物权、债权和知识产权等各类财产权"。第一次把产权制度提到如此的高度，提出"产权是所有制的核心和主要内容"，是对"产权清晰、权责明确、政企分开、管理科学"的现代企业制度的重大创新和历史突破，进一步明确具体了国企改革的任务和目标，推动国有企业人事制度改革。

（3）深入探索阶段（2008年至今）。该阶段的主要标志为：一是2009年9月，党的十七届四中全会指出，"加强干部队伍宏观管理，深化干部分类管理改革，完善公务员制度，推进企事业单位人事制度改革，制定符合企事业单位特点的人事管理办法"。二是2009年12月，中办印发《2010—2020年深化干部人事制度改革规划纲要》，指出要进一步深化国有企业人事制度改革。2010年6月发布的《国家中长期人才规划发展纲要（2010—2020）》中指出，要遵循放开搞活、分类指导和科学规范的原则，深化国有企业人事制度改革，创新管理体制，转换用人机制，扩大和落实单位用人自主权。发挥用人单位在人才培养、吸引和使用中的主体作用。三是党的十八大报告指出，要推进国有企业人事制度改革。四是《中共中央关于全面深化改革若干重大问题的决定》指出，"推动国有企业完善现代企业制度""准确界定不同国有企业功能""国有企业要合理增加市场化选聘比例，合理确定并严格规范国有企业管理人员薪酬水平、职务待遇、职务消费、业务消费"。五是2015年9月国务院印发的《关于深化国有企业改革的指导意见》指出，要"完善现代企业制度。推进公司制股份制改革，健全公司法人治理结构，建立企业领导人员分类分层管理制度，实行与社会主义市场经济相适应的企业薪酬分配制度，深化企业内部用人制度改革"，指明了下一步国有企业人事制度改革的方向和目标。

2. 我国公益类国有企业人事制度存在的问题与改革方向

我国国有企业人事制度改革也面临着一些突出问题，如人事管理体制尚未理顺，能上能下的企业领导人员的选拔任用机制尚未形成，领导人员的激励约束机制不配套，等等。

《2010—2020年深化干部人事制度改革规划纲要》指出：要深化公益类国企人事制度

改革，就是要坚持党管干部原则，以改革和完善企业领导人员管理制度为重点，逐步完善与公司治理结构相适应的企业领导人员管理体制，健全符合中国特色现代国有企业制度要求的企业人事制度。其主要任务是：健全中央和地方党委对国有重要骨干企业领导班子和领导人员的管理体制，积极探索建立符合现代企业制度要求的企业领导人员管理办法，依法落实董事会和企业经营管理人员的选人用人权；完善企业领导人员选拔方式，把组织选拔与市场化选聘结合起来；建立企业领导人员任期制；着眼促进科学发展，建立以任期目标为依据，全面反映企业经济责任、政治责任、社会责任及企业领导人员履职表现、廉洁从业情况的综合考核评价机制；健全以考核评价为基础，与岗位职责和工作业绩挂钩，精神激励与物质激励并重，短期激励与中长期激励相结合的企业领导人员激励办法；规范和完善企业领导人员薪酬管理办法；健全企业领导人员监督约束机制，建立企业领导人员责任追究制度；深化企业内部人力资源管理改革；推进国有金融机构人事制度改革，建立符合中国特色现代金融企业特点的人事制度。

《关于深化国有企业改革的指导意见》对公益类国有企业的人事制度改革提出了一系列的改革议题：

（1）要以保障民生、服务社会、提供公共产品和服务为主要目标，引入市场机制，提高公共服务效率和能力，推进公益类国有企业改革。

（2）以推进公司制股份制改革、健全公司法人治理结构、建立国有企业领导人员分类分层管理制度、实行与社会主义市场经济相适应的企业薪酬分配制度、深化企业内部用人制度改革等建立现代企业制度。① 对建立国有企业领导人员分类分层管理制度，要坚持党管干部原则与董事会依法产生、董事会依法选择经营管理人员、经营管理人员依法行使用人权相结合，不断创新有效实现形式。② 对实行与社会主义市场经济相适应的企业薪酬分配制度，企业内部的薪酬分配权是企业的法定权利，由企业依法依规自主决定，完善既有激励又有约束、既讲效率又讲公平、既符合企业一般规律又体现国有企业特点的分配机制。③ 对深化企业内部用人制度改革，要建立健全企业各类管理人员公开招聘、竞争上岗等制度，对特殊管理人员可以通过委托人才中介机构推荐等方式，拓宽选人用人视野和渠道。

（3）发展混合所有制经济。探索实行混合所有制企业员工持股。

（4）加强和改进党对国有企业的领导。① 充分发挥企业党组织政治核心作用。② 企业党组织要切实承担好、落实好从严管党治党责任。③ 加强国有企业领导班子建设和人才队伍建设。

2018 年 10 月，全国国有企业改革座谈会明确，要以"伤其十指不如断其一指"的思路，扎实推进国有企业改革。其中，突出抓好中国特色现代国有企业制度建设，加快形成有效制衡的法人治理结构。突出抓好市场化经营机制，推行经理层任期制和契约化管理，按照"市场化选聘、契约化管理、差异化薪酬、市场化退出"原则，建立职业经理人制度；加快工资总额管理制度改革，统筹用好员工持股、上市公司持股计划、科技型企业股权分红等中长期激励措施，充分调动企业内部各层级干部职工积极性。

2.3　公共部门人力资源管理的趋势与挑战

2.3.1　公共部门人力资源管理的发展趋势

20 世纪末以来，组织环境一直在激烈变动，正所谓"这是一个 VUCA 的世界"〔VUCA 指 的 是 不 稳 定（Volatile）、不 确 定（Uncertain）、复 杂（Complex）、模 糊（Ambiguous）〕，所以，21 世纪人力资源发展的新趋势表现为：（1）变革管理中重视文化资本；（2）核心专长导向的人才培育；（3）组织发展提升组织战斗力；（4）建构企业大学，累积智慧资本（Intellectual Capital）；（5）重视人才训练绩效之考核与改善；（6）善用学习科技，打破传统教学；（7）人才培训应转型为绩效顾问；（8）管理发展与接班人的培育；（9）国际化人才的培育及运用；（10）以终身学习来协助员工职业生涯发展。[35]

从 OECD 国家的公共人力资源管理实践来看，其发展呈现如下变化：（1）政府组织的管理更具效率与效能；（2）公共服务的质量有所提升；（3）促进公务员（尤其是主管）的士气与绩效；（4）公共部门的工作场所更加以绩效为导向；（5）各部委与各机关的公共人力资源管理运作更加多样化，而且更有能力支持各机关方案的达成；（6）各部委与各机关的人员甄补与任用的程序更加简化、有效率，同时更符合各机关用人的需要；（7）管理者的责任与课责度增加，并促进各层管理者更积极主动地解决问题；（8）通过效率和效能的提升，也增加了公共服务的质量与回应性。[36]

彭剑锋认为，21 世纪人力资源管理的核心任务是构建智力资本优势，沟通、共识、信任、承诺、服务、创新、合作等将成为人力资源管理的新准则。[37]赵曙明沿着我国改革开放人力资源管理的发展逻辑，界定了人力资源管理经历了理念导入、实践探索、系统深化的过程，即 20 世纪 80 年代前的传统计划经济体制下的"劳动人事管理"阶段、20 世纪 80 年代中后期开始的"人力资源管理"理念引入阶段、20 世纪 90 年代中后期的人力资源管理实践普遍运用阶段，以及进入 21 世纪后，随着外部环境的重大变革，人力资源管理改革进一步得以深化，正朝着国际化、市场化、职业化、知识化的方向发展。[38]

从研究视角看，郭庆松提出，我国公共部门人力资源管理研究的发展趋势主要体现为：深入的理论研究将会不断出现，跨学科联合攻关的局面将会形成，夯实学科基础的研究将成为重点，与企业人力资源管理研究将逐步趋同，跨文化管理研究将被提上日程。[39]孙柏瑛提出了公共部门人力资源管理研究应凸显作为公共组织战略目标形成与实现的决策伙伴，以及组织变革推动者的角色地位，将人力资源管理决策与组织功能变迁和发展目标一体化；应致力于在战略性管理的框架下，构建系统性、整体性的人力资源管理系统，促进公共部门人力资源管理整体效能的发挥；应精致化地研究公共组织人力资源管理的分类标准，区分政府人力资源队伍结构的特点，以应对选择适应不同人力资源管理体系的管理价值和管理途径。[40]

从整体上看，归纳美国 64 位著名人力资源管理研究者和实践者的观点得出人力资源管理的基本走势是：人力资源管理的专业化和职业化特征更加凸显；以人为本，组织成员先于顾客的理念会越来越多地被接受；建立适应市场变化的学习型组织和工作团队；以精神整合为核心，基于绩效目标的情感管理、文化管理将成为重点和主线；将人力资本投资提升到组织战略性投资层面；人力资源管理将对建立新的社会责任机制发挥重要作用；通过跨文化管理，为实现"全球化战略、本土化行动"提供指引和动力。[41]石伟对我国人力资源管理的未来做出十大趋势预测。一是分与合，人力资源管理模式从战略导向向文化-战略导向迈进；二是先与后，从实践驱动到理论驱动；三是静与动，职位分析从注重静态写实到注重动态的管理；四是远与近，人力资源规划从近期计划到中长期战略规划；五是人员内与外，人员招募从内生型过渡到外源型；六是高与下，培训与开发从人才导向过渡到全员导向；七是软与硬，绩效管理从注重结果到结果与过程并重；八是纵与横，职业管理从纵向管理向"纵横交错"式管理发展；九是少与多，薪酬、福利的方式、总量由少及多；十是刚与柔，劳动关系、劳动安全与卫生从冲突到双赢。[42]周文霞等提出，国外已经进入人才管理阶段，在未来的十年，我国也将进入人才管理阶段。[43]丛龙峰则提出了十大新趋势：一是从传统的"战略版图决定组织版图，组织版图决定人才版图"，到"愿景驱动人才，人才驱动战略"。二是从"人力资源管理"到"人才管理"，从"效率式量变"到"效果式质变"，关键人才的重要性进一步凸显，往往是千军易得一将难求。三是企业是有组织的人类生活的2.0版本，乡村、部落、氏族是1.0版本，"自由人的自由联合"是3.0版本，现在则要谋求兼顾，从"人才为我所有"到"人才为我所用"，同时要建立亲情原乡。四是HR部门模式转型提速，从"选育用留"模式到"三支柱模型"。五是数据化人力资源管理是大势所趋，基于算法的精确匹配已全面波及招聘、培训、绩效、薪酬、福利等各个领域，以后会日趋深化。六是从企业办大学到企业变大学，从经营产品的企业转变为经营知识的企业，新一轮企业大学的发展趋势是群众教育群众、视频化、APP化、自主开发案例。七是新生代组织成员正式到来，"90后"大批步入职场，受到时代、家庭财富积累、"421"家庭结构的影响，这是一批不差钱的组织成员，带来了新的挑战。八是划小核算单元和推行管理会计渐成绩效管理中的常规动作，赋责任于人，责、权、利高度统一，对知识型员工的管理要"放权、让利、给名、施爱"。九是人力资本进入股权化时代，从资本雇佣人才到人才雇佣资本是知本主义下的新常态，对人的管理重新面对体制检验。十是时代呼唤企业家精神，但要从"企业家的企业"转变为"企业的企业家"，以组织能力获得"可持续竞争优势"。[44]

　　从技术发展看，"互联网+"的提出意味着我国已基本进入"互联网时代"。互联网时代给人力资源管理带来了新的挑战，给组织注入了新活力、带来了新思维、迎来了e-HR，引发了对人力资源管理的再次审视，如到底要不要分拆人力资源部的争论[45]。彭剑锋认为，互联网时代，人力资源管理所面临的挑战主要体现为：一是人力资源管理的核心理念是选人比培养人更重要；二是在实体经济跟虚拟经济相互融合的时代，面临的最大问题是互联网专业人才与传统产业人才的文化冲突与融合；三是人力资源管理、人力资源部到底扮演什么角色，应是战略伙伴平台化人力资源职能；四是人力资本价值主导时代，如何给人力资本定价，如何对人力资本进行价值管理；五是企业组织模式都在发生变化，在新的组织模式去中心化、自组织、创客化，对基于能力的任职资格提出全新挑战；六是如何提高组织成员满意度与敬业度问题；七是如何解决活力衰退、持续激活的问题，如何创新持续激活的人力资源机制与制度；八是最终还是回归到人力资源的效能的管理，如何基于大数据优化人力资源的共享服务，如何对人才进行有效的价值创造力和战斗力。[46]

为此，公共部门的人力资源管理也必然要紧跟"互联网+"、工业4.0时代的步伐不断前进，持续提升人力资源管理水平，优化人力资源管理效益。总体而言，互联网时代的人力资源管理应注意如下走向。

（1）数据化人力资源决策与人力资源价值计量管理。互联网使得人力资源管理基于数据，并用数据说话和决策成为可能，使人力资源价值计量管理成为提升人力资源效能管理的有效途径。人与组织之间、人与人之间的互联互通累积、集聚的巨量大数据为人力资源的程序化决策与非程序化决策提供了无穷的科学依据，人力资源管理真正基于数据并用数据说话。因此，未来需要有计量专家和数据挖掘分析专家，强化人力资源价值量化管理。

（2）云技术与人力资源管理的融合。互联网与大数据的发展催生了云技术在人力资源管理中的广泛应用。云计算是一种基于大数据、互联网和移动互联综合技术的计算方式，通过这种方式，多方终端共享的软硬件资源和信息可以按需求提供给其他计算机或设备。云计算的核心是共享技术和信息，集合各种优势资源，提升管理效率和效力。这一融合主要有以下途径。

① 云招聘。这是指通过云技术管理招聘需求计划，职位发布与管理，候选人申请、面试、甄选、聘用等一系列招聘管理活动。云招聘能够实现人力资源管理部门、业务部门、第三方招聘服务提供商与求职者在线协同，建立人力资源储备，完成应聘人员甄选，提高招聘效率和降低招聘成本的目标。它是相对传统C/S（Client/Server，即客户端服务器端架构）或者B/S（Browser/Server，即浏览器/服务器结构）部署模式的招聘软件而言的。

② 云沟通。"80后""90后"员工已逐渐成为组织管理者和组织成员的主力，他们是天生的互联网一代，习惯以此作为沟通工具，因此，基于互联网体系之上的云管理沟通软件成为实现组织内部管理沟通的最佳途径。"管理沟通云"也称为即时通信工具。这是一种网络沟通服务平台，使用者可以通过包括文字、语音、视频等渠道进行即时沟通，也可以通过电子公告、电子考勤等协同办公工具办公。

③ 云绩效。云绩效管理系统平台可以集成绩效管理目标设定、绩效考核流程、角色分工、量化计算等功能，还可以提供清晰的绩效管理表单，有效、准确地传递考核信息，提高考核精准度和内部传递效率。云绩效管理平台设定考核周期和绩效指标完成的跟踪机制，可以定期提醒各级组织成员，保证绩效管理流程的高效执行，变反馈型考核为干预型考核。

④ 云共享。知识管理在当今变得尤为重要，组织成员不断获得新知识和新技能是组织持续发展的核心竞争力，云知识系统成为首选利器。每个组织在运营中都积累了大量的知识、技能和解决方案，往往这些重要的资源都掌握在组织成员手中。如果善用云知识系统，知识便可以保留和传承。

⑤ 云学习。从 E-learning 到 M-learning，到公众学习平台以及 MOOC（Massive Open Online Courses），云学习的概念和形式多种多样，核心是在云计算环境中，建立云知识、云任务、云资源、云组件、云网站和学习者认知结构等关键模型。云学习的特点包括随时随地、即需即学，以知识为核心，以互动探究为资源特色等。将云计算应用于人力资源 E-Learning，无论从易用性、功能性，还是从便捷性方面来讲，都将带来巨大的变革。与云共享一样，都成为打造学习型组织的利器。

⑥ 云薪酬。这是利用互联网的即时同步和灵活性，通过为组织搭建薪酬技术平台，来提供薪酬福利一站式解决方案及云服务。"薪酬云"不仅可以灵活化薪酬与福利发放方法和方式，还能够与各地社保及个税政策快速地融合和响应，帮助组织迅速了解本土企业的薪酬及社保处理机制，将复杂的薪酬管理工作化繁为简。[47]

（3）去中心化与组织成员的自主管理。互联网改变了人与组织的关系，个人与组织的关系不再是简单依附与绝对服从关系，在网状价值结构中，每一个成员都高度自治、自主经营，都可以在自己的岗位上发挥关键作用。同时，组织的话语权在互联网时代是分散的，过去组织的话语权在上，是自上而下的单一的话语权链，但对互联网时代的企业来说，谁最接近客户，谁最接近企业价值最终变现的环节，谁就拥有话语权，谁就可能成为组织的核心。

（4）人力资本与货币资本共治、共享、共赢。互联网时代是基于大数据的知识经济时代，是真正的人力资本优先发展，人力资本与货币资本共治、共享、共赢时代，因此在组织价值的创造要素中，人力资本成为价值创造的主导要素。人力资本优先体现在，人力资本的投资与发展要优先于货币资本，人力资本凭借知识与技能要参与组织的治理与经营决策。互联网时代将真正迎来人力资本合伙人制度。这就必然要求沟通管理、薪酬福利、绩效管理、激励方式等做出相应的调整。

互联网技术的兴起和发展，不仅为公共部门人力资源管理注入了新鲜科技与活力，更带来了人力资源管理思维的重大转变。从有界到无界的跨界合作、从外部客户到内部员工的价值体验、从等级制到扁平化的自主经营……这些思维方式与操作模式的转型变换不仅反映了人力资源管理思路的发展成熟，也预示着未来人力资源管理的总体趋势，因为人的需求更加多元化、个性化，人的流动频率加快，人对组织的黏度降低，人的价值创造能力被放大。

2.3.2　公共部门人力资源管理面临的挑战议题

毫无疑问，上述趋势自然就是人力资源管理需要应对的主要议题，但还需要对其做出更深入的分析。不论从理论角度还是从实践角度，环境变迁都是研究挑战议题的起始。尽管在1.3.2中较为详细地论述了公共部门人力资源管理环境各要素及其与公共部门人力资源管理的关系，可现实是人们至今对人力资源管理应在多大程度上考虑外部环境存在争议。如有人认为，只要对组织的人力资源管理有利，能够使组织尽可能提高效率和效益，人力资源管理就应该更多地考虑这种外部环境对人力资源管理的影响。而相反的观点则认为，仅仅考虑组织对环境的影响，以及它对供应者如有技能的组织成员的依赖程度就足够了。[48]有研究者甚至认为，对组织绩效影响最大的是组织的外界环境，组织结构、组织行为等内部因素对绩效的影响反而很小。[49]比尔更强调，人力资源管理应从战略高度，既要应对劳动力特征、劳动力市场、法律和社会价值观等"具体情况要素"，又要满足政府、社会、组织成员等"利益相关者"的需要；否则，组织将会遇到麻烦，将遭到失败的命运。[50]实际上，纵观人力资源管理的发展历史，人力资源管理的思想和实践都是随着组织所处的环境及管理对象的变化而变化的，也只有那些善于适应环境变化并利用环境提供的有利因素的组织，才会持续发展。调查也显示，在未来发展中，对环境的适应能力居决定组织能否成功的三个关键要素之首。[51]

格拉顿（L. Gratton）领导的一个由全球21家公司和200多名主管组成的调查联盟研究表明：工作将与过去迥然不同——何种工作、何处工作、如何工作、与谁共事等都会发生变化，不过这些变化我们可能一生都意识不到，它们是以下力量共同作用的结果——低碳经济的必要性、科技的高速发展、全球化程度的日益加深、人类寿命的显著延长、显著的人口变迁与深刻的社会变革。因此，未来职业将向行家转变、向互联转变、向关注人生质量转变。[52]而个人及其所属组织如何认识、评价和有效利用社会化学习则是一个重要挑战。[53]

组织要想在全球化的竞争中保持优势，其人力资源管理必须克服如下八个挑战：全球化，竞争力与人力资源的价值链，通过降低成本和加速增长来创造利润，以能力为本，广泛的变化，技术，吸引、留住和衡量有能力的优秀人才，改良并不是转型。人力资源管理的理论与实践必须适应这些挑战，而人力资源管理所面临的挑战在客观上也使人力资源管理的管理作用和管理职能发生了变化。[54]廖泉文等认为，人力资源管理正在遭受前所未有的来自经济全球化、信息网络化、人口老龄化、教育投资大众化、工作方式在家化、社会知识化、人口城市化、顾客的力量、投资者的力量、组织发展的速度与变革的力量等的挑战和冲击。现在的中国正经历着工业化没有完成又面临着信息化的挑战。[55]而我国组织成员的心理契约无论是结构还是内容，都与西方发达国家有很大差异，现如今的中国员工对组织，更多强调的是提供优惠的待遇、个人成长和发展的机会、工作中的自主性等，而组织对其成员的要求仍然是忠诚、优良的绩效、服从领导等。这无疑对人力资源管理提出了新的挑战：改变管理风格、建立多功能工作团队、重视招聘过程、培训与社会化、从战略的角度对待人力资源管理等。[56]有学者认为，除法令规定和工会外，以下因素尤其重要。

（1）变动的工作环境。

① 全球化：通信、计算机、交通运输等的发达和普及，国际贸易、世界组织、区域经济体的盛行，时空被压缩，人流、物流、信息流、资金流、知识流、技术流空前畅通，给公共部门人力资源管理带来重大的影响。

② 劳动力的多样化带来的是文化的冲击与调和。

③ 组织精简：这是公私部门为减少成本并增加竞争力所采取的应对措施，尤其是裁减冗员、工作界定不清的职位和多余的中层管理职位。

（2）管理理论与实务。全面质量管理（Total Quality Management，TQM）、学习型组织（Learning Organization）、平衡计分卡等对人力资源管理的运作影响极大。[57]

彭剑锋提出了当前人力资源管理领域值得关注的关键词，涉及人力资源的价值创造的来源、实现方式、效能管理、激励驱动模式，以及互联网时代大数据模式下人力资源聚集形式，传统管理模式如何焕发新活力等，如人力资本价值管理、人力资源效能管理、互联网大数据 HR、以价值创造者为本、人力资源管理部门的"三支柱模型"、创新创业驱动、全面认可激励、组织成员集体行动（群体智慧行动）、劳动合规守法成本、反腐廉洁自律行为、跨界人力资源价值创造网、移动互联学习网、"灰度领导力"等。[58]

许世雨将今日及未来公共部门人力资源管理的重要议题总结如下：组织人力精减，建立公务核心价值，重视人力资本，重视社会资本，建立学习型组织，重视知识管理，重视绩效管理，重视伦理管理，弹性用人制度，公、私部门协力、交流。并在此基础上，总结了公共部门人力资源管理应特别着重关注与处理的问题：（1）超越官僚组织的限制。主要是如何在法规与预算上适度松绑、降低政治干预，以及促进组织管理的弹性和创新。（2）人才的争取与教导。一个组织，如果成员能够主动、积极且负责任地做事，人力资源管理工作应该就会单纯、容易许多，因此，只要做好知人善任、重视外部环境及教育训练工作，就是优良的人力资源管理运作。（3）对于外部环境和竞争力的重视。公共组织的成败不仅取决于组织的内部管理，而且取决于组织与外部环境之间关系的管理是否卓有成效，所以，组织应该重视外部环境、相关法令、管理理论与实务、工会、管理人员、公务员、公民（团体）及企业的发展与影响，并与之建立关系且善加管理。（4）加强人力资源管理技巧。包括沟通技巧、问题解决、领导、招募用人、引用法规、训练与发展、科技、预测、薪资设计、福利设计与管理、会计财务、记录保存。（5）未来人力资源主管的必备条件是：① 领导的能力。② 经营的能力，包括研拟经营策略、推动组织变革、合群、意志力、执行力及建造团队等能力。③ 人力资源管理相关技术，包括经济分析、管理、行销、法律及处理财务等方面的技术。④ 知识管理的能力，知道如何鼓励组织成员贡献、创造、分享知识，以及如何建立学习团队与知识管理制度。（6）促进人力资源管理的专业化。（7）非营利部门人力资源管理。[59]

总之，公共部门人力资源管理要充分应对新环境、新经济、新人类、新技术和新需求提出的一系列挑战议题。

注释　　　　资料

复习思考题

1. 试析现代人力资源管理的产生与演变。

2. 公共部门人力资源管理与传统人事管理的主要区别有哪些?

3. 试述发达国家公务员制度的形成及其原则与机制,以及在新公共管理运动中的变革调适。

4. 现代人力资源管理的产生和演变给你什么启发?

5. 西方发达国家公务员制度的发展给你什么启发?

6. 简述我国公务员制度的确立,把握我国公务员制度的基本精神、主要特点。

7. 试析我国公务员制度持续完善的方向。

8. 试析我国事业单位人事制度存在的问题与改革方向。

9. 试析我国公益类国有企业人事制度存在的问题与改革方向。

10. 简述公共部门人力资源管理的发展趋势。

11. 试析公共部门人力资源管理面临的挑战议题。

12. 结合上面二维码资料,思考如下问题:

(1) 克林纳等在其《公共部门人力资源管理:系统与战略》(第6版)提出:发展中国家人事管理制度的演进过程具有相似性,同时又与美国的演进进程不同,你怎么看?

(2) 你认为存在"中国式管理"或"中国式人力资源管理"或"中国式公共部门人力资源管理"吗?"中国式"的"式"是模式的式还是方式的式,即是 model 还是 style?为什么?

(3) 有人说,中华文化是世界上唯一没有中断的文化,中国现在经济发展、国力强大,说明中国本就存在具有自己特色的管理,也必须建立中国特色的人力资源管理或公共部门人力资源管理,你觉得呢?"中国式"与"中国特色""中国本土化"有何异同?

(4) 你心目中未来的中国公共部门人力资源管理是什么样子的?请用几个词或几句话描绘,并说明之。在你的描绘中,有中西合璧、普世性与民族性相融合吗?

第 3 章 公共部门战略性人力资源管理

学习思路和重点

在波特（M. Porter）看来，战略是定位、取舍和建立活动之间的一致性……其实质是确定什么可以不做；而哈特（L. Hart）认为，在战略上，最漫长的迂回道路常常又是达到目的的最短途径。从 20 世纪 90 年代中后期开始，在一些发达国家，人力资源管理正逐步被超越，向统一性和适应性相结合的战略性人力资源管理迈进。对公共部门来说，这也是人力资源管理发展的新阶段与战略转变，以及对相关挑战的正确应对。学完本章，应掌握公共部门战略和公共部门人力资源战略，公共部门战略性人力资源管理的含义、兴起及其与公共部门人力资源管理的联系与区别，公共部门人力资源战略的制定与实施，公共部门战略性人力资源管理的角色、职能和活动，以及我国公共部门战略性人力资源管理的问题与改进。

3.1 公共部门战略与公共部门人力资源战略

3.1.1 公共部门战略的含义

"战略管理"的概念是随着产业革命和经济的发展而逐渐形成的，1965 年安索夫（I. Ansoff）《企业战略》一书的出版，成为现代企业战略管理理论的研究起点。其后，人们从不同角度对其进行了研究，并形成了若干学派和流派。受新公共管理的影响与私营部门战略管理的示范，公共部门战略管理随之兴起。在一定意义上讲，战略管理正是新公共管理的一个重要组成部分，公共部门的战略管理力图克服传统公共行政的局限性，"它试图通过对公共部门内外环境变、组织长期目标以及组织角色与环境的匹配的关注，以提高公共部门实现其使命的内在能力。"[①]战略管理处理这样一个关键问题，即为面临着日益不确定性未来的组织定位；[②]战略包含着处理组织的外部环境、使命和目标，而战略管理有三个主要的特征，即界定目标和目的，提出一个能协调组织与环境的行动计划，设计有效的执行方法。[③]所以，战略管理就是具有未来导向性、前瞻性思考和由外而内的管理哲学，着重于长远全局谋略，是一个组织发现自身优势、劣势、寻求发展机会、识别威胁的持续性与循环性过程。[④]

纳特（P. Nutt）和巴可夫（R. Backoff）提出了根据环境的类型来确定的高行动性战略、低行动性战略、行动与回应度的结合与战略转换等。奥斯本（D. Osborm）和普拉斯特里克（P. Plastrik）基于自己的战略定义："我们所说的战略，并不是指详尽的计划……是指利用关键的杠杆作用支点进行根本变革，使得变革的'涟漪'波及整个组织，并影响其他方面……政府再造者所面对的挑战（无论是在英国、美国，还是在其他地方）都是利用杠杆作用将很少的资源积聚为巨大变革的良机。讲究战略意味着运用一切可能的杠杆作用，以一种能够变革每个人的行为模式的方式来改变制度中的动力机制。"[5] 提出了"五 C 战略"：核心战略（Core Strategy）、后果战略（Consequences Strategy）、顾客战略（Customer Strategy）、控制战略（Control Strategy）与文化战略（Culture Strategy）。琼斯（L. Johnes）和汤普逊（F. Thompson）又提出了"五 R 战略"：重构（Restructuring）、重建（Reengineering）、重塑（Reinventing）、重组（Realigning）与重思（Rethinking）。在莫尔（M. Moore）看来，政府战略管理就是要不断审视自己的使命与价值，并从组织的外部环境以及组织与环境的交易因素角度对政府管理进行考察，使命管理、政治管理与运营管理构建公共部门的"战略三角"（The Strategic Triangle）。[6]

3.1.2　公共部门人力资源战略的含义与特点

公共部门人力资源战略是公共部门为适应环境变化和管理需要，根据组织战略目标制定人力资源管理目标，进而通过人力资源管理各职能活动，发挥出人力资源的最大优势，实现人力资源管理目标和组织目标的过程。

公共部门人力资源战略的基本特点是：它立足服务于组织战略，并将公共部门人力资源管理与组织战略紧密连接起来，通过改进人力资源管理方式，改善组织文化，提高组织成员的积极性、主动性和创造性，提升组织绩效，在满足社会公众的需求、适应经济社会发展对公共部门的要求的同时，也满足组织成员个人发展、自我实现的需要。

3.1.3　公共部门人力资源战略与公共部门战略的关系

对二者之间的关系，人们从不同角度提出了不同的观点。从人力资源管理上升到组织的战略层面去解读二者的关系主要体现为如下两点。

一方面，公共部门人力资源战略是公共部门的一种职能战略。因此，它是在组织战略基础上形成的对人力资源管理的一种方向性谋划；换言之，公共部门战略决定公共部门人力资源管理战略。

另一方面，公共部门人力资源战略支撑公共部门战略。组织战略是通过人力资源战略实现与人力资源管理职能活动的连接的，二者的契合或匹配程度决定了人力资源管理与组织战略的一致性程度。在这个意义上讲，二者具有一定的双向影响性和相互依存性，公共部门人力资源战略的本质含义或价值所在正源于此。

3.1.4　公共部门人力资源战略的类型

许多学者对人力资源战略进行了分类，从公共部门的适用性看，主要有以下类型。显而易见，不同的人力资源战略要求不同的人力资源管理方式，进而产生不同特点的人力资源管理职能活动。

1. 戴尔和霍德（J. Holder）从控制组织成员绩效角度提出三种战略

戴尔和霍德认为人力资源战略是有关主要人力资源目标的决策以及实现目标的手段，从而由控制组织成员绩效的角度提出以下三种战略。

（1）诱导战略（Inducement）：合理的分工和明确的工作责任，强调目标管理，并以丰厚的薪酬吸引人才，形成稳定的高素质队伍；强调以单纯利益交换为基础的严密科学管理模式，采用绩效为导向的薪酬设计，绩效薪酬在薪酬总体中占有较大比例，组织与其成员之间以单纯的利益交换关系为主，关系比较简单；强调对成本的控制，既严格控制组织成员的数量，又多选择经验丰富、技能高度专业化的组织成员，从而降低了招聘与培训费用。

（2）投资战略（Investment）：组织具有一定的适应性和灵活性，工作职责和工作内容比较宽泛，为组织成员提供充分展示自我的舞台，有利于人们的自主创新；强调人才储备，更看重其能力和潜力，而不是工作经验；重视培训与开发，把组织成员当做投资对象，鼓励学习和自我发展，使其感到有较高的工作保障；报酬形式多样化；注重良好的组织成员和组织的关系，以及宽松的工作环境，视组织成员为合作伙伴，对组织成员的短期要求不多，更看重组织成员的长期服务与发展。

（3）参与战略（Involvement）：大多具有扁平和分权的组织结构，对环境变化反应迅速，并有效降低成本；鼓励组织成员参与管理，谋求组织成员有较大的决策参与机会和权力；提供挑战性的工作，把报酬与成果联系在一起；鼓励创新，强调人员配备、工作监督和报酬管理人员是指导教练，不干预组织成员的工作，只为组织成员提供必要的咨询和帮助，组织成员对工作有较大的自主权；重视团队建设、自我管理和授权管理；重视沟通技巧、解决问题的方法、团队工作等的培训。

2. 舒勒从人力资源在组织发展中的时效的角度提出三种战略

舒勒从人力资源在组织发展中的时效的角度提出了三种战略，从中可见，当视人力资源为资产时，就会采取累积型战略；反之，视其为成本时，就采取利用型战略。

（1）累积型战略（Accumulation）：用长远观点看待人力资源管理，注重人才培训，通过甄选来获取合适的人才。以公平原则来对待组织成员，组织成员晋升速度慢。薪酬是以职务及年资为标准，高层管理者与新员工工资差距不大。其基础是促使组织成员最大化参与技能培训，开发组织成员的能力、技能和知识，获取组织成员的最大潜能。

（2）利用型战略（Utilization）：用短期的观点来看待人力资源管理，主要目的是利用，较少提供培训。职位一有空缺随时进行填补，组织成员晋升速度快，采用以个人为基础的薪酬。其基础是充分利用组织成员技能，极为注重组织成员的能力、技能和知识与工作的匹配。

（3）促进型战略（Facilition）：介于上述二者之间，把组织成员看成资源，组织通过提供一定的条件促进个人能力的提升。个人不仅需要具备技术性的能力，同时在同事之间也应有良好的人际关系。在培训方面，组织成员个人负有学习的责任，组织只是提供协助。

其基础是新知识的创造，鼓励组织成员的自我开发。

3. 史戴斯和顿菲（Strace & Dunphy）从组织变革程度提出四种战略

（1）家长式战略（Paternalistic Strategies）：主要适用于避免变革、寻求稳定，采取指令式管理，其主要特点是：集中控制人事管理，强调秩序和一致性，刚性的内部任免制度，重视操作与监督，人力资源管理的基础是奖惩与协议，注重规范的组织结构与方法。

（2）发展式战略（Developmental Strategies）：组织为适应环境的变化和发展，而采用渐进式变革和发展式战略。其主要特点是：注重发展个人和团队，尽量从内部招聘，开展大规模的发展和培训计划，运用内在激励多于外在激励，优先考虑组织的总体发展，强调组织的整体文化，重视绩效管理。

（3）任务式战略（Task-Focused Strategies）：组织面对局部改革，战略制定采取的是自上而下的指令方式。该战略依赖于有效的管理制度，其主要特点是：非常注重业绩和绩效管理，强调人力资源规划、职位（工作）再设计和工作常规检查，注重物质奖励，同时进行内部和外部的招聘，开展正规的技能培训，重视组织文化建设。

（4）转型式战略（Turnaround Strategies）：当组织已完全不能再适应环境而陷入危机时，全面改革迫在眉睫，只能采取强制高压式和指令式管理。其主要特点是：组织结构进行重大变革，职位全面进行调整；裁员，调整队伍结构，缩减开支；从外部招聘骨干人员；对管理人员进行团队训练，建立新的理念和文化；打破传统习惯，废弃旧的组织文化；建立适应环境的新的人力资源系统和机制。（见表3-1）

表3-1　基于组织变革程度的人力资源战略

变 革 程 度	人力资源战略	人力资源管理方式
基本稳定，微小调整	家长式战略	指令式管理为主
循序渐进，不断变革	发展式战略	咨询式管理为主，指令式管理为辅
局部变革	任务式战略	指令式管理为主，咨询式管理为辅
整体变革	转型式战略	指令式管理与高压式管理并用

3.1.5　公共部门人力资源战略的制定与实施

1. 战略制定的流程

人力资源战略制定的流程如图3-1所示。需要说明的是：第一，人力资源战略是根据内外部条件变化的需要而产生的，因此，制定人力资源战略时首先要考虑的问题是内外部的环境。第二，人力资源战略是组织发展战略的组成部分，或者说是组织发展战略实施与保障分解战略，较组织发展战略更具体，故人力资源战略的目标应尽可能具体、现实。第三，人力资源战略是组织长期稳定发展的具体保障，即它必须保障组织有一支稳定、高素质的队伍。要做到这一点，就要在组织的发展过程中让组织成员得到应得的利益，让组织成员得到发展和提高。所以，人力资源战略在制定过程中应将组织成员的期望与组织发展的目标有机结合起来。第四，由于信息的不完备性和人力资源战略制定者认识水平的限制，可能造成现实与理论的差距，因此人力资源战略的评价与反馈是必不可少的。第五，由于内外环境在不断地快速变化，人力资源战略也需要不断地调整与修改，它是一个制定—调整—再制定—再调整……的过程。

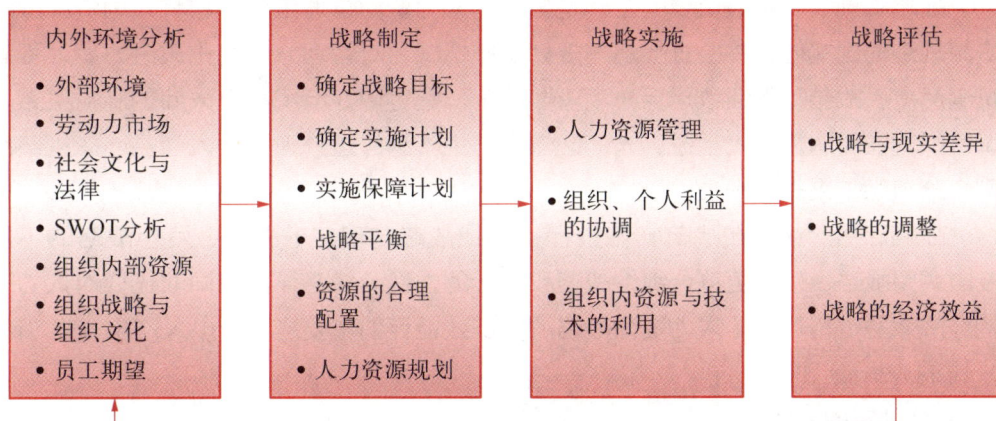

内外环境分析	战略制定	战略实施	战略评估
• 外部环境 • 劳动力市场 • 社会文化与法律 • SWOT分析 • 组织内部资源 • 组织战略与组织文化 • 员工期望	• 确定战略目标 • 确定实施计划 • 实施保障计划 • 战略平衡 • 资源的合理配置 • 人力资源规划	• 人力资源管理 • 组织、个人利益的协调 • 组织内资源与技术的利用	• 战略与现实差异 • 战略的调整 • 战略的经济效益

图 3-1　人力资源战略制定的流程

（1）内外环境分析。主要包括外部环境分析、劳动力市场分析、社会文化与法律分析、SWOT 分析〔了解自己组织的优势（Strength）与弱点（Weakness），掌握外部机会（Opportunity），规避威胁（Threat）〕、组织内部资源分析、组织战略与组织文化分析、员工期望分析。

（2）战略制定。① 确定人力资源战略目标。这是根据组织战略目标、人力资源现状和趋势、组织成员的期望综合确定的，是未来组织人力资源要达到的数量与结构、素质与能力、劳动生产率与绩效、士气与劳动态度、组织文化、人力资源政策、开发与管理成本等。人力资源战略目标确定后需要层层分解到各部门和个人。分解总体目标、确定子目标时要注意：一要根据部门、组织成员的自身条件与能力，切不可提出不切实际的子目标；二是分解后的目标应为具体的任务，具有可操作性、可监控性。

② 确定人力资源战略的实施计划。这是人力资源战略实现的保障。它主要回答如何完成、何时完成人力资源战略两个问题，即要将人力资源战略分解为行动计划与实施步骤。前者主要提出人力资源战略目标实现的方法与程序，后者是从时间上对每个阶段组织、部门与个人应完成的目标或任务做出规定。

③ 实施保障计划。这是人力资源战略实施的保障。它为人力资源战略的实施从政策、资源（包括人、财、物、信息）、管理模式、组织发展、时间、技术等方面提供了必要的保障。

④ 战略平衡。这是指人力资源战略与其他战略之间的综合平衡。由于各战略一般来自不同的部门、不同的制定者，因而它们往往带有一定的部门和个人倾向性，有时会过分强调各自的重要性，以争取组织优惠与更多的资源。因此，组织必须对各项战略进行综合平衡。

⑤ 资源的合理配置。各战略的综合平衡需要将组织内的资源进行合理配置。如果说实施保障计划是需求的话，资源配置过程就是供给。这个过程是根据战略目标、实施计划与实施保障计划提供所必需的一切资源。

⑥ 人力资源规划。这是人力资源战略实施计划的具体体现，是一种可直接操作的计划。

（3）战略实施。其中最重要的工作是日常的人力资源管理工作。它将人力资源战略与人力资源规划落到实处，并检查战略与规划实施情况，对管理方法提出改进方案，提高组织成员满意度，改善工作绩效。另一项重要的工作是协调好组织与个人间的利益关系。过分强调组织利益而忽视个人利益，人们必然会产生不满；过分强调个人利益而忽视组织利益，则会给组织带来成本损失。

（4）战略评估。这是在战略实施过程中寻找战略与现实的差异，发现战略的不足之处，及时调整战略，使之更符合组织战略和实际的过程。战略评估的同时还要对人力资源战略的经济效益进行评估。人力资源战略的经济效益评估主要是进行投入产出（或节约的成本）比的分析。

2. 战略制定的方法

（1）目标分解法。这是根据组织发展战略对人力资源管理的要求，提出人力资源战略的总目标，然后将此目标层层分解到部门与个人，形成各部门和个人的目标与任务。事实上，人力资源战略的制定流程用的就是该方法。其优点是，战略的系统性强，对重大事件与目标把握较为准确、全面，对未来的预测性较好，但缺点是战略易与实际相脱离，易忽视组织成员的期望，且过程非常烦琐，不易被一般管理人员掌握。

（2）目标汇总法。这是目标分解法的逆向过程。它首先是部门与每个组织成员讨论、制定个人工作目标，在目标制定时充分考虑组织成员的期望与组织对人们的素质、技能、绩效要求，提出工作改进方案与方法，规定目标实施的方案与步骤，然后由此形成部门目标，由部门目标形成组织的人力资源战略目标。部门与个人目标的确定往往采用经验估计、趋势估计的方法。显然，这带有较多的主观臆断，缺少对未来的预测，但简单易行，因而在现实中经常被使用。该方法的优点是目标与行动方案非常具体，可操作性强，并充分考虑组织成员的个人期望，但其全局性较差，对重大事件与目标、对未来的预见能力较弱。表3-2是上述两种方法的详细比较。

表3-2　两种公共部门人力资源战略制定方法比较

方法 ＼ 项目	目的	时间	涉及范围	操作性	环境分析	信息要求	评估者
目标分解法	战略规划	长远	全局到局部	较差	要求较高	全面	HR 部门
目标汇总法	行动规划	短期	局部到全部	较强	要求一般	局部	职能部门

（3）双向制定过程。沃克（J. Walker）提出了在组织中自上而下和自下而上的过程。见表3-3。此外，还有其他一些制定方法。[⑦]

表 3-3　人力资源战略制定的双向过程比较

	自上而下的规划	自下而上的规划
目的	提供战略框架	设计具体行动
方法	一般由组织层流向部门层	一般由部门向上提交,由组织审议
时间范围	长期	短期
环境分析	为组织战略而进行的环境评价的一部分或者是独立的工作	鉴别战略趋势与问题框架中的问题
含义分析	由管理人员和人力资源职能人员对计划的人力资源含义做出评价	由管理人员和人力资源职能人员对计划的人力资源含义做出评价
完整的规划	组织计划过程的一部分,或者阐明与人有关的问题的单独人力资源规划	对特殊问题有关主题的分析、预测和规划
评价与控制	跟踪、检查、监督和反馈	监控与报告解决问题的进展

资料来源:詹姆斯·W.沃克,《人力资源战略》,中国人民大学出版社 2001 年版,第 62 页。

3. 战略的实施

不仅要制定良好的人力资源战略,更要彻底有效地实施。表 3-4 表达了公共部门人力资源战略实施的具体要素是使期望一致、组织建设、能力开发、绩效管理等。

表 3-4　公共部门人力资源战略实施的具体要素

	明　　确　　的	隐　　含　　的
使期望一致	使命、愿景、价值观、战略	共同的价值观和期望
组织建设	结构 工作/任务设计、授权 人员配备	非正式关系、信息与影响网络 团队协作、合作及竞争 职业期望和计划
能力开发	培训与开发	动机与奉献/持续学习
绩效管理	绩效制度/奖励	以绩效为导向

资料来源:詹姆斯·W.沃克,《人力资源战略》,中国人民大学出版社 2001 年版,第 71 页。

3.2　公共部门战略性人力资源管理的含义与兴起

3.2.1　公共部门战略性人力资源管理的含义

从管理实践看,面对环境的日益不确定性,不同的部门往往会有不同的反应。有的对环境的反应具有前瞻性,有的则是被动的。理论与实践都已证明,只有对环境变化做出积极的、前瞻性的反应,才能适应现代人力资源管理的要求。所谓前瞻性的反应,就是指公共部门及其人力资源管理部门要拥有对环境变化的敏感性,预测并把握环境因素的变化及其发展趋势,并积极采取切实可行的措施应对环境变化带来的新情况和新问题。每个公共部门的内外部环境决定其整体性战略,而不同的公共部门战略有着不同的信念和行为,从而又直接决定和影响着公共部门的人力资源战略和战略性人力资源管理。

对战略性人力资源管理的含义,人们从不同的角度,如能力和行为、资源基础论、关系角度等进行了界定。例如，格拉顿等人认为，它是将人力资源管理和战略目标结合在一起，以改善组织绩效并且发展有助于创新和弹性的组织文化。舒勒和杰克逊则是针对波特的三种一般竞争战略提出的，强调每一种不同的竞争战略需要不同的人力资源管理政策组合。德利瑞（J. Delery）和多蒂（D. Doty）则是从实践的角度，提出一些人力资源管理工作具有战略性，其中包括：内部职业机会、正规培训系统、结果导向的评估、利润共享、雇佣保证、员工参与和工作描述。而汤普金斯（J. Tomokins）将其视为组织"程序"与"结构"综合权衡的结果：一方面需要组织不同程序间相互配合，另一方面也要整合不同类别或性质的工作内容。⑧舒勒将其定义为运用整合（Intergration）和调整（Adaptation）的方式，确保人力资源管理与组织战略性需求相整合、人力资源政策能与组织内水平职能政策及垂直层级结构保持一致、人力资源实践是经调整修正而得的，能为组织成员所接受，并为管理人员与其下属共同参与。⑨还有学者认为它由人力资源管理实践系统、人力资源存量以及员工关系与行为（包括心理契约、组织公民行为等）等构成，⑩其核心是战略匹配或战略契合⑪，即一个组织的人力资源管理必须具有两个方面的一致性，一是人力资源管理战略与外部环境和组织战略之间的一致性，即外部契合或垂直一致性，这强调的是人力资源管理必须与组织战略保持完全一致。二是人力资源管理各功能的内部一致性，即内部契合或水平一致性，这强调了组织内部各人力资源管理政策和实践之间必须保持高度的内部一致性，相互之间形成一种良性的匹配、互动关系。⑫赖特和麦克马汉从功能角度认为，战略性人力资源管理是为实现目标所进行和采取的一系列有计划、具有战略性意义的人力资源部署和管理行为⑬。这是最为常用的一个定义。

公共部门战略性人力资源管理（Strategic Human Resources Management in the Public Sector）就是制定、实施和监控人力资源战略的过程，其目的是实现人力资源管理职能活动与组织战略的一致；也就是说，公共部门战略性人力资源管理是指通过对公共部门人力资源管理的战略化设计，保证人力资源管理和组织战略相一致，各人力资源管理职能活动之间协和一致，并通过全员的参与和支持实现组织绩效的提升。它强调人力资源管理活动与人力资源的能力聚焦于人力资源战略与组织战略，各职能活动相互契合，并与组织架构、业务流程和组织文化相契合，确保组织战略的灵活性与可执行性。

如本书 1.3 所述，公共部门人力资源管理系统是围绕组织的战略而展开的，其系统图示与公共部门战略性人力资源管理系统的图示是一致的，见图 1-2。

3.2.2　公共部门战略性人力资源管理的特点

一是战略性。这是指人力资源的战略性。即赖特和麦克马汉强调的具有某些或某种特别知识（能力和技能），或者拥有某些核心知识或关键知识，处于组织系统的重要或关键岗位上的人力资源，即真正具备稀缺性、价值性、难以模仿性和不可替代性。

二是契合性。即匹配性，这是战略性人力资源管理的核心概念，包括外部契合或纵向契合——人力资源管理系统与组织的战略和其他活动的流程、内容相契合，以及内部契合或横向契合——人力资源管理各活动与人力资源管理系统各组成部分或要素之间相契合。

三是灵活性。即柔性，这是指人力资源管理系统为使组织有效并及时适应外部和内部环境，实现战略目标的能力。表面上看起来与契合性矛盾，但实际上二者是互补的，即契合性强调与组织发展战略相适应的人力资源管理系统；而灵活性强调为使组织更好地适应环境变化，不能仅服从当前的战略。所以，在环境复杂多变、人力资源管理活动有其先天路径依赖型和效益滞后性，以及人力资源管理决策者信息不完全和能力限制的情况下，灵活性与契合性同等重要，契合性是同一时间点上的一致性，灵活性是一段时间上的一致性。

四是导向性。这是指战略性人力资源管理的最终目标是提高组织绩效，组织建构、组织文化建设、人力资源管理改进等都是为了组织绩效的提升。

作为统一性和适应性相结合的人力资源管理，其发展可分为三个阶段。第一阶段，起初强调权变观以及人力资源的政策和实践与各战略构成相匹配，后来主要探讨评估匹配相互矛盾的框架，作为对权变因素的不同情景的评价。第二阶段，起初强调人力资源是重要的战略贡献之源，后来拓展到社会资本和人力资本对战略的贡献。从 20 世纪 80 年代早期以来，这两个阶段不断改变战略性人力资源管理研究的主题。第三阶段，超越传统的组织边界，拓展了战略性人力资源管理研究的范围，像关注国际战略性人力资源管理等。

3.2.3　公共部门战略性人力资源管理的兴起

公共部门战略性人力资源管理，其兴起的主要原因在于：传统的人力资源管理部门扮演的是一种行政性的角色，无论是从形式上还是从高层管理者的心理来看，都不过是组织的一个普通部门而已，人力资源管理部门负责人多数情况下仅仅是实施组织人力资源政策的贯彻推行者，这种传统的认识无疑极大阻碍了人力资源管理在组织战略实施过程中的作用发挥，反过来又影响了战略的实施。当然，没人否认人力资源管理传统的功能性事务是重要的，但人力资源管理与组织内部其他职能部门互相紧密配合，在提高组织核心竞争力、帮助组织实现战略目标中还能扮演更为重要的角色。因此，一种更为先进的、以战略为导向的人力资源管理观念开始出现。

纵向分析，由第 2 章可见，对人的管理正是朝着把人力资源管理看做完成组织目标的一个极其重要的战略要素发展的。在 20 世纪 80 年代初期，德鲁克和巴克关于人力资源管理的特征被重新提了出来，他们提出把人力资源管理和组织的战略计划作为一个整体来考虑，该战略计划的目的是提高组织绩效，人力资源管理则成为这一计划中的一个重要组成部分。2.1.1 中谈到，一般认为，德兰纳、福姆布龙和蒂奇于 1981 年发表的《人力资源：一个战略观》一文，是战略性人力资源管理研究领域诞生的标志，稍后，其他学者也相继提出了有关理论。最有影响的战略性人力资源管理理论是由比尔等人于 1984 年在其《管理人力资本》一书中提出的。由此至今的几十年间，关于人力资源战略管理的研究呈爆炸式增长。从一些发达国家看，公共部门人力资源管理正在逐步向人力资源战略管理过渡，在某种程度上讲，公共部门人力资源管理正在逐步转变为公共部门战略性人力资源管理。但也有学者认为，就完整及确切的意义而言，人力资源管理就应该被视为"战略性人力资源管理"，如果人力资源管理没有被放在组织战略管理的架构之下，则无法显示其与人事管理的区别。[14]所以，"人力资源管理"一词的独特意义就在于强调人力资源乃是组织发展的重要基础。

当然，无论哪一个观点都注意到了人力资源管理若要发挥有助于组织战略目标实现的作用，必须要配合高层的战略前提与目标方向做一系列调整。因此，在1994年美国人力资源管理协会相关会议上，理事会主席加利（G. Parker）指出：人力资源应成为首席执行官的战略伙伴，帮助计划、实施组织变革。人力资源管理的这种变化反映了国家、地区和全球竞争的日益激烈程度，以及由此产生的劳动力特征、法律法规和科学技术的变化，以及公众要求改革公共组织的呼声。环境的这些变化要求组织的结构、形态、特征和技术必须与此相适应，要求组织在反应速度、产品或服务质量、革新和全球化等方面适应日益加剧的国际竞争的需要。所以，在这种环境变化中，人力资源管理也就逐渐成为组织的战略性的人力资源管理。

我国绝大多数公共部门的人力资源管理能力较弱，人事管理阶段色彩较浓，迫切需要从战略高度实施人力资源管理。

3.3 公共部门战略性人力资源管理与公共部门人力资源管理的区别

有学者认为，战略性人力资源管理与人力资源管理相比，其特性表现为：一是关注对组织绩效而非个人绩效的影响，二是能给组织带来高绩效的是人力资源管理系统，而非单个人力资源实践。[15]纵向分析可见，战略性人力资源管理与人力资源管理是组织对人管理的不同发展阶段，战略性人力资源管理意味着人力资源成为组织的战略性资源，人力资源管理上升至组织发展的战略性地位，人力资源管理部门的角色已向组织战略合作伙伴转变，人力资源管理者的角色也同时向战略规划者转变，因此，公共部门战略性人力资源管理与公共部门人力资源管理之间有着较大的区别，其不同特点见表3-5。

表3-5　公共部门战略性人力资源管理与公共部门人力资源管理的不同特点

战略角色	公共部门战略性人力资源管理	公共部门人力资源管理
重要关系	内部与外部顾客或公众的关系	上下阶层关系
人力资源的主动性	主动的、一体的	被动的、离散的
战略计划的重要性	处于人力资源活动的中心	处于人力资源活动的边缘
决策速度	快	慢
计划周期	短、中、长期，根据需要而定	短期
信息沟通角色	公共部门战略性人力资源管理	公共部门人力资源管理
沟通过程	直接的	间接的
沟通水平	高水平的	有局限的
沟通范围	根据需要，宽范围的沟通	主要在组织阶层内部

（续表）

行政管理角色	公共部门战略性人力资源管理	公共部门人力资源管理
规则的重要性 管理工作的指导	重要的是完成工作 成功所需要的	必要的，明确 政策和规程
具体的 HR 事务功能	**公共部门战略性人力资源管理**	**公共部门人力资源管理**
招聘 薪酬 工作条件 劳资关系 工作细分 职位设计 培训和发展	和组织战略一体，是关键任务 以贡献为基础，灵活的 与组织的战略和文化相协调 平等约定，本质上是合作的 少 广泛的，注重团队 综合的，促进学习型组织的发展	和组织战略脱离，处于边缘地位 以工作岗位为基础，固定的 单独谈判的一项内容 互相讨价还价，敌对的 多 严格根据工作部门划分 专项的，严格掌握控制
动态管理职能	**公共部门战略性人力资源管理**	**公共部门人力资源管理**
HRM 部门的角色 冲突的处理 对组织成员关系的调解	变化的，变革的倡导者 对组织文化的宽泛调控 宽范围的，注重变化的	程序化的，变革的追随者 临时的，促使冲突最小化 注重程序

资料来源：许小东，《战略导向型的人力资源管理：职能、特点与模式转型》，《管理科学研究》2002 年第 4 期。

也有学者认为，人力资源管理是克服了传统人事管理的各个工作模块如招聘、培训等的分散性，将各项职能集成为相互关联的管理体系，并根据外部和内部的需求再结合整体的人力资源管理策略采取相应的手段。不足的是，人力资源管理仍然与人事管理一样停留在职能层面，具有很大的局限性：与组织业务分离、仅仅是对外部和内部需求的反映、短期导向、对高层管理没有影响、主要关心低层的组织成员等。而战略性人力资源管理是在克服传统人事管理和人力资源管理的局限性基础上进一步发展起来的，将人力资源管理与组织的战略和业务结合起来，见图 3-2。也可以说，在一定程度上，战略性人力资源管理

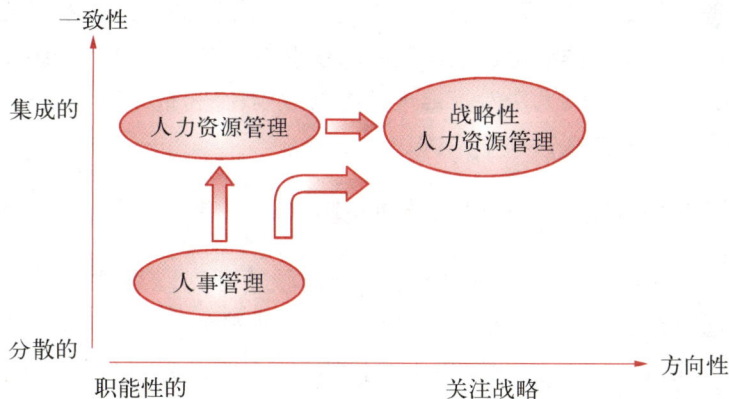

图 3-2　人事管理、人力资源管理与战略性人力资源管理比较模型

资料来源：《HR 世界》编辑部，《HR 如何成为 CEO 的"商业伙伴"》，《HR 世界》2003 年第 1 期。

是采取与传统人事管理和人力资源管理相反的方式：与组织业务紧密结合、关注战略、长期导向、对高层管理者有很大影响、主要关心核心员工等。但这并非否定人力资源管理，人力资源管理不仅没有过时，反而是战略性人力资源管理发展的基础；或者说，战略性人力资源管理正是在人力资源管理基础上的提升和超越，或升级换代。

3.4 公共部门战略性人力资源管理的角色、职能与活动

公共部门实施战略性人力资源管理当然不像私营部门那样，会遇到一些特殊的难题，但大多数研究者认为，公共部门战略性人力资源管理对于提升公共部门的绩效同样具有重要价值。从实践方面看，美国联邦政府借鉴私营部门人力资源战略管理的成功经验，早在2002年就明确提出了自己的战略模型，并不遗余力地推广。[16]而澳大利亚同样在一些公共部门中运用人力资源战略管理来帮助组织成功实现战略目标。[17]为更准确把握公共部门战略性人力资源管理，可从以下三个方面进一步深化。

3.4.1 公共部门战略性人力资源管理角色

科奇安（T. Kochan）等人论述了战略性人力资源管理在组织中的角色。一是战略活动的参与角色。这是指参与组织的整体战略决策；依据组织的整体战略，贯彻落实人力资源战略；帮助部门负责人创造价值；帮助组织成员满足顾客或社会公众的需要。二是信息支持角色。这是指提供其他组织的信息和某些问题的专家意见；搜集、传播乃至生成与人力资源有关的信息，以适应组织战略计划、日常工作和组织活动的要求。三是战略的人力资源扶助角色。这是指挑选组织成员，使其符合组织的战略及文化要求；协助设计和实施绩效管理；设计和实施有效的工作激励方案；设计符合组织战略的薪酬制度；设计和实施组织成员的教育培训开发和职业生涯管理；帮助所有的部门管理人员进行有效的、符合战略的人力资源管理。四是动态管理角色。这是指注意工作的活动过程及其对组织绩效的影响；帮助组织结构再设计；推动符合组织基本价值观的变革；负责实施组织成员发展和人际关系计划；使组织中的不同力量发挥最大的综合效用；研判员工关系出现的问题，并提出解决建议；参与必要的行政管理工作等。

3.4.2 公共部门战略性人力资源管理职能

休斯里德（M. Huselid）认为，战略性人力资源管理实践活动的最佳组合是人员挑选、绩效考核、激励系统、职位分析、晋升系统、就业安全、信息共享、态度调查和员工参与管理。[18]伯菲（J. Pfeffer）在此基础上，提出了16项人力资源管理工作：就业安全、招聘时的挑选、高工资、激励薪金、员工所有权、信息共享、参与和授权、团队和职位再设计、培训和技能开发、轮岗和交叉培训、缩小工资差别、内部晋升等。[19]德莱利（Delaney）又确定了七项战略性人力资源管理工作：内部职业机会、正规培训系统、评价

方法、利益共享、工作安全、投诉机制和工作定义。这都是对 1.3.3 所述的人力资源管理职能的战略化，基本分为如下四类：

一是旨在选拔和开发组织成员潜质，为组织提供更优秀的人力资源。如严格的选拔制度、内部提拔、技能多元化、跨职能培训和职位轮换等。

二是旨在激励组织成员工作积极性，刺激组织成员努力工作。如就业安全、员工满意度调查、基于贡献的报酬制度、多样化的薪酬制度，以及工作多样化和丰富化等。

三是旨在发挥组织成员影响和作用，同时达到激发潜能和激励努力工作的目的。如工作团队、员工参与、合理化建议和问题解决小组等。

四是旨在加强组织成员沟通，为组织成员工作创造良好的信息条件。如信息共享、投诉机制、沟通机制和工会制度等。

3.4.3　公共部门战略性人力资源管理活动

根据舒勒的观点，战略性人力资源管理可以分成几个不同的组成部分，它们包括人力资源管理的哲学、政策、计划、实践和过程。在每个部分中都包含战略性人力资源管理所要实施的内容，它们之间通过组织的层级而相互联系，并成为一个整体。总之，它们的目的是更有效地利用人力资源以适应组织的战略需要。舒勒的观点很好地诠释了前述外部契合和内部契合的关系，也是在一定程度上对 1.3.4 所述的人力资源管理活动与文化理念匹配、国际环境变化应对的融合化，包括如下六个方面。

一是人力资源管理哲学。人力资源管理哲学是指组织如何看待它的人力资源，人力资源在组织成功中的作用如何，以及如何对待和管理人力资源。

二是人力资源政策。人力资源政策不是指所谓的"人力资源手册"，即指导组织成员日常工作行为的指南，而是指以开发具体的人力资源计划和实践为目标的总体指导原则，这些计划和实践包括人力资源活动的每一个方面，如薪酬、培训等。

三是人力资源计划。人力资源计划是由人力资源政策决定的，它对人力资源的活动起着协调作用，并保证人力资源的活动从开始到结束都能朝着组织战略需求所要求的方向发展，这些活动一般从组织的高层开始，逐步向下扩展或者从其他地方展开。

四是人力资源管理实践。一个人在组织中有三个方面的作用，即领导、管理和实践。但无论是领导、管理或是实践，一旦组织成员的行为作用被确定，人力资源管理实践就可能影响到组织成员行为的绩效。组织的人力资源管理实践活动必须和组织的战略需求紧密相连。

五是人力资源管理过程。人力资源管理过程是重要的战略性人力资源管理活动。对于所有战略性人力资源管理活动来讲，要求人力资源管理活动必须保持一致性。这是因为这些活动过程影响每一个人的行为，如果他们之间不能保持一致性，就无法传递相同的信息（这些信息是指他们期望得到的东西），也就无法提供成功实施组织战略需求所需的环境。

六是战略性国际人力资源管理。随着世界的竞争性、不确定性和不稳定性的增加，为了取得成功，许多组织必须参与全球性的竞争。

3.5 我国人才强国战略与公共部门战略性人力资源管理的问题和改进

3.5.1 我国人才强国战略

1995 年 5 月,《中共中央、国务院关于加速科学技术进步的决定》中首次提出科教兴国战略。2000 年,中央经济工作会议首次提出"要制定和实施人才战略";同年,党的十五届五中全会提出,要把培养、吸引和用好人才作为一项重大的战略任务切实抓好,努力建设一支宏大的、高素质的人才队伍。2001 年发布的《中华人民共和国国民经济和社会发展第十个五年计划纲要》则专章提出"实施人才战略,壮大人才队伍"。这是中国首次将人才战略确立为国家战略。2002 年 5 月,中共中央、国务院在《2002—2005 年全国人才队伍建设规划纲要》中首次正式提出人才强国战略,并指出:"抓住机遇,迎接挑战,走人才强国之路,是增强综合国力和国际竞争力,实现中华民族伟大复兴的战略选择。"2003 年 12 月,中共中央首次召开中央人才工作会议,印发了《中共中央、国务院关于进一步加强人才工作的决定》,突出强调实施人才强国战略是党和国家一项重大而紧迫的任务,并进一步明确了新世纪新阶段中国人才工作的重要意义,全面部署人才工作的根本任务,制定了一系列有关方针政策。2007 年,人才强国战略作为发展中国特色社会主义的三大基本战略之一,写进了中国共产党党章和党的十七大报告。由此,人才强国战略的实施进入全面推进的新阶段。2010 年 3 月印发的《国家中长期教育改革和发展规划纲要（2010—2020 年）》指出,中国未来发展、中华民族伟大复兴,关键靠人才,根本在教育;优先发展教育,到 2020 年,基本实现教育现代化,基本形成学习型社会,进入人力资源强国行列。同年 6 月发布《国家中长期人才规划发展纲要（2010—2020）》。

2015 年 10 月 29 日党的十八届五中全会通过的《中共中央关于制定国民经济和社会发展第十三个五年规划的建议》提出:"加快建设人才强国。深入实施人才优先发展战略,推进人才发展体制改革和政策创新,形成具有国际竞争力的人才制度优势。"其中,一是推动人才结构战略性调整,突出"高精尖缺"导向,实施重大人才工程,着力发现、培养、集聚战略科学家、科技领军人才、企业家人才、高技能人才队伍。实施更开放的创新人才引进政策,更大力度引进急需紧缺人才,聚天下英才而用之。发挥政府投入引导作用,鼓励企业、高校、科研院所、社会组织、个人等有序参与人才资源开发和人才引进。二是优化人力资本配置,清除人才流动障碍,提高社会横向和纵向流动性。完善人才评价激励机制和服务保障体系,营造有利于人人皆可成才和青年人才脱颖而出的社会环境,健全有利于人才向基层、中西部地区流动的政策体系。党的十九大政治报告提出的我国坚定实施的战略有科教兴国战略、人才强国战略、创新驱动发展战略、乡村振兴战略、区域协调发展战略、可持续发展战略、军民融合发展战略,人才强国战略是其中的重要战略之一。由此可见:

（1）人才强国战略的核心是"人才兴国"。国家兴盛，人才为本。依靠人才兴邦，走人才强国之路，大力提升国家核心竞争力和综合国力，是人才强国战略的核心要义；概言之，就是"人才兴国"。这里，"强国"是指增强国力、振兴国家，即大力提升国家核心竞争力和综合国力。正所谓人才是党执政兴国的关键资源，人才竞争是综合国力竞争的核心。

（2）人才强国战略的目标指向是建设"现代化强国"。作为国家发展战略，人才强国战略必须与国家发展的战略目标保持一致和协调，为实现这一目标提供人才保证和智力支持。我国现代化建设的总体目标是，到 2020 年实现全面小康，到 21 世纪中叶基本实现现代化，把中国建设成为富强民主文明和谐的社会主义国家。在这个意义上讲，建设全面小康社会和现代化强国，也是中国到 2020 年和到 21 世纪中叶实施人才强国战略的目标。

（3）人才强国战略的工作重心是建设"人才资源强国"，充分发挥人才的作用。大力实施人才强国战略的工作重心应当落在"人才资源强国"的建设和充分发挥人才的作用上，要调动各方面的积极性，通过各种途径，大力开发人才资源，加快中国从人口大国向人才资源强国转变的进程，努力造就一支规模宏大、素质优良、结构合理、活力旺盛，既能满足中国经济社会发展需要，又能参与国际竞争的人才大军。

3.5.2　我国公共部门战略性人力资源管理的问题与改进

1. 我国公共部门战略性人力资源管理存在的主要问题

从全球看，在西方发达国家，尽管公共部门战略人力资源管理已经逐渐被政府运用，如作为践行战略性人力资源管理最成熟国家之一的美国，无论是联邦政府还是地方政府，都非常重视推行公共部门战略性人力资源管理；而且也是这些国家学术研究的重点，如麦葛雷格（E. McGregor, Jr.）1988 年的《公共部门人力资源管理难题：战略管理》、张（S. Teo）和克劳福德（J. Crawford）2005 年的《战略性人力资源管理指标的有效性：澳大利亚公共部门商业化的案例研究》，以及汤普金森（J. Tompkins）2002 年的《政府战略性人力资源管理》等。但在理论和实务上都存在一些问题：一是在概念上，战略性人力资源管理希望以一致性的战略来概括组织整体人力资源管理活动，将可能忽略这些工作的"多层次性""多等级性"及"高度复杂性"，即"战略"不一定能反映组织真实情形。二是在经验上，战略性人力资源管理较重视"规范性"论述，然而实践成果却并不明显。三是在解释力上，战略性人力资源管理也可能与现行人力资源管理观点不尽一致，如组织是否一定要以整体为范畴，同时强调单位间密切互动？又如不同环境，组织响应方式是否均应是"战略性"的？[20]

在我国公共部门，这还表现出特殊性。一是来自战略管理的误区或不足。（1）整体表现为：① 流浪倾向，没有公共战略或滥用公共战略；② 唯上倾向，按照上级或长官意志制定公共战略；③ 东施效颦，仿效他人或模仿过去的战略；④ 好大喜功，发展型战略也会使公共部门陷入危机；⑤ 致命通病，公共战略管理能力不强；⑥ 束之高阁，公共战略只停留纸上；⑦ 旧瓶装新酒，体制、结构与公共战略不匹配；⑧ 赶鸭子上架，缺少足够的公共战略实施人才；⑨ 弃长扬短，公共部门丧失公共战略；⑩ 踢开战略闹革命，只顾短期利益、不顾长远利益。[21]（2）具体表现为战略规划能力、公共政策能力、资源管理能力和项目管理能力不足。[22]这直接引发了战略性人力资源管理中的问题。

二是战略性人力资源管理本身的问题。（1）无法与组织战略实现协调一致。许多公共部门缺乏明确、规范的使命、愿景、核心价值观与战略陈述，这几大要素不清晰或不精准，导致人力资源管理与之脱节，人力资源战略规划与组织战略的契合度差，无法真实、清晰地体现组织长远发展目标。（2）很难与组织业务流程、组织结构与组织文化匹配。许多党政机关仍不同程度地存在办事程序冗长、组织机构膨胀、行政层级较多、服务意识薄弱、人治色彩浓厚等弊端，直接影响和制约着管理科学化水平的提高。（3）管理职能不健全与发展不平衡，各职能之间协同性差。经过多年的建设与发展，公共部门人力资源的考试录用、培训开发、绩效考核等由于领导重视和社会关注度高，因此工作开展较好，但是职位设计、职位分析、胜任力、职业生涯管理、绩效管理、薪酬管理等进展明显滞后。而且现有各个职能往往"各行其是"，不是在组织战略的统一指导下协调推进与融合发展，难以获得良好的整体效果和协同效应。（4）管理权限过于集中，弹性不足。如公务员管理权主要集中在上级党委及其组织人事部门，用人单位及直线管理人员的权力相当有限，难以在公务员管理中施展身手，导致整个管理缺乏弹性和权变性。（5）管理机构及其人员角色错位，组织人事干部专业素质有待提高。管理机构及人员的地位往往比较被动，主要充当执行者角色，在参与组织战略规划及重大决策方面所发挥的作用很小。此外，组织人事干部素质参差不齐，缺乏战略性人力资源管理专业意识、专业知识与实务能力，高层次人力资源管理人才及战略性人力资源变革专家匮乏，不能为主要领导者进行战略决策提供科学、权威的专家意见。[23]

仔细分析我国公共部门战略性人力资源管理现存问题，在注意到这既受制于公共部门战略、公共部门人力资源战略的目标多样，又受制于党内法规及其他规定、法律法规、部门职能、人力资源管理专业人员素质、社会公众等诸多制约因素的同时，要清醒地认识到这是我国公共部门人力资源管理发展阶段的必然反映。因为我国一些公共部门的人力资源管理还处于传统的人事管理阶段。职位分析等基础工作普遍缺失，工作职责不够清晰，管理队伍专业化不足，管理基本靠经验、按惯例，法治匮乏而人治浓厚，传统文化负面影响深重，改革动力严重缺乏的非规范化、非系统化的人力资源管理，肯定难以支撑公共部门战略管理。换言之，目前我国公共部门战略管理与战略性人力资源管理的发展阶段是一致的，即都是比较落后的。当然，与发达国家公共部门相比，我国人力资源管理的理念、导向、思路、职能、人员素质能力、技术手段工具等还有一定的差距。

2. 我国公共部门战略性人力资源管理的改进方向

首先，从借鉴发达国家的先进经验、把握未来发展方向进行改进。OECD 国家的公共部门战略性人力资源管理趋势，明显地朝个别化、授权化、弹性化、绩效化、契约化与强化高级文官领导能力等政策方向改革。其中，美国联邦政府从人力资本战略管理角度实施了一系列变革，如联邦政府责任署［2004 年 7 月，政府审计署更名为政府责任署（United States Government Accountability Office），缩写仍是 GAO］于 2005 年提供了一个原则性的统整架构，以作为各联邦机关进行修正的基础模板：战略整合、人力资源规划与配置、领导与知识管理、成果导向绩效文化、才能管理和责任确保等（详见本书 4.4）。再如，美国人事管理署确定 2012—2015 年的战略主题是：（1）改进联邦公务员雇用过程；（2）强化联邦公务员的多样性和包容性；（3）为联邦政府进行安全、可靠决策及时提供充分信息；（4）确保联邦公务员拥有实现组织使命所需的核心胜任力；（5）鼓励更多管理者参与到联邦公务员雇用过程中；（6）帮助退伍军人在联邦机构找到合适的工作岗位。又如，美国密歇根州的公务员局、雇主办事处联合其他各局人力资源管理部门早在 2000 年就宣布，实施战略性人力资源变革活动，其核心目标之一就是培养战略性人力资源专家，为推行战略性人力资源管理提供人才支撑，并促使政府人力资源管理部门成为组织战略合作伙伴。其主要举措是：（1）从五个方面重新确定战略性人力资源专家培训需求，即提高人力资源项目和服务效率、培养和持续提升人力资源管理人员的专门知识与专项技能、改进人力资源项目和服务咨询方法、培养人力资源管理人员成为组织战略合作伙伴，以及评价人力资源管理最佳实践并将之应用到公务员管理中来。（2）重新界定人力资源工作愿景，并专门组建人力资源培训与开发学院，培养人力资源专家的战略变革能力以实现新愿景。（3）开发和培养人力资源专家的核心胜任力模型，主要包括问题分析技能、战略合作伙伴能力、业务统筹思考能力、持续学习能力、顾客服务判断能力、争议处理技能、有效沟通技能、建设性导向能力、弹性和适应性、主动性、变革与创新精神、诚实与道德行为高尚、协商与推销能力、专业知识与专项技能、州政府环境洞察能力共 15 项胜任力。[24]

其次，从探索应用战略性人力资源管理先进理论层面进行改进：（1）明晰公共部门的使命、愿景、核心价值观与战略，建立以战略规划为牵引的改革动力机制。（2）优化业务流程与组织结构，改善组织文化。（3）健全公共部门人力资源管理职能，找准人力资源管理制度改革着力点。主要包括：① 完善基于组织战略的人力资源战略规划；② 健全基于职位丰富化与提高工作满意度的职位设计制度，实施更加科学、精细与规范的职位分析及职位分类制度；③ 根据不同职位类别设定不同的录用标准、考试内容和考试方式；④ 构建胜任力模型，推行基于胜任力模型的选拔任用、绩效管理与培训开发制度；⑤ 推进基于职位分类的更具有人文关怀的职业生涯管理制度；⑥ 改进培训方式并加强培训过程监管及效果评估；⑦ 健全绩效计划、绩效实施、绩效评价、绩效反馈和绩效结果应用"五位一体"的绩效管理制度；⑧ 推行绩效工资、宽带薪酬及相关人员的财产公示制度；⑨ 完善以职务升降、交流回避、辞职辞退、退休等为内容的"开放式"流动体系，着力健全退出机制；⑩ 完善综合激励系统，健全以工作、薪酬激励为主的正激励与惩罚、诫勉等为内容的负激励；⑪ 完善人力资源管理管理外包与信息化管理制度。（4）重视管理授权，促进权变管理。（5）提升组织人事干部专业化水平，促使组织人事部门向战略决策者角色转变。[25]

最后，从提升公共部门战略管理能力的途径进行改进：（1）充分发掘和利用现有的政治资源，为公共部门战略管理提供稳定的环境和强有力的政治支持。（2）培育政治领导人的企业家精神，激发政治领导人的成就需求，发挥其政治远见和管理经验优势，推动公共部门战略管理实践。（3）改革传统垄断模式的弊端，适当引入公共部门间竞争，形成公共部门战略管理的外在激励与内在动力机制。（4）强化知识分子与公共组织之间的结盟，重视知识精英在公共部门战略管理中的作用。（5）扩大公民参与培养和借鉴民间的创新力量。（6）创建学习型公共组织，促进公共部门的知识更新和自我完善，塑造"学习—模仿—创新"的完整链条。[26]

注释　　　　　资料

复习思考题

1. 如何理解公共部门战略？

2. 如何理解公共部门人力资源战略？

3. 公共部门战略与公共部门人力资源战略是什么关系？

4. 公共部门人力资源战略有哪些类型？

5. 试述我国人才强国战略。

6. 简述公共部门人力资源战略的制定与实施。

7. 如何理解公共部门战略性人力资源管理的含义？它有何特点？

8. 为什么会兴起战略性人力资源管理？

9. 公共部门战略性人力资源管理与公共部门人力资源管理有何联系与区别？

10. 公共部门战略性人力资源管理的角色、职能与活动主要有哪些？

11. 试析我国公共部门战略性人力资源管理的问题与改进。

12. 有人说，我国不少公共部门对人的管理还停留在传统的人事管理阶段，何谈战略性人力资源管理。你对此有何评价？

第4章 公共部门人力资本管理

学习思路和重点

作为美国联邦机构"最佳雇主"的 GAO 的十年掌门人——沃克（D. Walker）认为：政府应将公共部门人力资源视为重要资产，而非成本或是消费的资源，应强调对人力的投资发展，并运用战略管理，扩大其效益；在 20 世纪 90 年代末的美国，"人力资本"一词大有取代"人力资源"一词之势，这表达了美国对"人力"这一资源或资本的新解读。但人力资本管理的本质在于从该管理的角度去探寻如何进一步实现公共部门战略性人力资源管理。学完本章，应掌握人力资本的含义、人力资本理论的主要内容、公共部门人力资本管理的含义及其与公共部门人力资源管理的联系与区别；熟知美国政府人力资本管理实践确定的目标、理念、原则和机制，并以此进一步理解提升公共部门人力资源管理的战略价值。

4.1 人力资本与人力资本理论

从配第（W. Petty）、斯密（A. Smith）、萨伊（Jean-Baptiste Say）到马歇尔（A. Marshall）等古典经济学家们都对人力资本理论的发展起到了重要作用，但现代人力资本理论最终形成于 20 世纪 50 年代末 60 年代初。一是舒尔茨结合经济成长问题的分析，明确提出了人力资本的概念，并阐述了人力资本投资的内容及其对经济增长的重要作用。二是明塞尔（J. Mincer）在对有关收入分配和对劳动市场行为等问题研究时，提出了人力资本的方法。三是贝克尔（G. Becker）从其关于人类行为一切均可从经济学分析的观点出发，将新古典经济学的基本工具应用于人力资本投资分析，并提出了一套较为系统化的人力资本理论。

4.1.1 人力资本的含义

对人力资本的理解可谓丰富多彩，仔细分析可以大致归为以下几类：（1）认同舒尔茨的定义。绝大部分学者都接受了舒尔茨的人力资本定义，即人力资本是体现在人身上的知识、能力与健康。经合组织的研究展现了对人力资本的全面定义，即"人力资本是个人所拥有的那些能够促进个人创造社会和经济福利的知识、技能与能力"。（2）把人力资本看成一种投资或投资的产物。（3）把人力资本分为若干等次或层次。（4）从个体和群体角度分析人力资本。（5）把人力资本看成资本的一种。（6）把人力资本分为同质性人力资本与异质性人力资本。（7）把人力资本看成基于个人投资而形成的改善心智和体质、增强能力的价值总和。

我们认为，人力资本是经过长期性投资形成的体现于劳动者身上，由智力、知识、技能、个性、学习力、健康状况等构成的资本。可从以下几个方面理解。

第一，人力资本是有别于物质资本的一种资本，是经过长期性投资形成的，它与物质资本同样具有资本的共性。

第二，人力资本是体现于劳动者身上的，由劳动者在劳动过程中表现出来的智力、知识、经验、技能、内驱力、学习力、创造性、个性品质和健康状况等构成。

第三，人力资本作为生产活动的投入要素，在再生产的过程中能够不断增值，具有再生性、主动性和增值性。

第四，一个组织成员对组织的附加价值越高，越不容易在劳动力市场上找到替代者，其人力资本就越高。[①]

第五，可以把人力资本分为个体（人）人力资本与组织人力资本，[②]或者是承载于个人身上的人力资本进入组织以后产生人力资本的另一种形式——组织人力资本，这是由组织中个体人力资本之间的合作产生的，具体表现为一个组织的文化传统、思维方式、意识形态、制度规范、道德习俗等。作为人力资本研究的两个层次，组织人力资本与个体人力资本具有共同点，它们都是以知识、技能、智能等为基础，属于人力资本研究的范畴。但二者也存在差别：（1）层次不同，组织人力资本是一种依赖于个体人力资本但又超越个体人力资本的资本形态；（2）形成的要素不同；（3）创造力不同；（4）与组织的关联度不同。而且，实现从个体人力资本到组织人力资本的转变具有重要的现实意义，实际上也只有将知识工作者个体的人力资本转移到组织体系、制度和文化中，为组织所拥有，成为非人格化的组织人力资本，才能尽可能地减少组织对单个知识工作者的依赖。在此过程中，组织学习是实现个体人力资本向组织人力资本转化的关键。组织人力资本转换过程是指将个体或团队的显性和隐性知识、能力和职业精神转换为组织共享的知识、组织规程、规章制度或组织文化的过程。[③]

4.1.2　人力资源与人力资本的关系

人们对人力资源与人力资本之间关系的认识争议也很大，代表性的观点有：（1）不加区别，将人力资本与人力资源混为一谈，只要涉及人力资源必称人力资本，或同一文章中，一会儿用人力资源，一会儿用人力资本，这是最普遍的。有的认为人力资本是更侧重于经济学领域的表达。（2）人力资本仅指企业中少数具有特殊能力的人，即核心技术人员和企业家，是人力资源中质量较高的部分。（3）把人力资本看成人力资源的终结，认为人力资源可以通过投资发展形成人力资本。（4）人力资源、人力资本与人力资产只是概念角度的不同，实际内容一样。[④]（5）人力资本是人力资源的市场化和资本化，劳动力进入市场成为商品就成为人力资本，即马克思所说的可变资本。（6）人力资本不同于可变资本，更不用于人力资源，它具有剩余索取权。[⑤]（7）人力资本强调了人力的主体性方面，人力资源强调了人力的客体性方面，二者从不同角度探讨人力问题。⑥（8）二者在能力这一点上具有相似性，但内涵和本质有明显区别。人力资本是针对经济增值、经济贡献与收益分配来说的，而人力资源是针对经济管理、经济运营来说的；前者是一个反映价值量的概念，而后者是一种概括性的范畴。⑦

我们之所以在本书第 1 章把人力资源定义为"具有劳动能力的人的总和"，而不是"劳动能力的总和"，重要原因之一就是因为人力资本投资开发的是一种劳动能力，如果都定义为"劳动能力的总和"，会加剧二者的混淆。因此，人力资本指的是劳动者身上的知识、智能、技能所构成的资本。受过教育培训的人都具有一定的知识、技能，他们参加生产劳动会创造价值，也能带来收益，这些知识技能就是人力资本，并非局限于那些核心技术人员和企业家等高级人才。舒尔茨提出人力资本这一概念，是因为发现劳动者质量的提高带来了经济的巨大发展，显然这不仅仅是那些具有"特殊能力"的人所创造的奇迹，而是因为整个社会中全体劳动者劳动能力的提高是进行了人力资本投资的结果。投资人力资源是为了开发潜在的人力资源，当然最终能形成人力资本，但这并不是人力资源的终结，人力资源仍旧是人力资源，是提高了自身质量的人力资源，是具有知识、技能和智能的人力资源，这些知识、技能和智能只有在生产活动中才能体现出其构成人力资本的特性。因此，人力资源与人力资本之间是既有联系又有区别的，具体而言：首先，人力资源是具有体力劳动和脑力劳动能力的人的总和，人力资本是由劳动者的知识、智能和技能构成的资本。前者强调的是"人"，后者强调的是"能力"。其次，人力资源与人力资本在逻辑上是有联系的，但形成的前后顺序有区别。人力资源是人力资本的载体，人力资源先于人力资本存在。但并非所有的人力资源都可成为人力资本的载体。那些潜在的人力资源，没有参加生产劳动就不能说它是人力资本的载体。人力资源的质量也有高低层级之分，其划分的依据就是人力资本所能形成的价值增值的高低。同时，人力资本也是不断提高的。再次，资源要体现其生产性，资本要体现其增值性。最后，人力资源的管理水平制约着人力资本效用的发挥。

综上所述，人力资源与人力资本是两个范畴不同的概念，人力资源是把人看成一种资源投入生产过程中，人力资本是把人的能力当做一种资本投入生产过程中。二者之间通过投资和劳动联系起来。人力资源通过投资形成人力资本，人力资本可以在对人力资源的长期投资中不断提高；潜在的人力资源依靠参加劳动生产，转变成现实的人力资源，使自身的知识、智能和技能真正转变成人力资本；而人力资本又依赖人力资源这个载体，在生产过程中体现其资本的本质特征。所以，"为了生产我们向往的东西，必须使用人力资源。人力资源由各个工作人员（如煤矿工人、芭蕾舞演员、专业足球选手等）构成……每当潜在的劳动者经受学校教育和专业训练，以及每当实际劳动者学习新技术后，他们对生产的产出量的贡献就会提高。或者说，人力资本已被增进了"。

4.1.3　舒尔茨人力资本理论的主要内容

第一，资本既包含物质资本，也包含人力资本。资本有两种形式，一种是体现在产品上的物质资本，另一种是人力资本。舒尔茨强调不应过分看重物质资本的作用。

第二，人力资本对经济增长起着重要作用。舒尔茨认为，人力资本的增长比物质资本的增长要快，因此国民收入的增长比物质资源的增长要快，这正表明了人力资本对经济增长的作用。随着经济增长和现代化的推进，人力资本的作用将越来越重要。舒尔茨注意到传统增长理论中收益递减规律的失灵。据舒尔茨的计算，在1929—1957年教育投资对美国经济增长的贡献率已达33%。[8]

第三，人力资本投资的内容或范围。舒尔茨认为，人力资本包括用以形成和完善劳动力的各种投资，具体包括五个方面：（1）医疗和保健的支出。这种投资用于延长人的寿命，增强人的体力、精力和耐力，保证人有旺盛的生命力从事工作。（2）用于培训在职人员的教育支出，包括企业采用的学徒制，旨在提高劳动者的劳动熟练程度和知识技能。（3）用于正规的学校教育支出，包括初等教育、中等教育和高等教育。（4）用于社会培训项目的支出，例如技术推广的培训、掌握多种技能的培训等。（5）用于人力资源迁移的支出，包括国内劳动力流动和用于移民入境的支出。尤其是争取专门人才的移民，将大大节省本国的人力资本投资费用。大体概括舒尔茨人力资本投资的内涵，既包括一个人在就业前，从婴幼儿时开始的医疗保健与教育费用，又包括他在就业后保持健康与继续接受教育培训的费用。因此，人力资本投资与一国的人口增长与就业发展关系极为密切。

第四，教育投资是人力资本投资的主要部分。

第五，提出人力资本的投资标准。人力资本的未来收益包括个人的预期收益和社会的预期收益，要大于它的成本，即大于对人力资本的投资。如教育投资收益率，舒尔茨认为原则上同物质资本的投资收益率测算相同，即收益率＝预期收益/成本。

第六，人力资本投资增长水平决定人类经济和社会发展的未来。他认为"知识和技能大半是投资的产物，而这种产物加上其他人力投资便是技术先进国家在生产力方面占优势的主要原因"。离开人力资本的投资，要取得现代农业的成果和达到现代工业的富足程度是完全不可能的。[9]

第七，摆脱一国贫困状况的关键是致力于人力资本投资，提高人口质量。改进穷人的福利之关键因素不是空间、能源和耕地，而是提高人口质量，提高知识水平。[10]

4.2 公共部门人力资本管理的含义与兴起

4.2.1 公共部门人力资本管理的含义

尽管"人力资本管理"一词很热，但除了仅是对"人力资源管理"一词的置换之外，对其定义之间的差别巨大，如人力资本管理是人本管理，是能力管理，是潜能管理，等等。国外有学者认为，人力资本管理除了包括人力资源管理的内容之外，还包括对人力资源管理相关活动如招募甄选、培训开发等的成本和收益评估。可将其分为传统的人力资本管理和战略性人力资本管理，前者主要关注投资成本以及财务指标，后者更关注人力资源投资的收益以及对人力资源系统的贡献;[⑪]或主要是指对人力资产、人的文化价值观与潜力的管理,从而达到组织和组织成员的双赢。[⑫]也可以说,它是一种战略层面的人事管理,主要用于评估人力资源管理政策和实践是如何创造价值的,[⑬]主要致力于提高领导力、员工参与度、知识可获取性、工作优化和学习能力这五大方面。[⑭]而从过程论看,它就是积累、发展、保持和使用人力资本的一种过程。[⑮]从发展阶段看,第一代人力资本管理主要是指建立招聘系统、学习系统、绩效系统以及职业规划系统从而满足组织需要的管理活动,而第二代人力资本管理是指进一步完善这些人力资本管理系统内容和服务的活动。[⑯]

国内研究,如从实践角度分析人力资本管理有如下内容:一是旨在预先发展和促进组织认同与共同的文化。二是实现组织与组织成员的合作,激励组织成员一起完成任务,提高生产效率。三是对组织成员潜力的管理,在组织成员个体和组织联合的过程中,组织要确立任务、理念和目标并最终传达给组织成员,使其明白自己的任务和责任。[⑰]也有研究者认为,它是在对人力资源进行价值的财务评估基础上,在人力资源管理中引入"价值观",将人力资源视为组织一项可计量的资产,突破传统财务管理的范围,使财务管理衍生出对组织、人、财、物进行全面管理的职能。[⑱]

人力资本可分为个人人力资本和组织人力资本,那么人力资本管理就相应分为个人的人力资本管理和组织的人力资本管理。前者是指个人对自己人力资本的投资、收益(包括物质收益与非物质收益)组合的选择与决策;后者是指组织对人力资本的合理配置和有效利用,或者说既包括对组织成员知识、技能和体能的管理,也包括对拥有这些知识、技能和体能的人的管理,其中的配置就是给合适的职位找到合适的人力资本,利用就是让每个人力资本所有者将其对组织有价值的人力资本最大限度地贡献给组织。个人人力资本管理具有如下特点:一是专业方向性;二是分工合作;三是工作既是获得报酬的手段,也是自己人力资本的投资过程;四是对人力资本投资的价值计量困难;五是对人力资本的机会主义行为监督与控制的难度大。而组织的人力资本管理则具有如下特点:一是要根据组织战略进行人力资本规划或制定人力资本战略,并具体实施;二是如果不能全部得到所需的人力资本,则需要对现有组织成员进行培训开发,提升其人力资本;三是扩大和有效利用核心人力资本;四是对人力资本实施有效的激励和约束;五是对人力资本进行合理的价值计量;六是对人力资本进行有效的投资,使其不断增值;七是营造适合人力资本创造性工作的良好环境。[⑲]有学者认为,经过人事行政管理阶段、人力资源专业职能管理阶段、战略性人力资源管理阶段,人力资源管理正迈入人力资本价值管理阶段,进入人力资本价值管理时代。[⑳]

总之,我们认为,正如在 2.1.1 中所述,人力资本管理包含人力资源管理,并对它是一个超越。公共部门人力资本管理并不是一个全新的系统,是在公共部门人力资源管理的基础上,综合了"人"的管理与经济学的"资本投资回报",将公共组织中的人作为资本进行投资与管理,并及时根据人力资本市场情况和投资收益率等,及时调整管理方式,以获得长期的价值回报。人力资源管理不仅没有过时,反而是人力资本管理的技术基础。人力资本管理将人力资本的投资、开发、选拔、使用等与组织使命、组织战略协调一致，通过整合人力资源管理的各种职能活动，获得更高水平的价值实现。它并非要取代公共部门战略性人力资源管理，而是从自己的角度探寻如何进一步实现公共部门战略性人力资源管理。

4.2.2　公共部门人力资本管理的兴起

从一般意义上讲，对组织成员的"成本"与"资源"之争，一直是学术界和实践者十分关注的问题。虽然人力资源管理将组织成员定义为资源，并且许多组织也声称组织成员是其最宝贵的资源，但一个事实是：在组织的实际运作中，组织成员仍被视为成本。在全球范围内，不论公私部门，都通过裁员以降低用人成本，而人力资本管理的提出也正是由此开始的。(1) 会计和审计学科的学者认为组织成员应该是资本而不是成本支出。在传统会计与审计科目中，组织成员是成本与支出项目，当然，这至今仍为绝大多数部门所使用。所以来自该领域的学者认为，应重新审视传统会计审计制度中视组织成员为支出项目的不当做法，从人力资本的观点——员工是组织价值的创造者——予以修正。(2) 这是解决人力资源管理专业人员战略障碍问题的需要。正是从战略的高度，人力资源管理的功能体现为以下几个方面：① 高层管理战略变动的"晴雨表"，组织做出的战略层面的规划变动会通过人力资源管理体现出来；② 在招聘和改革过程中担任代理的角色，即在这个过程中代表的是整个组织；③ 通过使用现在的管理工具如授权等，来证明人力资源管理是组织成员的战略伙伴。因此，人力资源管理是新的组织和工作系统的构架者，是管理过程中组织成员的教练，是组织成员职业转变过程中的伙伴。不过在完成这些功能的过程中，人力资源管理人员陷入了一个尴尬的境地。(3) 知识经济的催生。传统经济体系主要是由土地、体力劳动和资本支撑的，而知识经济体系中知识的创造和应用是基础，所以那些具有知识、技能、经验、专业、创新与适应能力的组织成员就不再是组织的成本，反而成了为组织创造价值的人力资本。一国之兴、一个组织之发展的决定因素是其拥有的人力资本的多寡。

从美国政府的实践看，正如第 2 章所述，自 1999 年开始，美国联邦政府就在其出版的报告书中，开始大量地以"人力资本"取代"人力资源"。2000 年布什总统上台后，积极规划人事管理改革，且比之前历任总统的人事改革都要全面而深刻。一是累积了之前的改革经验与教训，二是受到人力资本管理的影响，三是美国民众以及国会的强大改革要求，以及"911 事件"后对于政府官僚体制及人事制度的反省，促使布什政府全力推动这项庞大的人事改革。人力资本战略管理正式开始于 2001 年 8 月布什政府发布的《总统管理议程》。

4.3　公共部门人力资本管理与公共部门人力资源管理的区别

把人作为资源是对人的异化，人本身已经是目的，而不应该是手段，应抛弃人力资源这个概念。[20]所以从某种意义上讲，人力资源立足于人的现状来挖掘潜力，偏重于激励手段和方式的进步，而人力资本管理偏重于关注人的可持续发展，重视通过培训和激励并重等多种"投资"手段来提高人的价值。所以与人力资源管理相比，人力资本管理提供了附加的价值：第一，在人力资本管理中，个人的正直诚实处于中心地位，这使得人力资本管理有可能完全使用人力资本的潜力；第二，人力资本管理涉及组织文化管理，能有效地促进组织文化，并且能够把组织成员和组织紧密联系到一起；第三，人力资本管理可以把个人和集体教育问题以一种更好的方式进行操作。当然，人力资本管理的实现主要依靠直线管理，人力资源管理专家的角色变成了内部顾问，为直线管理服务，其目的在于促进和实行工作中的培训与指导，合作将扮演更加重要的角色。[22]二者的主要区别见表 4-1。

表 4-1　人力资本管理与人力资源管理的区别

人力资本管理	人力资源管理
核心理念：可以引导，但不能强制（无法操控其内心）	核心理念：人能被管理
合作、双赢	视组织成员为财富
交互式的交流、对话	不同渠道的沟通
角色、任务和责任的个性化描述	个性化的工作和工作描述，责任的全局指示
培训目的在于个人发展	培训目的在于提高效率、面向实用
组织成员是合作伙伴，可以就成本与产出进行专门讨论	组织成员也是成本之一，要求产生最佳产出
基于个人能力和价值进行选拔	基于个人能力（特别是专业）进行选拔
战略定位或面向战略	功能定位或面向功能

资料来源：Marrewijk，M J．Timmers，J．，Human Capital Management：New Possibilities in People Management. *Journal of Business Ethics*，2003，44（213）：171-184.

4.4　公共部门人力资本管理的目标、理念、原则与机制

2000 年，美国布什总统责成人事管理署针对联邦政府人力资本状况进行分析并总结存在的结构性问题。同年，美国联邦政府审计署向参议院提交了一份名为《人力资本：21 世纪的人力资本管理》的报告。该报告除回顾美国从 1990 年至 1999 年的政府人力资本状况外，还介绍了九家企业的人力资本管理实践，归纳出相关理念，作为推动依据，并建议联邦政府向企业学习（见 4.4.1 的目标、理念）。2001 年 8 月，《总统管理议程》发布，为有效落实其中的人力资本战略管理建立了人力资本管理的相应机制，对政府人力资本管理做了良好的实践探索。

4.4.1　公共部门人力资本管理的目标、理念与原则

1. 公共部门人力资本管理的目标

（1）战略性人力资本的规划与组织设计。（2）达成部门领导的持续与接班计划。

（3）适当地甄补与发展组织成员。（4）创造以结果为导向的组织文化。

2. 公共部门人力资本管理的理念

（1）人力资本管理与组织使命、愿景相结合，作为组织战略管理的基础。（2）将人力资本部门的人员整合至管理团队，将部门人力资本管理者纳入组织领导阶层。（3）通过外部专家提升内部人力资本管理人员的素质。（4）依据组织达成特定使命与目标所需的领导人才标准，获取、发展与维持所需的领导人才。（5）与所有的组织成员沟通组织共享的愿景，使其能如团队般工作。（6）依据能力获取、发展和留用人才。（7）通过绩效管理、薪酬制度及其他激励机制，使组织成员的绩效与收入和晋升相连接。（8）给高绩效团队较高的报酬。（9）将组织成员整合至人力资本政策及实务的设计与执行中，授权并促使组织成员对组织绩效有所贡献。（10）评价衡量人力资本政策与实际效果及投资报酬率。

3. 公共部门人力资本管理的原则

（1）人事权应分权化设计。这是指中央组织人事部门在仍保有基本人力资本政策的制定权和监督权的情况下（但仅限于原则性的部分），授权各部门根据自己业务需要制定相应的具体的人力资本管理政策，如招聘、薪酬福利、参与和授权、培训与发展等，以此将人力资源战略与组织绩效目标加以整合，使组织成员个人的人力资本价值转化为对组织绩效的贡献，两者皆受益。

（2）人事主管机关应朝多元化角色发展。① 基本人事政策与价值的捍卫者。这主要属于传统人事管理的功能，以避免人事权分权之后，国家基本用人价值（如功绩原则、公平原则等）和基本用人政策无法落实。② 基础知识提供者。人力资源管理机构应提供人力资本管理的基础观念与实务守则，同时培训相关人员，使其具有正确的观念，且有意愿及能力拟订、执行与配合各单位的人力资本管理政策。③ 资源转介者与整合者。在引入外部专家顾问时，人力资源管理机构要提供可资运用的信息与资源所在（如成功企业的名单、专家顾问的名单、训练机构名单等），使各部门得以依个别需要而获得所需资源与协助，所以人力资源管理机构仅需扮演资源转介者与整合者的角色。总之，人力资源管理机构不宜再扮演传统资源完全提供与分配的角色，而应尽量将不属于基本人力资源决策与监督的业务外包。因此，人力资源管理机构虽然扮演了以上三种角色，但其与各部门的关系实质上定位于战略伙伴，即在提升公共部门总体绩效前提下的相互合作关系。

（3）人力资本管理政策应兼具总体性与公平性。为此，人力资本管理政策与组织绩效目标紧密结合，以及制定相应的人力资本管理战略。

（4）其他组织文化、观念与制度的配套措施。一是维持功绩原则与基本人力资源政策目标。二是建立以信任为基础的组织文化。三是人力资本投资应同时成为公共部门及其工作人员的责任。个人是人力资本的所有者，随时可以转换雇主，因此，人力资本投资不仅是公共部门与纳税人的责任，同时也是个人的责任。公共部门人力资源应将自己视为投资者，积极经营自己的人力资本。四是建立相应的淘汰机制。[23]

4.4.2　公共部门人力资本管理的机制

以美国政府为例，说明公共部门人力资本管理的两大机制——实施机制和评估机制。

1. 公共部门人力资本管理的实施机制

（1）通过相关法案。一是 2002 年，美国国会通过《人力资本长官法案》（*Chief Human Capital Officers Act of 2002*），该法案是布什政府人力资本管理的基础法案，它规定联邦各机构必须设置人力资本长官或首席人力资本官（Chief Human Capital Officer, CHCO），通常是由职位低于副部长或助理副部长的高级文官担任，其职责是依据功绩制原则在人员甄选、发展、培训及维持高素质雇员队伍等方面提供建议与协助，执行总统与人事管理署规定及人事管理法规，落实《总统管理议程》。各联邦机构的人力资本长官及人事管理部门的主要职责由传统人事管理转变为积极的战略管理。本法案另一项重要规定就是参照《总统管理议程》设置"总统管理委员会"，规定由各机构人力资本长官共同组成"人力资本长官委员会"（Chief Human Capital Officers Council），提供各机构人力资本管理的讨论与相互咨询的平台。二是 2002 年的《国土安全法》（*Act of Homeland Security of 2002*）。该法授予国土安全部人力资本管理上更大的灵活性。该法案同意免除该部联邦文官法规的约束，使其在人员甄选、解雇、晋升、调动、薪酬、职位分类等方面，都有较大的自主权。这一方面是受"911 事件"的影响，联邦政府不得不调整机制应对突发事件；另一方面，也是为了突出不同部门因性质不同，需要采取不同的人力资本战略。三是 2004 年《联邦劳动力弹性法案》（*The Federal Workforce Flexibility Act of 2004*）。该法案进一步提供了各机构更为灵活和多元化的人事职权，包含雇员薪酬等方面更大的自主性。四是 2004 年《政府责任署人力资本改革法》（*GAO Human Capital Reform Act*）。该法案除了将原来的审计署更名为责任署外，还将审计署及审计长的职责由以往的审计转为更强调绩效监督，特别是在政府部门人力资本改革上，拥有更大、更灵活的调查权和建议权。

（2）确定主管机构。主要由人事管理署、管理和预算署负责，并由"人力资本长官委员会"统筹协调。此外，政府问责总署也有建议和监督审核的职权，并且必须定期向国会进行报告。

2. 公共部门人力资本管理评估机制

人力资本管理的实施必须要有明确的"投资收益"，所以作为人力资本战略管理的最主要规划及推动部门的美国人事管理署，先后推出了多项管理工具，包括人力资本计分卡、人力资本调查问卷及人力资本评估与问责框架，供各部门自行评量其人力资本用。其中，人力资本评估与问责框架是将多种评估与管理工具归纳而成，以替代之前的人力资本计分卡。

人力资本评估与问责框架（Human Capital Assessment and Accountability Framework）既是一个管理工具，也是一个评估工具。它同时具有以下功能：（1）作为各机构持续性的自我评估框架，促进领导者与成员间的持续对话沟通；（2）提供了各机构人事管理部门与人事管理署、管理和预算署专业协作的基础；（3）提供了审计长评估各机构推动人力资本改革绩效的依据；（4）提供各机构评估人力资本现状，并据此重新配置资源，聚焦改善重点；（5）借以进行机构间的比较及标杆学习。该框架坚持多元化和灵活性原则，认为不同的组织有不同的需求和特性，因此实践中各部门可以依据各自的使命及战略，自行挑选或修正框架中的项目，并进一步制定人力资本规划，设计人力资本管理矩阵。各部门的规划与管理矩阵必须包含目标、指标、行动方案和时间限制。

每一个财政年度结束，由人事管理署、政府责任署、管理和预算署等对联邦政府各机构进行评价。评价包含两方面：一是对各机构人力资本战略管理的现状评估，该评估基于人力资本成功标准；二是对各机构的进展的评估，其标准为管理和预算署与各机构事先协商好的目标。评估结果均采用简单的分级方式来显示。[29]该框架包括以下六大模块。

（1）战略整合。该模块明确了美国政府人力资本计划的重要性及其实施的整体构想，即人力资本战略与使命、目标和组织目标是紧密联系在一起的，并且与战略计划、绩效计划和预算整合在一起。政府通过聚焦人力资本、政府机构间人力资本集成以及人力资源协作来实现这一战略目标。

（2）人力资源规划与配置。这是政府所需人员的集中，是具有使命导向的，也是电子政府以及竞争力的来源。一方面，组织有着明确的人力资源规划以实现组织的战略和规划目标，明确当前和未来的人力资本需求，包括人力资源规模、组织中的配置以及组织要实现目标的能力。这些努力对于创造雇员集中型、结果导向以及基于市场的组织非常重要。另一方面，人力资源配置是指组织人力资源能够在区域性和组织层面被合理配置以执行作为实现组织使命和目标的职能。

（3）领导与知识管理。组织的领导者和管理人员应能够有效管理雇员，保证领导的持续性和稳定的学习环境以达成持续的绩效改进。这可以通过五个方面来实现：领导力规划与实施、变革管理、正直与鼓励雇员承诺、战略知识管理和持续学习与改进。其中，领导力规划与实施意味着组织能够确认所需的领导能力并能建立目标和战略来导向这些能力。变革管理是指组织中那些明白能够给组织绩效带来显著性变化和持续改进的变革的领导能在合适的位置，也就是说，领导是否建立清晰的愿景以及实现这些结果的必要的承诺。正直与鼓励雇员承诺是指领导必须为整个人力资源构建高标准的诚信和道德，而且能够在整个组织层面促进团队和组织分享组织的愿景，并寻求有效反馈。雇员们也通过高标准的诚信和道德给予反馈。战略知识管理是指为了支持组织使命的实现，组织系统提供了支援、流程、工具以实现组织内部的知识共享。持续学习与改进是指领导者塑造了学习的文化，这种文化主要是为持续开发和鼓励实践提供机会。

（4）结果导向的绩效文化。组织有着广泛的、结果导向的、高绩效的工作群体，有着能够有效区分高绩效和低绩效的绩效管理系统，而且能够将团队和单个群体的绩效整合为组织的目标以及期望的成果。这首先要有有效的绩效管理，其次是满足多元化需求以及良好的劳资关系。

（5）才能管理。组织有着封闭式的使命、标准的技能、知识和能力，以有效地迈向最终目标。实现政府所需要的人力资本才能需要通过有效的职位分析和为能力竞争。有效的职位分析是指组织通过系统的流程来确定当前和未来雇员所需要的职位和能力，并通过设计有效战略来减少这些差距。为能力竞争是指组织开发长短期的战略和集中的投资来建设高质量的工作环境，以吸引、获得并保留高质量的人员。

（6）责任确保。组织人力资本决策是数据导向的、结果导向的规划和责任系统。这主要是指组织系统的广泛性与资本独立可靠性的联系。比如，组织的人力资本管理流程、评估指标和结果是否成文？组织是否阶段性分析人力资本数据以对结果进行评估，确认风险，保证对问题的控制和战略调整的合适性？人力资本战略和流程是否有助于确认阶段性评估的责任性？[35]

注释　　　　　　资料

复习思考题

1. 如何理解人力资本的含义？
2. 如何理解人力资源与人力资本的关系？
3. 舒尔茨人力资本理论的主要内容有哪些？对你有何启发？
4. 如何理解公共部门人力资本管理的含义？
5. 公共部门人力资本管理的兴起对你有何启示？
6. 人力资本管理与人力资源管理有哪些联系与区别？
7. 简述美国政府人力资本管理的目标、理念、原则与机制。
8. 美国政府人力资本管理对你有何启发？
9. 有人说，我国不少公共部门对人的管理还停留在传统的人事管理阶段，人力资本管理是很遥远的事。你对此有何评价？

第 2 篇　公共部门人力资源的
获取与发展

第 5 章　公共部门职位分析、职位评价、职位设计与胜任力

学习思路和重点

　　苏格拉底认为，社会需求是多种多样的，每个人只有通过社会分工的方法从事自己力所能及的工作，才能为社会做出较大的贡献，社会才能取得更大的发展。在他看来，每个人从事最适合的工作，才能取得高的效率，这也就需要去把握工作的不同，以及工作对人的要求的不同。因此，科学、周密、细致及符合组织现实和未来发展的职位分析与职位评价夯实了整个公共部门人力资源管理的基础。学完本章，应掌握职位分析与职位评价的主要概念或术语、国内外常用的收集职位信息的方法、职位说明书的编写、职位评价的技术、个体任务与群体任务的职位设计、胜任力模型的构建与应用，以及我国公共部门职位分析、职位评价、职位设计和胜任力构建及其应用的问题与改进。

5.1　公共部门职位分析

5.1.1　职位分析概述

1. 职位分析中的若干概念

　　（1）职位分析（Job Analysis）。这是指采用有关方法，对各职位的特征、性质、任务、责任及任职资格等进行调查研究，并加以科学的系统描绘，最后做出规范化记录的过程，也称工作分析、职务分析。通过职位分析，可以获取职位或工作信息，界定职位之间的差异性和相似性，制作职位说明书。

　　职位分析所收集的信息，一是关于职位本身的，即应该做些什么；二是关于任职者资格的，即什么人来做是合适的。一般包括对以下 7 个问题的调查分析，即 6 个 W 和 1 个 H：① 何人（Who），即具备哪些任职条件的人才胜任该职位。② 何事（What），即工作的内容与职责等。③ 何时（When），即工作的时间要求与安排等。④ 何地（Where），即工作的地点与环境。其中后者包括自然的、社会的与心理的环境。⑤ 为何（Why），即工作对组织和任职者的价值。⑥ 为何人（Whom），即工作中发生经常性关联的岗位，包括直接上级、下级、同事与客户等。⑦ 如何（How），即工作的程序、规范、标准及其所需的权力等。

　　（2）其他概念。为更清楚地把握职位分析的内涵，还需要掌握其他相关概念。

　　① 工作要素（Job Element）。这是指工作中不能再继续分解的最小动作单位。如削铅笔、从抽屉中拿出文件等。

② 任务（Task）。这是指为了达到某种目的所从事的一系列活动。它可由一至多个要素组成，如包装工人盖上瓶盖。

③ 职责（Responsibility）。这是指一个人担负的一项或多项任务的集合，即责任。如打字员的职责包括打字、校对、简单维修机器等一系列任务。

④ 职位（Position）。这是指一系列职责的集合，也是承担一系列职责的某一任职者所对应的组织位置，是组织的最基本、最小的工作单元。有时将其与岗位混用，不加区别。有时又与岗位加以区分，一个职位涵盖多个岗位。因为一般认为岗位与人对应，即一个人一个岗位，如果多个人所从事的岗位在工作内容上相同或近似，就将其划为同一个职位。如大学学院院长是一个职位，它涵盖的岗位包括大学所属所有学院的院长。

⑤ 职务（Duty）。这主要有三种观点。一是将其视为一组职位的集合或统称，这样，一个职务可能下设一个或数个职位，此时的职位与人一一对应。二是将其视为一个人在组织中的行政级别，具有管理和监督职能的职位才有职务。此时的职务显示的是行政级别，而职位代表的是工作职责。三是将其定义为应该完成的任务。我国《公务员法》第十五条规定：国家根据公务员职位类别设置公务员职务序列。我国又根据是否承担领导职责，将公务员划分为领导职务与非领导职务。前者是具有组织、管理、决策、指挥等职能的职务；而后者不承担领导职责，只承担岗位职责。但是，《公务员法（修订草案）》第三章章名由"职务与级别"修改为"职务、职级与级别"，并于第十六条规定：国家根据公务员职位类别和职责设置公务员领导职务、职级序列，把"领导职务""非领导职务"的设置调整为"领导职务""职级"，并规定了设置原则。可见，我国公务员法所称的职务，是多种含义的融合，是指工作难易程度、责任轻重相同或大致相似职位的称谓，同时意味着组织赋予的职权、任务、责任以及与之相适应的地位和待遇。

⑥ 工作（Job）。这有三种含义：一是泛指体力和脑力劳动活动，二是指职业，三是指一个岗位所承担的若干任务。

⑦ 职业（Occupation）。这是指在不同组织、不同时间内从事相似活动的一系列工作的总称。例如，教师、工程师、工人、农民等都是职业。一般认为，"工作"和"职业"的主要区别在于其范围不同，"工作"的范围较窄，一般是针对组织内而言的；而"职业"的范围较宽，是跨组织的，一般是针对整个行业而言的。《中华人民共和国职业分类大典（2015 版）》将我国职业划分为 8 个大类、75 个中类、434 个小类、1 481 个职业，与 1999 年版相比，维持 8 个大类，增加 9 个中类和 21 个小类，减少 547 个职业。这 8 个大类分别是党的机关、国家机关、群众团体和社会组织、企事业单位负责人，专业技术人员，办事人员和有关人员，社会生产服务和生活服务人员，农、林、牧、渔业生产及辅助人员，生产制造及有关人员，军人，以及不便分类的其他从业人员。

⑧ 职系（Series）。这是指工作性质和特征相同或相似，而责任轻重和繁简难易程度不同的职位的集合。职系是最基本的职位业务分类。如高校中的教师与图书、资料、档案就是两个职系。

⑨ 职组（Group）。这是指工作性质相似的若干职系的集合。例如，高校里教师、实验人员、科研人员、图书资料和档案管理人员等职系同属于高等教育职组；医疗卫生职组包括医疗、保健和预防，护理，药剂等职系。

⑩ 职门（Service）。这是指工作性质和特征相似的若干职组的集合。凡是属于不同职门的职位，它们的工作性质完全不同。

⑪ 职级（Class）。这是指在同一职系内，工作的性质、繁简难易、责任轻重、任职资格等充分相似的职位的集合。例如，高等教育职组中的教师职系包括教授（正高职）、副教授（副高职）、讲师（中级）、助教（初级）四个职级。在同一职系中划分不同职级，对管理工作有着非常重要的意义，所谓同级同薪、提级提薪，就是以职级为基础的。

⑫ 职等（Grade）。这是指不同职系之间，工作的繁简难易、责任轻重、任职资格等充分相似的职位的集合。职等与职级的区别在于，职等不是同一职系内不同职位之间的等级划分，而是不同职系之间的充分相似职位之间的等级比较归类。例如，在高等教育职组内，教师职系的讲师与图书、资料、档案职系的馆员属于同一职等；或者，不同职系的讲师、工程师、会计师、农艺师、主治医师、一级播音员等属于同一职等。

2. 职位分析的作用

职位分析是人力资源管理活动的基础和关键，西方把职位分析、职位评价和职位分类合称为工作研究，它产生于 19 世纪末的美国，由泰勒和吉尔布雷斯夫妇（Frank Gilbreth and Lillian Gilbreth）首创。工作研究是采用科学的方法，以人、原材料、机器设备构成的作业系统为研究对象，从空间和时间上进行分析研究、改进职位设计的一系列活动。在泰勒等人科学研究的基础上，产生了职位分析和职位评价制度，并首先在工商企业中推广应用。20 世纪 60 年代以后，在欧美的工商企业中，职位分析、职位评价制度得到广泛采用。

就一个现代组织而言，人力资源管理的关键就是实现职位与人员的有效匹配，而匹配的前提必须是对"人"和"职位（事）"两个方面的要素都进行全面而彻底的分析和把握。对职位的了解和把握要借助职位分析等，所以职位分析是公共部门人力资源管理系统的重要组成部分，是公共部门人力资源管理的基础，其作用具体是：（1）有利于实施战略管理；（2）有利于明确职责，并确保所有职责落实到岗、到人；（3）为人力资源管理其他活动提供了标准和依据，从而有助于保证人力资源规划的准确性和有效性，提高人员招募甄选与录用的效率以及人-职匹配性，合理评价职位在组织的相对价值以保障薪酬的内部公平性，确保绩效管理的科学性和系统性，增强教育培训与开发、职业生涯管理等的针对性和有效性。

3. 职位分析的程序

职位分析是人力资源管理的基础，又对技术性要求很高，因此必须遵循科学的操作程序。它大致可分为如下四个阶段。

（1）准备阶段。本阶段的主要任务是：① 明确职位分析的意义、目的。② 建立职位分析小组，并培训职位分析人员。③ 明确职位分析的主要任务、主要职责及工作流程。④ 向有关人员宣传、解释，建立友好合作关系。⑤ 确定职位分析的方法、工具等。

（2）调查阶段。本阶段的主要任务是：① 设计调查方案，制定工作计划，编制确定相应的调查问卷、提纲等。② 综合运用各种方法收集职位信息，并确认其准确性。这些信息主要包括：相关法律法规和政策规定，现有职位分析资料和职位说明书，组织结构图、工作流程图等基础资料；工作活动；工作中人的行为；工作所使用的机器、工具、设备及其他辅助工具；工作绩效标准；工作时间、地点、组织形式、物理环境等工作背景；工作对任职者的资格要求等。

（3）分析阶段。本阶段的主要任务是：① 仔细审核已收集到的各种信息。② 创造性地分析、发现有关工作和工作人员的关键成分。③ 归纳总结出职位分析的必需材料和要素。④ 对照最初列出的主要任务，针对职位分析提出的问题，提出改进建议，重新划分工作范围、内容、职责等，确保所提出的问题都得到解决。

（4）完成阶段。本阶段的主要任务是：① 根据所收集的信息、调查的结果、分析和总结的结论及改进建议，编制职位说明书。② 对职位分析进行评估。③ 将职位分析结果用于实际工作，并注意收集应用的反馈信息，以不断完善职位说明书，使其能够及时反映职位的变动情况。

5.1.2 职位分析的方法

作为人力资源管理的基础，经过近百年的理论研究和实践总结，职位分析已形成了较为成熟的方法体系，并形成定量、定性和结构性、非结构性等分类。如下介绍的方法，文献分析法、观察法、访谈法、工作日志法属于通用的职位信息收集方法，管理职位描述问卷法、职位分析问卷法、体能分析问卷、能力要求方法等属于以人为基础的职位分析方法，而任务清单法、美国文官委员会职位分析程序、美国劳工部职位分析程序、功能性职位分析法、关键事件法等属于以工作为基础的职位分析方法。

1. 文献分析法

文献分析法是指利用现有的资料收集职位信息的方法。从降低职位分析成本的角度出发，这是首选的方法。当然，前提是资料的真实性、科学性和关联性较好。

2. 观察法

观察法是指职位分析者通过感官或利用其他工具，现场观察记录任职者的实际工作情况，以收集职位信息的一种方法。观察法简便易行，但使用时应注意：(1) 观察前应准备较详细的提纲和行为标准。(2) 被观察的工作应相对静止，即在一段时间内，工作内容、工作程序及其对任职者的要求不会发生明显的变化。(3) 应注意工作行为本身的代表性，有些行为在观察过程中可能未表现出来。

观察法的优点是可使职位分析者借助于对工作的直接观察，更多、更深入地了解工作要求。这适用于大量的、标准化的、周期短的、以体力劳动为主的工作，而不适用于以脑力劳动为主的工作。另外，对于负责处理紧急、偶然、突发事件的工作来讲，也不宜使用该方法。

3. 访谈法

访谈法是指职位分析者通过与任职者及其直接上级面对面地谈话，以收集职位信息的方法。根据访谈对象的不同，可分为个别访谈、集体访谈、直接上级访谈。访谈的内容应突出重点，除了解一般情况外，应围绕以下内容，就工作中的重点、难点进行调查：(1) 工作目标。组织为什么设立这一工作，根据什么确定此职位的报酬等。(2) 工作内容。任职者在组织中有多大作用，其行动对组织产生的后果有多大等。(3) 工作的性质和范围。这是访谈的核心。职位分析者主要了解该职位在组织中的关系，其直接上级、下级的职能关系，所需的一般技术知识、管理知识、人际关系知识、需要解决问题的性质及自主权等。(4) 所负责任。这涉及组织、战略决策、控制、执行等。

访谈法还可以被用来核实调查问卷的内容，讨论填写不清之处；了解工作人员的相互评价；详细讨论问卷中建议部分的内容，使之更加具体等。其优点有：一是既可以获得标准化工作的信息，又可以获得非标准化工作的信息。二是既可以获得体力工作的信息，又可以获得脑力工作的信息。三是由于任职者本身也是自己行为的观察者，因此可以提供外人不易观察到的情况。四是给任职者和管理人员提供了一个机会，使其了解职位分析的重要性，更容易接受职位分析的结果；使管理人员倾听任职者的意见、建议和怨言，发现问题。五是具有其他方法不可替代的作用，特别是在对工作不能直接观察、对工作不甚了解或工作耗时太长的情况下，其作用更大。但是，该方法同样也存在缺陷：一是需要专门技巧，职位分析者要接受专门训练，耗时多，成本较高。二是收集到的信息容易失真，除了职位分析者缺乏访谈技巧外，任职者不肯合作或故意夸大工作职责是其主要原因。

4. 工作日志法

工作日志是指一天中工作活动的记录。工作日志法是指任职者将一天中所从事的工作活动如实地记录下来，然后由分析者根据工作日志的内容对职位设计进行分析的方法，又称工作日志写实法、任职者自我记录分析法。该方法的基本依据是从事某项工作的人最了解该项工作的情况和要求。

工作日志法的优点突出表现为所收集的信息一般较真实可靠、具体全面，而且对于高水平与复杂职位的分析，显得比较经济和有效，同时可以检验访谈法等所收集的资料信息的真实程度。特别是在缺乏文献资料的情况下，其优势更加明显。但该方法的缺点，一是任职者也许不能真实记录工作活动，因此需要由该任职者的直接上级对记录的内容进行必要的检查和矫正。二是由于信息量较大，因此分析整理工作量也大。

5. 问卷调查法

问卷调查法是指通过被调查人员填写已编制好的问卷收集职位信息的方法。被调查人员主要是任职者，有时也包括该职位的直接上级。被调查人员一般要对工作行为、工作特征和工作人员特征的出现频率、重要性、难易程度等评定等级。它分为一般职位分析调查法和指定职位分析问卷调查法。前者适用于各种职位，调查问卷的内容具有普遍性。后者只适用于指定的工作，调查问卷的内容具有特殊性，一份问卷只适用于一种职位。下面介绍几种著名的问卷调查法。

（1）管理职位描述问卷法（Management Position Description Questionnaire，MPDQ）。这是一种以工作为中心的、机构化的、对管理职位进行定量化分析的方法，适用于不同组织内管理职位的分析。它涉及管理人员所关心的问题、所承担的责任、所受的限制，以及管理人员的工作所具备的各种特征，由 15 个部分、274 项工作行为组成。

（2）职位分析问卷法（Position Analysis Questionnaire，PAQ）。这是一种以人为中心的、结构化的、定量化的、较为流行的职位分析法。它共有 194 个项目，包括 187 项工作元素、7 个与薪酬有关的问题。这 187 项工作元素与 7 个问题共分为 6 个类别，如表 5-1 所示。

表 5-1　PAQ 工作元素的分类

类　别	内　　容	例　　子	项目数
信息输入	组织成员在工作中从何处得到信息？如何得到？	如何获得文字和视觉信息？	35
思考过程	在工作中如何推理、决策、规划？信息如何处理？	解决问题的推理难度	14
工作产出	工作需要哪些体能活动？需要哪些工具与仪器设备？	使用键盘式仪器、装配线	49
人际关系	工作中与哪些有关人员有关系？	指导他人或与公众顾客接触	36
工作环境	工作中物理环境与社会环境是什么？	是否在高温或与内部其他人员冲突的环境下工作？	19
其他特征	与工作相关的其他的活动、条件或特征是什么？	工作时间安排、薪酬方法、职务要求	41

对每个工作元素都要用 6 个标准进行衡量：使用程度、对工作的重要程度、工作所需的时间、发生的概率、适用性、其他。用这 6 个方面的工作元素与 6 个度量标准，就可决定一个职位在沟通、决策、社会责任、熟练工作的绩效、体能活动及相关的条件这 5 个方面的性质。根据这 5 个方面的性质，工作与工作之间就可相互比较和划分工作族。PAQ 无须修改就可用于不同的组织、不同的工作，这样就使得各组织间的分析比较更加容易，这种比较将使组织的职位分析更加准确与合理。

（3）任务清单法（Task Inventory Questionnaire，TIQ）。这是指任职者及其直接上级针对工作中所有可能要完成的任务清单问卷，就每项任务进行"是否需要完成""重要性""所用时间"的确认。该法特别适合"组工作"（Group Jobs），即所有的组织成员都完成相似的任务或需要相似的技能。

（4）体能分析问卷（Physical Abilities Analysis Questionnaire，PAAQ）。这是一种对工作中所需的特定的能力要求——体能要求的分析问卷。这常用于以体力为主的职位。它将人的体能分为 9 种，每种能力从最强到最弱分为 7 级，这 7 个等级是极度具备、明显具备、具备、略微具备、不具备、明显不具备、极度不具备。这 9 种能力是动态力量、躯干力量、静态力量、爆发力量、局部灵活性、动态韧性、躯体协调性、躯体平衡性与耐力。

（5）能力要求方法（Ability Requirement Approach，ARA）。ARA 假定，完成一项工作所需要的技能可以按照更基本的能力加以描述。例如，击中一个棒球的技能可以按照诸如反应时间、腕力和眼-手协调之类的基本能力加以描述。当然，与 PAAQ 相似的是，不同的职位要求的能力种类是不一样的，或者说对同一种能力，不同的职位要求的等级是不一样的，这需要专业人士给予评定。ARA 包括 5 个大类（心理能力、知觉能力、心理动力能力、生理能力、感官能力）的 52 种能力。这是一个全面的、以研究为基础的关于所有可能的人类能力的清单。

　　问卷调查法的主要优点有：一是收集职位信息速度快、用时少，被调查人员可以在工作之余填写调查表。二是调查面广，职位分析者可以调查所有任职者。三是适用面广，对简单体力劳动工作、复杂管理工作均可适用，而对远距离调查则更显出其优越性。四是调查的结果可以数量化，并由计算机处理，从而进行多方式、多用途的分析。但是，该法同样也存在一些缺点：一是设计调查问卷的技术要求高、耗时多、费用高。二是由于人们认知能力的差异，职位分析者、问卷设计者和被调查人员对同一问题的理解会不一致，解释也就不一致，影响调查结果的真实性。三是不容易了解被调查人员的态度和动机等较深层次的信息。四是在获得被调查人员的积极配合方面也有所欠缺。

6. 美国文官委员会职位分析程序

美国文官委员会职位分析程序（the U.S. Civil Service Procedure）是由美国文官委员会制定的对不同职位进行标准化的比较和分类的职位分析方法。对任何一个职位，其职位信息与分析结构均可按职位识别、工作内容摘要、任务说明等记录在职位分析记录单上，以此收集职位信息。

7. 美国劳工部职位分析程序

美国劳工部职位分析程序（the U.S. Department of Labor Job Analysis Procedure）是一种标准化的对不同职位进行量化等级划分和分类比较的职位分析方法。其核心是按照任职者与信息、人与事之间的关系对每一项职位进行等级划分。

8. 功能性职位分析法

功能性职位分析法（Functional Job Analysis，FJA）是假设每一种职位的功能都反映在它与人、事和信息 3 项要素的关系上，故可由此对职位进行分析的方法。该法由美国培训与职业服务中心（the U.S. Training and Employment Service）制定。它以任职者所需发挥的功能与应尽的职责为核心，列出了需加以收集与分析的信息类别，规定了职位分析的内容。

FJA 有几个基本假设：（1）完成什么事件与组织成员应完成什么事件应有明确的界限。（2）每个职位均在一定程度上与人、事、信息相关。（3）事件需要用体能完成，信息需要思考才能处理，对于人则需要运用人际关系方法。（4）虽然人们的行为或他们所执行的任务多种多样，但所要完成的职能是非常有限的。（5）与人、事、信息相关的职能，根据从复杂到简单的顺序按等级排列，复杂的职能包含了简单的职能。这样，任何职位都离不开人、事、信息这三个基本要素，而每一要素所包含的各种基本活动，又可按复杂程度分为不同的等级（见表5-2）。例如，在任职者与数据打交道时，包括7种基本活动，最简单的"比较"活动为6级，而最复杂的"综合"活动为0级；与人打交道的基本活动有9类，最简单的"接受指示"为8级，最复杂的"监控"为0级；在对事的处理活动中，从简到繁有8个等级，"处理"为7级，"创建"为0级。分析者在分析收集的信息时，可以按以上标准给每项职位打分，并以此为依据，对职位加以详细描述。

表5-2　任职者的基本职能

数　据	人	事
0 综合	0 监控	0 创建
1 协调	1 谈判	1 精密作业
2 分析	2 教育	2 运营与控制
3 编辑	3 监督	3 驾驶与运行
4 计算	4 安抚	4 操作
5 复制	5 劝说	5 供应
6 比较	6 交流	6 进料及取货
	7 服务	7 处理
	8 接受指示	

在美国，功能性职位分析在公共部门应用广泛，它强调对任职者的行为进行分析，而且对工作内容的描述详细完备，又可以将任职者所做的工作与组织的目标联系起来，这是该法的优点。其突出缺点是工作繁杂、费时费力。

9. 关键事件法

关键事件是指使工作成功或失败的关键事件，或者是对工作特别有效或无效的工作行为。关键事件法是指通过对关键事件的收集、归纳、分析，从而实现对整个工作进行分析的方法，又称典型事例法。它是由在第二次世界大战中军队开发出来的关键事件技术（Critical Incident Technique，CIT）发展而来的。该方法要求任职者、管理人员或熟悉该工作的人员记录工作行为中的关键事件，包括导致事件发生的原因和背景，任职者特别有效或多余的行为，关键行为的一般后果，任职者自己能否支配或控制行为后果等。在大量收集这些关键事件后，再对其进行分类，分析其发生的频率、重要程度、对任职者的能力要求，并总结出工作中的关键特征和行为要求。

一般采用STAR法确定关键事件。

S（Situation）：情境。这件事发生时的情境是怎么样的？

T（Task）或（Target）：任务或目标。他为什么要做这件事？

A（Action）：行动。他当时采取了什么行动？

R（Result）：结果。他采取这个行动获得了什么结果？这个结果是否在他的可控范围内？

　　该方法的优点是能直接描述人们在工作中的具体活动，可以揭示职位的动态性，所以该方法适用于大多数职位分析。其缺点在于：一是收集、归纳、分类要耗费大量的时间；二是关键事件所描述的是特别有效或无效的行为，很难对一般的工作行为形成总的概念，但后者恰恰是职位分析的主要目的。

　　由上可见，收集职位信息的方法很多，各有优劣，但有的分析者认为 FJA 是最有用的方法，而 PAQ 是最实际的方法。[①]自然这是一家之言，只有根据职位分析的目的、现有职位信息和所需要的信息，以及资源条件等实际情况，才可决定采取什么方法。

5.1.3　职位说明书

　　职位说明书是职位分析的直接成果，是人力资源管理的基本文件，又称工作说明书。它是对职位进行的全面、系统和深入的说明，为职位评价、人员分类及组织其他人力资源管理活动提供依据，包括职位描述和职位规范两部分。职位描述（Job Description）是对该职位的工作情况的说明，是关于该职位所承担的任务、职责及责任的目录清单（Task Responsibility Duty，TRDs）；而职位规范（Job Specification）是对从事该职位的工作活动的人的要求，是承担该职位的职责的人应基本具备的知识、技能、能力和其他特征的目录清单，又称任职资格、工作规范。职位说明书的形式多样，可根据实际需要编制。主要包括以下内容[②]，其中除了任职资格都属于职位描述。如表 5-3 所示。

表 5-3　中国农工民主党北京市委员会组织处副处长（非中共）职位说明书

编制日期：2010 年 3 月

职位基本信息	单位名称	中国农工民主党北京市委员会		
	机构性质	民主党派机关		
	职位名称	组织处副处长		
	职位级别	副处级		
	直接上级	组织处处长		
职位概述	在组织处处长领导和指导下，负责分管工作贯彻落实相关工作的法律法规、方针政策和农工党中央、中共北京市委的工作要求；结合工作实际，完成组织方面各项工作任务；及时向有关方面进行汇报总结			
职位职责	职责描述		责任程度	关键绩效指标
	贯彻落实上级有关精神，保障市委和基层各级组织稳定运行，科学组织党员队伍，及时完成各项工作任务		分管责任	上级精神贯彻落实的及时性和准确性
	结合工作实际，协助组织处处长研究提出本处工作计划并按照分工具体落实			计划组织落实各项工作的科学性、及时性、时效性
	根据上级要求和成员队伍实际，分析各级组织情况，按照分工对组织建设和党内人事安排提出建设性意见，研究解决市委各级组织的政策性问题			组织安排及时，党员队伍结构合理，解决问题有效
	完成领导交办的其他工作任务			工作得到领导和群众的认可度

（续表）

职位权限	1. 本处室分管工作的管理权 2. 对本处室工作安排建议权
工作关系	**内部工作关系** 处长 → 本职位 → 分管工作 **对外工作关系** 农工党中央　　中共北京市委统战部 各区县、单位统战部门 ← 本职位 → 其他相关单位 基层组织
任职资格条件	任职条件： 1. 具有履行职责所需要的政治理论水平，符合科学发展观、正确政绩观和社会主义荣辱观的要求，能够运用马克思主义的立场、观点、方法分析和解决实际问题。坚决贯彻执行党的路线、方针、政策，实事求是、开拓创新 2. 统战理论知识水平高，熟悉民主党派组织工作有关法律、法规及规章，具有较高的业务水平和解决相关工作问题的能力 3. 坚持原则，善于沟通，勤奋敬业，廉洁自律 4. 有较强的组织、协调能力，服务意识强，有工作实绩 5. 具备较强的文字写作能力 6. 具有较强亲和力，广泛团结同志，有民主作风和全局观念 任职资格： 1. 年龄不超过45岁，即1965年1月1日（含）以后出生 2. 全日制大学本科以上学历，卫生事业管理类专业优先 3. 非中共党员，中国农工民主党党员优先 4. 应现担任副处级职务；或担任正科级职务满1年，即2009年4月（含）以前任职。在事业单位工作的报名人员，应当具备与所报职位要求相当的资格 5. 身心健康

（1）职位标识。这包括职位名称、职位等级、薪点范围、职位编号、所属部门，以及编写人、编写日期、审批人等。

（2）工作概要。这是对该职位的工作任务、职能、活动的概括描述，因此要用简单的语句表述，又称工作摘要。

（3）工作职责。这是指列明该职位在组织中承担的职责以及每项职责的具体任务和活动。工作职责的分析有基于战略的职责分解和基于流程的职责分析两种办法。前者侧重于对具体职责内容的界定，主要回答"该职位需要承担什么职责来为组织创造价值"；后者侧重于对每项职责的角色和权限进行理顺，主要回答"在每项职责中，该职位应该扮演什么角色，应如何处理与上下游之间的关系"。

（4）工作关系。这是指组织内各职位之间横向与纵向的联系。一要清楚指出该职位的上下级关系，即所受的监督和所实施的监督。二要说明该职位与其他职位的关系，即职位之间的横向联系，有时要包括与组织外部的关系。通过纵向和横向的描述，可以清楚地看出该职位在组织系统中的确切位置。

（5）业绩标准。这是对如何衡量每项职责完成情况的规定。不能将其简单地等同于绩效考核中的考核指标，它是提取职位层级的绩效考核指标的重要基础和依据。

（6）工作权限。这主要是指该职位的决策范围、层级与控制力度等，包括人事权限、财务权限、业务权限等。

（7）工作环境和条件。这主要包括工作的时间、地点和物理环境、安全状况、职业危害性等。

（8）任职资格。这是指承担该职位职责的人应具备的基本条件，包括所学专业、学历要求、资格证书、工作经验、知识、能力、技能、身体状况等。

最后要说明的是，职位是变化的，有时其变化还是快速的，这就需要对职位进行调整，从而要求对职位进行重新分析，以确认这种变化，进而考虑是否根据该变化对职责等进行调整。因此，隔一定时间，组织应对职位说明书进行审查，及时更新。至于"去职位化"问题、"以项目为基础的"的组织结构设计等，那就需要一种更开阔的视野了。

5.2　公共部门职位评价

5.2.1　职位评价的含义

职位评价（Job Evaluation）是指在职位分析的基础上，以统一的标准，对职位进行系统衡量、评比和估价，确定各职位的相对价值，也称工作评价。职位评价和职位分析常被看成两种独立的活动。类似寻求解决工作的职责、权限、任职资格等，被看成职位分析，而类似寻求解决工作职责大小程度、工作的重要程度等，被看成职位评价。显然，这两种活动的目的与要求都不尽相同，可以对它们进行独立研究与操作。然而从人力资源管理的整个过程来看，它们又是紧密相连的。职位分析活动中有职位评价，职位评价活动之中少不了职位分析。任何一种职位分析都是在一定价值观下的分析活动，摆脱不了职位评价的影响；而任何职位评价都是针对一定事实的评价，也离不开职位分析的基础。因此，把职位分析与职位评价联系起来系统阐述与操作也许更有益处。作为一个整体，职位分析与职位评价是采用科学方法收集、分析职位信息，再按工作的性质、繁简、难易和任职资格，分别予以分类与评定的过程。

5.2.2　职位评价的特点

首先，职位评价的中心是客观存在的"事"，而不是现有工作人员。职位评价虽然也会涉及任职者，但它是以职位为对象，即以职位所担负的工作任务为对象进行的客观评比和估价。

其次，它是衡量组织内各类职位相对价值的过程。在职位评价过程中，根据预先确定的评价标准，对职位的主要影响因素逐一进行评比、估价，由此得出各个职位的相对的量值，分值本身没有任何绝对意义。

再次，它是对性质基本相同的职位进行评判，最后按评定结果，划分出不同的等级。

最后，它也是一种沟通和管理工具。职位评价的过程就是人们就职位的价值逐步达成共识的过程。

5.2.3 职位评价的程序

职位评价的程序可做如下划分：（1）按工作性质，将组织的全部职位划分为若干大类、中类或小类，当然，职位类别层次的多少应视组织的具体情况而定。（2）收集有关职位的各种信息，既包括职位过去的信息和现在的信息，又包括现有的文字资料和现时"活"的资料。（3）建立专门的组织机构，培训专门的人员，使专门人员系统掌握职位评价的基本理论及具体的实施办法。（4）制定具体工作计划，确定详细实施方案。（5）在收集资料的基础上，找出与职位直接相关的主要因素。（6）制定统一的评价标准，设计相关问卷和表格。（7）先对几个重要职位进行试点评价，以便总结经验、发现问题、采取对策、及时纠正。（8）全面实施职位评价的各项具体操作。（9）撰写各个职位的评价报告书。（10）对职位评价工作进行全面总结。

5.2.4 职位评价的方法

职位评价的方法有多种，排序法、分类法、计点法、要素比较法是四种常用方法。人们通常将排序法和分类法归为非量化分析方法或非解析法，将计点法和要素比较法归为量化分析方法或解析法。二者的主要区别是，前两种方法不把职位划分成评价要素即报酬要素（因素）来分析，后两种方法则是职位内评价要素之间的比较。这四种方法已经使用了半个多世纪，在很多国家被广泛使用。人们不断地以各种方式改进和完善这些方法，以增强其准确度和功效性，但是其逻辑结构没有多少变化。

1. 排序法

排序法（Ranking Method）是由职位评价人员凭自己的判断，将组织内所有职位按其相对价值排序的评价方法。它是一种最简单的职位评价方法，又称序列法、排列法，可分为直接排序法、交替排序法和配对比较排序法。直接排序法是指根据职位的价值大小，按由高到低或由低到高对职位排序。交替排序法是指先从待评价职位中找出价值最高和最低的两个职位，然后再从剩余职位中找出价值最高和最低的两个职位，如此反复，直到所有职位都排列到一起为止。配对比较排序法又叫对偶排序法，是指将待评价职位两两比较，如价值较高者得 1 分，较低者失 1 分，相同的话双方都得 0 分，最后将各职位所得分数相加，以最终得分对职位排序。这与绩效考核中的配对比较法的原理一样，与体育比赛中通过循环赛来排座次的做法相似。

排序法的程序主要是：（1）收集职位信息；（2）确定评价标准；（3）对职位排序；（4）计算排序结果。

排序法的优点是简单、快捷、省时、省力，容易沟通，但其缺点也非常明显：一是缺乏严格的、详细的评价标准。由于其评价完全凭借评价人员的经验、认识和对职位的熟悉程度，缺乏统一的评价标准，尤其是在职位较为复杂的情况下，很难避免主观因素的影响，从而严重影响评价结果的准确性。例如，当某一职位受特殊情况的影响（如在高温、高空、高寒、有毒的环境）时，该职位的相对价值易被高估。而且从理论上讲，应该对所有职位进行排序，但实际操作很难做到，常见的还是按部门或职位类别进行排序，这也影响其准确性。二是对数量大、种类多、性质近的职位，排出顺序难度极大。同时对于那些不相似、无关的职位而言，比如司机和打字员，究竟哪个更重要，有时同样难以确定。三是即便能够排出各职位的相对价值大小的顺序，也很难确定它们之间价值差距的大小。因此，排序法比较适用于规模较小、结构简单、职位不太多的组织。

2. 分类法

分类法（Job Classification）是指根据等级标准，将职位划入相应等级的评价方法。该法最初由美国政府开始使用，其主要特征是能够快速地对大量职位进行评价，现已得到广泛运用。

分类法的程序主要是：（1）收集职位信息。（2）进行职位分类。如可分为专业技术类、管理类等。这样，职位的分等就可在同类职位内进行，分等工作就变得简单易行。（3）确定等级数量。通常情况下，组织的职位类型越多、职位差异越大，职位等级越多。而传统金字塔形组织结构特别强调组织的等级顺序，因此职位等级划分会比较细。而实施宽带薪酬结构的则不必过细。可见，这实际上是确定职位价值的层级结构。（4）界定等级定义，即对所分的等级进行概念性的明确描述。这需要根据报酬要素进行。报酬要素是指那些在工作中受到组织重视、有助于实现组织战略目标的特征。美国联邦政府按以下八大要素来评价工作的重要程度：工作的难度与多样性、监督他人和被监督的程度、所循例规的程度、需要创造力的程度、工作关系类型、职责、经验与所需知识。（5）划分职位等级，即将每个职位的职位说明书与等级定义对照比较，然后将该职位划归到与该职位相同或相近的职位等级中。

分类法实际上是排序法的改进，只不过比排序法多了一份等级说明而已，仍具有简单易行、费用较低、速度快的优点，同时由于按照报酬要素进行等级定义，故而比排序法更准确、客观。缺点主要在于这仍是一种主观性较强的方法，第一，等级定义难度大，很容易发生定义过宽或过窄的情况。尤其是职位复杂多样时，建立通用的职位等级定义是相当困难的。第二，与排序法类似，难以准确评价职位之间价值差距的大小。所以，分类法比较适用于工作内容变化不大的组织，特别流行于公共部门中。

3. 计点法

计点法（Point Method）是通过计算与职位有关的各要素总分来确定该职位的相对价值的评价方法。即将报酬要素的主要要素进行排列和评分，采用一定点数（分值）表示每一要素，经过加权求和，最后得到各项职位的总点数。每一职位的总点数就是该职位的价值指标。这是一种最常见的、比较复杂的量化评价方法，也称要素计点法、评分法、点数法。美国薪酬设计专家海（E. Hay）研发的海氏职位评价系统（又称合益职位评价法）即"指导图-形态构成法"（Hay Group Guide Chart-profile）、美世（Mercer）咨询公司的国际职位评价系统（International Position Evaluation，IPE）、翰威特职位评价系统（Job Link）等都是计点法。计点法的程序如下。

（1）确定报酬要素。这是计点法的核心。显然，要素越多，评价所需的时间就越长，难度也越大，从实践看，英国的银行通常考虑6项要素，即经验、复杂性、独立性和进取心、工作人员的监督、对避免银行损失承担的责任和私人联系；2003年，美国劳工部将9个压缩为知识、工作控制和复杂性、工作接触和物理环境4个；合益职位评价法认为所有工作都可以用3类要素进行评价，即技能水平（KH）、解决问题的能力（PS）和职位责任（AC），又分别分为3个、2个和3个共8个二级报酬要素。研究表明，一个含有21个要素的方案与一个只有7个要素的方案所得出的评价结果是完全一致的，而且只需要3个要素就能将职位进行准确区分；有的建议以4~12个要素为宜，也有学者建议一般以12~18个较为适宜（如果对报酬要素进一步分解，则指二级要素数量）；当然，还有学者认为需要制定较为复杂的方案，这有助于获得组织成员的认同，减少评价结果引发的争议。总之，报酬要素的提取尚无统一的模式和办法，实践总结一般的原则是：以组织战略、价值观和核心能力需要为导向，以工作本身为基础（相关性、差异性），能为利益相关者所接受。因此，要考虑组织战略对报酬要素的影响、职位分析与报酬要素的关系，借鉴通用的报酬要素。[③] 确定了报酬要素后，还需要对每个要素进行界定，做到语言通俗易懂、内涵外延详尽清晰，避免歧义。

（2）指标等级的定义及赋分。即将每个报酬要素划分成不同的等级，并且对每个等级的含义做出明确的界定。等级的划分取决于组织内部各个职位在该要素上的差异程度，差异越大，划分的等级也就越多，要力求涵盖组织中该指标的所有方面。

（3）赋予各评价要素权重。这可以通过经验法、统计法等得出，也可以由领导层决定，以及针对标杆职位进行试测，根据得出的结果对权重进行调整。

（4）确定各个报酬要素及其内部各个等级的点数。首先要确定总的点数，当然，职位越多，总的评价点数越大，否则难以反映各职位之间的差异。其次，根据各个报酬要素的权重，将总点数分配给每个报酬要素。最后，把每个报酬要素的点数分配给内部各个等级。

（5）根据每个职位的职位说明书确定各个职位在每个报酬要素上的等级，将等级对应的点数相加，即为该职位的评价点数，该点数也就是该职位的价值体现。最后将所有职位按点数多少排列就形成一个职位等级结构。若需要制定薪酬，用货币数值直接代替点数，就可以形成工资的等级系列。

显然，通过该法得出的相对价值才是可信的，但这样的成本较高。实践中，大多是选择各类职位的典型职位进行评价，然后再将其他职位与典型职位进行比较，来确定其他职位的相对价值。因此，其优点是很明显的，一是比较客观，能通过清楚明确的要素界定进行系统比较，可以准确地衡量和比较各职位的价值差距，减少了主观决定的成分。二是适应性强，可用于任何职位。三是可以反映组织独特的需要和文化理念。通过报酬要素的选取，可以强调组织认为有价值的要素。其缺点在于方案的制定费时、费力，以及报酬要素及其等级、权重的确定都难以完全避免的主观性。表 5-4、表 5-5 为美国劳工部职位评价方案与美国联邦政府职位评价系统中的职位等级划分。

表 5-4　美国劳工部职位评价方案（2003 年 10 月）

知　识	工作控制和复杂性	工作接触	物理环境
750	100	30	10
950	300	75	25
1 250	475	110	40
1 550	625	180	70
	850	280	100
	1 175		
	1 450		
	1 950		

表 5-5　美国联邦政府职位评价系统中的职位等级划分

职 位 等 级	最 低 点 值	最 高 点 值
1	190	254
2	255	454
3	455	654
4	655	854
5	855	1 104
6	1 105	1 354
7	1 355	1 604
8	1 605	1 854
9	1 855	2 104
10	2 105	2 354
11	2 355	2 754

（续表）

职 位 等 级	最 低 点 值	最 高 点 值
12	2 755	3 154
13	3 155	3 604
14	3 605	4 054
15	4 055 以上	

4. 要素比较法

要素比较法（Factor Conparision）是指按选择的报酬要素，对职位进行分析排序，以评价其职位价值的评价方法。因此它是排序法的延伸，但不是把职位视为一个整体而进行相对价值比较，而是根据报酬要素，并使用量化评价技术进行比较排序；它也像计点法那样进行比较，但它是根据不同的报酬要素，对选取的典型职位进行比较排序，以确定典型职位之间的相对价值，然后再将待评价职位与作为评价标准的典型职位进行比较，最终确定所有职位的相对价值。

要素比较法的程序如下。

（1）确定典型职位。这是该法的基础，因此这些职位的选取应满足以下条件：薪酬水平基本合理；工作内容广为人知且比较稳定；能够代表被评价的职位；常被劳动力市场用来确定工资水平。一般来说，需要确定15~25个关键职位，尽量涵盖组织内部的各薪酬水平层级。

（2）选定报酬要素。这与计点法类似。一般认为，选取7个以上就难以合理评价，通常选取3~5个。通用的5个要素是体力要求、脑力要求、技能要求、职责和工作环境条件。

（3）典型职位比较排序。有多少个报酬要素就进行多少次排序。

（4）确定每个典型职位各报酬要素的工资率或薪酬比例，并再次对典型职位进行排序。这是该法比其他方法复杂之处。

（5）比较（3）（4）两次排序得出的结果，删除有争议的职位。两次排序在理论上结果应该一致，如果不一致，可以进行调整使其一致，也可以通过修正不同要素的工资率来消除不一致；实在无法调整修正，就要删除该职位，按（1）重新选择一个有代表性的职位。这样会形成如表5-6所示的评价工具表或比较尺度表。其中，工资率应通过市场调查确定（详见本书12.2）。

表 5-6　要素比较等级表实例

报酬要素 / 工资率	体力要求	脑力要求	技能要求	职 责	工作环境条件
0.5			职位 2		
1.0	职位 2			职位 2	职位 1
1.5		职位 1			

（续表）

报酬要素 工资率	体力要求	脑力要求	技能要求	职 责	工作环境条件
2.0		职位 2		职位 X	
2.5	职位 1		职位 3		职位 3
3.0	职位 3	职位 X	职位 1		职位 X
3.5				职位 3	
4.0	职位 X		职位 X		
4.5		职位 3			职位 2
5.0				职位 1	

（6）确定其他职位的薪酬水平。将其余非典型职位的报酬要素与该表中的典型职位对比，某个非典型职位的某个要素与哪个典型职位的某个要素相近，就以该相近要素确定，然后累计加总即可。

要素比较法的优点突出表现为：第一，该方法是一种比较精确、系统和量化的评价方法，特别是通过把职位特征具体细化到每一报酬要素，且每一步操作都依据详细说明，既有助于评价人员正确判断，也易于得到组织成员认可。第二，该方法不是简单的顺序排列，而是最终得出被评价职位的薪酬水平，即市场价值。第三，该方法报酬要素较少，各要素又无上限，从而避免了重复，扩大了适用范围。由于先确定了典型职位的系列等级，然后以此为基础，将其余各职位同典型职位相比较，所以该方法简便易行。但其缺点也很明显：一是所选报酬要素不一定对组织中所有的职位都适用。二是各报酬要素的相对价值在总价值中所占的百分比完全靠评价人员的判断确定，这就必然会影响评价的精确度。三是操作复杂，成本较高。四是由于作为对比基础的典型职位的薪酬额只是过去或现行的标准，因此随着社会生产的发展、劳动生产率的提高，特别是消费品价格的上涨，组织总要适当增加组织成员的薪酬，而这只能选择给所有的职位增加相同的百分比。所以，该法实际应用性不强。

5.3 公共部门职位设计

5.3.1 职位设计的含义

职位设计（Job Design）又称岗位设计、工作设计，是指为了有效地达到组织目标与满足个人需要而进行的工作内容、工作职能和工作关系的设计。这是要界定一个职位需要完成的工作任务与如何完成这些工作任务以促进组织目标的实现，以及如何使组织成员在工作中得到满意以调动其工作积极性。

职位设计也是泰勒科学管理理论的核心内容之一，但它与职位分析重在确定职位的职责和要求以及任职者应具备的资格不同，职位设计重在确定向任职者分配职责和要求的方式，以激发组织成员的积极性，有效克服工作倦怠（Job Burnout），提升工作敬业度和组织支持感，增强工作满意度，提高工作绩效。当然，为了有效地进行职位设计，必须通过职位分析以全面把握这个职位。与职位设计相关的还有职位（工作）再设计这个概念，职位再设计（Job Redesign）与职位设计的过程相似，只不过涉及对现有职位的调整性设计。一个组织在做出对职位进行设计或再设计时需考虑组织、组织内部人力资源和环境等多种因素，关键是实现组织发展和组织成员发展两种需求之间的平衡。

随着组织管理理论的发展和学科交融趋势的强化，职位设计也随着学科关注点不同而呈现出不同的趋向。例如，旨在改善人与工作任务的适应性，在保证提高绩效的同时降低劳动者的疲劳程度和压力水平的工效学趋向；旨在减少给劳动者带来的生理压力和紧张感，提高组织成员舒适度的生物学趋向；旨在改善组织成员的工作满意度、提高工作动机和工作投入程度以提高工作绩效的心理学趋向；等等。

5.3.2　个体任务的职位设计

1. 职位轮换

职位轮换（Job Rotation）也称工作轮换，是指在一定时间后，把组织成员从一个职位转换到另一个职位。这通常是指在横向同一水平上的职位转换，它并没有改变职位设计本身，只是组织成员按照时间要求从一个职位换到另一个职位，即在组织的不同部门或在同一部门内部的工作调动。例如，原人事部曾制定《国家公务员职位轮换（轮岗）暂行办法》；辽宁省规定，省直部门重要岗位副职领导干部，在同一职位任职满 5 年的，一般应当交流，或者对其工作分工进行调整；湖南省长沙市科学技术局规定，凡在同一处室连续工作 3~6 年的局机关全体公务员，原则上应实行轮岗，每次轮岗人数不超过本处室人数的 50%，同一处室每次轮岗的科级领导比例不超过 50%。再如，法国规定，某公务员在国立行政学院毕业，工作 4 年后必须换岗，即强制性轮换；在新的岗位上至少工作两年后，可根据自己的兴趣、职业发展确定是否再次轮换，如果愿意留在此岗位，可留下继续工作，即非强制性轮换；如果在第三个岗位上没有升迁到高级主管的话，还可以继续轮换到别的岗位上工作，这也是非强制性轮换，可见，法国实行的是强制性和非强制性结合的职位轮换。当然，并非所有人员都适合轮换，比如我国香港特区公务员轮换的对象是政务职系人员和一般职系人员等"通才"，如组成香港特区政府决策阶层的政务官是轮换对象，而专业职系的如消防员、警察、护士、建筑师等"专才"不适合轮换。

职位轮换的优点有：（1）培养组织成员的多方面工作能力。（2）降低工作的枯燥感，增加趣味性，进而激发组织成员的工作积极性。（3）降低组织成员的离职率。部分组织成员离职是希望寻求新的富有挑战性的工作，职位轮换可使他们有机会从事自己喜欢的有挑战性的工作。（4）利于组织储备人才。职位轮换使组织成员取得多种技能，同时也挖掘了各职位最合适的人才，为组织储备了多样化的人才。（5）有助于打破部门之间的界限，增强部门之间的沟通和协作，进而激发组织活力。

职位轮换的不足有:(1)增加培训费用。为了使组织成员能够适应不同的工作,需要给组织成员提供各种培训,因此培训费用抬升。(2)组织成员在刚轮换到新岗位的一段时间内,由于不适应或不熟练等原因,生产力水平较原来会有所下降。(3)面对新环境,组织成员需要重新适应,这就需要管理人员相应地付出更多精力。(4)一个人的职位轮换可能引发其他相关联的职位变动,从而增加了管理人员的工作量和工作难度。

职位轮换需要保持一定的"度",要保证职位轮换达到预期效果,应注意以下问题:(1)以职位分析为基础,明确可以相互轮换的职位有哪些。(2)把握合理的流向。既要考虑到各部门工作的实际需要,也要发挥轮换人员的才能,保持各部门人才的相对平衡。(3)坚持合理的"度"。要充分考虑组织成员个人的意愿,不提倡强制轮换。毕竟有的人并不喜欢过多尝试新的工作,而是希望专注于一个领域并深入发展。而且,对这部分组织成员来说,稳定的工作有利于提升其忠诚度。(4)完善职位轮换流程和配套制度。职位轮换的实效需要完善职位轮换流程设计、绩效管理、职业生涯管理等。

2. 职位扩大化

职位扩大化(Job Enlargement)也称工作扩大化,是指工作范围的扩大或工作多样性的增加,即工作任务的横向扩展。"扩大"是指将某种任务和要求纳入职位职责的结构,使组织成员有更多的工作可做,增加了工作种类、工作强度等。

职位扩大化的优点:(1)有利于提高生产效率。(2)有利于组织成员更好地理解其工作对组织的贡献,提高组织成员的热情和责任感。(3)增加了工作的多样性和挑战性,使组织成员感受到工作的意义,进而提高其工作满意度。

但职位扩大化的效果并不理想,原因在于:(1)对于激发工作积极性和培养挑战意识并没有太大的意义。事实上,由于所承担的新的工作与原来的工作内容非常相似,只是在水平方向上的扩展,所以并没有改变工作的枯燥和单调。(2)对扩大后的职位都有一个适应和熟悉的过程,这会使其短期内的工作效率受到影响。

3. 职位丰富化

职位丰富化(Job Enrichment)也称工作丰富化,是指工作内容的纵向扩展和工作责任的垂直深化,即赋予组织成员更多的责任、自主权和控制权。通过将纵向的工作职责进行重新界定和划分,向组织成员提供更具挑战性和自主性的工作,增强组织成员对工作的计划、执行、控制和评估的程度,从而达到提高生产效率和组织成员满意度的目的。

但是,职位丰富化并不适用于所有的职位。一般来说,它有以下前提:(1)必须确认组织成员绩效低落的原因是激励不足。毕竟职位丰富化的核心是体现激励因素的作用。(2)不存在其他更优越的改进方法。(3)如果保健因素(薪酬、工作环境等)让组织成员不满,职位丰富化也无意义。(4)必须考虑经济和技术上的可行性。(5)工作本身不具有激励潜力。如果工作本身已经足够有趣,或者已经具有挑战性,实施职位丰富化就不值得。(6)重视工作品质。职位丰富化的主要收益通常在于工作的质量,而不在于工作的数量。(7)组织成员愿意接受。

职位丰富化可以激励组织成员，提高其工作满意度，降低离职率和缺勤率，但也意味着培训费用、工资报酬等的上升，以及工作设施的完善或扩充。

4. 职位特征模型

职位特征模型又称工作特征模型，是由哈德曼（R. Hackman）和奥德汉姆（G. Oldham）提出的。该模型认为可以把一个职位按照它与核心维度的相似性或者差异性来描述，那么按照模型中的实施方法而丰富化了的职位就具有高水平的核心维度，并可由此创造出高水平的心理状态和工作成果。

核心维度包括技能的多样性、任务的完整性、任务的重要性、自主性和反馈性共五个，因此，该模型又称作五因子职位特征理论。该模型认为前三个维度共同创造出有意义的工作；拥有自主性的工作会给任职者带来一种对工作结果的个人责任感；如果职位能提供反馈，则组织成员就会知道自己所进行的工作效果如何。该模型提出一个预测性指标，即激励潜能分数（Motivating Potential Score，MPS），公式如下：

$$MPS = [(技能多样性 + 任务完整性 + 任务重要性)/3] \times 自主性 \times 反馈$$

该模型为职位设计提供如下建议：(1) 任务组合，即尽可能地把独立的和不同的工作合成一个整体。(2) 建构自然的工作单元，即尽可能让集体工作形成一个完整和有意义的整体。(3) 建立与客户关系。客户是指组织成员的工作产出（包括产出和服务）所指向的对象，也就是接受者。(4) 纵向的工作负荷，即实现职责的纵向发展。(5) 注重信息反馈。

5.3.3　团队/群体任务的职位设计

工作团队带有自我管理的性质，是由一小群技能互补的成员组成的人群结构，团队的成员致力于共同的宗旨、绩效目标和通用方法，并且一起担责。如何在团队内分派工作，如何在保持一定灵活性的同时使团队成员通过工作本身的联系形成一定的凝聚力，是职位设计需要回答的问题。而且随着工作内容中现代科技含量的增加，工作中的技术不确定因素会更加复杂，这也是职位设计必须解决的问题。

1. 工作团队

工作团队实质上是群体水平上的职位扩大化。在工作团队里，一位主管直接负责和统筹安排团队所承担的任务，由团队中的核心成员讨论决定完成工作的具体方法、任务分配、工作进程、改进和控制办法及最终期限，合理利用每一个成员的知识和技能协同工作，团队成员之间有时可进行内部职位轮换。事实上，一个工作团队的成功首先取决于团队负责人和团队成员所意识到的工作期限及他们承担的任务。团队负责人承担着关键性的角色，他不仅需要保证团队工作的重点与组织整体目标的一致性，而且还需要管理和评估团队绩效，对团队成员进行指导和培训。但有时这也会给组织管理带来一定的挑战。例如，工作团队的发展有时会冲击管理人员的权力和权威。此外，如果团队成员数目过大还容易产生小利益团体。由此可知，运用工作团队来完成工作任务时，要注重对团队主管的职责进行清晰的界定，同时控制好团队成员的数目，从而成功地运用工作团队来完成工作任务。

2. 工作塑造

管理中的一个问题是：工作杰出的组织成员并不一定就会对自己的工作感到满意，很多工作出色的组织成员往往会另谋他求，而薪酬并不是这类人员离职的首要影响因素。巴特勒（T. Butler）和沃尔德鲁普（J. Waldroop）的研究表明，只有当工作真正符合并满足其兴趣与职业追求，他们才会留在这个组织。因此，管理者需要真正去理解和把握组织成员满意度的心理内容。为此，一是发掘最有价值组织成员的深层兴趣，二是协助他们实践并且共同建立模式，三是与他们一起塑造能达成组织目标的角色。从某种意义上说，工作塑造更在于构建一个能帮助组织成员实现"乐在其中"的工作环境和人文环境。

3. 整合观

坎皮恩（M. Campion）等提出了一种多方法职位设计模型（MJDQ）。这种模型考虑了所有的职位设计趋向，并把每种趋向用特征因素表示出来。他们对这些特征因素进行了很多研究，包括各种不同的组织、行业各种水平的工作共 220 多种，最后确认了下列特征因素。

（1）心理学设计因素（18 项）：自主，内部工作反馈，外部工作反馈，社会交往，任务/目标清晰度，任务范围，人物完整性，能力水平要求，能力/技能范围，任务重要性，成长/学习机会，晋升，成就，参与，沟通，薪酬高低，认可，工作安全性。

（2）工程学设计因素（8 项）：工作专业化，工具和程序专业化，任务简单化，单一活动，技能简单化，重复，空余时间，自动化。

（3）生物学设计因素（10 项）：强度，举重，耐久力，坐，工作空间，手腕运动，噪声，气候，工间休息，轮班。

（4）工效学设计因素（12 项）：照明，仪表显示，程序，其他设备，印刷的工作材料，工作场所，信息输入要求，信息输出要求，信息加工要求，记忆要求，压力，枯燥程度。

总之，职位设计的一个发展趋势是从职位的设计到人的设计，从硬件的设计到软件的设计，从个人特征的设计到团队特征和组织气氛的设计。[4]

5.4　公共部门胜任力

5.4.1　胜任力与胜任力模型

1. 胜任力的含义

Competency 的意思就是能力、技能等，常与"competence""skill""ability"等混用，其汉译有胜任力、胜任素质、胜任特征、资质、能力等，本书选用胜任力。国外对胜任力的界定，主要有三类。

一是拜厄姆与莫耶（Byham & Moyer）、弗莱彻（Fletcher）、帕里（Parry）、桑德柏格

（Sandberg）等人的观点。胜任力是与工作有关的一切行为、动机、知识、特质等，是一个人所具有的内在的、稳定的特质。该定义强调胜任力是绩效的影响因素，既不是单纯强调胜任力是高绩效的影响因素，也不强调其区分为高低绩效的因素，而是一种全面的、综合性的表述。如弗莱彻认为"胜任力素质是一个包含知识、态度及技能等相关因素的集合，与工作绩效密切相关，并且可以用一个标准加以衡量"。[5]

二是美国管理协会（American Management Association，AMA）、麦格兰根、马洛比利（R. Mirabile）等人的观点。胜任力是产生高工作绩效或优秀成果的知识、技能、能力或者特征。该定义强调胜任力对于高绩效的影响作用，包括知识、动机、特征、自我形象、社会角色与技能等，是完成工作所需要的关键知识、技能与个性特征以及对于工作绩效与获得工作成功具有最直接影响的行为。[6]

三是麦克利兰（D. McClellan）、博亚特兹（R. Boyatzis）、斯潘塞夫妇（L. M. Spencer and S. G. Spencer）等人的观点。胜任力是区分绩效优秀者与绩效普通者的动机、能力、特质等。该定义强调区分度，侧重于划分绩效高低的因素。如作为提出这一概念并将其作为选拔和考核标准的麦克利兰指出，"胜任力是与工作绩效或生活中其他重要成果直接相似或相联系的知识、技能、能力、特质或动机，它可以区别绩效优秀者与绩效普通者，可实证而得的，是不易造假也不易模仿的特质"[7]，提出了 20 多种胜任力，如获取信息、分析思考、概念思考、策略思考、人际理解和判断、帮助/服务定向、对他人的影响、对组织的知觉、建立和管理人际关系、发展下属、指挥、小组工作和协作、小组领导等相关技能。美国人事管理署定义其为：一个人成功地承担各种工作角色或职位上的各种职能而必须掌握的各种知识、技能、能力、行为及其他个人特征的一整套可衡量模式。[8]

我国学者对于胜任力的界定同国外界定的后两类相似，一是胜任力对高绩效产生影响，二是胜任力能够区分表现卓越者与表现平平者。如王重鸣认为"胜任力特征是指导致高管理绩效的知识、技能、能力以及价值观、个性、动机等特征，即管理胜任力"[9]。彭剑锋认为"胜任力是驱动员工产生优秀工作绩效的、可预测、可测量的各种个性特征的集合，是可以通过不同方式表现出来的知识、技能、个性和内驱力等。胜任力是判断一个人能否胜任某项工作的起点，是决定并区别绩效好坏差异的个人特征"[10]。萧鸣政则认为"胜任力是指在特定工作岗位、组织环境和文化氛围中高绩效者所具备的可以测量与开发的个体特征，它们能够将高绩效者和一般绩效者区分开来，其中有潜在的个体特征，也有外显的个体特征"[11]。

综合上述观点，我们认为，胜任力是指能在某职位或工作角色达成优秀绩效而必须具备的有关知识、技能、自我认知、个性、动机以及其他相关个人特征的总和。因此，首先，胜任力既包括内在（隐性）的特征，也包括外在（显性）的特征。其次，胜任力是与工作任务相关，不同的工作情境，胜任力有所不同。再次，胜任力与绩效相关，能以此区分优秀绩效和一般绩效，进而可以预测一个人未来的高绩效。又次，胜任力是可以培养的，即可以通过后天的学习逐步发展起来，当然，人与人之间胜任力发展的程度是有差异的。最后，胜任力是可以衡量的，即可以观察和评价。

2. 胜任力模型的含义

胜任力模型（Competency Model）是指为高质量地完成某项工作、实现高绩效目标，而要求任职者所具备的各种胜任特质的集合，既包括任职者的知识、技能、行为等，也包括动机、个性特征、内驱力等。它描绘了能够鉴别绩效优异者与绩效一般者的动机、特质、技能和能力，以及特定工作岗位或层级所要求的一组行为特征。[12]胜任力模型涉及胜任力的类别及其组合，对某职位而言，并不是类别越多越好、级别越高越好。模型主要有以下几种。

一是冰山模型。这是将人员个体素质的不同表现形式划分为表面的"冰山以上部分"和深藏的"冰山以下部分"。斯潘塞等提出了该模型的五种胜任力：技能、知识、自我概念、特质和动机。其中，自我概念、特质和动机往往难以度量与准确描述，是隐藏的"冰山以下的部分"。在冰山模型中，越往深层次的素质越重要，决定一个人成功的关键素质往往隐藏在冰山下面而不是显现于冰山表面。

二是洋葱模型。该模型的胜任力分为三个层次：最外层、中间层和核心层。博亚特兹提出，该模型的最外层包括知识、技能，相对容易习得和发展；中间层包括自我概念、社会角色、态度或价值观；核心层包括个性、动机，相对不容易发展，难以后天习得。

三是其他应用模型。美国劳工部就业与培训管理局建立了一套适用于不同行业员工的胜任力模型。该模型可分为三个层次：第一层为基本胜任力，第二层为行业或职业胜任力，最上层为职位胜任力。其中，基本胜任力可细分为个人有效性胜任力、学术型胜任力、工作场所胜任力三小类，每一小类胜任力再细分为具体的胜任力。例如，个人有效性胜任力包含人际技能、诚实性、专业性、积极性、可靠性、学习意愿六种胜任力。英国国家行政学院为促进英国高级公务员素质发展，开发了政府职业技能计划，要求高级公务员不仅要具备领导力、核心能力、专业技能和丰富经验，还需提高战略思维、沟通与营销能力，并设置了人事管理、财务管理、程序和项目管理以及资料分析和应用等领域能力提升项目（见图5-1）。

5.4.2　胜任力模型的构建

1. 胜任力词典

胜任力模型通常包括三个基本构成要素：胜任力名称、胜任力定义、胜任力的行为指标等级。胜任力名称是对提取的素质、能力进行概括的名称定义；胜任力定义是对提取的胜任力内涵进行界定；行为指标等级则是对胜任力行为表现的分级标准，每一个胜任力基本上都会划分出3~5级不同的行为表现程度。一般认为，在同一种胜任力上，一个人得到的评价等级越高，其在实际工作中表现出与该胜任力相应的行为的概率就越大，工作绩效也就越高。

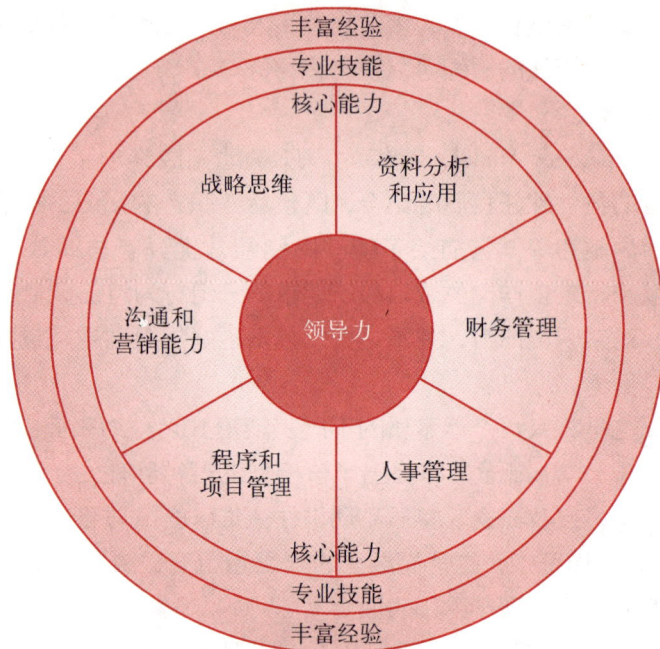

图 5-1　英国高级公务员胜任力模型

资料来源：UK. The Civil Service, Professional Skills For Government, http：//www. civilservice. gov. uk/about/improving/psg, 2012/04/20.

自 1989 年起，麦克利兰开始对 200 多项工作所涉及的胜任力进行研究，通过观察从事某项工作的人员的行为及结果，发掘导致其绩优的明显特征，经过逐步发展与完善，总共提炼并形成 21 项通用胜任力要项，构成了胜任力词典。这 21 项胜任力主要概括了任职者在日常工作及行为中，尤其是处理某些关键事件时所表现出的动机、特质、社会角色、知识与技能等特点。在胜任力词典中，所有的胜任力要素都被转换成行为指标。大部分胜任力要素包含 50～150 项指标。为区别一般员工与绩优员工在胜任力方面的核心差异，并解释这种差异的内在原因，胜任力词典确定了描述胜任力定义与级别的三个基本维度。

（1）行动的强度和完整性。这是描述胜任力定义与级别的核心维度。它展现了胜任力对于驱动绩效目标实现的强度，以及为实现绩效目标而采取的行动完整性，在胜任力词典中通常用"A"表示。

（2）影响范围的大小。影响范围表示受该胜任力影响的人的数量与层级以及规模的大小，这也是描述胜任力的关键维度，在胜任力词典中通常记为"B"。

（3）主动程度。包括行动的复杂程度与行为人在主观方面的努力程度，即为达到某一目标而花费的人力、物力以及投入额外的精力和时间等。

依据上述三个基本维度，麦克利兰将 21 项胜任力要项划分为 6 个基本的胜任力族，之后又依据每个胜任力族对行为与绩效差异产生影响的显著程度划分为 2～5 个具体的胜任力，而相对于每一项具体的胜任力都有一个具体的释义与至少 1~5 级的级别说明，并附以典型的行为表现或事例，构成了完整的胜任力词典（见图 5-2）。

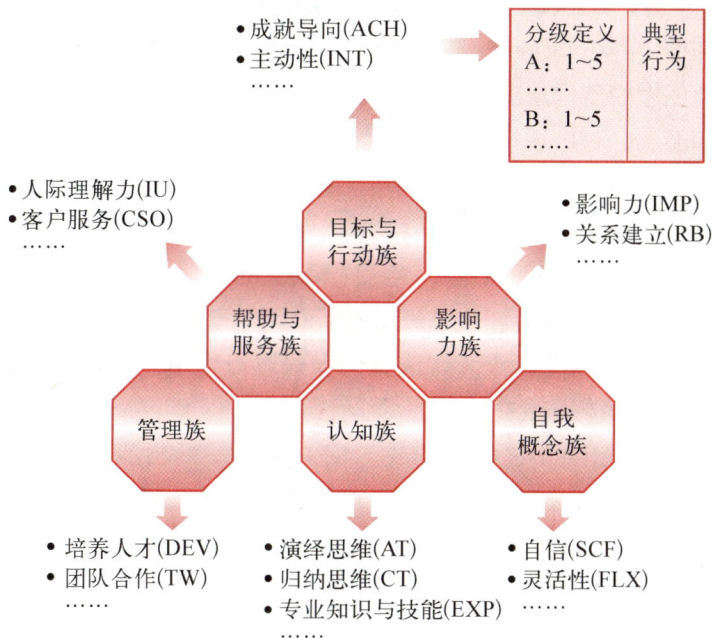

图 5-2　胜任力词典的结构

资料来源：彭剑锋，《战略人力资源管理》，中国人民大学出版社 2014 年版，第 221 页。

2. 胜任力模型构建的流程

胜任力模型的构建通常遵循四个基本流程：前期准备、相关数据收集与研究、数据分析与模型构建、模型验证与确立（见图 5-3）。

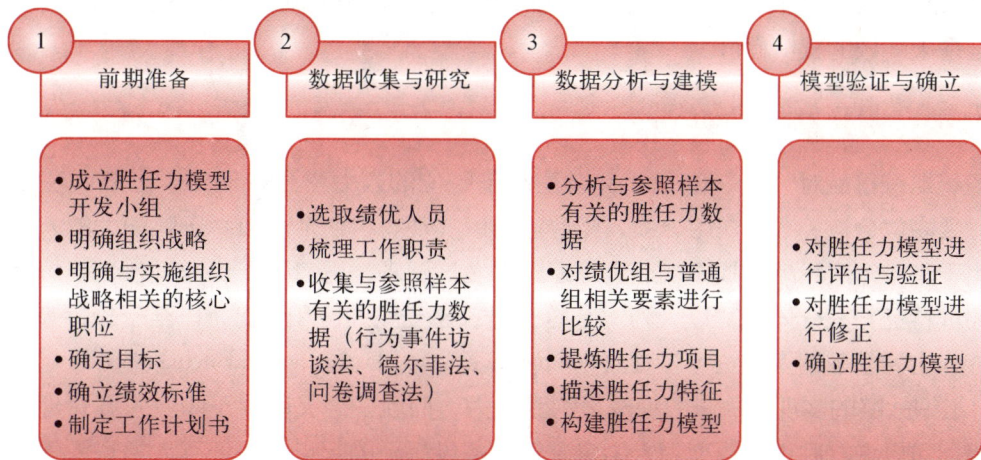

图 5-3　构建胜任力模型的基本流程

（1）前期准备。① 成立胜任力模型开发小组。通常包括组织领导成员、胜任力模型专家或心理学家、人力资源管理部门相关人员以及胜任力模型所涉及职位的任职者与其直接上级。② 明确组织战略与相关职位。通过对组织战略与文化的分析，明确实现组织战略的关键环节以及该环节中的核心职位，明确胜任力模型的构建目标以及绩效标准。③ 制定工作计划书。明确胜任力模型构建的程序、方法、人员构成、时间进度安排以及应急调整方案，保证整个流程顺利、有序进行。

（2）数据收集与研究。① 选取绩优人员。根据考核结果把组织成员分为"绩效普通组"与"绩效优秀组"两个对照组，从中各选取一定数量的组织成员作为研究样本。② 梳理工作职责。根据职位说明书等，将目标职位的绩优标准分解为具体的任务要项和工作职责，明确驱动组织成员产生高绩效的行为特征。③ 收集相关数据。可采用行为事件访谈法、德尔菲法、问卷调查等方法，但一般以行为事件访谈法为主。行为事件访谈法一般采用问卷与面谈相结合的方式，了解任职者在工作中所发生的成功或不成功的关键事例，包括事情的起因、过程、结果、相关任务、影响范围等，发掘任职者的动机、个性、知识技能等胜任力特征，并通过对访谈报告的分析汇总形成该职位的胜任力模型。

（3）数据分析与模型构建。① 对行为事件访谈报告进行分析汇总，记录各种胜任力在报告中出现的频次。② 对绩优组与普通组的要素指标发生频次与相关程度进行对比，找出两组的共性与差异特征。③ 根据绩效组访谈报告中的胜任力表现，提炼高绩效标准所具备的胜任要素与特征，构建胜任力模型。

（4）模型验证与确立。通常可采用三种方法对胜任力模型进行验证，根据验证的结果对模型进行修正，最终确立适合该职位的胜任力模型。① 实验验证。重新选取另一组绩优人员与一般人员作为样本，分析构建的胜任力模型能否与对照样本进行区分。② 培训验证。运用胜任力模型进行培训，并对其进行追踪，考察他们在以后工作中是否表现更出色。③ 标杆验证。选取标杆性组织的对应职位及人员作为样本，考察胜任力模型对其行为差异及未来绩效的预测程度。

5.4.3　胜任力模型的应用

随着组织日益对"人"的重视，以往基于职位的人力资源管理由于过分关注工作本身，导致职位分析、选拔任用、绩效管理等难以实现有机整合。而基于胜任力的人力资源管理由于其紧密联系组织战略，适应组织动态发展要求，更着眼于优秀绩效，强调优秀员工的关键特征，充分体现"以人为本"等，越来越受到关注和认可，以至于赖特等人提出了以胜任力为基础的人力资本管理（competence-based human capital management）。其核心在于：组织战略的实现取决于组织成员的胜任力，而胜任力又取决于职业生涯管理、绩效管理等。可以说，胜任力模型为人力资源管理提供了新的起点，保证了人力资源管理其他活动能够有据可依、有序开展（见图5-4）。

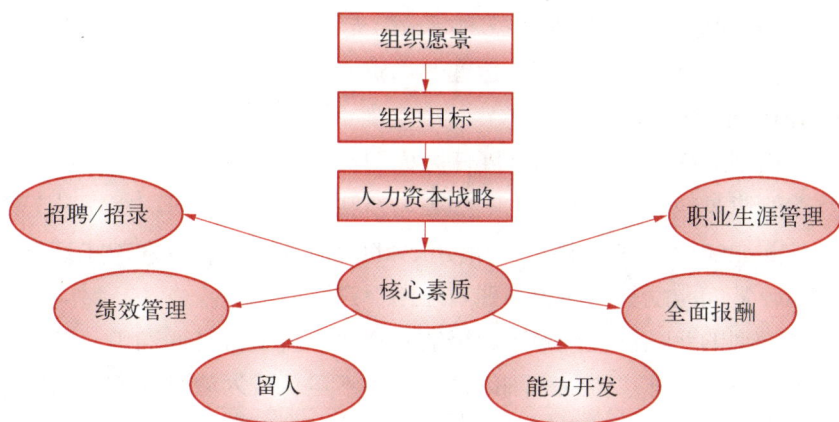

图 5-4　以胜任力为基础的人力资本管理

1. 胜任力模型与战略性人力资源规划

胜任力模型是组织战略性人力资源规划的结果，同时胜任力模型的构建能够帮助并强化组织对人才的认知与界定。即根据胜任力模型对现有人力资源进行评价，可检查组织现有人才的能力状况，从而有针对性地开展人力资源规划活动。

基于胜任力的人力资源规划关注的是组织未来的发展和动态适应能力，以建立和维护组织的核心能力（竞争力）与组织成员胜任力为目的，关注组织成员胜任力给组织带来的价值，以及组织成员在组织战略实现中的能力发展与提升。

2. 胜任力模型与招募甄选录用

基于胜任力模型的招募甄选与录用，是根据组织总体发展战略和人力资源规划的要求，通过各种渠道识别、引进、挖掘对组织有价值的人员，并将其配置到能够发挥其价值的职位的过程。

基于胜任力模型的甄选，依据的是该职位的优秀绩效以及能够取得优秀绩效的人的胜任力，测评候选人是否具有胜任力模型所要求的关键行为，对其知识技能、态度价值观等进行判断，而不是过多地关注那些非核心的胜任因素，以发现候选人胜任力与职位所需胜任力之间的吻合程度，确定候选人是否适合该职位要求。而且胜任力模型还能确保所有的面试测评的都是同样的能力、个性特点等。

3. 胜任力模型与绩效管理

胜任力模型的前提就是要确定区分优秀和普通的指标，以此确定绩效目标、指标等，一方面，这牵引着绩效管理全过程；另一方面，也要求管理者不仅要关注下属在达成绩效过程中的问题与不足，而且要帮助组织成员关注自己的潜能，即"我最擅长做什么"，而不是一直关注"我不能做什么"。因此，这不是只强调组织目标和岗位职责，也注重根据组织成员的能力制定绩效指标和标准；不是只强调绩效结果，更要强调组织成员在绩效实施过程中的能力提升和潜能挖掘，强调组织成员与组织的共同发展。这也就意味着基于胜任力的绩效管理注重从结果导向（即关注短期绩效）转向能力导向（即关注当前与未来的长期绩效），通过对组织成员施加有益的指导、支持，实现对组织成员未来绩效的合理预期。这在某种程度上恰恰体现了绩效管理的本质所在。

4. 胜任力模型与薪酬管理

基于胜任力模型的薪酬管理，是将胜任力模型贯穿于薪酬管理的整个流程。付薪依据是其胜任力，薪酬增长取决于其胜任力的提高与新胜任力的获得等。组织从关注组织成员的现有价值转向关注包括现在与未来在内的持续的价值创造能力，为关注其未来发展提供了最终的落脚点，从而激励其不断提高现有能力、开发潜能。

基于胜任力模型的薪酬管理消除了等级结构森严、员工晋升通道单一的弊端，实现了胜任力与薪酬的匹配，弥补了传统薪酬体系存在的不足，成为激励人们不断实现自我、提升自身价值的活力源泉。

5. 胜任力模型与教育培训开发

基于胜任力模型的教育培训与开发，要根据组织成员的职业发展计划以及绩效结果，在与组织战略所需的核心能力进行比较的基础上，确定组织成员的胜任力差距，并据此制定相应的培训计划，设计培训项目与课程，通过培训效果的评估对组织成员胜任力的改进与提升提供反馈与指导。

因此，基于胜任力模型的教育培训开发，不仅体现组织不同职位的胜任力要求，还体现组织成员素质、能力与特点；选择培训对象不仅看现实的工作绩效，还要看未来的发展潜力；不仅重视显性能力的培训，更重视价值观、角色定位等隐性能力的开发；培训的内容要面向未来，而不仅仅是满足目前的需要。

6. 胜任力模型与组织成员职业发展

胜任力模型为组织成员规划个人职业发展确立了基点与有效路径，提供了能力分析标准，帮助预测职业生涯发展方向，为合理规划职业生涯奠定了基础，使其能够依据自身的胜任力特点，结合组织的核心能力要求，不断进行自我了解、自我设计与自我开发。组织也能在实际工作中根据组织成员与其职位的匹配程度、个人素质，对员工进行重新评价与再配置，从而保证组织可持续发展所需的活力和新鲜血液，且借助内部晋升的激励性激发人们的创造力。因此，把职业生涯管理建立在胜任力模型之上，是保证组织成员职业生涯管理有效实施的必然选择。

5.4.4 我国公共部门胜任力模型的构建及其应用的问题与改进

1. 我国公务员胜任力模型的构建及其应用的问题与改进

在西方发达国家，胜任力模型已广泛运用于各种组织，如公务员的选拔配置、培训开发等，英国、美国、澳大利亚、法国、荷兰、日本等国政府都制定了公务员胜任力特征模型。不少国家从中央政府层面确立了文官或公务员的胜任力模型，如英国的高层公务员胜任力标准框架、澳大利亚的公务员五项核心胜任力标准框架、荷兰的高级领导职务公务员的胜任力模型、美国的高级文官的核心胜任能力架构等。

我国公共部门的胜任力研究和实践起步很晚，2001 年，国办转发人事部《2001—2005 年国家培训纲要》中提出"研究确定各级各类公务员的能力标准"。2002 年，中办、国办印发的《2002—2005 年全国人才队伍建设纲要》提出：围绕科学决策能力、驾驭全局能力、开拓创新能力，构建党政领导干部核心能力框架，研究制定不同层次党政领导干部的具体标准。同年，党的十六大提出加强党的执政能力建设，并要求各级党委和领导干部要提高五种能力，即科学判断形势的能力、驾驭市场经济的能力、应对复杂局面的能力、依法执政的能力和总揽全局的能力。2003 年，全国人才工作会议强调，要加强人力资源能力建设，重点培养人的学习能力、实践能力，着力提高人的创新能力。同年 11 月，人事部印发的《国家公务员通用能力标准框架（试用）》确定了公务员要具备九种通用能力，即政治鉴别能力、依法行政能力、公共服务能力、调查研究能力、学习能力、沟通协调能力、创新能力、应对突发事件能力、心理调适能力，并要求各地、各部门在公务员录用、培训、竞争上岗、绩效考核等工作中，要以标准框架作为参考依据，体现通用能力的要求，并根据不同职务公务员的特点制定细化的标准；在实践中不断完善公务员通用能力标准，切实加强公务员队伍能力建设。随后，不少地方开始研究各自的能力标准，如广东、重庆等。还有研究提出，公务员胜任力模型三大维度中，必备知识包括政策法规、领导科学、公共管理、业务管理、经济管理五项，核心能力包括解决问题的能力、政策贯彻能力、政治鉴别能力、合作共事能力、综合分析能力、协调能力、决策能力七项，关键品质包括务实精神、责任心、廉洁、进取心、大局意识、公道正派、诚信七项。[13]此外，还有县处级领导人才胜任力模型、[14]行政执法类公务员胜任力素质技能标准等。[15]不过，不论是与发达国家比，还是与我国企业比，我国公务员胜任力研究及其应用还处在探索阶段，广东、重庆的只适用于处级及以下公务员，而且仅是能力要素，很少涉及知识、个性等。

因此，我国公务员胜任力模型的构建及其应用还存在不少问题，主要是混淆了胜任力和任职资格，绩效标准问题带来了绩优者选择的难度，胜任力问卷存在本土化困境，缺少胜任力模型验证与调整等模型建立中的具体技术性问题，导致公务员胜任力模型应用于人力资源其他管理活动有限。当然，这与我国公务员职位分类的进展迟缓等有关。为此，公务员胜任力模型的建立与应用还需要人力资源管理系统的整体优化。首先，要加快公务员职位分类，科学制定绩效标准，这是重要前提。其次，加强本土化或中国情景化的研究。再次，注重多学科研究与工具开发，将模型建立工作做精、做细、做扎实。又次，强化胜任力模型的应用。最后，对胜任力模型进行动态管理，根据应用的实际效果适时、适当调整。

2. 我国事业单位工作人员胜任力模型的构建及其应用的问题与改进

我国事业单位工作人员的胜任力研究起步也很晚，但经过十几年的努力，已取得了一定的成绩。如对教师胜任力问题的关注始于 21 世纪初，公开发表的相关研究成果最早见于 2003 年，十几年来研究的主题主要有：教师胜任力的内涵、模型与测评，教师胜任力与工作绩效的关系，教师胜任力的影响因素及提升策略等；教师胜任力的研究取向也从最初的理论探索逐渐转向实证研究，从构建通用的胜任力模型转向研究具体职位的胜任力。[16]教师胜任力模型构建包括三个研究主题，主要有教师胜任力模型构建、教学胜任力模型构建、胜任力模型构建技术与工具；胜任力模型应用包括胜任力现状评价，胜任力培养与提升，胜任力应用于招聘、职业发展、绩效管理、职业资格制度，教学胜任力现状评价，教学胜任力培养与提升等主题。[17]再如，构建了城市社区全科医生的胜任力模型，包括基本公共卫生服务能力、职业责任感、综合管理能力、基本医疗卫生服务、人际沟通能力和良好的道德修养六个维度[18]；农村全科医生的胜任力模型包括基本公共卫生服务能力、临床基本能力、信息管理能力、系统能力、人际沟通与团队合作能力、非医学知识、个人特质、职业道德能力、心理适应性九个维度[19]；此外，还有护士、科学院和社会科学院研究人员胜任力模型等。政府有关部门还制定了相关专业标准、职业能力标准或技能标准，如2012年，教育部制定了《中等职业学校教师专业标准（试行）》；2014年，教育部颁布了《高等学校辅导员职业能力标准（暂行）》《中小学教师信息技术应用能力标准（试行）》，江苏省教育厅制定了《江苏省中小学体育教师职业技能标准》等。

总结我国事业单位工作人员胜任力模型的构建及其应用，发现其存在的问题与公务员有些相似，主要是胜任力和任职资格的关系混同、绩效标准的科学性和操作性有限、胜任力问卷的本土化不足、不同情景下的胜任力缺乏等，从而直接导致了胜任力模型在人力资源管理活动中的应用还比较少。

因此，针对事业单位工作人员胜任力模型的构建及其应用，第一，要加快事业单位职位分类。第二，在借鉴国外研究经验的同时，强化本土化研究。第三，拓宽和细化胜任力模型研究。这主要是指在通用和核心或关键胜任力之外，加强对不同具体情境的胜任力研究。如高校教师的教学胜任力、科研胜任力和社会服务胜任力，临床医生的教学胜任力和科研胜任力等。第四，重点解决胜任力的结构要素及其特征与工作绩效的关系，以提升事业单位工作人员的工作绩效。第五，加强胜任力模型的应用研究，开发胜任力测评体系。即将胜任力指标转化为测评指标，建立包括测评主体、测评方法、测评工具、效标在内的测评体系，将胜任力模型真正用于事业单位工作人员的招聘、职业生涯管理、绩效管理等。

注释   资料

复习思考题

1. 何为职位分析？职位分析收集的信息主要有哪些？

2. 何为职系、职组、职门、职级、职等？

3. 职位分析的程序主要有哪些阶段？

4. 职位分析的作用是什么？

5. 职位分析主要有哪些方法？各有何优缺点？试对其中一种方法以实例说明之。

6. 一份规范的职位说明书应包括哪些内容？试编制一份你熟悉的某职位的职位说明书。

7. 何为职位评价？它有什么特点？

8. 职位评价的程序主要有哪些阶段？

9. 职位评价的方法有哪些？试对其中一种方法以实例说明之。

10. 你对目前我国党政机关和事业单位的职位分析、职位评价有何评价与建议？

11. 何为职位设计？

12. 个体任务的职位设计、团队/群体任务的职位设计各有哪些？

13. 何为胜任力？何为胜任力模型？

14. 简述胜任力模型的构建与应用。

15. 试析我国公务员胜任力模型构建及其应用的问题与改进。

16. 试析我国事业单位管理人员、专业技术人员胜任力模型构建及其应用的问题与改进。

第6章　公共部门人员分类

学习思路和重点

正所谓"方以类聚，物以群分，吉凶生矣"（《易传·系辞上》），人因类别不同而相聚，物以群体有别而区分，人员分类也与职位分析和职位评价一样，是公共部门人力资源管理的基础性活动。但与私营部门相比，公共部门的人员分类更具有特殊的意蕴和价值。学完本章，应掌握人员分类的主要概念，品位分类、职位分类与官职并立职位分类的内涵、特点及优缺点，把握品位分类、职位分类的区别与人员分类管理的发展趋势，掌握职位分类的标准、程序，熟悉西方发达国家公共部门人员分类制度与实践，掌握我国公务员、事业单位工作人员的职位分类及其问题与改进。

6.1　公共部门人员分类的含义与作用

6.1.1　公共部门人员分类的含义

公共部门人员分类又称人事分类，是指将组织中的人员或职位按工作性质、责任轻重、任职资格及工作环境等因素分门别类，设定等级，形成一定的官职序列，为人力资源管理的其他环节提供依据的过程。

人员分类基本可分为品位分类、职位分类和官职并立职位分类。一般来说，无论哪一种人员分类，分类的对象均是公共部门中的工作人员或职位，它所要解决的问题大致包括两个方面的内容：一是横向的职位划分，即把各种不同的职位，按照内容和性质等，划分为若干种类；二是纵向的等级划分，即依照某种标准或数种标准，把所有职位划分成若干高低不同的等级。但由于文化背景、历史传统和社会结构的不同，各国在分类的具体原则上存在着差别，因而形成了不同的分类方法。

6.1.2　公共部门人员分类的作用

与职位分析和职位评价一样，人员分类作为人力资源管理的基础，其作用主要表现为：一是有助于提高公共部门人力资源管理的规范化。正如1.3.2公共部门人力资源管理的系统模型所述，合理的人员分类是人力资源管理的前提和基础，从而为人力资源管理各项活动奠定了客观标准，有助于管理规范化的提高。二是有助于提升公共部门人力资源管理的效率。人员分类为各项人力资源管理活动提供了技术基础，满足了公共部门人力资源管理独特复杂、人员庞大的需要，有助于管理的简洁、高效。三是有助于公共部门合理配置人力资源。不论是品位分类还是职位分类，抑或是官职并立职位分类，都有利于实现人事匹配，有助于人力资源的合理配置。四是有助于调动公共部门人力资源的工作积极性。人员分类使任职者对自己在组织中的位置和未来的升迁等有了明确的把握，既有利于其完成现在的工作，也有利于为其未来发展而不断完善自我。

6.2　公共部门品位分类

6.2.1　公共部门品位分类的含义与特点

1. 品位分类的含义

品位分类（Rank Classification）中的"品"，在中国古代主要是指官阶[①]，"品位"是指按官位高低、职务大小而排列成的等级；英文中"rank"是指由高低大小排列而成的等级，品位分类是指以公共部门人力资源的职务或等级高低为依据的人员分类。

2. 品位分类的特点

（1）以"人"为中心的分类体系。其对象是人与人格化的职务等级，以及人所具有的其他资格条件。任职年限、德才表现等通用资格条件是晋升的主要依据。可见，品位分类是人在事先。

（2）分类和分等相互交织。在品位分类中，分类实际上同职务、级别的分等同时进行，因此品位分类通常采用先纵后横的实施方法，即先确定等级，然后再分类别。

（3）划分较为简单。品位分类对职位的分类以职务划分的形式表现出来。在一个机关内部可能有数百个职位，但职务数不多。所以，总体而言，以品位分类为基础建立起来的人力资源管理框架结构比较简单。

（4）强调人员的综合管理能力。品位分类注重"通才"，不注重人员所具备的某一方面的特殊知识和技能。人员的调动、交流、晋升受所学专业及以往工作性质的限制较少。

（5）官、职相对分离。在品位分类中，官等是任职者的固有身份，可以随人走，官等和所在职位不强求一致，还可以有官等而无职务。这种官、职相对分离源于品位分类中的官等结构所具有的独立性。薪酬取决于官等而不取决于所从事的工作。

（6）品位分类在等级观念比较深厚的国家较为盛行。

6.2.2　公共部门品位分类的优缺点

1. 品位分类的优点

（1）分类线条粗犷，没有严格的程序和依据，不依赖社会分工的细化、经济发展的程度、管理现代化和科学化的客观条件，简单易行，结构富于弹性。

（2）人员的流动范围广，且不影响其薪酬和地位，工作适应性强。

（3）有利于"通才"的培养，便于培训开发。

（4）强调年资，官职相对分离，人员不致因职位调动而引起地位、待遇变化，有利于队伍的稳定。

（5）注重学历背景，有利于吸收高学历人才。

（6）使根据工作所需要的特定技能来配置人力资源成为可能。

（7）注重按行政首长和上级主管部门的意图实施人力资源管理，有利于实施集中统一的领导，树立行政权威，落实工作任务尤其是临时性的工作任务。

2. 品位分类的缺点

（1）人在事先，易出现因人设岗、机构臃肿的现象。

（2）分类不系统、不规范，职责、权力划分不够清楚、明确，往往使管理带有主观随意性，不利于实行科学管理。

（3）限制了学历低、资历浅，但能力强、水平高的人才的获取和发展。

（4）轻视专业人才，不利于业务的专业化发展，影响工作效率的提高。

（5）过分强调年资，加剧了人员的保守性，并易形成官本位倾向。

（6）以官阶定待遇，导致同工不同酬，不利于对人员的激励。

（7）在民主与法制不健全的情况下，人事制度的腐败问题难以解决。

6.3　公共部门职位分类

6.3.1　公共部门职位分类的含义、特点及其与品位分类的区别

1. 职位分类的含义

职位分类（Position Classification）是指按业务性质，首先将组织中的所有职位分为若干职门、职组、职系，然后再按责任大小、工作难易和轻重、任职资格，将相同性质的职位再分为若干职级，并对每一职位的名称、职责等内容加以详细规定和说明，以此作为人力资源管理依据的人员分类。科学合理的职位分类，通过立法可以成为政府的专门制度，如美国联邦政府的职位分类制度。

2. 职位分类的特点

（1）以"事"为中心的分类体系。职位分类首先重视职位的性质、责任大小、繁简难易程度，其次才是人所具备的资格条件，事在人先。

（2）有一套严格的分类程序。它从职位分析入手，对适用职位分类的每一职位进行详细调查，了解其工作性质、任务、责任等；然后在此基础上对职位分类和分级；最后制定出各种相关的规范性文件，将职位分类的结果以法规的形式制度化，作为人力资源管理活动的依据。

（3）分类方式先横后纵。先进行横向的职系、职组、职门区分，然后再依据工作的难易、繁简和责任大小的程度提取纵向等级。

（4）注重人员的专业知识和技能。职位分类注重"专才"，人员的任职调动、交流晋升，一般在同一职系至多在同一职组范围内进行，跨职系、跨行业的流动和升迁较少。

（5）官等和职等合一。在职位分类中，官位与职位相连，不随人走，严格实行以职位

定薪酬的规则，追求同工同酬。若职位发生变化，官等薪酬均取决于新职位的工作性质。

（6）实行严格的功绩制。在职位分类制度中，功绩制是人员升迁和薪酬增加的唯一标准。

（7）职位分类比较适合民主观念浓厚的国家。

3. 职位分类与品位分类的区别

职位分类与品位分类是两种典型的人员分类，前者强调适才适所，后者强调才位相称，但从各国实施情况看，品位分类较职位分类更普遍。[②]二者的主要区别如下：

（1）分类标准不同。职位分类以事为标准，事在人先，以事择人；品位分类则以人为标准，人在事先，以人择事。

（2）分类的依据不同。职位分类根据职位的性质、繁简难易、责任轻重和任职资格条件进行，对事不对人；品位分类则根据人员的资历、学历和贡献程度，对人员进行分类，对人不对事。

（3）适用范围不同。职位分类适用于专业性、机械性、事务性强的职位，因为这类职位的工作量较容易定量化，而且比较固定；品位分类则适用于工作经常变化、工作效果不易量化的职位，如领导责任较大、需要发挥个人积极性与能动性的工作，以及机密性、临时性等工作。

6.3.2　公共部门职位分类的程序与主要内容

职位分类是一项巨大的系统工程，主要包括前期准备、职位调查、职位分析、职位评价、职位归级、复核与后续管理等步骤。其中，对职位的横向和纵向分类、制定职级规范是两个重要环节。

1. 职位的横向和纵向分类

（1）职位横向分类。这是一个由粗到细的过程。凡工作性质大致相近的职位列为同一职门；在每一职门中，其工作性质更相近者列为同一职组；在每一职组中，其工作性质充分相似者列为同一职系。在职系区分完毕后，制定职系说明书。

职系说明书是说明每一职系工作性质的书面文件，其作用是为区分职系提供依据，其内容只包括工作性质，而有关工作的难易程度、责任轻重、任职资格均不涉及。每个职系都应有说明书。职系说明书主要由以下内容构成：① 职系名称及编号。这用于职系的称呼，文字宜简要，并需显示出该职系工作的性质，如土木工程职系等。为方便管理，通常用某种符号或数字进行编号。编号一般由两部分构成，前部分代表职组，后部分代表职组内的职系。② 一般叙述。这是指职系说明书中开头的叙述，其文字通常分为两部分，第一部分常以"本职系所包括的职级"开头，第二部分说明本职系各职级职位所需要的知识和技能等。③ 主要业务的列举。这是将该职系包括的各种业务择要予以列举，以便他人能从中了解该职系有关情况。

需要说明的有三点：一是区分职系时，必须与社会上各种职业的专业分工相协调，尤其需要同组织中各种业务的专业发展情形相适应。二是职系区分得过细或过粗均不适宜。凡行政性的工作，区分宜较粗；凡技术性的工作，区分宜较细；凡规模大、分工较细的组织，可做较细的区分；凡规模小、分工不明确的组织，可做较粗的区分。三是当某一职位所处理的工作涉及两个及以上职系时，为使其只属于某一个职系，通常要遵循以下三个原则：① 程度原则。当一个职位的工作性质分属两个以上职系，而职责程度不相当时，以程度较高的职系为准确定其应属职系。② 时间原则。当一个职位的工作性质，分属两个以上职系，而职责程度相当时，以时间较多的职系为准，确定其应属职系。③ 选择原则。当一个职位的工作性质，分属两个以上职系，而职责程度相当，且时间也相等时，以主管之选择为准，确定其应属职系。

（2）职位纵向分类。这是在横向分类的基础上，根据工作繁简难易、责任大小及任职资格等，对同一职系中的职位划分出不同的职级，以及对不同职系中的职位统一职等。

① 分别对每一职系中的每个职位，按工作的繁简难易、责任大小及任职资格等，进行分析和评价，并按照一定的顺序，或从"简""轻""低"到"繁""重""高"，或按相反顺序，将因素相似的职位划分为同一职级。由于各个职系的工作特点不同，职位数目也不相同，所以各个职系里划分职级的多少也是不等的。

② 鉴于各个职系中的职级数是不等的，各个职系中最高或最低职级中的职位，其工作的繁简难易、责任大小及任职资格等也就不尽相同，从而产生了一个问题，即各职系的职级无法直接进行横向比较，不利于统一管理。为此，必须对所有职系划分统一的职等，即根据工作的繁简难易、责任大小和任职资格等，对各职系的职级进行分析和评价，将因素相似的职级归入同一职等，如图 6-1 所示。将职级统一职等的基本目的，是为了对职位

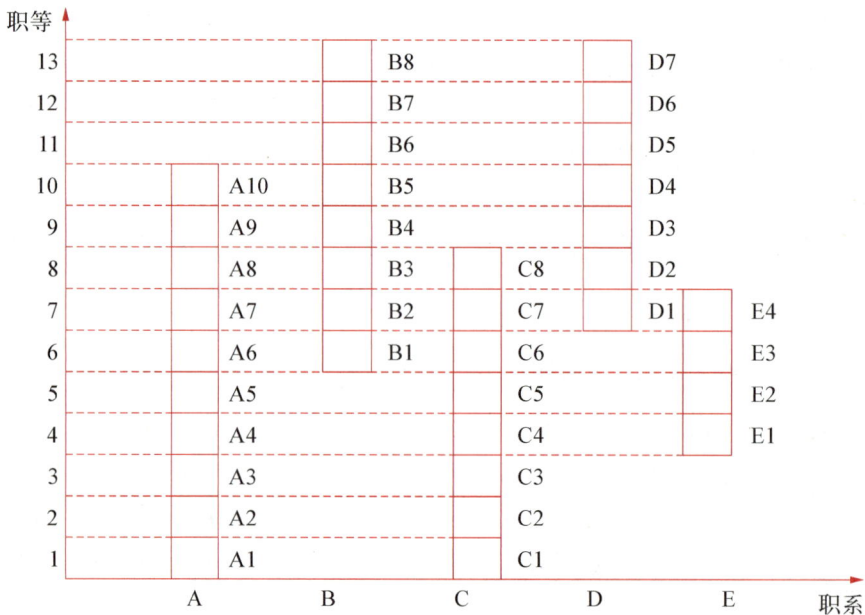

图 6-1　职位纵向分类之职级列等

进行统一管理，即无论在哪一个职系中处于什么职级，都可以与其他所有职系的职级相比较。处于同一职等的职位，虽然工作性质千差万别，但工作的繁简难易、责任轻重及任职资格等均是相似的，因而，其报酬待遇也应该是相同的。如在美国三级看护为第五职等，一级内科医生也属于第五职等，其薪金相同。

2. 职级规范的制定

根据上述分类分级结果，制定职级规范。职级规范是规定与叙述每一职级的工作性质、难易程度、责任轻重及任职资格的书面文件。其作用主要在于：（1）确定每一职级的范围，明确各职级本身的特点和各职级之间的界限。（2）作为进行归级指导的依据。（3）统一规定各职级的名称。（4）作为一种规范性文件。职级规范按照职级分别规定与叙述，设定多少职级，就有多少职级规范。

职级规范大致由以下六部分构成：（1）职级名称。这是一个职级规范的缩影，是了解职级规范内容最简洁的窗口，如初级速记员、高级土木工程师等。这自然要求职级名称务必简明扼要，让人一眼就能看出该职级工作的性质及程度。（2）职级编号。这是代表一个职级的号码，通常由职位类别、系列（职组、职系）、级别（职等）等部分组成。（3）职级特征或职责。这是职级规范中最重要的部分。一份标准的职级规范必须在职级特征项目下，就该职级职位的工作性质、繁简难易及责任轻重三个方面，表明它与任何其他一个职级的区别，或不同于任何其他一个职级的特征。一般应首先列举该职级所包括的主管职责，然后说明该职级的职责内容，其中包括在何种层级与职位人员监督下处理工作、受何种监督、需要监督何种层级与职位人员工作、如何给予监督等。（4）工作举例。所列举的工作通常只叙述处理的工作名称及处理方式，如"缮写文稿"。所选择的工作举例，务必既是该职级大部分职位所普遍处理的工作，又最能代表该职级职位之特性的工作，且是该职级职位所经常处理的工作。（5）任职资格。包括任用资格和所需专门知识，后者包括普通教育及专门教育的程度、所需的经验种类及时间等。（6）其他必要事项，如证件和身份，一般情况（如性别、年龄、身高、体重等），晋升阶梯或升迁路径或通道等。

6.3.3　公共部门职位分类的优缺点

1. 职位分类的优点

（1）系统、规范，为其他各项人力资源管理活动提供了客观依据和具体标准。（2）有利于贯彻专业化原则，可以避免学非所用、用非所长，有利于合理使用人力资源。（3）有利于合理定编定员，完善机构建设。（4）责、权、利统一，促进同工同酬和能上能下。（5）有利于人力资源的在职教育培训开发。

2. 职位分类的缺点

（1）分类工程大，成本高，操作繁，推行难。（2）过于规范和过于强调量化，导致整个体系缺乏应有的灵活性。（3）官等、工资随人的变动而变动，不利于对人力资源的激励。（4）专业化精神限制了人员流动，不利于综合管理人才即通才的培养。

6.4　公共部门官职并立职位分类与人员分类的发展趋势

6.4.1　公共部门官职并立职位分类

1. 官职并立职位分类的含义与特点

官职并立职位分类是品位分类与职位分类相结合的一种人员分类，它将品位分类的官等与职位分类的职等相并立。我国台湾地区 1987 年公布实施该制度。[③] 其主要特点是：（1）人与事并重。官职并立职位分类在划分类别时，既依据职位的工作性质、责任大小、难易程度和任职资格，又依据个人的学历、资历、贡献等条件。（2）适用范围的限制小。职位分类适合于工作比较固定、工作量相对饱满并且容易量化的职位，品位分类适合于工作经常变化、工作效果不易量化的职位，而官职并立职位分类则没有这些限制。

2. 官职并立职位分类的优点

官职并立职位分类兼具品位分类和职位分类二者的优点，主要表现在：（1）职位划分既系统，又简便；既便于严格的科学管理，又便于实行。（2）通才、专才并重。（3）既规范，又富有弹性。通过正确界定职位分类与品位分类的适用范围和覆盖面，在职位分析评价体系中兼顾品位因素和职位因素，一方面对人员的选拔和升迁调转途径做出严格的规定，另一方面根据实际情况采取措施，加强人力资源的流动，调动和发挥人力资源的积极性、主动性与创造性。

6.4.2　公共部门人员分类的发展趋势

1. 分类的简化和"宽带化"与权力下放

许多国家都着力于简化人员分类制度，以提高管理效率。比如，以品位分类为主，兼收职位分类优点的法国，从 20 世纪 90 年代起取消了 D 类公务员，新录用公务员只设 A、B、C 类；同时，针对公务员管理的集权和集中问题，推进管理的分权和权力下放。再如，源于英国文官制度，又吸收美国职位分类制度特点，逐步建立起职位分类制度的加拿大，从完善一个能满足政府管理和公务员需要的分类制度出发，于 1966 年对其职位分类进行了第一次重大调整，形成 72 个职组、120 多个职系。随后，为适应经济社会发展和技术进步，增强人员分类的灵活性，简化行政工作，减少管理成本，于 1991 年起改革职位分类，1993 年《公务员改革法》取消了职系，到 1999 年职组减少到 30 个。又如美国，1978 年《文官制度改革法》的重要一点就是简化职位分类制度。1986 年，里根（R. Reagan）政府提出了公务员制度简化方案，将 437 个职系改革为数目更少的"职业通道"，主管可以根据职业通道灵活地分配工作，同时废除 18 个职等，在每个职业通道中设置 4~5 个等级，每个等级只确定工资幅度，主管按照所属公务员的工作表现确定其报酬，废除等级工资制而实行功绩工资制。虽然这一法案未经国会通过而成为法律，但它表明了一种发展趋势。前述作为克林顿总统重塑政府第一批报告之一的《重塑人力资源管理报告》，也提出了简化分类制度。美国人事管理署每年的报告（*Strategic Management of Human Capital*）都把职位分类的简化作为重要议题。南卡罗来纳州取消了 70% 的职位，佐治亚州甚至取消了职位分类。这些都体现了职位分类的简化、"宽带化"，以及改变过去由政府统一进行职位分类的做法，由更了解自己状况的单位进行自我职位分类，公务员管理机构将更多地扮演专业指导及管理信息咨询的角色。

2. 品位分类和职位分类的多样化融合互补

随着专业化分工的不断发展，许多专业性、技术性工作进入政府部门，品位分类原有的注重通才的粗犷型分类方法已不能适应现代社会的需求。因此，原来实行品位分类的国家纷纷吸收职位分类的先进方法，使分类管理更加系统化、规范化。如英国作为品位分类的典型国家，其文官分类制度的发展，实际上是品位分类逐步完善并向职位分类靠拢的过程。从 1854—1870 年，文官被分为两个层次和两大等级，初步形成分类制度的框架，经 1870—1970 年的三次较大的变化，文官分类结构的规模扩大，形成了工业人员和非工业人员两大部分。但随着专业人员的增加，依然重视通才而不是专业人才的做法严重损伤了后者的积极性，因此，1971 年英国政府采纳的《富尔顿报告》就取消了原来的等级划分，开始建立和实施"公开结构"，既消除行政与专业技术的横向分类，也改变上中下级的等级分类，代之以一个自上而下的、包括一切非工业部门的职务在内的统一的文官分类结构。全国文官统一分为 10 个职门、19 个职组。这是一次重大改革，此前，可以说是以品位分类为主，此后便逐步脱离了品位分类。1994 年，英国政府发布《英国文官制度的继续与变革》（*The Civil Service: Continuity and Change*）白皮书，建议成立高级公务员管理组织。1995 年，英国颁发《公务员管理法典》（*Civil Service Management Code*），从而建立起高级文官和一般文官两套体制构成的职位分类体系。

同时，职位分类国家也在借鉴品位分类的优点。如美国 1978 年的《文官制度改革法》凭借"以人为中心"的品位分类的长处，矫正了"以职位为中心"的职位分类的非人本化权限，创设了高级公务员职位，后经 1984 年国会做出无期限积极实施的决定后，成为美国公务员制度的重要组成部分。其中将一般职中的 GS15 至 GS18 职等改为品位分类，取消了职等，只设工资级别，实行级随人走，既便于高层官员的职位流动，又改变了原来只能在职系内流动的状况，允许像品位分类那样跨职系流动，竞争上岗。1988 年，人事管理署启动"全国标准和技术协会"人力资源管理示范项目，简化了公务员职位分类体系；2008 年，又调整了职位分类标准，对职系重新定义。总之，美国正是针对职位分类的机械化、组织僵化、流动性差等弊端，充分吸收品位分类的优势，形成了中低级公务员实行职位分类，而高级公务员实行品位分类的双层分类结构，反映的正是二者的融合互补趋势。

需要特别提出的是，日本并没有照搬欧美的模式，而是结合本国情况，在品位分类的基础上，通过公务员俸给表（工资表）加入职位分类因素，形成了符合日本社会发展的、具有日本特色的职位分类制度。[④]因此，品位分类和职位分类各自原有的一些特点渐趋模糊，二者的界限已不再泾渭分明，可以这样讲，严格的品位分类与职位分类在实际上已不存在，两者已结合在一起。当然，这种结合方式是多种多样的。

3. 以人员分类制度的完善推进人力资源管理等的改革

人员分类是公共部门人力资源管理的基础，对其优化完善不仅可以推进人力资源管理和组织文化建设，也可以积极推进国家的行政制度、政治制度改革。如加拿大 2002 年开始的改革，以职位分类为公务员管理的核心，通过修订完善分类标准，以及保障分类制度的良好运行，力图打造一个满足如下条件的分类制度，来加强公共部门管理的现代化进程：（1）能有效评估公共服务绩效；（2）流程简捷，易于操作；（3）用于评估公共服务效率的薪酬制度是其要组成部分，应反映劳动力市场现状；（4）在晋升和薪酬方面，男女一视同仁；（5）能指引职业发展和职位流动；（6）能够帮助管理者提升组织规划能力，培育出有效的工作团队和工作场所。这些改革，一是推进了公务员的就业制度和管理制度的改革，二是营造了一个合作、和谐的公务员劳动关系氛围，三是创造了学习型组织文化，四是加强了对公共资源的管理和监督。⑤

6.5 中西公共部门人员分类制度与实践比较

6.5.1 西方发达国家公共部门人员分类制度与实践

1. 美国公务员职位分类

美国是职位分类的起源地，也是实行职位分类最典型的国家，其分类发展史就是职位分类的逐步完善史。

（1）酝酿时期（1836—1923 年）。1836 年，美国联邦政府五个部所雇用的 336 名书记员，因感到工资待遇与工作不公平，曾向国会提出请愿书。此后联邦政府一直在寻求使工作与薪酬合理结合的办法。1896 年，美国联邦文官委员会在工作报告中明确指出：实行以职务与责任为基础的分类制度是必要的，并在 1903 年建议政府机关实施该制度。1905 年，罗斯福（F. Roosevelt）总统设立部务规程委员会，开始进行有关分类和职位评价的研究。但职位分类制度最先产生于地方政府。1905 年，芝加哥市政府确定了对职位进行分类的原则，即通过对职位进行分析和评价，给职位分类分级；凡处于同一等级的职位，由于其工作的轻重程度相当，因此应给其任职者支付相等的报酬。该市于 1911 年制定了《职位分类法》，经伊利诺伊州议会通过后，于 1912 年正式实行职位分类。1919 年，美国国会成立了工资分类调整委员会，次年该委员会向美国国会提交了报告，提出实行职位分类，并建议文官委员会负责职位分类的实施，这份报告对美国联邦政府制定第一个职位分类法起到了很大的推动作用。

（2）推行时期（1923—1949 年）。1923 年美国国会正式通过了《职位分类法》（Classification Law），鉴于职位分类实施机构的重要性，又成立了人事分类委员会，着手训练专业人员。该法根据职责程度将有关职位分为 5 个职类（职门）、44 个职等。1931 年又做了调整，将公务职位划分为 7 个职类、81 个职等。1940 年，国会将职位分类范围扩展到各部的附属机构。

（3）改进时期（1949—1978 年）。1949 年，美国国会对 1923 年的《职位分类法》做了较为全面的修改，将公务员的职位划分为 2 个职门、27 个职组、569 个职系。1958 年减为 23 个职组、524 个职系，1965 年减为 22 个职组、439 个职系，1977 年又将职系调整为 437 个，2001 年为 23 个职组、420 个职系。[⑥]

（4）新发展时期（1978 年以后）。1978 年 10 月，美国国会通过了《文官制度改革法》。这次改革的涉及面很广，对职位分类来说，最重要的有两点：一是高级文官改革；二是力图使职位分类制度更加灵活简便，给管理人员以更大的自主权。20 世纪 90 年代，作为克林顿总统重塑政府第一批报告之一的《重塑人力资源管理报告》，提出了对职位分类制度的调整。在该报告的"改革一般职（GS）分类和基本薪酬制度"部分所提出的五项措施中，有三项涉及简化分类制度有关的内容：① 废除 15 职等的分类标准；② 授予行政机构分类决定权；③ 简化标准的分类制度。2008 年，人事管理署公布的《职组和职门手册》（*Handbook of Occupational Groups and Families*）中将联邦政府职位划分为两大类：白领和蓝领职位。其中白领职位包括专业类 P、行政类 A、技术类 T、文员类 C 和其他类 O，蓝领职位则包含技艺、工艺、手工等。蓝领职位占所有职位的 11%；91% 的政府公务员职位属于长期雇佣职位，剩余的 9% 是临时性岗位。

2. 美国高校教师的聘用类型

美国高校在社会问责、财政压力的背景下，不断减少终身轨教师聘用，增加非终身轨教师尤其是兼职教师的雇佣。通过规定各聘任类型教师的地位层次及其准入机制，实现聘任制与终身制相结合、专任教师与兼职教师相结合、终身制教师的稳定性与非终身制教师的流动性相结合。

（1）终身轨（Tenure-track）。终身轨（终身教职）教师地位准入机制相当严格。体现为规范的招聘程序、严格的考核标准和非升即走的淘汰机制。试用期满后，在非升即走的制度下，通过考查的终身轨教师，一般由助理教授晋升为副教授，同时获得终身教职；而未通过考查的终身轨教师，或到低一层次高校应聘，开始新一轮试用期，或改行另谋发展。聘任为终身教职的教师处于大学教师群体的上层，地位较高，他们不仅可以自由地从事学术工作，还拥有管理和控制大学学术事务的权力。

（2）可续约合同制（Contract-renewable Appointment），即全日制非终身轨（Full-time Non-tenure-track）。学校一般与其签订 6～7 年或 5～10 年的长期工作合同，在签约双方建立起平等的权利义务关系。一般来说，根据各校的聘用政策可续约合同制又分为三种模式，即可选择职业模式（Alternative-Career Model）、整合模式（Integrated Model）和边缘模式（Marginalized Model）。

（3）临时聘任（固定期限聘任）的兼职教师（Part-time Faculty in Fixed-term Appointments），也被称为"隐形的教师"或"新美国教师"。学校出于节约经费、降低成本等考虑，聘任他们主要承担课程尤其是非核心课程的教学工作，为全职教师更多地从事科研创造条件。兼职教师的准入机制相对简单、灵活、随意，根据实际需要随时聘请，而非学校进行统一管理。一般分为三类：一是普通任课教师，二是担任教学工作的博士生，三是被称为"辅助教师"（adjunct）的兼课教师。[7]

6.5.2　我国公共部门人员分类制度与实践

1. 我国公共部门人员分类历史发展

对我国古代人员分类属于职位分类还是品位分类，还是另有别的分类，颇有争议。多数持品位分类，也有持不同时期采取不同人事分类的观点[8]。但持综合分类的还有具体的差异，如认为清朝文官分类实行的就是以职位分类为主、品位分类为辅的混合分类法[9]，以及中国古代文官分类是一种优于单纯职位分类和单纯品位分类的独立分类模式的"综合分类"，该分类根据"得人治事二者并重"的为政思想，按照"人事相宜"的原则，兼顾"人"和"事"两方面因素，因而兼具后来所说的职位分类和品位分类的优点，避免了单纯职位分类或单纯品位分类所带来的缺陷，但不是将个人因素和职位因素各占一半，而是根据当时的实际情况，有所侧重，协调统一。[10]或许，按现代意义上的职位分类和品位分类对我国古代人员分类做出判断，其出发点就已经失当。但可以肯定的是，经过两千多年的发展，我国古代形成了名目繁多、内容庞杂的品位等级制度，大体可分为文官品级与爵位勋位。其中文官品级又分为职事官品级和散官品级。[11]品级又同俸禄挂钩。在以君主专制集权统治为特征的中国古代国家体制中，品位等级制度与俸禄制度是维系国家统治秩序、国家机器正常运转的重要保证。

南京临时国民政府成立之初，就将官员分为文官与军官两大类，官等分为简任、荐任和委任。1927 年，南京国民政府颁布的《公务员任用法》和《文官官等条例》在采用文武分开的同时，根据工作的性质将文官分为行政官、外交官、司法官、技术官、警察官等大类，又按产生方式的不同将公务员分为政务官和事务官，但二者的区分不是十分严格，事务官可以晋升为政务官，政务官也可转任为事务官。1946 年国民党宣布"行宪"后，政务官、事务官和雇员分为特认职、简任职、荐任职、委任职和雇员五等。

自 1949 年到 20 世纪 80 年代，我国公共部门人员分类的特点是集中统一，党政不分、政企不分、政事不分，无论是党群机关、政府机关、立法机关、司法机关的工作人员，还是企事业单位的管理人员和专业技术人员，乃至一些寺庙的主持，都属于"干部"或"国家干部"。人员分类中的等级划分主要依据职务职级、资历深浅、学历高低和工资多寡，这实际上是一种特殊的"品位分类"。1993 年的《国家公务员暂行条例》明确规定"国家行政机关实行职位分类制度"，原人事部于 1994 年制定实施了《国家公务员职位分类工作实施办法》，此后党群机关、检察机关、审判机关等也实施了相应的分类方案。2002 年，党的十六大报告中提出"探索和完善党政机关、事业单位和企业的干部人事分类管理制度"，为此，中央印发多个纲要、决定等对公务员和事业单位工作人员的分类管理提出了明确的指导思想和建设路径。《公务员法》的实施为公务员职位分类管理奠定了基础,《2010—2020 年深化干部人事制度改革规划纲要》再次强调:健全综合管理类公务员管理办法,建立专业技术类、行政执法类公务员职务序列和管理办法;根据公务员队伍建设和管理的需要,探索增设新的职位类别,以完善公务员职位分类制度。同时,有些地方也在积极探索,并取得一定成就,如 2010 年,《深圳市行政机关公务员分类管理改革实施方案》及《深圳市行政机关行政执法类公务员管理办法(试行)》《深圳市行政机关专业技术类公务员管理办法(试行)》公布。2014 年,国家第一次明确提出"建立法官、检察官员额制",2016 年 7 月 8 日起施行《专业技术类公务员管理规定(试行)》和《行政执法类公务员管理规定(试行)》。

2. 我国公务员的职位分类

(1)党内法规制度与国家法律法规依据。党内法规制度主要包括《专业技术类公务员管理规定(试行)》《行政执法类公务员管理规定(试行)》《2010—2020 年深化干部人事制度改革规划纲要》《关于司法体制改革试点若干问题的框架意见》《人民法院工作人员分类管理制度改革意见》《人民检察院工作人员分类管理制度改革意见》等。

国家法律规范主要包括《公务员法》《中华人民共和国法官法》(下称《法官法》)和《中华人民共和国检察官法》(下称《检察官法》)等。[12]

(2)职位类别。《公务员法》第三章对此做出了规定,《公务员法(修订草案)》又做出了修改,第十五条规定:国家实行公务员职位分类制度。公务员职位类别按照公务员职位的性质、特点和管理需要,划分为综合管理类、专业技术类和行政执法类等类别。根据本法,对于具有职位特殊性、需要单独管理的,可以增设其他职位类别。第二十条规定:公务员的领导职务、职级应当对应相应的级别。根据工作需要和领导职务与职级的对应关系,公务员的领导职务和职级可以互相转任、兼任,符合规定资格条件的,可以晋升领导职务或者职级。公务员的级别根据所任领导职务、职级及其德才表现、工作实绩和资历确定。公务员在同一领导职务、职级上,可以按照国家规定晋升级别。可见我国公务员的分类制度实际上是以职位分类为主、职位分类和品位分类相结合的人员分类。根据《公务员法》《专业技术类公务员管理规定(试行)》和《行政执法类公务员管理规定(试行)》,综合管理类是指机关内从事规划、咨询、决策、组织、指挥、协调、监督等综合管理及机关内部管理工作的职位。这是公务员职位的主体,所占比例最大。专业技术类是指专门从事专业技术工作、为机关履行职责提供技术支持和保障的公务员,其职责具有强技术性、低替代性。行政执法类是指依照法律、法规对行政相对人直接履行行政许可、行政处罚、行政强制、行政征收、行政收费、行政检查等执法职责的公务员,其职责具有执行性、强制性。这些职位主要集中在公安、海关、税务、工商、质检、药监、环保等部门。

(3)职务序列、层次与级别。根据《公务员法》《公务员职务与级别管理规定》和《综合管理类公务员非领导职务设置管理办法》,领导职务是指具有组织、管理、决策和指挥职能的职务，其层次分为国家级正职、国家级副职、省部级正职、省部级副职、厅局级正职、厅局级副职、县处级正职、县处级副职、乡科级正职、乡科级副职。按《公务员法（修订草案）》第十八条规定，公务员职级层次在厅局级以下设置，其中综合管理类职级层次分为四等十二级：一级巡视员、二级巡视员、一级调研员、二级调研员、三级调研员、四级调研员、一级主任科员、二级主任科员、三级主任科员、四级主任科员、一级科员、二级科员。

我国公务员职务与级别的关系是"一职数级，上下交叉"。公务员级别由低至高依次为27级至1级。领导职务层次与级别的对应关系是：（1）国家级正职，1级；（2）国家级副职，4级至2级；（3）省部级正职，8级至4级；（4）省部级副职，10级至6级；（5）厅局级正职，13级至8级；（6）厅局级副职，15级至10级；（7）县处级正职，18级至12级；（8）县处级副职，20级至14级；（9）乡科级正职，22级至16级；（10）乡科级副职，24级至17级。副部级机关内设机构、副省级市机关的司局级正职对应15级至10级，司局级副职对应18级至12级。

综合管理类公务员职级与原非领导职务、级别的对应关系是：（1）一级巡视员（原巡视员），13级至8级；（2）二级巡视员（原副巡视员），15级至10级；（3）一级、二级调研员（原调研员），18级至12级；（4）三级、四级调研员（原副调研员），20级至14级；（5）一级、二级主任科员（原主任科员），22级至16级；（6）三级、四级主任科员（原副主任科员），24级至17级；（7）一级、二级科员（原科员），26级至18级。

《专业技术类公务员管理规定（试行）》规定，专业技术类公务员职务分为11个层次，通用职务名称由高至低，以及职务与级别的对应关系依次为：（1）一级总监，13级至8级；（2）二级总监，15级至10级；（3）一级高级主管，17级至11级；（4）二级高级主管，18级至12级；（5）三级高级主管，19级至13级；（6）四级高级主管，20级至14级；（7）一级主管，21级至15级；（8）二级主管，22级至16级；（9）三级主管，23级至17级；（10）四级主管，24级至18级；（11）专业技术员，26级至18级。具体职务名称由中央公务员主管部门以通用职务名称为基础确定。而专业技术类公务员任职，应当具备相应的专业技术任职资格，符合拟任职务所要求的其他条件，按照专业技术类公务员职务序列，在规定的职位设置范围和职数内进行。专业技术任职资格由高至低依次为高级、中级、初级。高级包括正高级和副高级。任一级、二级总监和一级高级主管，应当具备正高级专业技术任职资格；任二级、三级、四级高级主管，应当具备副高级以上专业技术任职资格；任一级、二级主管，应当具备中级以上专业技术任职资格；任三级、四级主管和专业技术员，应当具备初级以上专业技术任职资格。

《行政执法类公务员管理规定（试行）》规定：行政执法类公务员职务分为11个层次，通用职务名称由高至低，以及职务与级别的对应关系依次为：（1）督办，15级至10级；（2）一级高级主办，17级至11级；（3）二级高级主办，18级至12级；（4）三级高级主办，19级至13级；（5）四级高级主办，20级至14级；（6）一级主办，21级至15级；

（7）二级主办，22 级至 16 级；（8）三级主办，23 级至 17 级；（9）四级主办，24 级至 18 级；（10）一级行政执法员，26 级至 18 级；（11）二级行政执法员，27 级至 19 级。具体职务名称由中央公务员主管部门以通用职务名称为基础确定。

《公务员法（修订草案）》第二十一条规定：国家根据人民警察以及海关、驻外外交机构公务员的工作特点，设置与其领导职务、职级相对应的衔级。《中华人民共和国人民警察警衔条例》第七条规定：人民警察警衔设 5 等 13 级。《中华人民共和国海关关衔条例》第七条规定：海关关衔设 5 等 13 级。《中华人民共和国驻外外交人员法》规定了职务（分为外交职务和领事职务）和衔级及其基本对应关系。

（4）司法员额制。员额是指特定岗位或者职位的人员限额。司法员额制是指有关司法机关包括法院和检察院在编制内根据办案工作量、辖区人口、经济发展等因素确定的司法官包括法官和检察官的职数限额制度。法官、检察官员额制是司法员额制的主体性、关键性制度安排，是当前重点推进的司法改革项目之一，目的是通过提高法官、检察官的任职门槛和职级待遇，把优秀的司法人员和有效的司法资源吸引到办案岗位，充实到办案一线，实现司法的专业化、职业化和精英化，从而提高司法公信力。从某种意义上说，司法员额制是建立司法责任制、司法职业保障的前提性、基础性和辅助性制度。而司法责任制和职业保障制度等改革的进度也影响甚至决定着司法员额制改革的进度。

我国的司法员额制由来已久。光绪三十二年即 1906 年颁布的《大理院审判编制法》是我国现代司法制度的滥觞。其第十一条规定："凡大理院以下之审判厅局均须设有一定员数以重审判之事。"第十三条规定："各检察局亦须置有一定之员数。"2001 年修订的《法官法》和《检察官法》都有关于司法员额制的专门条款。如《检察官法》第五十三条规定："最高人民检察院根据检察工作需要，会同有关部门制定各级人民检察院的检察官在人员编制内员额比例的办法。"按《公务员法》第三条规定，我国法官、检察官并未像其他国家机关公务员那样实行职位分类。但由于历史条件等方面的局限，有关审判人员和检察人员的分类及其员额比例一直难以确定。

2013 年 3 月，中组部分别与最高人民法院、最高人民检察院联合印发了《人民法院工作人员分类管理制度改革意见》和《人民检察院工作人员分类管理制度改革意见》，对审判人员和检察人员分类，各级法院、检察院司法人员的比例等都作了初步的规定。如《人民检察院工作人员分类管理制度改革意见》规定："人民检察院工作人员划分为检察官、检察辅助人员、司法行政人员。""在中央政法专项编制限额内，综合考虑检察官、检察辅助人员、司法行政人员的岗位职责、工作任务量等因素，确定各类人员员额比例。""检察官实行单独的职务序列。"2014 年 6 月，中央全面深化改革领导小组通过的《关于司法体制改革试点若干问题的框架意见》第一次明确提出"建立法官、检察官员额制"。目前试点在探索的法官、检察官员额最高比例为 39%。将法官、检察官员额最高限定在39% 以内，如果按照"入额者必须办案"和配备一定比例的辅助人员的要求执行，不仅不会降低或者减少一线办案人员数量，相反，有可能增加一线办案人员数量和优化人员结构。

员额制的推行是我国司法人事制度的一场革命，它打破了现有的员额比例，涉及近60万司法人员的利益再分配和工作机制调整，为推动其健康发展，自觉地防止实施过程中可能出现的各种偏差，首先要坚持三项原则：按职业道德和办案能力选拔司法官，不能论资排辈；入额者必须到一线办案，办案数量可以因岗位而设置，但必须有最低限度的办案数量，随着办案机制改革逐步增加；在特定范围（包括省、市两级院的辖区和本院）内按办案量核定和调剂员额，不要简单地按各院、各部门现有人员数量按比例分配，否则就会延续甚至加剧原来不合理的人员配备，将员额制虚拟化，违背员额制的宗旨。其次，探索建立客观的、可操作的员额比例模型。最后，在员额制中，入额机制固然重要，退出机制同样重要，合理的选拔机制可以选拔出优秀的司法官，合理的退出机制可以及时淘汰不称职的司法官，保持员额制的生命活力。

3. 我国事业单位的职位分类

长期以来，我国事业单位领导人员及管理人员、各种专业技术人员等都属于干部。2000年，中央先后印发的《深化干部人事制度改革纲要》《加快推进事业单位人事制度改革的意见》在确立了事业单位人事制度改革的总体思路的同时，第一次正式提出了专业技术人员、管理人员和工勤人员三类概念。同时，一些地方在探索事业单位人员分类，如深圳市于2004年、2005年先后制定了《深圳市事业单位职员管理办法（试行）》《深圳市事业单位职员职位分类实施办法（试行）》，重庆市于2005年制定了《重庆市事业单位职员管理办法》。2006年，人事部印发的《事业单位岗位设置管理试行办法》与《〈事业单位岗位设置管理试行办法〉实施意见》，人事部、财政部联合印发的《事业单位工作人员收入分配制度改革方案》，从实行事业单位工作人员的聘用制度、岗位管理和改革收入分配制度的角度，涉及事业单位工作人员的类别和等级结构，从而确定了我国事业单位工作人员的职位分类方向，以及基本的类别和等级结构。

（1）党内法规制度与国家法律法规依据。党内法规制度主要包括《关于进一步深化事业单位人事制度改革的意见》《2010—2020年深化干部人事制度改革规划纲要》等。

国家法律规范主要包括《事业单位人事管理条例》《事业单位岗位设置管理试行办法》《〈事业单位岗位设置管理试行办法〉实施意见》《关于科学研究事业单位岗位设置管理的指导意见》《关于卫生事业单位岗位设置管理的指导意见》《关于文化事业单位岗位设置管理的指导意见》《关于高等学校岗位设置管理的指导意见》《关于义务教育学校岗位设置管理的指导意见》《关于中等职业学校、普通高中、幼儿园岗位设置管理的指导意见》《关于体育事业单位岗位设置管理的指导意见》，以及《关于进一步规范事业单位公开招聘工作的通知》等。

此外，各地、有关部门和事业单位还制定了相应的办法、意见、方案等，如《湖北省事业单位岗位设置管理试行意见》《山东省高等学校岗位设置结构比例指导标准》《教育部直属高等学校岗位设置管理暂行办法》《国家卫生计生委关于印发疾病预防控制中心岗位设置管理指导意见的通知》《赣州市第三人民医院岗位设置实施方案》《南通市第一初级中学岗位设置实施方案（试行稿）》等。

（2）岗位设置。2006 年的《事业单位岗位设置管理试行办法》与《〈事业单位岗位设置管理试行办法〉实施意见》提出对"为了社会公益目的，由国家机关举办或其他组织利用国有资产举办的事业单位""要按照科学合理、精简效能的原则进行岗位设置，坚持按需设岗、竞聘上岗、按岗聘用、合同管理"。《事业单位人事管理条例》规定：国家对事业单位工作人员实行分级分类管理；国家建立事业单位岗位管理制度，明确岗位类别和等级。事业单位根据功能、职责任务和工作需要，按照精简、效能的原则和国家有关规定合理设置岗位，制定岗位设置结构比例和等级标准。《事业单位岗位设置管理试行办法》规定，岗位是指事业单位根据其社会功能、职责任务和工作需要设置的工作岗位，应具有明确的岗位名称、职责任务、工作标准和任职条件。此外，根据事业发展和工作需要，经批准，事业单位可设置特设岗位，主要用于聘用急需的高层次人才等特殊需要。特设岗位的等级根据实际需要，按照规定的程序和管理权限确定。

（3）岗位类别。事业单位岗位分为管理岗位、专业技术岗位和工勤技能岗位三种类别。① 管理岗位是指担负领导职责或管理任务的工作岗位。管理岗位的设置要适应增强单位运转效能、提高工作效率、提升管理水平的需要。② 专业技术岗位是指从事专业技术工作，具有相应专业技术水平和能力要求的工作岗位。专业技术岗位的设置要符合专业技术工作的规律和特点，适应发展社会公益事业与提高专业水平的需要。③ 工勤技能岗位是指承担技能操作和维护、后勤保障、服务等职责的工作岗位。工勤技能岗位的设置要适应提高操作维护技能，提升服务水平的要求，满足单位业务工作的实际需要。鼓励事业单位后勤服务社会化，已经实现社会化服务的一般性劳务工作不再设置相应的工勤技能岗位。另外，根据事业发展和工作需要，经批准，事业单位可设置特设岗位，主要用于聘用急需的高层次人才等特殊需要。

（4）岗位等级。根据岗位性质、职责任务和任职条件，对事业单位管理岗位、专业技术岗位、工勤技能岗位分别划分通用的岗位等级。其中，管理岗位分为 10 个等级，现行的部级、厅级、处级、科级的正副职与科员、办事员依次分别对应管理岗位一级到十级。专业技术岗位分为 13 个等级，其中高级岗位分为 7 个等级（正高级 4 个等级、副高级 3 个等级）、中级岗位和初级岗位各 3 个等级。工勤技能岗位包括技术工岗位和普通工岗位，其中技术工岗位分为 5 个等级。普通工岗位不分等级。特设岗位的等级根据实际需要，按照规定的程序和管理权限确定（见表 6-1）。

表 6-2 是我国专业技术职务系列、名称一览表。这是在 20 世纪 80 年代原中央职称改革工作领导小组会同有关部门制定的一系列职务试行条例为基础而逐步完善起来的。先将工作横向分成若干系列，每个系列冠以特定的专业技术职务名称；再纵向分成若干级别，一般为高、中、初三个级别。有的系列又将初级职务分为助理级与员级两个级别，高级职务又分为正高级与副高级两个级别。

表6-1　事业单位岗位等级表

管 理 岗 位	专业技术岗位		工勤技能岗位	
一级职员	一级	正高级	技术工	一级
二级职员	二级			二级
三级职员	三级			三级
四级职员	四级			四级
五级职员	五级	副高级		五级
六级职员	六级		普通工　不分级	
七级职员	七级			
八级职员	八级	中级		
九级职员	九级			
十级职员	十级			
	十一级	初级		
	十二级			
	十三级			

表6-2　专业技术职务系列、名称一览表

专业技术职务系列名称	专业技术职务名称			
	高级职务		中级职务	初级职务
	正高级	副高级		
高等学校教师	教授	副教授	讲师	助理讲师
中等专业学校教师	高级讲师		讲师	助理讲师、教员
技工学校教师	高级讲师		讲师	助理讲师、教员
	高级实习指导教师		一级实习指导教师	二级实习指导教师、三级实习指导教师
中小学教师	正高级教师	高级教师	一级教师	二级教师、三级教师
自然科学研究人员	研究员	副研究员	助理研究员	研究实习员
社会科学研究人员	研究员	副研究员	助理研究员	研究实习员
工程技术人员	教授级高级工程师	高级工程师	工程师	助理工程师、技术员
实验技术人员	教授级高级实验师	高级实验师	实验师	助理实验师、实验员
农业技术人员	教授级高级农艺师	高级农艺师	农艺师	助理农艺师、农业技术员
	教授级高级兽医师	高级兽医师	兽医师	助理兽医师、兽医技术员
	教授级高级畜牧师	高级畜牧师	畜牧师	助理畜牧师、畜牧技术员
卫生技术人员	主任医师	副主任医师	主治（主管）医师	医师、医士
	主任药师	副主任药师	主管药师	药师、药士
	主任护师	副主任护师	主管护师	护师、护士
	主任技师	副主任技师	主管技师	技师、技士

（续表）

专业技术职务系列名称	专业技术职务名称			
	高级职务		中级职务	初级职务
	正高级	副高级		
经济专业人员	教授级高级经济师	高级经济师	经济师	助理经济师、经济员
会计专业人员	教授级高级会计师	高级会计师	会计师	助理会计师、会计员
审计专业人员	教授级高级审计师	高级审计师	审计师	助理审计师、审计员
统计专业人员	教授级高级统计师	高级统计师	统计师	助理统计师、统计员
新闻专业人员	高级记者	主任记者	记者	助理记者
	高级编辑	主任编辑	编辑	助理编辑
出版专业人员	编审	副编审	编辑	助理编辑
	编审	副编审	技术编辑	助理技术编辑、技术设计员
	编审	副编审	一级校对	二级校对、三级校对
图书资料专业人员	研究馆员	副研究馆员	馆员	助理馆员、管理员
文物博物专业人员	研究馆员	副研究馆员	馆员	助理馆员、管理员
档案专业人员	研究馆员	副研究馆员	馆员	助理馆员、管理员
广播电视播音人员	播音指导	主任播音员	一级播音员	二级播音员、三级播音员
翻译人员	译审	副译审	翻译	助理翻译
律师	一级律师	二级律师	三级律师	四级律师、律师助理
公证员	一级公证员	二级公证员	三级公证员	四级公证员、公证员助理
海关人员	高级关务监督		关务监督	助理关务监督、关务员
艺术专业人员	一级编剧	二级编剧	三级编剧	四级编剧
	一级文学创作	二级文学创作	三级文学创作	四级文学创作
	一级作曲	二级作曲	三级作曲	四级作曲
	一级导演	二级导演	三级导演	四级导演
	一级演员	二级演员	三级演员	四级演员
	一级演奏员	二级演奏员	三级演奏员	四级演奏员
	一级指挥	二级指挥	三级指挥	四级指挥
	一级美术师	二级美术师	三级美术师	美术员
	一级舞美设计师	二级舞美设计师	三级舞美设计师	舞美设计员
	主任舞台技师		舞台技师	舞台技术员
	电影放映主任技师		电影放映技师	电影放映技术员
工艺美术专业人员	高级工艺美术师		工艺美术师	助理工艺美术师、工艺美术员
体育教练员	国家级教练	高级教练	一级教练	二级教练、三级教练

6.5.3 我国公共部门职位分类的问题与改进

1. 我国公务员职位分类的问题与改进

经过几十年的发展，我国公务员职位分类初步形成了自己的特色，优点突出，主要表现为：（1）分类简单，易于操作；（2）品位分类和职位分类相结合，符合人员分类的发展趋势；（3）明确了领导职务、职级层次的划分，职务职级并行，合理设置职级层次，有利于完善公务员激励保障机制，调动公务员的工作积极性。

但问题也比较明显，主要包括：（1）分类过简。现主要有综合管理类、专业技术类和行政执法类，再加司法员额制，仍处于人员分类的初级阶段，如缺少对职系的划分等。（2）科学性差。由于普遍缺少具体的职位分析、职位评价等人力资源管理职能活动，缺少人力资源管理的基本文件——职位说明书，而且工作标准、流程不规范，等等，导致职位分类科学性差。（3）法治化低。由于缺乏相应的法规和其他规范性文件，导致其法治化水平较低。（4）等级本位现象严重，权责利关系失衡。（5）没有区别中央与地方公务员的差异。我国有720多万公务员，而60%分布在县以下工作，92%是科级以下人员，不体现地方特点的分类失去的不仅是其合理性。

因此，要立足构建更加科学、专业的职位分类制度。（1）要加快职位分类的法治化、科学化、精细化、规范化进程；（2）强化职位、权力、责任、利益的统一；（3）加强配套制度建设，并充分体现中央和地方、地方各层级公务员之间应有的差异。

2. 我国事业单位职位分类存在的问题与改进

将公立医院、公立学校等事业单位人员进行分类管理是我国干部人事制度改革的重大探索。虽然取得了一定成绩，但也存在如下主要问题：（1）职位分类较为初步，缺乏基本的职位分析。（2）岗位设置问题集中。突出表现为岗位设置缺少科学依据、岗位设置与编制相矛盾、各类岗位的综合设置较难调整、岗位设置管理配套措施相对滞后等。（3）岗位设置与岗位聘用脱节。科学的岗位设置是岗位聘用的前提，合理的岗位聘用是岗位科学设置的体现。而目前的聘用制并未能按科学岗位设置的条件公开竞聘，将优秀人才聘用适合的岗位，多是依旧套用过去的岗位管理办法。（4）职员制问题较多。与专业技术岗位管理相比，管理岗位管理相对问题突出。特别是职级设置过粗，且受限于单位行政级别，导致职员缺乏必要的晋升空间；职员工资待遇偏低，与专业技术人员薪酬差距较大；职员专业技术本位思想严重，"双肩挑"现象普遍，管理与专技岗位交流通道单向畅通。[13]另外，还应看到，《事业单位人事管理条例》保留了一定的改革空间。如事业单位岗位管理就是将岗位总量管理、岗位分类与岗位等级结构比例调控、岗位最高等级控制相结合，但该条例并未明确规定岗位总量和结构比例控制。

因此，近一个时期的改进方向是：（1）要进一步明确事业单位职位分类是事业单位人事制度的一部分，职位分类是事业单位人事制度改革的工具和手段，而不是目的，其有效性不仅取决于职位分类本身，还与整个人事制度改革密不可分。（2）确立职位分类的限度和标准。确立分类的限度，即分到什么程度才是合适的，进而确立统一的分类标准，解决行业之间、行业内部不同单位之间人事管理制度的混乱、不公平性等。（3）集中解决重点问题。如健全从职门、职组、职系到职位的职位分类体系，科学确定岗位设置的依据、岗位总量、岗位结构比例，按需设岗，进而将岗位设置与岗位聘用紧密衔接，完善配套制度等，探索不纳入编制管理后的岗位设置管理问题，解决岗位设置管理难题；逐步取消事业单位行政级别，科学管理编制，完善岗位管理体系，逐步建立起基于管理岗位职责和组织目标的绩效管理体系，解决职员制问题。

注释　　　　　　资料

复习思考题

1. 如何理解人员分类的含义及其作用？
2. 如何理解品位分类的含义？它有何特点和优缺点？
3. 如何理解职位分类的含义？它有何特点和优缺点？
4. 职位分类与品位分类的区别主要有哪些？
5. 简述职位分类的程序与内容。
6. 如何理解官职并立职位分类？它有何特点和优点？
7. 简述公共部门人员分类的发展趋势。
8. 西方发达国家公共部门人员分类制度与实践给你什么启发？
9. 简述我国公共部门人员分类的历史发展。
10. 简述我国公务员职位分类。
11. 简述我国事业单位职位分类。
12. 试析我国公务员职位分类的问题与改进。
13. 试析我国事业单位职位分类的问题与改进。

第 7 章　公共部门人力资源规划

学习思路和重点

刘向说："谋先事则昌，事先谋则亡。"刘禹锡也说过："计熟事定，举必有功。"这些虽是常识，却道出了亘古不变的真理。任何组织欲完成使命、达成愿景、实现战略、践行价值追求，必须在未来的不同时空具有数量合适、质量恰当、结构合理等的人力资源。公共部门人力资源规划正是立足于此，从战略出发，由当下开始，科学预测未来的人力资源供需关系，有效配置人力资源，并以此指导公共部门人力资源管理的其他各项活动。学完本章，应掌握公共部门人力资源战略规划的含义、种类、程序、作用，公共部门人力资源供需预测及其调节，以及我国公共部门人力资源规划及其问题与改进。

7.1　公共部门人力资源规划概述

7.1.1　公共部门人力资源规划的含义

公共部门人力资源规划（Human Resource Planning in the Public Sector）是指公共组织根据其发展战略和目标，以及内外环境的变化，科学分析和预测组织的人力资源供需状况，制定相应的政策与措施，确保组织在未来时间和职位上获得所需人力资源、维持人力资源供给和需求平衡的活动。这是公共组织预测未来一定时期人力资源的供需，进而确定相应行动的方针、政策，通过系统的方案使人力资源管理在变化的环境和战略之下保持有效和一致。

7.1.2　公共部门人力资源规划的种类

一是按照规划的时间，可将公共部门人力资源规划分为长期规划（5 年或 5 年以上）、中期规划规划（2~5 年）和短期规划（1~2 年）。这与组织的规模、环境的不确定性等相关。

二是按照规划的范围，可将其分为总体人力资源规划、部门人力资源规划、某项具体工作的人力资源规划等。

三是按照规划的性质，可将其分为战略性人力资源规划和战术性人力资源规划。前者具有全局性、长远性，通常是人力资源战略的表现形式；后者是具体的、短期的、专门针对性的业务规划。

四是按照规划的层次，可将其分为总体规划和业务规划（或业务计划）。总体规划是以组织战略为依据，围绕规划期内人力资源管理的总目标、总原则、总政策、总体实施步骤和总体预算的系统安排。如果整个组织面临大的变动或需要重组，必须考虑组织结构及职位的重新分析，并在完全确定的基础上进行总体规划。业务规划主要包括如下各项计划，是具体化了的总体规划，每一项也都由目标、内容、政策、步骤和预算等构成，从各个方面保证总体规划目标的实现（见表7-1）。

表7-1　公共部门人力资源业务规划一览

名　称	目　标	内容、政策	预　算
补充计划	组织成员数量、质量、结构等的改善	人员的数量依据、资格标准、来源范围、起点薪酬等	招募、甄别、选拔费用
配置计划	人员结构优化、人-职匹配、职位轮换等	任职资格、职位轮换的范围和实践等	按规模、类别和人员状况决定薪酬预算等
接续和晋升计划	后备人员的数量保持、结构优化，骨干人员的使用培养等	选拔标准、晋升比例、未晋升人员的安置等	职位变动引起的薪酬变动等，后备人员、骨干人员的甄选费用
培训开发计划	增长知识，提高素质技能，转变态度和作风，提高效率，优化组织士气、氛围等	培训的对象、内容、时间、地点、方式、教师、效果等	培训投入、脱产受训的薪酬等
薪酬激励计划	减少人才流失、提高士气、改进绩效等	薪酬结构及水平、工资政策、激励政策、激励方式等	增加的工资、奖金、津贴、补贴等金额
员工关系计划	提高工作效率、改善员工关系、提高组织成员参与、减少劳动争议、减低非期望离职率等	鼓励参与、加强沟通、民主管理、减少和预防劳动争议	法律诉讼费用等
退休解聘计划	降低劳动力成本、提高劳动生产率	退休政策、解聘程序等	退休人员安置费用等

7.1.3　公共部门人力资源规划的程序

1. 信息收集

收集相关信息是人力资源规划的第一步。需收集的信息主要有：（1）组织的使命、战略目标、人力资源战略等职能战略。（2）内外环境（详见本书1.3）。如劳动力市场的结构、市场供需状况、职业观和择业心理等。（3）人力资源现状，即组织现有人力资源的数量、质量、结构、发展潜力、组织内流动和组织内外流动（如招聘、离职），以及现行政策。以此为基础可以确定现有人力资源与组织实现战略目标所需人力资源之间的差距。为此，许多组织都建立了人力资源管理信息系统，并随时更新修正。

2. 供需预测

这是人力资源规划中较具技术性的关键部分，是在上述阶段的基础上，采用经验判断、统计方法及预测模型等进行预测，得出各规划期的人力资源的余缺——"净需求"。当然这与所实施或假定的人力资源政策相关，并对组织的管理风格产生重大影响。

3. 规划制定

根据人力资源战略和供需预测结果，就可以计算出人力资源净需求的具体情况，即平衡、短缺和过剩；进而着手制定人力资源的总规划、各项具体业务规划及相应的人力资源政策。要特别强调的是，总体规划和业务规划之间、各业务规划之间、总体规划和业务规划与组织的其他规划之间要相互协调，保持应有的一致性，确保规划的有效实施。

4. 规划实施

这是将人力资源的总体规划与各项业务规划付诸实施。为此，必须要有规划实施的组织保障。

5. 评估反馈

在总体规划和各项业务规划实施后，要根据实施的结果评估其有效性，并及时反馈评估结果，修正人力资源规划。特别是预期目标是否已经实现？没实现的话，存在什么问题？原因是什么？应采取何种措施？期初制定的目标是否合理？不合理的话，需要怎样调整？等等。事实上，规划要想取得成功离不开对它的评估，如果不对规划进行评估，就不可能知道规划正确与否，不可能知道其缺陷所在，也就不可能有效地指导整个人力资源管理工作，规划也就失去了其应有的价值。当然，评估的结果应及时反馈，使规划得以及时修正。

评估一是要客观、公正和准确；二是要对实际招聘人数与预测需求人数、劳动生产率的实际水平与预测水平、人员流动的实际情况与预测情况、实际执行方案与规划方案、方案的实际结果与预测结果、人力资源和行动方案的成本与预算额、行动方案的收益与成本等进行比较。其中，必须进行成本-效益分析，因为没有效益的规划就是失败的规划。三是要征求部门负责人、基层管理者即其他相关者的意见，毕竟多数人赞同的规划才是好规划。

最后要说明的是，由于战略目标不断调整，预测也不可能完全准确，规划的实施中还会出现这样或那样的问题，所以如图 7-1 所示，人力资源规划是一个开放的系统、动态的过程，滚动进行，不断修正。

7.1.4　公共部门人力资源规划的作用

1. 有助于组织战略目标的实现

人力资源规划是以组织战略为依据，并将其转化为必要的人力资源政策和措施。任何一个公共组织战略目标的变动必然引发人力资源战略的变化，而人力资源战略又决定了人力资源规划的方针、重点和基本政策，影响了组织对人力资源数量、质量和结构的要求，所以人力资源规划是以合适的人才供给保证组织战略目标的实现。同时，人力资源规划是组织战略规划的一部分，是为达成组织战略目标而对人力资源进行预测基础上的调整、配置和补充，是组织人力资源战略的进一步延伸，即把组织战略和人力资源战略转化为可操作的政策和措施，在组织战略的制定和实施过程中发挥着不可或缺的关键作用。

2. 确保组织发展中人员的供需动态平衡

今天，环境变化的不确定性增强，公共部门本身的变革增速，组织战略和人力资源战略也随之调整，这自然导致人力资源的供需也处于不断变动之中，因此，人力资源规划在充分考虑环境变化的前提下，可以为组织寻求人力资源供给与需求的动态平衡。

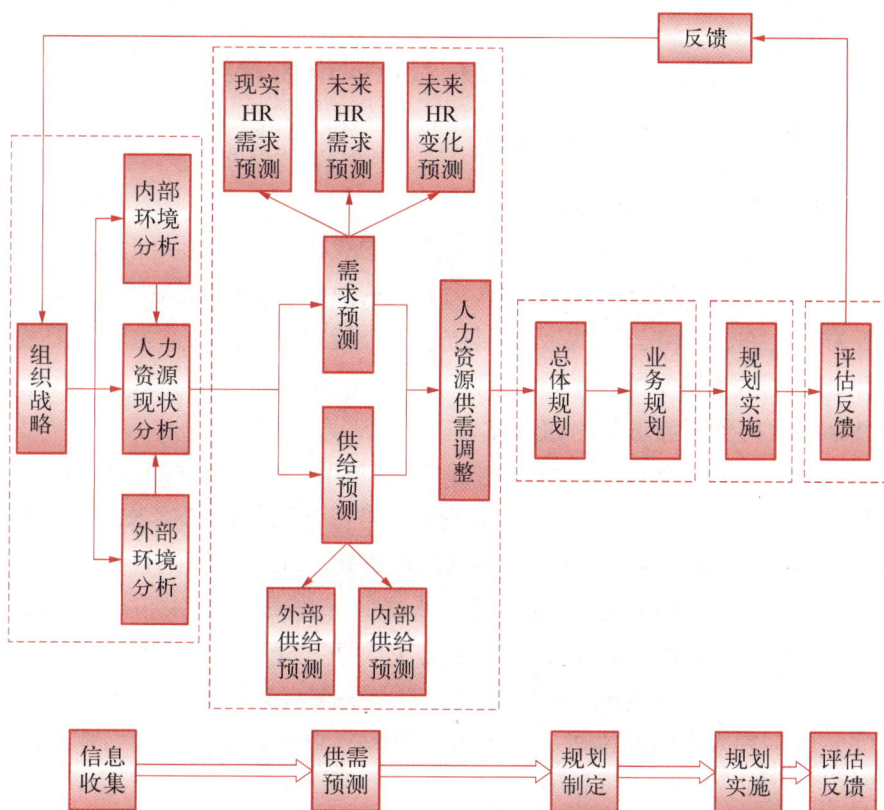

图 7-1　公共部门人力资源规划程序

3. 为其他各项职能活动提供依据

人力资源规划通过盘点组织人力资源现状，预测组织未来一定时空的人力资源需求，为招聘、晋升、职业生涯管理，乃至培训开发、绩效管理、薪酬管理等提供基本信息，它不仅是公共部门人力资源管理系统的一部分，而且决定着人力资源管理其他活动的方向。

4. 有利于组织合理控制人控成本

人力资源规划能够有效预测组织在不同时期的人力资源需求，并通过对现有人员结构的深入分析，以及外部劳动力市场供给情况的预测，帮助组织选择低成本的有效方式平衡人力资源供求矛盾，有计划地进行调整和优化，减少不必要的人工成本，把人工成本控制在合理范围之内。

5. 有助于兼顾组织利益和组织成员个人利益，调动人们的工作积极性

组织通过人力资源规划获取合适的人力资源，并为之配置合适的职位，进而通过一系列的培训开发规划、职业生涯规划等，充分挖掘组织成员的潜力，促进其绩效提升，为组织成员个人成长提供有效的支持与帮助，确保组织目标的实现。同时，组织成员可根据人力资源规划，将自己的职业规划与组织的发展相结合，有针对性地提升自己的胜任力，增强工作满意度。

7.2   公共部门人力资源供需预测

7.2.1   公共部门人力资源需求预测

1. 公共部门人力资源需求预测的含义

公共部门人力资源需求预测是指根据公共部门的战略目标、组织能力、工作任务等综合考虑相关因素，估计未来一个时期所需人力资源的数量、质量和结构的活动。该需求预测是人力资源规划中既重要又难度很大的基础环节，受制于组织内外各环境因素及人力资源现状。

2. 公共部门人力资源需求预测的步骤

（1）根据组织结构和职位设置等情况，确定编制和人员配置；（2）盘点现有人力资源状况，检查是否存在缺编、超编，审核组织成员是否符合职位资格要求；（3）讨论确定各部门现实的人力资源需求；（4）根据组织未来发展确定未来的组织结构设置；（5）根据组织未来发展确定各部门还需要增加的职务、人数，该结果即为未来的人力资源需求；（6）统计预测期内将要退休的人员；（7）根据历史数据，预测未来可能发生的晋升及离职情况；（8）汇总（6）（7）的统计预测结果，即为未来流失的人力资源趋势；（9）汇总（3）（5）（8）的现实人力资源需求、未来人力资源需求和未来流失人力资源，即为人力资源需求预测结果。

3. 公共部门人力资源需求预测的方法

由上可知，正因为影响预测的因素很多，所以不存在一种普遍有效的预测方法，预测时既可以使用复杂的程序和大量的历史数据，也可以使用简单的直接的逻辑推理，关键在于结果的有效性。预测方法可分为两大类：定性方法和定量方法。

（1）定性预测方法。主要有德尔菲法（Delphi Method）、访谈法、经验判断法等，其中使用较多的是德尔菲法。德尔菲法也称专家预测法，是指邀请某一领域的一些专家或有经验的管理人员对某一问题进行预测，并经过多次沟通协商最终达成一致意见。该方法在管理中的应用始于 20 世纪 40 年代末，由美国兰德公司（RAND）的"思想库"发展而来。

作为使用频率较高的主观判断法，德尔菲法与一般的主观判断方法相比，具有自己的特点。从优点看，一方面，它吸取和综合了众多专家预测的智慧，以克服个人预测可能出现的信息量小、判断不够准确的缺点；另一方面，它不采用集体讨论的方式。因为，若专家们面对面地进行集体讨论，会使一些人由于受身份、地位差别等因素的影响而不愿批评他人，乃至放弃自己的合理意见。故在德尔菲法中，使用一个中间人或协调员在专家之间收集、传递、归纳反馈信息。德尔菲法往往要经过几轮预测，使专家的意见渐渐趋向一致，有较高的预测准确性，对于那些缺乏资料的预测尤为实用。如上海一家大型集团公司曾同时采用此方法和定量分析方法预测某一时期的专门人才数，结果两种方法得到的结果十分相近。从难点看，主要在于如何提出简单明了的问题，如何将专家的意见归纳总结。为此，可以采用名义小组讨论法，即请专家或有经验的管理人员围在一张桌旁，每人根据现有的信息与资料，列出一张问题清单，"中间人"再将所有专家提出的问题一一列出，由各位专家予以归纳。从缺点看，就是比较耗费时间。

其主要步骤如下：① 明确预测目标。向专家提供有关情况和资料，征求专家意见及补充资料。② 提出预测问题。由专家对调查表所提问题进行独立评价并说明理由，然后由协调人员对专家意见进行统计。③ 修改预测。要求每位专家根据反馈的第二轮统计资料再次进行判断，并要求持异议的专家充分陈述理由。④ 再次预测。请专家再次提出意见及其根据，直至专家们的意见趋于一致。⑤ 公布预测结果。将专家们的预测结果加以整理和统计，形成分析报告，并以文字、图表等形式发布。

在使用德尔菲法时，需注意：① 被调查专家要有代表性，并有一定的数量，一般 20～30 人，且返回率不低于 60%，否则缺乏广泛性和权威性。② 给专家提供充分的信息使其能做出判断。③ 提高问题的质量，不要问那些与预测目的无关的问题；所提问题应是所有专家都能答复的问题，且应保证所有专家都能从同一角度去理解，避免造成误解。④ 在进行之前，首先应取得参加者的支持，确保他们能认真地进行每一次预测工作，以提高预测的准确性。同时也应向组织高层说明预测的意义和作用，取得决策层和其他高层管理者的支持。⑤ 只要求专家作粗略的数字估计，而不要求精确。

（2）定量预测方法。这也有多种方法，主要介绍如下几种：

① 成本分析法。该方法是从成本的角度进行预测，其公式如下：

$$NHR = TB/[(S + BN + W + O) \times (1 + a \cdot T)]$$

式中，NHR 为未来一段时间内需要的人力资源数量，TB 为未来一段时间内人力资源预算总额，S 为目前每人的平均工资，BN 为目前每人的平均奖金，W 为目前每人的平均福利，O 为目前每人的平均其他支出，a 为组织计划每年人力资源成本增加的平均百分数，T 为未来一定年限。

② 趋势分析法。该方法和成本分析法有相似之处，只是前者着眼于发展趋势分析，后者着眼于人力资源成本分析。其公式如下：

$$NHR = a \cdot [1 + (b - c) \cdot T]$$

式中，NHR 为未来一段时间内需要的人力资源数量；a 为目前已有的人力资源数量；b 为组织计划平均每年发展的百分比；c 为组织计划人力资源发展与组织发展的百分比差异，主要体现组织在未来发展中提高人力资源效率的水平；T 为未来一定年限。

③ 回归预测法。运用该方法预测，仍然是以组织某些因素与人力资源数量之间的关系为基础，但是通过数学中的回归原理建立回归方程进行预测的。

● 一元线性回归预测法。如果仅考虑公共部门某一因素对人力资源需求的影响，就可以采用一元线性回归进行预测。如当人力资源的历史数据呈较有规律的近似直线趋势分布时，可求得回归方程 $y = \alpha + \beta x$，其中因变量 y 为人力资源需求量；自变量 x 为公共部门提供的产品或服务数量；α 是需要根据公共部门过去的数据进行推算的未知系数，表示当 $x = 0$ 时 y 的数值，即长期趋势的基期水平；β 为趋势斜率，即 x 每变动一个单位时的增减量。α 和 β 的估算方法有多种，其中，根据最小二乘法计算的公式是：

$$\alpha = \frac{\sum y}{n} - \beta \frac{\sum x}{n}, \quad \beta = \frac{n(\sum xy) - (\sum x)(\sum y)}{n(\sum x^2) - (\sum x)^2}$$

运用此方法需满足一定的条件，即人力资源的增减趋势保持不变、内外环境保持不变，因而此方法虽较简单、实用，但有较大的局限性。

● 多元线性回归预测法。上述方法虽简单实用，但要求严格，而实际情况则要复杂得多，因为影响公共部门人力资源需求的因素远远不止一个，像职能、人员素质、管理技术手段的变化等都会对人力资源数量产生影响，因此如果考虑两个或两个以上因素对人力资源需求的影响，则必须使用多元线性回归预测法和多元非线性回归预测法。多元线性回归预测的基本公式可表达为 $y = \alpha_0 + \alpha_1 x_1 + \alpha_2 x_2 + \cdots + \alpha_i x_i$，其中，$y$ 为人力资源需求量，x_1，x_2，$\cdots$，x_i 为影响人力资源需求量的若干因素，α_0，α_1，α_2，$\cdots$，α_i 是根据过去的数据进行推算的未知系数。所以，找出和确定人力资源需求随各因素的变化趋势，就可推测出将来某确定年份的人力资源需求量。用文字叙述，其基本步骤如下：一是确定适当的与人力资源需求量有关的若干因素。这些因素应与组织的基本特征直接相关，而且它的变化必须与所需的人力资源需求量变化成比例。二是找出历史上这些因素与人力资源数量之间的关系。例如，医院中病人数量与护士数量的比例关系、学校中学生数量与教师数量的比例关系等。三是计算劳动生产率。四是确定劳动生产率的变化趋势，以及对趋势的调整方式。为此，必须收集该时期的具体产出和人力资源数量的数据，依此计算出平均每年生产率变化和组织因素的变化，这样就可预测下一年的变化。五是预测未来某一年的人力资源需求量。

显而易见，这种方法不以时间作为预测变量，能够考虑组织内外许多因素对人力资源需求的影响，预测结果相对准确，但该方法非常复杂。可问题还不仅如此，如果历史数据显示某些因素与人力资源需求量之间不是一种线性关系，那就得用多元非线性回归预测法。由于该方法计算难度大，因此在实际应用时，通常要利用一些数学方法将其转化成线性回归进行计算。

7.2.2　公共部门人力资源供给预测

公共部门人力资源供给预测是指估计未来一段时间内组织内部和外部供给的人力资源数量、质量和结构的活动，可分为人力资源内部供给预测和人力资源外部供给预测。影响供给预测的因素包括外部和内部两部分。外部因素又分为地区性因素和全国性因素。内部因素包括组织成员的数量、质量和结构等。

1. 公共部门人力资源内部供给预测

公共部门人力资源内部供给预测，应首先认真分析组织现有人力资源状况，如年龄、素质、工作经历、工作任期、培训项目等基本特征，以及发展潜力、可晋升性、职业目标等信息。其次，总结组织成员在组织内部的流动模式和流动率。流动模式主要有死亡、伤残、退休、离职、晋升、降职、平行职位流动等；流动率包括离职率、调动率和升迁率，可以年为期限。内部供给预测的方法也可分为定性方法和定量方法两种，前者如人员继承法，后者如马尔可夫转移矩阵法。

（1）人员继承法。又称人员接替法，是对现有人员的状况进行调查、评价后，列出未来可能的继任者。该方法为国内外许多组织所采用，而且被认为是一种把人力资源规划与组织战略目标有机结合起来的较为有效的方法。它同我国公共组织实施的后备干部选拔和培养计划有相似之处。该方法涉及的内容主要是对人员的总体评价，包括能力、绩效、潜力、可晋升性等。以管理人员为例，其大体做法为：① 制定一份组织各层次部门管理人员职位的继任计划。② 每一管理职位确定 1~3 名继任候选人，继任候选人通常从下一级现职管理人员中选。③ 每年对现职人员和继任候选人做一次评估，以评定现职人员的实际表现和作为继任候选人的晋升潜力，并由此排列出候选人的候选次序。④ 当管理职位出现空缺时，由具备晋升条件的继任候选人替补。

图 7-2 为一幅典型的继承图。字母和数字是对其绩效和晋升可能性的评估。A 表示可以提拔，B 表示还需要培训，C 表示现任职位不合适。对其绩效的评估在此分为四个等级：1 表示绩效突出，2 表示优秀，3 表示一般，4 表示较差。通过这样一张图（还可以延续下去），既可以使组织对其内部管理人员的情况非常明了，又能体现出组织对管理人员职业生涯发展的关注。如果出现人员不能适应现职或缺乏后备人员的情况，组织就可尽早地做好准备工作，这对某些职位特别有价值。

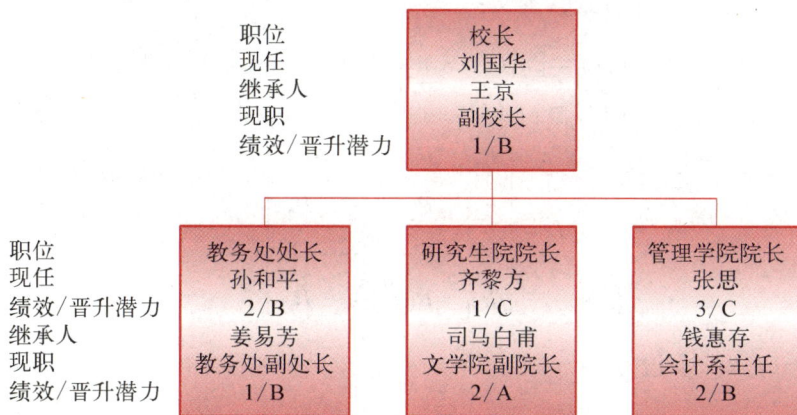

职位	校长
现任	刘国华
继承人	王京
现职	副校长
绩效/晋升潜力	1/B

职位	教务处处长	研究生院院长	管理学院院长
现任	孙和平	齐黎方	张思
绩效/晋升潜力	2/B	1/C	3/C
继承人	姜易芳	司马白甫	钱惠存
现职	教务处副处长	文学院副院长	会计系主任
绩效/晋升潜力	1/B	2/A	2/B

图 7-2　人员继承图

在实际操作中，候选人可为多人，也可以暂时空缺。职位候选人也不一定来自本单位或本部门，其工作业绩也不一定是最佳的，但他最具备胜任该工作的能力或潜力。当然，还可采用表 7-2 所示的表格来表示人员继承情况。

表 7-2   人员继承表

职位：校长				
姓　名	晋升可能性顺序	现　职	绩　效	晋升潜力
王　京	（1）	副校长（分管教学）	1	B
孙和平	（2）	教务处处长	2	B
齐黎方	（3）	研究生院院长	1	C
张　思	（4）	管理学院院长	3	C

（2）马尔可夫转移矩阵法。该方法最早在荷兰军队中使用，是用定量方法预测具有相等间隔的时刻点上各类人员的数量，基本思想是根据过去人员的转移模式和转移率推测未来的人员数量分布。这是一种动态的预测技术，其前提条件是：假定各类人员都是严格地由低向高移动，不存在越级现象，而且转移率是一个固定的比例。这样，一旦各类的人数、转移率和补充人数给定，未来人员数量分布就可得出。

该方法可用以下公式来描述：

$$n_i(t) = \sum_{j=1}^{k} n_j(t-1) \cdot P_{ij} + r_i(t) \quad (i,\ j = 1,\ 2,\ \cdots,\ k) \tag{7-1}$$

式中：$n_i(t)$ 为时刻 t 时 i 类的人数，P_{ij} 为从 j 类向 i 类转移的人员转移率，$r_i(t)$ 为在时间 $(t-1,\ t)$ 内 i 类人员的补充数量，k 为工作分类数。

若 i 类中存在人员外流，则 $\sum_{j=1}^{k} P_{ij} < 1$。

将式（7-1）写成矩阵方式，定义：

$$N(t) = [n_1(t),\ n_2(t),\ \cdots,\ n_k(t)]$$
$$K(t) = [r_1(t),\ r_2(t),\ \cdots,\ r_k(t)]$$
$$P = \begin{bmatrix} P_{11} & P_{12} & \cdots & P_{1k} \\ P_{21} & P_{22} & \cdots & P_{2k} \\ \vdots & \vdots & \ddots & \vdots \\ P_{k1} & P_{k2} & \cdots & P_{kk} \end{bmatrix}$$

则式（7-1）可改写为：

$$N(t) = N(t-1) \cdot P + K(t) \quad t = 1,\ 2,\ \cdots \tag{7-2}$$

可以说，马尔可夫转移矩阵法是一种基本的定量方法，时间序列法、线性规划法、计算机仿真技术等都是建立在该法基础之上的。

2. 公共部门人力资源外部供给预测

当组织内部供给不能满足人力资源需求时，就必须到组织外部寻找可以供给的资源，所以从影响的环境因素角度分析，这实际上是一种人力资源外部宏观环境分析，这些因素主要包括以下 15 点，其中前 10 点是地区性因素，后 5 点是全国性因素。（1）当地人口总量与人力资源率。它决定了当地可供给的人力资源总量。（2）当地人力资源的总体构成。它决定了在年龄、性别、教育、技能、经验等层次与类别上可供给的人力资源的数量与质量。（3）当地的住房、交通、生活等条件。（4）当地的科技教育文化水平。（5）当地同一行业劳动力的平均价格、与外地的相对价格等。（6）当地劳动力的就业水平、择业心态、工作价值观等。（7）当地对外地劳动力的吸引力。（8）外来劳动力的数量与质量。（9）当地同行业对劳动力的需求。（10）组织本身的吸引力。（11）全国劳动力的变化趋势。（12）全国对各类人员的需求与供给（包括失业状况）。（13）各类学校的毕业生规模。（14）国家教育制度变革而产生的影响。（15）国家劳动就业法律法规和政策等。尽管影响因素很多，但公共部门外部人力资源的供给主要源自各类学校毕业生、转业军人、其他部门流出人员。因此，对一个具体的公共组织内部的职位而言，在一定的时间和空间，上述某些影响因素就可以视为常量，从而大大降低工作量。

公共部门人力资源外部供给的预测方法主要有：一是查阅相关法律法规、政策，以及有关资料。二是向有关部门、学校、人才市场等咨询。三是自己或委托有关机构进行相关的人力资源调查，如会议调查、抽样调查等。

公共部门人力资源规划的预测方法多种多样，各有优劣，需要配合使用，其比较见表7-3。

表 7-3　人力资源规划预测方法的比较

规划方法	类　型	预　测　精　度			所需数据	预测成本
		1~5 年	5~10 年	10 年以上		
经验预测法	定性分析	良	差	差	较少	低
微观集成法	定性分析	良	中	差	较少	低
工作研究法	定性分析	良	良、中	差	较少	中
德尔菲法	定性分析	中	良、中	中、良	较少	中
回归分析法	定量分析	良、优	良、中	中、良	较多类型	中
比率分析法	定量分析	良	中	差	较少	中等
人力资源盘点法	定性分析	良	中	中	较少	低
人员继承法	定量分析	优、良	良	中	较多	较高
马尔可夫模型	定量分析	优、良	中	良	较多	较高
计算机模型	定量分析	良	中	中	较多	较高

资料来源：彭剑锋，《战略人力资源管理》，中国人民大学出版社 2014 年版，第 123 页。

7.3　公共部门人力资源供需调节

在公共部门人力资源供需预测的基础上，需要实现人力资源的供需平衡，这是公共部门人力资源规划的目的所在。比较人力资源的需求和供给预测，一般会出现三种结果：一是供需平衡，即在人员数量、素质和结构上都达到平衡；二是供给与需求在数量上平衡，但结构上不平衡；三是供给与需求在数量上不平衡，包括供给大于需求和供给小于需求两种情况，即人力资源过剩和人力资源短缺。第一种情况毕竟很少出现，能出现第二种情况，即只有数量上的平衡，也是人力资源规划的一个追求目标，但还需要调节人力资源结构；对第三种情况，则需要进一步的规划，尽可能在未来时间点上实现供需平衡。当然，公共部门人力资源供需之间常见的情况是，某些部门或职位供给大于需求，而另外一些部门或职位则供给小于需求，特别是普通职位往往供给大于需求，而关键职位则相反。而且，所谓的供需平衡也是一种动态平衡，因此应综合考虑使用如下政策和措施。

1. 人力资源结构不平衡的调节

公共部门人力资源结构不平衡是指组织内某些职位的人员过剩，而另一些职位的人员短缺，对此可采取如下政策和措施：（1）内部晋升、流动。即按空缺职位的要求从过剩人员中晋升、调动符合条件的人员任职，也就是把剩余人员安置到需要人员的职位上去。当然，这必须符合空缺职位的任职资格。（2）招聘与裁员并举。即既要从组织外部招聘急需人员，又要裁减内部冗员。（3）培训。即有针对性地培训供过于求的人员，然后将其补充到空缺职位。

2. 人力资源过剩的调节

人力资源供给大于需求会导致人力资源过剩，对此可采取如下政策和措施：（1）裁员或辞退。这虽然直接有效，但这会给不愿意放弃目前工作的组织成员带来巨大的痛苦和一些现实性困难，甚至会延伸出一些社会问题。（2）鼓励组织成员提前退休。即采取一些优惠补偿措施，鼓励那些接近退休年龄的组织成员提前退休。（3）冻结或限制招聘。即停止或部分停止对外招聘，通过自然减员减少供给。（4）减少工作时间，降低工资。（5）强制休假。即无薪假期。（6）培训。这是立足未来发展，有针对性地储备人才。（7）扩大组织规模或开拓新的职位，增加人力资源需求。

3. 人力资源短缺的调节

人力资源供给小于需求会导致人力资源短缺，对此可采取如下政策和措施：（1）外部招聘。即制定招聘政策措施，从组织外部招聘。（2）内部晋升。（3）平行职位调动。即在职位级别、薪酬不变的情况下，到人员短缺的职位工作。（4）临时雇佣。这包括长期的、短期的、全职的、兼职的等。（5）返聘退休人员。这也包括长期的、短期的等。（6）延长工作时间或增加工作负荷。即延长人员短缺职位现有组织成员的工作时间或增加工作负荷量。（7）借调。即把其他职位上的组织成员调到人员短缺的职位上工作。（8）外包。即将部分非核心业务外包给专业组织，这相对于减少人力资源需求。(9)提高工作效率。即通过培训、重新设计工作程序、改进工作流程、调整工作方式等，提高工作效率，这等于增加了供给。(10)降低流失率。即采取各种措施，减少人们的离职流失。

由上可见，组织的人力资源管理信息系统在其中起到重要的基础性作用。人力资源管理信息系统是组织管理信息系统（MIS）的一部分，也可以独立运行。它是组织进行有关人及人的工作方面的信息收集、保存、分析和报告的综合性的过程和方法。人力资源管理信息系统不仅包括组织内部人力资源信息，也应包括组织外部相关的人力资源信息，不仅为组织战略制定、人事决策提供数据支持，还应为人力资源管理各职能活动提供信息支撑。

7.4　我国公共部门人力资源规划

我国公共部门人力资源规划体系包括四个层面或部分，从宏观到微观依次是：一是国家中长期人才发展规划。二是国家专门人才规划。这可根据细化的程度分为两个层面或若干层面：(1)针对后备干部、科技人才、卫生计生人才、社会工作专业人才，以及女性高层次人才、少数民族人才等的规划，如《专业技术人才队伍建设中长期规划（2010—2020年）》《社会工作专业人才队伍建设中长期规划（2011—2020年）》；(2)针对具体领域、学科、专业等的人才规划，如《国家中长期新材料人才发展规划》《信息产业人才队伍建设中长期规划（2010—2020年）》《会计行业中长期人才发展规划（2010—2020年）》。三是地方政府的人才规划和专门（业）人才规划。其逻辑与二类似，但更加细化，如《上海市中长期人才发展规划纲要（2010—2020年）》《成都市成华区"十三五"人才发展规划》，以及《青岛市文化人才培养和引进计划》《宁波市江北区"十三五"教师专业发展规划》。四是事业单位的人才规划和专门（业）人才规划。如每个事业单位可根据自己的特点和需要进行规划，并直至细化到岗位，如《湖南省溆浦县职业中等专业学校教师队伍建设规划》等。

7.4.1　我国中长期人才发展规划与后备干部规划

1. 我国中长期人才发展规划

根据党的十七大提出的更好实施人才强国战略的总体要求，着眼于为实现全面建设小康社会奋斗目标提供人才保证，中共中央、国务院印发的《国家中长期人才发展规划纲要（2010—2020年）》指出，我国人才发展的总体水平同世界先进国家相比仍存在较大差距，与我国经济社会发展需要相比还有许多不适应的地方，主要是：高层次创新型人才匮乏，人才创新创业能力不强，人才结构和布局不尽合理，人才发展体制机制障碍尚未消除，人才资源开发投入不足，等等。因此，未来十几年，是我国人才事业发展的重要战略机遇期，应积极应对日趋激烈的国际人才竞争，主动适应我国经济社会发展需要，坚定不移地走人才强国之路，科学规划，深化改革，重点突破，整体推进，不断开创人才辈出、人尽其才的新局面。为了破除束缚人才发展的思想观念和体制机制障碍，解放和增强人才活力，形成具有国际竞争力的人才制度优势，聚天下英才而用之，2016 年 3 月，中共中央印发了《关于深化人才发展体制机制改革的意见》，从管理体制、工作机制和组织领导等方面提出改革措施。另外，党的十八大以来，党和国家领导人对人才工作做出了一系列重要指示，主要包括：一是树立浓厚而强烈的人才意识。强调了人才是党执政兴国的关键资源，指出了人才竞争是综合国力竞争的核心。二是努力建设规模宏大的高素质人才队伍。强调了"高端引领、整体推进"的工作方针。三是择天下英才而用之。强调了要广开进贤之路、广纳天下英才，敞开大门招四方之才。四是推进体制机制改革和政策创新。强调了要着力破除束缚人才发展的思想观念，推进体制机制改革和政策创新，开创人人皆可成才、人人尽展其才的生动局面。

（1）指导方针、战略目标和总体部署。

① 指导方针：服务发展、人才优先、以用为本、创新机制、高端引领与整体开发。

② 战略目标：培养和造就规模宏大、结构优化、布局合理、素质优良的人才队伍，确立国家人才竞争比较优势，进入世界人才强国行列，为在 21 世纪中叶基本实现社会主义现代化奠定人才基础。要实现人才资源总量稳步增长，队伍规模不断壮大；人才素质大幅度提高，结构进一步优化；人才竞争比较优势明显增强，竞争力不断提升；人才使用效能明显提高。到 2020 年，人才资源总量达到 18 025 万人，主要劳动年龄人口受过高等教育的比例达到 28%，人力资本投资占国内生产总值达到 15%，人才贡献率达到 35%（见表7-4）。

表7-4　国家人才发展主要指标

指　　标	单位	2008 年	2015 年	2020 年
人才资源总量	万人	11 385	15 625	18 025
每万劳动力中研发人员	人年/万人	24.8	33	43
高技能人才占技能劳动者比例	%	24.4	27	28
主要劳动年龄人口受过高等教育的比例	%	9.5	15	20
人力资本投资占国内生产总值比例	%	10.75	13	15
人才贡献率	%	18.9	32	35

注：人才贡献率数据为区间年均值，其中 2008 年数据为 1978—2008 年的平均值，2015 年数据为 2008—2015 年的平均值，2020 年数据为 2008—2020 年的平均值。

③ 总体部署：实行人才投资优先，健全政府、社会、用人单位和个人多元人才投入机制，加大对人才发展的投入，提高人才投资效益；加强人才资源能力建设，创新人才培养模式，注重思想道德建设，突出创新精神和创新能力培养，大幅度提升各类人才的整体素质；推动人才结构战略性调整，充分发挥市场配置人才资源的基础性作用，改善宏观调

控，促进人才结构与经济社会发展相协调；造就宏大的高素质人才队伍，突出培养创新型科技人才，重视培养领军人才和复合型人才，大力开发经济社会发展重点领域急需、紧缺专门人才，统筹抓好党政人才、企业经营管理人才、专业技术人才、高技能人才、农村实用人才与社会工作人才等人才队伍建设，培养造就数以亿计的各类人才、数以千万计的专门人才和一大批拔尖创新人才；改革人才发展体制，完善人才管理体制，创新人才培养开发、评价发现、选拔任用、流动配置、激励保障机制，营造充满活力、富有效率、更加开放的人才制度环境；大力吸引海外高层次人才和急需紧缺专门人才，坚持自主培养开发与引进海外人才并举，积极利用国（境）外教育培训资源培养人才；加快人才工作法制建设，建立健全人才法律法规，坚持依法管理，保护人才合法权益；加强和改进党对人才工作的领导，完善党管人才格局，创新党管人才方式方法，为人才发展提供坚强的组织保证。

推进人才发展，要统筹兼顾、分步实施。到 2020 年，全面落实各项任务，确保人才发展战略目标的实现。

（2）主要任务。

① 突出培养造就创新型科技人才。

② 大力开发经济社会发展重点领域急需紧缺专门人才。

③ 统筹推进各类人才队伍建设。包括党政人才队伍、企业经营管理人才队伍、专业技术人才队伍、高技能人才队伍、农村实用人才队伍、社会工作人才队伍。

（3）体制机制创新。

这包括改进完善人才工作管理体制（包括完善党管人才的领导体制、改进人才管理方式和加强人才工作法制建设）和创新人才工作机制（包括人才培养开发机制、人才评价发现机制、人才选拔任用机制、人才流动配置机制和人才激励保障机制）。通过如下改革，到 2020 年，在人才发展体制机制的重要领域和关键环节上取得突破性进展。

① 推进人才管理体制改革。这包括转变政府人才管理职能，保障和落实用人主体自主权，健全市场化、社会化的人才管理服务体系和加强人才管理法制建设。

② 改进人才培养支持机制。这包括创新人才教育培养模式，改进战略科学家和创新型科技人才培养支持方式，建立基础研究人才培养长期稳定支持机制，完善符合人才创新规律的科研经费管理办法，优化企业家成长环境，建立产教融合、校企合作的技术技能人才培养模式，促进青年优秀人才脱颖而出。

③ 创新人才评价机制。这包括突出品德、能力和业绩评价，改进人才评价考核方式，以及改革职称制度和职业资格制度。

④ 健全人才顺畅流动机制。这包括破除人才流动障碍，畅通党政机关、企事业单位、社会各方面人才流动渠道，以及促进人才向艰苦边远地区和基层一线流动。

⑤ 强化人才创新创业激励机制。这包括加强创新成果知识产权保护、加大对创新人才激励力度、鼓励和支持人才创新创业。

⑥ 构建具有国际竞争力的引才用才机制。这包括完善海外人才引进方式、健全工作

和服务平台、扩大人才对外交流。

⑦ 建立人才优先发展保障机制。这包括促进人才发展与经济社会发展深度融合与建立多元投入机制。

⑧ 加强对人才工作的领导。这包括完善党管人才工作格局、实行人才工作目标责任考核、坚持对人才的团结教育引导服务。

（4）重大政策。

这包括实施促进人才投资优先保证的财税金融政策、产学研合作培养创新人才政策、引导人才向农村基层和艰苦边远地区流动政策、人才创业扶持政策、有利于科技人员潜心研究和创新政策、更加开放的人才政策、促进人才发展的公共服务政策、知识产权保护政策，实施推进党政人才、企业经营管理人才、专业技术人才合理流动政策，实施鼓励非公有制经济组织、新社会组织人才发展政策。

（5）重大人才工程。

重大人才工程的名称和主要目标见表 7-5。

表 7-5   重大人才工程

工 程 名 称	主 要 目 标
创新人才推进计划	设立 100 个科学家工作室，每年重点支持和培养一批具有发展潜力的中青年科技创新领军人才，每年重点扶持 1 000 名科技创新创业人才，建设若干重点领域创新团队，建设 300 个创新人才培养示范基地
青年英才开发计划	每年重点培养扶持一批青年拔尖人才；建设一批国家青年英才培养基地，每年选拔一批拔尖大学生进行专门培养；每年从应届高中、大学毕业生中筛选若干优秀人才送到国外一流大学深造，定向跟踪培养管理人才
企业经营管理人才素质提升工程	到 2020 年，培养一批企业家、1 万名企业经营管理人才
高素质教育人才培养工程	每年重点培养和支持 2 万名教育教学骨干、"双师型"教师、学术带头人和校长
文化名家工程	每年重点扶持、资助一批哲学社会科学、新闻出版、广播影视、文化艺术、文物保护名家承担重大课题、重点项目、重要演出，开展创作研究、展演交流、出版专著等活动。到 2020 年，由国家资助的宣传思想文化领域文化名家达到 2 000 名
全民健康卫生人才保障工程	到 2020 年，培养一批医学杰出骨干人才，支持培养 5 万名住院医师，培训 30 万名全科医师
海外高层次人才引进计划	中央层面实施"千人计划"，建设一批海外高层次人才创新创业基地，用 5~10 年时间引进 2 000 名左右海外高层次人才回国（来华）创新创业
专业技术人才知识更新工程	每年培训 100 万名高层次、急需紧缺和骨干专业技术人才，到 2020 年，累计培训 1 000 万名左右。建设一批国家级继续教育基地
国家高技能人才振兴计划	到 2020 年，在全国建成一批技能大师工作室、1 200 个高技能人才培训基地，培养 100 万名高级技师
现代农业人才支撑计划	到 2020 年，选拔一批农业科研杰出人才，给予科研专项经费支持；支持 1 万名有突出贡献的农业技术推广人才，开展技术交流、学习研修、观摩展示等活动；选拔 3 万名农业产业化龙头企业负责人和专业合作组织负责人、10 万名生产能手和农村经纪人等优秀生产经营人才，给予重点扶持

（续表）

工 程 名 称	主 要 目 标
边远贫困地区、边疆民族地区和革命老区人才支持计划	每年引导 10 万名优秀教师、医生、科技人员、社会工作者、文化工作者到边远贫困地区、边疆民族地区和革命老区工作或提供服务。每年重点扶持培养 1 万名边远贫困地区、边疆民族地区和革命老区急需、紧缺人才
高校毕业生基层培养计划	实施一村一名大学生计划，用 5 年时间，先期选派 10 万名高校毕业生到村任职，到 2020 年，实现一村一名大学生目标。统筹各类大学生到基层服务创业计划

2. 我国党政领导班子后备干部队伍建设规划

后备干部（人才）是我国干部队伍中的预备干部，主要是着眼于未来一定时期内可能出现的领导职位空缺而预先规划考虑的人事安排。建立人才储备计划，及时补充新生力量，建立新型人才梯队，是保证组织人才不断层的有效人力资源管理模式，又被称为"人才蓄水池"。中国共产党历来高度重视接班人问题，改革开放以来，后备干部（人才）队伍建设规划又成为干部人事制度的重要组成部分，特别是 2000 年，中组部印发了《党政领导班子后备干部工作暂行规定》，2003 年又印发了《党政领导班子后备干部工作规定》；2009 年中共中央制定了《2009—2020 年全国党政领导班子后备干部队伍建设规划》，中组部随后印发了《关于加强培养选拔年轻干部工作的意见》。2018 年 6 月，中央政治局召开会议审议《关于适应新时代要求大力发现培养选拔优秀年轻干部的意见》。

所谓后备干部，按照《党政领导班子后备干部工作规定》，应当具备《党政领导干部选拔任用工作条例》第七至十条规定的党政领导干部的基本条件，应当具备以下资格：（1）正职后备干部，一般应当是同级副职。特别优秀、发展潜力大的下一级正职，也可以列为上一级正职的后备干部。（2）副职后备干部，一般应当是下一级正职。特别优秀、发展潜力大的下一级副职，也可以列为上一级副职的后备干部。（3）一般应当具有大学专科以上文化程度，其中地厅级以上后备干部一般应当具有大学本科以上文化程度。（4）有基层领导工作经历。（5）身体健康。后备干部的数量一般按照领导班子职数正职 1∶2 和副职 1∶1 的比例确定。

后备干部队伍应当形成合理结构：（1）省部级后备干部一般应当以 50 岁以下的干部为主体；45 岁以下的后备干部，中央和国家机关各部门一般要有 1~2 名，各省（自治区、直辖市）一般要有 5 名以上。其他各级后备干部要按照中央关于党政领导班子建设的有关要求，保持合理的年龄结构。（2）后备干部队伍中，条件比较成熟、近期可提拔使用的人选，一般不少于同级后备干部总数的 1/3。（3）后备干部队伍中女干部的比例，省（自治区、直辖市）、市（地、州、盟）应当不少于 15%，县（市、区、旗）应当不少于 20%。党政机关各工作部门领导班子后备干部队伍中，也要有一定数量的女干部。需要配备少数民族干部的党政领导班子，其后备干部中应当有少数民族干部；民族区域自治地方后备干部队伍中少数民族干部的数量，根据领导班子建设的需要确定。根据工作需要，后备干部队伍中应当有适当数量的非中共党员干部。（4）后备干部队伍中应当有一定数量的企业、高等院校、科研院所等方面的干部，形成合理的专业和知识结构。

《2009—2020年全国党政领导班子后备干部队伍建设规划》指出，全国培养选拔优秀年轻干部工作与新形势、新任务的要求相比，还存在着较大差距。《关于加强培养选拔年轻干部工作的意见》指出，与新形势、新任务要求相比，年轻干部队伍状况和培养选拔年轻干部工作还存在较大差距：一是优秀年轻干部的数量和素质还不能满足领导班子建设需要，特别是能够担任党政正职的优秀年轻干部数量偏少。二是部分年轻干部的品行和能力素质有缺陷，理想信念不够坚定，宗旨意识不强，欠缺应急处变和处理复杂矛盾的能力。三是年轻干部队伍结构亟须优化，相当一部分年轻干部缺乏基层和艰苦复杂环境的历练，工作经历单一。四是一些地方和部门对培养选拔年轻干部工作认识不到位，满足于已经取得的成绩，工作抓得不够紧。五是年轻干部的培养锻炼、选拔任用和管理监督机制还不够健全，有利于年轻干部健康成长的体制机制环境还没有完全形成。当前，世情、国情、党情和干部队伍状况都在发生深刻变化，党中央对培养选拔年轻干部工作提出了新要求，进一步做好新形势下培养选拔年轻干部工作，任务十分重要而紧迫。因此，要加强理论培训和党性锻炼，努力提高年轻干部的思想政治素质；强化实践锻炼，切实提高年轻干部的能力素质；坚持标准，树立正确的用人导向，进一步形成优秀年轻干部脱颖而出的选拔机制；从严管理监督，保证年轻干部健康成长；加强组织领导，保证培养选拔年轻干部工作的各项制度和措施落到实处。

另外，2017年4月，中共中央、国务院印发了《中长期青年发展规划（2016—2025年）》。该规划所指的青年，年龄范围是14~35周岁（规划中涉及婚姻、就业、未成年人保护等领域时，年龄界限依据有关法律法规的规定）。

7.4.2 我国"十三五"科技人才发展规划（节选）

1. 规划目标

到2020年，适应实施创新驱动发展战略的要求，初步形成规模宏大、素质优良、结构合理、富有活力的科技人才队伍，科技人才培养体系和管理制度更加完善，在重点领域形成科技人才国际竞争优势，为进入创新型国家行列、全面建成小康社会的目标提供有力支撑。具体目标有：（1）科技人才队伍规模稳步扩大；（2）科技人才结构显著优化；（3）科技人才资源开发投入力度明显增强；（4）科技人才的国际竞争力显著提高。

2. 总体部署

（1）理顺科技人才队伍建设和经济社会发展的关系，形成创新型科技人才优先发展的战略布局，突出"高精尖缺"导向，加快科技人才队伍结构的战略性调整和优化；（2）改革和完善人才发展机制，深入实施重大人才工程，加快优秀科技人才的培养和引进，重视对引进人才的使用、后续支持和跟踪服务；（3）清除人才管理中的体制机制障碍，充分给予科技人才科研自主权，尊重科技发展和科技人才成长规律，对从事不同创新活动的科技人才实行分类评价和有效激励，充分激发科技人才特别是中青年科技人才的创新活力；（4）按照市场规律促进科技人才良性有序流动，优化科技人力资本配置，探索新型科技人才与智力流动服务模式；（5）逐步形成有利于创新型科技人才成长和发挥作用的科研生态环境，依托大众创业、万众创新，积极推动创新成果有效转化，为创新型国家建设提供强大的科技人才队伍保证。

3. 重点任务

（1）加快科技人才队伍结构的战略性调整。（2）大力培养优秀创新人才。（3）重点引进高层次创新人才。（4）营造激励科技人才创新创业的良好生态。

4. 体制机制创新

（1）改进科技人才选拔使用机制。（2）健全科技人才评价激励机制。（3）完善科技人才流动配置机制。（4）创新科技人才服务保障机制。

7.4.3 我国地方人才发展规划和事业单位人才规划

1. 杭州市人才发展"十三五"规划（节选）

（1）人才发展的主要目标。见表 7-6。

表 7-6 杭州市"十三五"期间人才发展的主要目标

指标分类	指 标	2015 年基数	2020 年
人才总量	人才总量（万人）	204.5	265
	党政人才（万人）	8.7	8.7
	企业经营管理人才（万人）	74.6	96
	专业技术人才（万人）	74.8	95
	高技能人才（万人）	30.8	48
	农村实用人才（万人）	14	15
	社会工作人才（万人）	1.6	2.5
人才素质	劳动年龄人口受过高等教育的比例（%）	30	35
	每万名劳动力中研发人员（人年）	108.3	135
	高技能人才占技能劳动者比例（%）	25.93	30
领军人才	中国科学院、中国工程院院士（含柔性）（人）	34	60
	市级以上领军型创新创业团队（个）	10	40
	西湖"双子星"杰出人才（人）	—	30

（2）发展重点。打造两核六极多点的人才集群发展示范城市，充分发挥市场对人才资源的配置作用，引进培育国内外高层次人才，大力开发经济社会发展重点领域紧缺急需人才，稳步推进城乡区域人才开发一体化，加快推进杭州人才国际化进程。

（3）加强人才平台建设。重点打造战略试验平台、产业园区平台、高校科研院所平台、赛会聚才平台、众创空间平台这"五大人才平台"。

（4）实施"六大计划、六大工程"。重点实施六大综合性人才计划和六大专项性人才工程。

2. 北京市社会科学院"十三五"人才发展规划（节选）

（1）总体思路。围绕院"决策智囊、学术高地、社会智库"的定位，以学科建设为依托，以智库建设为重点，以首都经济社会发展中的重大理论和现实问题为主攻方向，以完善科研组织形式和管理方式为抓手，以人才培养为支撑，以改革创新为动力，全面推动我院各项工作实现新的历史性跨越。

（2）发展目标。立足北京，为北京市乃至全国改革发展提供一流决策咨询服务，努力把我院建成马克思主义理论的坚强阵地、市委市政府的重要思想库与智囊团、首都哲学社会科学研究的重要殿堂，面向现代化、面向世界、面向未来的首都新型高端智库。

（3）人事人才工作新格局。参照《国家高端智库建设试点工作方案》与《国家高端智库管理办法（试行）》，积极推动我院人事人才工作，有条件的领域要与国家高端智库建设的要求逐步接轨。

① 创新人才选用和流动机制。逐步形成开放、竞争、流动的人才新格局，参照《国家高端智库建设试点工作方案》，推动中国特色"旋转门"制度的建立，充分发挥首席专家的作用，探索"小机构大网络"的工作局面，广泛吸纳各类人才到我院进行课题研究、学术访问，以我院两级科研机构为平台，逐步形成专兼职相结合的人才网络结构。

② 实施全员能力提升计划。健全人才培养机制，推动全员能力素质提升，加强岗位锻炼交流，加大社科名家培养力度。

③ 创新人才引进机制。从以引人为主，逐步向引人与引智相结合的人才引进模式转变，在人才引进上优先支持重点智库建设领域。

④ 完善人才使用机制。深化人事制度改革，创新各类人才使用机制，努力形成人岗相宜、以用为主、人尽其才、用当其时的良好局面。

⑤ 改进人才评价机制。以品德、能力、业绩、贡献等为主要评价内容，进一步完善杰出人才、学术带头人、青年英才和行政管理人才的选拔推荐、动态管理、跟踪评价及退出机制。

7.4.4　我国公共部门人力资源规划的问题与改进

不论是从中宏观层面还是从微观层面，我国公共部门人力资源规划与过去相比已有明显的进步，但仍存在诸多问题，需要重点克服。

1. 主要问题

（1）与组织战略目标脱节，规划的前瞻性匮乏。公共部门的战略目标是满足人们对公共产品和公共服务多元化的需求，实现经济社会更好更快的发展，该表述表达了公共部门的"公共"属性，但也因过于宏观而使其战略目标有失精准，再加上领导人的任期制和考核的 GDP 导向，人力资源规划并不受重视，即使有也多是随机地调动、补充和辞退，缺乏与公共部门战略目标相匹配的前瞻性。

（2）忽视职位分析，预测存在缺陷。一方面，我国公共部门本就普遍缺乏科学和定期的职位分析，而各部门的职位分析又常有赖于上级部门的督促和干预，以及易受其他因素的干扰，严重影响了职位分析的科学性，导致人力资源规划需求和供给预测的不扎实、不精细，存在失真的风险。另一方面，需求与供给预测由于受上级部门、自身条件及社会压力等多重非规范性因素的影响，造成其结果也存在一定的误差。

（3）成本意识缺乏，规划效率不高。公共部门的高成本、低效率本一直为人们所诟病，而人力资源规划中的片面追求高学历，如人才高消费、人才形象工程等，加大了成本。同时，我国又缺乏对人力资源规划的财政预算约束机制，也是造成成本高而效率不高的重要原因。

（4）外部干扰较大，政策导向明显。公共部门人力资源规划受突发性因素、政策性因素、经济性因素、人口环境因素等外部环境的影响较大，政策导向明显，严重干扰了规划的现实性及其基本逻辑。

（5）配套制度滞后，规划的系统性有限。我国公共部门的人力资源规划大多着眼于人员的增减，忽视了规划应有的整体性，难以对人力资源管理其他活动发挥应有的导引性和基础性作用；反过来，人力资源管理其他活动，如招录/招聘、晋升、降职、绩效管理、工资福利等制度建设的不足，又影响到规划的整体性和合理性。

（6）规划与实施评估缺乏，规划的有效性不足。人力资源规划的效果如何，是否达到了目的，如何进一步修改和完善，等等，都依赖于对规划及实施效果的评估。而对规划及其实施效果评估的轻视，几乎是我国公共部门的通病，从而严重影响了规划的科学性和有效性。

（7）指导缺位，规划的规范性较低。我国公共部门人力资源规划的基础研究与实际执行尚处于逐步完善阶段，从而造成规划缺乏科学的指导，这也许会加快各部门的规划创新，但对招录/招聘、晋升、培训、工资、福利等具体计划难以施加规范指引，可能最终导致规划的失败。

2．改进方向

（1）完善战略规划。这主要在于人力资源规划必须围绕组织战略与人力资源战略，并将其转化为一定时间内的人力资源政策和措施，为战略目标的实现储备、提供数量、质量和结构适宜的人才，重在从战略高度和视野完善人力资源规划。

（2）规范规划流程。这主要是指要严格按照人力资源规划的流程及其要求，以及各部门之间的分工和协作实施规划，重视规划的严肃性和规范性；同时要加强职位分类、职位分析，提高需求与供给预测技术方法的科学性与准确性。

（3）严格成本控制。这当然是指以确保规划所需财政预算为前提，为此，一要建立健全规划预算监控制度，严格按照预算计划实施规划；二要禁止片面追求高学历和其他形式的人才形象工程，引导全社会健康合理的人力资本投资与人才使用导向。

（4）优化配套制度。这主要是指人力资源规划的改进需要纳入公共部门人力资源管理系统的整体性优化，并着重加强相关配套制度建设，包括职位分类、招录/招聘、工资福利、职务职级晋升、人员流动管理等。

（5）加强规划与实施的评估。这主要是指一要建立科学、可行和有效的人力资源规划评估体系；二要严格遵循规划评估的程序，选取适当的评估方法，坚持定量和定性相结合；三要形成解决规划问题的对策方案。

（6）学习借鉴私营部门的人力资源规划。不论是从全球看还是从国内看，公共部门人力资源管理已具有一个比较好的学习借鉴平台，因此学习先进的人力资源规划的理念和方法，借鉴私营部门的人力资源规划模式，与国际国内先进的咨询机构合作，也是公共部门人力资源规划发展的一种趋势。

资料

复习思考题

1. 如何理解公共部门人力资源规划的含义、特征和作用？

2. 公共部门人力资源规划的基本程序是什么？公共部门人力资源规划主要有哪些种类？

3. 如何理解公共部门人力资源需求预测的含义？其步骤有哪些？

4. 试述公共部门人力资源需求预测的方法。

5. 试对以下某公共组织的历史数据（见表7-7）进行分析后，按一元线性回归预测法预测其今后三个月所需的人员数量。

表7-7

2017 年	1月	2月	3月	4月	5月	6月	7月	8月	9月
某组织人员数	18	21	20	24	25	27	30	31	34

6. 如何理解公共部门人力资源供给预测？

7. 简述公共部门人力资源内部供给预测的方法。

8. 用马尔可夫转移矩阵法预测某公共组织 A、B、C 三个部门在第四年的人员数。若已知从第 i 部门（含外部）转移到第 j 部门（含流出）的人员转移比例的政策，如表7-8

所示（政策年年不变，转移机会人人均等，而且以后每年年初招聘进入的人数等于上年年末流出的人数）。

表7-8

	A 部门	B 部门	C 部门	流出到外部
A 部门	0.8	0	0.1	0.1
B 部门	0.1	0.5	0.1	0.3
C 部门	0.1	0.2	0.5	0.2
外部获取	0	0.1	0.9	0

若初始年 A 部门有 10 人，B 部门有 20 人，C 部门有 30 人，可以从外部招聘 10 人，那么第四年 A、B、C 三个部门各有多少人？

9. 试析公共部门人力资源外部供给预测的影响因素与方法。

10. 试析公共部门人力资源供需调节的政策与措施。

11. 在了解我国公共部门相关人才规划的基础上，试析我国公共部门人力资源规划的问题与改进。

第8章　公共部门人力资源招募、甄选与录用

学习思路和重点

司马迁说过："得人者兴，失人者崩。"清雍正帝更强调："治天下惟以用人为本，其余皆枝叶耳！"公共部门人力资源招募、甄选和录用重在把好公共部门人力资源的入口关。学完本章，应掌握公共部门人力资源招募、甄选与录用的流程与原则，内外招募的比较，甄选方法，评估内容和方法；熟悉西方发达国家公共部门人力资源招募、甄选、录用制度与实践；掌握我国公共部门人力资源招募、甄选、录用制度与实践及其问题与改进。

8.1　公共部门人力资源招募、甄选与录用概述

8.1.1　公共部门人力资源招募、甄选与录用的含义

公共部门人力资源招募、甄选与录用（招录/招聘）正是指公共部门为实现其使命、愿景、战略和目标，以职位分析、职位评价、人员分类和人力资源规划前提，通过招募、甄选、录用、评估等一系列活动，获得合适的人选，以补充组织内的空缺职位或储备人才的活动。可简称为招录、招聘等。其中，招募是指组织为了吸引更多更好的候选人来应选而进行的有关活动。甄选是指组织从人和事两个方面出发，凭借有关技术，为空缺职位挑选出尽可能合适的任职者的活动。甄者，审查也；选者，选择也。甄选是最关键的一步，也是技术性最强的一环。录用是指对甄选出的合格人员做出聘用决策的环节，处于委派或配置之前，主要涉及组织成员的初始安置、试用、正式录用等。评估是对招募、甄选与录用整个活动的成本、录用的人员等做出评估。

8.1.2　公共部门人力资源招募、甄选与录用的流程

公共部门人力资源招募、甄选与录用的一般性流程如图8-1所示。当然，这是以人力

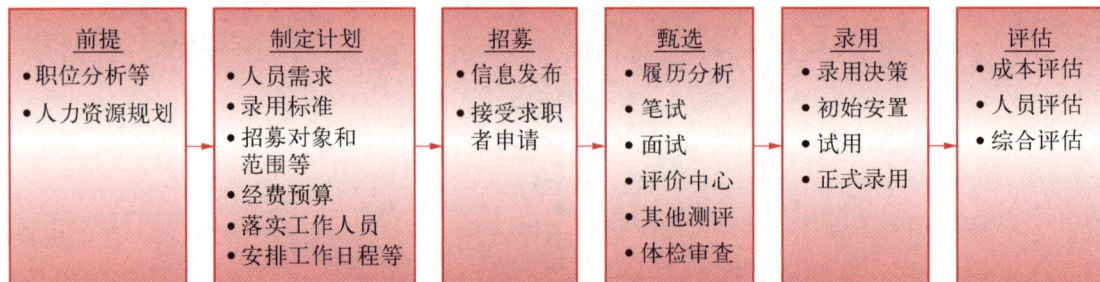

图8-1　公共部门人力资源招募、甄选与录用的一般流程

资源规划和职位分析等为前提的。

8.1.3　公共部门人力资源招募、甄选与录用的原则

公共部门人力资源招募、甄选与录用是公共部门人力资源的入口管理，有研究表明，高胜任力员工的绩效能达到平均水平的 129%；更有激进的观点认为，合适的人不是培养出来的，而是选出来的，这都从某种角度强调了人才选拔的重要性；同时也说明了弥补甄选录用失误的代价可能极高，如培训成本、岗位调整成本、重新甄选录用成本等直接成本与机会成本，而且还会给员工本人造成伤害，加上公共部门人力资源的招募、甄选与录用政策性强、社会影响大、易受各种非正常因素的干扰，故其应是慎重、正确、依法进行的，并遵循公开公平、平等竞争、效率优先、用人所长、任人唯贤等原则。

8.1.4　公共部门人力资源招募、甄选与录用的作用

公共部门人力资源招募、甄选与录用主要在以下几种情况下提出：组织战略目标的调整与组织结构的变化；新成立部门需配备相应人员；队伍结构不合理，需要裁减多余人员，补充短缺人才；晋升、退休、辞职等造成职位空缺等。因此，招募、甄选与录用的作用主要是：（1）为组织不断充实新生力量，实现人力资源的合理配置，进而为组织发展提供人力资源保障；（2）增加人员稳定性，提高人员保持率，减少人员流失；（3）降低组织成员初任培训开发的费用；（4）组织对外宣传的一条有效途径。

8.2　公共部门人力资源招募

公共部门人力资源招募是指组织通过各种途径和方法吸引候选人的过程。其成败主要取决于候选人的多少，候选人越多，选出与职位匹配者的可能性就越大。招募的目标，就是要吸引尽可能多的候选人。从形式上看，公共部门人力资源招募的方法多种多样，如集中型、分散型、电子型和合同外包分包型等，但从招募的渠道看，不外乎根据招募对象来源划分的内部招募和外部招募。

8.2.1　内部招募

内部招募的方法主要有三种。

1. 布告法

这是在确定了空缺职位及其要求条件等情况后，将有关信息以布告的形式公布在组织内部的墙报、布告栏、报刊、广播台、网站、电子信箱等媒介上，尽可能使全体人员都能获知信息。

2. 推荐法

这是指由本组织成员根据组织的需要推荐其熟悉的候选人，供用人部门和人力资源管

理部门甄选的方法。它也可用于外部招募。由于推荐人对组织与被推荐者均比较了解，使得被推荐者更容易获得组织与职位的信息，也使组织更容易了解被推荐者，便于双方决策。

3. 档案法

人力资源管理部门大都有组织成员档案，从中可以了解其在教育、培训、经历、技能、绩效等方面的信息，寻找合适的候选人。为此，组织成员档案应力求准确、完备，对组织成员在职位、技能、教育、绩效等方面信息的变化应及时做好记录。但由于档案法对组织成员而言透明度小、影响力小，组织成员参与少，因此该方法常常与前述方法结合使用、互为补充。

8.2.2　外部招募

外部招募的方法主要有四种。

1. 广告

这是指通过各种媒体向社会公开招募信息，是目前最常用的方法之一。它信息传播范围广、速度快，吸引的候选人数量多、层次丰富、选择余地大。但应注意两点，一是广告的设计。招聘广告设计的原则可以概括为 AIDA 原则。其中，A（attention）代表要吸引人们的注意，I（interest）代表要激起人们对空缺职位的兴趣，D（desire）代表要激发人们前来求职的愿望，A（action）代表要产生让人马上采取行动的力量。同时，广告内容应准确、详细。二是媒体的选择。媒体主要有布告栏、报刊、广播、电视、互联网等。广告媒体不同，受众不同，招募的效果也不同，因此，组织要综合考虑，根据成本限制、媒体特点和实际需要等做出选择。

2. 校园招募

这是公共部门短期内招募到大批受过一定训练的、素质较好的组织成员而普遍采用的一种方法。招募对象主要有两类：一类是经验型，另一类是潜力型，应届毕业生属于后者。最常用的方法是举行人才供需洽谈会，定期或不定期的校园宣传推介，通过毕业生就业管理部门直接找毕业生面谈，或在院校的布告栏、校报、相关网站、学生刊物上发布招募信息等。有的还通过为学生提供实习、社会实践的机会，在学校设立奖学金、开展科研合作等，与学校和学生建立起长期、稳定的互动渠道，有助于组织和学生的互相了解、互相选择。

3. 网络招募

这是指通过自己的网站、借助招聘网站进行的电子招募。这已成为招募的主要方法之一。网络招募以其信息量大、更新和传播速度快，版面无限，成本较低，注重交流和不受时空限制等优势，为用人单位和求职者架设起了一个虚拟的人力资源市场平台。一些招聘网站还提供了人员测评等在线服务。另外，随着云技术的发展，云招聘由于按开启招聘时间付费，可以自由管理、有效利用招聘时间而日益在互联网招聘领域独树一帜。但其不足主要在于：信息可信度不高、保密性欠缺，供求双方缺乏直观的接触。

4. 职业中介机构

职业中介机构负责提供供求双方的信息，一方面为用人单位筛选候选人，另一方面也为求职者选择用人单位，同时面向供求双方收取一定的中介费用。这包括劳务市场、人才交流中心或人才市场、人才咨询公司、高级人才咨询公司、猎头公司等。其中，猎头公司在获得高层次人才上具有特殊的优势，供需匹配上成功率较高，但收费也高。

此外，还有熟人推荐、军队转业干部安置、利用政府部门或者人力资源服务机构组织的招聘会或见面会等进行招募。

在我国，人社部发布的《人力资源市场条例（征求意见稿）》规定：用人单位或者人力资源服务机构发布的招聘人员简章应当包括用人单位基本情况、招聘人数、工作内容、招聘条件、劳动报酬、福利待遇等内容。招聘信息应当合法、真实。用人单位招聘劳动者时，应当依法如实告知劳动者工作内容、工作条件、工作地点、劳动报酬、职业危害、安全生产状况以及劳动者要求了解的其他情况；应当对劳动者的个人信息资料予以保密。未经劳动者书面同意，不得向第三方披露和使用劳动者个人信息资料，不得使用、转让劳动者拥有的知识产权和其他技术成果。

内部招募与外部招募各有优缺点（见表 8-1），研究表明二者结合会产生最佳效果。具体应用要视人力资源的战略、政策，拟招职位的性质、层次和类型，以及组织所在区域的人力资源市场情况而定。

表 8-1 内部招募和外部招募的比较

	内 部 招 募	外 部 招 募
优点	<ul><li>组织与求职者相互了解全面</li><li>鼓舞士气，激励组织成员进取</li><li>求职者了解工作要求，录用后适应工作快</li><li>使组织培训投资得到回报</li><li>费用低</li></ul>	<ul><li>人员来源广，选择余地大，有利于获得一流人才</li><li>新组织成员能带来新思想、新技能、新方法</li><li>激励老组织成员保持竞争力，发展新技能</li><li>节省培训投资</li><li>当内部有多人竞争而难以决策时，向外部招募可在一定程度上平息或缓和内部矛盾</li></ul>
缺点	<ul><li>易造成"近亲繁殖"</li><li>易引发为了晋升的"政治性行为"</li><li>局限于组织内部，可能水平有限</li><li>可能会因操作不公或组织成员心理原因造成内部矛盾</li></ul>	<ul><li>增加招募、甄选的相关难度、成本和风险</li><li>录用者需要更长的培训和适应阶段</li><li>内部组织成员可能感到自己被忽视，积极性受影响</li><li>录用者可能并不适应组织文化</li></ul>

8.3 公共部门人力资源甄选

德鲁克有句名言："做得最好的都是经过评估的事"，人力资源甄选正是一个利用笔试、面试、心理测验、评价中心等多种技术方法，不断淘汰不符合要求者，最后确定相对合适人选的复杂过程。通过这些技术主要回答三个问题：求职者能做什么？愿意做什么？

对该工作是否合适?

8.3.1　公共部门人力资源甄选方法

1. 资格审查

资格审查是指对求职者（或被试、考生、应聘者、应试者、候选人、被评价者等）是否符合职位基本要求的一种审查。其中求职申请表或个人简历是重要的筛选工具，其基本内容包括求职者的一般信息、教育状况、工作经历、培训情况、个性特长、职业兴趣等，组织可依此快速收集求职者的基本数据和准确信息，并挑选出不符合最低标准条件的人。同时，面试可以根据求职申请表提供的内容进行，避免重复和漫无边际。对求职申请表中一些不详细而又想深入了解的信息，就可以在面试中进行了解。求职申请表作为一种有用的人员甄选工具，已受到越来越多的重视。研究表明，求职申请表中的项目多数能够提供与职业有关、对决策有用的信息。为了提高求职申请表在甄选上的有效性和可靠性，有的学者提出了一种新的求职申请表——加权申请表。这是根据申请表中的各项信息与特定工作的相关程度赋予其不同的权重，该权重可以作为以后完成工作的可靠预测。实践证明，如果使用适当，加权申请表的预测有效性是非常高的，关键是要以确定的项目为标准，尽量少用不确定的项目。如视力、体力等生理特征和受教育程度、学历，以及语言表达能力等项目预测的准确性就高，而兴趣、爱好等项目预测的准确性就差一些。

2. 笔试

（1）笔试的含义与类型。

笔试是指让应试者在规定的时间和地点，按照试卷的要求，解答事先拟好的试题，然后通过对其卷面评分评判其知识掌握程度与综合分析、文字表达、逻辑思维等能力的一种甄选技术。笔试能客观地区分出应试者的相对差异，较系统地测评应试者的素质和水平，并能多角度地预测应试者的能力倾向和发展潜力。笔试可以分为客观式考试、论述式考试和论文式考试。

① 客观式考试。这是指以客观题为主要试题形式的笔试。它具有试题涵盖面广、信息量大、可控制考试过程中的误差等特点。它主要采用标准化的方法来控制考试过程中的主观因素，包括标准化的试题编制、施测过程、评分记分、分数合成、分数解释等。代表性方法是多项选择法，即让应试者在三个及以上的答案中选出一个正确或最佳答案。在我国目前的各类笔试中，主要有最佳选择题、匹配选择题、组合选择题、多解选择题和类推选择题等形式。

② 论述式考试。这是指以论述题为主要试题形式的笔试。它具有试题灵活、测评层次较深，但评分较困难的特点。论述式考试是主观性试题的主要代表，适用于测评应试者的综合能力。根据答题范围可分为限制性论述题和扩展性论述题；根据作答的形式又可以分为叙述式论述题、说明式论述题、评价式论述题和批驳式论述题。

③ 论文式考试。这是指以论文型试题为主要试题形式的笔试。它要求应试者自己计

划、自己构思、用自己的话来表达，侧重从理解和应用的角度，测评应试者对复杂概念、原理、知识关系的理解，以及运用知识解决问题的能力；同时还要求应试者花费一定的时间来组织语言表达自己的答案，因而题量受到限制。

（2）笔试的优缺点。

笔试的优点主要是：① 公平客观。笔试成绩客观，对基本知识、技术、能力测评的信度和效度较高，使应试者感到比较公平。② 费用较低。③ 效率高。④ 简便。笔试一般不需要特殊的仪器、专业人才，任何一个组织都可以运用。

笔试的缺点也很明显：① 试题可能不科学。试题有可能是怪题、难题，这样虽然有些人考得比较好，但并不说明他掌握了必要的知识，而有些人考得比较差，也并不代表他的知识水平就低。② 过分强调记忆能力。因为有些试题往往是靠记忆、背诵来取得的。③ 阅卷不统一。或因为缺乏标准答案，或受制于阅卷人员的水平，阅卷时可能出现偏差。④ 难以测评应试者的工作态度、品德修养以及组织管理能力、操作技能等隐性能力。因此，笔试一般不单独使用，往往作为其他甄选方式的补充或初选方法。

3. 心理测验

（1）心理测验的含义及其分类。阿纳斯塔西（A. Anastasi）曾对心理测验做了如下言简意赅的描述："心理测验实质上是对行为样组的客观的和标准化的测验。"也就是依据确定的原则，通过观察人的少数有代表性的行为，对贯穿在人的行为活动中的心理特征进行推论和数量化分析的一种科学手段和系统程序。这一程序在测量内容、实施过程和记分三个方面都具有系统性，从而使测量条件和测量结果具有统一性和客观性。

依据不同的标准，可将其分为不同的类型，其中，根据测验的具体内容可分为认知测验与人格测验。认知测验测评的是认知行为，而人格测验测评的是社会行为。认知测验又可以按其具体的测验对象分为成就测验、智力测验与能力倾向测验。成就测验主要测评人的知识与技能，这是对认知活动结果的测评；智力测验主要测评认知活动中较为稳定的行为特征，是对认知过程或认知活动的整体测评；能力倾向测验是对人的认知潜在能力的测评，是对认知活动的深层次测评。人格测验，按其具体的对象可以分成态度、兴趣与品德（包括性格）测验等。

（2）智力测验。这是对智力的科学测评，即一般能力测验。智力测验可以用来甄选各种职位的任职者。智力（或称为智能）是指在人的认识过程方面所表现出来的能力，是认识活动的综合能力。构成智力的因素包括各种感觉能力（如感受性的大小）、观察力、记忆力、想象力和思考力（如理解力、判断力、抽象概括能力和推导能力）等许多方面，其中以思维能力为核心。智力的高低能直接影响一个人在社会上是否成功。智力的高低可以用特曼（L. Terman）提出的智商（Intelligence Quotient，IQ）来表示。此外，常用的智力测验还有奥特斯（A. Otis）的心理能力自我测验、韦斯曼（A. Wesman）的人员分类测验、韦克斯勒成人智力量表（Wechsler Adult Intelligence Scale，WAIS）、瑞文标准推理测验（Raven Standard Progressive Matrices，RSPM）、瑟斯顿（Louis Thurstone）的基本心理能力测验（Primary Mental Abilities Test，PMAT）等。

尽管上述智力测验被广泛应用，但仍有一定的局限性：① 心理测验研究始终没有解决什么是一般智力的问题。② 通常的智力测验都是把智力定义为词汇能力、运算能力等，但实际的智力究竟是不是这样也没有定论。在这些测验中，智力与知识、技能常常混在一起，难以区分。③ 现有智力测验方法不完全适合中国的民族文化和习惯。④ 智力并不是唯一的与工作绩效相关的变量。

（3）能力倾向测验。沃伦（Warren）认为，能力倾向是指构成某种知识、技能和一定行为模式的各种个人特质的状态和组合。舒伯（D. Supper）认为，能力倾向是一些对于不同职业中的成功在不同程度上有所贡献的心理因素。能力倾向测验是由智力测验发展而来的，是根据测验结果来预测今后在学业上或职业上取得成绩的可能性。可分为一般能力倾向测验、特殊职业能力测验、心理运动机能能力测验等。

① 一般能力倾向测验。这又包括若干分测验，每一分测验实际上就是测验某一特殊能力，各分测验既可同时举行，又可分段举行。如美国劳工部职业安全局从 1934 年起，根据 59 个测验的因素分析，用了 10 多年的时间研究制定了《一般能力倾向成套测验》（General Aptitude Test Battery，GATB）。这套测验在许多国家得到广泛应用，后来日本劳动省对 GATB 进行了日本版的标准化，制定成《一般职业适应性检查》（1969 年版）。这套测验主要测评在多种职业领域中工作所必需的几种能力倾向。

另一种能力倾向测验是区分性能力倾向测验（DAT）。这原为本耐特（G. Bennet）等编制，后经多次修订，主要内容有言语推理、数学能力、抽象推理、文书速度精确度、机械推理、空间关系、言语运用（错字）等测验。在中国有台湾学者的译本和修订本。

② 特殊职业能力测验。这是指对那些独特于某项职业或职业群的能力测评。该测验主要用于两大目的：测评已具备工作经验或受过有关训练的人员，在某些工作中现有的熟练或成就水平；选拔那些具有从事某项职业的特殊潜能，并且在经过很少或不经特殊培训的情况下就能从事某种工作的人才。主要有明尼苏达办事员能力测验、斯奈伦视力测验（Snellen Chart）、西肖音乐能力测验（Seashor Measures of Musical Talents）、梅尔艺术测验（Meier Art Tests）、飞行能力测验等。其按职业所在行业划分，应用较为专业。

③ 心理运动机能能力测验。心理运动机能能力主要包括两大类：一是心理运动能力，如反应时间、肢体运动速度、多肢协调、手指灵巧、手工灵巧、臂手稳定、速度控制等。二是身体能力，包括动态强度、躯体程度、爆发力程度、广度灵活性、动态灵活性、身体协调、总体身体均衡等。这一方面可以通过体格检查进行，另一方面可以通过各种仪器或工具进行。主要包括机械能力测验、空间能力测验、感知能力测验、运动能力测验与身体体能测验。

在我国公务员录用考试中，行政职业能力测验是一个重要科目。行政职业能力测验是职业能力倾向测验的一种。目前职业能力测验已被广泛应用于各种领域的人力资源甄选。这种测验同一般的知识测验不同，它可以有效地测评人的某种潜能，从而可以预测个体在相应职业领域中成功的可能性。作为一种标准化的心理测验，行政职业能力测验专门用来测评在行政职业上取得成功所必须具备的一系列心理潜能，进而预测应试者在行政职业领域内的多种职位上取得成功的可能性。

（4）人格测验。人格（Personality）的概念源于拉丁语 persona，当时是指演员在舞台上戴的面具，后来心理学借用这个术语，用来说明每个人在人生舞台上各自扮演的角色及其不同于他人的精神面貌，但至今还没有一个公认的定义。"What is personality? Everybody knows, but nobody can tell!"[①]（人格是什么？谁都知道，但谁都说不清!）杨国枢曾经于 1970 年整理过人格研究领域中各种"人格的定义"，认为人格心理学者仍应继续着重实在性人格定义，兼顾到：① 个体与环境的关系；② 人格组织性与统合性；③ 人格的独特性；④ 人格的可变性；⑤ 人格的多面性（即人格可同时表现多方面的心理活动或状态，如需要、兴趣、态度、气质）。他对人格的定义是：人格是个体与其环境交互作用的过程中所形成的一种独特的身心组织，这一变动缓慢的组织使个体适应环境时在需要、动机、兴趣、态度、价值观念、气质、性向、外形及生理等各有不同于其他个体之处。

为方便起见，我们把认知测验以外的所有心理测验都称为人格测验。应用人格测验，主要是为了考察人格特点与工作行为的关系，有助于在对其知识、能力和技能测评的基础上，进一步测评其工作动机、工作态度、情绪的稳定性等心理素质，使甄选更全面、科学、客观。目前，虽然人格测验有几百种，但由于人格构成的复杂性，人们对其看法又不尽相同，而且人格又是动态发展的，常常会随着情境的变化而变化，所以，对人格进行测验是很不容易的，这些测验也仍处在不成熟期，需要多种测验相互印证才可能得出较为合理的结论。人格测验也因心理学家对人格的不同定义有不同的测量，主要分为自陈式问卷调查法、投射技术测验法、情境测验法、社会测量法，以及有关兴趣、气质等的单项测验方法。下面主要介绍前两种。

① 自陈式问卷调查法。该方法采用自陈式问卷调查量表（Self Report Inventories）进行。常规的自陈量表通常包含了与行为、态度、感觉、信仰有关的陈述式问题，由应试者本人采用自我测评的方法，根据对自己行为的观察来评定自己是否有相应的情况。其中，有专为人格中某一种特征而设计的，有为整个人格特征而设计的。为防止应试者作假，影响测验效度，自陈测验采取了一些校正测验或迫选测验来保证效度。具有代表性的有明尼苏达多项人格测验（Minnesota Multiphasic Personality Inventory，MMPI）、加利福尼亚州心理调查表（California Psychological Inventory，CPI）、爱德华兹个人偏爱顺序表（Edwards Preference Schedule，EPS）、卡特尔（J. Cattell）的人格因素问卷（16 Personality Factor Questionnaire，16PFQ）等。其中迈尔斯布里格斯类型诊断量表（Myers-Briggs Type Indicator，MBTI）已经在世界上运用了几十年的时间，夫妻利用它增进融洽，师生利用它提高学习、授课效率，青年人利用它选择职业，组织利用它改善人际关系、团队沟通、组织建设、组织诊断、管理拓展、职业生涯发展等多个方面。凌文铨等通过设计问卷调查的

方式，在预试研究的基础上，修订了 MBTI，形成了中国企业员工职业个性测量工具——中国人职业个性测量工具（Chinese Vocational Personality Sorter，CVPS）。该工具在企业变革、团队建设、选拔任用、薪酬及激励机制、培训等方面都有较好的应用前景。

②投射技术测验法。该方法是让应试者通过一定的媒介建立自己的想象世界，在无拘束的情景中，不自觉地表露出其个性特征的方法。它有以下特点：在测验的刺激上，使用的是模棱两可的刺激，如墨迹图等；测验目的多被伪装起来了；应试者可以完全自由回答；在结果分析上，以定性分析为主，有许多推论；在结果解释上多是参照人格障碍标准进行衡量的；对人格注重整体的分析；测验难以标准化，多由训练有素的专家进行；测验的内容以潜意识为主；信度和效度不高，常模资料不充分。

根据应试者的反应方式，可以将投射技术测验分为五类：

● 联想法。通常要求应试者说出某种刺激（如单字墨迹）所引起的联想，一般是指首先引起的联想。

● 完成法。要求应试者完成某种材料，如完成语句等。

● 构造法。要求应试者编造或创造一些东西或故事、图画等。

● 表露法。要求应试者利用某种媒介自由地表露自己的心理状态。

● 选择或排列法。要求应试者依据某种原则对刺激材料进行选择或予以排列。

最常用的投射技术测验是罗夏（Hermann Rorschach）的墨迹测验、赫兹曼墨迹测验（HIT）和主题理解测验（TAT）。此外，还有完成句子测验、绘图测验、画树测验等。

人格测验的困难与问题较多，主要是人格概念不一致、整体动态人格测验困难、信度和效度较低、题目难以界定和理解存在差异、测验分数的解释存在差别、存在伪装和社会赞许反应、有些测验内容侵犯个人隐私等。

（5）心理测验的优缺点。心理测验具有如下优点：一是迅速。它可以在较短的时间内迅速了解一个人的心理素质、潜在能力和其他有关指标。二是比较科学。心理测验能在短期内比较全面地了解一个人的心理素质和潜在能力。三是比较公平。通过心理测验，心理素质比较高的人可以脱颖而出，而心理素质较低的人落选也会感到心平气和，在一定程度上可以避免竞争的不公平性。四是可以比较。用同一种心理测验得出的结果有可比性。

心理测验同时也具有如下缺点：一是可能被滥用。心理测验虽然是一种科学的测评手段，但是也会被滥用，比如滥用不合格的量表。二是可能被曲解。对测验结果进行解释是一项严肃而科学的工作，比如，有些人认为智商高就一定能成功，这样就会鄙视或轻视智商低的人，会对低智商者产生一种消极影响，这样就曲解了心理测验的结果，容易产生一些不良后果。

最后要特别说明的是，心理测验在我国的使用已经越来越普及，但不论是内地还是港台地区，主要的测验量表几乎都是从西方引进、修订的，而内地尤甚。问题是西方心理测验的文化背景适合中国人吗？中国人适合做西方人编制的心理测验吗？外国的量表是为其本国人编制的，其变量是研究其本国人的结果，而中国人与西方人有着很大的不同，所以这些量表从内容上说是不适用于中国人的；即使对这些量表做一些语言形式上的修订，用以测评中国人，可又能在多大程度上解释中国人的心理与行为呢？实际上，就连问卷测验技术本身，在西方也遭到了批评。我们对此必须高度重视，并予以回答。

4. 面试

（1）面试的含义与种类。面试是指精心设计的，在特定场景中，通过面试考官与应试者双方面对面观察和交流，收集有关信息，测评应试者的基本素质、工作动机、发展潜力、实际技能等是否具备职位任职资格的一种甄选方法。与其他技术相比，面试能充分反映应试者的素质和能力，是一种应用最广泛的测评方法。从不同的角度，可以把面试划分为不同的类型。

① 根据面试的组织形式，可分为个别面试、小组面试、集体面试和系列面试。个别面试是指一个考官与一个应试者面对面交谈，这样谈话的连续性和逻辑性可能比较好，也有利于双方注意力集中。但可能对话进展不顺利，甚至难以进行，而且很难单靠一位面试官得出的结论做出甄选决策。小组面试是指由多人组成面试考官小组对各个应试者分别进行面试。面试考官小组由用人部门、人力资源管理专业人员与外聘专家共同组成，从多种角度、多个侧面对应试者进行考察，提高面试结果的准确性。集体面试是指由面试考官小组或一位面试官对若干应试者同时进行面试，这通常是由面试主考官提出一个或几个问题，引导应试者进行讨论，从中发现、比较应试者的表达能力、思维能力、组织领导能力、解决问题的能力、交际能力等。集体面试的效率比较高，但对考官的要求较高。不少单位以此挑选能够进入下一轮面试或其他甄选流程的候选人。系列面试是指有多人对同一位应试者分别进行面试，然后再将所有面试官独立得出的评价结果汇总后形成结论。其优点在于保证了结果的有效性，但需要参与的人员数量较多，耗费时间长。

② 根据面试的规范化或结构化程度，可分为结构型面试、非结构型面试和混合式面试。结构型面试是指对同一职位的不同应试者使用相同的题目、程序和评价标准进行面试，又称模式化面试、引导性面试。其优点在于对所有应试者采取了标准化和一致性的面试，便于分析和比较，同时减少了主观性，且对考官的要求较低。研究表明，结构型面试的信度与效度是所有形式的面试中最好的。但缺点是过于僵化，难以随机应变，所收集信息的范围受限。非结构型面试是指没有既定的格式、统一的评价标准，考官所提问题可以因人而异而进行的面试，又称为非引导性面试。这种面试允许在具体操作过程中针对实际情况做出相应调整，可以给应试者充分发挥自己才能的机会。但由于其存在很大的随意性，主考官提问题的真实目的往往带有很大的隐蔽性，要求应试者有很好的理解能力与应变能力。其优点在于灵活性强，可以根据应试者的陈述或其关心的内容提出相关问题。但缺点在于缺乏统一的标准，主观性强，且对考官要求较高。因此，它往往作为其他甄选方式的前奏或者补充。混合式面试又称半结构化面试，是介于结构化面试和非结构化面试之间的面试形式，结合了二者的优点，有效避免了单一方法的不足。

③ 根据面试试题内容或形式，可分为常规面试、情境面试和行为描述面试。常规面试是指面试官与应试者之间以问答形式为主进行对话的面试。大部分面试都是常规面试。所谓情境面试，是指试题主要由一系列假设的情境构成，对应试者的反应按事先确定的评分标准来衡量的面试。这是结构化面试的一种特殊形式。行为描述面试是指应试者按既定的情境做出回答的面试，可以视为情境面试的一种特例。但与情境面试不同的是，行为描述面试是针对应试者过去工作中发生的事件，而情境面试更多的是提供一个假设的情境。行为描述面试的一个显著特点是常使用类似于英语语法中的"最高级"的提问方式，比如"请描述（告诉我们）你对过去工作最不满意的地方"。这有助于发掘过去工作中让应试者印象最深刻的事件，而这恰恰又是与其工作的内容、业绩直接相关的。

④ 根据面试的轮次，可分为初试、复试和录用面试。初试即筛选面试，主要目的就是淘汰不符合条件的候选人，一般时间较短，内容也主要涉及候选人的个人背景、求职意向等。复试即选拔面试，是对符合基本条件的应试者中选拔优秀者或合适者。录用面试是指面试最后轮次的一次抉择性面试。当然，并非所有甄选都需要如此，视具体情况或多或少。

⑤ 根据面试的氛围，可分为压力面试和非压力面试。压力面试是指营造一个紧张的气氛，考官通过提出一些直率、挑衅甚至是粗鲁、敌意的问题，给应试者意想不到的一击，使其处于不愉快或尴尬之中，直至不断给其施加失败的压力，使其产生防御性行为，以观察其反应，从而识别其敏感性、应变能力、心理承受力和情绪稳定性等。其优点是可以较好地测评应试者的机智程度、应变能力、心理承受力和自我控制力，但这只适合那些要求敏感度较强和压力承受力较高的工作，如高层管理者，否则就不一定适合。

（2）面试的优缺点。面试的优点主要是：① 直观性强。面试以观察和谈话为主要工具，故而直观性强。② 双向直接互动。③ 有效性高。面试获得的信息丰富、完整和深入，有效性高。④ 结构性与随机性相结合。⑤ 全面。面试可以通过多种方法，对应试者的口头表达能力、为人处世能力、操作能力、独立处理问题的能力，以及举止仪表、气质风度、兴趣爱好、脾气禀性、道德品质等做出全面的考察。

面试同时也具有时间长、费用高、受考官主观影响大、不易数量化等缺点。

（3）面试中常见的偏差。这主要有首因效应、晕轮效应、刻板印象、类我效应、从众效应、闪电式判断、联想效应的偏见、考官的主动诱导行为、太多或太少的面谈、应试者的次序影响、忽视应试者的非言语行为、评分标准的不客观和不统一等。

（4）有效面试的设计。① 从职位的要求出发，或从甄选测评的可行性出发，或从应试者的状况出发，科学确定测评要素。② 设计面试计划，拟写面试提纲，选择面试场所。③ 任命并培训考官。为确保面试的有效性，所有面试考官都必须训练有素，具有丰富的实践经验。④ 开发面试提问。一方面要注意提问的技巧，一般而言，要亲切、自然、渐进、通俗、简明、有力，顺序上要先易后难、循序渐进，做好问题之间的转换、收缩、结束与扩展，根据不同的测评内容和不同的应试者，采取不同的提问方式，如连串式、开放式、假设式、压迫式、引导式和投射式。另一方面，根据面试题目的类型设计提问题目，并开发面试提问的标准答案和每一提问的五等分评分量表，以此作为面试标杆。⑤ 考官要注意倾听与观察。⑥ 营造面试气氛。面试开始时，主考官就应注意创造一个良好的气氛，以一种友好的问候或以当天的天气和交通条件等作为开场白，轻松地进入面试。在面试中，考官要善于倾听，应试者在回答问题时应给予其充分的思考时间。⑦ 不要大规模地运用面试，也就是说面试的人数不要太多，否则会使考官感到疲倦，而使面试的测评结果前后不一致。⑧ 在面试前，不要让考官了解太多有关应试者的资料。⑨ 考官要及时记录每一位应试者的表现。

5. 评价中心

评价中心是一种包含多种甄选技术的、综合的、全面的人员测评系统。根据第 28 届评价中心国际会议的定义，它是指由对多次行为的标准化评估构成的，由许多受过训练的评价者运用技术手段，对被评价者在专门设计的模拟情景中表露出的行为做出判断，这些判断之后被提交到评价者参加的会议上或经过统计方法加以分析整合。简单地说，评价中心就是一种测定一群人中每个个体在多种情景事件中表现出的行为特征的操作程序。它的十个要素是：职位分析、行为归类、测评技术、多种测评方法、情景模拟、评价者、评价者培训、行为记录、报告、数据整合。[②] 但它并不是与笔试、面试等完全并列的一种甄选工具，实际上是若干甄选工具综合运用于甄选管理类职位应试者的过程，如面试、心理测验、公文处理、无领导小组讨论等。

（1）评价中心的常用评价技术。

① 公文处理。这是指对管理人员在实际工作中需要掌握和分析的资料、处理的信息与作出的决策等所做的一种抽象和集中，又称公文筐测验（In-basket Test），是评价中心应用频率最高、最具特色的一种形式。这假定被评价者已经从事该职位，然后由他处理多数管理人员案头出现的各种文件，如信函、声明、备忘录、电话记录、上级指示、调查报告、请示报告等，在规定的时间和条件下做出决策，并说明理由。文件可多可少，一般不少于 5 份、不多于 30 份，每个应试者要批阅的公文可以一样，也可以不一样，但难度要相似。根据公文的数目和难度，规定完成的时间（通常为 1~3 个小时）。在被评价者受试前，应该向他介绍有关的背景材料，然后告诉他作为组织的负责人全权处理各种文件。要使应试者意识到他不是在演戏，也不是在代理职位，而是一位真正手握实权的负责人根据自己的经验、知识、能力、性格、风格去处理各种问题。这可以较好地反映出被评价者的组织、计划、沟通、判断、分析、领导、决策和分派任务的能力，对信息的收集和利用能力，处理问题的条理性和灵活性，对环境和他人的理解、敏感性等。其优点主要是操作简单、灵活，能预测人在管理方面获得成功的潜能，具有较高的内容效度和效标关联效度。但缺点是编制成本较高，评分主观性较强，难以测评应试者的与人交往能

力等。

②无领导小组讨论（Leadless Groups Discussion，LGD）。这是指一组被评价者（通常为5~7人）组成一个临时工作小组，事先并不指定主持人，以小组形式讨论一个有待解决的问题，并做出决策，评价者则在旁边或幕后观察所有被评价者的行为表现并做出评价。其目的在于考察被评价者的表现，尤其是看谁会从中脱颖而出，成为自发的领导者。在讨论中，评价者观察每一个被评价者的发言表现，以测评被评价者的心理素质和潜在能力。在一般情况下，每个小组会有一名被评价者以组长的身份出来负责解决这些问题，并主持会议，这个人的领导能力较强。根据每一个被评价者在讨论中的表现，可从以下几个方面进行评价：领导欲望、主动性、说服能力、口头表达能力、自信程度、抵抗压力的能力、经历、人际交往能力、责任感、团队精神等。也可以要求被评价者讨论完以后，写一份讨论记录，从中分析应试者的归纳能力、决策能力、分析能力、综合能力、民主意识等。评价者不参与讨论，甚至不在现场进行观察，而是透过一个不会使被评价者看到的玻璃墙，或利用视频技术进行观察。这是评价中心常用的一种形式。研究表明，它能够对被评价者进行较为全面的观察、评价，并能在同一时空对所有竞争者进行比较判断，效率高、应用范围广，特别是对管理人员集体领导技能的测评非常有效，尤其适用于测评那些需要分析问题、解决问题及做出决策的具体领导者的素质。但它对题目、评价者的要求较高，而且被评价者会有意识地表现自己或掩饰自己。

③角色扮演。这是指要求被评价者扮演某一角色，并使之进入角色场景去处理各种问题与矛盾，此来观察其表现，了解其心理素质、潜在能力的甄选方法。这种方法较为复杂，一般是多位被评价者共同参加一项活动，每个人扮演一定的角色，因此，其优点主要是能有效测评被评价者的专业工作能力、团队合作能力、组织协调能力等，效度较高。其缺点是对被评价者的观察和测评比较困难，而且花费的时间较长、成本较高。

此外还有管理游戏、案例分析、即席演讲等。

（2）评价中心的操作过程。①确定评价的职位。②决定被评价者和评价的原因。③确定评价的观察项目。④培训评价者。⑤实施评价活动。这主要包括观察行为、归纳行为、打分和评定等级、制定报告、重新评分、初步要素评分、制定要素评分表、评价者讨论、总体评分、其他评论等。⑥做出评估报告。

此外，还有履历分析、笔迹分析、工作样本技术（Work Sampling Technique）、体检等甄选技术方法。

8.3.2　公共部门人力资源甄选方法的比较

上述甄选方法在实际应用中，很少被单独使用，更多的是综合采用，或者在成本、时间允许的情况下，去更多地了解应试者的各种特质，因此，必须把握这些方法的特点及其差异。表8-2就是根据测评的信度、效度、普遍适用性、效用和合法性对各种人力资源甄选方法所做的比较。

表 8-2 人力资源甄选方法比较

方　法	信　度	效　度	普遍适用性	效　用
面试	当面试为非结构性的，以及当评价的是不可观察的特征时，信度较低	如果面试为非结构性、非行为性的，则效度较低	高	低，主要是因为成本较高
评价中心	高	高	一般适用于管理类和专业技术类职位	成本高，收益也较高
身体能力测试	高	中等水平	低，只适用于有体力要求的职位	对某些危险性较大的职位效用较低
智力测验	高	中等水平	较高，可对大多数职位进行预测，最适合复杂的职位	高，成本较低，而且能广泛适用于各种职位
人格测验	高	较低	较低，只有少数特征适用于多种职位	低
公文处理	高	高	通常适用于特定的职位	高，但是开发的成本较高

8.4　公共部门人力资源招募、甄选与录用评估

　　公共部门人力资源招募、甄选与录用的评估是公共部门人员招募、甄选与录用过程的一个重要环节，目的在于利用人力资源招募、甄选与录用工作的各种信息，找寻其中存在的问题及其原因，特别是计划制定得是否合理？方法选择得是否科学？程序、效果和效率怎样？是否还需要调整或修正？还存在哪些方法和技术可以解决其中的不同问题等，为有效改进人力资源招募、甄选与录用工作提供科学依据？该评估包括成本评估、录用人员评估及信度和效度评估。

8.4.1　成本评估

1. 总成本和单位成本

　　公共部门人力资源招募、甄选与录用的成本是指公共部门人力资源招募、甄选与录用过程中所发生的各种支出，可分为总成本与单位成本。总成本包括有形成本和无形成本。有形成本由直接成本和间接成本组成，直接成本包括招募费用、甄选费用、录用组织成员的家庭安置费用和工作安置费用、其他费用（如招募人员差旅费、应聘人员招待费等），间接成本包括时间支出、职位空缺损失等；无形成本包括机会成本、组织风险、组织声誉等。目前，鉴于无形成本和间接成本在实际工作中很难计算和衡量，成本评估只能对有形成本和直接成本做出评估。但要说明的是，一般在总体上进行成本评估时，应当包括无形成本和间接成本，尤其是有条件的组织应对间接成本加以评估，尤其对高层次人员或核心人才，更要注重无形成本的支出。如此才能对人力资源招募、甄选与录用做出客观、公正

和全面的评估，以便规范人力资源招募、甄选与录用的成本管理，有效控制总成本。单位成本是总成本与录用人数的比，即单位成本＝总成本÷录用人数。

2. 成本效用评估

成本效用评估是指对成本所产生的效果进行的分析，主要包括总成本效用分析、招募成本效用分析、甄选成本效用分析、录用成本效用分析。它们的计算方法分别是：

$$总成本效用＝录用人数÷总成本$$
$$招募成本效用＝应聘人数÷招募成本$$
$$甄选成本效用＝被选中人数÷甄选成本$$
$$录用成本效用＝正式录用人数÷录用成本$$

3. 收益-成本比

收益-成本比既是一项经济评价指标，也是对招募、甄选与录用工作有效性的一项考核标准。很显然，收益-成本比越高越好。

收益-成本比＝所有新组织成员为组织创造的总价值÷招录或招聘总成本

8.4.2　录用人员评估

录用人员评估是指根据招募、甄选与录用工作计划对录用人员的数量和质量进行的评估。

1. 录用人员数量的评估

（1）录用比。录用比越小，相对来说，录用者的素质越高；反之，录用者的素质可能较低。

$$录用比＝录用人数÷应聘人数×100\%$$

（2）完成比。完成比等于或大于100%，说明在数量上全面或超额完成了计划。

$$完成比＝录用人数÷计划招聘人数×100\%$$

（3）应聘比。应聘比越大，说明发布招募效果越好，同时说明被录用人员素质可能越高。

$$应聘比＝应聘人数÷计划人数×100\%$$

2. 录用人员质量的评估

录用人员的质量是指录用者与其应聘的职位所要求的知识技能等的符合程度，录用比和应聘比在一定程度上是可以体现录用人员质量的。但为了更有效地对录用人员的质量进行评估，还可以采取录用合格比指标来分析，录用合格比是反映招募、甄选与录用的准确性和有效性的有效指标。

$$录用合格比＝已录用的胜任岗位人数÷实际录用总人数×100\%$$

8.5　中西公共部门人力资源招募、甄选、录用制度与实践比较

8.5.1　公务员任用形式

公务员任用也称为任职，是指依法享有任免权的机关依据有关法律法规和任职条件，依法定程序和手段，选任、委任、考任和聘任公务员担任某一职务的活动。各国政治体制、行政体制、文化传统等不同，公务员所涵盖的人员范围不同，但具体的任用制度大同小异，主要有选任制、委任制、考任职和聘任制四种形式。

1. 选任制

选任制是指根据法律和章程等的规定，通过民主选举方式确定任用对象的一种公务员任用形式。国家和政府的领导人由公民选举产生，这是现代民主国家的最基本的政治理念。但各国因政治制度的不同，有直接民主与间接民主的区分。其优点在于体现民主价值、使公务员队伍更接近民众、政权合法性更强等。但前提是选举合理、公平、公正。尽管选任制适用的范围有限，一般仅适用于某些法律明文规定的职位，但这是公务员队伍中十分重要的一部分。

2. 委任制

委任制即任命制，与选任制相对应，是指任免机关在其任免权限内，委派干部担任领导职务的一种任用形式。其实质是由上级领导直接决定有关公务员的任用。其优点是：权力集中，任用程序简单明了，有利于统一指挥和政令贯彻；但它是现代行政制度所极力限制的一种领导任用形式，因其在西方文官制度建立之前为政党分肥提供了方便，存在任人唯亲、人事腐败、权力寻租等弊端。

3. 考任制

考任制是指通过考试来选拔任用对象的一种任用形式。其原型是我国古代的科举制。其优点是公平、高效，能根据职位要求设计考试的内容和方法，有利于选拔出更适合职位需要的人选，是目前世界上大多数国家普遍采用的一种选拔任用方式，也是委任制的主要替代制度。对其争议主要是考试的效度，即可能出现高分低能者，因为试题往往偏重于理论知识，对应试者的品德、能力等较难考察。

4. 聘任制

聘任制是指用人单位通过合同形式任用公务员的一种任用形式。一般做法是由用人单位采取招聘或竞聘的方法，经过资格审查和全面考核后，与确定的聘任人选签订合同或发放聘书，明确双方的权利义务关系和受聘人员职责、待遇、聘任期等。其特点是合同管理、平等协商、任期明确。最大优点在于弹性化，可以吸引和留住需要的高级专业人才。因为这突破了传统的公务员职务常任理念，用人单位可以依据工作实际需要，灵活确定雇佣期限，协商确定薪酬待遇。其缺点是增加了公务员队伍的不安全感，也会影响已有专业

人才的工作积极性；同时，聘任者与被聘任者之间缺乏稳定的雇佣关系，受聘人员出于职业稳定性和晋升前景的考虑，其工作责任感可能受影响。

8.5.2　西方发达国家公共部门人力资源招募、甄选、录用制度与实践

1. 英国公务员考试录用

1833 年，英国政府各部门开始实行官职的考试补缺制度，竞争择优录用。1855 年，英国成立三人组成的文官事务委员会负责组织考试。1870 年开始，政府各部门常务次官以下官员和雇员几乎都必须参加考试才能录用。1918 年开始，全面实施公开考试制度。

（1）考试类型。① 公开竞争型考试。凡符合条件均可报考。② 有限性竞争考试。只适用于部内人员职务晋升，限部内某类或某级人员参加。实际上是晋升考试。③ 鉴定考试。主要是针对应试者的体格、性格等进行鉴定考查，并进行合格考试。④ 特种考试。对一些已获得专业学历或专业资格的人员进行的任用考试。

（2）报名条件与考试科目。不同级别或类别的公务员，报考的学历与年龄及考试科目不同。如 1970 年英国文官考试分行政级、执行级、文书级与助理文书级。行政级要求最高，学历必须大学本科，并持有一等或二等荣誉学位；年龄限制在 20~28 岁；考试科目也最多达 11 项，包括作文、英文文法、科学常识、现代基础经济与辅助文学 5 门必试科目，以及从历史、经济、政治、法律、哲学、数学、物理等自然科学、文学、经典与外文 10 项科目中选试 6 项。执行级要求学历大专、文法学校或中等学校优等生；年龄限制在 18~21 岁；考试科目 9 项，包括 5 门必试和 4 门选试科目。文书级与助理文书级分别要求学历高中毕业、初中毕业，年龄均需 20 岁以下，考试科目 4 项。

（3）考试方式。采用两轮制。第一轮初试，主要是一天半的笔试。按上述科目进行。第二轮复试，主要是口试与实际操作技能测评。如阅读理解测验、起草文件、组织会议与讨论、智力测验等。口试形式包括即席演说、外语阅读演讲等。此外，还组织考生互评。复试总积分 200 分以上者，有资格提交给决选委员会决选。这是最后阶段。决选委员会在复审考生材料、讨论有争议的问题后，还要对考生进行半个小时的面试，最后按以下 7 等给出综合成绩，并签署决选意见：A（杰出）、B（平均以上）、C（可以接受）、D（接近失败）、E（未达接受水平）、F（远未达接受水平）和 G（不予考虑），只有在 C 以上的 3 个等级，才可能被录用。

英国公务员的考试录用制度是在不断改革的，如 1998 年的公务员快速通道（The Civil Service Fast Stream），就是为了吸引有潜质的优秀研究生及本科毕业生进入公务员队伍，并把他们培养成高级公务员和未来领导者的一项人才开发项目。包括研究生快速通道、经济学家快速通道、统计师快速通道、业务技术快速通道、政府通信总署快速通道以及在职研究生快速通道。当然，申请者必须满足相应的条件，如申请经济学家快速通道要求拥有经济学专业至少 2.1 成绩的学位或者经济学核心课程至少占到一半的跨专业学位。被录用的，会获得一系列有针对性的培训及其他培养待遇，一般 5 年后可晋升到高级公务员职位。③

2. 德国国家教师资格证考试中表现性评价

一般认为，表现性评价是指教师让学生在真实或模拟的生活情境中，运用先前所获得的知识解决某个问题或创造某种东西，以考察学生知识与技能掌握的程度，以及实践、问题解决、交流合作和批判性思考等多种复杂能力的发展状况。它是以实际操作、书面报告、口头回答、实验、作品展示、演说等实践活动为载体综合评价学生所具备的知识、应用知识解决问题的能力，因此评价会更加全面，而且可以通过评价活动提供改进课程及教学的信息，促进学习者的学习和发展。从主要考察知识到通过实践综合评价知识、技能、情感、态度、价值观等，这是在教师资格考试中越来越多地采用表现性评价方式的主要原因之一。德国国家教师资格证考试中表现性评价方式主要有科研论文、口试、教学实践、校长评价等。

（1）科研论文。德国大多数州的国家教师资格证考试均采用科学论文考核。目的在于证明申请者具有学科专业或者学科教学法等领域的科研能力。申请者需要在规定的时间段内确定科研论文选题，一般由申请者和指导教师合作完成。申请者提交科研论文之后，由教育主管部门组织相关专家进行评定。

（2）口试。两次国家教师资格证考试都采用口试，但两次考试的侧重点不同，所以两次口试的评价内容、评价方式也存在差异。第一次主要综合评价申请者对学科专业、学科教学法等相关基础知识的掌握程度。每位申请者单独参加考试。第二次的程序和第一次相似，以萨克森州为例，不同之处在于：一是考试内容有所区别；二是教育法考试按 3~4 人小组进行；三是考试时间为 30~45 分钟，其中 15 分钟时间考教育法部分。

（3）课堂教学实践。各州均在第二次考试中采用课堂教学实践评价方式。主要是因为经过 1~2 年时间不等的教育见习之后，采取课堂教学实践评价更能全面有效地考察见习生教学技能的发展状况。鉴于课堂教学实践要在真实的课堂中进行，所以一般情况是考试委员会的专家到申请者所在的合作中小学进行现场评价。申请者一般最少会有两周的准备时间。课堂教学实践考试评价对象主要包括详细的纸质教案、教学实践活动、课后反思交流等。

（4）校长评价。萨克森州的第二次考试中引入了校长评价。此处的校长是指申请者所在合作学校的校长。校长应在规定的时间内，通过课堂观察、调查访谈，以及与对应的实习生指导教师交流沟通等方式对实习教师进行评价。校长评价主要从教学管理者的角度着眼，并且按照规定。这需要在实习生指导教师评价的基础上进行，也就是整合了专业教学及教学管理等不同的视角和内容，因而其评价结果具有重要的价值，这也是该评价方式的意义与价值所在。[④]

8.5.3　我国公共部门人力资源招募、甄选与录用制度与实践

1. 我国公务员任用、考试录用与职务任免

（1）党内法规制度与国家法律法规依据。党内法规主要包括《新录用公务员任职定级

规定》《公务员职务任免与职务升降规定》《人事争议处理规定》《公务员录用面试组织管理办法（试行）》《新录用公务员试用期管理办法（试行）》《公务员考试录用违纪违规行为处理办法》《聘任制公务员管理规定（试行）》《关于进一步做好选调应届优秀大学毕业生到基层培养锻炼工作的通知》《2010—2020 年深化干部人事制度改革规划纲要》《国家中长期人才发展规划纲要（2010—2020 年）》《关于适应新时代要求大力发现培养选拔优秀年轻干部的意见》等。

国家法律规范主要包括《宪法》《选举法》《公务员法》《公务员录用规定（试行）》《新录用公务员任职定级规定》《公务员职务任免与职务升降规定》《公务员录用体检通用标准（试行）》《公务员考试录用违纪违规行为处理办法》等。

此外，各地还制定了相应的管理办法等，如《重庆市公务员录用实施办法（试行）》《青岛市聘任制公务员管理办法（试行）》《深圳市行政机关专业技术类公务员管理办法（试行）》等。

（2）任用形式。《公务员法（修改草案）》第三十九条规定，公务员领导职务实行选任制、委任制和聘任制。公务员职级实行委任制和聘任制。第二十二条规定，录用担任一级主任科员以下及其他相当职级层次的公务员，采取公开考试、严格考察、平等竞争、择优录取的办法。这实际上是考任制。第一百条又规定，机关根据工作需要，经省级以上公务员主管部门批准，可以对专业性较强的职位和辅助性职位实行聘任制。但一般将选任、调任和聘任多作为公务员任职的范畴。

① 选任制。我国《宪法》《选举法》及《中国共产党党章》等规定，国家权力机关、行政机关、审判机关和检察机关中由各级人大及其常委会会议选举或决定任命的人员，以及党政机关、政协机关中按章程选举产生的公务员，都实行选任制。因此，选任制干部是党政领导干部的中坚，是人民直接授权的主体；选任制是我国公务员任用中最核心的一种形式。

② 委任制。我国国家行政机关工作人员的任用，包括各级国家权力机关对中央国家行政机关和地方国家行政机关主要负责人员的提名和任命，以及政府各部门领导机关对本单位各级行政负责人和普通工作人员的任用，一般都采用委任制的形式。党的机关职能部门负责人以及普通工作人员一般也实行委任制。为了避免其弊端，必须坚持必须走群众路线，严格考察，按照规定的程序经集体讨论做出决定。一般做法是由主管领导或领导机关根据规定的任职条件并在征求民意的基础上提出任职人选，经过组织人事部门的考察，由任免机关决定后正式任命。因此，委任制是目前我国使用最普遍的干部任用形式，是我国领导干部选拔任用制度的基础。

③ 考任制。1989 年人事部、中组部联合发布的《关于国家行政机关补充工作人员实行考试办法的通知》首次确立了"逢进必考"这一基本准则，经过近 30 年的发展，考任制的适用范围不仅针对一级主任科员以下及其他相当职级层次的公务员，而且已扩展至面向社会公开选拔、单位内部竞争上岗等领导职务公务员。虽然对其有诸多争议，但目前尚

无更好的替代制度，所以公开的考试竞争仍要坚持推广，需要解决的是考试内容和形式的多样化、丰富化，并辅之以必要的考核，以全面考查应考者的德才情况。

④ 聘任制。《公务员法》设专章规定了公务员的职位聘任。其中规定，机关聘任公务员，应当按照平等自愿、协商一致的原则，签订书面的聘任合同，确定机关与所聘公务员双方的权利、义务。聘任合同经双方协商一致可以变更或者解除。聘任合同应当具备合同期限，职位及其职责要求，工资、福利、保险待遇，违约责任等条款。聘任合同期限为 1 年至 5 年。聘任合同可以约定试用期，试用期为 1 个月至 12 个月。聘任制公务员实行协议工资制。公务员聘任是我国公务员任用的新型制度，市场机制的引入为党政机关吸引优秀专业技术人才开辟了一条畅通、合法的渠道。

2007 年，人事部决定在上海浦东和广东深圳率先开展聘任制公务员试点，2010 年，《深圳市行政机关聘任制公务员管理办法（试行）》印发，新进公务员一律实行聘任制。2002 年发布和 2014 年修订的《党政领导干部选拔任用工作条例》都规定，党政领导职务实行选任制、委任制，部分专业性较强的领导职务可以实行聘任制。2011 年，中组部和人社部印发《聘任制公务员管理试点办法》。到 2015 年 7 月，试行公务员聘任制的省份和城市包括广东、北京、上海、浙江、江苏、福建、四川等地，而作为我国首个公务员聘任制试点城市的深圳，在职聘任制公务员已经超过 5 000 人。从试点情况看，聘任制公务员普遍能力强、素质高、态度好，许多人已成为所在单位业务骨干，与委任制公务员同工同酬并有均等的晋升机会，保障了他们的职业发展空间，有利于吸引和激励公务员长期、勤勉为政府服务；聘任制也有利于打破"铁饭碗"，对委任制公务员队伍形成了"鲶鱼效应"，在适度增加公务员职业危机感的同时激发了其工作动力、提高了管理效能。但实践中存在可聘任职位不明确，职位设置宽泛，聘任程序不完善，聘任工资、福利、保险等无具体规定，晋升难、流失率高，人事争议仲裁规定不明确等诸多问题。有研究在比较了聘任制公务员、人民法院聘任制书记员、政府雇员、特殊岗位公务员聘任、特殊职位公务员招考、乡镇干部选聘、领导职务聘任和机关辅助人员聘用八种制度后，提出了聘任制公务员制度建构要素有：前提——职位设置，关键——科学招录，基础——职责规范，核心——合同管理，保障——退出管理。⑤

2017 年 9 月，中办、国办印发了《聘任制公务员管理规定（试行）》，规定了职位设置与招聘、聘任合同、日常管理等。其中，聘任制公务员是指以合同形式聘任、依法履行公职、纳入国家行政编制、由国家财政负担工资福利的工作人员。机关聘任公务员主要面向专业性较强的职位，确有特殊需要的，也可以面向辅助性职位。聘任为领导职务的，应当是专业性较强的职位。专业性较强的职位是指具有低替代性，要求具备经过专门学习才能掌握的专业知识、专业技能的职位。辅助性职位是指具有较强事务性，在机关工作中处于辅助地位的职位。

（3）考试录用。公务员考试录用是指按照一定的标准和法定的程序，通过考试等方法，从社会上选拔相应人员到机关担任一级主任科员以下职级的公务员，并与其建立公务员权利和义务等法律关系的行为。

① 考试录用制度的产生和发展。考试录用制度起源于我国古代的科举制度，即由国家设立各科，定期进行统一招考，考中之后授给官职，即所谓"开科取士"或"分科举人"。这也是我国古代文官制度最具特色并著称于世之处。⑥从隋朝到清末一千余年的时间里，中国古代的科举制度形成了一套完备的选拔任用官吏的考试体系。它改变了以往那种只重门第、不重才能的选官方式，把读书、考试、做官联系在一起，无疑是一种较为科学、合理的人才选拔制度。但必须说明的是，科举制度并非建立在民主和平等理念基础之上。为适应科举考试，封建社会开设了许多种类和性质不同的学校，"学校教育及所习性质不同，显然会先天限制入学者的出路或前途，但对于这种实质上的不平等，曾由几种形式上的平等规制将它冲淡了，模糊了……所以，把仕途向庶人开放，绝不是基于什么平等或民主的观念"。⑦同时，在科举制度之外还存在着世袭、恩荫和纳赀等典型的封建选官制度，通过后者入仕往往比前者能够获得更高职位。但无论如何，考试选官制度经过民主化和科学化的双重改造，已被世界各国所接受。

我国现代考选制度起源于孙中山先生所倡导的"考试权独立"思想，以及国民政府1928年10月公布的《考试院组织法》，根据该法，考试院下设考选委员会和铨叙部。正式考试始于1930年的江苏、江西、浙江、绥远四省县长考试（录取84人），与南京、广州、北京三地的"法官初试"（录取100人）。

1949年以来，我国实行与计划经济体制相适应的以统分统配为主要特征的干部吸收录用制度。20世纪50年代初期开始，我国干部录用主要由国家统一分配大中专毕业生、组织调配安置退伍军人、从社会上有计划地吸收符合资格条件的人员、内招与子女顶替⑧。这种方式与计划经济体制相适应，在当时起到了很重要的作用，但也暴露出诸多弊端：用人制度不健全、缺乏竞争激励机制、选才视野局限于较小的范围、选人用人缺乏客观标准，用人不正之风难以避免。可以说，建立考试录用制度是党和国家在干部人事制度上革除陈规、锐意改革的一项重大举措，经历了半个多世纪的探索和实践。1980年，邓小平同志提出要勇于改革不合时宜的组织制度、人事制度，要健全包括招考制度在内的一系列干部人事制度，并提出：将来很多职务、职称，只要考试合格，就应当录用或授予。1982年，原劳动人事部根据中央提出的干部队伍革命化、年轻化、知识化、专业化的要求，制定了《吸收录用干部问题的若干规定》。这是自1949年以来的第一个关于干部录用工作的综合性文件。该文件首次使用了"考试录用"的概念，规定国家机关和企事业单位吸收录用干部要实行"公开招收，自愿报名，进行德智体全面考核，坚持考试，择优录用"的办法，并规定"从社会上成批录用干部，要统一招考。考试由批准机关或县以上人事部门与录用干部的部门共同协商，确定考试科目，并商请有关部门命题、监考和评卷。录用时按录取分数线择优录取。""不过从当时干部录用工作的宏观方面看，总的干部任用方式尚未发生根本性变化。"⑨1987年，党的十三大将干部人事制度改革的重点确定为建立国家公务员制度。十三大报告指出："凡进入业务类公务员队伍，应当通过法定考试，公开竞争。"

根据这个精神，1988 年中组部和人事部组织了一次全国范围的干部录用考试，参加考试的有百万余人，录用 8 万余人。此次干部录用的考试尝试，开创了干部录用的新局面。1989 年，《关于国家行政机关补充工作人员实行考试办法的通知》要求县及县以上国家行政机关补充工作人员，要贯彻公平、平等、竞争的原则，通过考试考核，择优录用。1993 年 10 月起实施的《国家公务员暂行条例》，对国家公务员录用等作了规定。1994 年 6 月，《国家公务员录用暂行规定》的颁布，标志着国家公务员考试录用制度正式建立。随后，各地区各部门根据工作实际又制定了相应的实施办法和细则，形成了涵盖笔试、面试、体检、考核、监督等诸多环节的考试录用法规体系，考试录用国家公务员工作开始步入规范化、制度化轨道。《公务员法》规定：录用担任主任科员以下以及其他相当职务层次的非领导职务公务员，采用公开考试、严格考察、平等竞争、择优录取的办法。主任科员以上职位的录用则主要靠推荐、选拔、调配等方式委任。2007 年 11 月，《公务员录用规定（试行）》印发。2015 年 11 月，中组部等印发《公务员录用面试组织管理办法（试行）》。

我国公务员考试录用制度是根据我国的国情建立的，它既不同于西方文官制度，也有别于我国传统的人事管理制度。与传统的人事制度相比，通过公开、公平的考试选拔录用公务员的方式，摒弃了传统的人事制度管用脱节、权责不清、流动不畅和选拔标准模糊的弊端，在科学化、法制化上都有很大的提高。同时也应该看到，公务员考试录用制度也存在一些问题：考试制度缺乏统一性、考试方法和内容缺乏科学性、考试录用过程中存在着许多违反原则的行为等。

②　考试录用的原则

●　公开原则。这是指考试录用必须面向社会，公开招考，具体包括：招考公务员的单位、部门、职位名称、数量、工作性质、职责范围要公开；报考的时间、地点、考试科目、考试办法、报考资格要公开；考试成绩及录用结果要公开。

●　平等原则。这是指公民进入公务员队伍、担任公职具有平等的权利和均等的机会。符合法定报考条件的人不因民族、性别、出身、宗教信仰、婚姻状况等受到歧视和不平等待遇。分数面前人人平等，录用的条件是看其是否具备任职所需的知识和技能。如果公民受到不平等待遇，可以寻求法律的保护。

●　竞争原则。这是指对报考人的录用，应按其考试成绩排列名次，并严格考察其道德品质等条件，甄别优劣，优者获胜。在录用公务员过程中贯彻竞争原则，实行优胜劣汰，既符合人类社会自身发展的规律，又有利于最大限度地挖掘人才，克服选拔中任人唯亲、拉关系、走后门、裙带关系等不正之风，不拘一格选人才。

●　择优原则。这是指录用机关根据报考者的综合条件择优录用。我国的公务员考试录用制度，全面考察报考者的知识、能力、政治立场、道德品质，并以考试、考察结果为依据，择优录用，以保证所录用的公务员具有较高素质。

③　考试录用程序。《公务员法》和《公务员录用规定（试行）》都规定了录用公务员，应当按照下列程序进行：发布招考公告；报名与资格审查；考试；考察与体检；公

示、审批或备案。这是一个逐步筛选淘汰的模式。必要时，省级以上公务员主管部门可以对上述程序进行调整。录用特殊职位的公务员，经省级以上公务员主管部门批准，可以简化程序。

④ 报考公务员的资格条件。《公务员法（修订草案）》规定了公务员应当具备下列条件：具有中华人民共和国国籍；年龄为 18 周岁以上，35 周岁以下；拥护中华人民共和国宪法，拥护中国共产党领导和社会主义制度；具有良好的品行；具有正常履行职责的身体条件；具有符合职位要求的文化程度和工作能力；法律、法规规定的其他条件。以及具备省级以上公务员主管部门规定的拟任职位所要求的资格条件。

同时，下列人员不得报考公务员：曾因犯罪受过刑事处罚的，曾被开除中国共产党党籍且未重新加入的，曾被开除公职的，正被列为失信联合惩戒对象的，有法律规定不得录用为公务员的其他情形的。

报考者不得报考与招录机关公务员有《公务员法（修订草案）》第七十四条所列情形的职位，即公务员之间有夫妻关系、直系血亲关系、三代以内旁系血亲关系以及近姻亲关系的，不得在同一机关担任双方直接隶属于同一领导人员的职位或者有直接上下级领导关系的职位工作，也不得在其中一方担任领导职务的机关从事组织、人事、纪检、监察、审计和财务工作。公务员不得在其配偶、子女及其配偶经营的企业、营利性组织的行业监管或者主管部门担任领导成员。因地域或者工作性质特殊，需要变通执行任职回避的，由省级以上公务员主管部门规定。

⑤ 录用考试。公务员录用考试采取笔试和面试的方式进行，考试内容根据公务员应当具备的基本能力和不同职位类别分别设置。笔试包括公共科目和专业科目。公共科目由中央公务员主管部门统一确定。专业科目由省级以上公务员主管部门根据需要设置。公共科目笔试公采取闭卷考试方式，分为行政职业能力测验和申论两个科目。笔试结束后，招录机关按照省级以上公务员主管部门的规定，根据笔试成绩由高到低确定面试人选。

《公务员录用面试组织管理办法（试行）》规定，面试由省级以上公务员主管部门组织实施，也可委托省级以上招录机关或授权设区的市级公务员主管部门组织实施。省级以上公务员主管部门组织命制或审定面试试题。根据职责分工，省级以上组织人事考试机构承担面试试题命制等有关工作，也可以委托专门机构承担面试试题命制等支持与服务工作。面试方法以结构化面试和无领导小组讨论为主，也可以采取其他测评方法。命制面试试题应制定工作方案，科学设置面试测评要素、试卷结构、试题数量等。测评要素根据招录职位所需能力素质确定。试题命制单位应按照命题规范开展试题命制、征集、评审和组配，编制面试题本。面试题本一般包括面试试题、测评要素、评分参考等内容。面试时，应当成立面试考官小组。面试考官小组一般由 7 名考官组成，其中设主考官 1 名。报考同一职位的考生原则上安排在同一考官小组、使用同一套面试题本进行面试。面试前，应采取考官和考生抽签的办法确定面试室和面试次序。只有 1 个面试考官小组的，考官实行差额抽签确定。公务员主管部门和招录机关应根据职位特点、面试方法和试题情况，合理确定面试时限,确保能够有效测查考生素质。面试应当按照规定的程序进行。面试由主考官主持,面试考官按照面试题本要求,依据考生表现进行评分并签字确认。

⑥选调生制度。选调生是指组织部门有计划地从高等院校选调的品学兼优的本科及以上学历的大学毕业生的简称。原来仅限于应届毕业生,后来参加了基层服务项目、符合选调生条件的往届大学毕业生如大学生村官、"三支一扶"人员等也被纳入选调范围。选调生直接进入基层工作,被作为党政领导干部后备人选或后备人才,以及县级以上党政机关高素质的工作人员和管理人员来进行培养,故也被称为"优大生""调干生"。这是我国公务员考试录用的一种特殊方式。据不完全统计,全国选调生数量已经超过 10 万名,进入县级领导班子的超过 1 万名,进入地厅级领导班子的近千名,还有少量进入省部级领导班子。⑩

按不同的分类方式,选调生有不同的种类。

- 按照选调的主体不同,可分为省委组织部选拔的选调生、市委组织部选拔的选调生、县(市)委组织部选拔的选调生。
- 按照所属系统不同,可分为党政选调生、法院选调生、检察院选调生、共青团选调生(如山东)、企业选调生(如广西)、人民武装选调生(如湖南)等。
- 按照选调的时代不同,可分为 20 世纪 80 年代选调生、20 世纪 90 年代选调生和新世纪(21 世纪)选调生。但 20 世纪 80 年代的选调生不是公开进行的,而是组织部门会同高校确定的。
- 按照大学生的学历不同,可分为专科选调生、本科选调生、硕士选调生、博士选调生等。
- 按照选调的范围不同,可分为定向选调生和非定向选调生。前者是仅面向某大学或某专业等选拔的。
- 按照选调的对象不同,可分为应届(生)选调生和往届(生)选调生。

如果从 1965 年 6 月 14 日,中央转发高等教育部党委根据刘少奇同志的建议写的《关于分配一批高等文科毕业生到县以下基层单位工作的请示报告》算起,已经过了初始探索、全面展开、调整改革、完善深化等阶段,取得了不少成绩,"探索出了一条通过基层实践锻炼培养领导人才的有效途径"(中组部《关于进一步做好选调应届优秀大学毕业生到基层培养锻炼工作的通知》),现已成为"培养选拔优秀年轻干部工作的整体规划"的重要组成部分(《2009—2020 年全国党政领导班子后备干部队伍建设规划》),但也存在诸多问题。如果从年轻干部的培养历来是对党和国家具有战略意义的重要工作,而选调生工作正是建立基层一线年轻干部培养链的源头性、先导性环节出发,选调生工作改革完善方案设计的基本思路是:

- 以"三个方面"工作的评估为基础。"三个方面",一是指选调生工作情况,即选调生政策出台、修订时的条件和设定的使命、任务在今天的变化和完成情况。二是指选调生制度的实际运行情况。三是年轻干部、后备干部队伍建设情况,这又包括两个方面,即年轻干部、后备干部的储备量，以及除选调生制度外的其他年轻干部、后备干部选拔培养方式的成效。年轻干部、后备干部的储备量是指年轻干部、后备干部储备的数量和质量的统一。

● 遵循"两个前提"。遵循"两个前提"，即一不能脱离《公务员法》来设计选调生工作改革完善的方案，选调生工作理应模范地遵守和执行《公务员法》；二不能脱离整个干部人事制度来设计选调生工作改革完善方案，选调生制度是干部人事制度的一个有机组成部分。

● 基于"一个基础"。"一个基础"，即大学生价值观，特别是职业价值观的变化，这是设计选调生工作改革完善方案的重要基础。没有对大学生职业价值观的把握，任何选调生工作改革完善方案的设计都没有实际价值。

● 确定选调生工作改革完善方案。根据以上三点，分析一个地方，如一省、市、自治区，或一市一县，就可以发现该地应基本符合如下三种情形之一：一是选调生政策当初出台时的条件现已不具备，设定的使命和任务也已基本完成；或者选调生制度的实际运行问题较多，且难以解决；或者年轻干部、后备干部储备量适宜等。二是不管选调生政策当初出台时的条件和使命，任务在今天的变化、完成情况，年轻干部、后备干部的储备量不足，或年轻干部、后备干部其他选拔培养方式成效不足。三是不管选调生政策出台时的条件现在是否具备，设定的使命和任务现在仍未完成，或有一定的年轻干部、后备干部储备量，或年轻干部、后备干部的其他选拔培养方式成效较为明显，且选调生制度实际运行的主要问题能够得以缓解。

针对上述三种情形，选调生工作的改革完善方案相应确定为"终止""大改"和"小改"三种方案。⑪

（4）职务任免。职务任免是任职与免职的统称，是指具有一定任免权限的机关，依照国家有关法律法规，在其任免范围内，通过法定程序，任命或免去公务员担任的某一职务的人事行政行为。公务员职务任免是公务员使用管理的起点。

任职意味着公务员与特定机关之间公职关系的形成。《中华人民共和国地方各级人民代表大会和地方各级人民政府组织法》（下称《地方组织法》）《公务员职务任免与职务升降规定（试行）》《新公务员任职定级规定》等规定了我国公务员的任职情形。《公务员法》规定，公务员任职必须在规定的编制限额和职数内进行，并有相应的职位空缺。也就是说，我国公务员任免除遵守任免的一般原则外，还应遵循编制限额、职数限额、职位空缺等前提条件和原则。《公务员法（修订草案）》还规定领导成员职务按照国家规定实行任期制。选任制公务员在选举结果生效时即任当选职务；任期届满不再连任，或者任期内辞职、被罢免、被撤职的，其所任职务即终止。委任制公务员试用期满考核合格，职务、职级发生变化，以及其他情形需要任免职务职级的，应当按照管理权限和规定的程序任免。《党政领导干部职务任期暂行规定》对党政领导干部的职务任期、连任限制、最高任职年限、任期内保持相对稳定等问题做出了具体规定。

要说明的是，第一，从广义看，选举、委任、考任和聘任是我国公务员队伍"进口"或"入口"的四种方式，即录用的四种形式，但习惯上选任、委任和聘任属于公务员任职范畴。第二，从狭义看，我国公务员的任职既包括经过公开考试录用并已取得公务员任职资格人员的任职，也包括在职公务员在部门内或跨部门、跨公务员系统的升迁、降职、调任，免职公务员恢复工作等。因此，任职是指授予具有公务员身份的人以一定的职务，在某一岗位上负责一定的工作，同时享有一定的职权。而录用是指按一定的程序、方法将原本不具有公务员身份的人吸纳为公务员。被录用者只是取得了公务员身份，并不一定担任什么职务。显然，在逻辑上是录用在前、任职在后；在时间顺序上，任职与录用可以同时进行，也可以在录用后进行。公务员的职务升降、调任也是任用的不同形式。第三，职务任免与录用、升降、转任、调任等具体任用形式（种类）的区别在于，它是抛开后者的具体特殊性，对其共性即一般性的规则做出的规定和规范，主要回答由什么机关、在什么情况下，采用什么方式，遵循哪些程序任命或免去公务员的职务。

因此，按照公共部门人力资源管理的功能与职能活动划分，以及公共部门人力资源流动管理的流入、内部流动和流出管理的划分，本书将公务员的考试录用作为流入管理的主要方式之一，与招募、甄选一起作为该章的一部分，体现的是公共部门人力资源管理的获取功能；而将在职公务员在部门内或跨部门、跨公务员系统的升迁、降职、交流与辞职、退职、解聘、退休等一起作为公共部门人力资源流动管理、职业生涯管理的主要内容，划入第 10 章，体现的是公共部门人力资源管理的发展功能。

2. 我国事业单位工作人员的公开招聘

长期以来，与党政机关相似，在传统计划经济体制下，我国事业单位工作人员也是统一分配制度。而且，各类人员一旦被分配到某个单位工作，绝大多数一直工作到退休。改革开放以来，这种制度的弊端日益凸显。所以，几十年来，对其改革一直没有停止过。特别是 2002 年，国办转发人事部《关于在事业单位试行人员聘用制度的意见》，将聘用制确定为事业单位的基本用人制度。2005 年人事部发布了《事业单位公开招聘人员暂行规定》，为事业单位公开招聘提供了法律依据。2010 年，中组部、人社部发布了《关于进一步规范事业单位公开招聘工作的通知》，针对存在的问题，进行了进一步规范，要求到 2012 年基本实现招聘制度在全国各级各类事业单位的全覆盖。[12]2014 年施行的《事业单位人事管理条例》则进一步规范了事业单位的公开招聘。

（1）党内法规制度与国家法律法规依据。党内法规制度主要包括《人事争议处理规定》《事业单位领导人员管理暂行规定》《关于进一步深化事业单位人事制度改革的意见》《2010—2020 年深化干部人事制度改革规划纲要》《国家中长期人才发展规划纲要（2010—2020 年）》等。

国家法律规范主要包括《劳动合同法》《事业单位人事管理条例》《事业单位公开招聘人员暂行规定》《关于进一步规范事业单位公开招聘工作的通知》《人社部关于加强基层专业技术人才队伍建设的意见》等。

此外，各地、有关部门和事业单位还制定了相应的管理办法等，如《北京市事业单位公开招聘工作人员实施办法》《阿坝藏族羌族自治州行政机关、事业单位招聘工勤人员试行办法》《国家税务局系统事业单位公开招聘人员暂行办法》《国家林业局事业单位公开招聘暂行办法》《中国石油大学（华东）教师招聘管理办法（试行）》《甘肃省皋兰县人民医院临时招聘护士管理办法》等。

（2）原则。《事业单位人事管理条例》第二条规定：事业单位人事管理，坚持党管干部、党管人才原则，全面准确贯彻民主、公开、竞争、择优方针。事业单位聘用人员，应在岗位有空缺的条件下，按照公开招聘、竞聘上岗的有关规定，以及各岗位的职责任务和任职条件择优聘用。

（3）程序。《事业单位公开招聘人员暂行规定》规定了事业单位招聘人员的程序：制定招聘计划；发布招聘信息；受理应聘人员的申请，对资格条件进行审查；考试、考核；身体检查；根据考试、考核结果，确定拟聘人员；公示招聘结果；签订聘用合同，办理聘用手续。

《事业单位人事管理条例》规定：事业单位新进人员，应当公开招聘。国家政策性安置、按照人事管理权限由上级任命、涉密岗位等确需使用其他方式的，按照国家有关规定执行。公开招聘不得设置歧视性条件，并采取考试与考察相结合的办法，择优聘用。考试内容包括招聘岗位所需的专业知识、技能；考察内容包括思想政治表现、道德品质及与应聘岗位相关的专业素养、业务能力。

事业单位内部应当通过竞聘上岗的方式产生岗位人选。竞聘上岗采取个人自荐、民主推荐、组织推荐等方式，根据岗位的不同特点，运用笔试、面试、民主测评等方法。

（4）聘用合同。聘用合同是事业单位与工作人员确定人事关系、明确双方权利和义务的协议。根据现行法律，《劳动法》《劳动合同法》关于订立书面形式劳动合同的规定应当适用于聘用合同。[13]聘用合同必须具备下列条款：① 聘用合同期限；② 岗位及其职责要求；③ 岗位纪律；④ 岗位工作条件；⑤ 工资待遇；⑥ 聘用合同变更和终止的条件；⑦ 违反聘用合同的责任。经双方当事人协商一致，可以在聘用合同中约定试用期、培训和继续教育、知识产权保护、解聘提前通知时限等条款。

关于聘用合同的订立，《事业单位人事管理条例》规定：事业单位与工作人员订立的聘用合同，期限一般不低于 3 年。初次就业的工作人员与事业单位订立的聘用合同期限 3 年以上的，试用期为 12 个月。工作人员在本单位连续工作满 10 年且距法定退休年龄不足 10 年，提出订立聘用至退休的合同的，事业单位应当与其订立聘用至退休的合同。

关于合同的解除，《事业单位人事管理条例》规定：事业单位工作人员年度考核不合格且不同意调整工作岗位，或者连续两年年度考核不合格的，事业单位提前 30 日书面通知，可以解除聘用合同。工作人员提前 30 日书面通知事业单位，可以解除聘用合同。但是，双方对解除聘用合同另有约定的除外。工作人员受到开除处分的，解除聘用合同。自聘用合同依法解除、终止之日起，事业单位与被解除、终止聘用合同人员的人事关系终止。

8.5.4　我国公共部门人力资源招募、甄选与录用的问题与改进

1. 我国公务员考试录用的问题与改进

（1）主要问题。我国公务考试录用制度经过 20 多年的实践，已取得令人瞩目的成就，"逢进必考"成为公务员录用的基本准则，且对社会产生了广泛而深刻的影响。但也存在不少问题。

① 公平性不足。这主要表现在，一是基础工作，主要是缺少职位分析，缺乏细致的分级分类，所有公务员职位都使用同一考录规范，表面上看似公平，实则是最大的不公平。二是考试录用的一些环节，如在资格条件设置，面试、体检及考察等环节，出现了歧视性要求、"因人画像"等。至于"内部招录""人情招录""舞弊招录"等则属于严重损害公平的违法、违纪、违规事件。调查显示，非领导职务公务员认为考试录用公平或者较为公平的分别占 34% 和 61%，领导职务的分别为 22% 和 70%。[14]但要说明一点，有的限制实属无奈，如一些乡镇在职数和编制有限的情况下，为解决招人难、留人更难的问题，在招考资格条件中设置了户籍限制，这确实是不得已而为之，当然也确实有违公平。

② 科学性不高。这主要体现为，一是如上所说的缺少职位分析，就失去了科学的前提。二是考试内容、方法的缺陷所致。调查显示，非领导职务公务员认为考试录用科学性高与较高的比率分别为 24% 和 66%，担任领导职务的分别为 21% 和 69%。[15]

③ 公平性与科学性"冲突"下的"互相伤害"。这种"互相伤害"不是指作为考试录用价值诉求的公平、科学二者之间的天然冲突，主要是指考录实践中，本来就难以把握二者之间的均衡，而不顾地区差异、组织特点、职位特点等实现平衡尤其困难。当下，为了体现公平和机会均等，特别是在身份、户籍、性别等明显的限制甚至歧视性的报考资格条件逐步减少乃至消失之后，科学性受到一定程度的"伤害"或"牺牲"。

④ "逢进必考"下的"进而未考"与"多考并进"共存。"逢进必考"下的"进而未考"是指"逢进必考"并未得到全部落实，"未考而入""考不进来调进来"的现象时有发生，并主要发生在市、县以下。"逢进必考"下的"多考并存"是指，除规模较大的公务员录用考试——俗称的"国考""省考"外，还有军队转业干部考试考核录用公务员，选调生考试录用，从大学生村干部、"三支一扶"计划、志愿服务西部计划、志愿服务贫困县计划招募的高校毕业生考录乡镇机关公务员、省选调生，基层政法机关定向招录公务员考试[16]，等等，可谓"多考并进"，缺乏统一规范。

⑤ 测评方法的信度、效度和区分度有限。录用的关键在测评，但现在测评体系的信度、效度和区分度有限，[17]即针对性、有效性和专业性不足。这也是导致科学性缺陷的重要原因。

（2）改进方向。上述问题的解决是个系统工程，既需要决策层的决心和意志，也需要扎实细致的具体工作。主要可从如下方面着手。

① 完善法律体系。我国公务员考试录用法律体系分为四个层次，第一层次是《公务

员法》，第二层次是《公务员录用规定（试行）》，第三层次是各省市公务员录用办法及其他相关规定，第四层次是关于笔试、面试、考核、录用等各个环节的实施办法或细则等。为此，一是在现有规范的基础上进一步细化规定，形成更为完善详细、更具操作性的技术规范规定。如应当确立以下规范：公务员工作职位分析规范，公务员录用资格条件设定规范，公务员录用试题命制标准与规范，公务员录用考试各类科目阅卷、成绩合成、分析等工作规范，公务员面试工作规范，公务员录用考察工作规范，公务员录用工作一般流程规范，公务员录用体检规范以及公务员录用监督规范等。[18]二是在此基础上，制定《公务员录用法》或《公务员考试录用法》，以法律的形式和效力保障公务员考试录用的制度化运行。

② 分级分类考试。这是指如下两种意义的考试录用，一是对公务员职位的不同职类和职级的报考者分别实施考录；二是根据公务员考试的轮次、形式与内容划分考试类型，如双轮制和三轮制、笔试和面试、通用考试（公共科目）和专业测试（专业科目）等，不是指公务员的晋升考试。当然，这种划分是相对的，实际上有交叉。其主要工作有：

● 分类。分类考试的依据是，我国公务员职位类别是综合管理、专业技术和行政执法三种基本类型，还包括司法员额制，即四类；再在每一类下划分若干子类，如公安、税务、海关、工商等各类行政执法子类。

● 分级。分级考试的依据是，我国公务员机关的层级设置。这包括行政区划层级和机构组织层级。我国公务员录用的是一级主任科员以下及其他相当职级层次的公务员，因此可按机关行政层级分为五级、三级等。如针对目前中央、省级（直辖市、自治区）、市级（设区的市）、县（市、区）和乡镇五个层级的五级。

● 确定分类分级考录的测评指标体系。这需要以职位分析、胜任力模型为基础。

● 构建分类分级考试方式方法体系。

③ 适度分权。这是指纵向上中央公务员考试录用主管部门向地方公务员考试录用主管部门、横向上公务员考试录用主管部门向用人部门适度分权，提高地方公务员考试录用主管部门和用人部门的积极性和主动性，提升公务员考录的针对性和有效性。但是，分权不分责，分权的同时意味着应加大上级对下级的指导、监管，并规制、协调好中央与地方、地方与地方之间的关系。

④ 优化和创新考试方式。这主要是针对考试的内容、方法和专家队伍，重点围绕以下进行：一是构建具有较强的科学性、公平性和客观性的考试评价体系，二是提升考试的信度、效度和区分度，三是加大专家队伍的建设力度。

⑤ 实行全国联考和资格考试制度。一是实行全国联考，同一试卷，分数全国认可。二是在此基础上，实行国家公务员资格考试制度。每年定期举行，通过考试的颁发公务员职业资格证书，全国通用，考生可在有效期内应聘符合条件的职位，凭证报名参加面试。

⑥ 主、办、监分离。为了规避公务员考试录用主管部门在公务员考录中既当"运动员"，又任"裁判员"，还是"监督员"的弊端，应将公务员考试录用的主考机构、办考

机构和监督机构分立。主考机构行使公务员考试录用的"主考权";开放第三部门承担考试业务,负责命题、施测、阅卷等工作,当然这需要资格认证,并加强监管;监督机构行使监督权。

⑦ 加强反馈、评价与监管。加强反馈机制、评价机制、监督管理体系建设,及时总结、反馈出现的问题,并找寻解决的策略,为公务员考试录用提供有力的保障。

2. 我国事业单位工作人员公开招聘的问题与改进

我国事业单位工作人员公开招聘存在的问题与公务员的情况相比,有一定的同源性,其改进方向也有相似性。

(1)主要问题。

① 法律规范不健全。这是事业单位人事管理法治建设滞后的重要表现,也是容易引发公开招聘其他问题的重要因素。

② 科学性有限。一是缺少职位分析,考试难以体现行业、单位和岗位特点,从而失去科学的前提。二是考试内容、方法等的缺陷直接影响了公开招聘的科学性。

③ 公平性偏低。一是某些招聘环节存在违规,二是存在内部招聘、人情招聘、舞弊招聘等违法乱纪现象。

④ 考试的针对性、有效性较差。不论是笔试的内容,还是面试的内容、方法等,其信度、效度等较有限;同时,面试官队伍素质参差不齐、考试形式过于单一也是重要原因。

(2)改进方向。

① 加快法治建设。一方面,总结各地、各部门的经验教训,完善现行党内法规和国家法律法规,特别是《事业单位人事管理条例》《事业单位公开招聘人员暂行规定》等有关规定及其与其他法律规范的衔接;另一方面,鼓励支持一些地方、部门根据自身特点,进一步细化上述规定。

② 分类考试。首先,分类。管理岗位可以作为一类;专业技术岗位很复杂,可以先按教育、卫生、文化、科技等大类划分,然后再根据岗位类别细分,如信息技术、财务管理、法律、外语、统计等。其次,根据每个类别、岗位胜任力要求,建立测评指标体系。最后,根据测评指标体系,选配相应的考试方法。

③ 完善和创新测评方式。这主要是指考试的内容、方法与专家队伍建设,一是在优化现有测评方式方法的基础上,建立科学性、公平性和客观性兼具的考试评价体系;二是大力提升考试的信度、效度和区分度;三是建设一支高素质的专家队伍。

④ 严格遵循程序。严格执行有关规定,做到程序公开、过程透明、结果公开,并在此基础上,总结经验,优化程序。

⑤ 强化反馈评价。加强反馈机制、评价机制建设,及时总结、反馈、评价、解决出现的问题,并做出制度性的修正、规范与预防。

⑥ 加强监督管理。一是加强上级对下级、管理部门对用人单位的指导、管理,二是

加强纪检监察部门的监督，三是加强社会和考生的监督。

注释    资料

复习思考题

1. 如何理解公共部门人力资源招募、甄选与录用（招录/招聘）的含义与流程？

2. 公共部门人力资源招募、甄选与录用应遵从什么原则？

3. 如何理解公共部门人力资源招募、甄选与录用的作用？

4. 公共部门人力资源招募的渠道有哪些？内部招募和外部招募各有什么特点？

4. 公共部门人力资源甄选方法有哪些？各有什么特点？

5. 挑出你入大学以来考试成绩比较理想和不太理想的课程各一门，然后分析一下：其成绩理想与否与任课教师的试题设计、考试方法有多大关系？为什么？

6. 设计一份为你的辅导员职位甄选候选人的面试试题提纲，并说明理由。

7. 假如由你来设计公务员录用考试考你自己，你认为采用什么方法、针对哪些指标（测评要素），能够把你的知识、能力、潜能、态度、价值观等测评出来？为什么？

8. 公共部门人力资源招募、甄选与录用评估包括哪些评估？

9. 简述公务员的任用形式。

10. 西方发达国家公共部门人力资源招募、甄选与录用制度与实践给你什么启发？

11. 你是如何理解我国公务员考试录用的原则、报考资格条件的？

12. 你是如何理解我国公务员的职务任免的？

13. 我国事业单位工作人员公开招聘的原则、程序有哪些？

14. 试比较中英两国公务员的考试录用。

15. 试析我国公务员考试录用存在的问题与改进方法。

16. 试析我国事业单位工作人员公开招聘存在的问题与改进方法。

第9章　公共部门人力资源教育、培训与开发

学习思路和重点

毛泽东指出干部教育和培养"应该是第一位的",邓小平则提出"培养干部,才是最基本的建设",而在本尼斯(W. Bennis)看来,"员工培训是企业风险最小、收益最大的战略性投资",所以人力资源的教育、培训与开发是公共部门人力资源管理的重要职能。学完本章,应掌握公共部门人力资源培训的需求分析、方法及其选择、计划实施和效果评估,熟悉西方发达国家公共部门人力资源培训制度与实践,掌握我国公共部门人力资源培训制度与实践及其问题与改进。

9.1　公共部门人力资源教育、培训与开发概述

9.1.1　公共部门人力资源教育、培训与开发的含义

公共部门人力资源教育、培训与开发是指公共部门为了促进组织目标与组织成员职业生涯目标的实现,从组织现实和未来发展的需要以及组织成员发展的需求出发,对组织成员的知识、技能、能力、态度、思维方式、价值观念和行为规范等所实施的有计划的教育、培训和开发。

在此涉及教育(Education)、培训(Training)和开发(Development)三个既有联系又有区别的概念。广义来讲,教育包括培训,培训是一种后续教育、职业教育,但狭义上存在具体的区别。教育是指提高组织成员知识、技能、能力和行为规范程度,以及转变价值观念、态度等系统的、正规的、整体性的教学、训练等活动;培训是指使组织成员具有完成某项工作所必需的知识、能力等的短期的活动;而开发是指对组织成员的潜能挖掘和职业发展进行系统的设计和实施的活动。换言之,教育主要是面向未来,包括技能,但主要是学习在不同情况下通用的东西,以及为迎接新的工作和挑战做准备;培训是为组织成员的责任和任务提供学习,主要是针对技能,同时也包括态度、思维方式等;开发也是未来导向,重点是为未来做好准备,但并非是组织成员能具体预计到或清晰了解的,技能是其中的一部分,但更强调与组织价值及其变化要求相一致的态度和知识的重构。[①]总之,教育强调的是系统性、整体性、全面性,如接受继续教育、成人教育,公共管理硕士(MPA)教育、工商管理硕士(MBA)教育等,是一种以未来为导向的人力资本投资活动;培训强调的是使组织成员获得目前工作所需的知识能力等,即通常所说的"缺什么就培训什么",所需时间较短,阶段性较清晰;开发强调的是针对组织成员未来发展所需要的知识、能力、态度和价值观念等,着眼于更长期的目标,时间较长,阶段性较模糊,也

是一种以未来为导向的人力资本投资活动。但三者都是为了通过提升组织成员的知识能力等，使之适应现职工作和未来发展的需要，实现组织成员和组织的共同成长，所以，在实践中，常对三者不做严格的区分，合称为培训开发、教育培训，简称培训。[②]

9.1.2　公共部门人力资源教育、培训与开发的特点

公共部门人力资源教育、培训与开发具有以下四个特点：第一，最终目的是促进组织战略目标与组织成员职业生涯目标的实现。第二，出发点是既满足组织现实和未来的需要，又满足组织成员发展的需求。第三，直接任务是提高组织成员的知识、技能、能力，改变组织成员的工作动机、价值观念和职业等。第四，是组织有计划的、连续性的与组织的使命、愿景、核心价值观、战略等协调一致的工作活动。

9.1.3　公共部门人力资源教育、培训与开发的类型

由于培训的对象、内容、条件、形式、目的等各不相同，在实践中形成了不同的培训种类：一是根据是否在职，分为在职培训和脱产培训。二是根据受训者的不同，分为管理人员的培训（还可再分为高层管理人员的培训、中层管理人员的培训和后备管理人员的培训）、专业技术人员的培训、操作人员（即工人）的培训等。三是根据培训的内容不同，分为观念转变培训、态度改变培训、专项技术培训、管理技能培训等。四是根据培训的层次不同，分为高级培训、中级培训和初级培训。五是根据职业生涯发展阶段的不同，分为新员工入门培训或职前培训或岗前培训或初任培训、调任培训、晋升培训、退休培训等。六是根据培训的目的不同，分为应急性培训和发展性培训。前者是指组织急需什么，就培训什么；后者是指基于组织的未来需要而进行的培训。

9.1.4　公共部门人力资源教育、培训与开发的阶段

公共部门人力资源教育、培训与开发是一项以问题为导向、以理论假设为前提，需要进行规划设计、实施监控和评估反馈的系统工程。按国际标准化组织（ISO）的《ISO10015：质量管理——培训指南》，管理者应监视下列阶段：确定培训需求、设计和策划培训、提供培训与评价培训结果。[③]一般可包括培训需求分析、培训计划制定、培训实施、培训效果评估与反馈四个阶段，见图9-1。当然，这并非是说所有的培训项目都需要顺次完成这个四个阶段的工作，因为这四个阶段的界限也不可能是泾渭分明的，而且多数

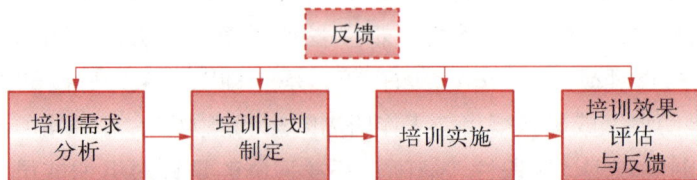

图9-1　公共部门人力资源教育、培训与开发的阶段或程序

组织会把前两个阶段放到一起，而管理规范的组织通常会在培训需求分析阶段就开始进行培训评估，如确定培训需求后就对培训的目的、内容、对象等进行评估，确保培训从开始就是有效的。

9.1.5　公共部门人力资源教育、培训与开发的作用

众所周知，一个国家、一个地区、一个组织的命运，归根结底取决于其人员素质的高低。但人的知识、技能的衰退周期越来越短，组织必须不断地更新其人力资源。而一个组织更新人力资源的办法有三种：一是录用新人；二是通过与其他组织的协商来购买或租用具有所需知识能力等的员工；三是培训现有组织成员，使其具有所需要的知识能力等。显然，前两种办法受到种种条件的制约，而立足现有组织成员，通过培训使其增长知识才干、增强责任感和事业心等，便成为必然选择。当然，人的知识能力的提高、态度的改善、价值观念的转变、职业行为的形成，需要个人的钻研和探索，但更需要有计划、有组织的培训。所以，国内外各类组织都高度重视现有人员的培训。其作用主要表现为：（1）有利于保证组织成员与组织同步成长。培训可以显著提高组织成员的胜任力，提升其适应性和灵活性，提高工作效率，使人力资源的利用达到最佳状态，实现人与事的匹配和谐，既可使组织成员适应不断变化的社会发展的需求和组织发展的需要，又可改善组织绩效，增强组织的核心竞争力，最终保证了组织成员与组织的同步成长。（2）有利于吸引、保留和激励组织成员。培训既作为组织所提供的全面报酬之一，具有有效的吸引、保留和激励组织成员的作用，还有助于提高组织成员对组织的认同感和归属感，提高组织成员的组织承诺度或忠诚度、工作满意度，进而促使其更加投入地完成工作，创造更高的绩效。（3）有利于实现组织的战略和建设学习型组织。培训已被视为创造智力资本的重要途径，近一个时期，其关注点由教会组织成员掌握某种具体技能转向知识的创造和分享，即高阶培训。这一方面可将培训与组织的使命与战略紧密连接起来，并有助于营造鼓励持续学习的环境，有利于发展成为学习型组织。另一方面，组织高度重视培训本身就向组织成员传递出如下信息：组织存在重视学习、创新、创造的文化，这种文化正是形成学习型组织的重要前提。（4）有利于塑造良好的组织文化。良好组织文化的塑造，除有赖于组织的正式制度，特别是组织的人力资源管理制度外，还特别需要借助培训向组织成员不断传递和强化组织的文化理念，使组织成员全面认同组织的使命、愿景，践行组织的价值观念，自觉保持与组织一致。

9.2　公共部门人力资源教育、培训与开发需求分析

培训需求分析是指组织在开展培训活动之前，采用适当的技术和方法，对组织及组织成员的知识、技能等素质构成进行系统的评估分析，以确定组织和人员现状与组织目标之间的差距，进而确定是否有必要进行培训以及需要什么样的培训过程。培训需求分析既是

确定培训目标、设计培训方案的前提，也是进行培训评估的基础。

9.2.1　培训需求分析理论

培训需求分析是 20 世纪 60 年代麦吉（W. Mcgehee）和塞耶（P. Thayer）等人提出的一种通过系统评估来确定培训目标、培训内容及其相互关系的方法。此后，又逐渐出现了一些影响较大的培训需求分析理论。

1. 三步体系分析理论

麦吉和塞耶提出了组织培训需求分析的"三步体系"。到了 20 世纪 80 年代，戈德斯坦（Goldstain）使培训需求分析方法得以系统化，并提出培训需求分析应从三个方面着手，即组织分析、任务分析和人员分析。见表 9-1。

表 9-1　麦吉和塞耶的三步体系培训需求分析

分　析	目　　的	方　　法
组织分析	决定组织哪里需要培训	根据组织长期目标、短期目标、运营计划，判定知识和技术需求；将组织效率和工作质量与期望水平进行比较；制定人力资源接续计划，对现有组织成员的知识、技术进行审查；评价培训的组织环境
任务分析	确定培训内容应该是什么	分析绩效考核标准、要求完成的任务，以及成功地完成任务所必需的知识、技术、行为和态度等
人员分析	确定谁应该接受培训和需要什么培训	通过绩效考核，分析造成绩效差距的原因；收集和分析关键事件；对组织成员及其直接上级进行培训需求调查

2. 基于意图的培训需求分析理论

罗塞特（Rossett）认为，培训需求分析中应从不同角度收集如下具体信息：（1）理想状况的信息，包括理想的绩效状况，职位对任职者知识、技能和态度等的需求；（2）实际状况的信息，即员工对所需求的知识、技能和态度等的实际拥有程度，对工作的感受；（3）产生绩效问题的可能原因；（4）解决问题的可能途径。他同时认为，对产生绩效问题的原因分析是培训需求分析的关键环节，这些原因包括环境阻碍、激励、知识技能和动机。环境阻碍包括组织人事上的阻碍、政策问题和技术工具原因；激励问题即管理层给予的激励形式是否有效；知识技能问题即组织成员对工作需要的知识技能的掌握是否有不足；动机问题即组织成员对工作所持的态度，即工作动机。一般来说，受训者对解决问题的相关信息掌握得很有限，所以关于解决问题的可能的方向、途径的信息，更多地依赖于培训专家和管理人员的报告。

3. 基于组织气氛的需求分析理论

瑞文（J. Rein）提出，人的称职行为不仅取决于价值观和能力，也取决于所处的组织气氛环境。组织气氛代表了组织内部环境一种较持久的特征，这些特征包括成员的经验、可能影响成员行为的因素和可利用的组织特征或属性。乔治（George）则认为，组织气氛包括结构、责任、奖酬、风险、情谊、支持、绩效标准、冲突和归属程度九个因素。

麦克利兰指出，组织的成就定向是揭示不同组织气氛的根本要素，其所在的明尼苏达大学的研究人员在多年对比研究的基础上，提出了高绩效组织和低绩效组织在组织气氛上最具差异的七种特征：规范的灵活性、灵活的环境背景、赋予的责任、绩效标准、奖罚方式、组织目标和规划的清晰度、团队精神。

4. 基于知识、技能的需求分析理论

阿诺尔德（J. Arnold）等人在考查知识需求时，主张从三个方面进行需求分析：对组织系统和人员信息网络知识的分析，对产品服务、竞争者的知识分析，对专业性知识的分析。在技能分析方面，时勘等人根据员工心智技能模拟培训法的研究结果，主张将心智技能作为培训的重点，并在实际的技能培训中采用了专家口授报告方法和汇编栅格法（Repertory Grid Methods）来建立专家解决问题的认知模型，明显提高了培训效果。

5. 基于个体因素的需求分析理论

瓦伦齐（E. Valenzi）等人认为，个体行为是组织行为的基本组成单元，个体的需要、动机、个性、感知、学习、态度和技能等因素会对组织行为产生影响。而且工作满意度与工作士气、工作绩效等有密切的关系，一些工作条件因素，如报酬、监督方式、工作本身的特点、工作伙伴、安全、晋升等，也对工作满意度有很大的影响。这些因素是培训需求分析中应考虑的重要因素。

6. 基于组织绩效问题的需求分析理论

既然"培训的一个主要压力点就是业绩不良或业绩低于标准要求"[④]，培训是解决绩效问题的一种方法，那么反过来，可以通过寻找绩效问题及其原因分析培训需求。见表9-2。

表9-2　组织对绩效问题的回应

情　况	组　织　回　应	人　事　活　动
1. 问题是不显著的	忽略它	无
2. 选录标准是恰当的	增加对选录标准的关注	职位分析
3. 组织成员不知道绩效标准	设置目标和标准并提供反馈	引导、绩效考核
4. 组织学会用缺乏技能	提供培训	培训
5. 好的绩效没有得到奖励，差的绩效没有得到惩罚	提供奖励或惩罚，并把它们与绩效联系起来	绩效考核、惩罚行为

资料来源：罗纳德·克林纳、约翰·纳尔班迪、贾里德·洛伦斯，《公共部门人力资源管理：系统与战略》（第6版），中国人民大学出版社2013年版，第218页。

7. 基于胜任力的需求分析理论

由于胜任力及其模型是根据组织的战略和文化导向、组织成员承担的工作任务要求等制定的，并且能够确保优秀绩效员工的一系列知识、技能、工作动机、价值观念等因素的集合，因此通过对照组织成员的胜任力现状与理想胜任力之间的要求，就可以确定组织成员个人需要接受哪些方面的培训。

9.2.2　培训需求分析的程序与内容

培训需求分析的程序如图9-2所示。其中，鉴于培训需要与组织战略目标相匹配，所以培训需求分析通常是按照组织分析、任务分析、人员分析的顺序进行的，那么培训需求分析的内容也就是这三个方面，即分析组织的需要，完成特定工作任务对相关知识、能力和技能的需要，以及组织成员个人或任职者的需要。

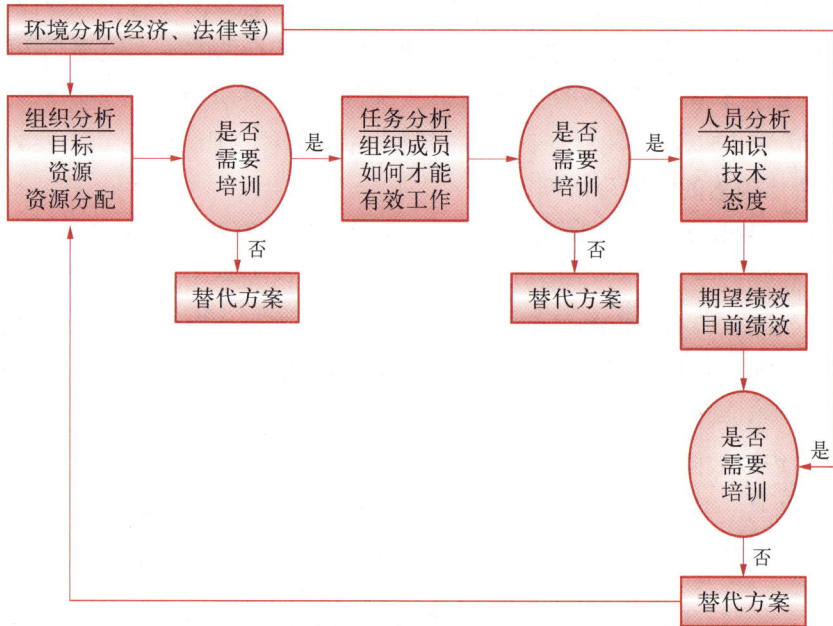

图9-2　培训需求分析的内容与程序

资料来源：Wayne F. Cascio, Managing Human Resources, 3rd ed, New York, McGraw-Hill, 1992, p. 237.

1. 组织分析

组织分析是指通过分析组织战略、组织目标、组织资源、组织文化、组织绩效、组织环境等，确定组织层面的培训需求。它反映的是组织成员在整体上是否需要进行培训，以及培训是不是解决现有问题的最有效方法。这主要包括：第一，通过组织战略及其在长期、中短期目标的分析，确定培训可利用的资源、管理者对培训的支持程度，以及与目前组织状况相比较，找出其中的差距。因为组织战略明确了组织希望其成员拥有什么样的专长、技能等，决定了组织会优先将资源用于解决哪一个或哪几个培训压力点，即不同的组织战略确定了不同的培训需求。反过来讲，通过确认组织战略，以确保培训有足够的经费和时间等，进而保证组织成员在相关内容上得到足够的培训，从而为组织战略的实现打下良好的基础。第二，通过人力资源需求分析，确定为实现组织战略和发展目标在今后几年所需要的人力资源的数量和质量，进而确定现有成员的总体素质结构是否存在差距，如人员的数量、年龄、工作态度、对组织的态度、知识水平、技能水平等，然后确定通过培训能否解决，通过什么样的培训予以解决，以及有无其他更经济、有效的替代方式等。第三，通过组织文化分析，确定组织文化理念的内化与外化现状、组织运作的基本方式、规章制度的完善与实际执行情况、组织成员之间的待人处事风格等，以深度把握组织。其中，与上述通过分析组织战略确定管理者的支持紧密相连的是，组织内部是否存在对受训者的支持氛围至关重要。特别是受训者的直接上级与同事的支持力度，既决定了受训者能否受训，也影响受训者能否将学到的知识、技能等有效运用于工作实践。第四，通过组织环境分析，获得因组织外部环境及其变化对组织的要求，从而通过培训保证组织在环境的持续变动中不断提升绩效，赢得社会公众的信任和支持。

2. 任务分析

任务分析是指通过分析工作任务，明确需要完成哪些工作任务，进而确定为完成这些任务需要在培训中强化哪些知识、技能、行为方式等。主要包括以下四个步骤：首先，确定要分析的职位。其次，列出一份初步的工作任务清单，可采用观察、访谈等方法。再次，确认任务清单，可采用专家讨论法等。最后，确定完成每项工作任务所需要的知识、技能、行为方式等。只有对工作任务进行精确的分析并以此为依据，才能获得准确的培训需求。

3. 人员分析

人员分析是指通过分析组织成员目前的工作绩效水平与预期工作绩效水平之间的差距，确定其是否需要进行培训，以及接受什么样的培训。其中，当绩效不佳或未能达到绩效标准时就形成了培训的主要压力点。进而需要确定造成绩效不佳或未能达到绩效标准的原因。由于绩效不佳或未达到绩效标准的原因是多方面的，因此人员分析的关键在于判断这到底是由于知识、技能不足，还是工作动力缺乏，抑或是职位设计缺陷，乃至绩效考核不够客观公正等其他原因，以提炼培训需求，即培训能否解决组织成员的绩效问题，以及应通过具体培训什么解决问题。

9.2.3　培训需求分析的方法

1. 培训需求的问题分析法

问题分析法又称绩效差距分析法（Performance Gap Approach），顾名思义，该方法主要集中于组织或组织成员存在的问题，即在分析组织及其成员现状与理想状况之间差距的基础上，确认和提出造成差距的症结与根源，明确培训是否是解决这些问题、提高组织绩效的有效途径。它被广泛应用于各个层次的培训需求分析，是一种比较有效的分析方法。

该方法一般经过以下几个环节：第一，发现和确认问题。即找出组织理想绩效与现实绩效之间的差距，进而认定和筛选造成差距的各种可能，并进行初步的分类分析。如组织生产力水平不高，可能是组织的设备、资金等硬件有问题，也可能是工作人员的态度、士气等软件有问题。第二，收集资料或直接观察，进一步确定问题的性质。可通过收集资料，如使用绩效考核报告、工作总结等文献资料，或采取观察、面谈和问卷等，明确造成差距的主要问题所在。为此，必须充分了解和说明问题四个方面的状态——何种问题、何处发生、何时发生、何种程度。第三，分析、判断和证实造成问题的主要原因。第四，培训需求分析。发现和判断造成问题的原因与组织的培训工作是否存在必然的联系，即组织通过问题原因的查询，认识到对组织成员的培训是改善目前绩效不理想状况的重要途径，是实现组织需要和组织成员个体满足的手段，从而论证了培训活动的必要性。第五，说明培训需求分析的结果。从工作需求、个人需求和组织需求三个方面出发，提出培训的种类、内容和方法，建立培训的详细目录。

2. 培训需求的全面分析法

全面分析法（Comprehensive Approach）是指通过对组织内部各个层面进行全面系统的调查分析，确定理想状态与现实状态的差距，从而进一步确定是否进行培训，以及培训的内容和方法。与问题分析法相比，该方法偏重于组织运转中的方方面面，而不是针对某些问题。

其一般程序是：首先，进行职位分析，以此制定出职位评价标准和职位规范。其次，编写组织任务和所需技能的目录清单。把任务分解成一个个分析单位，描述出每一个任务的内容和任职资格。在此基础上，对任务的性质与技能的性质进行比较、分析，得到其理想的绩效标准。再次，分析组织现实的绩效水平状况，找出差距，认识问题的性质及其成因，这样又回到上述问题分析法的过程。最后，培训规划设计。针对全面分析的结果，制定培训的方案，选择有效的培训途径，然后实施，并在实施过程中不断修正和完善。

与问题分析法相比，全面分析法的优势在于，能够获得多功能的分析资料，从而比较全面地认识问题。但由于它要顾及各个层次，因此需要投入大量的资金和时间。另外，在分析之前，组织还需制定比较周密的计划，通盘考虑各方面因素，这恰恰限制了它的应用，于是人们转而使用更为简单易行、切中要害的问题分析法。当然，全面分析法在任务简单，程序性、操作性强，人际关系不太复杂的组织中使用是非常有效的。

除此之外，可以采用的培训需求分析方法还有观察法、文献资料搜集法、态度调查法、问卷调查法、面谈法、集体讨论法、绩效考核法等，各种方法各有利弊，详见表9-3。

表9-3 培训需求分析方法比较

培训需求分析技术	被培训者参与程度	管理层参与程度	分析过程耗时程度	培训需求分析成本	分析过程量化程度
顾问委员会	低	中	中	低	低
评价中心	高	低	低	高	高
态度调查	中	低	中	中	低
集体讨论	高	中	中	中	中
面谈候选培训对象	高	低	高	高	中
调查管理层	低	高	低	低	低
员工行为观察	中	低	高	高	中
绩效考核	中	高	中	低	高

（续表）

培训需求 分析技术	被培训者 参与程度	管理层 参与程度	分析过程 耗时程度	培训需求 分析成本	分析过程 量化程度
关键事件	高	低	中	低	高
问卷调查与清单	高	高	中	中	高
技能测评	高	低	高	高	高
评估过去项目	中	低	中	低	高
绩效档案	低	中	低	低	中

资料来源：George T. Milkovich, John W. Boudreau, Human Resource Management. Richard D. Irwin, 1994, p.497.

9.3　公共部门人力资源教育、培训与开发的方法

9.3.1　公共部门人力资源教育、培训与开发的具体方法

1. 培训方法的类型

培训方法多种多样，各有特点，依据不同的标准形成不同的分类，如分为传统教学方法、行为主义教学方法、网络教学方法、以人格素质为中心的培训方法等。按照培训传授方式的不同，将培训方法分为五种。

（1）面授型。这是指培训者（培训师）通过讲解、指导等向受训者传授知识，以及通过要求受训者积极参与而开发其某种技能，进而把握如何将技能应用于实际工作的方法。其主要特点是信息交流的单向性和受训者的被动性。尽管其较为传统，但作用不容忽视。如课堂讲授法、专题讲座法、研讨法、影视法等。

（2）实践型。这是指通过让组织成员在实际工作岗位中进行培训，掌握工作所需的知识、技能等的方法。该方法针对性强、成本低，可利用现有条件实施培训，且受训者不用脱产，可继续从事本职工作，对改善管理、提高组织成员业务水平和组织绩效都很有效。如导师制、职位轮换法、个别指导法等。

（3）参与型。这是指通过充分调动受训者的积极性，使其在与其他受训者的互动中获得知识、技能和正确行为方式的方法。其特点是开放性、双向性、趣味性、创新性和监测评价的及时性都比较强。如案例研究法、头脑风暴法、拓展训练法、情景模拟法等。

（4）行动学习型。这是指受训者通过对实际工作中的问题、任务、项目等进行处理，从而达到培训目的的方法。也就是"干中学"，即不局限于对理论和知识的单方面的灌输，而是强调共同参与，以及在行动中学习、在学习中行动，把研讨的成果在实践中具体落实和运用，以解决各项实际问题。其最大的特点是学、做结合，培训成果转化为现实能力最强。如角色扮演法、管理训练法、敏感性训练法等。

（5）电子化。电子化学习（e-Learning）或数字化学习（Digital Learning）是指即通过互联网、个人电脑、手机等，实现在线学习或联网下载后再离线学习的方法。随着无线互

联网技术的普及，这主要依托于专业的培训系统、培训平台，以及 iPad、手机移动设备等，从理论上说，人们可以随时随地地学习，进而产生了移动学习（Mobile Learning）的概念。由于它突破了时间、地点限制而逐渐得到人们的青睐和重视，并在培训工作中扮演着越来越重要的角色。当然，这不可能完全取代教师与学习者之间的面对面的双向交流，因此线上线下结合的综合性的混合学习就成为必然选择。可以断定，随着云计算的出现以及更便捷移动设备的流行，这定会引领未来培训革新的趋势与潮流。

2. 常用培训方法

（1）课堂讲授法。这是指由培训者向一批受训者进行面对面授课的方法，这是在任何教育中都占有重要地位的知识传授方法。尽管新方法、新技术层出不穷，但这仍几乎是培训的首选方法。在培训中，还可以穿插提问、讨论、案例分析等其他多种方法。其优点主要是经济、简单、易操作、环境要求不高，而且传授内容多、系统、全面、效率较高。但其不足也很明显，因为这是一种以培训者为中心的方法，它所传递的知识信息的性质、重点、供给量和速率等均取决于处于主导地位的培训者，而受训者是被动的，个体差异难以被顾及，缺少交流反馈，方式单一，其效果直接受制于培训者的水平。因此，一要选择适宜的培训者、受训者和培训内容；二要避免单纯的灌输，辅之以灵活多样的形式，以及现场教学；三要保持培训中的双向有效沟通；四要有针对性地选择环形、V 形、U 形、臂章形教室，利于双向互动。

（2）研讨法。这是指通过培训者与受训者之间、受训者相互之间的讨论，来解决问题，巩固和扩展知识的方法，是仅次于课堂讲授而被广泛使用的方法。其优点一是双边互动，教学相长，特别是受训者能够主动参与，有利于激发其学习兴趣、积极思考、互相学习；二是形式多样，包括演讲-讨论式、小组讨论式、集体讨论式、系列研讨式、委员会式、攻关小组式、沙龙式等。其缺点一是不利于受训者系统地掌握知识、技能；二是研讨题目的选择、受训者自身的水平都极大制约了研讨的实效。因此，每次研讨要制定明确的目标，并让每一位受训者知晓；还要认真确定研讨题目，以提高受训者的参与、思考和提出解决方案的积极性和主动性。

（3）案例分析法。这是指根据一定的培训目标，将真实情景或事件进行典型化处理，让受训者真实地体验、思考、确定问题，并与其他受训者一起讨论分析，从而提出解决对策的方法。这是在世界各国都普遍受到重视和欢迎的一种方法。案例是对真实情景或事件的描述，它可以只涉及一个典型的实际生活和工作问题，也可以把若干问题综合在一起；而案例分析，不是要使受训者获得正确的解决办法，而是要通过一起思考、分析实际问题培养分析问题和解决问题的能力，是将知识传授和能力培养融合在一起的颇具特色的方法。该法的优点在于真实性、实用性、参与性都很强。案例分析往往采用个人思考、小组讨论与集体讨论相结合的形式，所以既能丰富受训者的知识、经验，又能锻炼能力、完善思维模式，还能增进相互交流学习和团队合作。而且案例描述的不是抽象的、放之四海而皆准的原则，解决问题的方案也不是唯一的，甚至可能是多个，有助于开发受训者的创造性思维。其不足主要在于：对培训者、受训者的能力要求高；案例的准备时间、培训时间都长；案例的编选有难度，适宜的案例少。因此，一要运用组织的实际问题；二要尽量让每个受训者都陈述自己的看法，在正视不同的看法之后再做决策；三要将受训者对培训者的依赖程度降到最低；四要培训者避免以"对"或"不对"回答问题；五要培训者要尽量通过创造适当程度的戏剧场面推进分析讨论。可见，培训者是关键。一位合适的案例分析培训者，应防止自己成为说教者，而应充当一位教练和"催化剂"，避免本人支配分析讨论过程，或允许一部分人支持分析讨论过程，或者引导分析讨论朝着自己预设的解决方案转移等；提倡做一位推动者，鼓励受训者提出各种见解，引导受训者注意不同的意见、发现可能遗漏的问题等。

（4）影视法。这是指运用电影、录像、录音、幻灯及交互式视频等进行培训的方法。其中交互式视频是将录像培训与计算机培训两者优点结合而成的。该法的优点一是可以根据受训者的实际情况，通过重放、慢放或快放等灵活调整进度；二是受训者能感知到非常贴近工作现实的真实困境，特别是一般培训中难以呈现或表明的真实场景；三是可反复使用，既可使所有受训者能得到一致性的指导，也可通过剪裁适应不同的受训者要求；四是能调动受训者的多重感观，形象生动，引发受训者的兴趣，印象深刻。其缺点一是受训者消极被动，无法反馈、互动；二是如果缺乏现场讲解，就容易陷于单调，效果大受影响；三是选择合适的培训教材不太容易，且内容容易过时；四是像交互式视频的设备购置成本和开发成本较高。因此，应提前说明培训的目的，要求受训者以就内容发表感想，或就如何将其应用到实际工作中进行思考讨论，最后应由培训者做重点总结。该法一般并不单独使用，常作为其他培训方法的辅助。

（5）个别指导法。这主要是指通过选择资历较深的组织成员作为指导者，使新员工能够迅速掌握岗位技能的方法。类似于"师傅带徒弟"或"学徒工制度"。其优点一是可以避免新员工的盲目摸索，可从指导者处获得丰富的技能和经验；二是有利于新员工尽快融入团队；三是有利于组织文化的传承。其缺点一是为防止新员工对自己构成威胁，指导者可能会有意保留自己的经验、技术等，从而使指导流于形式；二是指导者自身的技术水平、指导方式等对新员工的学习效果影响很大；三是指导者不良的工作态度、工作习惯等可能会影响新员工；四是不利于新员工的创新。因此，重在选择合适的指导者。

（6）情景模拟法。这是指利用受训者在工作中实际所处环境或模拟环境、实际使用设备或模拟设备对其进行培训的方法，如飞行员利用模拟飞行器进行训练。其核心是使受训者看到自己的决策在一种人工的、无风险的环境中可能产生的影响。模拟情景既可以是实际工作中的物理设备的复制品，也可以是模拟现实的管理决策场景。前者可以传授相关知识和操作技能，后者可以传授相关管理知识和技能。所以，既要确保模拟环境实际工作环境具有相同的构成要素，又要确保模拟环境与实际工作中的特定条件一样。虚拟现实技术的应用大大提升了该方法的使用范围和培训实效。该方法的优点一是培训可以循序渐进，能增强受训者的信心和主动性；二是技能可以得到提高显著；三是可在没有危险的环境中进行危险性操作训练。其缺点一是模拟环境开发成本昂贵，还需要根据工作环境信息的变化及时改进，所以培训成本很高；二是对组织者的技能要求较高。

（7）角色扮演法。这是指通过设计一种情景，让受训者扮演一种角色来进行培训的方法。在特定的情景中，受训者按照角色应有的权责，模拟处理有关事务，提高处理相关事务的能力。这与情景模拟法类似，但后者更强调对操作技能和反应敏锐的培训。通常受训者会提前得到一份简要的剧本或说明，但在进入角色后，即即兴表演，令剧情合理合情地推进，直至培训者叫停或受训者感到完成任务为止。表演结束，培训者和其他受训者都可以对表演提出评价意见和建议，提倡扮演者参与讨论，交流感悟与得失。表演过程可以被录下来，以便演后分析。该法的核心是"以动作和行为的扮演来练习和开发组织成员的技能"，因此，培训成功与否取决于表演者扮演其角色的逼真程度。其优点一是参与性强，可以互相学习，显著提高了培训的主动性和积极性；二是有利于受训者敏锐把握他人的处境、感受，培养其观察能力、反应能力、人际关系处理能力等；三是特定的模拟环境和主题也有利于训练受训者的态度、基本动作、言谈举止，及问题解决能力等。其不足一是时间可能较长；二是过程控制比较困难。因此，一要目的明确，事先设计好角色，准备好材料、必要的场景工具，并规定好时间限制；二要较为详细地描述角色；三要在表演结束后进行讨论和总结。

（8）拓展训练法。这是指运用结构性的室外活动来进行培训的方法。它起源于第二次世界大战中的海员学校，目的是训练海员的坚强意志和生存能力。现在这种课程已从生存训练拓展到管理训练和心理训练等多方面，并风行全世界。其课程涉及拓展体验、回归自然、都市减压、自我突破、挑战自我、领导才能、团队建设等，主要是以外化型体能训练为前导，同时触及人的深层心理内涵，以达到心理素质的改善与拓展。其优点是：通过精心设计的各项活动，既磨炼了受训者的信心和毅力，也培养了健康的心理素质，还提高了自我知觉、冲突管理、风险承担、团队合作、人际关系处理等能力。不足在于这对培训机构提出了很高的要求。要说明的是，尽管接受此法的受训者通常认为，通过训练，对自己以及自己与同事之间的交往方式有了更深刻的理解，但该法对工作绩效的影响程度到底如何尚无严格评价。因此，一要将训练中的内容与计划受训者开发的技能结合起来；二要由经验丰富的指导者组织大家讨论总结，特别是训练中发生的事情与实际工作的关联，以及如何将训练所学运用到实际工作中去。

（9）敏感性训练法。即T小组谈论，这是指通过受训者在共同学习环境中的相互影响来提高受训者对自己的感情和情绪、自己在组织中所扮演的角色、自己同别人的相互影响关系的敏感性，进而改变个人和团体的行为，达到提高工作效率和满足个人需求目标的方法。该方法主要针对管理人员。其主要做法是把不同单位、不同级别、互不相识的管理人员分成不超过15人的小组，进行1~2周的训练。在训练中，受训者自由地讨论自己感兴趣的问题、发表意见，分析自己的行为和感情，并接受对自己行为的反馈意见（批评或其他意见），从而提高对各种问题的敏感性。其特点一是无严密组织，无指定主持人，无议题，无议程；二是培训者仅从旁协作，为训练过程提供方便，其任务是观察、记录、解释，有时诱导，扮演一种不引人注目的领导角色。许多接受性训练的管理人员说，他们比以前更富于忍耐力，更容易接纳别人，自我意识有所增强，更善于自控，更容易与别人合作，在与其他人打交道时态度更和善。不过，支持该说法的有影响的研究还不多。其局限主要是所需时间较长，存在对受训者带来心理伤害的危险，而且对培训者的要求很高。

（10）行动学习法。如前所述，这是指通过行动来学习，即通过让受训者参与一些实际工作项目，或解决一些实际问题，来发展能力。这些项目或实际问题如参加业务拓展团队、参与项目攻关小组，或者在比自己高好几层级的卓越领导者身边工作等。行动学习是以"在小组支持下通过行动与反思不断循环来学习"为理念构建起来的。该方法的创始人雷文斯（R. Revans）用公式 L＝P＋Q 表达，其中，L 代表"学习"；P 代表"结构化知识"（Programmed Knowledge），即一些已经"成型"的思路和方法；Q 代表"提问""质疑"（Questioning Insight）。后来马夸特（Marquardt）在公式的最后加上了 I（Implementation），即执行或实施；戴维（Davies）又加入了"文化（Culture）"，形成了 L＝P＋Q＋C＋I。行动学习是以学习者为主体，以现实问题或项目为主题，在催化师的引导下将结构化的深度对话渗透在"问题—反思—总结—计划—行动—发现新问题—再反思"的循环过程。它能够使学习者及时将行动体验上升到认识水平，并将新认识及时转化为行动，继而在行动中检验认识，并产生新的学习体验。一般来说，这有六个步骤：一是成立学习小组，一般不超过 10 人。二是每个人提供一个问题，让其他人去解决。三是小组定期举行会议，针对提供的问题展开讨论。讨论的问题包括问题的性质、问题的解决方案、有何困难、解决方案的可行性、邀请专家参加主讲。四是选定主持人（可邀请外人或小组内成员担任）。其职责主要有筹备会议、取得技术支持和安排会议程序。五是大家对解决问题的方法初稿进行研究和讨论。六是拿出解决方案。行动学习法的基本特点是反思性、行动性、合作性、主体性和参与性。在国外公务员培训中，行动学习法通常不是作为单一的培训方法使用，而是与讲授式、案例教学、专家指导等其他培训方法一起综合使用，主要应用于提升领导力方面的培训。英国政府管理学院（NSG）的"高层管理培训"（TMP）和"领导力提升培训"（ALP）项目、阿富汗公务员学院的"公务员领导才能发展"项目、韩国中央公务员培训学院（COTI）的"高级公务员培训项目"以及英国伯明翰伯恩维尔学院（Birmingham Bourneville College）的"公共服务的领导力培训"项目（Diploma In Public Service Leadership）中，都使用了"行动学习法单元"。以上项目的培训对象是政府部门的中高级公务员，培训期限一般为半年以上。行动学习是使受训者在培训中被"授之以渔"而不是"授之以鱼"，是"做中学""反思中学"与"在学习中学会学习"的有机结合，其与传统的培训方法相比具有以下三点优势：有助于难题的解决，有助于个人和团队发展，有助于组织不断成熟完善。其成功开展受以下几个方面因素的影响：一是高层领导的重视程度，二是行动学习中问题的选择与确定的合适度，三是催化师的能力水平。⑤我国的实践证明，该法有利于增强培训的实效性和针对性、解决个人学习与组织需要的矛盾、调动学员的学习积极性、提升学员的合作意识和工作能力，不仅是一种通过项目解决问题的方法，更是一种自我发展和提高的有效途径。[6]

9.3.2 公共部门人力资源教育、培训与开发的方法的选择

培训方法的选择直接关系到培训的成败，但一方面，由于培训方法众多，且各有特色，应用范围也各不相同；另一方面，培训方法的应用也受制于培训内容、受训者的特点和单位的条件，造成培训方法的选择比较困难。图 9-3 说明了不同的培训者与受训者之间的"适应"。大量实践表明，选择培训方法应注意以下几点。

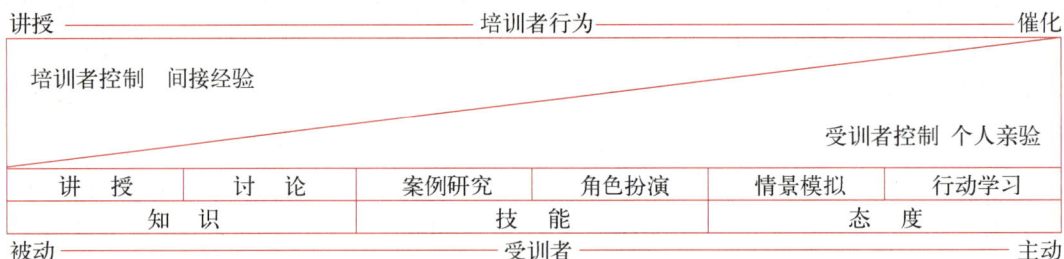

图 9-3 培训者/受训者行为

首先，要把培训目标的实现放在第一位。培训组织者要首先确定培训能够产生的学习成果，选择一种或几种最有利于实现目标的方法，再结合成本，做出合适的选择，以保证培训成果的转化。

其次，根据培训内容选择。培训内容可划分为记忆类、理解类和行为类三个类别，以及知识层、技能层、思维层、观念层和心理层五个层次，因此，必须确定组织成员需要学习哪些知识和技能，对这些知识和技能的学习需要达到何种水平，就这些知识和技能来说，哪些培训方法最佳。

第三，根据受训者的不同特点选择。在选择方法时，要区分职位的差别，即使是管理层的培训，也应该分出层次，区别对待高层、中层和基层不同的管理者。

第四，根据组织的培训预算选择。培训方法的选择依赖培训经费的支持，预算经费紧张时应该选择课堂讲授法，这样既可以节省资源，又可以进行大范围培训；当资金条件比较好时，则可以考虑使用角色扮演、情景模拟等方法。

第五，要考虑不同培训方法的优缺点、使用范围和效果。不同的方法在获得知识、改变态度、解决难题、人际沟通、参与许可、知识保持等方面的效果存在差异，选择时必须权衡利弊。实际上，没有一种培训方法是万能的，也没有一种方法是最佳的。对培训组织者来说，重要的是根据培训的目的、内容、受训者、时间、地点的不同，选择不同的方法或者一组最佳的方法组合。

最后，应综合考虑以下几点：（1）总体而言，培训方法必须具有针对性、实战性，忌从书本到书本，尤其应避免"炒冷饭"式的重复。（2）注重方法的多样性，忌随意性，应根据培训的不同对象、不同种类层次，选择适合的教学方法。（3）能调动受训者的参与意

识，忌培训教师单向传授，尤其应避免"填鸭式"的灌输。(4)激励受训者改进绩效。(5)给受训者提供实践的机会。(6)在受训期间，向受训者提供绩效方面的反馈信息。(7)在受训期间，运用强化受训者学习的方法。(8)使受训者获得将培训中学到的内容转移到其他情境中去的能力。(9)组织能承受的培训费用。(10)受训时间的要求。

1972 年小卡罗尔（Jr. S. Carroll）、佩因（F. Paine）和伊凡采维奇（J. Ivancevich）发表了一项对人事专家的调查结果，见表 9-4 和表 9-5（排列的次序越高，表明专家认为该方法越有效）。

表9-4　培训方法效果比较

培训方法	反馈	强化	实践	激励	转移	适应个体	费用
案例分析	中	中	良	中	中	差	低
研讨法	优	良	良	优	良	中	中偏低
课堂讲授	差	差	差	差	差	差	低
游戏	优	中	差	良	中	差	中偏高
电影	差	差	差	差	差	差	中
计划性指导	优	中良	良	良	差	中偏良	高
角色扮演	良	良	良	中	良	中	中偏低
感受性训练	中	中	良	中	中	中	中偏高

表9-5　培训方法与内容的匹配效果比较

效果等级＼方法	内容					
	获得知识	改变态度	解决难题技巧	人际沟通技能	参与许可	费用
案例分析	4	5	1	5	1	4
研讨法	1	3	4	4	5	2
课堂讲授	8	7	7	8	7	3
游戏	5	4	2	3	2	7
电影	6	6	8	6	4	5
计划性指导	3	8	6	7	8	1
角色扮演	2	2	3	1	3	6
感受性训练	7	1	5	2	6	8

9.4　公共部门人力资源教育、培训与开发的计划实施和效果评估

9.4.1　公共部门人力资源教育、培训与开发计划

依据培训的时间长短，可将培训计划分为中长期培训计划、年度培训计划和某次具体

培训的单项培训计划。一般而言，中长期培训计划相对宏观，主要是组织培训的理念、原则、未来方向、投入政策等；年度培训计划是组织对一年内总体培训的具体计划，主要包括当年的培训开支、主要培训活动安排，具有较强的约束性；单项培训计划主要是针对某次培训活动或某个培训项目做出的计划安排，是一套培训活动指南，强调具体可操作性。

由于组织不同，发展目标也不同，组织的培训计划也就有所不相同，《ISO10015：质量管理——培训指南》列出的培训计划应考虑下述方面：组织的目标和要求；培训需求说明；培训目标；学员（接受培训人员的有关情况）；培训方式和内容概要；日程安排（如持续时间、日期和重要的阶段）；资源要求（如培训材料和教职人员）；财务要求；为评价培训效果制定准则和方法以测量下述方面（学员的满意程度，学员的知识、技能和行为方式的收获，学员在工作中的业绩，学员的领导的满意程度，对学员组织的影响，监视培训过程的程序）。因此，一个典型的培训计划应包括以下几个方面。

1. 培训目标

培训目标是指培训活动要达到的总体效果和具体效果。设定目标，一是使整个培训过程，包括培训对象、培训内容、培训时间、培训方法、培训者等的确定，培训计划的实施等都有了方向和依据；二是使培训组织者或管理者、培训者和受训者掌握衡量培训过程、培训效果的尺度和标准；三是激励培训者和受训者的重要手段。因此，培训目标应服务于组织目标，与组织的长远目标相吻合；简明扼要，一次培训目标不要太多；具体明确，便于操作，尽可能量化。确定一个有效的目标，可以参考 SMART 原则，第一，明确、具体（Specific），即目标必须是明确、具体的，不能笼统。第二，可衡量（Measurable），即目标应是数量化或行为化的，验证目标的数据或信息是可获得的。第三，可达到（Attainable），即目标在付出努力的情况下可以实现，避免设立过高或过低的目标。第四，现实可行（Realistic），即目标是实实在在的，可以证明和观察的。第五，有时间限制（Time-bound），必须在计划中列入事先约定的时间限制，注重完成目标的特定期限。

培训目标可以分为若干层次，从某次培训活动的总体目标到某学科甚至某堂课的具体目标。可以按知识、行为、结果分类把握，也可以按技能、知识、态度分类把握，还可以按以下分类把握：一是知识传授、技能培养；二是自我意识提高，即通过培训让受训者增进对自己、自己在组织中的角色，以及自己与他人交往中的角色的了解；三是态度转变，主要是通过培训改变受训者对工作、组织的认知，提升其工作的积极性、主动性、合作性和服务意识等。

2. 受训者

受训者即培训对象，是由培训需求分析自然得出的。一般而言，应优先考虑如下人员：新员工；绩效没有达到标准的；需要学习新理论、新知识，运用新技术、新流程、新设备的；新晋升的；工作转变需要改变专长或增加专业知识的；受新政策、新制度等影响的。但受训者的确定必须考虑其掌握培训内容的态度、能力，以及培训结束后回到原工作岗位后运用培训内容的能力。这既是一个效率问题，也是一个激励问题，还决定了培训的最终成败。

3. 培训者

通过培训需求分析也就自然得出了对培训者的专业分类和知识水平，以及队伍构成等要求。选择培训者要注重其责任心、知识、经验（特别是在某些情况下，应具有与受训者相似乃至一致的工作经验）、能力（包括培训内容涉及的专业能力，沟通、协调、组织、合作、激励等能力）等。一般而言，培训者可首先从组织内部选择，如各业务主管、培训管理部门人员、已受训者、顾问等，在内部没有合适人选的情况下再转向组织外部。外部培训者主要包括职业培训师，高校科研机构的专家、学者，咨询公司人员，相关组织的专家、业务主管、管理者等。内外部培训者各有优缺点，应据培训内容、培训对象、培训经费、以往培训等情况而定。因此，组织应制定一套行之有效的培训者遴选与培养计划，特别是内部培训者的选拔制度，建立自己的内外培训师队伍。

4. 培训预算

做好培训预算，以确保培训活动的顺利开展，同时将经费开支控制在组织承受范围之内。这主要有场租费、设备费、学习材料费、外聘培训者酬金等与培训有关的直接开支项目，需要逐项调查、测算、列清。

此外，培训计划还有培训方法、培训时间和地点等。最后要指出的是，如果是采取外购（包）培训服务的话，同样需要制定一个详细的培训计划，不过这是提供给培训服务供应者（商）的培训招标书。

9.4.2　公共部门人力资源教育、培训与开发计划的实施

培训计划的实施包括四个步骤：实施、检查、反馈和修正。其中，要特别注意以下几点：一是切实履行计划，全力以赴；二是严格检查，杜绝流于形式；三是重视反馈，保证培训信息的真实性；四是及时修正，根据环境的变化和实施中的反馈信息，及时修正原计划，以便最终顺利完成培训任务，实现培训目标。

现在，已有越来越多的组织通过与高校、党校、行政学院、干部学院等合作培训，或让组织成员进驻学校，或学校选派教师送教上门，培训内容既有一般知识培训，也有相关专业能力培训。还有的选派组织成员到高校接受定向的正规学制教育。

9.4.3　公共部门人力资源教育、培训与开发效果评估

培训效果评估是指对受训者在培训过程中所获得的知识、技能、才干和其他特征应用于工作的程度进行评估。培训效果可能是积极的、消极的和中性的，这分别意味着受训者的工作绩效得到提高、恶化和没有变化。因此，培训评估需要确定：一是组织成员的工作行为是否发生了变化？二是这些变化是不是由培训引起的？三是这些变化是否有助于组织目标的实现？四是下一批受训者在完成相同的培训后是否会发生相似的变化？可见，培训评估的目的主要在于确认受训者有哪些收获与提高，培训有哪些经验和不足，有无新的培

训需求，正如《ISO10015：质量管理——培训指南》所说：评估的目的是确认组织目标和培训目标是否已经实现，即培训是否有效。

1. 培训效果评估模型

培训效果评估的研究最早可以追溯到 1959 年，当时柯克帕特里克（Kirkpatrick）在其博士论文中开始了培训效果评估方法的研究，阐述了培训评估四层次模型的思想和方法。沃尔（P. Warr）、伯德（M. Bird）和瑞克哈姆（N. Rackham）又设计了 CIRO 培训评估模型，史塔佛宾（D. Stufflebeam）又提出了关于培训效果的 CIPP 评估模型。1974 年，汉姆布林（Hamblin）认为应该增加两个方面的评估，一是对行为产生的结果进行成本效益分析，二是要评估培训结果对组织战略目标的影响，进而提出了汉姆布林模型。1991 年，菲利普斯（Philips）认为柯克帕特里克的四层次评估不够完整，需要再增加一级评估，其重点是将培训所带来的货币利润与成本进行比较，只有这样，整个评估过程才算完整，因而提出了五级投资回报率模型。此后的诸多学者也发表了各自的研究成果，进一步完善和解决了包括问卷调查、观察、访谈等各种评估的方式方法及存在的问题。从经济学角度，1962 年，有学者利用经济学对人力资本投资回报的研究成果，提出了培训收益的计算模型。此外，更多的学者从企业的实际出发，研究企业的培训投入产出。从 20 世纪 70 年代至今，培训效果评估研究焦点已经开始积聚在培训的投资回报率的研究上，诸多计量方法也被引入研究中，例如统计方法、会计方法、计量经济学方法等，试图对培训产生的效益进行评估。1985 年，舍贝克（Sheppeck）和科恩（Cohen）提出了培训收益函数。2001 年，有关研究者把效用理论与柯克帕特里克的四层次评估模型结合在一起，并据此提出了销售培训评估的框架。总之，随着人们对培训评估研究的进一步深入，有关培训收益的定性定量分析也渐趋完善。

（1）柯克帕特里克的评估模型。它主要以受训者作为评估对象，对培训效果从反应层次、学习层次、行为层次、效益层次进行评估，前两个层次主要是对培训的过程进行评估，而后两个层次主要是对培训的结果进行评估。见表 9-6。

表 9-6   柯克帕特里克培训四层次评估模型

评估级别	主要内容	可以询问的问题	衡量方法
一级评估：反应层评估	观察受训者的反映	受训者喜欢该培训项目吗？项目对自身有用否？对培训讲师及培训设施等有何意见？课堂反应是否积极主动？	问卷、评估调查表，评估访谈
二级评估：学习层评估	检查受训者的培训结果	受训者在培训项目中学到了什么？培训前后，受训者知识、技能有多大程度的提高？	培训调查表、笔试、绩效考核、案例研究
三级评估：行为层评估	衡量培训前后的工作表现	受训者在学习的基础上有没有改变行为？受训者在工作中是否用到培训所学到的知识？	由直接上级、同事、客户、下属进行绩效考核、观察
四级评估：效益层评估	衡量组织绩效的变化	行为的改变对组织的影响是不是积极？组织是否因为培训而经营得更顺心更好？	考查事故率、生产率、流动率、士气

（2）CIRO 评估模型。CIRO 评估模型由该模型中四项评估活动的首个字母组成：背景评

估（Context Evaluation）、输入评估（Input Evaluation）、反应评估（Reaction Evaluation）、输出评估（Output Evaluation）。

背景评估是指获取和使用当前背景信息，确认培训的必要性。其主要任务一是收集和分析有关培训的信息，二是分析和确定培训需求与培训目标。输入评估是指通过可获取的内、外培训资源，确定培训的可能性。其主要任务一是收集和汇总可利用的培训资源信息，二是评估和选择培训资源。反应评估是指获取和使用参与者的主观反应信息，提高培训过程的有效性。其主要任务一是收集和分析受训者的反馈信息，二是改进培训的运作程序。输出评估是指收集和使用培训结果的信息，检验培训的结果。输出评估包括四个阶段：界定趋势目标、确定测量方法、选择测量时间和评估结果，以改善后续的培训。其中两项重要的任务：收集和分析同培训结果相关的信息，以及评价与确定培训的结果。

CIRO 评估模型开始向比较先进的系统型培训模式所倡导的评估理念靠拢。相比柯克帕特里克等人的培训评估设计，它在一定程度上具有使之完善的意义，其重要标志就是将评估活动介入了培训过程的其他环节。但是，CIRO 评估模型也存有明显的不足，其中，最大的缺憾就是既未能将评估与培训执行这一重要环节专门结合起来，也未能对"反应评估"和"输出评估"的作用做出明确的认定和必要的说明，如对后续培训项目设计的作用和对本次培训项目的改进等。

（3）CIPP 评估模型。CIPP 评估模型也是由该模型中四项评估活动的首个字母组成：背景评估（Context Evaluation）、输入评估（Input Evaluation）、过程评估（Process Evaluation）、成果评估（Product Evaluation）。背景评估的内容是：了解相关环境、诊断具体问题、分析培训需求、确定培训需求、鉴别培训机会、制定培训目标等。其中，确定培训需求和设定培训目标是主要任务。输入评估的内容是：收集培训资源信息，评估培训资源，确定如何有效利用现有资源才能达到培训目标，确定项目规划和设计的总体策略是否需要外部资源的协助。过程评估的目的是为那些负责实施培训计划的人们提供信息反馈，及时修正或改进培训计划的执行过程。成果评估的主要任务是对培训活动所达到的目标进行衡量和解释，其中既包括对所达到的预定目标的衡量和解释，也包括对所达到的非预定目标的衡量和解释。特别需要认定的是，成果评估并不限于培训结束以后，它既可以在培训以后进行，也可以在培训之中进行。

CIPP 评估模型有着非常显著的特点，尤其重要的是它的全程性、过程性和反馈性特点，也就是它真正将评估活动贯穿于整个培训过程的每个环节。这集中表现在对培训项目的执行过程进行监控：不仅希望培训以后进行"成果评估"，使其反馈意义更多地作用于后续的培训项目，还希望在培训之中进行"成果评估"。总之，CIPP 评估模型相对 CIRO 评估模型而言，可以说是一次重大的补正，其中的关键就是将评估活动真正切入整个培训过程的"核心地带"——"执行培训"环节，而"成果评估"不仅被置于培训以后，重在对后续培训项目的设计产生价值，更被明确置于培训之中，旨在对本次培训项目的推进产生作用。

（4）舍贝克和科恩的效用公式。虽然在培训评估时，以上众多模型都有一定的效用，但随着对培训重要性认识的加深，人们已无法满足于单纯定性的评估，确定培训的投资回报率成为人们普遍考虑的问题。但由于对培训进行定量分析时变量很多，又很难区分工作改进到底是由什么因素带来的，因此具体运用存在不小的困难。1985 年，舍贝克和科恩提出了如下效用公式：

$$效用 = YD \times NT \times PD \times V - NT \times C$$
$$YD = 培训对工作产生影响的年数$$
$$NT = 受训人数$$
$$PD = 受训者和未受训者在工作上的差异$$
$$V = 价值，对工作成绩的货币计算$$
$$C = 为每一位成员提供培训所支出的费用$$

尽管该方法是评估培训效果的一种常用方法，但是由于公式中的 YD、PD、V 都是一些模糊的变量，很难在操作中准确把握，因此该公式还不能得到人们的普遍认同。

此外，还有许多定性和定量的培训评估模型，但当前占主导地位的仍是柯克帕特里克的四层次评估模型，其他模型大多也是在其基础上的发展和完善。如考夫曼（Kaufman）的五级评估模型就是结合组织培训效益评估的实践，对柯克帕特里克的四层次模型的修正和增补。考夫曼将柯克帕特里克模型中一级评估的定义给予了扩展，并增加了第五级评估来讨论社会问题。每一评估模型都有其优势和不足，需结合组织实际，进行适当的选择或必要的组合。

2. 培训效果评估内容

（1）反应层面。这是指评估受训者对培训项目的反应，包括与培训内容有关的情况，如培训内容是否有用、清晰、有趣，培训的教材、进度是否适当；与培训者有关的情况，如控制教学内容的能力等；自己的收获；培训中的后勤保障情况等。一般可采用调查表、面谈、公开讨论等。该层面的评估易于进行，是最基本、最普遍的评估。但因受训者的知觉、兴趣、价值观等的差异，会使评估带有较强的主观性和片面性。为此，还要通过其他方式获得评估信息，切忌将受训者的反应作为唯一的评估信息来源。所以，一是通过以下解决办法获取真实信息：强调评估的目的，请求大家配合；鼓励大家写意见、建议；与历史数据或其他组织数据比较；对受训者较多的组织来说，在全面铺开之前可以先试讲；结合使用问卷、面谈、座谈等方式；不同主题的课程一起开设时，要及时反馈、及时填答调查表等。二是不能将其作为培训的实际效果和效益，可作为改进培训的依据或综合评估的参考。

（2）学习层面。这是指评估受训者对所学内容的掌握情况。对受训者的学识增长情况，可通过书面考试或诊断性测评进行评估；对受训者的技能增长情况，可通过观察、角色表演、情景模拟、工作实例等进行评估；对受训者综合能力的提高，可利用项目研究和论文写作等进行评估。从整体上说，该层面评估一般采用考试、演示、讲演、讨论、角色扮演等方法，其中比较广泛使用的是考试。如果在培训前、后分别对受训者进行同样的知识、技能、行为及组织绩效等的测评，比较两次测评结果，可直观、简洁地理解培训效果。

（3）行为层面。这是指评估受训者能否将培训的学识和行为转化为良好的工作表现。这是最重要的培训效果评估。因为培训的目标就是改变组织成员的行为，因此该层面的评估可以直接反映培训效果，同时可使高层领导和直接上级看到培训效果，使其更支持培训。这可采用直接观察、上级评价、同事评价、服务对象评价、比较等多种方法。不过人们行为改变的原因是多方面的，如工作经验的丰富、激励监督的有效等，可将组织成员分为培训组和未受培训的控制组或对照组进行比较。由于该评估要花很多时间、精力，仅有人力资源管理部门可能难以完成，而且评估标准、评估内容的科学性也难以把握，再加上行为表现的多因多果，所以，一般可以考虑以下办法：一是慎重选择适合这样做和值得这样做的课程。二是注意选择合适的评估时间，即在培训结束多长时间后再来评估。三是充分利用咨询公司等专门机构的力量，因为行为层面的评估比较复杂、专业，占用的时间和精力也很多，咨询公司等专门机构拥有丰富的相关经验和人力，同时由咨询公司等专门机构来做这项工作，往往可以减少来自组织内部的阻力和消极因素。

（4）结果层面。这是指评估培训对组织绩效的直接贡献。而提高组织绩效毕竟是组织投资培训所要达到的最终目标。但这涉及的因素很多，如质量、数量、成本、生产率、投资回报率等。

一是客观指标测量法。确定一系列评估标准，评估受训者培训后的标准等级是否提高。这包括工作准确率（出错率、返工率等）、质量（服务受抱怨比率、节约资源比率等）、生产力水平（工作完成率、工作完成准时率等）。培训成本一般包括培训需求分析费用、课程设计费用、培训师费用、场地费用，以及组织为培训者在培训期间支付的工资、福利费用等。

$$投资回报率 ROI = 培训净收益 / 培训成本$$

二是主观衡量法。由于评估不可能使全部的指标都量化并通过客观的方式体现，因此主观衡量也成为评估的一种重要方式。对组织绩效的改变进行评估，拿出翔实的、令人信服的调查数据，不仅可以打消高层管理者投资于培训的疑虑心理，而且可以指导培训课程计划，把有限的培训费用用到最可以为组织创造效益的课程上来。但是，首先这种评估需要时间，在短期内很难有结果；其次，对组织绩效的评估受制于技术限制；再次，必须取得管理层的合作，否则无法获取相关数据；最后，多因多果，简单的对比数字意义不大，必须分辨哪些"果"与要评估的"因"有关系，在多大程度上有关系。要解决这些问题，一是选择相关因素很稳定的指标，二是选择对照组对照评价。

表9-7概括了培训评估的内容及其相应的方法。

表 9-7　培训项目的评估标准与方法

我们想知道什么	衡量什么	衡量项目	获取数据的方法	获取数据的替代方法
Ⅰ．受训者是否满意？如果不满意，为什么？ 1．不适用的概念 2．培训场所设计 3．受训者安排的不合适	培训期间受训者的反映	● 与工作的关联 ● 是否主动 ● 学习的轻松程度	● 受训者的评论 ● 对培训者的评论 ● 对练习的疑问 ● 对练习的行为方式	● 观察 ● 面谈 ● 问卷
	培训之后受训者的反映	● "值不值" ● 工作相关程度 ● 学习的欲望	● 对项目的行为方式 ● 关于项目概念的问题	● 观察 ● 面谈 ● 问卷
Ⅱ．教学素材是否教会了概念？如果没有，为什么？ 1．培训教室的结构 2．课程 　——表述 　——例子 　——练习	培训期间受训者的反映	● 理解 ● 应用	● 学习的时间 ● 做练习的成绩 ● 表达	● 观察 ● 文件检查
	培训结束时受训者的表现	● 理解 ● 应用 ● 设施 ● 内容的衔接	● 未来的行动方案 ● 练习所使用的工具 ● 表达	● 观察 ● 文件检查 ● 面谈 ● 问卷
Ⅲ．所学的概念是否得到应用？如果没有，为什么？ 1．概念 　——不相关 　——太复杂 　——太含糊 2．工具不适合 3．环境不支持	绩效改进计划	● 分析行动计划结果	● 讨论 ● 文件 ● 结果	● 观察 ● 文件检查 ● 面谈 ● 问卷（关键事件）
	解决难题技术	● 提出的问题 ● 计划的行动 ● 采取的行动	● 讨论 ● 文件 ● 结果	● 观察 ● 文件检查 ● 面谈 ● 问卷（关键事件）
	管理方法	● 宣传的努力 ● 人员管理程序	● 讨论 ● 会议 ● 文件	● 观察 ● 文件检查 ● 面谈 ● 问卷（关键事件）
Ⅳ．概念的应用是否积极地影响了组织？如果不是，为什么？	难题解决	● 问题的识别 ● 分析 ● 行动 ● 结果	● 讨论 ● 文件 ● 结果	● 面谈 ● 文件检查 ● 问卷（关键事件）
	危机的预测和预防	● 潜在危机的识别 ● 分析 ● 行动 ● 讨论	● 讨论 ● 文件 ● 结果	● 面谈 ● 文件检查 ● 问卷（关键事件）
	绩效衡量具体到一个特定的培训项目	● 产出的衡量 ● 诊断方法	● 绩效数据	● 文件检查

资料来源：Gerorge T. Mikovich, John W. Boudreau. *Human Resource Management*. New York, Richard D. Erwin, 1994, p. 516~517.

3. 培训效果评估方案设计

根据是否有对照组、是否对受训者进行培训前测评（评估）和培训后的测评（评估），形成以下设计方案（见表9-8）。

表9-8　培训效果评估方案设计

设　　　计	评估对象	测评（评估）是否进行	
		培训前	培训后
事后测评，无对照组	培训组	否	是
事后测评，有对照组	培训组、对照组	否	是
事前测评、事后测评，无对照组	培训组	是	是
事前测评、事后测评，有对照组	培训组、对照组	是	是
所罗门四组	培训组 A 培训组 B 对照组 A 对照组 B	是 无 是 无	是 是 是 是
时间序列	培训组	是	是，分时间多次进行

（1）事后测评，无对照组。这是指仅在受训者培训结束后进行测评，既不在培训前进行，也无对照组。该方案简单易行，但鉴于不知道受训者培训前的情况，所以无法说明培训的效果。

（2）事后测评，有对照组。这是指在对受训者培训结束进行测评的同时，也对对照组进行同样的测评，其差异被认为是培训的结果。但该方案的前提是培训组和对照组在培训前没有差异，然后经历了除培训外的其他组织过程，以恒定培训外的其他因素。但与（1）相同，没有对受训者培训前的测评，很难评估出培训的效果。

（3）事前测评、事后测评，无对照组。这是指对受训者培训前、后都进行测评，通过前后的变化解释培训的效果。该方案增加了前测，可以进行前后的差异检验，并通过统计分析说明培训实效。但由于没有对照组，得出的差异也可能不是培训的结果。

（4）事前测评、事后测评，有对照组。这是指对一组受训者与另一组对照组都进行前后测评，进行比较。显然，如果两组前测没有显著性差异而后测有的话，就可以将该差异视为培训的结果。该方案还可用于不同培训方法的效果比较。

（5）所罗门四组。由所罗门（Solomon）提出的该方案，是指将前述几种方案结合起来，消除非培训因素的影响，清楚得出培训的效果。具体操作时，可把培训者随机分成两组接受培训，同时设置两个对应的对照组。这也可用于不同培训方法的效果比较。

（6）时间序列。这是指在培训前一段时间和培训后一段时间，对受训者进行多次测评，以评估培训的效果。可以使用对照组。该方案不强调随机分配，而是根据自然发生的情况，对受训者和没有参加培训的进行观察和测定，通常用于评估那些较容易观察到变化的培训效果。

9.5 中西公共部门人力资源教育、培训与开发制度与实践比较

9.5.1 西方发达国家公共部门人力资源培训与开发制度与实践

1. 西方发达国家公务员培训与开发制度与实践

西方发达国家高度重视公务员的培训开发，形成了颇具特色的培训开发模式。

（1）战略化。在战略定位上，发达国家将公务员培训，特别是领导者培训作为提升国家软实力、发挥国际影响力的重要举措，作为人力资源战略来投资和筹划。美国、英国、法国等国竞相加大基于政府战略的公务员培训改革力度；澳大利亚和新西兰政府则将培养公务员的战略思维放在首位，培养公务员用战略眼光来分析、判断问题和准确把握机遇；韩国、日本则高度重视培养公务员的战略性创造思维。

（2）法制化。许多国家通过制定法律、法令，把培训纳入法制化、规范化的轨道，在明确规定培训是公务员权利和义务的同时，对培训的目标、原则、内容、方式、时间、经费、培训期间的待遇与任职升迁的关系等做出具体规定，从而确保培训的严肃性、稳定性和可操作性。如法国的《公务员总章程》和《公职人员地位法》构成了法国公务员培训制度的法律基石；美国国会通过的《政府职员培训法令》，把公务员的培训列入法定范围；欧盟总部对公务员的培训效果进行严格监控；日本将培训结果记入培训档案，作为工作考核、晋升的依据，从而保证培训的严谨性，而且每个公务员的年平均培训经费达数万日元。

（3）科学化。这表现为培训内容、培训方式、培训评估等多个方面。如培训内容的确定来自需求调查，法国政府要求各部门每年下发培训需求调查表，对公务员培训需求进行层层汇总，制定下一年培训计划，同时培训机构依照政府各部门培训需求，提供适合政府改革需要的培训内容，发达国家都强调科学实用，注重能力，重在解决实际问题。培训方式，在多种多样的前提下，重在强化课堂教学与社会实践的有机结合，各发达国家多采取案例教学、情景模拟、现场教学、岗位锻炼、实习考察、讨论交流、专题调研、研讨会、小组教学等；时间上可长可短，长的数周到一两年不等，短的每次半天或一天；可脱产，也可不脱产。培训质量评估体系完备、程序严谨、重点突出、技术先进，集中体现在训前、训中、训后三个阶段的评估过程中和评估结果的反馈、运用等方面，各发达国家培训质量评估的科学化为公务员培训起到了重要的基础和导向作用。

（4）网络化。发达国家形成了多元化的公务员培训网络。一是在体制机制上，宏观统筹与分级负责、分类管理相结合。越来越多的国家倾向于政府人事管理机构或培训管理机构归口管理通用能力培训，具体的业务部门负责管理业务培训。英国撤销原政府文官学院，2012年成立英国内政部公务员学习组织，归口管理英国公务员的通用能力培训，业务培训由各部委自行承担。二是培训主体多元化。各国普遍建立起由政府主导的培训机构和

由市场力量构成的社会培训机构相结合的培训机构网络。美国联邦公务员培训机构既包括联邦行政学院，也包括哈佛大学肯尼迪政府学院、锡拉丘兹大学马克斯维尔学院等高校相应的学院。三是项目运行社会化。俄罗斯实行在培训机构中进行公开招标，俄罗斯联邦所有教育机构，只要具有承担相应培训任务的国家专业资格认证，都有权参与投标，通过市场竞争的方式确定由哪家培训机构来承担。[7]

（5）实效化。实用是西方发达国家公务员培训的重要原则，即要与公务员的工作、提高公务员的能力、改善公务员的绩效密切有关，重在学以致用，重在实践应用，提高工作效率。在多数发达国家的各类培训机构中，"教育重点解决为什么的问题，培训重点解决怎么做的问题"的观念深入人心。基于此，公务员培训重视以需求为导向、以能力培训为核心、以实践为基础、以问题为中心，强调运用现有的知识，特别是新知识分析与解决实际问题。在安排培训内容时，强调课程的实用性，提出适应性课程设置，同时加强实践训练。如法国国立行政学院安排学员两次到政府部门或企业去实习，每次半年；德国公务员培训的实效性更是世界著名；英国强调公务员根据自己情况，加强自学，每个公务员、每月都要利用一定时间来学习一些工作知识，以不断提高自身的专业技能和综合素质。

（6）国际化。国家之间的公务员培训开发已初步形成了互动机制，国际化是必然趋势，一方面，一些国家或国际组织的公务员培训除了立足本土，还面向世界，加强与境外培训机构的交流与合作，不断提升其国际影响力。例如，欧盟建立的国际公务员培训机构，新加坡文官学院的国际部（CSCI），而韩国 COTI（Central Officials Training Institute）管理发展中心、日本自治大学的"地方政府中心"为亚太地区各国公务员开设有关培训课程，并在跨国培训中已达成相互尊重各国国情和本土文化的共识。另一方面，鼓励、选派公务员经过国内培训后，送往其他国家深造，以吸取当今世界上最先进、最有价值的管理思想、理念、经验和办法，确保自己的管理水平处于全球的领先地位。如日本实行"行政官驻外国研究员制度"，即到外国的研究机构研究两年，或到外国政府机构和国际机构进行考察研究；德国政府鼓励各培训单位立足国内、面向欧盟和世界，开展国际交流和合作培训，与欧盟、与世界各国合作举办培训班。

（7）个性化。个性化是指通过分析受训人员现有知识、技能与工作能力要求之间的差距，明确其个性培训需求，采取灵活多样的方式对其进行培训开发，如满足不同的兴趣爱好，加大选修课程比例；考虑个性差异，开设"菜单式"课程；根据客户需求，提供"定制式"课程。[8]这样，态度就由过去"要我学"向"我要学"转变，方式由原来的套餐式、板块式变成灵活的组合式，时间由过去的硬性规定变为弹性时间，大受人们的欢迎，而互联网等新技术的运用也使其更成为可能。如法国国立行政学院的培训就分为共同培训和个性培训，并按照国外客户的要求开设"量体裁衣式培训班"；哈佛大学肯尼迪政府学院为公共部门领导者提供广泛的菜单式课程，这类课程一般为 2~5 天，如"改善政府表现：领导策略与结果产生"（7 天），"21 世纪的城市领导"（4 天）等。

2. 英国护士的继续教育

（1）模式。英国护士继续教育采取医院与大学合作的模式，承担护士继续教育任务的是有资质的护理学院。例如，英国诺森比亚大学护理学院承担着英国北部 90 所医院护士的培训任务。这是以学习新知识、新技术为目标的进修课程，门类繁多，培训时间从几天到几周不等，课程安排比较灵活，有全日制、部分时间制、工学交替制等多种形式，还有互联网远程护理教育。英国法律性文件规定：护士要以个人文档和文件夹形式提供继续教育的证明，经审查合格才可获得连续注册。在使用个人文档和文件夹过程中，护士要回答个人文档和文件夹规定的问题，反思和记录自己的差距，主动选择相应的继续教育项目，并要记录和展示自己接受继续教育后的效果。这种方式不但方便考官的审核，而且对护士本身也是一个督促和反思的工具。

（2）课程。英国护士协会要求注册护士每 3 年完成 100 小时的理论学习和 100 小时临床学习。可以根据医院的要求设置相关的课程，进行特定的培训。教材是根据临床护理的发展及不同专业所设置的教学模块。诺森比亚大学的护士继续教育模块有 150 多个，护士可以根据自己的专业选择不同的教学模块，不同专业的护士都有明确规定的教学模块，获得相应的学分。以重症监护护士为例，其模块设置涵盖了重症监护技术进展、循环系统监护、呼吸系统监护、器官移植、心理学、社会学等相关模块，学院会根据临床要求不断调整和充实教学模块，使教与学有机结合。另外，护理是临床实践型技术专业，经过理论学习后，必须进行临床实践才能得到真正提高。因此，培训学校配置了非常先进的护理器具及仿真模拟病人，采用小组讨论和角色扮演的方式进行授课，寓教于乐，生动灵活。[9]

9.5.2　我国公共部门人力资源教育、培训与开发制度与实践

1. 我国公务员教育、培训与开发制度与实践

（1）我国干部教育、培训与开发的历史发展。我国公务员的教育培训与开发制度起源于中国共产党的干部教育培训制度。该干部教育培训制度的形成与发展经历了一个较为漫长的过程。

早在 1921 年 8 月，毛泽东创办了湖南自修大学补习学校和初中班，成为培养工农干部的摇篮。在红军长征到达陕北之前，培训对象以工农干部为主，内容以学习和传播马克思主义为主。红军到达陕北以后及整个抗日战争时期，干部培训力度加大，逐步确立了我国干部培训的思想方针、原则、方式等，培训体系初见端倪。1943 年《中共中央关于在职干部教育的决定》指出"干部教育工作，在全党教育工作中的比重应该是第一位的"，明确规定干部教育培训的内容主要是业务、政治、文化和理论四个方面。

1949 年以来，我国干部培训大致分为四个阶段。[10]一是中华人民共和国成立之初到"文化大革命"，开始正常化、系统化和制度化（1949—1977 年）。主要包括恢复、新建党校以及各类干部院校，大规模地开展干部轮训，着力加强干部文化教育，推进干部培训的

正规化。"文化大革命"期间，受极"左"路线的摧残，正常的干部教育工作秩序被打乱，各级干部教育工作机构、党校陷于瘫痪或半瘫痪状态，甚至被撤销。1966 年，中共中央党校开始停办。各地兴办五七干校，下放干部"接受贫下中农再教育"。许多单位把去五七干校作为排斥异己、惩治知识分子的手段，成为变相的劳教；许多干校成为迫害干部的场所，大大损伤了广大干部和知识分子的自尊心和身体健康。"文革"中断了中华人民共和国成立以后开始的干部教育正常化、系统化和制度化发展的进程。

二是"文化大革命"结束到十三届四中全会，从十年内乱严重破坏中得到恢复、发展（1977—1989 年）。主要包括恢复、重建并逐步完善干部培训体系，突出了干部培训在全党工作中的战略地位，把加强学历教育作为干部教育的重要任务。

三是党的十三届四中全会到党的十六大，初步形成以县处级以上领导干部为重点，脱产培训、中心组学习和在职自学"三位一体"的干部培训新格局（1988—2002 年）。包括把干部培训摆上更加重要的战略地位，以政治理论培训和能力培养作为培训的重点，初步形成干部培训的多种渠道，干部培训的基础建设得到明显加强。其中，1993 年颁布实施的《国家公务员暂行条例》专章规定了公务员培训；1996 年，人事部印发《国家公务员培训暂行规定》；2001 年 5 月，中共中央印发《2001—2005 年全国干部培训规划》，指出干部培训要以理论基础、世界眼光、战略思维、党性锻炼、业务能力为主要内容；2003 年，人事部印发《关于进一步加强国家公务员培训质量评估工作的意见》。

四是十六大以来，进入多层次、多渠道、大规模培训轨道。主要包括坚持用发展着的马克思主义武装各级干部的头脑，不断提高干部培训的科学化、制度化、规范化水平，进一步优化干部培训机构的总体布局，坚持以改革创新精神推进干部培训工作。其中，在继续办好中共中央党校、国家行政学院等各级党校、行政学院的同时，中共中央于 2005 年 3 月创建了中国浦东、井冈山、延安干部学院，2008 年又创办了中国大连高级经理学院，形成了干部教育"一校五院"的"国家队"，构建起了改革、开放、竞争、择优的干部培训新格局；2005 年颁布的《公务员法》设"培训"一章；2006 年印发了《干部教育培训工作条例（试行）》，这是中国共产党历史上首次以条例的形式对干部培训做出规定；2007 年印发《2006—2010 年全国干部教育培训规划》；2008 年中共中央先后召开了全国干部教育培训工作会议和全国党校工作会议，印发了《关于 2008—2012 年大规模培训干部工作的实施意见》《中国共产党党校工作条例》等文件；2008 年 6 月，中组部、人社部印发《公务员培训规定（试行）》，原《国家公务员培训暂行规定》废止；2010 年 8 月，中共中央印发《2010—2020 年干部教育培训改革纲要》；2011 年 11 月，中办转发了《中央组织部关于加强和改进基层干部教育培训工作的意见》；2013 年 2 月，为进一步加强学员管理、切实改进干部教育培训学风，中组印发《关于在干部教育培训中进一步加强学员管理的规定》；2013 年 9 月，中共中央印发《2013—2017 年全国干部教育培训规划》；2014 年 7 月，中办印发了《2014—2018 年全国党员教育培训工作规划》；2015 年 10 月，中共中央印发《干部教育培训工作条例》；2016 年 12 月，国办转发人社部、国家公务员局的

《"十三五"行政机关公务员培训纲要》，财政部、中组部和国家公务员局发布修订后的《中央和国家机关培训费管理办法》；2018 年 9 月，中共中央政治局召开会议，审议《2018—2022 年全国干部教育培训规划》。

（2）党内法规制度与国家法律法规依据。党内法规制度主要包括《干部教育培训工作条例》《中国共产党党校工作条例》《公务员培训规定（试行）》，《中央和国家机关培训费管理办法》《2010—2020 年干部教育培训改革纲要》《2014—2018 年全国党员教育培训工作规划》《中央组织部关于加强和改进基层干部教育培训工作的意见》《2018—2022 年全国干部教育培训规划》等。

国家法律规范主要包括《宪法》（第十九条规定，国家发展各种教育设施……对工人、农民、国家工作人员和其他劳动者进行政治、文化、科学、技术、业务的教育；第二十七条规定，一切国家机关实行精简原则……实行工作人员的培训和考核制度）、《公务员法》，以及《"十三五"行政机关公务员培训纲要》等。

此外，各地、有关部门制定了相应的管理办法、规划计划等，如重庆市《专题培训管理办法》、江苏省宿迁市《全市公务员基本能力提升主题培训活动实施方案》，以及《中华全国总工会 2016—2020 年全国工会干部教育培训规划》《商业部引进国外智力与国外培训工作管理试行办法》等。

（3）基本原则。《干部教育培训工作条例》第四条规定干部培训工作应当遵循下列原则。

① 服务大局，按需施教。始终坚持社会主义办学方向，紧紧围绕党和国家事业发展需要，结合干部岗位职责和健康成长需求，开展培训，全面提高质量和效益。

② 以德为先，注重能力。贯彻干部队伍革命化、年轻化、知识化、专业化方针，坚持德才兼备、以德为先，突出理想信念教育和党性党规党纪教育，将能力培养贯穿始终，全面提高干部德才素质和履职能力。

③ 分类分级，全员培训。按照干部管理权限组织实施培训，把培训的普遍性要求与不同类别、不同层次、不同岗位干部的特殊需要结合起来，增强针对性，确保全覆盖。

④ 联系实际，学以致用。大力弘扬马克思主义学风，围绕中心工作，以问题为导向开展培训，引导干部在改造主观世界的同时，运用所学理论和知识指导实践、推动工作。

⑤ 与时俱进，改革创新。适应形势任务发展变化，遵循干部成长规律和干部培训规律，坚持开放办学，完善培训内容，改进培训方式，整合培训资源，优化培训队伍，不断推进干部培训理论创新、实践创新、制度创新。

⑥ 依法治教，从严管理。建立健全干部培训法规制度，依法依规开展干部培训，从严治校、从严治教、从严治学，保持良好的教学秩序和学习风气。

（4）培训对象。《公务员法（修订草案）》第六十七条规定：机关对新录用人员应在试用期内进行初任培训；对于晋升领导职务的公务员应当在任职前或任职后一年内进行任职培训；对与从事专项工作的公务员应进行专门的业务培训；对于全体公务员应进行知识更新、提高能力的在职培训，其中对专业技术类公务员应当进行专业技术培训。国家有计划地加强对优秀年轻公务员的培训。

《公务员培训规定（试行）》第七条规定，公务员培训的对象是全体公务员。机关根据公务员工作和职业发展需要安排公务员参加相应的培训；第十一条规定，公务员培训分为初任培训、任职培训、专门业务培训和在职培训。

《干部教育培训工作条例》规定：对象是全体干部，重点是县处级以上党政领导干部和优秀中青年干部；应当根据不同情况参加相应的培训；贯彻落实党和国家重大决策部署的集中轮训；党的基本理论和党性教育的专题培训；新录（聘）用的初任培训；晋升领导职务的任职培训；在职期间的岗位培训；从事专项工作的专门业务培训；其他培训。其他培训主要有调任培训、转任培训、上岗培训（对年度考核不称职的）、专项培训、境外培训，以及学历、学位教育等。

（5）培训内容。《干部教育培训工作条例》规定，应坚持以理想信念、党性修养、政治理论、政策法规、道德品行教育培训为重点，并注重业务知识、科学人文素养等方面教育培训，全面提高干部素质和能力。

《2010—2020年干部教育培训改革纲要》要求，一方面，制定分类培训大纲。根据干部管理权限，研究不同类别、不同层次、不同岗位干部的素质能力模型，制定分类培训大纲，明确干部初任培训、任职培训、专门业务培训、岗位培训等的目标、内容和方式等，不断提高干部培训科学化水平。另一方面，完善培训内容体系。着眼于提高干部素质和能力，建立以培训需求为导向的培训内容更新机制，不断完善理论教育、知识教育、党性教育体系。

《"十三五"行政机关公务员培训纲要》提出的内容是理想信念教育、职业道德教育、施政能力提升、依法行政培训、专门业务培训与科学人文培养。

《2018—2022年全国干部教育培训规划》提出，要把理想信念教育作为首要任务，坚持不懈强化理论武装，毫不放松加强党性教育，大力开展马克思主义基本原理和中国特色社会主义理论体系学习教育；要着眼提升专业能力和专业精神，培养复合型领导干部，组织开展务实管用的专题培训，加强岗位必备基本知识的学习培训，提高干部适应新时代、实现新目标、落实新部署的能力。

（6）培训方式创新。《2010—2020年干部教育培训改革纲要》提出，要创新培训方式方法。改进培训班次设置方式，推广专题研究、短期培训、小班教学，突出按干部类别开展培训。改进讲授式教学，推广研究式、案例式、体验式、模拟式教学。倡导异地培训、挂职培训、分段式培训，探索完善干部免职脱岗培训、后备干部个性化定制培训制度。探索跨地区、跨部门、跨学校的合作培训模式。上级干部教育培训主管部门、干部教育培训机构要针对重点地区、重点领域干部的特殊培训需求，主动送教上门。鼓励干部利用业余时间多读书、读好书，不断改进干部在职自学。

（7）我国公务员培训的特殊作用。我国公务员培训，除具有一般意义上的功能作用外，还具有如下特殊价值：① 有利于加速我国公共管理科学化进程。② 有助于优质、高效、廉洁的公务员队伍的建设。③ 有利于公务员队伍的稳定和人才的有效使用。因此，正如《2018—2022 年全国干部教育培训规划》所指出的，干部教育培训是干部队伍建设的先导性、基础性、战略性工程，在进行伟大斗争、建设伟大工程、推进伟大事业、实现伟大梦想中具有不可替代的重要地位和作用。制定、实施好干部教育培训规划是全党的一件大事，对贯彻落实新时代党的建设总要求和新时代党的组织路线、培养造就忠诚干净担当的高素质专业化干部队伍、确保党的事业后继有人具有重大而深远的意义。

2. 我国事业单位工作人员教育、培训与开发制度与实践

按《事业单位人事管理条例》，事业单位工作人员分为管理类、专业技术类和工勤技能类三种，而管理人员又分为领导干部与非领导干部，其中单位领导班子成员还分为选任制、委任制、聘任制等不同任用形式，培训主要集中于管理人员和专业技术人员。如中小学教师培训就分为"干训"和"师训"两部分。"干训"主要是校长培训、中层干部培训，有的再加上骨干教师培训等，"师训"可分为新教师培训、中青年教师培训等。所以，从整体上看，一方面，事业单位的干部培训就是我国干部培训的一部分；另一方面，专业技术人员的培训在改革开放以来逐步走上规范化、制度化。

以中小学教师为例，改革开放以来，大体经历了补偿性培训、探索性继续教育、普及性继续教育和国家级培训四个阶段。教育部 1977 印发《关于加强中小学在职教师培训工作的意见》，后来为了进一步普及基础教育，先后又在 1983 年、1986 年和 1999 年分别印发《关于加强小学在职教师进修工作的意见》《关于加强在职中小学教师培训工作的意见》和《中小学教师继续教育规定》，这推动了各地建立和完善与中小学教师培训有关的研究和指导机构。2008 年以来，中央财政加大投入，特别是加大对中西部省份及边远地区的倾斜力度，全面展开国家级教师培训计划；完善培养培训体系，做好培养培训规划，优化队伍结构，提高教师专业水平和教学能力。2010 年 7 月，《国家中长期教育改革和发展规划纲要（2010—2020 年）》发布，提出通过研修培训、学术交流、项目资助等方式培养教育教学骨干、"双师型"教师、学术带头人和校长，造就一批教学名师和学科领军人才。同年，全面实施中小学教师国家级培训计划——"国培计划"。2011 年教育部印发《关于大力加强中小学教师培训工作的意见》，对新一轮中小学教师全员培训做出了总体部署和安排。2013 年，教育部发布《关于深化中小学教师培训模式改革全面提升培训质量的指导意见》。中小学教师培训模式逐渐向精细化、小班化、区域化方向发展。国办于2015 年印发的《乡村教师支持计划（2015—2020 年）》，把乡村教师（包括全国乡中心区、村庄学校教师）培训纳入基本公共服务体系，保障经费投入，确保乡村教师培训时间和质量。省级人民政府要统筹规划和支持全员培训，市、县级人民政府要切实履行实施主体责任。从 2015 年起，"国培计划"集中支持中西部地区乡村教师校长培训。鼓励乡村教师在职学习深造，提高学历层次。2018 年 2 月，教育部等五部门印发的《教师教育振兴行动计划（2018—2022 年）》提出：以提升教师教育质量为核心，以加强教师教育体系建设为支撑，以教师教育供给侧结构性改革为动力，推进教师教育创新、协调、绿色、开放、共享发展，从源头上加强教师队伍建设，着力培养造就党和人民满意的师德高尚、业务精湛、结构合理、充满活力的教师队伍。

总之，我国事业单位工作人员培训是与我国干部培训一同发展起来的，特别是改革开放以来逐步制度化，因此，我国干部教育的有关理念、原则、制度、内容、方法等也整体上适用于事业单位工作人员培训，其中事业单位中的干部就是我国干部培训对象的一部分。

（1）党内法规制度与国家法律法规依据。党内法规制度主要包括《干部教育培训工作条例》《中央和国家机关培训费管理办法》《2010—2020 年干部教育培训改革纲要》《2013—2017 年全国干部教育培训规划》《2014—2018 年全国党员教育培训工作规划》《国家中长期教育改革和发展规划纲要（2010—2020 年）》《中央组织部关于加强和改进基层干部教育培训工作的意见》等。

国家法律规范主要包括《宪法》《中华人民共和国教师法》《中华人民共和国执业医师法》《事业单位人事管理条例》《关于企业职工教育经费提取与使用管理的意见》，以及国务院《关于建立全科医生制度的指导意见》《教师教育振兴行动计划（2018—2022 年）》等。

此外，各地、有关部门和事业单位还制定了相应的办法意见、规划计划等，如《上海市"十三五"中小学、幼儿园、中等职业学校教师培训工作实施意见》《苏州市中小学教师市级培训管理办法》，教育部等的《关于实施职业院校教师素质提高计划（2017—2020 年）的意见》和卫计委《住院医师规范化培训管理办法（试行）》，以及《中国科学院继续教育与培训管理办法》《四川省射洪县人民医院职工进修管理规定》等。

（2）分级分类。《事业单位人事管理条例》规定：事业单位应当根据不同岗位的要求，编制工作人员培训计划，对工作人员进行分级分类培训。工作人员应当按照所在单位的要求，参加岗前培训、在岗培训、转岗培训和为完成特定任务的专项培训。

因此，一方面，应根据事业单位岗位的分级分类，有针对性地制定并实施中长期、短期和年度培训计划。另一方面，应根据单位的要求，参加不同的培训。除上述培训类型外，各单位还制定了自己的培训类型，如复旦大学的培训分为党政干部（处级以上党政领导干部、后备干部、科级干部和专职党政管理人员、党支部书记）、教学科研骨干、学生工作队伍和学生骨干（辅导员和学生工作干部、学生骨干）、党外干部、其他干部（工会干部、共青团干部、妇女干部等）培训。

（3）经费。《事业单位人事管理条例》规定：培训经费按照国家有关规定列支。主要是《中央和国家机关培训费管理办法》（该办法第二十五条规定，中央事业单位培训管理参照本办法执行）和《关于企业职工教育经费提取与使用管理的意见》。

不少部门、地方、事业单位都在探索相应的培训之路，如农业部通过全国农业远程教育平台聘请相关专家在北京的演播室授课，以卫星网、互联网同步直播的方式传送到全国各省（区、市）农业广播电视学校系统和农垦系统近 1 000 个卫星远端接收站，培训农业事业单位和农业技术推广机构、各农业科研院（所）以及部属各单位的农业科技人员；广州市中小学教师继续教育采用"全员培训以远程培训为主、骨干培训以面授培训为主、个性化培训以校本培训为主"，远程培训、面授培训、教研培训、校本培训等多种形式并存的教师继续教育模式；北京协和医院实施继续教育学分授予办法，各类人员每年按具体方式完成具体的学分要求，院教育处统一办理 IC 卡，建立继续教育活动的档案，该学分作为本人年度考核合格的必备条件之一，并作为聘任、专业技术职称或执业再注册的必备条件之一，等等。

9.5.3　我国公共部门人力资源教育培训与开发的问题与改进

1. 我国公务员教育、培训与开发的问题与改进

我国公务员培训取得较大成绩，但同时仍存在诸多问题，需要系统改进。

（1）主要问题。

① 法律不健全。《公务员法》《公务员培训规定（试行）》《干部教育培训工作条例》等对相关人员培训的原则、种类、对象、方式、保障等做出了原则性的规定，对培训的诸多内容和细节缺乏明确规定，导致培训缺少相应的法律依据。

② 与战略脱节。培训与公共部门的使命、愿景和战略脱节，与人力资源管理的其他职能活动脱节，未能与整个组织管理和人力资源管理协调一致，从而失去了目标和方向，其应有的功能作用也难以发挥。

③ 内容不尽合理。缺少基本的培训需求分析，主观性、随意性强，往往是应付上级要求，理论性、知识性、"务虚"比重大，与实际工作密切相关的务实性、技能性比重少，学用脱节。

④ 手段比较单一。过分依赖课堂讲授和教辅材料，案例教学、情景模拟、研究讨论等严重不足，现代化的灵活多样的教学方式、教学手段严重缺乏，大大降低了受训者的积极性，更难以提升公务员分析、解决问题的能力。

⑤ 管理不够规范。不少部门的管理不规范，也反映到对培训的"粗线条"管理，例如把培训课程的完结视作培训的终止，有培训无评估、评估方法不科学以及"评而不用"，缺乏对培训的过程管理和后续管理，培训很容易流于形式。

⑥ 评估不到位。不论从理论还是实践，相对于培训需求分析、培训计划制定与实施，培训评估与反馈是最薄弱的环节，再加上公务员培训评估的特殊性，公务员培训评估基本不到位。

⑦ 学习内生动力不足。培训开发被不少组织和个人当作完成上级布置的额外任务，甚至影响日常工作，应付带有普遍性，再加上上述问题的共同影响，导致学习的内生动力

不足、学风不正。

⑧ 效益偏低。培训期间的众多费用，包括教师、住宿、伙食、调研、电脑、图书等，绝大部分都由国家支付，每年有大笔专项的国家财政预算用于干部培训，但与国民教育相比，其投入产出效益比明显偏低。[11]

总之，我国公务员培训存在的上述问题，归纳为一点，即主要是应付上级要求，可总体上称为"完成上级要求型"，实际上多数还完不成上级的数量要求，更没有形成应有的培训机制。

（2）改进方向。

① 法治化。公务员培训体系是我国国家治理体系的重要内容，应在现有法律法规的基础上，制定关于培训开发的专门法规，对诸如培训的目标、内容、种类、形式、方式、管理体制、培训机构、经费来源、师资条件、管理标准、考试考核、培训成绩登记、培训与任职升迁的关系、培训的奖励与罚则，以及培训机构资格认证、培训质量评估等做出明确的规定，为培训工作提供系统的操作指南，使培训工作有法可依、依法培训，逐步走上法治化轨道。

② 系统化。公务员培训是事关全局的战略性、基础性工作，是党的干部队伍建设的基础性工作，也是关系党和国家长远发展的基本建设，是服从于组织战略的系统性工程，必须与组织的发展战略、远景规划、长期目标协调一致，并从战略视野、全局高度、系统思考、前瞻观点进行全盘规划设计，建立和完善现代化的培训体系。

③ 科学化。培训是人力资源管理的一项职能活动，其科学性重在以下三个方面：一是以培训需求分析确定具体内容，这是基础；二是实施评估，即包括对具体培训项目效果的评估，也包括对培训机构的资格认证、质量评估等；三是完善培训的激励约束机制，将培训与公务员的升迁相结合，把培训期间的表现和成绩作为晋升依据之一。

④ 多样化。这主要是指培训的方式、手段。调查表明，受训干部认为比较有效的培训方式依次为：案例式（57.4%）、参观考察（56.1%）、研讨式（41.5%）、讲授式（25.3%）。[12]因此，要充分利用电子声像视听技术、计算机技术、互联网技术等现代化技术手段，将课堂教学和工作需要有机结合起来，采取灵活多样的方式方法，不断提高培训的吸引力和实效。

⑤ 个性化。这是指培训要紧密结合公务员的职业生涯规划和发展实际，为其制定个性化的培训计划，重视每个人的不同兴趣爱好和个体差异，加大选修课比例，供自由选择。同时，可参考学习地图，[13]既为组织培训管理提供管理指南，也为每个人的学习提供学习发展路径。

⑥ 多元化和市场化。鉴于历史和体制等原因，培训机构就是各级党校、行政学院与某些党政机关所属的培训中心，这与日益增长的培训需求，以及国家治理、社会治理和公务员管理的需要极不适应，所以近一个时期高校、社会组织也越来越多地参与进来。在一些发达国家，国家和地方政府所属培训机构与社会其他培训机构承担的比例约为3:7。调

查表明，干部培训在部门和行业所属培训机构（44.3%）、党校（34.7%）、行政学院（22.1%）是干部培训的主要实施机构，其他依次是：高校和科研院所（13.5%）、干部学院（7.4%）、社会培训机构（5.6%）、其他机构（5.1%）、境外培训机构（1.6%）。[14]因此，一方面，培训要多元化、市场化，包括国际化。近年来国际培训机构发展较快，因此应积极利用国内外资源，公开招标、合同管理，实行外包；另一方面，不论是机关所属培训结构还是社会培训机构，都要适应多元化、市场化，优化整合各种资源，面向市场，顾客至上，提升质量。

2. 我国事业单位工作人员教育、培训与开发的问题与改进

我国事业单位工作人员培训取得一些成绩，但仍存在很多问题，需要积极改进。而且这些问题和改进与前述公务员的情况有相似性。

（1）主要问题。

① 战略牵引缺失。培训既不以组织的战略目标为导引，也少与单位的其他人力资源管理活动相连接，这样的培训只能是一种被动地应付，价值不会大。

② 分级分类缺乏。我国事业单位工作人员分级分类管理还处于初创阶段，培训也就失去了基本的前提，从而导致培训的简单、粗放，质量和效果很有限。

③ 法律很不健全。与公务员培训不健全的法律规范相比，事业单位工作人员培训的法律更不健全，影响了培训在组织管理中的地位，限制了培训的开展。

④ 内容效用不强。培训内容与受训者需求之间差距较大，[15]组织者与受训者之间"动机错位"，内容不"接地气"，针对性和实效性差，[16]与受训者的职业发展关联性不大，培训实际效用不强。

⑤ 方式吸引力不足。培训主要采取大班"集中讲课"的形式，"培训者一讲到底，方法非常单一"，受训者参与少，[17]互动环节多是点缀，受训者积极性也不高。而且，互联网信息技术的作用没有得到充分发挥。

⑥ 科学评估缺位。这包括两个方面，有的是缺少评估意识，不懂得如何进行评估；有的是评估工作流于形式，没有实际意义。

⑦ 管理不规范。管理粗放，缺少对培训全过程的管理，这既是战略缺失、法律不健全等的结果，也是造成其他问题的重要原因。

⑧ 培训机会少。培训机会较少，特别是农村、边远落后地区[18]，以及专业技术人员。

总之，与公务员培训相似，我国事业单位工作人员的培训总体上也是"完成上级要求型"，普遍缺乏培训，更没有形成相应的培训机制或适宜的培训模式。

（2）改进方向。

① 健全法律体系。针对培训中的新老问题，结合事业单位发展的需要与培训的未来趋势，借鉴国外经验，健全事业单位工作人员培训的法律体系，保证事业单位工作人员培训依法进行。

② 战略目标为导引。培训应适应并服务于组织战略，即构建基于战略导向的培训体

系，将组织的发展与组织成员的发展集合在一起，实现二者的共同成长。

③ 分级、分类、分层培训。一是加快事业单位工作人员分级分类管理改革，建立按类别、级别的培训体系。二是建立从国家、地方到单位的分层培训体系，理顺国家、地方和单位培训的关系，各有侧重，协同一致。

④ 需求分析为前提。没有培训需求分析，甚至培训需求分析不合理，也就没有合理的培训目标及培训计划，培训的针对性和实用性便无从谈起，必须从"源头"科学实施培训需求分析。

⑤ 采取多样化方式。今天，不论从理念还是从技术工具，提供符合受训者个性化要求的培训模式基本能够实现，因此，一是将培训从"集中式"向融于个人终身学习、融于个人日常工作生活转变，实现培训的自主化、常态化；二是探索各种切实可行的培训模式，如"顶岗实习、置换培训"模式[19]，等等，这些对专业技术人员尤其重要。

⑥ 构建评估机制。建立培训评估机制，乃至引入第三方评估，构建与管、办相分离的培训评估机制，实现对培训的科学评估、对培训质量的有效监控。

⑦ 实现规范化管理。这是指对培训全过程即四个阶段实施规范化管理，确保每个阶段、每个步骤的管理规范。这也是对实现上述六个方向改进的保障。

注释

资料

 复习思考题

1. 如何理解公共部门人力资源教育、培训与开发的含义、特点、类型、阶段与作用？
2. 培训需求分析理论有哪些？
3. 培训需求分析的内容有哪些？
4. 培训需求分析方法有哪些？试举其中一种方法并以实例说明。
5. 简述培训的方法类型及其选择。
6. 简述培训的计划与实施。
7. 如何理解培训效果评估？
8. 培训效果评估有哪些模型和内容？
9. 如何设计培训效果评估方案？
10. 西方发达国家公共部门人力资源培训制度与实践给你什么启发？
11. 我国公共部门人力资源的教育培训开发有什么特点？有哪些基本原则？

12. 我国公务员培训有什么特殊作用？

13. 中西公务员培训的内容有何差别？

14. 试析我国公务员培训的问题与改进。

15. 试析我国事业单位工作人员培训的问题与改进。

第10章 公共部门人力资源职业生涯管理

学习思路和重点

泰伦提乌斯（Publius Terentius Afer）说过：我们是骄傲还是谦卑，全取决于事业的成就！但一个人事业的成功与否，要取决于组织提供的资源与条件，这也就意味着任何一个组织都应为每一位组织成员的持续发展、充分挖掘个人潜能，进而实现成功的职业生涯，实施有效的动态管理。学完本章，应掌握职业生涯管理的基本理论，公共部门人力资源的职业生涯规划、职业生涯管理内容、流动管理；熟悉西方发达国家公共部门人力资源职业生涯管理制度与实践；掌握我国公共部门人力资源职业生涯管理制度与实践及其问题与改进。

10.1 公共部门人力资源职业生涯管理的含义与价值

10.1.1 公共部门人力资源职业生涯管理的相关概念

1. 职业生涯

生涯（Career）来源于拉丁文，最初取"路径"之意，是指个人生命的进程，是结合每个人一生所扮演的角色，诸如各种职业、工作、休闲等角色，以表露个人独特的自我发展形态的过程。汉语多用"职业生涯"一词。这是沙因（E. Schein，又译施恩）于20世纪60年代提出的。国内外学者对职业生涯的理解主要有：狭义的职业生涯仅涉及个体从工作开始到结束这段时间内与工作有关的活动、态度等，仅针对客观工作经历而言；广义的职业生涯则贯穿个体的一生，重视整个过程，以及在此过程中所受到的各种影响。沙因将职业生涯分为外职业生涯和内职业生涯：外职业生涯是指经历一种职业的通路，包括招聘、培训、晋升、解雇、退休等各个阶段；内职业生涯则更多地注重于取得的成功或满足于主观感情，以及工作事务与家庭义务、个人消闲等其他需求的平衡，强调职业的过程，以及职业过程中个人情感与工作、家庭、个人事务的关系。可见，职业生涯是个体的时间概念，是一个人一生中的职业经历或历程；同时也是发展和动态的概念，意味着个人的具体职业和职位的发展变化，具有独特性、发展性、阶段性、终生性、整合性、互动性等特点。

2. 公共部门人力资源职业生涯规划

公共部门人力资源职业生涯规划是指基于个人和组织方面的需要，结合环境中的机会，制定个人职业未来发展计划的活动。其内容主要包括职业选择、目标确立和道路设计。一方面，组织成员的职业选择和职业生涯目标的确立，既是个人的需要，又是组织的需要；另一方面，组织成员职业生涯目标的达成，离不开组织为其创设的平台，所以应把组织成员个人利益和组织利益有机地结合起来。

3. 公共部门人力资源职业生涯管理

职业生涯管理又称"职业发展管理"，是现代组织人力资源管理的重要内容之一，可通过个人和组织两个角度来把握。个人的职业生涯管理是指组织成员个人对自己的知识、能力等，要从事的职业与要去工作的组织，职业发展的方向和高度等进行有效设计和管理的活动。组织的职业生涯管理是指组织结合组织目标的实现与组织成员职业生涯发展的需要，帮助组织成员制定职业生涯规划和发展职业生涯所实施的一系列有目的、有计划的管理活动。公共部门人力资源职业生涯管理主要是指组织职业生涯管理，其特征主要是：

（1）职业生涯管理是现代组织人力资源管理的重要内容之一，是公共部门人力资源管理系统的有机组成部分。它与其他人力资源管理活动之间存在着密切的匹配与联系，图10-1描述了这种匹配过程和相互联系。

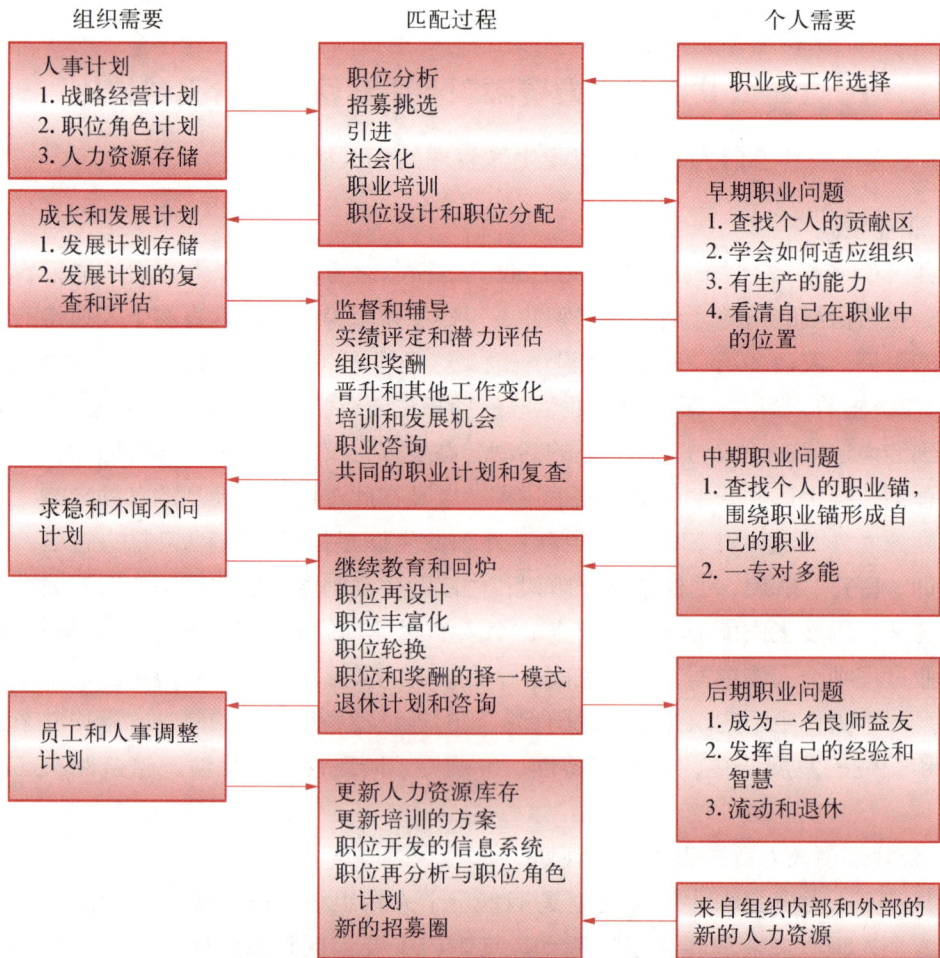

图 10-1　职业生涯管理与其他人力资源管理活动的动态匹配过程

（2）职业生涯管理是满足组织成员和组织双方需要的一个动态过程。现代人力资源管理的一个基本假设是组织有义务最大限度地利用人力资源的能力，并且为其提供一个不断成长、充分挖掘个人最大潜力和获得职业成功的机会，因此，组织越来越重视和强调为组织成员提供帮助和机会，使其不仅能够形成较为现实的职业目标，也能够通过一定的努力实现这一目标。特别是作为专业性、系统性的人力资源管理部门，对此能够起到如下基本作用：① 将人力资源规划与个人职业生涯发展联系、统一起来。② 进行职业发展预测，分析职业发展的走向。③ 系统研究组织提供的各种职业生涯发展的机制与通道，帮助个人开发职业能力。④ 向组织成员提供职业选择方面的信息，开展职业咨询。⑤ 促使组织成员更多地参与组织为职业发展安排的活动。⑥ 帮助个人协调或解决组织成员自我发展与家庭发展带来的冲突和矛盾，给组织成员以物质上、精神上和时间上的支持。

10.1.2　公共部门人力资源职业生涯管理的作用

将职业生涯管理引入人力资源管理，是区别于以往人事管理的重要创新。传统的管理总是将个人与组织对立起来，从中延伸出两种比较极端的认识，一种是把个人看成实现组织目标的工具，个人对组织只有义务，组织成员是在被监控甚至强制的条件下为组织工作的；另一种则认为组织是满足个人需求的工具，即个人从事工作的目的是为了获取利益。这两种极端的认识，都有碍于个人和组织间的和谐发展，严重地限制了管理效率和资源使用效率的提高。因此，公共部门人力资源职业生涯管理有利于改变过去个人与组织对立的旧观念，协调个人与组织的关系，从而具有如下作用。

1. 对组织而言

（1）有利于人才的选拔、使用和培养，发挥人力资源的最佳效益。

（2）有利于形成和谐的人际关系与良好的组织文化。通过组织成员与组织双方的不断调适，增长互融互信，易于形成良好的人际关系和融洽的组织氛围。

（3）有利于将组织成员个人的职业发展目标与公共部门的发展目标相一致，实现公共部门的可持续发展。

2. 对组织成员而言

（1）有利于获得公平的就业和发展机会，达成人与事的良好匹配，促进职业发展的成功。

（2）有利于增强把握职业的能力和对工作困难的控制能力，处理好职业生活同家庭生活的关系，实现自我价值的不断提升和超越，以及职业生活和家庭生活的双丰收。

（3）有利于与组织间心理契约的建立和维系，增强对组织的投入和归属感。

需要说明的是，随着信息技术的发展、组织形式的变化，以及工作价值观、劳动力市场的变化，一方面在组织内按等级序列升迁的竞争空前激烈，另一方面由于科技进步产生了新的、无法预测的各种工作选择，人们的职业生涯会随着时间并根据环境进行调整变化，而不再像过去那样按比较固定的线路和方向发展。这使得人们的职业生涯在职业成功标准、心理契约、职业流动模式、职业生涯管理责任方面都有了完全不同的改变，即个体职业生涯发展与组织职业生涯管理也呈现出新的趋势。

一是无边界职业生涯。这是由阿瑟（Arthur）于 1994 年首先提出，是指"超越单个就业环境边界的一系列的就业机会"。与传统的职业生涯不同，它强调以就业能力的提升替代长期雇佣保证，使员工能够跨越不同组织实现持续就业。无边界职业生涯包括六个含义：（1）跨越不同雇主的边界，雇员为追求自己的利益最大化而改变组织；（2）得到现任雇主和市场的认可，即员工有能力在当前组织外的组织中工作；（3）受外部关系网络或信息的支撑，这类雇员一般都通过广泛的人际关系网络来发展自己的职业生涯；（4）打破了组织中传统的关于职位等级和晋升等的假设，认为员工追求心理上的职业成功，即便是平级调动也可能是一种成功；（5）个体因个人或家庭原因，拒绝当前的工作机会，如员工期望花更多的时间陪伴家人，他可能就会选择能满足其要求的职位；（6）个体对职业生涯的选择依赖于其自己的理解，他并不认为无边界职业生涯中存在着限制自己发展的因素，也就愿意展开这种生涯模式。①

二是易变性职业生涯。霍尔（Hall）于 1976 年提出易变性职业生涯，并将其界定为"一种由个人而不是组织主导的职业生涯"。易变性职业生涯的展开不受特定职业生涯路径或组织的约束，而是遵循内心意愿。因此，在这种职业生涯中，个体受到自我价值观驱动；也就是说，某个人的价值观不仅指导着自己职业发展的方向，而且衡量着职业生涯是否成功。在管理职业生涯时，个体是自我导向的；也就是说，某个人能够适应业绩上和学习上的要求。该观点认为，采用易变性职业生涯的人们能够持续学习，并且不断地寻求挑战。但易变性职业生涯定位并不是指某种特定的行为比如工作流动，而是一种职业心态——更确切地说，是一种对于职业所持有的自由、自我导向以及基于自己的价值观进行选择的态度。这样可把易变性职业生涯区分为两个维度——自我价值观驱动和自我导向。传统职业生涯、无边界职业生涯和易变性职业生涯的对比见表 10-1。

表 10-1   传统职业生涯、无边界职业生涯和易变性职业生涯的对比

维　　度	传统职业生涯	无边界职业生涯	易变性职业生涯
雇佣关系	以忠诚交换工作安全	以绩效/灵活性交换可雇佣性	遵从内心意愿选择职业
心理契约	关系型	交易型	交易型
职业生涯边界	一个或多个组织边界	多个组织边界	一个或多个组织边界
工作技能	与组织相关	可迁移性	可迁移性、不断更新
培训与学习	正式培训	在职培训	在职培训、持续学习
职业发展阶段	与年龄相关	与学习能力相关	自主选择
职业生涯目标	加薪和晋升等	可雇佣性的提升	心理成就感
职业成功标准	薪水、晋升、地位	心理意义上的成功感	心理意义上的成功感
职业生涯模式	线性的等级结构	跨边界性、短暂性	跨边界性、多样性
职业生涯管理责任	组织	个体	个体

资料来源：王忠军、温琳、龙立荣，《无边界职业生涯研究：二十年回顾与展望》，《心理科学》2015 年第 1 期。

10.2　职业生涯管理基本理论

人的职业生涯发展是一个复杂的过程。早在 1909 年帕森斯（F. Parson）就提出了"人—职匹配"理论。但是，直到 20 世纪 40 年代，职业生涯管理还是处于职业咨询与职业指导的阶段。直到 20 世纪五六十年代，真正意义上的职业生涯管理概念才被西方学者提出来。谢尔曼（A. Sherman）等人在研究中对职业生涯管理研究重点的变化进行了很好的归纳，即 20 世纪 70 年代越来越多的雇主倾向于建立能使组织成员在组织内达到个人目标的职业生涯计划，80 年代关注的焦点转向组织内的职业生涯发展，将组织成员的职业生涯管理看做满足组织业务需求的一种工具，90 年代则转移到组织成员职业生涯管理与组织职业生涯管理二者的平衡上，90 年代中后期开始，组织内的职业生涯管理则成为一种激发组织成员潜能和提高组织成功概率的战略过程。纵观职业生涯管理理论的发展，相关理论主要集中在以下几个方面，即基于个人的职业生涯选择理论与职业生涯发展阶段理论、基于组织的职业生涯管理理论，以及人与组织匹配的职业生涯管理理论三个方面。

10.2.1　职业生涯选择理论与职业生涯发展阶段理论

在 20 世纪 40~70 年代，职业生涯管理主要是一种"指令性"的管理模式，管理人员起着管理、指导和监督的作用，职业生涯管理的目标是选拔、晋升、培养等。这一时期的职业生涯理论主要是职业生涯选择理论与职业生涯发展阶段理论，二者都从个人的角度研究人们如何选择合适的职业，以及在职业发展的各个阶段如何促进个人的职业发展。

1. 职业生涯选择理论

20 世纪初期，在产业革命的推动下，社会上出现了许多新的就业机会。但与此相伴的是个人技能的欠缺、政治上的歧视，以及对妇女、儿童的虐待和劳动保障的缺失。在这种条件下，有关职业与职业生涯的理论逐渐发展起来，主要有帕森斯的人职匹配理论、霍兰德（J. Holland）的职业性向理论、沙因的职业锚理论。

（1）霍兰德的职业性向或倾向或定向理论。该理论认为，人的职业性向或人格类型与职业环境基本上都可以划分为实际型（realistic）、研究型（investigative）、艺术型（artistic）、社会型（social）、企业型（enterprising）和传统型（conventional）六个基本类型。六种类型之间具有一定的内在联系，它们按照彼此间相似程度定位，相邻两个维度在各种特征上最相近，相关程度最高。距离越远；两个维度之间的差异越大，相关程度越低。每种类型与其他五种类型存在三种关系：相近、中性和相斥。霍兰德又经过了大规模的试验，分别确定了男性和女性的各种类型之间的相关系数，见图 10-2。在霍兰德看来，最为理想的就是找到与自己职业性向相重合的职业（环境）类型，这称为"一致性"。其次是相接近的这样经过努力也能完全适应，毕竟每个人都具有广泛的适应能力，即在某种程度上相近于另外两种类型，因此也能适应另外两种职业类型的工作。如实际型的人在研究型的职业环境里，男性的相关系数是 0.39，女性的是 0.50，经过努力，能适应其职业环境。但如果选择了相斥的，则既不可能有乐趣，也难以适应工作，甚至无法胜任工作，如传统型的人在艺术型的职业环境里，男女的相关系数分别只有 0.07、0.05，这称为"非一致性"。

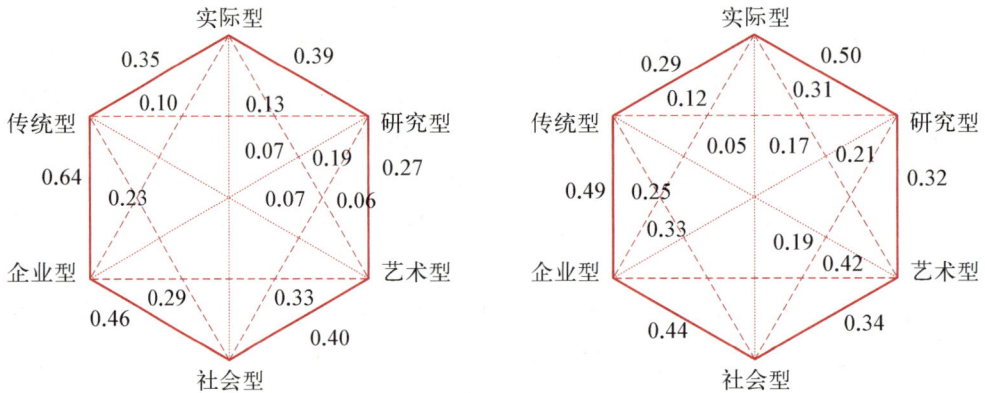

图 10-2　霍兰德职业性向理论图示（左为男性、右为女性）

资料来源：俞文钊、吕建国、孟慧，《职业心理学》（第 2 版），东北财经大学出版社 2007 年版，第78~79 页。

（2）沙因的职业锚理论。沙因基于对麻省理工学院斯隆研究院毕业生的纵向研究，提出了职业锚理论。所谓职业锚（Career Anchor），即"自省的才干、动机和价值观的模式"。具体而言，是指个人进入早期工作情境后，由习得的实际工作经验所决定，并在经验中与自省的动机、需要、价值观、才干相符合，达到自我满足和补偿的一种长期稳定的职业定位。职业锚的核心内容是职业自我观，它包括三方面的内容，即自省的才干和能力——以多种作业环境中的实际成功为基础；自省的动机和需要——以实际情境中的自我测评和自我诊断机会，以及他人的反馈为基础；自省的态度和价值观——以自我在雇佣组织和工作环境中的准则与价值观之下的实际际遇为基础。同时，沙因也认为，职业锚不是固定不变的，不可能凭各种测评来预测，它是个人与环境互动的产物，是要在正式工作若干年以后才会被发现的，所以职业锚实际上是一个在不断探索过程中所产生的动态结果。同时，职业锚的概念也强调了能力、动机和价值观的互动作用。沙因提出的八种职业锚是：技术/职能型（Technical Functional Competence）、综合管理型（General Managerial Competence）、自主/独立型（Autonomy Independence）、安全/稳定型（Security Stability）、创业创新型（Entrepreneurial Creativity）、服务/奉献型（Service Dedication to a Cause）、纯粹挑战型（Pure Challenge）、生活方式型（Lifestyle）。[②]他认为，这些职业锚可以涵盖绝大部分人的事业追求。但一个人只能拥有一种职业锚。个人的内心渴望和追求可能是多种多样的，但总会有一个才能、动机和价值观的组合排序，职业锚就处于这种组合排序中最优先的位置。如果一个人的职业锚不清晰，只能说是由于他不具备足够的社会生活经验来判断他最需要什么。必须注意的是，人的职业、职位可以多次变化转换，但职业锚是稳定不变的。由于组织职位设计的原因，相当多的人从事的职位很难与职业锚实现完全匹配，这时，个人的潜能就难以充分发挥。不匹配的程度越高，个人能力发挥的余地就越小，工作中得到的愉悦就越少，这并不等于个人不努力，恰恰相反，他有可能付出了更大的努力。公共组织的发展和组织成员的发展并不矛盾，作为个人，需要不断地进行自我探索，确认自己的职业锚，并将自己的认识与组织进行沟通。作为组织，需要建立起灵活的职业发展路径以及多样化的激励体系和薪酬体系，以满足同一工作领域中不同职业锚的需求。组织管理人员也要清楚，即便是同一性质的职位，也可能会有不同的职业锚停泊，这就需要公共组织主动寻找更好的匹配路径。调查表明，我国青年公务员以生活方式型、技术型、稳定型、服务型为主，他们之所以选择当公务员，更看重的是工作而不是职业。[③]

2. 职业生涯发展阶段理论

职业生涯发展阶段理论主要建立在社会心理学对人生周期划分的基础上，将职业发展分为几个不同的阶段，综合各个发展阶段的生理和心理特点，对职业生涯的发展提供理论上的支撑。因此，如果说职业生涯选择理论是一种静态的理论研究，那么职业生涯发展阶段理论就是一种动态的研究。

（1）金斯伯格（E. Ginzberg）的职业生涯发展阶段理论。

金斯伯格将从童年到青少年阶段的职业心理发展历程作为研究的重点。通过比较美国中产家庭的子女从童年期到成年早期与成熟过程中的有关职业选择的想法和行动，将职业生涯发展分为幻想期（11 岁之前）、尝试期（11～17 岁）、现实期（17 岁以后）三个阶段，从而揭示了个体早期的职业心理、职业意识及其对职业选择行为的影响作用。他认为：首先，职业选择是基于人们选择观念的一种发展过程，不是单一的决定，而是一个人在一段时间里的一系列决定，并且每一个决定都与童年、青年时期的个人经验和身心发展有关。其次，职业选择的实现是个人意识和外界环境综合作用的结果，最终所做的职业决策是个人喜好的职业与社会提供、个人能够获得的机会之间的结合。最后，一个人必须在影响职业选择的许多因素如现实因素、教育因素、个人的情感和人格因素、职业价值与个人价值观等之间取得平衡。

（2）舒伯的职业生涯发展阶段理论。

舒伯以年龄为依据，从人的终生发展的角度出发，结合职业的发展形态，将职业生涯分为成长阶段（0～14 岁）、探索阶段（15～24 岁）、确立阶段（25～44 岁）、维持阶段（45～65 岁）和衰退阶段（65 岁以上）五个不同的阶段。

与金斯伯格的理论相比，该理论是关于人的终身的发展观，对于处于不同发展阶段的不同人的职业发展有很强的指导作用。他以自我概念为核心，突出了职业价值观、兴趣、能力等的作用，同时将心理、生理与社会等方面加以综合考量。因此，它既是一个心理学又是一个社会学的综合性的职业选择决策模型。但是，该理论也存在不足，如各阶段的划分未必科学与必要，因为职业生涯是一个持续的过程，各阶段的时间并无明确的界限，其经历的时间长短、快慢常因个人条件、环境因素的不同而不同，有时还可能出现阶段性的反复。

（3）格林豪斯（Greenhaus）的职业生涯发展阶段理论。

与以上根据人的不同年龄阶段的职业需求、职业兴趣、职业态度等的形成与发展来研究职业生涯不同，格林豪斯则是从人生不同年龄段职业生涯发展面临的主要问题这一角度对职业生涯发展进行研究，并以此为依据将职业生涯发展划分为：职业准备阶段（0~18岁）、进入组织阶段（18~25岁）、职业生涯初期（25~40岁）、职业生涯中期（40~55岁）、职业生涯后期（55岁至退休）。

该划分简洁、明了，强调职业生涯探索的持续性，认为职业选择可以发生在职业生涯发展的多个阶段，而且在一生中可能进行两到三次职业选择，这使得其提供的职业生涯阶段划分的方案更接近实际。但该划分似乎粗了一些，对人们退休后的阶段也未予以重视。

（4）沙因的职业生涯发展阶段理论。

沙因根据人的生命周期的特点、不同年龄段所面临的问题和职业的主要任务，将职业生涯分为以下阶段：① 成长、幻想、探索阶段（0~21岁）。这一阶段充当的角色是学生和职业工作的候选人、申请者。② 进入工作世界（16~25岁）。这一阶段充当的角色是应聘者、新学员。③ 基础培训（16~25岁）。这一阶段充当的角色是实习生、新手。④ 早期职业的正式成员资格（17~30岁）。这一阶段充当的角色是取得组织新的正式成员资格。⑤ 职业中期（25岁以上）。这一阶段充当的角色是正式成员、任职者、终生成员、主管、经理等。⑥ 职业中期危险阶段（35~45岁）。⑦ 职业后期（40岁以后直到退休）。这一阶段充当的角色主要有骨干成员、管理人员、有效贡献者等。⑧ 衰退阶段和离职阶段（40岁以后直到退休）。

该划分基本上是依照年龄增大的顺序，并根据不同时期的职业状态、任务、职业行为等进行的，但只给出了一个大致的年龄跨度，并在不同的职业阶段上有所交叉。这样依据职业状态和职业行为及发展过程的重要性对职业周期阶段的划分科学、具体，但阶段划分似乎过于繁杂。

（5）中国学者的职业生涯发展阶段理论。

鉴于上述职业生涯发展阶段理论并非完全适合中国的文化教育和社会现实，不少学者都在探讨本土化的职业生涯发展阶段理论，形成了从"三段论"到"六段论"等诸多方案，如廖泉文的"三三三理论"[④]。而罗双平则认为，职业生涯阶段的划分宜粗不宜细，每十年作为一个阶段比较合适，即20~30岁、30~40岁、40~50岁、50~60岁各为一个阶段[⑤]。马士斌则提出了"顺次相连且有小幅交叠"的"六段论"：① 准备阶段（典型年龄为22岁之前）。即正式进入就业领域之前的时期，主要包括接受教育和长短不一的工作寻找期。如果顺利的话，能够使工作寻找期叠加于受教育期。

② 探索阶段（典型年龄为 22～30 岁）。即在与职业的互动中，不断修正不切实际的判断，最终在这一时期结束前决定自己最喜欢且最能干好的职业。

③ 立业与发展阶段（典型年龄为 31～45 岁）。即在选定的职业领域内，沿着职业等级的维度向上攀升。

④ 中期阶段（典型年龄为 46～55 岁）。在该阶段，有的人身居组织高位；有的或由于个人潜力发掘殆尽，或由于组织的上升空间畏缩，而出现职业生涯的"高原"现象；有的则尝试职业生涯转移，希望转入一个新的领域，寻求新的感觉和发展。

⑤ 后期阶段（典型年龄为 56 岁到退休）。在该阶段，有的人或许是组织中的权威人士，但多数人则出现明显的生产率下降趋势，有的已开始准备退休。

⑥ 离开就业领域阶段。在该阶段，除一部分有工作热情的高层管理人员、专业技术人员、掌握一技之长的技术工人，希望继续为组织或社会发挥一点余热之外，多数人已没有足够的能力继续劳动，这意味着真正意义上的职业生涯的结束。⑥

10.2.2　组织职业生涯管理理论

从 20 世纪 80 年代开始，职业生涯管理的研究逐渐从个人领域转向专注于组织职业生涯管理，对组织职业生涯管理的内容、结构、方法、效果等都进行了细致研究，但并没有形成一致的结论。其中，布莱克（Burack）提出了职业生涯发展的战略观，即职业生涯发展同时包括组织的职业生涯管理和个人的职业生涯规划两方面内容，职业生涯发展体系就是要建立一种满足个人与组织目标的平台。组织职业生涯管理需要为组织成员设计职业发展路径，为组织成员实现其职业生涯规划指明方向。组织成员的职业发展路径设计主要有以下类型。

1. 纵向发展路径

这是指组织成员在"走技术路径"和"走管理路径"中做出单一的选择，即直线型发展路径。其最大的优点是发展路径清晰，组织成员做垂直运动，目标就是晋升。

2. 横向发展路径

这是指组织成员跨职能边界的工作转换。其优点是能够扩大组织成员的知识面和工作经验，但同时存在的缺点就是组织成员的职级、待遇等可能不会改变，可组织成员必须为此花费时间和精力以适应不同的工作。

3. 双重发展路径

这是指组织成员在技术路径和管理路径上同时得到发展，但这种发展路径需要组织设计相应的可比较的报酬、资源等。

4. 网状发展路径

这是指综合横向和纵向的一系列工作职务发展，它承认在某些层次的经验的可替换性，以及晋升到较高层次之前需要拓宽本层次的经历。该路径纵横结合，将组织成员的发展途径进一步细化，为组织成员在组织中的发展提供更大的空间，减少了堵塞的可能性。

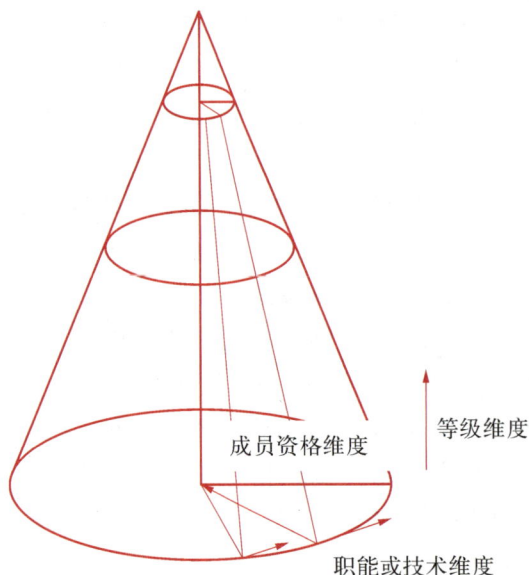

图 10-3　职业生涯发展的圆锥体模型

资料来源：埃德加·H.施恩，《职业的有效管理》，生活·读书·新知三联书店 1992 年版，第 36～41 页。

但该路径具有复杂而不清晰的特点，组织对组织成员的培训需要在更加深入、细致的层次上进行。

沙因提出了职业生涯发展的圆锥体模型，即组织成员在组织中的职业运动形式或轨迹，可以通过三个维度去考查：职能或技术维度、等级维度和成员资格维度，见图 10-3。

一是职能或技术维度的横向运动，即通过职能部门之间或乃至更大范围间的流动，积累技能和经历，发展人才潜力，为进一步精通某一专业或提升到更高职位打下较宽广的基础。其地位和薪酬变动可能不大，但承担了更多新的责任。

二是等级维度的纵向运动，即组织成员沿着职位等级向上运动。通过职位晋升向权力中心运动，其地位、薪酬、责任及技能要求都会随之提高。在组织中，绝大多数成员要按照一定的等级序列提升和发展。

三是成员资格维度的组织成员向组织"核心"运动。接近组织核心最清楚的信号是，获得专门的特权和特殊种类的信息——组织"机密"。这意味着组织成员的职位、待遇等可能并没有变化，但增加了工作的挑战性，被赋予了更多新的责任和决策权，掌握了更多的资源，有更大的工作意义和更强的成就感。

10.2.3　人与组织匹配的职业生涯管理模式

20 世纪 90 年代以后，职业生涯理论更倾向于组织与个人职业生涯的匹配。对于人与组织匹配的实质，不同的学者有不同的理解，总的来说，主要从人与组织的一致性和互补性两方面进行了探讨，大致有以下四种观点：一是"价值"观。奥雷理（O'Reilly）认为，人与组织价值观的匹配是使人与组织匹配的最关键因素。由于价值观往往相当持久并具有很大的影响力，因此这种观点最为人们所接受。二是"目标"观。范库弗（Vancouver）和施米特（Schmitt）从组织目标的角度来讨论人与组织的匹配，认为如果个人目标和组织目标之间相似性较高，人与组织匹配程度也会较高。三是"特质"观。博克（Burke）以个人人格特质和组织特征的一致性来衡量人与组织的匹配程度。四是"需要-供给"观。乔治（Judge）等从个人和组织之间的需要和供给关系的角度探讨人与组织的匹配程度。实际上，人与组织匹配既包括人的核心价值观、目标、人格特质和组织价值观、目标和特征之间的协调一致，又包括个人与组织之间在供需上能相互补充，二者缺一不可。

克里斯托弗（Kristof）在总结了以往研究的基础上提出了人与组织匹配整合框架模型（见图 10-4），该模型对一致匹配和互补匹配、"需要-供给"观点和"需求-能力"等观点进行了整合。一致匹配（箭头 a）发生在人与组织两个实体间的基本特征相似时，组织的基本特征主要包括组织文化、组织目标和规范；个体的基本特征包括个性、个体价值观、个人目标和态度等方面。人与组织在这些方面相似的基础上才可能有互补匹配的存在。人与组织的互补匹配包括两个方面：组织提供财务的、物质的和心理的资源，提供工作发展和人际交往的机会来满足人在这些方面的需要（箭头 b）；人则通过提供自身的时间、努力、承诺和综合能力（KSAs）等资源来满足组织在这些方面的研究（箭头 c）。

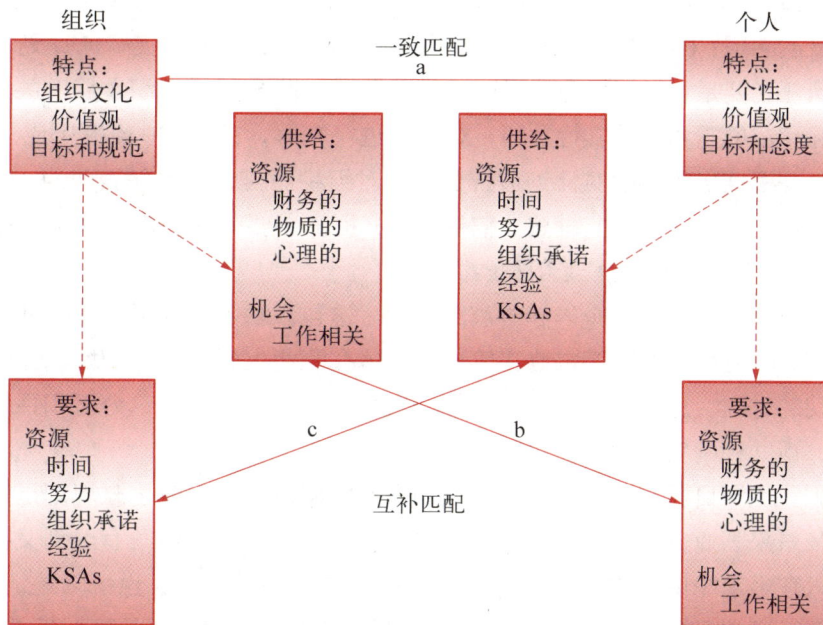

图 10-4　克里斯托弗的人与组织匹配整合框架模型

资料来源：A. L. Kristof, Personorganization Fit: An Integrative Review of Its Conceptualizations, Measurement, and Implication, *Personnel Psychology*, 1996, 49: 1~49.

基于人与组织匹配的职业生涯管理模式与一般的职业生涯管理模式不同。一般的职业生涯管理模式认为，组织成员的职业规划与发展只是组织成员个人的事情，与组织的职业生涯管理没有多大关系，他们相信工作绩效是 KSAs 与工作任务要求匹配的结果。基于人与组织匹配的职业生涯管理模式则认为人与组织是充分互动的，组织在职业生涯管理过程中要达到两种匹配：一是互补匹配，即个人的 KSAs 与工作任务要求或职位的关键要求一致；二是一致匹配，即个人的个性（如需求、兴趣和价值观）与组织的气氛或文化相一致。所以，基于人与组织匹配的职业生涯管理模式具有很多一般职业生涯管理模式所没有的优点：价值观的一致性能够带来个人的激励及感知的工作团队的凝聚力；[⑦]管理者与下属的一致性，以及下属之间的一致性都与工作满意度和组织承诺有正向的关系;⑧期望匹配度对工作满意度、组织承诺度存在显著正向影响，而对离职意向存在着显著负向影响。

10.3　公共部门人力资源职业生涯规划

10.3.1　公共部门人力资源职业生涯规划的特点

首先，职业生涯规划的主体是组织成员个体。职业生涯规划活动的责任者有三个，即组织成员本人、直接上级和组织。对组织成员而言，其责任主要是：（1）评价自身的能力、兴趣和价值观；（2）分析职业生涯选择的合理性；（3）确立发展目标和需要；（4）与直接上级交换发展愿望；（5）与直接上级一起制定行动计划；（6）落实行动计划。对直接上级而言，其责任主要是：（1）帮助下属正确认识个人发展及其与组织发展的关系；（2）评价下属的目标和发展需要的现实性；（3）对下属进行辅导，并达成一致的计划；（4）跟踪下属的计划，并根据形势适时对计划进行更新。对组织而言，其责任表现为：（1）提供职业生涯规划所需的样板、资源、辅导、信息；（2）提供必要的职业规划理论和技术方法培训；（3）提供能力培训，以及锻炼和发展机会。

其次，职业生涯规划是一个内涵丰富的过程。这包含职业生涯目标的明晰与确定、职业计划的实施、职业目标的反馈与修正等，是个体在职业生涯中有意识地确立职业目标并追求目标实现的过程。这既需要个人对组织及自身条件的正确认识、分析和评价，也需要组织的指导、帮助和制度化安排。

再次，职业生涯目标是个人在职业领域的未来发展方向。职业生涯规划是对未来的职业生涯目标及未来职业行动的预测。职业生涯目标同日常工作目标既有区别又有联系。工作目标是个人在当前职位上需要完成的任务目标，可以是自设的，也可以是组织给定的。工作目标一般是短期目标，比较具体，大多同本职工作紧密相关，并随时间变化而变化。职业目标相对来说是长期目标，较为抽象，而且不一定完全同当前的工作有关。但是，职业目标的达成，尤其是计划在单一专业或组织内部提升的目标，同当前工作目标的选择及完成情况关系十分密切。可以说，选择适当的工作目标并能很好地实现这些目标，是最终达成职业目标的最佳途径。

最后，组织是组织成员落实个体职业生涯规划的重要场所。职业生涯规划必须依据个人及组织两方面情况而制定。组织应积极了解并参与组织成员的职业生涯规划，通过相应的职业生涯管理政策，帮助组织成员落实职业生涯规划目标并使之与组织目标相结合。良好的职业生涯规划也是组织吸引和留住人才的重要方面。

10.3.2　公共部门人力资源职业生涯规划的影响因素

一是客观因素。这主要包括组织文化、组织战略、管理制度、职位供给，领导者的理念和素质，以及家庭与社会经济文化环境等。

二是主观因素。这主要有两点：（1）教育背景。教育背景对个人的职业选择与被选择、职业转换、职业发展有重大影响。人们所接受的不同等级教育、所学的不同学科门类、所在的不同院校及其所接受的不同教育思想，会带来不同思维模式、意识形态、专业能力等，从而使其以不同的态度对待自己、社会及其关系，以及职业选择与职业发展。（2）需求与动机。人在不同的职业发展阶段，对职业目标、职业选择、职业生涯的调整，以及职业成功标准的理解，深受其需求与动机的影响而不同。

10.3.3 公共部门人力资源职业生涯规划流程

职业生涯规划的流程主要包括个人分析、组织分析、确定目标、制定行动方案、实施行动方案、反馈与修正等，如图 10-5 所示。

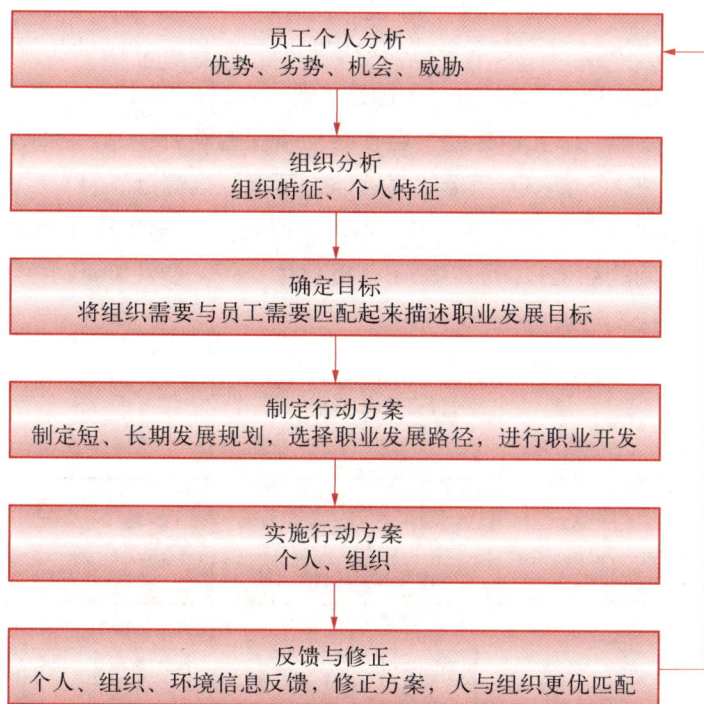

图 10-5 职业生涯规划流程

10.3.4 公共部门人力资源职业生涯规划的内容

1. 自我评价

这是指个体通过各种信息和知识，确定和描述自身的职业性向、职业兴趣、职业能力及行为倾向的活动。在有关专家的指导帮助下，通过心理测验或咨询，建立自己对职业发展的意识和洞察能力，力求寻找到个人职业兴趣、能力、专业与工作性质、工作发展机会的匹配点。自我评价的基本内容包括：第一，弄清自己为人处世所遵循的价值观念，明确自己的工作动机和需求。第二，了解自己的专长、能力、技能等。第三，剖析自己的人格特征、兴趣、期望等，了解自己的优势与不足。第四，预测自己在职场中的发展空间和机会。以此可对自己有一个较为客观、全面的认识、评价和定位。

2. 职业选择

这是指个体依照自己的职业兴趣、期望，凭借自身能力挑选职业，使自身能力素质与职业需求特征相符合的过程。在人的一生中，职业选择并非只是一次性选择。一般而言，人们有 3~5 次职业选择。第一次发生在高考志愿填报时，第二次发生在大学期间，第三次发生在工作最初的 5 年期间，第四次发生在工作的 5~10 年后，第五次发生在职业生涯中期。所以，"职业选择"并非单纯地是指对职业本身的选择，还包括以职业选择为中心的一组相关决策，具体包括专业选择、职位选择、工作部门选择等。

3. 目标设定

做出职业选择的决策之后，接下来就要设定职业生涯目标。职业生涯目标是个体在一定时期、一定职业领域中所要取得的成绩或要达到的高度。图 10-6 展示了目标设定的程序。其中要注意如下几点：（1）目标要符合社会与组织的需要；（2）目标要适合自身特点，并使其建立在自身优势之上；（3）目标要高远但绝不能好高骛远；（4）目标幅度不宜过宽，最好选择窄一点的领域，即目标要有重点，不可定得太多，一般 3~5 条即可；（5）要注意长期目标与短期目标间的结合；（6）目标要明确具体；（7）要注意职业目标与家庭目标以及个人生活与健康目标的协调与结合。

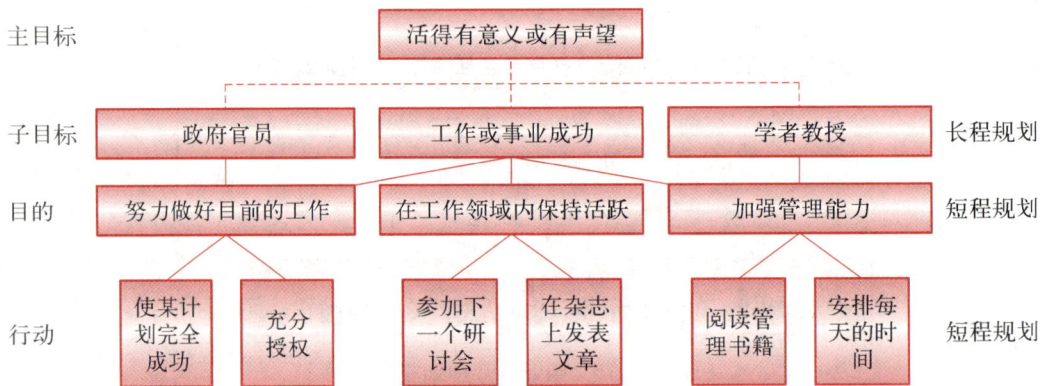

图 10-6   目标树规划模式

资料来源：刘冰等，《职业生涯管理》，山东人民出版社 2004 年版，第 161 页。

4. 职业路径设计

职业路径设计可以按前述四种类型，或按沙因的三维度进行，但这都不便于图示，下面以最简单的二维设计思路作一介绍。该方法使用频率高，而且多维的思路也是以此为基础在圆锥体上设计的。

职业路径的二维设计包括横向维度的设计和纵向维度的设计。前者就是根据职系、职等的定义，把属于一个职等上的几个目标进行设计（见图 10-7）；后者是根据职系、职级的定义，把属于不同职级上的目标进行设计（见图 10-8）。

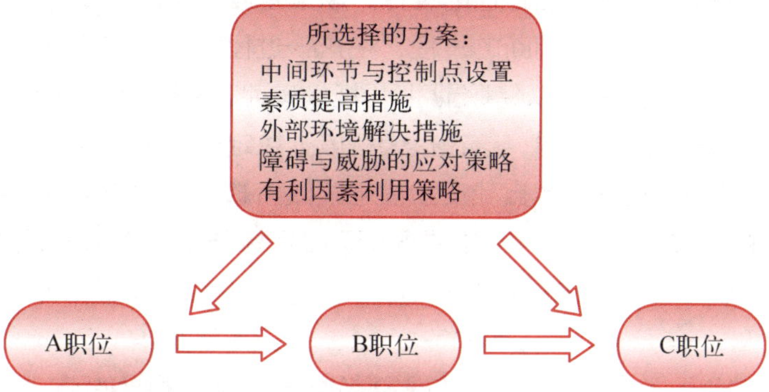

图 10-7　横向维度的设计

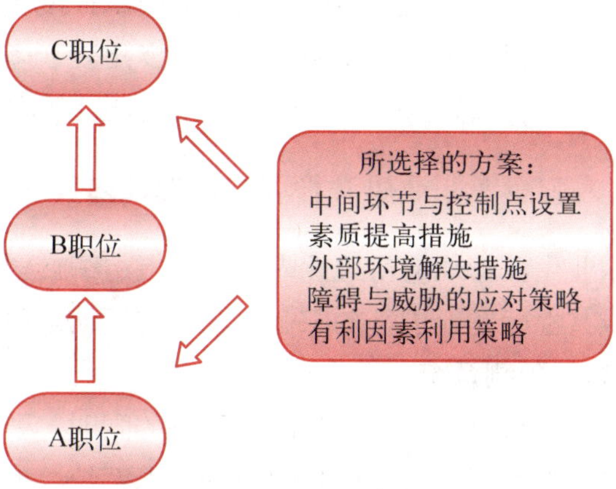

图 10-8　纵向维度的设计

资料来源：吴志华等，《公共部门人力资源管理》，复旦大学出版社 2007 年版，第 199 页。

5. 规划实现策略

这是指为实现职业生涯目标所采取的行动和措施。策略是建立在对现实与目标差距分析基础之上的。差距分析涉及：一是对现在职位与目标职位间的差距分析。二是基于目标对个体知识、技能、能力和经验的要求与个体知识、技能、能力和经验等现状的差距分析。三是对目标实现过程中来自组织内外环境的有利与不利因素的分析。

在此基础上，实现各级职业目标主要采取以下策略：一是练内功。主要是针对实现目标存在的个体知识、技能、能力和经验等方面的差距，通过培训、自学等多种方式，提高自己的竞争力，并在实际工作中取得业绩，获得外界认可。二是练外功。主要是通过改善与外部环境的关系，或适度表达自己的愿望来达成自己的职业目标，具体有两种，即自我展示策略和注重关系策略。前者主要是向直接上级或掌握发展资源的人表达自己的发展愿望及自己的能力和表现；后者则是处理好与掌握发展资源者的关系，获得有利于职业目标实现的资源。

6. 反馈与修正

这是指在职业生涯规划过程中，对职业定位、职业路径与职业方向的审视与修订，主要包括职业的重新选择、职业生涯路径的选择、职业生涯目标的修正、实施策略计划的变更等。职业生涯规划是个循环不间断的过程，在这一过程中，无论是来自个体与组织的变化，还是来自环境的变化，都可以使职业生涯规划发生改变，而且在职业目标实现过程中，会遇到各种各样的风险和机遇，这在很大程度上决定了某项职业目标的实现与否。所以，在可预见的短期内，应不断地自我反馈信息并做出修正，对新情况导致可能出现的新风险及时预测，并采取相应措施，以达到个人职业目标与组织发展战略匹配的更优设计方案。

10.4   公共部门人力资源职业生涯管理的内容

公共部门人力资源职业生涯管理的主体包括组织成员本人及其直接上级与组织，其中组织和每个管理者要切实负担起组织成员发展的责任，多角度、多层面地优化其职业生涯管理的具体内容。

10.4.1   公共部门人力资源职业生涯管理的常规性内容

公共部门人力资源职业生涯管理的常规性内容，是指组织针对组织成员在职业生涯发展上存在的一些普遍性或共性问题而进行的职业生涯管理活动项目。

1. 建立职业发展信息与预测系统

由于组织在确立组织目标和进行人力资源需求预测的同时，要广泛收集职业发展的信息、预测职业发展的趋势，故可同时建立有关职业的信息系统。而且，组织成员个人毕竟精力、财力及认知能力有限，其所掌握的职业信息的来源和通道也因而受限，所以组织成员职业生涯发展必须依赖组织。职业发展信息与预测系统的内容主要包括职业的性质及其在社会中的地位和发展方向、从事该职业必备的资格条件、该职业的收入水平、职业生涯发展要求的知识结构与素质，以及晋升的路径等。

2. 举办职业生涯讨论会与发放职业生涯手册

职业生涯讨论会是由组织举办的，旨在帮助组织成员学习和练习制定、调整职业生涯规划的活动。参加人员有组织成员及其所在部门负责人、人力资源管理部门专门负责职业生涯管理的人员、职业生涯发展较好的人员和外聘的职业生涯研究专家。对新员工来说，通过这一活动，可以进一步掌握职业生涯规划的技术方法，修订、调整原有的职业生涯规划。这可穿插在职前培训中进行。对老员工来说，可以定期举办，主要是帮助其修改职业生涯规划。讨论会的主要议程有：（1）主题演讲。由人力资源管理部门专门负责职业生涯管理人员或者外聘的职业生涯研究专家，阐述职业生涯规划的目的、内容，介绍规划的技术方法、成功的案例等。（2）评估。组织成员评估自己的个性特征及组织中可能的发展机会。（3）职业生涯选择练习。即在上述评估的基础上，就职业选择、目标设定、职业路径设计的练习。（4）典型案例和经验介绍。其中最重要的是（2）（3）两个议程。

职业生涯手册是由组织编写的给予组织成员职业生涯指导的参考书。内容主要包括：（1）职业生涯管理理论介绍；（2）评估方法和工具；（3）组织环境信息，如机构变动、人力资源管理政策等；（4）外部环境信息，主要是可能影响职业发展的国家政策、有关信息等；（5）职业生涯规划的方法工具等；（6）典型案例分析。

3．提供职业生涯咨询

每个人在职业生涯发展中都会遇到或多或少的问题，特别是对职业生涯讨论会和职业生涯手册没有解决或难以解决的问题，组织可以通过个别面谈、问卷、讲授等多种形式，由有关部门的管理人员、人力资源管理部门专门负责职业生涯管理人员、职业生涯发展较好的组织成员和外聘的职业生涯研究专家，为人们进行咨询：帮助组织成员分析自身的特性、职业锚、长处、短处和发展需要；指导组织成员学习职业生涯管理知识，理清职业发展的思路，有效管理职业生涯；提供组织内外的可选择职业，以及帮助组织成员克服职业发展中出现的问题等。有条件的组织可在人力资源管理部门设立专门的职业生涯咨询机构，由上述四种人员（可再选择部分职业生涯发展较好的退休人员）担任咨询员。

4．工作进展辅助

这是指组织为帮助组织成员胜任现时的工作、顺利完成各项工作任务而提供的各种辅助行为。其方式灵活多样，视组织内工作性质、条件不同而定。总体来说，它可以协助组织成员成功积累工作经验，为进一步发展奠定良好的基础，具体而言可以：（1）满足组织成员特定的价值或目标；（2）激发组织成员的某些能力和优势；（3）改善或弥补组织成员在职业生涯规划中反映出的弱点。

5．向组织成员开放职位

将组织内每个职位的信息向所有组织成员开放，要求组织成员根据自己的条件和职业期望选择适当的职位，这是组织与其成员之间双向选择的过程。同时组织凭借这一过程，可以得到组织成员的工作信息，并完善可供人们选择的职业标准。

6．完善培训计划

这是指组织针对组织成员职业生涯发展的要求及其不足而有计划进行的培训。培训包括两方面：一是工作经验、技能等实际才干的培养，二是接受正规的课程学习和教育。对任何组织来讲，必须明确两点：一是只有基于组织成员职业生涯发展进行的培训才是真正有效和具备投资价值的；二是根据胜任力的观点，能够培训的是知识、技能等显性部分，而对于个性、价值观等隐性部分的培训通常是无效的。

7．制定工作-家庭平衡计划

任何一个身处职场的人，都能体会到工作和家庭生活的相互影响，尤其是两者之间的冲突。该冲突对个人职业生涯发展的影响甚至超过了个人职业生涯发展目标，因此组织可以建立相应的工作-家庭平衡计划，以缓解乃至消除这种冲突，使组织成员的工作和家庭生活尽可能和谐。如向组织成员提供家庭问题及其压力排解的咨询服务；创造参观或联谊等机会，促进家庭与组织的相互认识和理解；把家庭因素列入考虑晋升或工作转换的制约条件之中；设计适应家庭需要的弹性工作制；以及针对个别人员的个别需求，由管理人员提供"一对一"的帮扶服务等。

8. 职位再设计

研究表明，任务的重要性、完整性和技能多样性三个维度对组织成员体验组织工作的意义和价值十分重要，而自主性维度强化了组织成员的挑战意识和责任体验，反馈性则提高了组织成员对自我实际工作结果的理解力，因此职位再设计应作为组织职业生涯管理的常规性内容，增强组织成员职业发展的机会。（具体技术方法见本书5.3。）

9. 优化流动管理政策

公共部门人力资源的流动主要包括职务升降、交流调配、离职退休等（详见本书9.5），其政策直接决定了组织成员的职业发展，因此各流动管理政策的制定需要从职业生涯管理的角度进行完善，其中要特别强调基于能力和业绩的晋升，优化与组织发展相匹配的职业通道等。因为，职务、职级、职称等的晋升不仅是组织最有效的激励手段，也是人们职业生涯发展中最被看重的因素，或许对有些人来说，这甚至是其职业生涯最终价值的体现。现实中各级各类人员的晋升问题是严重制约个人发展和组织发展，乃至组织认同的重要因素，所以组织在设计良好的职系、职级，制定合理的职位说明书，以及确定适宜的组织成员发展路径的同时，还应重点做好如下工作：一是科学制定晋升的标准和流程。二是公开和公示晋升的标准和流程。公开公示，才有公允公平，方可有序竞争；同时也利于组织成员将标准内化，并与自身发展相结合，然后外化为工作的行为和结果。三是认真设计适应职系职位要求的晋升类型和方法。不同的职系职位可采取不同的晋升方法，而且应得到组织成员的认同。四是严格遵循既定标准和流程，公开晋升过程，注重组织成员的民主参与。五是重视晋升过程中的沟通和反馈。有效的沟通和及时的反馈是管理的基础，在晋升中应予以特别的重视，这也是化解有关晋升问题、完善晋升标准和流程的重要依据。

10. 完善以职业生涯发展为导向的绩效考核

从组织成员个人角度讲，对组织成员的绩效考核实际上也是其本人及其直接上级，共同对其职业生涯某个具体时间段发展情况的评估，双方都可据此判断其是否能够胜任该工作，以及存在的问题与下一步改进的方向，做出或按既定规划继续发展，或调整行为以落实计划，或修改原规划的决定。从组织角度看，组织应该将组织成员的职业生涯发展纳入其绩效标准，这既有利于组织成员的职业发展，也有益于激励和提升组织成员的绩效水平。

11. 帮助组织成员管理工作压力

调查显示，工作压力对人们的健康造成很大的损害，50%～80%的疾病都是心理疾病或是与压力有关的疾病，而且过多的工作压力对组织的影响也是消极的，如引起人们的不满、消极、高离职率和缺勤等问题，[①]对1 576名高层管理者所做的调查显示，近70%的高层管理者感觉自己当前承受的压力较大，其中21%的人认为自己压力极大。美国国家职业安全卫生研究所（National Institute of Occupational Safety and Health，NIOSH）的一项研究表明，超过半数的劳动力将职业压力看做他们生活中的一个主要问题，这比 10 年前增加了一倍多；而在过去 4 年里，因为职业压力而请病假的雇员数量增加了两倍。不仅美国情况如此，欧盟也正式将职业压力列为欧洲大陆面临的第二大职业健康问题。[⑩]从一般意义上讲，工作压力来自角色压力（角色冲突、角色模糊和角色负荷），个人认知（价值观、职业生涯目标、对报酬的态度等），不当的工作环境条件（如工作环境不完善、无序的组织氛围、过度竞争的人际关系、粗暴的管理方式）等，这无疑会增强组织成员的工作挫折感，使其工作积极性、主动性、工作绩效等都受到负面影响。公务员的工作压力源主要是直接上级、工作责任、人际关系、工作任务、工作性质、完美倾向和职业前景。[⑪]为应对这种复杂的"社会-心理-生理"现象，缓解人们的工作压力，公共部门应主动应对，需要从工作匹配、绩效管理、沟通机制、培训开发、良好的组织文化培育等方面做出相应的调整。当然，这对我国公共组织来讲是一个很迫切也很棘手的问题。

10.4.2　公共部门人力资源职业生涯管理的特定性内容

公共部门人力资源职业生涯管理的特定性内容，是指组织针对组织成员职业生涯发展中遇到的一些个别问题或特定发展阶段而进行的职业生涯管理活动项目。

1. "准组织成员"的"人与组织匹配"测验

传统人力资源招聘是基于人与职位的匹配，较少考虑职位所属的组织特性，也常常忽视那些与工作不直接相关的人性特征，因此，对组织初步看好的"准组织成员"，必须将职业生涯管理提前到招聘时启动，而不能等到职前培训才开始。在该阶段，对这些"准组织成员"的职业生涯管理主要有两个内容：一是提供现实工作预览。这包括提供给他们有关工作尽可能详细的信息，包括对其有利和可能不利的全面信息；安排他们亲临组织，模拟现实工作过程，提高他们对其自身与组织、职位等匹配的知觉的准确性，为其决策提供必要的信息。二是提供人与组织匹配性测量。研究表明，人与组织匹配的关键是价值观的匹配，而对该匹配性的判断基本上源于招募甄选人员对求职者的主观认知，这带有较大的偏差，而在价值观测验工具较少的情况下，组织可根据自己的价值观编制相应的测验工具，以便测量求职者与组织价值观的匹配程度。

2. 职业适应时间长组织成员的上岗引导和组织社会化辅导

新员工，特别是第一次就业的新员工，其职业适应问题是影响其职业生涯的一个关键点，被称为"现实震荡"。但每个人的适应期长短不一、应对的问题也有其特殊性。20 世纪 90 年代，适应期在"1 年之内"的占被调查者总数的 38.2%、"1~2 年"的占 37.2%、"2~3 年"的占 17.2%、"3 年以上"的占 6.5%。而在适应期内，对以下诸项，认为"不满意"或"很不满意"的分别是：工作效率 38.4%、人际关系 23.7%、领导作风 30.5%、工资福利 38.8%、工作条件 30.7%，但有 70%的人认为自己的业务能力"完全适应"或"基本适应"工作需要[⑫]。而到了 2005 年，则有 80%的人感到不适应本职工作。[⑬]

不论其原因是组织的还是组织成员自身的，这对组织成员的职业生涯等的影响都是巨大且深远的，因此组织需要有计划有步骤地对组织成员进行上岗引导和组织社会化辅导，并且与职前培训相结合。但组织社会化不是一蹴而就的，特别是对那些职业适应时间长、难度大、问题多的组织成员，更需要制定个性化的强化辅导计划。其内容就是围绕如何把这部分新员工由进入组织之前的外部人员转化为组织功能成员：一是了解组织的价值观、战略等；二是了解工作团体的价值观、规范和人际关系；三是学习如何完成工作，以及完成工作所需要的知识和技能；四是产生个人身份、自我形象，以及工作动机等相关方面的改变。[14]

3. 寻找职业锚组织成员的"试锚"供给

根据沙因的职业锚理论，人们在最初工作的 5～10 年内，致力于寻找职业锚，显然，有的人会顺利些，有的人可能很不顺利。因此，组织在提供相应的咨询和测评、帮助组织成员更清楚地认识和评价自己的同时，提供给组织成员多的工作机会，使其在多个职位上"试锚"，尽可能早一步像船舶到港一样"抛锚"，拴定自己的职业锚。

4. 职业生涯高原组织成员的跨越或转岗

职业生涯高原由弗朗斯（T. Ference）提出，是指个体在职业生涯发展中的某一个阶段，进一步晋升的可能性非常小。有的称之为职业停滞或"中年危机"。较为著名的"三因素说"，将影响职业生涯高原的因素分为个人因素、家庭因素及组织因素，其中组织因素包括组织的结构特征及职业路径（职能/直线）。[15]我国公共部门各级各类人员晋升中的停滞问题远远比这复杂得多，年龄、性别、户籍、学历（毕业学校、第一学历、第二学历）、学位、专业出身、工作年限、政治面貌、科研成果的级别和数量等其中的任何一项，都可能在某一时刻成为限制组织成员晋升的或明或潜的不可逾越的鸿沟，公务员晋升中的"天花板"现象只是其一。遇到"天花板"的公务员则是思想上自暴自弃、行动上自由散漫、学习上退步不前、物质上寻求经济补偿、升迁上投机取巧、心态上怨天尤人，这是个人和组织的"双败"！对此，有学者提出可以通过职位再设计、项目团队、轮岗、横向转移、带薪休假等措施解决职业生涯高原的问题[16]，也有学者从心理咨询的角度提出了职业生涯咨询、压力管理研讨会、放松技巧训练、与健康有关的讨论会等措施，[17]还有学者采用混沌理论进行干预。[18]具体言之，在从个人发展的角度，修改完善已有的涉及组织成员职业生涯的各项规章制度，科学制定并严格执行晋升标准和流程的基础上，首先应采取一切措施，避免组织成员的边缘化。组织成员逐步从主体中心地位流向边缘，不论原因来自何方，组织都应该设法克服。[19]其次，从制度上设置预防组织成员知识、技能老化的培训，主动应对由于组织成员知识技能老化带来的高原现象。再次，通过职位扩大化、职位丰富化，使职位"增值"，增大职位轮换、组织内转岗的比率。最后，帮助少数组织成员实现职业生涯转变，即转变职业领域。

5. 职务升降、交流调配、离职退休、奖励惩戒等面谈

晋升、降职、交流、退休、辞职、辞退、开除、获奖、处分等都是外职业生涯的重要

阶段或事件，晋升、降职、交流、退休、辞职、辞退、开除等又是主要的流动形式，从一般意义上讲，组织都应与其进行面谈。其中，对晋升、降职、交流、获奖、处分者，主要分析和评价其成功或挫折的原因，分析制定下一步发展的对策，修改调整职业规划，并征询对组织的意见和要求，完善组织的职业生涯管理。对退休者，除表示关心、慰问并给予指导帮助外，还要请其留下改进组织管理的意见建议。对辞职者，主要是了解其辞职的原因，以此改进组织管理，因为他们往往比在职人员更坦率、客观，其意见就更富有建设性；并作为组织的"再雇佣"源泉或重要的"外部资源"加以培育和维护，也能维护在职人员的信心和士气。对辞退、开除者，要在给予充分尊重、描述事实和善于倾听的前提下，重在说明其被辞退或开除的原因，并告知对方的权利与组织的"下一步计划"，"下一步计划"主要包括工资、福利、经济补偿等在内的具体方案及后续安排，并结合相关法律法规进行的说明和解释（面谈的基本程序和注意的问题可参考本书 11.4）。

6. 退休人员的职业生涯延长

退休会对退休者本人产生很大的冲击，组织有责任帮助即将退休者认识并接受这一事实，并安排好其退休生活。第一，提供相关信息。如退休后的住房、社会保险、情绪和态度调整、家庭关系处理及有关法律事务等。第二，提供或协助提供有关咨询，如兼职、健康、心理、休闲、财务与投资等咨询。第三，帮助制定退休计划，合理安排退休生活。主要内容应是结合其身体、经济、家庭、个人爱好等情况，以安享晚年为主。第四，举办相应的活动帮助向退休状态过渡。例如，增加工作时间的弹性，请已退休者介绍经验和解答疑问，举办老年保健讲座和联谊等活动等。第五，多数人的能力还不会因为退休而完结，因此，组织可采取兼职、顾问等方式聘用他们。例如，让他们为新员工举行职业生涯规划和业务讲座、参与职业生涯咨询和工作进展辅导等，使他们有机会发挥"余热"，延长其职业生涯。

10.4.3　管理者对下属的职业生涯管理内容

几乎对每个组织成员来说，直接上级是对其职业发展影响最大的人之一。从一般意义上讲，培养下属是管理者的天职，正如曾国藩所言："办大事者以多选替手为第一义"。从职业生涯管理角度讲，作为下属的天然的"人力资源管理师"，其价值在此时集中体现。因为不论是职业生涯管理的常规性内容还是特定性内容，都需要每一个管理者去落实。表10-2 总结了管理者对下属职业生涯管理的具体内容。

表 10-2　管理者对下属职业生涯管理的具体内容

● 沟通者
进行正式或非正式的讨论
倾听并理解下属真正关心的事情
确定不受干扰地会见下属的时间
营造一个开放的上下级相互影响的环境

（续表）

● 评价者
明确下属的关键工作要素
与下属讨论并确定绩效目标
评价下属的工作绩效
实施绩效面谈
围绕未来工作目标制定发展计划
发现并激励下属的积极表现
经常回顾已为下属制定的发展计划

● 教练
明晰并传达工作小组和组织的目标
帮助下属改变目前的障碍
以引导、讨论的方式和下属一起找出改进的具体行动
传授与工作有关的技能
通过展示自身成功的职业行为为下属的职业发展树立典范
提议有益于下属的合适的培训活动
支持下属与组织内外的其他人交流，以提高工作业绩

● 顾问
帮助下属明确与职业相关的技能、兴趣与价值观
帮助下属明确可能的职业选择
帮助下属评价各种职业选择的适合性
帮助下属明确能改变职业发展的方法
为下属职业进步提出合适的策略
帮助下属设计/计划实现已达成一致的职业目标的策略

● 经纪人
安排下属参加组织内外举行的相关活动
帮助下属团结那些在他们的职业生涯中需要互相帮助的人
帮助下属得到合适的受教育或工作机会

● 推荐人
发现遇到问题（如职业方面的、健康方面的）的下属
为遇到问题的下属寻找合适的资源
向下属提供推荐人或帮助组织成员寻找推荐人
保证推荐的有效性

● 代言人
与下属一起制定计划，以让更高的管理层纠正某一具体问题
如果管理部门的矫正方案不成功，与下属一起制定替代策略
就某些具体问题的纠正向更高的管理层表达下属的诉求

资料来源：张德主编，《人力资源开发与管理（第 3 版）》，清华大学出版社 2007 年版，第 297 页。

10.5　公共部门人力资源流动管理

10.5.1　公共部门人力资源流动概述

1. 公共部门人力资源流动的含义

任何公共组织都是一个动态的开放系统，战略转型、组织变革、环境变化等，都会对组织提出调整自身资源的要求。这种调整可分为两种：一是组织内部的资源开发与重新组合，二是组织与外部环境发生资源交换。作为组织重要资源的人力资源，与组织之间也应

是动态匹配的关系，为此，公共组织必须对其人力资源的流动施以科学的管理。

公共部门人力资源流动是指根据工作需要、个人意愿或法规合同，按照一定的标准和程序，变换组织成员工作职位，从而产生、变更或消灭其职务关系或工作关系的活动。包括人力资源的注入、内部流动和流出，但鉴于流入即招募、甄选与录用已在第 8 章做了讲解，这里的流动仅指内部流动与流出。由定义可见，从流动内容看，这既包括职位变化，还包括隶属关系变化；从流动形式看，这既包括职务升降、职务任免，也包括交流调配、辞职辞退等。

2. 公共部门人力资源流动的类型

按照不同的分类标准，对公共部门人力资源流动作如下分类：

（1）按流动方向，分为内部流动与外部流动。前者是指发生在公共组织内部不同职位、不同部门之间的人员流动，包括职务升降、交流调配；后者是指发生在公共组织与其他公共组织或非公共部门之间的人员流动，包括任职、调出、辞职、辞退、开除、解聘及退休等。其中，内部流动又可再分为垂直流动与水平流动。垂直流动是指随着其职务、身份在垂直方向上的上升或下降，由较低（高）层级转入另一较高（低）层级，如职务升降；水平流动是指虽然职务、身份发生变化，但并不改变其社会地位和所属层级的流动，如交流调配。

（2）按流动原因，分为自愿流动、非自愿流动和自然流动。自愿流动是指出于组织成员个人原因的流动，如辞职就是组织成员主动中断作为组织一员的流动；非自愿流动是指由组织做出的非组织成员意愿的流动，主要有辞退、开除、被迫辞职等；自然流动是指因退休、死亡、聘期结束等引发的自然流出。

（3）按流动效果，分为合理流动与不合理流动。前者是指对公共组织有效的或有益的流动，这是流动管理的目标；后者是指对公共组织无效的或有害的流动，如流动比例失衡、核心人才流失等，这是流动管理要克服或避免的。当然，这里的效果是对公共组织而言的，不是对组织成员个人而言的。

3. 公共部门人力资源流动率

人力资源流动受多种因素的影响，因此，有多种流动率计算方法。

（1）流出率。即离职率。这是以某一单位时间（如以月为单位）的流出人数，除以工资册的月初月末平均人数，然后再乘以 100%。流出人数包括辞职、免职、辞退人数，工资册平均人数是指月初人数加月末人数然后除以 2。流出率可用来测量人力资源的稳定程度。之所以流出率常以月为单位，乃是由于如果以年度为单位，就要考虑季节与周期变动等因素。

$$流出率 = 流出人数 / 工资册平均人数 \times 100\%$$

（2）净流动率。即净离职率。这是以补充人数除以工资册平均人数，然后再乘以100%。补充人数是指为补充离职人员所录用的人数。分析净流动率时，可与流出率和新进率相比较。一般而言，一个组织在成长发展阶段，净流动率等于流出率；在收缩发展阶段，净流动率等于新进率；而处于常态时期，净流动率、新进率、离职率三者基本稳定。

$$净流动率 = 补充人数／工资册平均人数 × 100\%$$

（3）流动速率。这是指组织成员从一个职位换到另一个职位的速度，用以衡量组织内部人力资源的流动速度。不论是水平流动还是垂直流动，组织内部不同群体之间的流动速率差别很大。研究表明，从垂直流动看，组织成员在职业生涯前期流动速率过慢意味着其未来发展潜力有限。[20]对国内领导干部研究发现，前期晋升速度能够对后续的晋升速度进行预测，[21]而通过对有发展潜力的领导干部的特征分析，可以对我国未来更高层领导群体的特征进行预测。[22]

4. 公共部门人力资源流动的模式

公共部门人力资源流动模式的决定因素诸多，应从战略高度综合考虑，既有利于组织成员的职业发展，又保持组织的创新和发展。

（1）终身雇佣模式。组织成员一旦进入组织，除非特殊情况，如绩效不佳等，其整个职业生涯都会在该组织中进行。

（2）或上或出模式。组织成员按预定轨道在组织中上升，直至达到上层。如果在此上升道路的任何级别上都不能再被提升，或者不能到达最高级别，通常意味着此人必须离开。这通常在底层有较高的离职率，在上层则相对稳定。

（3）不稳定进出模式。组织成员因为经济周期、表现不佳或是与新的管理层配合不足等原因，可能在任何层次和时间被要求离开。但劳动合同在一定期限内有效，以保证组织成员有一定的职位稳定性。

（4）混合模式。很少有组织会完全采用上述某一种模式，多数会选择以一种模式为主，而辅助以其他模式，并且流动模式还会随着组织生命周期而改变。

5. 公共部门人力资源流动的影响因素

总体而言，影响公共部门人力资源流动的因素可分为两类：一是宏观因素，主要包括国家和社会层面的经济、政策、文化等因素；二是微观因素，主要是指组织、工作及个人方面的因素。见表10-3。

表10-3   公共部门人力资源流动的影响因素

宏 观 因 素		微 观 因 素		
社会经济因素	公共政策因素	组织因素	工作因素	个人因素
① 经济发展水平 ② 就业与失业水平 ③ 收入水平 ④ 通货膨胀	① 就业政策 ② 户籍制度 ③ 保障制度	① 管理与领导方式 ② 规模、地位和绩效 ③ 组织文化 ④ 组织公平性 ⑤ 人际关系 ⑥ 组织环境	① 工作报酬 ② 工作前景 ③ 工作性质 ④ 工作类别	① 年龄、性别 ② 所学专业和教育程度等受教育情况 ③ 职业或工作预期 ④ 家庭状况 ⑤ 生活方式 ⑥ 素质能力 ⑦ 价值观等人格

资料来源：方振邦，《公共部门人力资源管理》，中国人民大学出版社2014年版，第367页。引用时有修改。

6. 公共部门人力资源流动的作用

毫无疑问，公共部门人力资源流动的作用是针对合理的流动或积极意义的流动。这主要体现为：一是对组织来讲，有利于提升整体素质，优化人力资源结构，合理配置人力资源，激发组织活力，促进组织的有序运行；二是对个人而言，"流动成长效应"[23]巨大，有利于发挥能力、提升士气、促进职业发展。

10.5.2　公共部门人力资源流动管理的含义与理论基础

1. 公共部门人力资源流动管理的含义

公共部门人力资源流动管理是指对人力资源的流入、内部流动和流出进行计划、组织、协调和控制的活动，以确保组织人力资源的可获得性，满足组织现在和未来的人力资源需求和组织成员的职业生涯发展需要。与上文对公共部门人力资源流动的界定相一致，这里仅指内部流动管理与流出管理。

2. 公共部门人力资源流动管理的理论基础

以下理论既是公共部门人力资源流动管理的理论基础，也是对人力资源流动必要性的理论解释。

（1）勒温的场论。勒温（K. Lewin）仿照磁场作用提出了一个人与环境关系的表达式，$B = f(P \cdot E)$，其中 B 代表个人的行为（Behavior），P 代表个人（Person），E 表示环境（Environment）。该公式表明一个人的行为是在某一时间与空间内，受内外两种因素交互作用而产生的。因此，当个人与环境的适应程度下降至很低时，新的环境无论对个人还是组织都是最佳选择。勒温场论从人与环境的交互作用角度论证了人才流动的必要性。

（2）库克曲线。库克（Kuck）通过对研究生参加工作后创造力发挥情况的研究得出了人的创造力周期曲线，论证了人员流动的必要性。图 10-9 中 OA 是创造力的导入期，表示研究生在 3 年学习期间创造力的增长情况；AB 表示研究生毕业后参加工作的初期，第一次承担任务的挑战性、新鲜感及新环境的激励使其创造力快速增长的情况；BC 为创造力的成熟期，即创造力发挥的峰值区，大约保持 1 年左右，是出成果的黄金时期；CD 为初衰期，创造力开始下降，持续时间约为 0.5～1.5 年；DE 为衰减稳定期，创造力继续下降并稳定在一个固定值，如不改变环境和工作内容，创造力将在低水平上徘徊不前。为了激发研究人员的创造力，应及时变换工作部门和研究课题等。该图表明，一个研究人员到一个单位工作创造力较强的时期大约有 4 年（AD）。人的一生就是不断开辟新工作领域来激发和保持自己的创造力，即走完一个 S 形曲线，再走下一个 S 形曲线。该曲线说明应从组织成员创造力自然增减规律的基础上，及时对其进行流动管理，不断赋予其新的任务等，以保持其旺盛

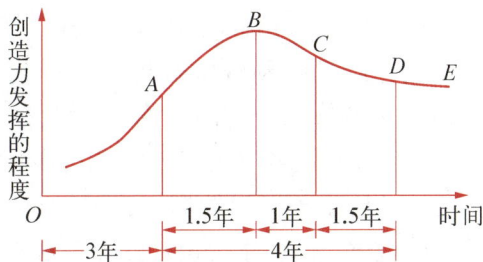

图 10-9　库克曲线

的创造力。

（3）卡兹的组织寿命理论。卡兹（D. Katz）从保持组织活力的角度提出了组织寿命理论。通过对科研组织的寿命研究，他发现组织寿命的长短与组织内的信息沟通、获得成果情况有关。通过大量调查统计描绘出一条组织寿命曲线，即卡兹曲线（见图 10-10）。该曲线表明，在一起工作的组织成员，在 1.5～5 年里，信息沟通水平最高，获得成果也最多。而在不到 1.5 年或超过 5 年的时间段，组织成员间信息沟通水平不高，获得成果也不多。这是因为，相处不到 1.5 年，相互不熟悉，难以敞开心扉；而相处超过 5 年，相互间

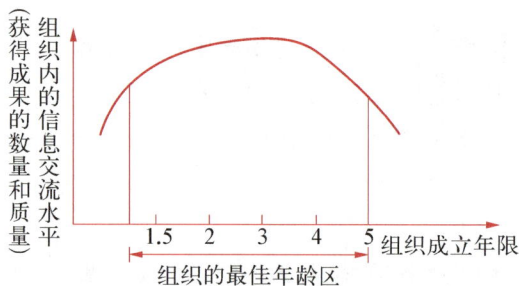

图 10-10　卡兹的组织寿命曲线（卡兹曲线）

太熟悉，失去了新鲜感，可供交流的信息减少。因此，一个组织也有其成长、成熟、衰退的过程，组织的最佳年龄区为 1.5～5 年。超过 5 年，就会出现沟通减少、反应迟钝，即组织老化，这就需要通过人才流动对组织进行改组。该理论从组织活力的角度证明了人力资源流动的必要性，同时也指出了流动也不宜过快，流动间隔应大于 2 年，这是适应组织环境和完成一个项目所需的下限时间。

（4）中松义郎的目标一致理论。中松义郎在其《人际关系方程式》一书中指出，处于群体中的个人，只有在个体方向与群体方向一致的时候，个体的能力才会得到充分发挥，群体的整体功能水平才会最大化。如果个体在缺乏外界条件或者心情抑郁的状态下，就很难在工作中充分展现才华、发挥潜能。个体的发展途径也不会得到群体的认可和激励，特别是在个人方向与群体方向不一致的时候，整体工作效率必然要蒙受损失，群体功能水平势必下降。个人潜能的发挥与个人和群体方向是否一致之间，存在着一种可以量化的函数关系，据此他提出了目标一致理论。图 10-11 中的 F 表示一个人实际发挥出的能力，F_{max} 表示其潜在的最大能力，θ 表示个人目标与组织目标之间的夹角。可用公式表示三者之间的关系：$F = F_{max} \cdot \cos \theta (0° \leqslant \theta \leqslant 90°)$。当个人目标与组织目标完全一致时，$\theta = 0°$，$\cos \theta = 1$，$F = F_{max}$，个人潜能得到充分发挥；当两者不一致时，$\theta > 0$，$\cos \theta < 1$，$F < F_{max}$，个人的潜能受到抑制。对此，可采取两个途径：一是个人目标主动向组织目标靠拢，或者组织向个人目标方向靠近。个人要从实际出发，自觉限制或改变自己的行为方向，向组织和群体方向转移，并努力趋于一致。而组织则积极对个人进行生活和心理方面的关心，以及业务方面的指导，促使个体向群体方向转化。但由于价值观的差异难于弥合，或人际关系矛盾难以克服，或业务努力方向

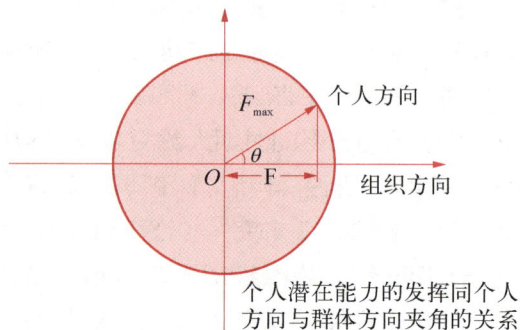

个人潜在能力的发挥同个人方向与群体方向夹角的关系

图 10-11　中松义郎的目标一致理论

难于一致等，这样做常常是困难很大。总之，由于个人目标与组织目标之间的差异难以在短期内解决，这一途径可取性不高。二是流动，流到与个人目标比较一致的新单位去。个人的努力方向与组织的期望比较一致时，个人的积极性、创造性得到充分发挥，个人的行为容易受到组织的认同和肯定，形成良性循环。

（5）伊兰伯格的流动决策模型。伊兰伯格（R. Ehrenberg）从劳动经济学角度提出的组织成员的流动决策指出，组织成员自愿流动可以当成一种投资，即劳动者为了在未来一个时间段内获得收益而选择流动并承担这种投资的成本。他认为，组织成员是否流动取决于预期流动的净收益现值和心理成本的总和。若流动净收益现值大于流动成本和心理成本，便会流动。这是基于成本-收益的人力资源流动决策模型。

（6）彼得原理。1969 年，彼得（L. Peter）和赫尔（R. Hull）提出了著名的彼得原理，即"在层级组织里，每位员工都将晋升到自己不能胜任的阶层"，以及彼得原理推论，即每个职位终将有不能尽责的不胜任员工所占据；层级组织的工作任务多半是由尚未到达不胜任阶层的员工所完成的。[20]这说明组织成员和职位之间存在变动性，组织应根据组织成员能力的变化，重新分配更高的职位，充分利用组织中的人力资源，尽可能避免"彼得高地"，在有效激励组织成员的同时实现组织的目标。

另外，还有美国通用电气（General Electric Company，GE）的前任 CEO 韦尔奇（J. Welch）提出的"活力曲线"等。

10.5.3　公共部门人力资源内部流动管理与流出管理

1. 公共部门人力资源内部流动管理

公共部门人力资源内部流动管理主要包括晋升、降职、交流、职位轮换等。其中职位轮换见本书 5.3。

（1）晋升与降职。晋升是指沿着组织等级，由较低职位（包括组织内部各种类型的职位序列或专业技术与工勤技能等级序列）等级上升到较高等级职位。晋升意味着所处地位的上升、职权的加重和责任范围的扩大，同时也伴随着薪酬福利等待遇的提高。而降职正好与晋升相反，是由较高职位等级下降到较低等级职位。晋升与降职可以优化组织内部人力资源配置，激发组织成员潜力，推动组织成员的培训，奖励高绩效人才，避免人才流失，但这是以组织客观公正的绩效管理、选拔任用体系为前提的。

（2）交流。交流是指根据工作需要或组织成员个人意愿，变换组织成员的工作岗位，从而使其工作关系或职务关系得以产生、变更或终止的一种管理活动。这种管理活动的结果表现为公共组织内部或与其他公共组织之间的人员相互交流，即组织内部变换组织成员的工作职位，或将其组织成员调出该组织，或将组织以外的人员调入。为保证交流持续、有序、规范地进行，任何国家都制定了调整公共部门人力资源交流行为的法律法规。

2. 公共部门人力资源流出管理

公共部门人力资源流出管理主要包括组织成员非自愿流出管理、组织成员自愿流出管理和组织成员自然流出管理。在目前大多数人力资源管理中，多聚焦于人力资源的招募甄选、选拔任用、使用开发等，对流出管理没有给予应有的重视，对个人和组织的健康发展都是不利的。不论哪种流出，组织都应在深入研究组织成员流出动因、依据的基础上，建立起科学的流出管理机制，特别是选拔任用、绩效管理、退出补偿等。流出管理必须遵守法律法规，关照组织成员的利益与情绪，并遵循人性化和柔性化策略。

（1）组织成员非自愿流出管理。组织成员非自愿流出，即组织主导的离职，主要包括辞退、开除、解聘等，其原因可能是组织成员无法达到组织要求的绩效水平，或工作时违反有关法律法规、规章制度，或组织经营不佳需要降低成本或减少预算等。

（2）组织成员自愿流出管理。组织成员自愿流出，即组织成员主导的离职，主要是辞职，其原因可能是对工作、工作环境等不满意，或者被其他组织吸引而自愿离职。这可以发生在聘期内，也可以在聘期期满时而拒绝续聘。但对大多数组织来说，自愿流出的往往是那些组织想留下的人，显然其数量的增多就容易形成人才流失，因此组织应重在分析离职的原因的基础上，完善人力资源管理系统，特别是职业生涯管理、选拔任用、绩效管理、薪酬管理等。

（3）组织成员自然流出管理。组织成员自然流出主要包括退休、伤残、死亡等，其中，退休是主要形式。退休包括达到法定退休年龄时的法定退休，以及组织采取的提前退休。提前退休是针对一部分年龄大但尚未到退休年龄的人实施的，这需要给予一定的提前退休补偿。良好的退休管理可以使退休者较为顺利地完成从工作状态到赋闲在家的多方面转变，并具有对在职人员的激励作用，以及对外部人才的吸引力。

10.6 中西公共部门人力资源职业生涯管理制度与实践比较

10.6.1 西方发达国家公共部门人力资源职业生涯管理制度与实践

1. 西方发达国家公务员职业生涯管理制度与实践

西方发达国家公务员职业生涯管理制度与实践各有其特点，如美国，制定了完整的职业发展计划书，形成了详尽的职位说明书，强调培训开发的层次性及其与个人职业生涯发展规划相结合；再如法国，职位与职等分离，拓宽职业晋升通道，持续接受基于职业发展的培训，保持相对自由的流动体制，等等。

（1）美国公务员的晋升。

为了破除政府行政人员晋升中所存在的政党分赃制弊端，1938年，美国文官委员会制定了统一的晋升制度。美国文官的晋升制度是功绩晋升制，即以公职人员的工作能力与工作业绩作为职务晋升依据的晋升制度。

① 晋升理念，强调功绩制原则。主要有两条：一是行政人员的晋升只根据能力、知识和技能而定；二是所有雇员和求职者，不论党派、种族、肤色、宗教信仰、国籍、性别、

婚姻状况、年龄或残疾程度，在人事管理上均应受到公正合理的待遇。

② 晋升依据，以晋升考试与业绩考核为依据。晋升考试是美国文官晋升制度中的重要环节，其具体业务由专门的文官委员会承担。文官委员会可打破各机构界限，自行主持晋升考试；各机构也可依规自己举行晋升考试，但文官委员会要派人监督。业绩考核在美国文官的晋升中同样发挥重要的作用。当然，这是以美国文官制度中科学、完善的业绩考核体系为前提的。

③ 晋升程序，按高级和中低级职位实施分类管理。

第一类，高级行政职位群（SES 系列）的晋升程序：第一，各机关运用行政主管选任委员会对符合条件的申请者以口试、演作试、无领导小组讨论等方式进行评审，提出任用建议；第二，人事管理署运用资格审查委员会对任用建议名单进行管理性资格审查，审查合格者发给合格证书；第三，被初次选任为 SES 职位的公务员需经一年的试用期，但在SES 系列中晋升的公务员不需要试用；第四，由所在机关给予正式任职。

第二类，中低级行政职位群（第 15 职等以下公务员）的晋升程序：第一，公布职位空缺；第二，由人事部门代表和相应部门、职等的公务员代表组成评选委员会，对符合最低资格条件的候选人（或申请人）超过限度资格条件部分的资格和条件加以评审，列出适当比例的候选对象；第三，评选委员会（也可以委托社会上的人员测评专业机构）对候选对象进行为期 1~3 天的集体测评。所用方法有工作模拟练习、管理游戏、问题测验、模拟面谈等，对由非主管晋升主管职位的或跨职系晋升的，可以同时使用笔试进行检测，对晋升高级人员的，还要进行心理、情绪、性格和精神状态的测验。根据各项测评的综合分数排列顺序，按照 1：3 或 1：5 的比例列出最合适晋升的人选；第四，由机关首长决定晋升人员，并开始试用或给予正式任职。

总之，西方发达国家公务员晋升制度一般都要能体现出如下精神或理念：① 确保公务员晋升制度的开放性；② 将竞争机制作为解决公共职位配置矛盾的核心机制；③ 确保公务员晋升制度的公正性；④ 贯彻公务员晋升制度的能力本位导向；⑤ 运用针对职位特征的考试测评技术。[⑤]

（2）交流轮岗。

① 交流。英国将公务员内部交流作为一种法定义务，包括在各内阁部门和执行机构之间的流动以及借调等。日本公务员法规定的主要交流形式有临时任用与调任，而实际上涉及任用、调任、转任等，其中比较有特色的是临时任用与调任。

② 轮岗。德国规定高级公务员要定期与普通公务员换岗，这种"下派"是公务员晋升的重要依据。德国的一些州规定，担任领导职位的公务员每年必须在普通公务员职位任职一段时间。对那些掌握审批权并与钱打交道的基层公务员，德国实行硬性的定期交流轮岗制度，换岗期限一般为 3~5 年。事实上，德国虽然对公务员换岗有强制性规定，但各个部门执行起来也并非一个模式。例如，隶属财政部管辖的海关税务人员在一个岗位上积累了一定实践经验后，有可能被安排短期培训，培训结束后或调到其他海关工作，或回到

原单位从事不同的工作。日本实行公务员轮岗制度，轮岗范围不仅限于政府某一部门内，部门与部门之间也有相互轮岗。课（处）级两年轮岗一次，课级以下的一般是 3 年，公务员级别越高，轮岗越频繁。轮岗的最大好处是，如果公务员在职期间有腐败行为，下任后就会被发现，而且在任时间越短就越不容易发生腐败。

（3）辞职辞退。

① 辞职。西方发达国家对公务员的辞职，一是强调是个人意愿，只要本人主动提出申请，不管何种原因，都予以批准。而且，程序较为简单。如德国《官员法》规定：官员可以随时辞去其职务，但须以书面形式向所在单位说明辞职理由。二是辞职后，公务员身份随之丧失。对此，所有国家的公务员法都是明确的。三是辞职后享受一定权利的同时，也要履行一定的义务。如日本规定公务员辞职后，两年内不得到与原单位具有某种利害关系的企业任职。但由于这些国家的公务员实行常任制，而且待遇较高，所以提出辞职的相对不多。

② 辞退。许多国家公务员法都规定，行政机关可以根据法律规定的条件和程序辞退公务员。这些条件主要包括：一是本人工作能力差，难以胜任本职工作，如美国、日本等。二是因单位撤销而裁减人员或单位地点改变，公务员本人无正当理由拒绝接受的，管理机关可以按规定予以辞退，如西班牙等。三是公务员违背国家利益，或不忠于政府的。这除了辞退外，严重的还将追究法律责任。另外，对于健康状况不允许其继续担任现职的，可以通过辞职或辞退方式予以解决。各国都对辞退的程序作了相应的规定，主要包括事先发出辞退预告，征求公务员本人及其所在组织的意见，书面通知被辞退者并说明理由。被辞退者有权提出申诉。对于辞退后的待遇，各国有所不同。如西班牙规定除领取正常的失业保障金外，还可以根据工作时间的长短领取 1～5 个月的退职金；瑞士规定满足相应条件的有权要求赔偿。

（4）退休。从世界范围看，公务员的退休种类很多，美国有自愿退休、强制退休、延迟退休、残疾退休等，德国有暂时退休、终身退休、达到退休年龄的退休和丧失工作能力的退休等。但主要是自愿退休和强制退休两种。凡具备法定退休条件，自动申请退休的，即为前者。如果具备法定退休条件，而由其所在机关命令其退休，即为后者。美国颁布有《禁止歧视老年人就业法》，所以美国事实上成了没有强制退休年龄的国家，公务员工作30 年，55 岁可以退休；工作 20 年，60 岁可以退休；工作 5 年，62 岁可以退休。对司法人员（警察）、航空管理人员和消防员，50 岁，工作 20 年必须退休；工作 25 年时，不管年纪多大，都必须退休。身体素质和其他方面经过考核符合要求的可延长退休时间。法国，公务员的退休年龄已延长到 62 周岁，而领取全额养老金的年龄要到 67 岁，这曾经引发了一场全国公务员的游行活动。日本统一规定公务员的退休年龄是男 60 岁、女 55 岁，退休金按工龄计算，工龄越长，退休金越高。大多数国家公务员退休金的筹措和解决办法采用年金储入制，由公职人员和政府两方逐年储存金额。

2. 德国慕尼黑工业大学（TUM）教师的职业生涯辅导

（1）导师顾问（Mentorat）。为了对助理教授提供尽可能多的帮助，由专业顾问组成导师顾问（即正式的导师）。导师顾问由两名经验丰富的终身教职教授组成，一名来自助理教授所在的学院，另一名为确保客观性，通常来自其他学院或其他大学。助理教授有权提出导师顾问的成员组成，然后由院长或慕尼黑工业大学终身教职制学会主席根据意愿来推荐导师顾问。导师顾问主要负责助理教授的阶段评估，以学院名义为助理教授提供信任和保护，与院长共同针对其个人发展规划进行讨论，围绕在科研、教学、学术自治、跨学科关键能力等方面必须达到的绩效的形式和范围形成共识，对助理教授开展年度绩效访谈。导师顾问还支持助理教授成立自己的工作组，准备研究提案，建立沟通网络，由学院依靠第三方力量提供科研基础设施。

（2）终身教职制学会。为帮助助理教授快速融入学校的科研氛围、建立学术关系网络、迅速提升学术能力以达到国际水平，还搭建了跨部门的人才交流平台——慕尼黑工业大学终身教职制学会。该学会力图营造轻松的学术氛围，为助理教授提供与获得成功所需技能高度相关的专题报告和研讨会，如企业家思维、管理与领导力、科学实践原则、卓越教学等；设计研究框架，为所有成员进行跨学科经验交流提供机会；帮助助理教授建立工作团队和关系网络，对其研究计划提供咨询；组织年度终身教职聚会，使教师了解职位晋升和绩效评估流程，以迅速成长为慕尼黑工业大学的"品牌大使"。

（3）设立奖教基金。通过设立诸多科研基金、教学奖金项目和荣誉教授称谓，为获奖者提供丰厚的科研资金和资源设施，鼓励教师追求卓越、不断进步。

（4）提供灵活的工作时间和多种假期安排。对此，教师可以到校外进行协作科研，到企业和国家实验室短期工作，以及进行其他目的和形式的教育培训和学术交流活动，如参加伊拉斯谟+教师流动计划（Erasmus + Mobility for TeachingStaff，STA），促进其专业发展；同时，教师可以申请最长四年的育儿假，或者申请兼职工作安排，或者申请照顾家庭成员假。值得注意的是，对于绩效的考核是人性化的，当遇到育儿假等时，将暂停对候选者评估或者将评估程序提前或延迟。这些政策和措施不仅保障了教师个人的权益，也维护了其家庭稳定的生活状态，营造了适合教师专业发展、有利于教师全身心投入的工作环境。

（5）提供协调工作、学习与家庭的各项服务。为更好地吸引人才，慕尼黑工业大学的慕尼黑双重职业办公室（Munich Dual Career Office，MDCO）为师资的伴侣提供全面的专业支持，特别是帮助新聘任教授的伴侣能够尽快找到工作，以便在慕尼黑开始新的生活，解除其后顾之忧。该办公室的工作聚焦于个人需求，为职业生涯的持续提供个性化综合服务，包括为整个求职过程提供咨询和指导，帮助快速构建人际网络和专业网络，提供潜在就业信息，以及一系列专业辅导和培训等；对诸如搬迁、住房咨询、保险、税收等生活中可能遇到的问题提供帮助。慕尼黑工业大学还提供与家庭成员一起学习、照顾家属、儿童护理、子女上学、假期看护等多种服务，以有效地帮助师资协调工作、学习与家庭的关系。[26]

10.6.2　我国公共部门人力资源职业生涯管理制度与实践

1. 我国公务员职业生涯管理制度与实践

（1）党内法规制度与国家法律法规依据。党内法规主要包括《中国共产党章程》《党政领导干部选拔任用工作条例》《推进领导干部能上能下若干规定（试行）》《党政领导班子后备干部工作规定》《党政领导干部任职回避暂行规定》《党政领导干部交流工作规定》《公开选拔党政领导干部工作暂行规定》《党政领导干部辞职暂行规定》《公务员调任规定（试行）》《公务员职务任免与职务升降规定（试行）》《公务员辞退规定（试行）》《公务员辞去公职规定（试行）》和《公务员回避规定（试行）》《党政领导干部选拔任用工作监督检查办法（试行）》《公务员公开遴选办法（试行）》《2010—2020年深化干部人事制度改革规划纲要》《国家中长期人才发展规划纲要（2010—2020年）》《2009—2020年全国党政领导班子后备干部队伍建设规划》《中共中央组织部关于建立省部级后备干部制度的意见》《关于加强和改进优秀年轻干部培养选拔工作的意见》《关于适应新时代要求大力发现培养选拔优秀年轻干部的意见》等。

国家法律规范主要包括《宪法》（第四十四条规定，国家依照法律规定实行企业事业组织的职工和国家机关工作人员的退休制度，退休人员的生活受到国家和社会的保障）和《公务员法》等。

此外，各地、有关部门还制定了相应的办法、意见等，如《西安市市级行政机关公务员轮岗交流办法（试行）》《万宁市驻村第一书记管理办法（试行）》《国家食品药品监督管理局挂职锻炼干部管理暂行规定》《农业部接收上挂干部管理办法（试行）》等。

（2）晋升。

① 晋升原则。这是指职务晋升必须遵守的指导思想和大政方针。主要包括德才兼备、任人唯贤、注重实绩、民主公开、平等竞争、依法实施等。

② 晋升条件和资格。《公务员法》规定，公务员晋升领导职务应当具备拟任职务所要求的思想政治素质、工作能力、文化程度和任职经历等方面的条件和资格。《党政领导干部选拔任用工作条例》《公务员职务任免与职务升降规定（试行）》也对晋升的资格条件作了详细的规定。

③ 晋升程序。晋升程序是指由若干个环节构成的晋升实施过程，是晋升方式的具体化。《公务员法（修订草案）》规定，厅局级正职以下领导职务出现空缺且本机关没有合适人选的，可以通过适当方式面向社会选拔任职人选。法官、检察官的任职人选可以面向社会，从通过国家统一法律职业资格考试取得法律职业资格和其他符合条件的法学专家等人员中公开选拔。因此，不同的晋升方式，如公开选拔或竞争上岗，需要按照各自的晋升程序进行。《公务员法》第四十四条规定，公务员晋升领导职务，按照下列程序办理：动议；民主推荐；确定考察对象，组织考察；按照管理权限讨论决定；履行任职手续。公务员晋升领导职务的，应当按照有关规定实行任前公示制度和任职试用期制度。同时，公务

员晋升职务应当逐级晋升。特别优秀的或者工作特殊需要的，可以按照规定破格或者越级晋升职务。

④ 职务与职级并行制度，即"双梯制"。《公务员法（修订草案）》第二十条规定，公务员的领导职务、职级应当对应相应的级别。公务员的领导职务、职级与级别是确定公务员工资及其他待遇的依据。公务员的级别根据所任领导职务、职级及其德才表现、工作实绩和任职资历确定。公务员在同一领导职务、职级上，可以按照国家规定晋升级别，即职务晋升和职级晋升并行，职级晋升成为职务晋升之外的又一个职业发展台阶。

根据党的十八大关于深化干部人事制度改革的精神和十八届三中全会关于推行公务员职务与职级并行、职级与待遇挂钩制度的要求，中办厅、国办于 2015 年 1 月印发的《关于县以下机关建立公务员职务与职级并行制度的意见》指出：从目前情况看，公务员提高待遇主要靠晋升职务，级别的激励作用没有得到充分发挥，特别是在县以下机关，公务员受机构规格等因素限制，职务晋升空间小、待遇得不到提高的矛盾更为突出，需要切实加以解决。因此，就县以下机关建立公务员职务与职级并行制度，并在公务员法规定的制度框架内保持现有领导职务和职级晋升制度不变，建立主要依据任职年限和级别晋升职级的制度，发挥职级在确定干部工资待遇方面的作用，实行职级与待遇挂钩，实现职务与职级并行，保证了那些在职务上没有晋升的公务员可以通过级别晋升来不断提高其工资福利。对县以下机关公务员设置 5 个职级，由低到高依次为科员级、副科级、正科级、副处级和正处级。晋升职级主要依据任职年限和级别，具体条件分别为：晋升科员级须任办事员满 8 年，级别达到 25 级；晋升副科级须任科员级或科员满 12 年，级别达到 23 级；晋升正科级须任副科级或乡科级副职、副主任科员满 15 年，级别达到 20 级；晋升副处级须任正科级或乡科级正职、主任科员满 15 年，级别达到 19 级；晋升正处级须任副处级或县处级副职满 15 年，级别达到 17 级。任职年限，从晋升职级或正式任命职务之日起按周年计算，满 12 个月为一周年。任现职级或职务期间每有 1 个年度考核为优秀等次，任职年限条件缩短半年；每有 1 个年度考核为基本称职等次，任职年限条件延长 1 年。

2016 年 12 月，国务院向全国人大常委会提交的《关于授权国务院在部分地区和中央机关暂时调整实施〈中华人民共和国公务员法〉有关规定的决定（草案）》的说明中提出，中组部等部门对建立体现综合管理类公务员工作性质和职业特点的职级序列进行了研究，起草制定了《关于建立公务员职务与职级并行制度的试点意见》（下称《试点意见》）。公务员职务与职级并行制度建立后，综合管理类、专业技术类、行政执法类公务员将具有符合各自特点的职级（或职务）序列及其管理制度。职务与职级并行制度坚持问题导向，重新确定职级定位、属性和功能，合理设置职级层次，更加注重向市（地）以下机关和低职级公务员倾斜，有利于完善公务员激励保障机制、调动公务员工作积极性。《试点意见》的主要内容包括：一是建立新的职级序列。职级是公务员的等级序列，是与领导职务并行的晋升通道。公务员依据德才表现、工作实绩和个人资历确定职级。二是提高职级设置层次。适当提高基层职级设置，有效解决基层机关公务员晋升"天花板"偏低问题。三是增加职级比例。坚持向基层一线倾斜，市（地）以下机关职级比例提高幅度高于省以上机关。四是严格职级晋升条件和权限。五是明确职级待遇。公务员根据所任职级享受相应生活待遇。2018年11月面向社会征求意见的《公务员法（修订草案）》则对职务职级并行的试点成果提请进行法律确认。

（3）党政领导干部选拔任用。

我国党政领导干部选拔任用具有一整套系统完备、有机衔接、相互支撑的制度体系。其中，《党政领导干部选拔任用工作条例》是基础性制度，此外还包括《公开选拔党政领导干部工作暂行规定》《党政机关竞争上岗工作暂行规定》《党政领导干部辞职暂行规定》《党政领导干部交流工作规定》《党政领导干部职务任期暂行规定》《推进领导干部能上能下若干规定（试行）》《党政领导干部选拔任用工作有关事项报告办法（试行）》等干部选任制度，《党政领导干部考核工作暂行规定》《地方党政领导班子和领导干部综合考核评价办法（试行）》《关于改进地方党政领导班子和领导干部征集考核工作的通知》等干部考核评价制度，以及《党政领导干部选拔任用工作责任追究办法（试行）》《关于加强干部选拔任用工作监督的意见》《党政领导干部选拔任用工作监督检查办法（试行）》等干部选任监督制度。从制度体系的内在逻辑结构来看，干部选任是关键环节，考核与监督则是实现干部选任科学化、规范化，保证选贤任能实现的重要配套制度。

《党政领导干部选拔任用工作条例》的主要内容如下。

① 适用范围。适用于选拔任用中共中央、全国人大常委会、国务院、全国政协、中央纪律检查委员会工作部门或者机关内设机构领导成员，最高人民法院、最高人民检察院领导成员（不含正职）和内设机构领导成员；县级以上地方各级党委、人大常委会、政府、政协、纪委、人民法院、人民检察院及其工作部门或者机关内设机构领导成员；上述工作部门内设机构领导成员。选拔任用参照公务员法管理的县级以上党委和政府直属事业单位和工会、共青团、妇联等人民团体及其内设机构领导成员，参照执行。

② 基本资格。提拔担任党政领导职务的，应当具备下列基本资格：提任县处级领导职务的，应当具有五年以上工龄和两年以上基层工作经历。提任县处级以上领导职务的，一般应当具有在下一级两个以上职位任职的经历。提任县处级以上领导职务，由副职提任正职的，应当在副职岗位工作两年以上；由下级正职提任上级副职的，应当在下级正职岗位工作三年以上；提任处级以上非领导职务的任职年限，按照有关规定执行。一般应当具有大学专科以上文化程度，其中厅局级以上领导干部一般应当具有大学本科以上文化程度。应当经过党校、行政院校、干部学院或者组织（人事）部门认可的其他培训机构的培训，培训时间应当达到干部教育培训的有关规定要求；确因特殊情况在提任前未达到培训要求的，应当在提任后一年内完成培训。具有正常履行职责的身体条件。符合有关法律规定的资格要求；提任党的领导职务的，还应当符合《中国共产党章程》规定的党龄要求。

③ 程序。选拔任用程序包括动议、民主推荐、考察、讨论决定、任职等。对此，《党政领导干部选拔任用工作条例》做出了详细的规定。

④ 公开选拔和竞争上岗。从 1985 年宁波市利用笔试和面试公开选拔 5 位局级领导干部至今，竞争性选拔干部已有 30 多年了。1998 年中组部和人事部的《关于党政机关推行竞争上岗的意见》、1999 年中组部的《关于进一步做好公开选拔领导干部工作的通知》，把考试作为重要竞争环节引入。2000 年，《深化人事制度改革纲要》提出逐步推行公开推选领导干部制度，到 2002 年《党政领导干部选拔任用工作条例》明确把公开选拔、竞争上岗作为领导干部选拔任用方式之一。2004 年，中办印发《公开选拔党政领导干部工作暂行规定》《党政机关竞争上岗工作暂行规定》，为竞争选拔的规范化、制度化奠定了良好基础。同时，中组部印发了《党政领导干部公开选拔和竞争上岗考试大纲》。到 2007 年，中组部印发《关于进一步加强全国领导干部选拔考试通用题库建设的意见》，在全国建立统一规范的试题库。党的十七届四中全会提出，"坚持民主、公开、竞争、择优，提高选人用人公信度，形成充满活力的选人用人机制""完善公开选拔、竞争上岗等竞争性选拔干部方式"。这是在党的重要会议上首次明确提出党政领导干部竞争性选拔的概念。2009 年，《2010—2020 年深化干部人事制度改革规划纲要》提出：完善公开选拔、竞争上岗制度，积极探索多种形式竞争性选拔干部办法，到 2015 年，每年新提拔厅局级以下委任制党政领导干部中，通过竞争性选拔方式产生的，应不少于 1/3。2014 年修订的《党政领导干部选拔任用工作条例》明确规定公开选拔、竞争上岗是党政领导干部选拔任用的方式之一。党的十八大报告指出："全面准确贯彻民主、公开、竞争、择优方针，扩大干部工作民主，提高民主质量，完善竞争性选拔干部方式，提高选人用人公信度，不让老实人吃亏，不让投机钻营者得利。"党的十八届三中全会通过的《中共中央关于全面深化改革若干重大问题的决定》则要求"改进竞争性选拔干部办法"。

从一般意义上讲，竞争性选拔干部是指以公开、公平、公正为基础，以优胜劣汰为原则，采用竞争性的方式来遴选、甄选、评价、选拔乃至选举领导干部（人才）。这是相对于常规性选拔方式而言的。竞争性选拔包括 14 种以"竞争性选拔"为名的选拔方式，分别是公开选拔、竞争上岗、一评三考、公推公选、专项竞岗、公推公选、公推竞岗、两推一评、公推竞岗、公推比选、三考三推、公推比选、公推遴选、公推竞岗。[②] 有的研究提出还应包括换届选举中的直接选举、差额选举。这就是广义上的竞争性选拔领导干部。

2014 年修订的《党政领导干部选拔任用工作条例》明确规定：公开选拔面向社会进行，竞争上岗在本单位或者本系统内部进行。一般情况下，领导职位出现空缺且本地区本部门没有合适人选的，特别是需要补充紧缺专业人才的，可以进行公开选拔；领导职位出现空缺，本单位本系统符合资格条件人数较多且人选意见不易集中的，可以进行竞争上岗。公开选拔县处级以下领导干部，一般不跨省（自治区、直辖市）进行。

竞争性选拔打破了领导干部工作的神秘化，破除了论资排辈、平衡照顾等选人用人观念，在一定程度上改变了以往由少数人选人、在少数人中选人的传统模式，转变为不拘一格地广纳贤才，而程序完备和相对公平环境下的竞争性选拔干部方式虽然不是最好的，但是相对好的，主要表现在：一是扩大了选拔对象范围，相对公平；二是可有效减少个人或者少数人说了算的现象；三是能够把基本素质和能力很差的对象排除在外；四是对避免出现干部任用方面的腐败现象相对有效；五是通过民主途径选拔出来的干部，即便在选人方面犯了错误，也相对容易纠正。[28]问卷调查统计结果表明，无论是公众和竞聘者还是组织部门的干部，都较一致认为采用竞争性方式公开选拔干部可以在不同程度上提高选人用人的公信度；对竞争性选拔方式与常规委任方式的比较性评价，公众和竞聘者的积极评价高于组织部门干部，近21%的公众和竞聘者认为很大程度上优于委任制和大大优于委任制，33%的公众和竞聘者认为一定程度上优于委任制。同时，有23%的公众、竞聘者和47%的组织部门干部认为常规委任制与竞争性选拔方式各有所长，组织部门干部对这一选项的认同度高于竞聘者和公众。这说明组织部门干部基于实践工作经验和体会，更清楚竞争性选拔方式和常规委任制的各自优势和不足，而一般公众由于对传统委任制弊端的直观认知，对委任制的评价较低。[29]

但是，这也存在诸多问题，一是认识偏差，包括领导干部、一般干部和社会公众。二是对推出的职位缺乏统筹规划和细致的职位分析。三是选拔程序缺乏详细规定，有的随意组合设置。五是选拔技术的信度效度不高，存在"高分低能"现象、对竞聘者岗位匹配度评价、对竞聘者的"德"的评价三大难题，"唯分数论"或者"唯分取人""以考定人"如影随形[30]。六是投入大、成本高。总体上面临要聚焦于有效性、合法性和可持续性的考验。[31]为此，第一，应科学确定公开选拔和竞争上岗的适用职位，处理好竞争性选拔与常规委任制的关系。第二，根据《党政领导干部选拔任用工作条例》的要求、职位分析结果，以及不同职位、职务级别、不同地域选拔领导干部的特点，合理设定报考资格条件。第三，按公开选拔、竞争上岗的不同要求规范选拔程序。第四，科学设置测评内容，匹配适宜测评方式，提升笔试、面试、考察等测评技术方法的信度效度，并与竞聘者的日常考核相结合。第五，建立一支高素质的考官队伍。第六，加强对竞聘胜出干部的培养和管理。

（4）降职。《公务员法》所规定的降职，与行政处分的降职不同。首先，二者的目的不同。处分是通过降职来惩处违法违纪的公务员，削减公务员的职权和规范公务员的行为，督促公务员改正错误。公务员降职则主要是为了鞭策公务员奋发向上，使公务员适才适位，充分发挥每个公务员的作用。其次，二者的动因不同。惩处公务员的降职是基于公务员有违法违纪行为。公务员降职是基于公务员不胜任现职工作，按《公务员法》规定，公务员在年度考核中被确定为不称职的，按照规定程序降低一个职务或职级层次任职。这不是一种惩戒种类和手段，不属于纪律惩戒范畴。

① 降职条件。除上述《公务员法》的规定外，《公务员职务任免与职务升降规定（试行）》第二十五条也规定：科员以上职务的公务员，在定期考核中被确定为不称职的，应予降职。在实践中，主要有以下情况：一是本人不认真履行职责的；二是本人缺乏履职的条件和能力的；三是本人要求降职，且理由充分的；四是经全面考核，确实不胜任现工作的；五是由于机构调整，对某些公务员需降职使用的。

② 降职程序。《公务员职务任免与职务升降规定》第二十七条规定，公务员降职，按

照下列程序进行：提出降职建议，对降职事由进行审核并听取拟降职人的意见，按照干部管理权限集体讨论决定，按照规定办理降职手续。

③ 降职方式。一是职、薪同时降。由于公务员自身条件不符合职位要求的降职，通常是职务和薪金同时降低。二是降职不降薪。由于机构调整或机构撤销，并非由于公务员本身条件不符合职位需要而引起的降职，一般是只降低职务，而不降低薪金。而且，一般每次只降一级。

④ 降职后的管理。《公务员职务任免与职务升降规定》第二十九条规定，降职的公务员，在新的职位工作一年以上，德才表现和工作实绩突出，经考察符合晋升职务条件的，可晋升职务。其中，降职时降低级别的，其级别按照规定晋升；降职时未降低级别的，晋升到降职前职务层次的职务时，其级别不随职务晋升。

（5）交流。公务员的交流，是指国家机关根据工作需要或公务员个人愿望，通过调任、转任和挂职锻炼等形式，变换公务员工作岗位，从而产生变更或消灭行政职务关系的人事管理活动。《公务员法》设有交流与回避一章，并规定国家实行公务员交流制度。公务员可以在公务员队伍内部交流，也可以与国有企业事业单位、人民团体和群众团体中从事公务的人员交流。交流的方式包括调任、转任。根据工作需要，机关可以采取挂职方式选派公务员承担重大工程、重大项目、重点任务或者其他专项工作。公务员在挂职期间，不改变与原机关的人事关系。《党政领导干部选拔任用工作条例》设有交流、回避一章，《党政领导干部交流工作规定》对领导干部的交流做出了具体规定，《公务员调任规定（试行）》进一步规范了公务员调任工作，《2009—2013 年全国党政领导班子建设规划纲要》和《2010—2020 年深化干部人事制度改革规划纲要》则进一步明确了干部交流的任务和措施。

理解公务员交流，需把握以下几点：第一，交流是一种法定事项，必须采取相应的法定形式，即每种交流形式都有其特定的目的、范围、对象及相应的条件和程序。第二，交流是对公务员的管理活动，无论哪种形式的交流都必须经过有关机关的决定、安排或批准。第三，交流的原因是工作需要和个人愿望。其中工作需要是第一位的，照顾个人愿望是第二位的，即以不与工作需要相冲突为原则。第四，交流范围的广泛性。交流既包括公务员在机关内部跨地区、跨部门、跨职位的交流，也包括公务员调出机关任职和机关以外的调入机关担任公务员职务。内部的交流只是工作职位和行政隶属关系发生变化，不涉及公务员身份的变化；而机关以外的调入机关担任公务员职务，便与机关发生了人事行政关系，并由此获得了公务员身份。第五，交流级别的稳定性。交流基本上是同级或相当职务的平调，一般不涉及职务的升降。

① 调任。按照《公务员法（修订草案）》和《公务员调任规定（试行）》，这是指国有企业事业单位、人民团体和群众团体中从事公务的人员调入国家机关担任领导职务或者四级调研员以上及其他相当层次的职级。这是公务员队伍除"录用"以外的另一个"入口"，特指从机关外的其他从事公务的人员中调进合适人员到机关担任公务员职务的交

流形式。不包括公务员的调出。《公务员调任规定（试行）》规定了调任的条件、权限和程序等。

② 转任。这是指公务员因工作需要或者其他正当理由在机关系统内跨地区、跨部门的调动，或者在同一部门的不同职位之间进行的转换任职。转任是公务员在机关系统内部的交流方式，不涉及公务员身份的变化，这是转任与调任最大的区别。在机关内部，转任的范围是没有限制的，既包括在本部门、本单位不同职位的转任，也包括跨职类、跨地区、跨部门的转任。

转任的原因主要包括：工作需要；回避需要；机构、编制调整和职位余缺调剂；满足公务员个人需要或帮助解决个人、家庭实际困难；满足机关未来人事工作规划的需要。转任必须具备的条件是：在法律规定的公务员范围内进行；符合转任职务所规定的条件；符合规定的编制员额和职位结构要求；具有正当的理由；符合回避的规定。

③ 挂职锻炼。这是指机关有计划地选派公务员在一定时间内到下级机关或者上级机关、其他地区机关以及国有企事业单位担任一定职务，经受锻炼，丰富经验，增长才干。挂职锻炼的目的主要在于培养中青年公务员，帮助开展基层工作，密切上下级关系。

与调任、转任相比，挂职锻炼有其特殊性，这主要体现为：第一，不改变身份和行政隶属关系，不办理调动手续，它只改变锻炼人员的工作关系。第二，有时间性。是一种临时性的交流，时间一般是 1 至 3 年。锻炼结束后，仍回原单位工作。第三，是一种内外混合型的交流形式。调任是外部交流，转任是内部交流，挂职锻炼既可以在公务员内部进行，也可以在企事业单位进行，属于混合式交流形式。

（6）免职。免职是与任职（关于任职，详见本书 8.5）相对应的，其权限和程序是与职务的赋予权限和程序紧密相连的。免职则意味着公职关系的终止。我国公务员的免职包括程序性免职和单纯性免职两种。前者是指委任或聘任在职公务员担任新职务之前或同时，免去其原来所担任的职务，从而形成新的职务关系。晋升、降职、转任、轮换和挂职锻炼等的免职都属于程序性免职。这种免职不是目的，而是一种任用公务员担任新职务时必不可少的法定程序，以便将其原任职务空出来，另任他人补充。单纯性免职是指免除其现任职务为目的的免职。实际上是因公务员不能履行职务而发生的免职。如退职、退休、长时间的离职学习，或因健康、能力等原因而不能坚持原岗位的工作，以及机构精简、调整等引起的免职。不过，从广义上讲，辞职、辞退、撤职、开除都有解除或终止公务员原任职务的含义，但这种解除或终止的结果是随着相关处理决议的做出而自然发生的，无须做出专门的免职决定和办理相关的免职手续。而且这些决议中有解除行政处分的内容，而免职不存在解除免职的问题，因此由辞职、辞退、撤职、开除引起的解除或终止原任职务不属于公务员免职的范畴。我国《宪法》《地方组织法》《公务员法》与《公务员职务任免与职务升降规定（试行）》等对相关公务员的免职情形、免职程序、职务自行免除等作了详细规定。

（7）辞职。公务员辞职是指公务员依照法律、法规规定，申请终止与任免机关的任用关系。公务员辞去公职后，不再具有公务员身份。这分为辞去公职和辞去领导职务两种情况。主要有因公辞职、自愿辞职、引咎辞职和责令辞职四种类型。

辞职需要一定的前提条件，包括限制性条件与肯定性条件。《公务员法》和《公务员辞去公职规定（试行）》规定了不得辞去公职的具体情形，即限定性条件。主要包括：① 未满国家规定的最低服务年限的；② 在涉及国家秘密等特殊职位任职或者离开上述职位不满国家规定的脱密期限的；③ 重要公务尚未处理完毕，且须由本人继续处理的；④ 正在接受审计、纪律审查，或者涉嫌犯罪，司法程序尚未终结的；⑤ 法律、行政法规规定的其他不得辞去公职的情形。

《公务员法》规定：① 担任领导职务的公务员，因工作变动依照法律规定需要辞去现任职务的，应当履行辞职手续。② 担任领导职务的公务员，因个人或者其他原因，可以自愿提出辞去领导职务。③ 领导成员因工作严重失误、失职造成重大损失或者恶劣社会影响的，或者对重大事故负有领导责任的，应当引咎辞去领导职务。④ 领导成员因其他原因不再适合担任现任领导职务的，或者应当引咎辞职本人不提出辞职的，应当责令其辞去领导职务。以上是肯定性条件。

（8）辞退。公务员辞退是指机关依照法律、法规规定，解除与公务员的任用关系。公务员被辞退后，不再具有公务员身份。被辞退的公务员，可以领取辞退费或者根据国家有关规定享受失业保险。

《公务员法》和《公务员辞退规定（试行）》规定了予以辞退的情形：① 在年度考核中，连续两年被确定为不称职的；② 不胜任现职工作，又不接受其他安排的；③ 因所在机关调整、撤销、合并或者缩减编制员额需要调整工作，本人拒绝合理安排的；④ 不履行公务员义务，不遵守公务员纪律，经教育仍无转变，不适合继续在机关工作，又不宜给予开除处分的；⑤ 旷工或者因公外出、请假期满无正当理由逾期不归连续超过 15 天，或者一年内累计超过 30 天的。

同时为保障公务员的合法权益，《公务员法》和《公务员辞退规定（试行）》规定了不得辞退的情形。

（9）退休。公务员退休是指公务员达到国家规定的退休年龄或者完全丧失工作能力，按照有关规定办理手续，离开工作岗位，并享受规定的退休金和其他待遇的行为。退休既是公职人员的一项权利，也是其一项义务；既是国家安置老弱病残公职人员的基本方法，也是社会保障工作的主要内容。关于公务员的退休，涉及《公务员法》《国务院关于安置老弱病残干部的暂行办法》《国务院关于工人退休、退职的暂行办法》《国务院关于老干部离职休养的暂行规定》《中组部、劳动人事部关于女干部离休退休年龄问题的通知》《关于机关事业单位离退休人员计发离退休费等问题的实施办法》《关于机关事业单位县处级女干部和具有高级职称的女性专业技术人员退休年龄问题的通知》等。

《公务员法》规定了"应当退休"和"可以提前退休"两种情况，即强制退休或义务退休和自愿退休。《公务员法》规定的"公务员达到国家规定的退休年龄或者完全丧失工作能力的，应当退休"，即为强制退休。《公务员法（修订草案）》同时规定的自愿退休，即符合下列条件之一的，本人提出要求，经任免机关批准，可以提前退休：① 工作年限满30 年的；② 距国家规定的退休年龄不足 5 年，且工作年限满 20 年的；③ 符合国家规定的可以提前退休的其他情形的。

《国务院关于安置老弱病残干部的暂行办法》规定：党政机关、群众团体、企业、事业单位的干部，符合下列条件之一的，都可以退休。一是男年满 60 周岁，女年满 55 周岁，参加工作年限满 10 年的；二是男年满 50 周岁，女年满 45 周岁，参加工作年限满 10 年，经过医院证明完全丧失工作能力的；三是因工致残，经过医院证明完全丧失工作能力的。

《国务院关于工人退休、退职的暂行办法》规定：全民所有制企业、事业单位和党政机关、群众团体的工人，符合下列条件之一的，应该退休。一是男年满 60 周岁，女年满 50 周岁，连续工龄满 10 年的。二是从事井下、高空、高温、特别繁重体力劳动或者其他有害身体健康的工作，男年满 55 周岁，女年满 45 周岁，连续工龄满 10 年的。三是男年满 50 周岁，女年满 45 周岁，连续工龄满 10 年，由医院证明，并经劳动鉴定委员会确诊，完全丧失劳动能力的。四是因工致残，由医院证明，并经劳动鉴定委员会确诊，完全丧失劳动能力的。

而目前实践中的公务员的退休年龄通常与其行政级别挂钩，具有一定的弹性。例如，中央、国家机关的正副部长，省、自治区、直辖市的党委正副书记、政府的正副省长（市长、主席），以及纪委、法院、检察院的负责人，正职一般不超过 65 岁，副职一般不超过60 岁；担任厅局级的，一般不超过 60 岁；其他干部男年满 60 岁、女年满 55 岁。

此外，还有回避。这是指为了防止公务员因个人利益和亲属关系等因素对公务活动产生不良影响，而在公务员担任职务、执行公务和任职地区等方面做出一定的限制，使其避开有关亲属关系和公务的制度。《公务员法》规定的回避包括任职回避、地域回避、公务回避。《公务员回避规定（试行）》对其做出了详细规定。

2. 我国事业单位工作人员职业生涯管理制度与实践

（1）党内法规制度与国家法律法规依据。党内法规主要包括《中国共产党章程》《党政领导干部选拔任用工作条例》《事业单位领导人员管理暂行规定》《宣传思想文化系统事业单位领导人员管理暂行办法》《高等学校领导人员管理暂行办法》《中小学校领导人员管理暂行办法》《科研事业单位领导人员管理暂行办法》《公立医院领导人员管理暂行办法》《2010—2020 年深化干部人事制度改革规划纲要》《国家中长期人才发展规划纲要（2010—2020 年）》《关于深化职称制度改革的意见》《关于开展县以下事业单位管理岗位职员等级晋升制度试点工作的实施意见》等。

法律规范主要包括《宪法》（第四十四条规定，国家依照法律规定实行企业事业组织的职工和国家机关工作人员的退休制度，退休人员的生活受到国家和社会的保障），《中华人民共和国教育法》《中华人民共和国高等教育法》《中华人民共和国教师法》《中华人民共和国执业医师法》《事业单位人事管理条例》《事业单位工作人员处分暂行规定》《事业单位岗位设置管理试行办法》《〈事业单位岗位设置管理试行办法〉实施意见》《关于深化中小学教师职称制度改革的指导意见》《关于进一步改革完善基层卫生专业技术人员职称评审工作的指导意见》等。

此外，各地、有关部门和事业单位还制定了相应的管理办法、意见细则等，如《北京市新闻系列（数字编辑）专业技术资格评价试行办法》，《滨州市中小学校长教师交流轮岗实施方案》，教育部等《关于推进县（区）域内义务教育学校校长教师交流轮岗的意见》，以及《青岛大学职称制度改革实施办法（暂行）》《西安交通大学第二附属医院关于进一步对各科室重点岗位定期轮岗的规定》等。

（2）岗位条件。根据事业单位的三类岗位是按社会功能、职责任务、工作性质和人员结构特点等因素综合确定的，《〈事业单位岗位设置管理试行办法〉实施意见》规定了主要根据岗位的职责任务和任职条件确定三类岗位的基本任职条件：① 遵守宪法和法律；② 具有良好的品行；③ 岗位所需的专业、能力或技能条件；④ 适应岗位要求的身体条件。

同时，每类岗位还设有基本条件，如管理岗位的基本条件：① 职员岗位一般应具有中专以上文化程度，其中六级以上职员岗位，一般应具有大学专科以上文化程度，四级以上职员岗位一般应具有大学本科以上文化程度。② 各等级职员岗位的基本任职条件：三级、五级职员岗位，须分别在四级、六级职员岗位上工作两年以上；四级、六级职员岗位，须分别在五级、七级职员岗位上工作三年以上；七级、八级职员岗位，须分别在八级、九级职员岗位上工作三年以上；一级、二级职员岗位按照国家有关规定执行。

各单位执行时还制定了具体的条件，甚至每年都有调整。如 2014 年，《浙江财经大学数学与统计学院专任教师五级及以下岗位设置和聘用管理实施细则（暂行）》规定了专任教师岗位的基本职责和聘用条件，其中聘用条件规定：具备下列条件之一者可申报聘任五级岗位：① 聘任副教授专业技术职务满 14 年，能胜任岗位职责，且年度考核均为合格以上者。② 聘任副教授专业技术职务满 13 年，能胜任岗位职责，年度考核均为合格以上，且主持省级课题 1 项或第一作者发表 1 级 B 类期刊文章 1 篇或主持获厅级二等奖 1 项以上或上一聘期内完成教学科研工作 1 900 当量及以上，且教学业绩考核有二次考核等级为 B 以上或距离退休不满 3 年且仍在专业技术岗位一线。2014 年，学校予以核定的五级级岗是 5 人，因当时在岗几人不得而知，所以，该年度五级岗增补数额未知；但可以参考的是，2017 年，浙江大学给经济学院核定的教师五级岗位名额 8 人，而学院已有五级岗位教师 8 名，无增补名额。

这涉及副教授这一专业技术职务的评聘。按《浙江财经大学教师专业技术职务分类评价实施细则（试行）》，根据教师从事岗位工作的实际，按教学科研并重型、教学为主型、科研为主型、社会服务与推广型四个类型评审专业技术职务，有重点地考察教师的教学能力、科研能力和社会服务能力。其中教学科研型是主体，申报副教授的业绩条件是：任现职以来，业绩、成果达到下列第①、②条中的一条及第③条：

① 主持厅级科研（教学）项目 1 项，或参与国家级科研（教学）项目 1 项（排名前三），或参加省部级科研（教学）项目 1 项（排名前二）。

② 或厅局级成果奖三等奖 1 项（主持），或获国家级成果奖 1 项（排名前五），或获省部级成果奖 1 项（排名前三）。

③ 在国家一级 B 类期刊上发表论文 1 篇，同时在国家二级期刊上发表论文 2 篇；艺术、外语、体育类专业的申报者须在国家二级期刊上发表论文 4 篇。本款所要求的国家一级 B 类期刊论文不可以用出版学术著作、主编省部级重点教材、获得批准的国家发明专利和实用新型专利等替代。

同时，浙江财经大学规定了评审程序，专业技术职务评聘按个人申报、资格审查、代表作鉴定、学院考核推荐、学科组评议、校评聘委员会评审、发文聘任等程序进行。学校成立专业技术职务评聘委员会，下设学院考核推荐组和若干学科评议组。学院考核推荐组由学院主要负责人、专家及教师代表组成，负责对申报对象的水平、能力、素质和岗位考核情况等进行考核推荐。学科评议组由同行专家组成，负责对申报对象的学术技术水平、能力进行专业评议，提出评议意见，评议结果作为教师专业技术职务评聘的依据之一。学校专业技术职务评聘委员会根据学院考核推荐组和学科评议组推荐评议情况研究确定聘任人选。

（3）竞聘上岗。事业单位首次实行人员聘用制度，可以按照竞争上岗、择优聘用的原则，优先从本单位现有人员中选聘符合岗位要求的人员签订聘用合同。《关于进一步深化事业单位人事制度改革的意见》强调，竞聘上岗要成为事业单位内部人员选拔聘用的主要方式。要坚持公开、公平、公正的原则，采取个人自荐或群众推荐及组织提名等方式产生人选，根据岗位不同特点，灵活运用笔试、面试、民主测评、专家评议等方法实行竞聘上岗。要以岗位职责任务和任职条件为标准，以品德、能力和业绩为依据，严格条件，规范程序，择优聘用。竞聘实行职业资格准入控制的岗位，必须符合准入控制的要求。通过竞聘上岗，促进优秀人才脱颖而出，逐步实现能上能下。

《事业单位人事管理条例》第十条规定，事业单位内部产生岗位人选，需要竞聘上岗的，按照下列程序进行：① 制定竞聘上岗方案；② 在本单位公布竞聘岗位、资格条件、聘期等信息；③ 审查竞聘人员资格条件；④ 考评；⑤ 在本单位公示拟聘人员名单；⑥ 办理聘任手续。

（4）交流。《事业单位人事管理条例》第十一条规定，事业单位工作人员可以按照国家有关规定进行交流。《公务员法》规定公务员可以与国有企业事业单位、人民团体和群众团体中从事公务的人员交流，其方式包括调任、转任等。

各部门、各地都有相关的规定。如教育部的"双千计划"，是从 2013 年开始实施的一项高等学校与法律实务部门人员互聘制度。主要任务是，2013—2017 年，选聘 1 000 名左右有较高理论水平和丰富实践经验的法律实务部门专家到高校法学院系兼职或挂职任教，承担法学专业课程教学任务；选聘 1 000 名左右高校法学专业骨干教师到法律实务部门兼职或挂职，参与法律实务工作。建议聘期为 1~2 年。聘期内，互聘人员以派出单位管理为主，不改变与派出单位的人事行政关系，派出单位保留其原职务级别、岗位，工资、福利待遇不变，将其专业技术职务年限连续计算，工作量互相冲抵。

2014 年，教育部等印发的《关于推进县（区）域内义务教育学校校长教师交流轮岗的意见》提出：交流轮岗是国家赋予校长教师的重要责任和光荣使命，力争用 3~5 年时间实现县（区）域内校长教师交流轮岗的制度化、常态化。城镇学校、优质学校每学年教师交流轮岗的比例不低于符合交流条件教师总数的 10%，其中骨干教师交流轮岗应不低于交流总数的 20%；校长、副校长在同一所学校连续任满两届后，原则上应交流。可采取定期交流、跨校竞聘、学区一体化管理、学校联盟、名校办分校、集团化办学、对口支援、乡镇中心学校教师走教等多种途径和方式；重点是推动优秀校长和骨干教师到农村学校、薄弱学校任职任教并发挥示范带动作用，有镇区和乡村学校的县（区），重点推动城镇学校向乡村学校交流轮岗；没有乡村学校的市辖区，重点推动优质学校向薄弱学校交流轮岗；乡镇范围内，重点推动中心学校向村小学、教学点交流轮岗。并建立健全校长教师交流轮岗的激励保障机制，在编制核定、岗位设置、职务（职称）晋升、聘用管理、业绩考核、培养培训、评优表彰等方面制定优惠政策。对此，《深圳市中小学校长教师轮岗交流工作的指导意见》提出各学校每学年参加教师跨市支教、教师市内交流、教师到联盟学校交流的教师总人数，要达到符合交流条件人数的 3%~5%；力争用 3~4 年的时间，交流比例累计达到符合交流条件人数的 9%~15%。

2017 年人社部印发《关于支持和鼓励事业单位专业技术人员创新创业的指导意见》，支持和鼓励事业单位选派专业技术人员到企业挂职或者参与项目合作、专业技术人员兼职创新或者在职创办企业、专业技术人员离岗创新创业、事业单位设置创新型岗位。

（5）退休。除与上述公务员部分相同的干部、工人的规定外，关于事业单位高级专家的退休年龄，《国务院关于高级专家离休退休若干问题的暂行规定》《人事部关于高级专家退（离）休有关问题的通知》等规定：对其中少数高级专家，确因工作需要，身体能够坚持正常工作，征得本人同意，经批准，其离休退休年龄可以适当延长；副教授、副研究员以及相当这一级职称的高级专家，经所在单位报请上一级主管机关批准，可以适当延长离休退休年龄，但最长不超过 65 周岁；教授、研究员以及相当这一级职称的高级专家，经所在单位报请省、市、自治区人民政府或中央、国家机关的部委批准，可以延长离休退休年龄，但最长不超过 70 周岁。

10.6.3　我国公共部门人力资源管理职业生涯管理的问题与改进

1. 我国公务员职业生涯管理的问题与改进

与西方发达国家实行的"政治和行政"相对分离、公务员队伍"两官分途"即分政务类公务员和业务类公务员不同，我国不实行"政治和行政"二分法，所有公务员的晋升途径几乎都是一样的。即便是我国党政领导干部的竞争性选拔，既不同于西方政治家的外部政治市场化竞争，也不完全等同于业务类公务员的"功绩制"晋升，而是一种"体制内"自上而下的选拔机制，并在其中融入科学化和民主化的因素，以保证公务员的高素质和专业化，以及整体队伍的稳定性和连续性。同时，基于对渐进式民主化进程的掌控和社会稳定的考量，我国的民主选举制度开始于中央领导下的基层探索和局部试点，导致我国公务员的职业生涯管理具有自己的特殊性，同时也存在一些明显的问题。

（1）主要问题。

① 管理体系和运行机制不完善。从录用、任免、晋升到交流、辞职、辞退、退休，相关规定零散分布于相关政策文件、法律法规之中，既难以形成科学的职业生涯管理体系和运行机制，又导致职业生涯管理活动丧失了应有的战略性、权威性，再加上其中的暗箱操作，流动管理弊端较重。

② 个人目标与公共部门目标脱节严重。组织目标往往一直凌驾于个人目标之上，官本位现象严重，个人绝对服从组织安排，在完成组织目标时，因其与个人目标的相关性不强，导致尊严感低，也缺乏应有的工作动力。

③ 发展路径单一、成就感不足。缺少与综合管理类、专业技术类和行政执法类等各类公务员相适应的发展通道，很多人遭遇职位晋升的"玻璃天花板"，处级以下高原现象普遍，[32]难以形成与组织之间的心理契约，缺乏相应的成就感、自我实现感。

④ 晋升转任等的科学化程度较低。这突出表现为晋升的主观化程度较高、民主化程度较弱、地方领导干部晋升锦标赛的异化，以及转任过程的公开性差、转任者与职位匹配性差、转任者与接收单位的满意度低等。

⑤ 流动率低、流向不对称。一是流动率低。公务员离职在个别地区、单位明显增加，智联招聘发布的《2015春季人才流动分析报告》显示，政府/公共事业/非营利机构行业的从业人员跨行业跳槽人数比上年同期上涨34%，但从全国范围看，2015年辞职不到1.2万人，约占公务员队伍总数的0.2%；上海市过去约为0.5%，2015年为0.9%。二是流向不对称。人才流向集中于发达地区、实权部门与薪酬待遇、工作环境较好的组织，"能进不能出、能上不能下"现象仍非常严重，这也是导致下面人才分布不均衡的原因之一。

⑥ 工作压力大、满意度低。整体上看，公务员群体具有较高的公共服务动机，但工作满意度并不高，[33]特别是基层公务员任务重、压力大、头绪多、条件差，政治生态又不容乐观，而年轻公务员又特别重视工作氛围，[34]这对青年公务员而言尤其严重。

⑦ 职业发展缺少专业指导。不论是基于理论还是现实，每一个人都需要职业发展的指导帮助，而且即使处在相同的职业生涯阶段，可每个人遇到的问题有其特殊性，这更需要组织的帮助，但党政机关普遍缺乏相关的制度规范和具体安排。

⑧ 人才积压与短缺并存。人才在不同地区、行业、部门、层级等之间的分布不均衡，缺编、缺人与不作为、效率低下并存，人才积压与短缺并存。

（2）改进方向。

上述问题极大地限制乃至阻碍了公务员的职业发展，同时也影响了党政机关的效率与效果，大大削弱了党和政府的公信力，因此实施科学有效的职业生涯管理，不论对公共组织还是对公务员个人，都是科学精神与人文精神兼具的双赢。为此，《2010—2020 年深化干部人事制度改革规划纲要》提出：规范干部选拔任用提名制度；推行差额选拔干部制度；加大竞争性选拔干部工作力度；逐步扩大基层党组织领导班子成员公推直选范围；坚持和完善从基层一线选拔干部制度。加大重要部门、关键岗位、东中西部地区干部交流力度，疏通党政机关干部、企事业单位干部交流渠道，推进上下级机关干部交流，加强少数民族地区干部交流，完善相关配套措施。健全党政机关内部管理人、财、物和执纪、执法等岗位干部的定期轮岗制度，推进机关干部跨部门跨单位交流；坚持选派年轻干部到艰苦地区、复杂环境、关键岗位培养锻炼，规范和改进干部挂职锻炼工作；引入竞争机制，改进交流人选产生方式；坚持干部任职回避制度，完善公务回避办法。《国家中长期人才发展规划纲要（2010—2020 年）》则提出要完善党政人才、企业经营管理人才、专业技术人才交流和挂职锻炼制度，打破人才身份、单位、部门和所有制限制，营造开放的用人环境。扩大党政机关和国有企事业单位领导人员跨地区跨部门交流任职范围。拓宽党政人才来源渠道，完善从企事业单位和社会组织选拔人才制度。完善党政机关人才向企事业单位流动的社会保险关系转移接续办法。具体改进方向如下。

① 健全法律体系和运行机制。一方面，进一步理清现行党内法规和法律法规，有序解决公务员职业生涯管理的关键问题，形成较为完备的法律体系；另一方面，各地方、各党政机关应就本地、本组织公务员职业生涯管理的重点和难点问题，立足管理制度和运行机制建设，实现公务员职业生涯管理的法治化和制度化。

② 完善分类管理和编制管理。这不仅是公务员职业生涯管理，而是公务员管理的基本前提，应在总结以往经验的基础上，加快公务员职位分类管理、编制管理的科学化。

③ 优化指导和服务体系。公共部门要重视并制度性、经常性地参与公务员的职业生涯发展规划实践，为其职业发展提供有效和持久的指导和服务，并及时预防和切实解决其职业发展中的相关问题。

④ 深入拓展职业发展通道。既要继续深化传统的纵向职业发展的路径、方式方法，如公务员类似德国的"双轨晋升"模式，实现职务与职级独立运行，还要继续拓宽横向职业发展路径，如交流任职、交叉任职、交流培养，加大干部跨地区、跨行业、跨部门的交流力度，拓展公务员的职业发展通道。

⑤ 强化配套制度建设。公务员的职业发展与其胜任力的提升分不开，因此，通过个性化的培训提升其素质能力是促其良性发展的一个关键因素。此外，职业生涯管理需要其他人力资源管理活动的良好配合，特别是需要绩效管理、教育培训、薪酬管理等的激励与约束。换言之，公务员职业生涯管理问题的改进需要一个良好而完整的公务员管理体系。

2. 我国事业单位工作人员职业生涯管理的问题与改进

我国事业单位工作人员事业生涯管理存在诸多问题，这些问题及其改进与前述公务员职业生涯管理的问题和改进有同质性。但由于专业技术人员占事业单位工作人员的 67%，所以这又有其特殊性。

（1）主要问题。

① 缺乏系统、有效的规范。不论是从法律层面还是从具体单位的制度层面，都缺乏对人们职业发展的系统而有效的管理，尤为严重的是，更缺少把人们的更多精力投入工作中的政策导向和制度保障。

② 重引进、轻培养严重。这普遍存在于事业单位的专业技术人员。他们入职后的发展培养，既缺乏系统和有效的职业拓展体系，也缺少具体和及时的专业指导。有些单位甚至放任自流。

③ 工作满意度低、职业倦怠高发。调查表明，事业单位专业技术人员压力大，主要来自工作，如高校教师的教学与科研。[35]儿科医生工作满意度也较低，且离职意愿较高；[36]整体上医生有 39.57% 的认为执业环境"较差"，24% 的认为"极为恶劣"；[37]义务教育教师工作满意度也整体不高[38]，职业倦怠处于中等以上程度且是高发群体。[39]

④ 不同类别、身份之间的不公平对待。编制内、外人员之间，编制外的签订劳动合同的与劳务派遣的之间，编制内部职员与专业技术人员之间，在付出与收获，职业发展的机会、空间、条件等存在或多或少的不公，有的还相当严重。

⑤ 工作-家庭的冲突问题比较突出。这主要是指中青年，在我国各行各业也带有一定的共性。事业单位不少中青年在事业发展、生活条件等方面，都面临不少困难，工作和家庭的平衡问题比较突出，明显的是工作干扰家庭的程度高于家庭干扰工作的程度。[40]

（2）改进方向。

① 健全法律体系。在梳理现有法律法规的基础上，围绕事业单位工作人员职业生涯管理的系统优化，健全法律体系；同时，各单位也在评估现行制度、机制基础上，健全组织制度规范，为事业单位工作人员职业生涯管理提供良好的法律依据和制度保障。

② 优化编制管理。事业单位编制制度是特殊历史时期的产物，现阶段的重要工作是区别行业、类别等，对不同类型的事业单位实行不同的机构编制管理，杜绝一刀切。像高校、医院应在制定相应的管理办法后尽快取消。

③ 加强发展指导。各事业单位在提供良好的法律依据和制度保障的同时，要通过帮助人们解决职业生涯各发展阶段出现的个性化问题，去指导人们根据发展实际去反思、实施并修正其职业生涯规划。因为社会发展和技术进步正在影响教师与学生、医护人员与病人关系的重构，进而影响了教师、医护人员的职业生涯，这需要所有相关人员认真反思，进而修正和实施规划。

④ 加大资源投入。各组织应立足于组织成员个人发展和组织发展的共赢，加大对组织成员事业发展的投入，提供富有实效的各种资源、发展机会等，包括生活条件改善、收入增加、职业发展的通道和空间大力拓展。

⑤ 完善激励机制。事业单位工作人员职业生涯的发展离不开有效的激励约束机制，而这些激励约束机制的科学性、有效性程度也必须接受对人们职业生涯发展引导、指导和辅导的检验。

注释　　　　资料

复习思考题

1. 如何理解公共部门人力资源职业生涯规划、公共部门人力资源职业生涯管理?

2. 如何理解公共部门人力资源职业生涯管理的作用?

3. 如何理解职业生涯管理与人力资源管理其他活动的匹配?

4. 简述职业生涯管理基本理论。

5. 简述职业生涯规划的特点、影响因素和流程。

6. 简述职业生涯规划的内容。

7. 简述公共部门人力资源职业生涯管理的内容。

8. 如何理解公共部门人力资源流动的含义、类型、流动率、模式、影响因素和作用?

9. 如何理解公共部门人力资源流动管理的含义?

10. 试述公共部门人力资源流动管理的理论基础。

11. 公共部门人力资源内部流动管理与流出管理各包括哪些?

12. 西方发达国家公共部门人力资源职业生涯管理制度与实践给你什么启发?

13. 我国公务员晋升的原则、条件和资格、程序有哪些?

14. 如何评价和改进我国的竞争性选拔干部?

15. 试比较中美两国公务员的晋升。

16. 你对我国正在制定的延迟退休年龄政策有何建议?

17. 试析我国公务员职业生涯管理的问题与改进。

18. 试析我国事业单位工作人员职业生涯管理的问题与改进。

19. 有人说大学毕业前的职业生涯是家长和老师给"规划"的,参加工作后的职业生涯是领导给"规划"的,当然有时候是他们给"胡划"的,你对这种说法有何评价? 为什么?

20. 你现在是如何规划自己的职业生涯的? 存在的突出问题是什么? 准备如何解决?

第 3 篇　公共部门人力资源的
激励、维持与整合

第11章 公共部门人力资源绩效管理

学习思路和重点

爱因斯坦（A. Einstein）说过："并非所有能被衡量的东西都有价值；反之，并非所有有价值的东西都可以被衡量。"但问题是，"没有衡量，就没有管理"！公共部门人力资源绩效管理是公共部门人力资源管理的核心，其中绩效考核又是绩效管理的关键环节。学完本章，应掌握公共部门人力资源绩效计划、绩效实施、绩效考核、绩效反馈和绩效结果应用等绩效管理的所有循环管理模块，熟悉西方发达国家公共部门人力资源绩效管理制度与实践，掌握我国公共部门人力资源绩效管理制度与实践及其问题与改进。

11.1 公共部门人力资源绩效管理概述

11.1.1 公共部门人力资源绩效的含义及其特点

1. 公共部门人力资源绩效的含义

关于"绩效"（Performance）的定义，存在很多分歧，因为"performance"一词多义，如业绩、成绩、执行、表现等。如伯纳丁（Bernadin）等认为，"绩效应该定义为工作的结果"；而墨菲（Murphy）则认为，"绩效是与一个人在其中工作的组织或组织单元的目标有关的一组行为"；麦克利兰却认为，行为品质和特征较之潜能测评更能有效地决定人们工作绩效的高低，而绩效出众者具有较强的判断能力，能够更有效地发现问题，采取适当的行动加以解决，并设定富有挑战性的目标——这样的行为相对独立于知识、个人技能水平和工作经验等。在日常管理中，人们常常把绩效等同于任务绩效，或者将注意的焦点集中在整体绩效上。20世纪90年代以来，有的研究者将绩效看做"员工自己控制的与组织目标相关的行为"；[1]有的认为绩效并非单维的，而是多维的结构，并依此在实证分析的基础上尝试构建了不同的绩效结构模型，如坎贝尔（J. P. Campbel）的八因素结构论[2]，伯曼（W. C. Borman）和摩托瓦德罗（S. J. Motowidlo）的任务绩效与周边绩效结构理论[3]，赫斯基斯（B. Hesketh）和尼尔（A. Neal）的适应性绩效（adaptive performance）理论[4]等。其中"任务-周边绩效"模型及在此基础上新拓展的"任务-周边-适应性绩效"模型成为西方工业/组织心理学中普遍采用的模型。国内一些学者基于中国文化背景下的实证研究结果初步表明，中国组织成员工作绩效，特别是管理人员的工作绩效结构与西方关于工作绩效的"任务-周边绩效"模型存在明显差异。例如，孙健敏等将绩效界定为"结果+行为"[5]，并归纳出描述管理人员工作绩效的三个维度是任务绩效、个人特质绩效和人际关系绩效[6]。其中，个人特质绩效维度在西方的绩效模型中是没有的，任务绩效虽大致类似于西方的任务绩效维度，但实际上也存在着明显差异。王登峰等得出了包括任务指向和个人品质两个维度的工作绩效结构，同时认为作为党政领导干部，要区分他们的任务绩效和周边绩效实际上是不可能的。[7]杨杰、方俐洛、凌文铨等认为从纯粹的可操作角度出发，在对绩效加以定义时，应考虑三个方面：时间、方式和结果。换句话说，绩效可以简单定义为"某个个体或组织在某个时间范围内以某种方式实现的某种结果"。[8]

由上可见，分歧集中在将绩效定义为：一是结果，即产出、目标实现程度等；二是行为，包括行为的方式、流程、方法等；三是能力，包括潜力和能力，现在能做什么与将来能做什么；四是综合上述观点，即绩效是人的能力、行为和结果等的综合体。我们同意综合的观点，因为不论是能力还是行为，最终还是结果。不同在于，其关注的不仅限于结果，还在于结果源于意愿、能力和相应的行为，而行为又受到意愿和能力的影响。因此，公共部门人力资源绩效是指公共部门人力资源以其工作意愿、工作能力做出符合组织要求的工作行为和工作业绩或工作结果的综合情况。该定义说明了公共部门人力资源的绩效包括工作意愿、工作能力、工作行为、工作业绩或工作结果，是组织使命、愿景、核心价值观和战略的具体要求和具体表现。

2. 公共部门人力资源绩效的层次

公共部门人力资源绩效可以纵向分为三个层次：组织绩效、部门（团队）绩效和个人绩效。组织绩效往往被分解为部门（团队）绩效，进而再分解为部门（团队）内部每个人的个人绩效；反过来，在理想状态下，个人绩效应当支持所在部门（团队）的绩效，每个部门（团队）的绩效又应当支持组织的绩效，因此个人绩效是部门（团队）绩效的基础，部门（团队）绩效是组织绩效的基础，但组织绩效不是部门（团队）的绩效之和，部门（团队）绩效也不是个人绩效的简单叠加。要特别说明的是，在人力资源管理中，除非特别说明是组织绩效，或是部门（团队）绩效，否则均指的是个人绩效。

3. 公共部门人力资源绩效的特点

个人绩效受多种因素的影响，具有多因性、多维性和动态性的特点。（1）多因性。这是指绩效的优劣不取决于单一因素，而要受制于主客观多种因素的影响，如动机、技能，以及环境与机会等，即绩效是技能、机会、动机与环境四个变量的函数。（2）多维性。这是指绩效表现为多个方面，需沿多种维度或方面去分析与评价，要综合考虑其工作态度、工作能力、工作业绩等。例如，一名组织成员的绩效，除了产量指标完成情况外，质量、出勤，直至团队协作等硬、软方面，都需综合考虑、逐一考核，各维度可能权重不等，考核侧重点也会相应有所不同。（3）动态性。这是指一个人的绩效是变化的，随着时间的推移，绩效差的可能改进转好，绩效好的也可能退步变差，因此，对任何人的绩效切莫僵化对待，要用发展的眼光去看待。

公共部门人力资源的个人绩效除了上述绩效一般特征之外，还具有绩效目标的社会性、绩效形态的特殊性，以及绩效标准的复杂性等独有的特征。这主要是由公共部门的特征及功能决定的。

11.1.2　公共部门人力资源绩效考核和绩效管理的概念及其关系

1. 公共部门人力资源绩效考核的含义

公共部门人力资源的绩效考核（又称绩效评估、绩效评价、绩效考评等），是指公共部门按照一定的原则和标准，定期或不定期地对所属成员的工作能力、行为表现和工作成果等绩效，进行系统、全面的考查与评定，并以此作为其改进绩效与奖惩、晋升、薪酬增减、培训和辞退等的客观依据的活动。

由上可见，（1）考核对象是公共组织中已确定的全部人员；（2）考核分为定期和不定期；（3）考核包括考查和评定两个阶段；（4）考核内容包括工作能力、行为表现和工作成果；（5）考核结果用于下一阶段的绩效改善与绩效目标的制定，以及为人力资源管理其他活动提供依据。（6）绩效考核是完成组织目标的一种结构化方法，是衡量组织成员完成组织目标情况的一种手段，其实质是评价组织成员在多大程度上具有组织期望的能力、行为和工作结果等。

2. 公共部门人力资源绩效管理的含义

阿姆斯特朗和巴伦（A. Baron）指出，绩效管理是通过策略及整合的方法，来发展个别成员及团队的能力，以改善人群的工作绩效，并支持组织持续发展；孙柏瑛等指出，组织成员绩效管理是组织绩效管理的重要组成部分，是指通过协议，达成关于目标、标准和所需能力的统一框架，然后通过相互理解的方式使组织、群体和个人取得较好结果的一种管理过程，是提高组织绩效的一种创新型手段；方振邦认为，绩效管理主要是指战略性绩效管理，是组织及其管理者在组织的使命与核心价值观的指引下，为达成愿景和战略目标而进行的计划绩效、监控绩效、评价绩效以及反馈绩效的循环过程，其目的是为了确保组织成员的工作水平和工作结果与组织期望的目标保持一致，通过持续提升个人、部门以及组织的绩效水平，最终实现组织的战略目标；[9]是一个"管理者为确保员工的工作活动和产出与组织目标保持一致而实施的管理过程。"[10]美国国际公共人力资源管理协会认为，绩效管理包括组织对员工进行管理的所有活动，通过这些活动把组织和个人联系在一起，以完成组织的使命，注重员工成功达到组织目标的方法和过程，强调沟通、辅导及员工能力的提高。

从广义上讲，组织内部所有的管理都可以视为绩效管理，但这就引起了分歧，主要有三种观点：一是组织观，即绩效管理是管理组织的一种体系，核心是组织的战略确定并加以实施，组织成员不是绩效管理的核心；二是员工观，即绩效管理是员工管理的一种体系；三是综合观，上面两种观点的综合，对各个层次的绩效进行管理。我们认为，在人力资源管理中，绩效主要是指个人绩效，那么绩效管理应主要是指对组织成员的绩效管理，同时兼顾组织层面。

因此，公共部门人力资源绩效管理是指根据组织战略目标，对组织成员绩效进行系统的绩效计划、绩效实施、绩效考核、绩效反馈和绩效结果应用，确保其工作能力、工作行为和工作结果与组织战略目标一致的活动。首先，组织成员绩效管理是战略绩效管理。组织成员绩效管理是以组织战略为导向，为推进组织战略的执行与落地的一系列管理制度和技术手段，不应存在脱离组织的使命、愿景、核心价值观和战略的绩效管理。其次，组织成员绩效管理是一个系统，包括绩效计划制定与实施、绩效考核、绩效反馈与改进、绩效结果使用等管理模块，这当然也是一个循环往复的过程。最后，组织成员绩效管理，不仅涉及其绩效考核，更涉及激励、参与绩效的改善与提升，以及下一个阶段的绩效目标、绩效计划的确定，是通过提升每个人的绩效，进一步推进组织的战略落地。

3. 公共部门人力资源的绩效考核与绩效管理的关系

绩效管理是在对传统绩效考核进行改进的基础上，于 20 世纪 80 年代以后逐渐形成和发展起来的一种管理观念和管理系统。斯潘金哥（Spangengerg）认为，传统的绩效考核是一个相对独立的系统，"通常与组织中的其他背景因素相脱离"，如组织目标和战略、组织文化、管理人员的承诺和支持等，而这些背景因素对于成功实施绩效考核有着非常重要的作用。正因为传统的绩效考核对于提高组织成员的满意度和绩效的作用非常有限，对完成组织目标的作用也不大，所以导致了绩效管理系统的发展。[11]范德瑞（Fandray）则认为，应该用绩效管理系统代替每年的绩效考核。考核的废止仅仅只是绩效管理的开端。[12]詹金斯（M. Jenkins）认为，从绩效考核到绩效管理应该是组织整体文化的变化。[13]

绩效管理和绩效考核的关系集中表现为：绩效考核是控制和指导绩效管理全过程的重要检查程序，而绩效管理是促使组织提高整体绩效水平从而达到其战略目标。但为了保证组织绩效目标的实现，首先必须有效提升组织成员的绩效水平，而要提升组织成员的绩效水平，又必须对其绩效状况进行全面和科学的考察，即实施绩效考核。所以，如果说绩效管理是实现组织战略目标的一套有效工具，那么绩效考核就是这套工具的命脉。可以说，作为绩效管理的重要阶段和鉴定环节，绩效考核不仅可以完善绩效目标，而且能够检查和促进绩效目标的实施，即在一定意义上，绩效考核决定了绩效管理的成败。[14]换言之，绩效考核是绩效管理的一种技术工具，在一定意义上承载着绩效管理目标具体实现的责任。在有效的绩效管理中，组织成员绩效考核是服务于组织整个绩效管理系统的。绩效管理既是一种奖励分配机制，又是一种极有效的沟通和反馈机制。[15]但绩效管理绝不等于绩效考核。绩效管理是人力资源管理的核心内容，绩效考核仅是绩效管理的一个关键环节，绩效管理的范围比绩效考核更为广泛（见表 11-1）。

表 11-1　绩效考核与绩效管理之差异

项　目	绩　效　考　核	绩　效　管　理
考核目的	主要作为薪资管理的参考	管理工具
时间及次数	每年考核一次	反馈频繁
考评方法	由主管考核部属	多方面的信息取得
评量标准	整个组织采取同一套评量标准	根据职责弹性化衡量

（续表）

项　目	绩　效　考　核	绩　效　管　理
考核重点	考核过去的表现	着重未来的发展
考核程序	以考核为主	重视规划、指导与考核

资料来源：吴琼恩等，《公共人力资源管理》，北京大学出版社 2006 年版，第 111 页。

11.1.3　公共部门人力资源绩效管理的模型、流程与作用

1. 公共部门人力资源绩效管理的模型与流程

图 11-1 是一个公共部门人力资源绩效管理模型与流程图。从中可见，一方面，绩效管理是以组织战略目标为导引的，组织战略是绩效管理的起点，反过来说，组织正是通过绩效管理实现组织战略。另一方面，绩效管理是组织达成目标的一种控制程序，其流程是一个包括如下步骤或环节的循环过程：绩效计划、绩效实施、绩效考核、绩效反馈、绩效结果应用（包括绩效改进及应用于人力资源管理其他活动）。

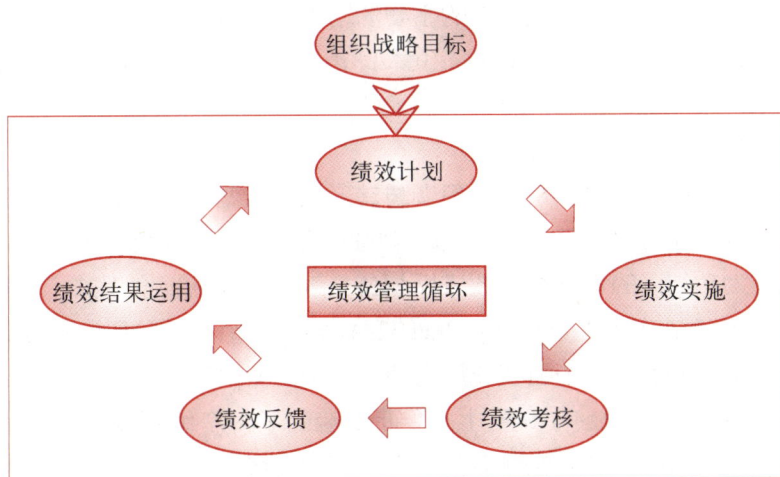

图 11-1　绩效管理模型与流程图示

2. 公共部门人力资源绩效管理的作用

绩效管理在公共部门人力资源管理中处于核心地位，其功作用主要表现为：

一是对组织而言，（1）有利于组织战略目标的实现；（2）有利于形成一种从战略目标到绩效目标为牵引的管理思路、文化氛围等；（3）有利于各项管理活动更加公平和适宜。

二是对组织成员而言，（1）有利于把握组织的战略目标和明晰自己的工作目标，明确工作价值，全面掌控工作；（2）有利于提高自己的知识、能力等，更加胜任工作，并有助于修正和实现职业生涯规划；（3）有利于掌握自己的绩效状况，特别是组织的要求和绩效影响因素等，以进一步改进绩效。

三是对各层管理者而言，（1）有利于清晰地将战略目标的分解、组织的期望与对组织成员绩效的看法等传递给组织成员，从而达成共识；（2）有利于把握组织成员的个性特点、绩效状况等，建立良好的上下级关系；（3）有利于强化自己的管理能力，提高管理水平，实现自己的职业生涯规划。

11.2　公共部门人力资源绩效计划与绩效沟通

11.2.1　公共部门人力资源绩效计划

公共部门人力资源绩效计划是指管理者与其下属经过双向沟通，就下属的绩效目标、绩效指标和绩效标准等达成一致的活动。这是绩效管理的起点，也是将战略化为每个组织成员具体行动的关键一步。实际上就是一个关于绩效目标、绩效指标和绩效标准等的契约。"如果处于公共组织或体制之中的每个人都明确自己的根本目标，那么，改进绩效则更为容易。"[16]在美国《政府绩效与结果法案》（*The Government Performance and Results Act*，GPRA）中，联邦政府绩效计划的主要内容都是围绕目标展开的。明确绩效目标进而设定绩效指标、绩效标准等是制定绩效计划的主要活动内容。当然，这需要清楚地了解组织的使命、战略等，以及每个下属所承担的职位本身。一言以蔽之，该阶段的主要任务就是建立绩效指标体系。

1. 公共部门人力资源绩效目标

公共部门人力资源绩效目标是指管理者与其下属，根据该下属的工作对象、工作任务和知识能力意愿等，结合组织目标和其上一期的绩效情况，而制定的关于该下属未来努力工作会达成的行为和结果的水准。绩效目标与公共部门的战略高度相关，从理论上讲，绩效目标制定的逻辑顺序应该是：公共部门战略目标转化为组织的阶段性目标，再由此形成各部门的目标，进而分解成每个组织成员的绩效目标。但由于公共部门的公共性反而导致了公共部门战略目标的模糊性与多元性，继而影响到了每个组织成员绩效目标设立的难度。一般认为，绩效目标至少应包括以下几个方面的内容[17]：

（1）本绩效期间的主要工作内容和职责是什么？应达到何种工作效果？

（2）本绩效期间应如何分阶段地实现各种目标，从而实现整个绩效期间的工作目标？

（3）在完成工作任务时拥有哪些权利？决策权限如何？

（4）从事该工作内容的目的和意义何在？哪些工作是最重要的？哪些工作是次要的？

（5）管理者与其下属计划如何对工作的进展情况进行沟通？如何防止出现偏差？

（6）为了完成工作任务，组织成员是否有必要接受某一方面的培训或通过自我开发的手段掌握某种工作技能？

2. 公共部门人力资源绩效项目

公共部门人力资源绩效项目是指从哪些方面对组织成员绩效进行考核，又称为绩效模块。克林格勒和纳尔班迪认为的三种绩效考核标准体系，实际上就是先从绩效模块的角度分析，即人员导向型、工作导向型和二者混合型[18]；杨杰等认为，在构建绩效指标体系时有两种路径可循：沿着特质、行为、结果的路径，或者知识、技能、能力、努力、外部条件的路径。如果仅从某一方面着手，经由特质、行为与结果分类的路径来构建，可能会产生较大的偏差（具体比较见表 11-2）。比较好的解决办法是折中，即将考核的维度冠以特质的标签，而对维度的定义和量表锚点的选择则采取任务与行为定向的方法。然而这种对工作行为采取特质的操作性定义的方法并未完美地解决问题，只是相比单纯依靠特质或单纯依靠行为而言更优而已。[19]这实际上也是从绩效项目开始着手的。

表 11-2　特质、行为、结果三种绩效项目比较

	特　质	行　为	结　果
适用范围	● 适用于预测未来工作成功与否	● 适用于考核可以通过单一的或程序化方法实现的职位	● 适用于考核那些可通过两种及以上方法达到绩效目标或标准
不足	● 没有考虑情境的影响，通常预测效度较低 ● 难以有效区分实际工作绩效，易使组织成员产生不公平感 ● 注意的焦点集中在短期内难以改变的特质上，不利于绩效改进	● 不能有效区分达到同样结果的不同方式中，哪一种才是真正符合组织需要的 ● 当下属认为其完成的活动不重要时，意义不大	● 结果的好坏、多少有时并不在组织成员和组织控制的范围之内 ● 易使组织成员为达到一定目的而不择手段，使组织在获得短期效益的同时丧失了长期利益

奥斯本等认为，公共部门人力资源的绩效项目主要涉及以下内容：一是数量，如警察破案的数量、每天接待来访的人数等；二是效率，如每次得到许可的成本、间接成本和直接成本之比等；三是效能，如导致逮捕的调查的比例、设备维修的比例等；四是质量，如顾客满意度等；五是成本-效能，如空气污染程度/成本、犯罪率/成本等。[20]

3. 公共部门人力资源绩效指标

公共部门人力资源绩效指标是指把绩效项目分解和细化为可操作的客观内容。它可以是那些以统计数据为基础、建立数学模型、以数量表达结果的硬指标；也可以是通过人的主观判断得出结果的软指标；还可以是行为指标、结果指标，以及二者的结合。绩效指标的设立应坚持定量为主和定性为辅、少而精，并具有可测性、独立性与差异性、目标一致性的原则。绩效指标也源自组织的战略目标、部门和职位的工作任务。提取绩效指标的程序主要是：通过职位分析和业务流程分析确定绩效指标、划分绩效指标的权重、确定绩效指标体系与修订。

（1）绩效指标的提取。提取绩效指标主要有职位分析法、个案研究法、业务流程分析法、专题访谈法、问卷调查法、经验总结法、关键绩效指标、平衡计分卡等。下面简单介绍一下关键绩效指标和平衡计分卡。

① 关键绩效指标（Key Performance Indicator，KPI）。KPI 是通过对组织内部流程的输入端、输出端的关键参数进行设置、取样、计算、分析，衡量流程绩效的一种目标式量化管理指标，是基于组织战略目标的、用于考核和管理下属绩效状况的量化或行为化的标准

体系。KPI 可以使部门主管明确部门的主要责任，并以此为基础，明确本部门成员的绩效衡量指标。

关键绩效指标的制定，需遵循 SMART 原则：第一，明确具体，即绩效指标必须是明确、具体的，切中特定的工作指标，不能笼统。第二，可衡量，即绩效指标应是数量化或行为化的，验证指标的数据或信息是可获得的。第三，可达到，即绩效指标在付出努力的情况下可以实现，避免设立过高或过低的目标。第四，现实可行，即绩效指标是实实在在的，可以证明和观察的。第五，有时间限制，必须在计划中列入事先约定的时间限制，注重完成绩效指标的特定期限。关键绩效指标的制定步骤主要是：第一，确定所需要考核的工作产出；第二，确定每一项工作产出的绩效指标和标准；第三，给各项绩效指标赋予一定的权重；第四，修正绩效指标体系。

台湾宜兰县的经验表明，通过观察、书面记录组织成员有关工作成败的"关键性"事实，将行为转换成可度量的分数，能极大地提升绩效考核的准确程度，有效避免误差。但将关键事件法引入公共部门还有不少问题需要克服。[21]

② 平衡计分卡。平衡计分卡（Balanced Score Card，BSC）是 1992 年发明的一种绩效管理的工具，它把对组织绩效的评价划分为四个指标：财务、客户、内部管理过程、学习与成长，其核心思想是通过这四个指标之间相互驱动的因果关系来展现组织的战略轨迹。这四个方面并不是相互独立的，而是有一条因果链，展示了业绩和业绩驱动因素之间的关系。为提高效益，必须使产品或服务赢得顾客的信赖；要使顾客信赖，必须提供满意的产品；而满意的产品得自内部生产过程的改进；改进内部生产过程，必须对员工进行培训，建立学习型组织。

卡普兰（R. Kaplan）和诺顿（D. Norton）认为，平衡计分卡除了适用于一般营利机构外，也适用于非营利事业机关，尤其是政府机关。"平衡计分卡的观念和方法逐渐在全世界的公共部门和非营利组织中得到了比较广泛的采纳与使用。"[22]他们发现，平衡计分卡可协助政府机构或非营利组织澄清其战略目标，并将战略目标转化为具体的衡量指标，与营利组织相异的地方是更注重顾客与组织成员的引导与驱动。杰克逊（P. Jackson）以政府公共部门的绩效管理为例，研究发现，平衡计分卡可协助政府避免因加强民众服务而导致预算或财务收入不足，能在活动及成果间取得平衡发展，并联结到组织的长期战略目标。新西兰、澳大利亚等国都在政府绩效管理中引入平衡计分卡，作为绩效管理的有效工具并取得了显著效果。近年来，我国一些地方政府（如青岛市等）和政府部门（如南京市地税局等）在绩效管理中运用平衡计分卡的理念、方法和技术[23]，相关学者也对高校、海关等部门如何引入平衡计分卡进行了积极的研究探索[24]。

研究表明，首先，应该让 BSC 在我国地方政府绩效管理实践中得到更为广泛的应用。可以借鉴美国夏洛特市的做法，应用 BSC 来构建一个包括政府的整体计分卡、主题计分卡、部门计分卡、个人计分卡在内的绩效管理的完整体系，把政府高层的战略目标转化分解为分阶段的、具体的、可操作性的运作目标，从而把基层公务员的具体行动与组织的战略目标紧密地联系起来，摆脱"政府绩效测不准"的困境，提升绩效测量的科学性和可靠性，提高绩效信息的信度和效度。其次，BSC 不仅是一个绩效管理和战略管理工具，同时也可以被地方政府当作一个消除部门隔阂、减少跨部门摩擦、构建"整体政府"的有效工具。如夏洛特市的主题计分卡就是通过战略主题来引导各部门为了实现共同的战略目标而跨越职能障碍，从而促进部门之间的协调与合作。最后，在推广 BSC 在地方政府应用的过程中，要不断培育诸如"得到高层领导的支持以及全体成员的参与"等环境和条件。当然，地方政府在应用 BSC 来进行绩效管理的过程中，也要充分重视诸如"部门、中层管理者以及公务员的参与与支持、优秀的绩效文化、教育培训、把 BSC 与组织激励结合起来、执行体系充沛的资源"等成功实施的重要因素。[5]

（2）绩效指标权重的确定。确定绩效指标权重的方法有主观经验法、等级序列法、对偶加权法、倍数加权法、层次分析法、权值因子判断法等。下面简单介绍一下倍数加权法的主要步骤。

首先，选出最具代表性的（或者是最次要的）绩效指标，依此为 1。其次，将其他指标的重要性与其相比，得出重要性的倍数。最后，将倍数换算成百分数或分数即为各指标的权重。如表 11-3 所示，在对某类人员，如交通民警中的岗勤民警的绩效指标有 6 项，假设业务知识是最具代表性的，其他指标的重要性与其相比，得出各自的重要性倍数，6 项合计为 14.5，故各指标的权重分别是 1.5/14.5、2/14.5、1/14.5、3/14.5、5/14.5、2/14.5，直接换算成百分数即可。

表 11-3　用倍数加权法确定绩效指标权重示例

绩 效 指 标	与智力素质有关的倍数关系	绩效指标的权重
服务态度	1.5	$1.5/14.5 \approx 10.34\%$
警务技能	2	$2/14.5 \approx 13.79\%$
业务知识	1	$1/14.5 \approx 6.90\%$
岗位秩序	3	$3/14.5 \approx 20.69\%$
纠违执法	5	$5/14.5 \approx 34.48\%$
内务管理	2	$2/14.5 \approx 13.79\%$

4. 公共部门人力资源绩效标准

绩效标准与绩效指标往往是同时设置的。绩效指标解决的是考核"什么"的问题，绩效标准解决的是做得"怎样"或"多少"的问题，二者常常是相互对应的。

一个完整的绩效指标及其标准一般包括四项构成要素：指标名称、指标的操作性定义、等级标志和等级定义。其中，等级标志是用于区分各个等级的标志性符号，等级定义规定了与等级标志对应的各个等级的具体范围，用于揭示各等级之间的差异，二者往往合二为一，就形成了与绩效指标相对应的绩效标准，如表 11-4 所示。

表 11-4　绩效指标和标准的四要素示例

指 标 名 称		招商引资增长率				
指标的操作性定义		该绩效周期内（该年度），招商引资较上一周期（年度）增长的百分比				
绩效标准	等级标志	A	B	C	D	E
	等级定义	≤50	51～99	100～199	200～299	≥300

从不同的角度可以有不同的分类标准，常用的是描述性标准和量化标准。

（1）描述性标准。这种标准常见于特质指标、行为指标之后。对前者，主要是用来区分组织成员的能力或者特质差异的行为因素；对后者，就是行为特征标准。在整体性结果考核时，对组织成员的整体工作状态就可用优秀、称职、基本称职、不称职等级别。但问题是，由于等级描述比较简单，又涉及知识、经验、态度、行为、结果等多个方面，而且它们之间又相互交叉、影响，因果关系模糊，难以判断，同时客观性有限，所以最好采用分要素的描述性标准，如表 11-5 所示，其中的绩效标准就包含了等级标志、等级定义等。

表 11-5　分要素的描述性标准示例

绩效指标	分　值	绩 效 标 准		评 分	得 分
沟通合作	10 分	1 级	沟通愿望强，沟通方式良好，使合作成为主要的工作方式	9～10 分	
		2 级	善于沟通，力求合作，引人注意	7～8 分	
		3 级	沟通清楚，易于接受，表现出互相接受的合作倾向	5～6 分	
		4 级	交流、沟通方式混淆，缺乏中心议题，不易于合作	3～4 分	
		5 级	缺乏沟通方式，不善于交流，难以表达自己的思想、方法	0～2 分	

（2）量化标准。这种标准常见于结果指标之后，能够较精确地描述指标需要达到的状态。这涉及两点：一是标准的基准点，二是等级距离。基准点实际上就是组织为组织成员所设立的期望其达成的基本标准。基准点一般处于考核尺度的最高等级和最低等级之间的某个位置，但也有一些指标，如人身伤亡、火灾等重大事故，其基准点就在最高等级，即"根本不能发生"。等级距离有两种，一是尺度本身的差距，二是每一尺度所对应的绩效差距。一般来说，在绩效标准的级差做成等差还是不等差，要视具体情况而定。由于从基准点提高绩效的难度越来越大，边际效益下降；反之，在基准点以下，组织成员努力的边际效益比较大，故通常将基准点以上的差距加大，把基准点以下的差距缩小，如表 11-6 所示。

表 11-6　绩效指标与绩效标准分级示例

1. 等级划分：绩效指标的考核等级按 7 级划分，7 级最高，1 级最低
2. 绩效指标说明： （1）设备利用率：设备运行/设备能力。 以 80% 为 4 级，每增加 3%，提升一个等级；每减少 2%，降低一个等级。 （2）安全工作：以人身伤残事故次数计算。重大事故定义为人员因事故致伤、致残，使之暂时或永久丧失劳动能力。 以目标规定数额为 7 级，每发生一次重大人身事故，降低一个等级。

资料来源：付亚和、许玉林主编，《绩效考核与绩效管理》，电子工业出版社 2011 年版，第 70～71 页。

综合绩效项目、绩效指标、绩效标准和绩效等次（如优秀、称职、基本称职和不称职），就可形成绩效指标体系。但需要说明的是，一方面，有人把绩效项目看做外延最大的绩效指标的范畴，或称为一级绩效指标，而把绩效指标视为二级绩效指标，这是可以的，而且还可以再细分下去，这要视绩效考核的需要及实际情况而定。如对公务员的绩效考核，把"德"看成一级绩效指标，把"思想政治表现""职业道德""社会伦理道德"视为三个二级指标，还可把"思想政治表现"分为"政治理论"与"方针政策"两个三级指标。另一方面，绩效指标体系的建立应注意如下问题：（1）要明确，而且是可以衡量的。这既是组织成员绩效管理的基础，也是组织成员工作的指导，必须客观明确，否则就失去其应有的意义了。（2）要符合组织和职位实际。职位分析是建立绩效指标体系的基础工作。即使一个组织需维持绩效模块的统一，但必须根据职位的不同，细化绩效指标。比如，针对具体组织内部不同的公务员职位，就需要细化"德、能、勤、绩、廉"的次级指标及其权重。（3）难度适中，大多数人经过努力可以达到。（4）要有区分度，能拉开等级档次。（5）具有相对的稳定性。相对稳定以保持其权威性，但其权威性是以其适度性为前提的，绩效指标体系必须及时反映和适应工作的变化和要求。例如，对于现代组织，知识管理成为知识型组织管理的焦点，知识共享被认为是组织知识管理的核心，因此需增加知识绩效及知识共享绩效的考核与管理。[26]

11.2.2　公共部门人力资源绩效沟通

1. 公共部门人力资源绩效沟通的含义和作用

公共部门人力资源绩效沟通是指管理者与其下属在绩效管理过程中，就绩效管理涉及的工作绩效相关问题进行的正式或非正式的沟通活动。

在绩效管理过程中，管理者要与其下属一起参与绩效管理全流程，就绩效计划制定、绩效目标确立、绩效指标和标准设计、绩效辅导、绩效反馈、绩效改进计划制定等这样一个循环往复的过程，采取一切沟通方式，持续交换意见。当然，在不同的阶段，沟通的目标、内容和方式有所不同和侧重。其中，组织成员可以就其认为的绩效计划有误、绩效目标不合理、绩效指标不科学、绩效辅导不正确、程序有瑕疵等，与管理者沟通，提出自己的意见和建议，以减小分歧，达成共识，并及时找出差距，获取资源支持和指导，改进工作，达成绩效。

绩效沟通应贯穿于绩效管理的整个过程，没有与组织成员的有效沟通，绩效计划、绩效实施、绩效考核、绩效反馈、绩效改进就无从谈起，所以，绩效沟通不仅是绩效管理的一种手段，也是目的。而且其作用重大，在某种意义上讲，绩效沟通是绩效管理的灵魂，甚至绩效管理就是一个沟通的过程。

2. 公共部门人力资源绩效沟通的方式和要领

公共部门人力资源绩沟通方式总体上包括正式沟通和非正式沟通。二者各有特点和作用，相辅相成。

正式沟通方式主要有书面报告、一对一面谈、正式会议（例会）等；非正式沟通形式多种多样，如电子邮件、电话、网络通信、简单碰头会、非正式会议、聊天、喝咖啡（茶等）、吃饭，以及工作之余的其他交流活动等。

有效的绩效沟通需要把握基本的要领：一是目的明确、准备充分；二是营造良好的沟通环境；三是真诚开放、及时具体、建设性为主；四是积极倾听、有效反馈；五是综合运用正式沟通和非正式沟通、与下属的一对一沟通和组织内部的公开宣传等。

11.3　公共部门人力资源绩效实施与绩效考核

11.3.1　公共部门人力资源绩效实施

1. 公共部门人力资源绩实施的含义与作用

公共部门人力资源绩效实施（也称绩效监控、绩效辅导等）是指在绩效计划执行过程中，管理者对其下属绩效计划的完成过程给予有效的监控，及时提供必要的辅导，并结合实际情况调整计划，确保绩效计划完成的活动。从绩效计划开始执行到完成为止，是一个绩效管理循环中最长的环节，是绩效管理过程中的重要部分，甚至是核心部分，这需要每个管理者必须投入很大的时间和精力。为此，可从以下三个方面把握绩效实施。

（1）绩效实施的主要责任人是组织成员本人。一旦绩效计划确定，作为工作任务完成主体的组织成员，就必须通过其努力，兑现承诺。管理者的绩效辅导在本质上是管理者为其下属提供便利和支持的管理活动，绩效计划的完成、绩效改进的责任者始终是每个组织成员本人，而不是其上级。

（2）管理者承担重要的管理责任。在绩效计划执行中，管理者应根据计划要求和实施情况，保持与其下属的持续沟通，了解工作进程，观察、记录、收集、整理下属绩效表现的数据或证据，特别是有关优秀绩效和非常糟糕的行为事件，一是对做得好的要真诚肯定、提出表扬、正面激励，提高下属的自信心；二是帮助下属发现不足，并及时提供信息、资源等，支持、指导下属克服困难、解决问题，特别是帮助没有达到绩效标准的下属改善绩效，确保绩效计划的顺利进行；三是帮助下属提高工作能力和业务水平，这既有利于绩效执行，也帮助下属为将来承担更为复杂的工作任务奠定基础。事实上，绩效计划的完成也确实离不开管理者的指导帮助，包括心理上的支持。但要明确的是，这实际上是管理者的日常职责或日常性功能，并非额外或特别的要求。而且，管理者的绩效辅导能力对其下属绩效计划的完成作用重大，这已经被认为是一种非常关键的管理胜任力。

（3）绩效计划要视实施情况及时调整。绩效计划并不是一成不变的，应随执行情况、工作情况的变化与内外部环境的变动，对各绩效目标、指标及其权重等做出相应的调整。实际上，计划本身的完成就是一个不断改进和完善的动态过程。

公共部门人力资源绩实施的作用主要是：

（1）对组织成员来说，一是有利于顺利完成绩效计划，包括计划的修正调整；二是增强信心，提高自己管理绩效的责任感和主动性；三是提升胜任力，有利于职业生涯的顺利发展。

（2）对管理者来说，一是提升管理胜任力，有利于向更高职位的发展；二是有利于及时掌握绩效计划执行情况，进而做出相应的修正和调整；三是有利于了解和掌握下属的个性、能力和绩效状况，为后续绩效考核、绩效反馈和绩效改进提供依据。

2. 公共部门人力资源绩实施的主要活动方式

在绩效实施过程中，管理者应明确以下 10 个问题：（1）所定工作目标进展如何？（2）哪些方面进行得好？（3）哪些方面需要进一步改善和提高？（4）下属是否在朝着既定的绩效计划进行？如果有偏离方向的趋势，应采取什么行动？（5）下属遇到了哪些困难和问题？（6）与下属在哪些方面达成一致？还存在哪些分歧？对这些分歧怎么解决？（7）为保证下属完成绩效计划，还需要做哪些改善？（8）在提高下属胜任力方面，还需要做哪些工作？（9）是否需要对下属的绩效计划做出调整？如果需要，怎样调整？（10）与下属需要在哪些方面进行进一步沟通探讨？提供哪些支持和帮助？

绩效实施过程就是管理者给其下属提供绩效辅导的过程，绩效辅导不仅要关注本绩效周期，还必须关注下属的长期绩效。特别是当下属遇到困难时，要帮助下属分析问题之所在，明确是外部障碍，还是下属信心不足或能力缺乏，针对具体情况，予以支持。因此，可以辅导的内容把绩效辅导分为两类，一类是矫正下属行为。在下属需要或者出现目标偏差时，及时提供知识、技能等支持，帮助下属矫正行为。一旦下属自己能履行职责，按计划开展工作且目标没有偏差，就放手让下属自己管理。另一类是提供资源支持。下属由于自身职能和权限的限制，可能会遇到资源调度的困难，而这些资源又是完成工作所必需的。此时，管理者应向其提供人力、财力等资源支持，协助其完成工作任务。

为此，管理者要深入一线，了解下属工作情况，保持持续沟通，记录绩效数据，诊断并解决绩效问题，并以此开发人力资源，所以需要采取上述绩效沟通的所有方式。

11.3.2　公共部门人力资源绩效考核

公共部门人力资源管理绩效考核，是要考查和评定组织成员在多大程度上完成了绩效计划，主要是在多大程度上表现出了组织期望的行为和达到了组织期待的结果。

1. 公共部门人力资源绩效考核者与 360°反馈

（1）公共部门人力资源绩效考核者。

① 上级。直接上级通常是绩效考核中最主要和最常见的考核者。直接上级比其他任何人更了解自己下属的工作能力、工作态度及行为表现，因此他在绩效考核中最有发言权。同时，直接上级也借此与其下属更好地沟通，了解下属的想法，发现下属的潜力，更容易将考核与加薪、奖惩等结合起来。

但也正因为直接上级与下属日常的频繁接触，难免在考核中会带有一些个人感情色彩，其个人偏见、人际之间的冲突和友情造成的考核弊端主要表现在：由于直接上级掌握着切实的奖惩权，考核时下属往往感到受威胁，心理负担较重；直接上级的考核常沦为说教——单向沟通；直接上级可能缺乏考核的训练和技能，并可能有偏见，不能保证考核的公平公正，从而挫伤下属的积极性。因此，不能单纯依赖直接上级的考核。

② 同事。同事是经常与被考核者一起工作的人，对被考核者观察最深入、了解最透彻，也最熟悉被考核者的业务、方法和成果，可以观察到直接上级无法观察到的某些方面。比如同一项目小组的同事，最清楚被考核者对项目小组的工作贡献大小。特别是在组织成员的工作任务经常变动、工作场所不在一处等情况下，直接上级很难直接观察到组织成员的工作情况，这时同事的考核就显得尤为重要。同事考核的最大优势在于了解的信息全面，若能采取实事求是的态度，则同事反映的情况最为可信。

也正因为同事之间易于沟通、了解较深，在同事考核中难免受"个人交情"的影响，使考核结果脱离实际情况。此外，大多数组织机构会采用竞争式的奖惩制度，在竞争之下，同事之间的利益之争也会导致考核结果脱离实际情况。

③ 下级。对管理者进行考核时，下级即下属的意见非常重要。因为在管理过程中，下级对其直接上级的绩效，尤其是其管理风格、沟通能力、冲突处理能力、计划组织能力等有着深刻的体会，能提供更多的有关直接上级工作绩效的信息。其优点主要在于：一方面，能够帮助直接上级发展管理的才能。如下级考核就能把直接上级工作中的不足之处——尤其是处理上下级关系中的问题揭示出来，促使直接上级完善管理方式，使工作更有效。另一方面，能够达到权力制衡的目的。下级考核能使直接上级的工作受到有效的监控。

但下级考核仍存在不少弊端，特别是在实际工作中，一方面，由于下级对直接上级的工作不可能全盘了解，因此在考核时往往侧重于个别方面，易产生片面看法。另一方面，存在一个两难选择，即如果不是匿名考核，下级难免为了避免直接上级报复，而夸大直接上级的优点，不谈或少谈不足；同时，如果匿名考核，又难以避免部分下属的不负责任。

④ 被考核者本人。这是指由组织成员本人对自己的工作绩效进行考核。自我考核是诸多考核方式中最轻松的，对考核者和被考核者都不具威胁性，都不会感到压力很大，可以减少组织成员对考核的抵制情绪；而且，通过自我考核，能够增强组织成员的参与意识，让组织成员将自己的工作绩效与绩效标准、工作职责相对照，使其看到存在的距离，以便日后改善工作绩效。

但在自我考核中，组织成员对考核维度及其权重的理解可能与上级不一致，常出现自我考核优于直接上级考核的情况，因此，自我考核不适宜作为人力资源决策（如加薪、晋升等）的依据，只适用于协助组织成员自我改善绩效。

⑤ 服务对象。服务对象是直接接受公共服务的"顾客"，即组织外部的社会公众，不受组织内部利益机制左右，因此其考核会更加真实、公正，可为组织和个人提供重要的反馈信息。当然，在一些情况下，服务对象考核的目的与组织目标可能不完全一致，但其考核结果有助于为晋升、调动和培训等人力资源决策提供依据。

实践中，服务对象考核是一种较难操作的考核方式：一是缺乏统一标准。因为这只适用于考核组织内与服务对象接触较为密切的组织成员，而且由于每个组织成员接触的服务对象可能是不同的，不同服务对象的绩效标准又有所不同，所以，难以制定统一的标准。二是较费时费力。由于服务对象不是组织内部人员，不能用行政命令规定其限时完成考核任务，说服服务对象配合考核活动，无疑是一项费时费力的工作。

（2）360°反馈。

具体考核时如何选择考核者和选择哪些考核者，反映了该组织决策者的管理理念和组织文化。如果采取上述所有的考核者都参与考核，那就形成了 360°反馈（360 - degree feedback appraisal），又称多评估者评估或多角度反馈系统（multisource feedback）。这包括了上级自上而下的考核、平级同事的考核、下级自下而上的考核、自我考核，以及来自组织外部服务对象的考核。采用了多层次、多角度、全方位的立体交叉方式，将组织内部和外部的所有与被考核者有关的考核主体（包括被考核者本人），作为绩效考核的信息反馈来源，从而可避免任何一方考核的片面性，增强了绩效考核的信度和效度。这不仅仅是用来确定组织成员贡献，以及为绩效加薪和晋升等人力资源决策提供信息，更将被考核者未来的绩效改善作为主要的关注点。同时，能够较全面地对组织成员的工作做出动态的、内外结合的考核。但是，该方法在运用时也有一些限制。例如，如果要对组织的每位成员都运用该系统考核，工作量很大、成本较高。而且在运用此方法时，应当事先积极做好纠正偏差的技术准备，保证考核的信度和效度。

2. 公共部门人力资源绩效考核方法

根据前述对公共部门人力资源绩效的界定，对组织成员绩效的考核可分成基于其工作特征、工作行为和工作结果的三类考核方法，三者分别关注的是其工作特征、工作行为和工作结果。需要说明的是，一方面，基于员工工作特征的考核方法，不是基于其一般特征。尽管诸如责任心、个性、能力等特征在晋升、培训等活动中具有重要意义，但在大多数组织的绩效考核中并不直接考核这些特征，而是针对组织成员在工作过程中表现出来的工作特征进行绩效考核。但鉴于这些工作特征往往就是组织成员在工作过程中的行为表现和工作结果，所以该方法在实际应用时就成为基于工作行为或工作结果的考核方法，不过到底是基于工作行为还是基于工作结果，取决于对绩效标准的界定。另一方面，这些方法既不是相互排斥的，也是各有利弊的。每种方法都有其特定的使用范围，在绩效考核实践中，不存在一种完美无缺的考核方法，多数组织都要根据不同的被考核对象，采取不同的方法。总的说来，良好而适用的考核方法应符合以下几个原则：① 能体现组织目标和考核目的，对组织成员的工作起到正面引导和激励作用。② 比较客观公正地评价组织成员工作，尽可能减少由主观因素所产生的误差。③ 针对性、实用性强，简便易行。④ 相对节约成本。

（1）基于员工工作特征的绩效考核方法。

① 排序法（Ranking）。这分为两种：第一，直接排序法。即按绩效表现从好到坏的顺序依次给组织成员排序。这里的绩效表现既可以是整体的，也可以是某项特定工作的。第

二，间接排序法。直接排序法仅适用于规模小的组织，当人员数量较多时，就难以区分组织成员绩效，尤其是对那些绩效中等的组织成员。这时，可采用间接排序法，又称交替排序法。第一步是把最好的组织成员列在名单开首，表现最差的组织成员列在名单末尾；然后在剩下的组织成员中挑选最好的列在名单开首第二位，把表现最差的列在名单倒数第二位……这样依次进行，不断挑选出最好和最差的组织成员，直到排序完成，排序名单上中间的位置是最后被填入的。

② 对比法（Paired Comparison）。这是指在某一绩效标准的基础上，把每个人都与其他人比较来判断谁"更好"，记录每一个组织成员和任何其他人比较时被认为"更好"的次数，根据次数的多少给组织成员排序。这种方法较之排序法的优点在于：考虑了每一个人与其他人绩效的比较，更加客观，故而又叫一一对比法、两两比较法。其存在的问题是：第一，如果需要评价的人数很多，则需做的比较次数将会非常多，工作量很大，若需评价的人数为 N，则需做的比较次数为 $N(N-1)/2$。第二，若评价出甲比乙表现好，乙比丙表现好，丙比甲表现好，则无法自圆其说。该方法和排序法还有一个共同的问题，即在排序中每个人的位置唯一。这意味着任何两个人的表现必能分出先后，但事实上这是不可能的。通常发生的情况是，某些人的表现差不多，难分伯仲。

③ 强制分配法（Forced Distribution）。这是指由考核者先拟订有关的考核项目，按考核项目对组织成员的绩效做出粗略的排序，故又称等级分配法。这就需要先设立一个绩效等级，并在各等级设定固定的比例分配，如"优"10%、"较优"20%、"中"40%、"较差"20%、"差"10%，然后按每个人的绩效排序分配进绩效等级。采用这种方法，考核结果不再着重于具体排序，而着重于每个人的绩效等级，从而能够克服排序法和对比法的弊病。但其突出的问题是，某些人的绩效可能不适于分配进设定的等级。如果大部分人的绩效都比较好，一定要把30%的人归入"较差"或"差"等就不尽合理，反之亦然。

（2）基于员工工作行为的绩效考核方法。

① 清单法（Checklist）。这先由考核者经过实地考察、调查访谈之后，对照被考核者的职位说明书等拟订考核清单条目。当然，这些清单条目必须对工作绩效优劣有着关键意义，并用行为性文字进行描述。由于该法具有一组现成文字说明的备选条目，因此，考核者只需按条目核查后选择打勾即可，便捷易行。但是，因为考核条目必须是反映工作绩效优劣的关键因素，所以，这些条目必须在做过几番实地调查研究后精心提炼，而且不同的工作需要制成相应的不同条目清单，以提高考核的准确性和有效性。可见，该法设计难、成本高。

② 关键事件法（Critical Incident Method，CIM）。这是指以记录直接影响工作绩效优劣的关键行为和行为结果为基础的考核方法。从这一次考核到下一次考核之间，需要管理者将下属工作中表现出来的非常优秀的行为事件或非常糟糕的行为事件记录下来。如果未能做到这一点，考核就只能依据模糊记忆来判断，考核会有偏差。此法所收集的事件资料，都应该是明确、易观察且与绩效好坏有直接关联的。它有三个基本步骤：当有关键性事情发生时，填在特殊设计的考核表上；摘要评分；考核面谈。考核的记录并非一种标准，而

是收集下属工作上的重要信息。收集的事实需要以能对主管及管理层发挥作用为前提，也就是要在事实的收集过程中协助下属了解工作需要，同时也能帮助发展组织成员潜能，以使其担当更重的职责。实践中将其和量表评分结合起来应用，可得出令人信服的评估结论，也易被考核者接受和理解。

③ 评价量表法（Rating Scale，RS）。该方法是应用最广泛的绩效考核法之一。评价量表通常包括几个有关的考核项目，如考核中层管理人员的工作实绩时，一般制定的考核项目有政策水平、责任心、决策能力、组织能力、协调能力、应变能力和社交能力等，对每项再设立评分标准，划分为几个等级，最后把各项得分加权相加，即得出每个人的绩效评分。需要注意的是，每项考核项目都不应是对被考核者个性的评价，而应是对其工作行为的评价。其优点是实现量化考核，并以最终评分值作为绩效薪酬的系数，可操作性强。缺点是量表的设计，特别是维度的使用和确定，需要较多的准备。图尺度评价法（Graphic Rating Scale，GRS）与此基本相同。

④ 行为锚定评价量表法（Behaviorally Anchored Rating Scale，BARS）。这是关键事件法的深化和突破，主要通过行为事实方面的依据来考核组织成员。这些行为事实就是平时记录下来的关键事件。实际上，这是一种基于关键事件或行为的评价量表法，是将 RS 与 CIM 结合后的一种方法。由于该法是对被考核者的工作行为的预期设定，故又称行为期望评价量表、行为评等法。但该法作为一种绩效考核方法，比 CIM 更系统、更完善。这首先要进行职位分析，收集描述组织成员是否胜任该职位的行为事实，然后把这些行为事实细分为多个方面（如管理能力、人际关系等），每个方面都设立具体的标准，并对每个方面的重要性进行量化——分配权重。根据这些基于行为事实的等级标准和权重，可以形成一张含义明晰、衡量公正、易于使用的表格。考核者可以利用这张行为评等表格进行考核。行为锚定评价量表通常由专家与组织内的考核者共同讨论设计。针对某一被考核工作选出适当的考核维度，再给每一考核维度附以行为描述文字和相应的评分标准（通常为数字刻度），见表 11-7 样例。

表 11-7　BARS 考核大学教师工作的示例的一部分

维度：课堂教学技能		
优秀：	7	● 教师清楚、简明、正确地回答学生的问题 ● 当试图强调某一点时，教师使用例子
	6	● 教师用清楚、明白的方式授课
	5	
中等：	4	
	3	
	2	● 教师讲课时表现出许多令人厌烦的习惯
极差：	1	● 教师在班上不合理地批评学生

该方法的最大优点是为考核提供了明确的典型行为锚定点，考核者考核时就有了评分尺度。此外，这些附有具体行为描述的文字，也有助于被考核者深刻地了解自己的工作现状，找到具体改进的目标。然而，此方法的缺点也是明显的。一方面，在实际考核时，考核者很可能对既定的行为锚定评价量表持有异议，而不严格按照既定的评分标准进行考核，影响量表的可信度。这是由于典型行为的描述文字数量总是有限的，不可能涵盖被考核者实际中的所有行为表现，而且文字描述常常不能与现实行为表现完全吻合。为了尽量避免这一不足，20 世纪 80 年代，国外专家对原有的量表格式作了改进，设计较宽含义的考核维度或范畴，诸如划分为非常充分、充分、欠缺三档，每一档再集中几个典型的例子。另一方面，考核时若仅用 BARS 可能得出不合理的结论。一是因为大多数表格只能涵盖有限的几种行为方式和标准，而人们在工作中发生的行为更加多样化，即使设计表格时已考虑到的某种行为方式，在实际发生时值得考核的方面也可能跟原始设计时不一致。二是某人工作中采用正面的行为方式仍可能表现出负面绩效，如一位信贷员尽管能及时准备好贷款文件，由于服务态度不好仍旧受到客户指责，这与一个不能及时准备好贷款文件但服务态度较好的信贷员相比，很难说孰优孰劣。三是某个人会表现出在量表两端的行为，这样考核者不知应为其分配哪种评分，例如在表 8-8 所介绍的 BARS 中，被考核的教师可能清楚地回答了问题而同时又不合理地批评了学生。

⑤ 混合标准量表法（Mixed Standard Scale，MSS）。1972 年，伯兰兹（Blanz）和吉塞利（Ghiseli）在传统的评价量表的基础上提出了该法，又称混合标准评等法。此量表在设计时，首先分解出若干考核维度，并为每一维度的好、中、差三等拟出一条范例性的陈述句。然后将这些陈述句打乱，随机排列，但不指出每一考核维度。考核者只需要根据被考核者的实际工作表现，与这些范例性的陈述句逐条对照评价：如果范例描述与被考核者的表现相符，则在此范例陈述句后写上"0"号；如果被考核者的表现不及范例描述的那样，则在此范例陈述句后写上"-"号；如果被考核者的表现优于范例描述的那样，则在此范例陈述句后写上"+"号。最后，根据所给符号，评判被考核者的工作表现。这由于打乱了考核维度，掩盖了评分等级，因此，在考核时可减少考核者的主观成分，提高考核的准确度。但是，此法也具有与 BARS 同样的缺点，即存在对关键行为描述的文字局限性，以及与实际行为表现复杂性之间的差距。

⑥ 行为观察量表法（Behavior Observation Scale，BOS）。又称行为观察评等法，该方法的基础是关键事件法，但其不同在于：该方法并非考核被考核者做某项工作的水平或优劣程度，而是观察被考核者做某项特定行为的频度，然后设定与频度相关的分值。例如，一名交警在一个月之内与驾驶员发生 0 次争执得 5 分，发生 1~2 次争执得 3 分，发生 3~4 次争执得 2 分，发生 5 次争执得 1 分，发生 6 次及以上争执得 0 分。这样，在对每项行为评定分值的基础上，可根据实际需要给各个方面设定不同的权重，从而得出综合分。

研究发现，与 BARS 相比，管理者与其下属都更喜欢以行为观察量表作为基础的考核。因为考核者不用选择最能描述一个人绩效水平的行为，所以，前面提到的与 BARS 有关的问题就不会出现。而且，像 BARS 一样，行为观察量表在指导组织成员行为方面也较为有效，因为它具体指出了组织成员需要做什么才能得到高绩效评分。管理者也可以有效地使用行为观察量表去监控组织成员行为，并用具体行为的条件给出反馈。这样，组织成员便知道他们正在做的事是否正确，哪些行为需要加以矫正。但是像 BARS 一样，行为观察量表要花费很多时间来开发，而且每一项工作都需要一种单独的工具（因为不同的工作要求有不同的行为），因此，该方法有时并不实用。除非一项工作有许多任职者，否则为该工作开发一个行为观察量表很难有什么效益。

（3）基于员工工作结果的绩效考核方法。

① 指数考核法。这是指通过客观的标准（如生产率、出勤率、跳槽率等）来考核绩效。它与目标管理法的不同之处在于衡量绩效的方式不同。该方法分为定性考核和定量考核两个方面。前者包括产品质量状况、顾客满意度、原材料使用情况和能耗水平等，后者包括每小时产出数量、新增用户订单数和销售总额等。其中，定性考核只作参考，定量考核才是真正的主角，当组织成员的工作成果完全量化为指数时，评价孰优孰劣也就有了依据。

② 目标管理法（Management By Objective，MBO）。这是依托在"目标管理"制度下，通过使每个组织成员都为完成组织使命而努力来实现组织的有效性。该方法是由管理者与其下属共同讨论制定该下属在一定时期内需达到的绩效目标及其检验的标准；经过贯彻执行后，到规定期末，管理者与其下属双方共同对照既定目标，依据原定的检验目标的标准，考核该下属的实际绩效，找出成绩和不足；然后双方本着合作互利、发扬优点、克服缺点的原则，制定下一阶段的绩效目标，故又称绩效目标考核法。

目标管理法是一个递进性的循环过程，其具体程序是：第一，确定总体目标和执行各层的具体目标。第二，制定计划和绩效标准。第三，绩效考核。第四，检查调整。但作为一种绩效考核方法，有其特定的适用领域，一般适用于对从事工作独立性强的人员的考核，如管理人员、专业技术人员等。而对从事常规工作的组织成员并不适用，如流水作业线上的工人。

该方法的优点主要有：第一，考核目标明确，将组织成员的目标融入组织目标之中，个人目标与组织目标有机结合，能激励个人忠于职守、努力工作。有研究指出，当目标具体而具有挑战性，组织成员得到目标完成情况的反馈，以及当组织成员因完成目标而得到奖励时，他们表现得最好。第二，从公平的角度来看，因为绩效标准是按相对客观的条件来设定的，因而考核相对没有偏见，较为公平。第三，费用不高。目标的开发不需要像 BARS 或 BOS 开发那么费力。必要的信息通常由组织成员个人填写，由主管批准或修订。第四，具有高度民主性，例如管理者与其下属共同讨论来制定该下属的绩效目标和绩效标准，有助于发挥其自主性和创造性，并能培养其以正确的态度对待绩效考核和上级。但其缺点也是明显的：第一，虽然目标管理使组织成员的注意力集中在目标上，但它没有具体指出达到目标所要求的行为。这对一些组织成员尤其是需要更多指导的新人来说是一个问题，应给这些人提供"行为步骤"，具体指出他们需要做什么才能成功地达到目标。第二，目标管理也倾向聚焦于短期目标，即能在每年年底加以测量的目标。因此，组织成员可能会试图达到短期目标而牺牲长期目标。第三，目标的成功实现可能部分地归因于人们可控范围之外的一个因素。

另外在考核方式上，随着互联网技术的发展，一些组织也在逐渐创新。其中，网上考核与移动考核，由于其便捷、高效的特性逐渐得到更多组织的认可和使用，并在实践中显示出有别于传统考核形式的优越性与创新性。2015年5月，山东济南建成了依托政务云平台资源的公务员考核管理信息系统，将现代信息技术运用到公务员平时考核工作中，实现了考核平台从"本"到"云"的转变㉗，成为全国首例。移动考核主要是基于手机等移动设备或是本组织开发的移动客户端等进行绩效考核的新形式，目前主要应用于日常出勤的管理与考核。

3. 公共部门人力资源绩效考核误差的产生与减少措施

大量的调查研究表明，大多数人对组织的绩效考核并不满意。戴明（W. Deming）甚至持有更消极的观点，他把绩效考核视为管理的七大致命痼疾之一。为什么会有这么大的反差呢？原因主要来自三个方面。一是由于绩效考核本身难度很大，二是绩效考核过程中的微小失误都可能导致人力资源管理中明显的不良后果，三是绩效考核容易受主观因素的影响。需要强调的是，绩效考核作为主体对客体的评价过程，即使确立了客观、量化的考核指标，还是不可避免地会受到考核主体的主观影响。考核者的价值观与态度、思维定式、知觉特征与局限性等，都会介入考核过程中。这使得人们对考核因素的认识和界定有出入，给予因素的权重也不相同。加上某些利益关系的驱动，以及绩效考核中常出现的一些知觉偏差，影响了绩效考核的公正性和客观性，给考核工作带来了负面影响。这些考核误差主要有：刻板印象、晕轮效应、偏见效应、暗示效应、类己效应、从众心理、居中效应、偏紧或偏松、首因与近因效应、绩效标准不明确、文化上的"水土不服"、考核中的政治因素等。

为了降低考核误差的发生率，可采取如下措施：（1）认真进行职位分析，明确哪些绩效要素是成功完成工作所必需的，从而将这些绩效要素合成为考核工具。（2）确保向所有的考核者和被考核者都提供没有法律漏洞的绩效标准。（3）考核者的观察重点应放在被考核者的工作上，而不要太过注重其他方面。（4）在考核表上使用明确界定了的绩效指标和标准（如数量、质量等），而不使用没有经过界定、含糊不清，因而不便于衡量的绩效指标和标准（如"一般水平"等），以防不同的考核者对其有不同的理解。（5）一个考核者不要一次考核太多人，以免考核先松后紧或先紧后松，有失公允。（6）使用较为客观的管理者来进行绩效考核（如通过试验来选择），是使考核过程客观化的一个重要组成部分。（7）对考核者进行培训。训练他们正确地使用绩效考核工具，其中包括指导他们在判断时如何使用绩效标准。（8）建立正式的申诉渠道和上级人力资源管理部门对绩效考核结果的审查制度。

11.4　公共部门人力资源绩效反馈与绩效结果应用

11.4.1　公共部门人力资源绩效反馈

公共部门人力资源绩效反馈是指让组织成员了解自己的绩效考核结果，肯定成绩，认识不足，提出自己在完成绩效计划中遇到的问题和困难，以及了解管理者及组织对自己的期望，进而制定解决这些问题和困难的行动方案的活动。一句话，即将绩效信息反馈给组织成员。由于这是在绩效考核结束后、采用面谈的形式进行的，故又称为绩效考核面谈、绩效反馈面谈。但是，由于这是管理者（面谈者）与其下属（被考核者）一起对该下属的绩效进行审议的过程，所以，绩效反馈面谈并不是一件轻松的事情。尤其当被考核者的绩效不理想时，在其心中已经对面谈采取了防御乃至抵触的态度。

作为绩效沟通的一种表现，通过面谈者与被考核者之间的谈话，将考核意见反馈给该被考核者，并征求其看法；同时，要认可被考核者的成就和贡献，确认其存在的绩效问题，并查清原因，共同制定解决方案，就被考核者的要求、建议与新一轮绩效计划等与被考核者进行广泛的沟通。除了反馈的价值外，对组织而言，面谈还具有沟通、激励、纠正失误、调整决策的作用；对被考核者来说，面谈还具有明确未来工作目标、提高工作满意度、增强归属感和参与感的意义，所以面谈组织者应当认真对待绩效考核面谈的每一个环节，保证面谈达到预期目的。

1. 面谈的程序

（1）准备。在确定与被考核者面谈后，准备阶段的第一步就是确定面谈者，一般选择被考核者的直接上级。第二步是收集与分析信息。这些信息主要包括被考核者的期初绩效计划和工作目标、职位说明书、绩效标准、完成任务的情况及有关具体事实等。第三步，起草面谈提纲。最后一步，选择面谈的时间、地点并告知被考核者。

（2）面谈开场。这主要由面谈者向被考核者说明面谈的目的和主要程序。

（3）被考核者自评。由被考核者对照期初绩效计划和工作目标，汇报工作情况和计划完成程度。在这一过程中，面谈者需要把握的情况有三项：一是注意倾听对方的发言，不要轻易插言打断；二是注意对方的工作实绩和失误的事实，避免感情用事；三是询问并澄清不明白之处，在被考核者自评完毕时，可以及时就其自评进行小结。

（4）面谈者向被考核者说明考核结果和理由。

（5）双方商谈，制定绩效改进计划。通过商谈，一是让被考核者进一步说明情况，澄清其认为与考核者所掌握的信息有出入的地方，表明其对绩效考核结果的意见和看法；二是商讨被考核者在未来工作中需要改进的地方，并讨论如何加以改进；三是分析并确定被考核者改善工作绩效所需要的行动，包括调整工作目标、改进工作方法、参加培训、获得其他有关部门的支持等。

（6）进一步讨论。在上述谈话的基础上，双方进一步讨论管理者对被考核者未来工作的要求和期望，以及被考核者在未来工作中的发展需要和相应要求，促进理解并达成共识。

（7）确认面谈内容，请被考核者签字。

（8）结束面谈。有的还要进一步整理面谈记录，向上级汇报。当然，面谈结束后，管理者应随时跟踪下属绩效改进计划的落实情况。

2. 面谈应注意的问题

主要包括：（1）保持友好、认真的态度，建立彼此的互相信任。面谈者要鼓励被考核者说话，注意倾听他们的意见，不要打岔，设身处地为他们改善工作绩效考虑。不要搞面谈者一言堂，要给被考核者发言的机会。（2）面谈者要清楚说明面谈的目的，先肯定成绩，再指出缺点，优、缺点并重，更要找出原因。（3）考核以事实为依据。（4）对事不对人，集中讨论工作行为和结果，而不是人本身等，避免涉及无关的问题。（5）焦点集中于解决绩效问题和制定具体的绩效改善计划，而不是追究既往的问题。（6）面谈者要专心把握面谈的局面，避免冷场，避免出现双方的冲突和僵局。（7）以积极的方式结束面谈。

11.4.2 公共部门人力资源绩效结果应用

绩效管理的目的就在于实现绩效的持续改进，其循环过程的实质是绩效改进的循环，所以，必须将绩效结果应用于每个组织成员能力和绩效的提高，并作为其他人力资源管理活动的依据。

1. 公共部门人力资源绩效改进

（1）组织成员绩效状况分类。组织成员的绩效状况是参差不齐的。有的人绩效特别高，不需要管理者的检查督促就能十分出色地完成任务，而且在完成任务的过程中表现出高度的工作主动性和创造性；另一部分人却表现为低工作绩效，甚至在有关人员的激励、督促和支持下也难以完成工作目标；当然，还有相当一部分的组织成员处于两者之间。图11-2反映了绩效考核之后产生的四种类型的组织成员。

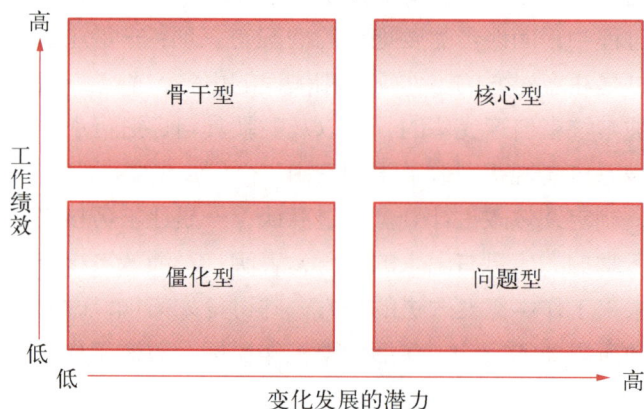

图 11-2 绩效考核之后产生的四种类型的组织成员

① 核心型。这部分组织成员既有很高的工作绩效，又有很大的发展潜力。他们是组织的核心人才。虽然这部分核心人才很可能只占全体人员的一小部分，但是他们的绩效占据了组织总绩效相当大的部分。而且他们还代表着组织的未来，将在组织的发展中继续扮演十分重要的角色。换句话说，他们的工作绩效在某种程度上决定着组织未来的绩效。对核心型员工，一要通过特殊培训、职位轮换等进行全面培养；二要优先予以提拔重用。

② 骨干型。这部分组织成员也有很高的工作绩效，但是他们没有多少发展潜力。他们能够很好地完成组织交给他们的任务，却没有什么创新和开拓。他们在组织中为数不少，承担着组织大量的日常工作。因此，组织在未来的发展中，需要始终保持这部分人的高工作绩效。

③ 问题型。这部分组织成员工作绩效很低，存在着这样或那样的问题。但这并不等于他们的绩效没有改善的余地。他们具有一定的变化和发展潜力，如果组织能够帮助他们解决问题，提供一定的发展条件，并且予以一定的激励，他们的绩效就有可能提高。实际上，任何部门都存在问题型的成员，因此做好他们的绩效转换工作，也是绩效考核之后组织人力资源政策和人力资源管理工作所要解决的问题。

④ 僵化型。这部分组织成员一方面工作绩效很低，另一方面在未来又没有什么可能去改进绩效。也就是说，他们处于低绩效的僵化状态。其中有的人根本不能适应职位的基本要求，也有的人存在其他问题，如违法乱纪等。虽然他们在组织中为数不多，但往往使组织在管理中耗费大量的时间和精力。对此，要考虑是否有更合适的职位比原职位更能发挥其作用。

（2）制定并实施绩效改进计划。这是指在绩效反馈面谈的基础上，由组织成员与管理者就其绩效改进的目标、内容和方法等制定计划、达成一致，并落实到下一阶段的绩效计划中，进入下一轮绩效管理循环。绩效改进计划的制定应注意如下要点：① 切合实际可行。即容易改进的优先列入计划、不易改进的列入长期计划、不急于改进的暂时不列入计划，由易而难，循序渐进。② 具体明确可操作。即每项改进的内容都必须是具体、可操作且可衡量的。③ 确定时间约束。即确定具体的时间限定，使管理者及其下属都认真对待，限时完成，避免流于形式。④ 创造改进氛围。即管理者要创设一种鼓励改进绩效的环境，多指导、帮助，多鼓励、支持，肯定成绩，指出不足，具体辅导。

2. 绩效结果应用于公共部门人力资源管理其他活动

绩效结果是人力资源管理其他活动的重要依据，可作为薪酬调整特别是绩效工资的直接依据，增强薪酬的激励作用；还可作为晋升、调配、教育培训、降职辞退的参考依据。

11.5　中西公共部门人力资源绩效管理制度与实践比较

11.5.1　西方发达国家公共部门人力资源绩效管理制度与实践

1. 美国公务员绩效管理制度与实践

美国联邦政府公务员绩效管理分为八个步骤：关注组织战略目标，确定工作单元业绩，确定个人业绩以支持"工作单元"（即政府最基层的机构组织，通常由 5~10 人组成）目标，确定绩效指标类型和权重，确定"工作单元"和个人绩效衡量方法，确定"工作单元"和个人的绩效评价标准，监测绩效，检查绩效计划。[28]

（1）美国联邦政府公务员绩效计划要确立任务目标和绩效目标。任务目标是组织、部门、"工作单元"或团队分配给公务员的工作任务；绩效目标是用不同的指标去衡量可量化的工作，对这些指标再设定目标值，该目标值就是绩效目标。对职能型公务员大多设定工作任务的考核方式，如文员、会计人员等。而对大多数业务型的公务员则设定绩效目标。其中特别强调团队绩效目标，并把"顾客服务标准"作为绩效目标导向。设定流程主要有：部门制定年度绩效目标，个人制定年度绩效目标，部门制定季度绩效目标，个人制定季度、月度绩效目标，绩效目标的调整。[29]

（2）绩效考核的内容和标准。考核分为考勤和考绩两种。考绩按《工作考绩法》确定的三个因素：工作数量、工作质量和工作适应能力。考核指标分关键性指标、非关键性指标和附带性指标。例如，某位公务员的工作职责有不少，每项工作职责都可能梳理出不止一个指标，因此再通过指标的分类来确定出考核指标类型。其中关键性绩效指标就是要承担更多的工作任务与责任以及对于组织的重要性。简言之，如果此项指标未达成，那么组织的绩效将未达到；确定关键指标完全是因为此项指标的完成具有一定的难度，公务员常常会忽略此目标的达成。可以确定关键性绩效指标的条件如下：① 该指标是工作的重要组成部分吗？如果回答"是"，那么它有可能是关键绩效指标。② 该指标仅仅表示个人绩效吗？如果该指标也可以衡量组织的绩效，那么它就不是关键性绩效指标，除非组织部门领导强调或在一定的环境下。③ 如果公务员执行该指标而得到不理想的结果，则对组织产生严重的影响，并且公务员在此项指标上表现出的问题也影响整个工作的绩效，则该指标为关键性绩效指标。④ 该指标需要一个时间限定吗？如果"是"，那么该指标有可能成为关键性指标。根据《公务员绩效管理手册》的规定，考核采取 360° 反馈的考核方式。

（3）绩效结果及其应用。按《工作考绩法》，绩效考核的结果从高到低的排列顺序分为特优、超过完全成功、完全成功、最低满意、不及格五等。[30]绩效结果可用于同职等内加薪、职级晋升、奖赏、升迁、平调、降调、解职、受训、裁员等。美国联邦政府对公务员的绩效奖励，一是非正式奖励，即对日常工作中表现出高绩效时就应该给予即时的认可，而不是等到正式的绩效考核结果运用时。如即时认可绩效，例如，"你干得很棒""谢谢你"等形式，这并不需要一个特定的认可形式。二是正式奖励，即对绩效考核达到特优公务员的绩效奖励，包括绩效薪酬、带薪休假、福利奖励等。

2. 加拿大安大略省（Ontario）医生的绩效考核

（1）背景。安大略省从 2000 年起，开始引入一系列初级卫生保健改革项目来提升服务质量改变筹资模式，由按项目付费改变为按项目付费和按人头付费的混合付费制；把医生、护士和其他执业者整合成更具协作性、多学科的团队；提供绩效考核目标刺激服务供给增加。分析研究集中在四种主导型的初级卫生保健模型：家庭卫生网络 FHN、家庭卫生团队 FHG、综合服务模型 CCM、家庭卫生组织 FHO。不像传统的按项目付费行为，所有的这四项初级卫生保健模型均提供给病人正式的纳入（对 FHNs、CCMs、FHOs 是必需的，对 FHGs 则为可选），提供综合性卫生服务，提供兼职照护。他们在细微处均有区别，比如按项目付费和按人头付费的筹资比例，团队大小的需求，对病人多少的限制。

（2）方案。绩效考核方案是安大略省政府和安大略省医学会谈判的结果，对低于适宜水平的有效预防服务的供给率设立绩效考核奖金。绩效考核激励包括两个部分：联系支付和累积预防性服务奖金支付。联系支付是指为目标人群提供事先约定范围内的初级卫生保健服务的供给者一次支付 6.86 美元。累积预防性服务奖金支付是对执业人群达到较高服务覆盖面时才给予的奖励。每项卫生服务的绩效考核支付在每年 3 月 31 日之前，依据入选医生的比例、在指定时期接受事先设定的初级卫生保健服务病人数目的基础上完成。所有模型的支付均建立在每个医生的工作绩效基础上，费用是直接支付给每个 FHG、CCM、FHO 执医行为的医生，但在 FHN 模型中依据的是执医活动。所有五项预防性服务均达到最高覆盖率的医生能够获得 11 000 美元的奖励。联系支付比较难于估计，因为病人服务人次数经常有变，有的病人多种支付都可以，有的病人一种也不符合。假定 1 600 名病人，每位病人都有一次预防性服务，那么一名全科医生一年可以从联系支付上赚取 11 000 美元的额外收入。联系支付和累积奖励约占安大略省所有全科医生总收入 250 000 美元的近 10%（属于国际中、低水平，低于英国、美国）。

不过，与其他相关研究相一致，目标绩效考核激励对医生只能产生混合、有限的激励效果。和其他相关研究相结合后发现，使用绩效考核的方法来提升服务质量效果甚微。[31]

11.5.2　我国公共部门人力资源绩效管理制度与实践

1. 我国公务员绩效管理制度与实践

（1）历史发展。我国对官员的考核，最早约可追溯到公元前 11 世纪，《尚书·舜典》中就有"三载考绩，三考，黜陟幽明"的记载。先秦时期就称为"考绩"、汉时称为"考课"，可谓源远流长。特别是自春秋战国时期文武分途之后，历代统治者都将对官员的考核作为识别和任用文官、维系官僚队伍秩序、整顿吏治的重要手段。总体来讲，我国古代官吏考核萌生于春秋战国时期，确立于秦汉时期，完备于隋唐时期，发展于宋元时期，明清时期为其集大成时期。经过长期的嬗变，形成了机构专门化、内容实绩化、程序规范化、等第明确化、奖惩一体化、制度法制化等特点。[32]

例如，春秋时期的考核制度大致可分为年终"会政致事"和"三年大比"两种，即年终考绩与三年大考绩。考核的内容，主要是"平教治，正政事，考夫屋，及其众寡、六畜、兵器"（《周礼·地官·小司徒》）。战国时期考核制度已较为完整，较为普遍的考核方式是"上计"[33]制度。秦汉两朝在战国"上计"等考核制度的基础上，逐渐形成一套较完备的考核制度，有具体的考评标准、时间与明确的考核登记。秦代确立了"五德五失"㉞的标准，包括政治品德与行为表现，对后世强调德行的考绩标准影响较大。㉟汉代除"上计"外，还实施"刺察"㊱制度。北魏的"停年格"对后世影响深远。㊲唐代，随科举制的形成，考核制度已较完备，考核标准分为对"流内官"的"四善二十七最"与对"流外官"的"四等考第"。㊳宋代较唐代更为重视，其考核称为"磨勘"㊴制度，标准在唐代基础上有所修改。明朝确立了九年三考黜陟制。明代官员任职九年为一任期满，"满三年为一考，六年再考，九年通考黜陟"。主要实行"三等八法"。分考满、考察两种。考满实为考绩，是对行政能力和任职业绩的常规的全面考核。结果分为"称职、平常与不称职""三等"。根据这三等以及所担任工作的繁简程度予以升降赏罚。考察是德治渎职与不法，按"八法"对官吏进行定期的行政审查与处理。考察分京官和外官两类，分别实施"朝觐"和"京察"方法。㊵清承明制，略有变动。考满改为一年一考，三考为满。考察每三年一次，亦分为对京官的"京察"和对外官的"外察"两种形式。㊶考察标准先为"四格八法"，嘉庆后改为"四格六法"。㊷

1929年，南京国民政府颁布《考绩法》，对公务员的考核做了详细规定。1935年又颁布了《公务员考绩法》和实施细则，考核分年考和总考。抗战时期的1939年12月，废除《公务员考绩法》，另行颁布了《非常时期公务员考绩暂行条例》。1945年10月，修改、充实上述暂行条例，定名为《公务员考绩条例》颁布实施。

我国公共部门人力资源现行绩效管理制度是在中国共产党干部人事考核制度基础上发展形成的。在新民主主义时期，干部考核主要是"审查"，防止和清除奸细，以及了解干部特点以便更好地使用干部。1928年发布的《中国共产党组织决议案草案》已较为完整地提出了党员干部的标准。1949年11月，中组部制定的《关于干部鉴定工作的规定》规定了干部鉴定的性质、目的、内容和方法等。1964年中组部《关于科学技术干部管理工作条例试行草案的报告》更全面规定了干部考核的内容，除了政治思想，还要考察完成工作任务的情况和工作中的贡献、科技水平和业务能力。

党的十一届三中全会以后，干部考核得以恢复。1979年，中组部印发的《关于实行干部考核制度的意见》规定了干部考核的原则，以及"德、能、勤、绩"的干部考核内容等。1988年，全国试行地方党政领导干部年度工作考核制度。1989年，中组部、人事部印发的《中央、国家机关司处级领导干部年度工作考核方案（试行）》。1993的《国家公务员暂行条例》对考核做出了框架性规定，1994年人事部制定了《国家公务员考核暂行规定》，1995年、1996年分别印发了《关于实施国家公务员考核制度有关问题的通知》和《关于实施国家公务员考核制度有关问题的补充通知》，初步建立了公务员考核的制度规范体系。1998年，中组部印发《党政领导干部考核工作暂行规定》，对党政领导干部考核做出了整体性规定。2000年，人事部又印发了《关于进一步加强国家公务员考核工作的意见》，对公务员考核制度做了一些补充规定。全国各地、各部门也制定了考核工作的实施办法或细则等。

随着《公务员法》的实施，2007年，中组部和人事部印发了对非领导成员公务员的

《公务员考核规定（试行）》，使公务员绩效考核确立了基本的法律法规。2009 年 6 月，中办印发《关于建立促进科学发展的党政领导班子和领导干部考核评价机制的意见》，提出了建立促进科学发展的干部考核评价机制的指导思想、基本原则和工作目标和重点任务；2009 年 7 月，中组部印发《党政领导班子和领导干部年度考核办法（试行）》，加强党政领导班子和领导干部队伍建设，进一步改进和完善年度考核工作。2013 年，中组部印发了《关于改进地方党政领导班子和领导干部政绩考核工作的通知》，以改进政绩考核，推动科学发展。

（2）党内法规制度与国家法律法规依据。党内法规制度主要包括《公务员考核规定（试行）》《党政领导干部考核暂行规定》《党政领导班子和领导干部年度考核办法（试行）》《2010—2020 年深化干部人事制度改革规划纲要》《关于建立促进科学发展的党政领导班子和领导干部考核评价机制的意见》《关于改进地方党政领导班子和领导干部政绩考核工作的通知》等。

国家法律规范主要包括《宪法》（第二十七条规定，一切国家机关实行精简原则……实行工作人员的培训和考核制度）、《公务员法》等。

此外，各地、有关部门制定了相应的管理办法、规划计划等，如《浙江省公务员考核实施细则（试行）》《鹤壁市安全生产监督管理局公务员岗位平时考核实施方案（试行）》《环境保护部公务员年度考核办法（试行）》《全国税务系统组织绩效管理办法》等。

（3）原则。《公务员考核规定（试行）》规定：公务员考核坚持客观公正、注重实绩的原则，实行领导与群众相结合、平时与定期相结合、定性与定量相结合的方法，按照规定的权限、条件、标准和程序进行。

《关于建立促进科学发展的党政领导班子和领导干部考核评价机制的意见》规定，建立促进科学发展的干部考核评价机制，必须贯彻以下原则：坚持服务科学发展、促进科学发展；坚持德才兼备、以德为先；坚持注重实绩、群众公认；坚持客观公正、简便易行。

（4）种类。按照《公务员法》和《公务员考核规定（试行）》的规定，公务员的考核既分为对领导成员的考核和对非领导成员的考核，又分为平时考核、专项考核和定期考核等方式。定期考核以平时考核、专项考核为基础。对非领导成员公务员的定期考核采取年度考核的方式，先由个人按照职位职责和有关要求进行总结，主管领导在听取群众意见后，提出考核等次建议，由本机关负责人或者授权的考核委员会确定考核等次。定期考核的结果分为优秀、称职、基本称职和不称职四个等次。定期考核的结果应当以书面形式通知公务员本人。该结果作为调整公务员职位、职务、职级、级别、工资以及公务员奖励、培训、辞退的依据。

（5）内容。《公务员法》和《公务员考核规定（试行）》规定，以公务员的职位职责和所承担的工作任务为基本依据，全面考核德、能、勤、绩、廉，重点考核政治素质和工作实绩。① 德是指思想政治素质及个人品德、职业道德、社会公德等方面的表现；② 能是指履行职责的业务素质和能力；③ 勤是指责任心、工作态度、工作作风等方面的表现；④ 绩是指完成工作的数量、质量、效率和所产生的效益；⑤ 廉是指廉洁自律等方面的表现。在具体考核中，这五项可以作为绩效项目或一级指标，然后根据各地、各部门、各职位等情况予以分解、细化为若干级指标，便于衡量、操作、比较。

（6）程序。年度考核按下列程序进行：① 被考核公务员按照职位职责和有关要求进行总结，并在一定范围内述职；② 主管领导在听取群众和公务员本人意见的基础上，根据平时考核情况和个人总结，写出评语，提出考核等次建议和改进提高的要求；③ 对拟定为优秀等次的公务员在本机关范围内公示；④ 由本机关负责人或者授权的考核委员会确定考核等次；⑤ 将考核结果以书面形式通知被考核公务员，并由公务员本人签署意见。对担任机关内设机构领导职务公务员的考核，必要时可以在一定范围内进行民主测评。

（7）等次。年度考核的结果分为优秀、称职、基本称职和不称职四个等次。其中优秀等次人数，一般掌握在本机关参加年度考核的公务员总人数的 15% 以内，最多不超过 20%。

确定为优秀等次须具备下列条件：① 思想政治素质高；② 精通业务，工作能力强；③ 工作责任心强，勤勉尽责，工作作风好；④ 工作实绩突出；⑤ 清正廉洁。

确定为称职等次须具备下列条件：① 思想政治素质较高；② 熟悉业务，工作能力较强；③ 工作责任心强，工作积极，工作作风较好；④ 能够完成本职工作；⑤ 廉洁自律。

具有下列情形之一的，应确定为基本称职等次：① 思想政治素质一般；② 履行职责的工作能力较弱；③ 工作责任心一般，或工作作风方面存在明显不足；④ 能基本完成本职工作，但完成工作的数量不足、质量和效率不高，或在工作中有较大失误；⑤ 能基本做到廉洁自律，但某些方面存在不足。

具有下列情形之一的，应确定为不称职等次：① 思想政治素质较差；② 业务素质和工作能力不能适应工作要求；③ 工作责任心或工作作风差；④ 不能完成工作任务，或在工作中因严重失误、失职造成重大损失或者恶劣社会影响；⑤ 存在不廉洁问题，且情形较为严重。

（8）结果运用。定期考核的结果作为调整公务员职务、级别、工资以及公务员奖励、培训、辞退的依据。

① 公务员年度考核被确定为称职以上等次的，按照下列规定办理：累计两年被确定为称职以上等次的，在所定级别对应工资标准内晋升一个工资档次；累计五年被确定为称职以上等次的，在所任职务对应级别范围内晋升一个级别；确定为称职以上等次，且符合规定的其他任职资格条件的，具有晋升职务的资格；连续三年以上被确定为优秀等次的，晋升职务时优先考虑；被确定为优秀等次的，当年给予嘉奖；连续三年被确定为优秀等次的，记三等功；享受年度考核奖金。

② 公务员年度考核被确定为基本称职等次的，按照下列规定办理：对其诫勉谈话，限期改进；本考核年度不计算为按年度考核结果晋升级别和级别工资档次的考核年限；一年

内不得晋升职务；不享受年度考核奖金。

③ 公务员年度考核被确定为不称职等次的，按照下列规定办理：降低一个职务层次任职；本考核年度不计算为按年度考核结果晋升级别和级别工资档次的考核年限；不享受年度考核奖金；连续两年年度考核被确定为不称职等次的，予以辞退。

另外，应根据考核情况，有针对性地对公务员进行培训。

2. 我国事业单位工作人员绩效管理制度与实践

作为党的干部的一部分，我国事业单位管理和专业技术人员的绩效管理与党政机关干部同步。直到 1995 年，人事部参照《国家公务员考核暂行规定》，结合事业单位实际制定了《事业单位工作人员考核暂行规定》，事业单位工作人员的绩效考核才逐步独立发展起来。随后，各地、各部门、各单位都先后制定了各自的考核办法。

（1）党内法规制度与国家法律法规依据。党内法规制度主要包括《事业单位工作人员申诉规定》《2010—2020 年深化干部人事制度改革规划纲要》《国家中长期人才发展规划纲要（2010—2020 年）》《关于进一步深化事业单位人事制度改革的意见》《关于分类推进人才评价机制改革的指导意见》等。

国家法律规范主要包括《事业单位人事管理条例》《事业单位工作人员考核暂行规定》《国务院关于优化科研管理提升科研绩效若干措施的通知》等。

此外，各地、有关部门和事业单位还制定了相应的管理办法等，如《天津市事业单位工作人员考核办法（试行）》《陕西省旬阳县机关事业单位年度考核末位查究办法（试行）》《教育部关于深化高校教师考核评价制度改革的指导意见》《卫生事业单位工作人员考核暂行办法》《北京同仁医院工作人员考核管理办法》《南方报业集团编辑考核办法》等。

（2）内容与标准。《事业单位人事管理条例》规定：应根据聘用合同规定的岗位职责任务，全面考核工作人员的表现，重点考核工作绩效。考核应当听取服务对象的意见和评价。《事业单位工作人员考核暂行规定》，考核内容包括德、能、勤、绩四个方面，重点考核工作实绩。德，主要考核政治、思想表现和职业道德表现；能，主要考核业务技术水平、管理能力的运用发挥，业务技术提高、知识更新情况；勤，主要考核工作态度、勤奋敬业精神和遵守劳动纪律情况；绩，主要考核履行职责情况、完成工作任务的数量、质量、效率，取得成果的水平以及社会效益和经济效益。

（3）种类与程序。考核分为平时考核、年度考核和聘期考核。平时考核随时进行，由被考核人根据工作任务定期记实，主管领导负责检查。

年度考核一般每年年末或翌年年初进行。年度考核以平时考核为基础。其程序是：① 被考核人个人总结、述职。② 主管领导人在听取群众意见的基础上，根据平时考核和个人总结写出评语，提出考核等次意见。③ 考核组织对主管领导人提出的考核意见，进行审核。④ 事业单位负责人确定考核等次。⑤ 将考核结果以书面形式通知被考核人。

（4）结果的等次及其应用。《事业单位人事管理条例》规定：年度考核的结果可以分为优秀、合格、基本合格和不合格等档次，聘期考核的结果可以分为合格和不合格等档次。考核结果作为调整岗位、工资以及续订聘用合同的依据。

11.5.3 我国公共部门人力资源绩效管理的问题与改进

1. 我国公务员绩效管理的问题与改进

公务员绩效管理已取得一定成绩，但还存在诸多问题，有的还是重大问题，不仅影响公务员个人层面的绩效管理，还影响组织层面的绩效管理，绩效管理的作用还没有得到充分发挥。

（1）主要问题。

① 绩效管理残缺不全。对绩效管理的认识、理解、把握直至在组织管理和公务员管理中的定位，有意或无意地忽视了其战略性、系统性和过程性，大多数组织的绩效管理不存在完整的管理过程，更谈不上实现其循环，基本没有绩效计划、绩效辅导和绩效反馈，仅存有绩效考核而已，而且这仅有的绩效考核也没有到达到预期。这是我国公共部门人力资源绩效管理乃至公共组织绩效管理的基本面。

② 绩效管理法律法规不完备。国家层面，尚没有统一的法律法规作为实施绩效管理的法定依据；组织层面，还缺少相应的法律法规予以规范；公务员层面，也缺乏应有的法律法规，总体上只是建立了针对县处级及以上领导干部和非领导成员的绩效考核制度的基本框架，绩效管理的制度建设之路还很漫长。

③ 绩效计划科学性不足。这突出表现为，一是作为基础的职位分析普遍缺失，或仅是简单性的原则规定，没有多大价值。本来公务员分类就相当初级，再加上职位分析十分欠缺，职位的工作职责自然很不清晰，那何来绩效计划？何谈绩效考核？二是作为前提的地方政府的战略目标到底有哪些？这本身在操作中就是个难题。三是从战略目标分解、绩效目标确立到绩效指标体系建立的规范性、科学性、针对性不足，特别是绩效目标、指标等过于笼统、模糊，难以准确把握，既难与核心工作相一致，又忽视相互之间的逻辑关联与深度挖掘，还缺乏对不同部门、不同层级、不同工作特点公务员的具体针对性和可操作性，多是千篇一律的空话、套话。

④ 绩效辅导和绩效沟通普遍缺失。管理者在绩效实施过程中的绩效辅导作用非常有限，既受制于现阶段整个公共组织绩效管理的水平，也受制于管理者的态度和能力，以及对绩效辅导的认知；同时，从绩效计划、绩效实施到绩效考核、绩效反馈，管理者普遍缺少与下属进行绩效沟通的主动性、责任感和技能。

⑤ 绩效考核失真严重。这除了绩效指标体系本身存在的问题外，还表现为考核主体单一，方法手段过于简单，程序规范性不够，平衡成为多数机关的现实选择，绩效考核结果甚至与工作行为与和结果分离，导致主观性强、随意性大、绩效结果难以比较，失真严重，有违客观公正，[13]直接降低了绩效考核及其结果的信度和效度，也就必然影响到绩效管理的权威性和严肃性。

⑥ 绩效反馈和绩效结果运用基本没有。管理者不愿意去跟下属讨论其不足，而多数人对自己的绩效评价又往往过高，而且都会对别人指出自己的缺点进行辩护，再加上中华文化特有的"求同存异"等，绩效反馈或被省略或流于简单的通知结果。这样也就谈不上绩效改进。同时，绩效考核结果既然信度和效度有限，谁又在意它的应用呢？如果真的应用于人力资源管理其他活动，岂不更加不严肃、不科学？

总之，公务员绩效管理问题较多、效用极其有限，不但没有形成良性循环，反而动力严重不足，上下应付、冷漠应对的情况较为普遍。

（2）改进方向。

① 从战略高度定位。绩效管理是使组织、部门（团队）、个人取得良好绩效，保证组织战略得以执行的一系列制度和技术，因此必须从组织发展的战略高度和整体高度把握和定位，在扎实做好每个环节的基础上实现绩效管理的良性循环。

② 夯实基础条件。一是加快公务员绩效管理的法治化和制度化进程，建立健全法律法规。这不仅是从战略层面，也是从执行层面保证绩效管理的前提条件。二是合理确定组织战略目标。没有合理的组织战略目标，绩效管理就失去了方向。但地方政府的战略目标，不仅与地方政府本身有关，更受制于中央。因此，必须从国家治理体系和治理能力现代化、改进地方党政领导班子和领导干部政绩的源头出发，来保证地方政府的战略目标的科学性和可持续。三是科学的职位分析。通过职位分析，获得每个职位的职责，进而才能建立绩效计划，界定每个组织成员的工作行为和工作结果，明确考核的指标和标准。正如《2010—2020 年深化干部人事制度改革规划纲要》指出的，根据岗位的性质、任务和要求，逐步建立健全干部岗位职责规范及其能力素质标准，作为干部考核评价的基础和依据。

③ 提升绩效指标体系的科学性和针对性。一是重在将战略目标层层分解和岗位职责详细确定的基础上，针对不同职位，采取科学技术手段，如 KPI、BSC 等，将德、能、勤、绩、廉细化、可操作化，可进一步细化到二级、三级乃至更多级指标；能量化的予以量化，不能量化的采用描述来对指标进行细化，逐步完善定量分析和定性分析相结合的绩效指标体系。二是建立横向不同类别、纵向不同职务职级的绩效指标体系。

④ 完善考核的主体、程序和方法。《2010—2020 年深化干部人事制度改革规划纲要》强调完善民意调查、实绩分析等方法；整合考核信息，注意综合运用巡视、审计、统计及部门（行业）专项考评等结果；根据考核任务和考核对象，合理运用考核方法。因此，利用 360°反馈，多主体、多时段、多维度、多方法，平时考核和年终考核相结合，并严格执行考核程序，切实提高考核结果的公正客观和真实有效。

⑤ 改进绩效沟通、绩效辅导和绩效反馈。任何管理者都必须明确进而扎实落实：绩效沟通、绩效辅导和绩效反馈是自己的本职工作，是自己日常管理工作的一部分。但这对任何一个管理者来说又是不低的要求，实际上也并非所有的管理者都能做到绩效沟通、绩效辅导和绩效反馈的所有内容，不过，如果谁能做到了这些要求，他自己与其下属都可能取

得优异的绩效。这不仅有利于绩效管理，也有利于公务员领导力或胜任力的提升。因此，可从提高管理者的沟通能力、绩效辅导能力入手，提升其个人领导力，进而提升部门或团队及组织的领导力。

⑥ 强化绩效结果的应用。切实将绩效考核结果应用于公务员的其他管理活动，建立以绩效结果为基础的绩效改进、培训开发、选拔任用、职位调整、辞职辞退、绩效薪酬、激励约束机制，并将绩效改进与教育培训、流动管理等实现个性化的有机结合，同时健全考核结果反馈和通报制度及信息库（信息化平台），真正发挥出绩效管理的应有价值。

2. 我国事业单位工作人员绩效管理的问题与改进

我国事业单位实行岗位绩效工资制，绩效管理更有特殊意义，但存在严重问题，其改进还需从建立事业单位人力资源管理模式和战略管理高度把握和实施。2018 年 2 月，中办、国办印发的《关于分类推进人才评价机制改革的指导意见》指出，当前，我国人才评价机制仍存在分类评价不足、评价标准单一、评价手段趋同、评价社会化程度不高、用人主体自主权落实不够等突出问题，因此，要分类健全人才评价标准，改进和创新人才评价方式，加快推进科技人才、哲学社会科学和文化艺术人才、教育人才、医疗卫生人才、技术技能人才、企业和基层一线及青年人才等重点领域人才评价改革。

（1）主要问题。

① 没有形成完整循环。对绩效管理的认识、定位有偏差，绩效管理支离破碎，除了年底的绩效考核和聘期结束的考核外，其他环节基本没有，无法形成应有的完整循环。绩效管理已被扭曲。

② 缺少基本制度规范。从国家法律规范到单位制度规定，绩效管理的制度化、规范化程度很低，缺少基本依据，更谈不上具体实施的程序、步骤等规范。绩效管理已被虚置。

③ 科学性不足。事业单位多缺乏战略管理，也就很难实现从战略目标的分解到绩效计划的制定；又缺少职位分析，绩效指标体系也就失去了建立的基础；等次指标多按比例机械式层层分解，考核方法主要是写总结或述职报告。绩效管理已被异化。

④ 形式化严重。在大多数单位，绩效管理已被简化为年终出个考核结果，用于绩效工资或岗位津贴发放，其应有的作用不但没有发挥出来，还在一定程度上降低了工作人员的热情和绩效。绩效管理已被形式化。

（2）改进方向。

① 从模式高度把握。即从事业单位建立人力资源管理模式高度来认识和把握绩效管理。事业单位必须向人力资源管理模式转变，而绩效管理是人力资源管理乃是组织管理的核心，事业单位全体工作人员都必须进一步转变观念，提高对绩效管理的认识、认同、支持和积极参与。

② 做好职位分析。绩效管理需要细致的分类分级、职位分析，才能针对不同岗位制定合理的绩效计划；而事业单位聘用制也需要扎实的职位分析，因为聘用制的依据之一就

是岗位职责，因此应针对每个岗位做好职位分析。

③ 注重制度建设。这包括四个层面，一是国家层面，二是事业单位人事综合性管理部门，三是事业单位主管部门，四是事业单位。需要四个层面共同推进事业单位绩效管理和工作人员绩效管理的制度化，包括相应的激励约束机制建设。

④ 增强科学性。绩效管理缺乏实效与其扭曲、虚置、异化、形式化，已经互为因果、恶性循环，因此应重点围绕绩效指标体系、绩效沟通的内容和方式、绩效考核的主体和方法、绩效反馈与结果运用等，增强科学性，发挥出其应有的实际作用。

注释

资料

复习思考题

1. 如何理解公共部门人力资源绩效的含义？它有何层次和特点？

2. 何为公共部门人力资源绩效考核、公共部门人力资源绩效管理？二者具有什么关系？

3. 如何理解公共部门人力资源绩效管理的模型、流程和作用？

4. 如何理解公共部门人力资源绩效计划、绩效目标、绩效项目、绩效指标、绩效标准、绩效等次和绩效指标体系？

5. 如何提取公共部门人力资源绩效指标和确定其权重？试举例说明之。

6. 公共部门人力资源绩效标准有哪些？试举例说明之。

7. 如何理解公共部门人力资源绩效沟通的含义、作用及其方式和要领？

8. 如何理解公共部门人力资源绩效实施的含义与作用？

9. 公共部门人力资源绩效实施的主要活动方式有哪些？

10. 公共部门人力资源绩效考核者有哪些？

11. 何为 360° 反馈？如何实施？

10. 试述公共部门人力资源绩效考核方法。

11. 如何减少公共部门人力资源绩效考核的误差？

12. 如何理解公共部门人力资源绩效反馈？

13. 试述公共部门人力资源绩效面谈，以及如何有效进行绩效面谈。

14. 如何理解公共部门人力资源绩效结果应用？

15. 西方发达国家公共部门人力资源绩效管理给你什么启发？

16. 试比较中美两国公务员的绩效管理。

17. 试比较我国公立医院医生与加拿大安大略省医生的绩效考核。

18. 评价一下关键绩效指标、平衡计分卡在我国党政机关和事业单位的应用前景。

19. 简述我国公务员、事业单位人员绩效考核的原则、种类、标准、程序等。

20. 试析我国公务员绩效管理的问题与改进。

21. 试析我国事业单位工作人员绩效管理的问题与改进。

22. 有人说绩效是"管"出来的，不是"考"出来的；也有人说，绩效不是"管"出来的，更不是干出来的，而是"算"出来的。你对此有何评价？为什么？

第12章　公共部门人力资源薪酬管理

学习思路和重点

德鲁克说："金钱报酬不再是激励员工的重要手段，尽管对金钱报酬的不满将会降低工作绩效。经济报酬再高，都无法取代责任感或慎重的职位安排；反之，非经济性诱因也无法弥补员工对经济报酬的不满。"劳勒（E. Lawler）则认为："所有组织理论，大概都应当研究的一个问题，就是薪酬与绩效的关系问题。"公共部门人力资源薪酬管理是公共部门人力资源管理的重要内容，也是与组织和组织成员利益密切相关的敏感问题。学完本章，应掌握公共部门人力资源薪酬、总薪酬或总报酬、薪酬管理模型、薪酬管理策略、职位薪酬、能力薪酬、绩效薪酬、宽带薪酬、福利及其设计管理；熟悉西方发达国家公共部门人力资源薪酬管理制度与实践；掌握我国公共部门人力资源薪酬管理制度与实践及其问题与改进。

12.1　公共部门人力资源薪酬管理概述

12.1.1　公共部门人力资源薪酬的含义与功能

作为一个标准的管理学范畴，薪酬（Compensation）是一个界定比较宽泛、内容十分丰富、本身也在不断发展，并颇有争议的概念。不同的国家、不同的时代、不同的人的认识也不同。同时，它还涉及 return、income、wage、salary、pay、reward 和中国从古至今的"俸禄"（薪俸、俸钱、俸饷、俸金）、工钱、待遇、工资、收入、薪金、薪水、薪资、报酬等概念。

1. 公共部门人力资源薪酬的含义

作为一个历史概念，多数学者将 compensation 译为薪酬，并界定为弥补、补偿、平衡，反映的是组织对组织成员所付出的知识、技能、努力、时间的补偿和回报的意思。当然，即使是英文中，不同的使用者往往给予了不同的界定。米尔科维奇（G. Milkovich）等认为，薪酬是员工作为雇佣关系的一方所得到的各种形式的财务回报、有形服务与福利。[①]这是把薪酬作为一种价值交换。马尔托奇奥（J. Martocchio）则定义为：员工因完成工作而得到的内在和外在的奖励，并将其划分为内在薪酬/内部薪酬（Intrinsic Compensation）与外在薪酬/外部薪酬（Extrinsic Compensation），其中前者是由于完成工作而形成的心理形式，后者则包括货币奖励或非货币奖励。[②]这是把薪酬作为组织奖励组织成员的手段和工具。

同时，这还涉及报酬或回报。米尔科维奇等认为，组织成员得到的回报（Returns）

分为总体薪酬（Total Compensation）和相关性回报（Relational Returns）。前者更具有交易性，包括直接以现金形式获得的报酬（如基本工资、绩效加薪、激励工资等），或者间接以福利形式（如养老保险、医疗保险、工作与生活平衡计划、合适的制服等）获得的报酬。后者（如学习机会、社会地位、富于挑战性的工作等）是从心理学角度对薪酬的分类。[3]

特鲁普曼（J. Tropman）认为，传统的薪酬体制已经不能起到吸引、保留和激励作用，从而于1990年提出了总报酬或全面报酬概念（Total Rewards）。2000年，美国薪酬协会（Worldat Work，WAW）推出了第一个总报酬模型，除了把报酬概念扩展为薪酬（Compensation）和福利（Benefits）之外，又将工作体验（Work Experience），如赞赏和赏识、工作与生活平衡、组织文化、职业生涯发展机会和工作环境等都纳入进来。以后又提出了改进模型，见图12-1。该模型强调薪酬战略、人力资源战略和组织战略的一致性，并将工作体验确定为工作-生活平衡、绩效与认可及职业发展三个要素。

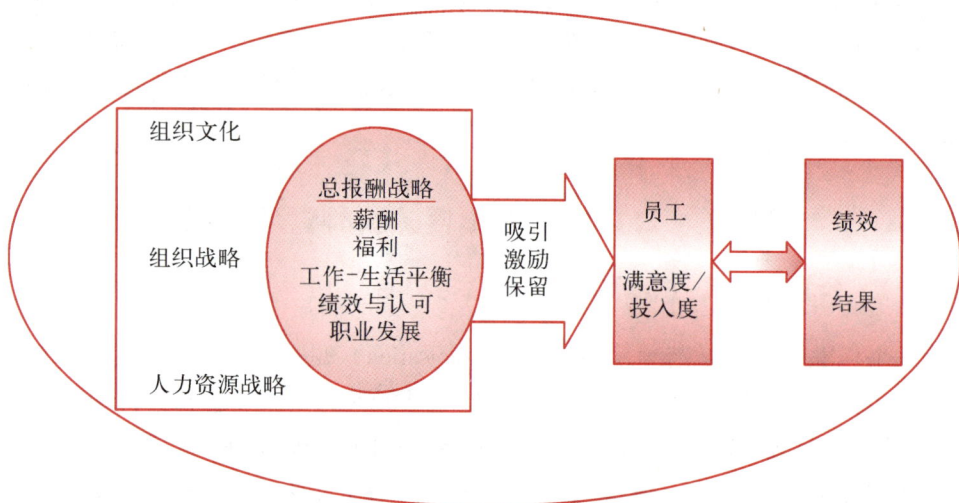

图 12-1   总报酬模型

综合相关研究，薪酬类型或形式及其与报酬的关系见图12-2。[4]

（1）报酬可分为内在报酬和外在报酬。这是根据作用机制，即报酬对劳动者所产生的激励是外部刺激，还是发自内心的心理激励而划分的。这与工作特性理论紧密结合在一起。据此，高的工作价值、良好的职业发展机会等属于内在报酬，工资、福利等则属于外在报酬。而外在报酬又依据是否以货币或金钱形式支付，分为经济性/财务性报酬（Financial Compensation）与非经济性/非财务性报酬（Non-financial Compensation）。非经济性报酬是指个人对工作本身或工作在心理上的满足感。而经济性报酬包括各种形式的工资、奖金、福利等，即为通常意义上的薪酬。

另外说明的是，有的是将内在报酬和外在报酬、经济性报酬和非经济性报酬并列划分，而不是像图12-2将外在报酬分为经济性报酬和非经济性报酬。

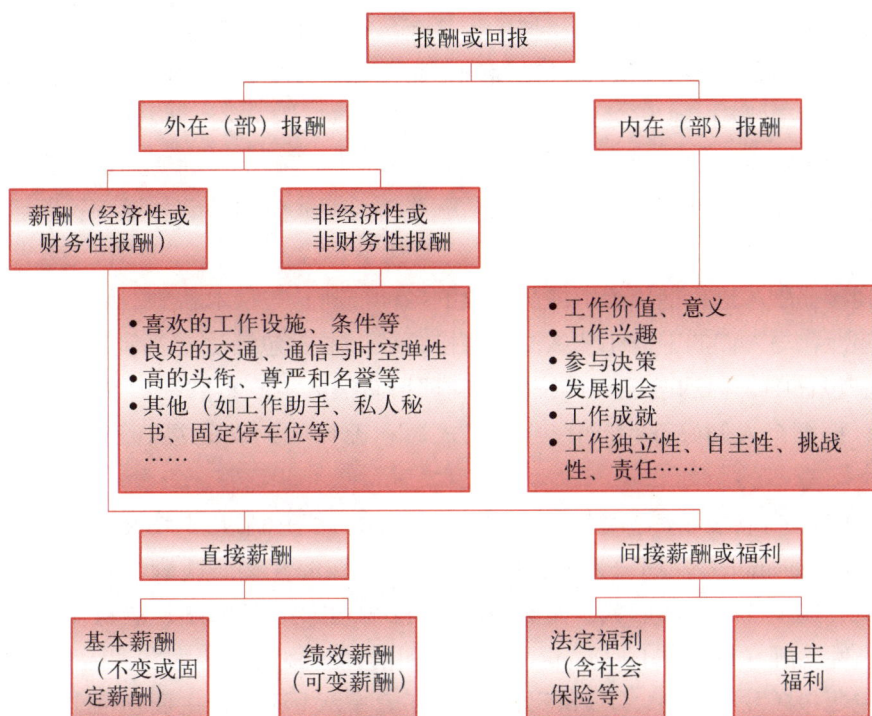

图 12-2　薪酬类型或形式及其与报酬的关系

（2）薪酬可分为直接薪酬和间接薪酬。直接薪酬或直接经济薪酬（Direct Financial Compensation）是指工资、奖金等形式的薪酬；而间接薪酬（Indirect Compensation）或间接经济薪酬（Indirect Financial Compensation）是指工资、奖金以外的其他未包括在直接经济薪酬中的各种货币报酬，即福利。直接薪酬又可分为基本薪酬（Basic Pay）和可变薪酬（Variable Pay）。

（3）基本薪酬。这是指根据组织成员所承担或完成的工作本身或完成工作的能力或技能而向其支付的较为稳定的经济性报酬。多被称为薪资、固定薪酬或不变薪酬。根据基本薪酬确定依据的基础不同，可分为职位薪酬、能力薪酬。职位薪酬是指根据对每一职位价值的评价来确定的，即以职位定薪酬（Position-based Pay/Job-based Pay），是以"职位"为中心的薪酬体系；能力薪酬是指根据对每一员工能力（可细分为知识、技能、胜任力）的评价来确定的，即以能力定薪酬（Person-based Pay），是以"人"为中心的薪酬体系。基本薪酬不仅为组织成员提供了较为稳定的经济收入，而且是确定可变薪酬的一个主要依据。

在英文中，与基本薪酬对应的是 salary 和 wage，在美国，前者主要适用于管理人员、专业技术人员，即所谓的"白领"，通常是年薪或月薪的形式；后者主要适用于从事体力劳动的人员，即所谓的"蓝领"工人。

（4）绩效薪酬。这是指根据组织成员个人、部门或团队、组织的绩效而支付的具有变动性的经济性报酬。由于与绩效直接挂钩，从而具有很强的激励性，有助于强化个人、群体的优秀绩效，也称为不变薪酬、浮动薪酬、奖金等。根据支付的依据，可分为个人绩效薪酬、群体绩效薪酬和组织绩效薪酬。根据支付的周期，还可分为短期绩效薪酬和长期绩效薪酬，前者一般是指建立在一年之内的具体绩效目标基础上，后者则是鼓励实现跨年度或多年度绩效目标，二者相比，长期绩效薪酬能将组织成员的薪酬与组织长期目标联结在一起。

（5）间接薪酬。这是指给组织成员提供的各种福利。与基本薪酬、绩效薪酬不同，福利具有普遍性，与人们的工作和绩效没有直接关系。主要包括法定福利和组织自定福利。在现代薪酬设计中，福利已经与传统的福利项目有很大不同，并在组织中占据越来越重要的位置，根据个人偏好而设计的自助餐式福利设计成为新的福利形式，并得到广泛认可。

另外，依据内容实体的属性，薪酬可分为物质薪酬和非物质薪酬。物质薪酬（Material Compensation）又可分为激励性物质薪酬和保健性物质薪酬，激励性物质薪酬主要包括工资、奖金、股利等形式，而保健性物质薪酬主要包括津贴、福利（含保险）等形式。非物质性薪酬（Immaterial Compensation）即精神薪酬又可分为发展因素和生活因素，发展因素主要包括发展机会、学习培训、学习环境等，生活因素主要包括工作条件、工作氛围等。

实际上，人们在三个层面上使用薪酬一词，一是将薪酬等同于报酬，如国内外都有学者将总报酬模型称为总薪酬模型；二是将薪酬分为直接薪酬和间接薪酬；三是将薪酬仅视为直接薪酬，不包括间接薪酬即福利。当然，还有的混合使用。鉴于薪酬内涵的丰富性和实践的多样性，以及翻译的不同等，在研究和实践中，还有其他多种观点，如吴志华认为，把 compensation 译为薪酬是错误的，应译为"报酬"，total compensation 应译为全面报酬，相应地，intrinsic compensation 和 extrinsic compensation 译为"内在报酬"和"外在报酬"。报酬再分为经济报酬和非经济报酬，经济报酬包括直接经济报酬（薪酬）和间接经济报酬（福利）两部分，非经济报酬包括工作特征和工作环境两部分。薪酬又分为基本薪酬和绩效薪酬，奖金、红利、股票期权等为绩效薪酬。[⑤]

总之，公共部门人力资源薪酬是指组织成员从组织所获得的各种形式的经济性收入，即外在的经济性报酬，包括基本薪酬、绩效薪酬和间接薪酬（即福利）三种薪酬类型或薪酬项目或薪酬形式。

2. 公共部门人力资源薪酬的功能

对组织来说，薪酬主要具有促进战略实现和控制成本的作用，而且在整个人力资源管理中，薪酬起着领导、支持和变革诱因的作用。[⑥]具体如下：（1）补偿功能。这主要是指补偿组织成员在工作中的体力、脑力消耗，助其持续学习提高、不断提升自身素质，并支付家庭与生活的费用，维持自身与家人的生活。（2）吸引功能。这主要是指吸引优秀人才进入公共部门。因为合理乃至良好的薪酬能够引导人才流动的方向，从而吸引公共部门所需要的相关人才。（3）激励功能。这主要是指激励组织成员的工作积极性。因为薪酬是组织成员满足自己与家人物质和精神需要的经济基础，是组织对其工作的认可，并体现了职位的社会地位。同时，足够高的薪酬是公职人员廉洁奉公的物质保障。因此，合理的薪酬能够促进人们积极工作、廉洁自律。（4）保留功能。这主要是指促使组织成员愿意继续留在组织内工作。因为对外具有相应竞争力、对内具有相应公平性的薪酬，能够体现组织成员的能力与贡献，从而保证其为了继续拿到该薪酬而愿意留在该组织内。

12.1.2　公共部门人力资源薪酬管理的含义与作用

公共部门人力资源薪酬管理是指在组织战略指导下，综合考虑内外影响因素，根据组织成员的职位、能力和绩效等，对薪酬总额、薪酬水平、薪酬结构和薪酬形式等进行确定、调整和控制的活动。薪酬管理就是要确保"以正确的方式完成正确目标的组织成员能够获得正确的报酬"，不过这对于任何一个组织来讲都是一个复杂而棘手的问题。比尔等认为在人力资源管理的雇员影响、人力资源流动、薪酬体系、工作体系四个领域里，薪酬领域中理论与实践的矛盾是最显著的。

公共部门人力资源薪酬管理的作用：一是对组织来说，有助于实现战略目标、改善组织绩效、控制成本、塑造组织文化与推进组织变革。二是对组织成员来说，有助于得到基本的生存保障，取得适宜的工作和生活基础，获得良好的培训开发条件，才有可能更好地完成工作，创造优秀绩效。

12.1.3　公共部门人力资源薪酬管理的原则与影响因素

1. 公共部门人力资源薪酬管理的原则

从全球看，各国公共部门人力资源薪酬管理的基本原则主要有以下五点。

（1）法治原则。这是指薪酬管理必须符合法律规定，即依法管理薪酬。这是最基本的原则。对此，各国都制定了一系列法律规范。

（2）公开平等原则。这是指薪酬管理必须以公开平等为基础。公开是指公共部门人力资源薪酬的标准、政策等都要向社会公开。平等是指不同地域、行业、部门、性别、种族的公共部门人力资源，其职位、级别和从事的工作相同或相近，薪酬应大致相同。

（3）战略针对原则。这是指薪酬管理必须与组织发展战略，特别是人力资源战略相连接。

（4）比较均衡原则。这是指公共部门人力资源的薪酬应与当地非公共部门人力资源薪酬水平大体持平，力求均衡。[⑦]

（5）定期增资原则。这是指应根据经济社会发展水平和相关法律规定，保证一定的公共财政经费用于公共部门人力资源薪酬的定期增加。有的称为"适应情势原则"，以维护公共部门人力资源的权益、地位和尊严。

此外，在一些国家，还有集体协商原则，即公职人员工会与政府集体协商调整薪酬。

2. 公共部门人力资源薪酬管理的影响因素

公共部门人力资源薪酬管理受到诸多因素的影响，主要分为三类：一是组织外部因素，如法规政策、劳动力市场状况、物价水平、其他组织的薪酬状况；二是组织内部因素，如组织的战略、发展阶段、财务状况等；三是组织成员个人因素，如职位、能力、绩效、资历等。

12.1.4　公共部门人力资源薪酬管理的模型与策略

1. 公共部门人力资源薪酬管理模型

米尔科维奇等从企业角度提出了薪酬模型（见图12-3），经过修改可以应用于公共部门。主要包括以下三个模块：

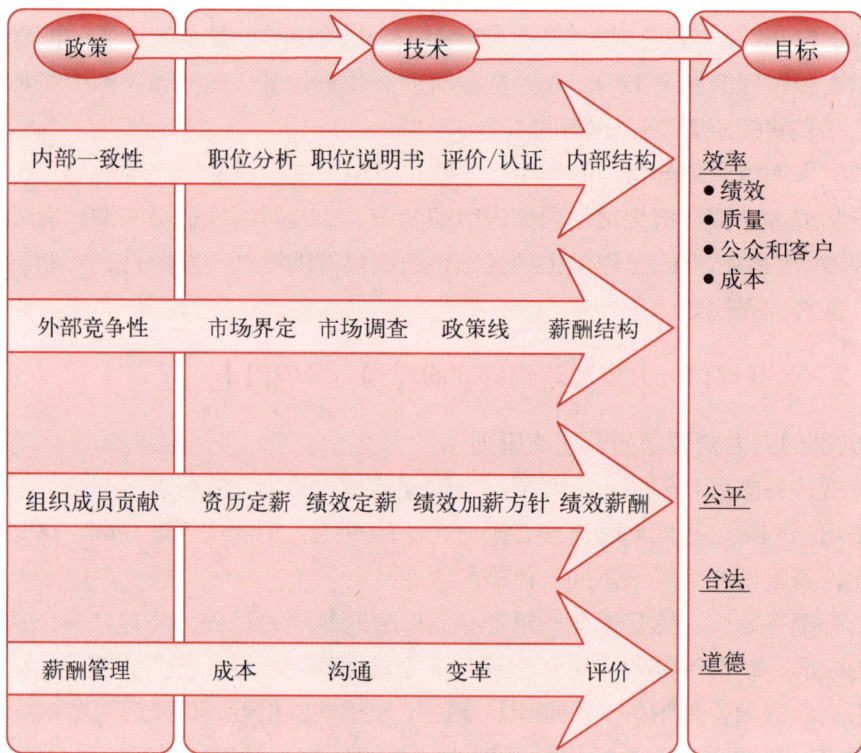

图 12-3　薪酬管理模型

资料来源：乔治·米尔科维奇、杰里·纽曼、巴里·格哈特，《薪酬管理》（第11版），中国人民大学出版社2014年版，第15页。引用时有修改。

（1）目标。这是整个薪酬制度的驱动力，包括效率、公平、合法与道德。

（2）政策。这是建立薪酬制度的基石，是薪酬管理的行动纲领。① 内部一致性。这是指组织内部不同工作、能力之间的薪酬关系，即内部公平性。这种比较是以它们对组织目标的贡献大小为依据的。如何合理地拉开不同职位、技能之间的薪酬差距是重大挑战。

② 外部竞争性。这是指与市场和竞争对手相对应的薪酬，是组织之间的薪酬关系。③ 组织成员贡献。这是指应在多大程度上强调对组织成员的绩效付酬。从一般意义上讲，外部竞争性和组织成员贡献应该联动。如果领先于市场的薪酬水平与领先于市场的组织成员贡献能够同时存在，那么这种绩效薪酬水平就是最有效、最具可持续性。④ 薪酬管理。

（3）技术。这是指将政策与目标联系起来的薪酬设计技术。当然，不限于图中所列。

2. 公共部门人力资源薪酬管理的策略

公共部门人力资源薪酬管理需要对薪酬体系、薪酬水平、薪酬构成、薪酬结构等进行决策，进而确定相应的策略。

（1）薪酬体系策略。这是指确定基本薪酬的依据或基础的策略。常见的薪酬体系有职位薪酬体系、能力（知识、技能、胜任力）薪酬体系。前者的最大特点是对"职位"，而后者是对"人"。

（2）薪酬水平策略。薪酬水平是指组织内各职位、各部门以及整个组织平均薪酬的高低状况，这决定了组织薪酬的外部竞争性和薪酬成本。传统的薪酬水平概念，更多地关注组织的整体薪酬水平，现在越来越多的组织更关注职位和职位之间、不同组织同类职位之间的薪酬水平比较。薪酬水平策略是指组织制定相对于市场薪酬行情和竞争对手薪酬水平的自身薪酬水平策略。常见策略有：① 领先型策略，即薪酬水平高于市场平均水平。这是一种基于一流人才的战略，能够吸引和留住优秀人才，但也相应增加了成本。② 跟随型策略，即薪酬水平与市场平均水平保持基本一致。这是一种基于竞争对手的战略。组织的竞争力和成本中等。③ 滞后型策略，又称拖后型策略，即薪酬水平低于市场平均水平。这是一种基于成本的战略。组织的竞争力弱，但成本低。④ 混合型策略，即针对不同的部门、职位人才，采用不同的薪酬策略。如对核心和关键职位，采用领先型策略；而对普通职位采用非领先型策略。该策略具有极大的灵活性，有利于吸引和保留优秀人才，并尽可能降低成本，故被大多数组织采用。

实际上，公共部门的特殊性质决定其会将薪酬水平控制在一定的水平上，这样既能够吸引和留住高素质人才，又不至于因支付过高的薪酬而陷入政治上、财务上的困境，以及遭受社会和公众的责难。

（3）薪酬构成策略。薪酬构成是指总体薪酬所包含的不同类型薪酬的组合方式，也被称为薪酬内容结构。薪酬构成策略就是组织确定薪酬构成的策略。如前所述，薪酬包括基本薪酬、绩效薪酬和福利三部分，而三者的效果有所不同。基本薪酬吸引和保留人才的效果相对明显，而激励效果一般；绩效薪酬吸引和激励效果比较明显，但保留效果中等；福利的保留效果相对明显，但吸引和激励效果一般。因此，必须确定三者的比例，通过调整固定薪酬和绩效薪酬、短期（当期）薪酬和长期薪酬的比例实现薪酬的功能和发挥薪酬管理的作用。

依据三种薪酬类型的比例，可形成三种模式：① 高弹性薪酬模式。即绩效（可变）薪酬占比大、基本（固定）薪酬占比小。这是一种激励性很强的薪酬模型，但组织成员收入波动很大，缺乏安全感及归属感，易产生短期行为。② 高稳定薪酬模式。即基本薪酬占比大、可变薪酬占比小。这是一种稳定性很强的薪酬模式，组织成员收入波动小、安全感强，但缺乏激励功能。③ 调和型薪酬模式。即基本薪酬和可变薪酬占比基本相当。组织的长远发展与组织成员的资历、业绩等同时得以兼顾。这是一种兼具激励性和稳定性的薪酬模式。实际上，当两者比例不断调和及变化时，该薪酬模式就会演变为以激励为主的模型，或以稳定为主的模型。

（4）薪酬结构策略。薪酬结构是指薪酬等级的数量、每一等级的变动范围及不同等级之间的关系，也被称为薪酬等级结构。薪酬结构策略就是组织确定薪酬结构的基本策略。由于这是要确定薪酬等级数量的多少、不同等级之间差距的大小及其标准，实际上反映了组织对于职位、技能价值的基本判断。特别是在组织总体薪酬一定的情况下，薪酬结构直接决定了组织成员的收入。当然这通常是对基本薪酬而言的。要指出的是，尽管这强调的是组织内部的一致性问题，但组织是很难脱离外部竞争性而独立决策的，需要内部一致性和外部竞争性之间的平衡，也就意味着需要借助薪酬调查保证薪酬结构的公平合理。

典型的薪酬结构有窄带薪酬结构和宽带薪酬结构之分。二者的区别在于：前者即传统的垂直型薪酬结构，等级多、薪酬区间（薪酬变动范围，即某一薪酬等级内部允许薪酬变动的最大幅的）较小，因此要想提高薪酬，必须提高薪酬等级。而后者的等级少、薪酬区间宽，是对前者的改进或替代。

总之，薪酬策略是权变的，因组织的战略、发展阶段、组织文化不同而有所差异，即使同一组织在不同的发展阶段，也会采取不同的薪酬策略。但从本质上讲，薪酬策略是对组织战略性薪酬问题提出的系统性解决方案。[⑧]因此，必须关注两个问题：一是组织的战略性薪酬问题到底是什么？二是如何解决？换言之，找到了针对组织战略性薪酬问题的系统解决方案，也就形成了基于组织战略的薪酬策略。

12.2 公共部门人力资源基本薪酬

公共部门人力资源基本薪酬主要有职位薪酬和能力薪酬，此外，还需要介绍宽带薪酬。

12.2.1 公共部门人力资源职位薪酬

1. 公共部门人力资源职位薪酬的含义及其优缺点

公共部门人力资源职位薪酬是指以职位定薪酬，即首先对职位的价值作出评价，进而根据该评价结果赋予承担该职位任职者与该职位价值相当的薪酬。这是一种传统的、应用最广泛的薪酬体系。

职位薪酬的最大特点是对"职位"，主要考虑职位的价值大小，不考虑个人能力与业绩水平，其假设前提是：（1）每个职位与其任职者是匹配的，没有不合格的任职者。

（2）每个人的工作范围和内容是固定的、清晰的，是能够做出准确的价值评价的。（3）组织应采用严格的金字塔式结构模式。即组织的层级越高，该层级的人员越少，但每个人对组织的价值和贡献越大，那么随着层级的升高，组织成员的薪酬也应提高相应的幅度，而不考虑上一个级别任职者的素质、能力等是否高于下一个级别的任职者，"官本位"倾向明显。（4）组织成员对组织的价值和贡献主要体现为职务价值。所以，可以通过职位评价所确定的职位的价值大小来确定薪酬。

其优点主要是：（1）薪酬与职位一致，易被人们接受；（2）同工同酬；（3）按职位系列进行薪酬管理，操作简单、成本较低；（4）薪酬随职位晋升，有助于激励组织成员为了更高的职位而努力工作和提高自身能力。

其缺点主要是：（1）难以反映组织成员之间能力与贡献的区别。（2）容易进入"彼得高地"。（3）诱发恶性竞争。任何组织的较高级职位和级别都是有限的，而薪酬与职位的一致性必然导致为获得晋升而进行的激烈竞争，乃至恶性竞争，最终造成人际关系紧张，不利于团队合作和绩效的达成。（4）激励作用有限。上述缺点也就说明了其激励作用有限，影响人们的工作积极性。但尽管如此，它仍然是绕不过去的最基本的薪酬体系。

2. 公共部门人力资源职位薪酬设计

公共部门人力资源职位薪酬设计一般按图 12-4 所示的流程或步骤进行。

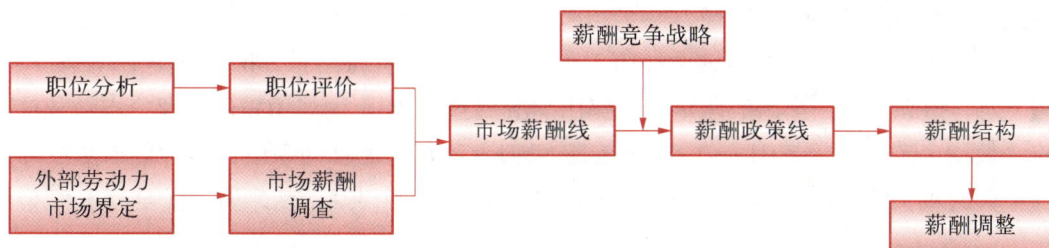

图 12-4　职位薪酬设计流程

（1）职位分析和职位评价。详见本书 5.1、5.2。

（2）薪酬调查。这是指收集同地区或同行业其他组织的薪酬信息，以确定市场薪酬水平的活动。组织的薪酬体系，要有利于组织战略目标的实现，同时满足内部一致性和外部竞争力，这需要通过对职位的内部价值与外部价值进行系统比较才能完成。职位分析和职位评价，正是解决内部一致性的一种机制，而职位的外部价值则需要借助薪酬调查来实现。因此，根据组织的薪酬战略和职位评价结果，再结合薪酬调查结果才能最终确定各职位的具体薪酬水平。在发达国家，薪酬调查主体多、每年公布的薪酬调查结果多，如政府、行业组织、专业协会、咨询机构、组织自己等。调查方式不外乎正式和非正式两种，其中正式调查主要是专业性薪酬调查、商业性薪酬调查和政府薪酬调查。组织自己进行薪酬调查一般应包括如下步骤。

① 选择薪酬调查的职位。薪酬调查并非针对所有职位，而是选取典型职位进行。一

是由于有些职位是自己组织所特有的，市场调查数据难以获得；二是基于成本与便捷，以及职位的内外部相似性。所以，应选择那些在本地或同行业普遍存在的代表性职位作为典型职位。其他职位以此做参照。

② 确定薪酬调查的对象、渠道和方式。薪酬调查的对象是指针对哪些组织进行调查。这涉及劳动力市场的界定问题。理论上就是与本组织竞争人才的其他组织。相关研究不少，重点集中于两点：我们流失的人流向了哪里？我们需要的人来自哪里？薪酬调查的渠道较多，包括自己调查、组织之间互相调查、委托专业机构调查、购买专业机构的薪酬数据库或调查报告、从公开资料总筛选等，各有优劣，需要在成本和效果之间做出抉择。薪酬调查的方式主要有问卷调查、访谈（座谈）调查、电话调查、网络调查等。

③ 设计薪酬调查表并进行调查。不管采用何种调查方式，都需要一张调查表来收集和记录相关信息，其基本内容包括：调查职位的基本信息，包括职位名称和基本工作特征等；调查对象的组织信息，包括规模、行业、地域、性质等；调查职位的工作描述，包括主要工作职责和内容；调查职位任职者个人信息，包括年龄、性别、学历、资历等；调查职位的总体薪酬构成与薪酬水平，包括基本薪酬、绩效薪酬和福利等。

④ 分析调查结果。这主要是形成薪酬调查报告，得出市场薪酬的平均水平。

（3）确定市场薪酬线。对薪酬调查结果进行数据统计分析就可以得出市场薪酬线。该线是指各个职位的市场薪酬水平与评价点数或者序列等级之间的关系曲线。理论上讲，上述关系是一种线性关系，所以该曲线可采用最小二乘法进行拟合，即 $y = \alpha + \beta x$，其中因变量 y 为典型职位的市场薪酬水平，数据由薪酬调查获得；x 为典型职位的评价点数或序列等级，数据由职位评价得出，代入方程即可求得 α、β。对其他职位，将评价点数或序列等级代入方程，即可得出市场薪酬线（见图 12-5）。一般来说，薪酬调查的结果与职位评

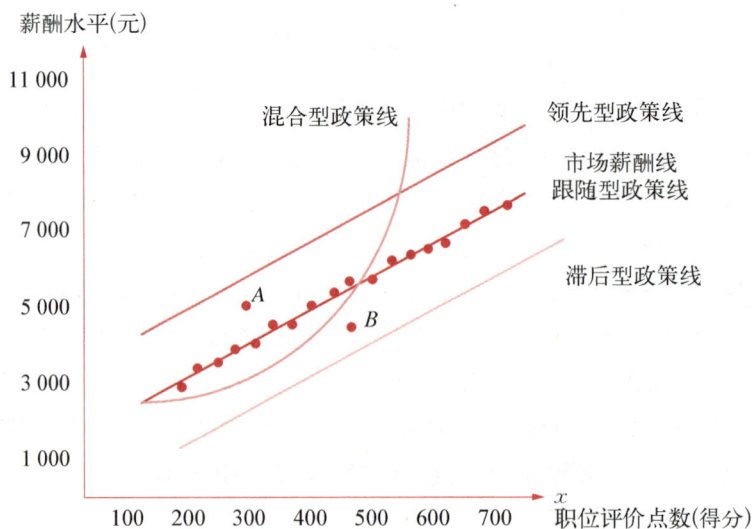

图 12-5　市场薪酬线和薪酬政策线举例

价的结果，即外部公平性和内部公平性应该是一致的，但有时也会产生不一致的情况，即图中 *A*、*B* 两点明显地偏离市场薪酬线，不像其他点分布在市场薪酬线的周围。*A* 点就表明按内部公平性确定的薪酬水平高于市场水平。实际上可以依据上述数据计算相关系数，来确定评价点数与市场薪酬之间的一致程度。对像 *A* 点等不一致的情况，应仔细核查原因，确定是该职位与调查职位不匹配，还是职位评价不合理，等等。通常的处理原则是外部公平性优先，不然，该职位的薪酬水平过低，难以招聘到合适的人员，或者薪酬水平过高，成本太大。

（4）建立薪酬政策线。确定市场薪酬线后，再结合组织的薪酬战略就可设计出组织的薪酬政策线，即确定采取领先型、跟随性还是滞后型（见图 12-5）。这样也就得出相应的薪酬政策线方程。

（5）设计薪酬结构。一个完整的薪酬结构应包括薪酬等级数量、同一薪酬等级内部的薪酬变动范围，以及相邻薪酬等级之间的交叉重叠。

① 划分薪酬等级。即设定多少个薪酬等级。依据是通过职位评价所得到的职位的价值等级。每个等级中的职位，其职位评价的结果应当接近或类似。如果用的是排序法，就包括几个相邻等级的职位；如果用的是计点法，就包括一定点值范围内的职位；如果用的是要素比较法，就包括一定薪酬范围内的职位。如图 12-6 所示，假设根据职位评价结果，将全部职位划分为 6 个等级，为方便起见，每个职位等级对应的点值变动幅度都是 100。

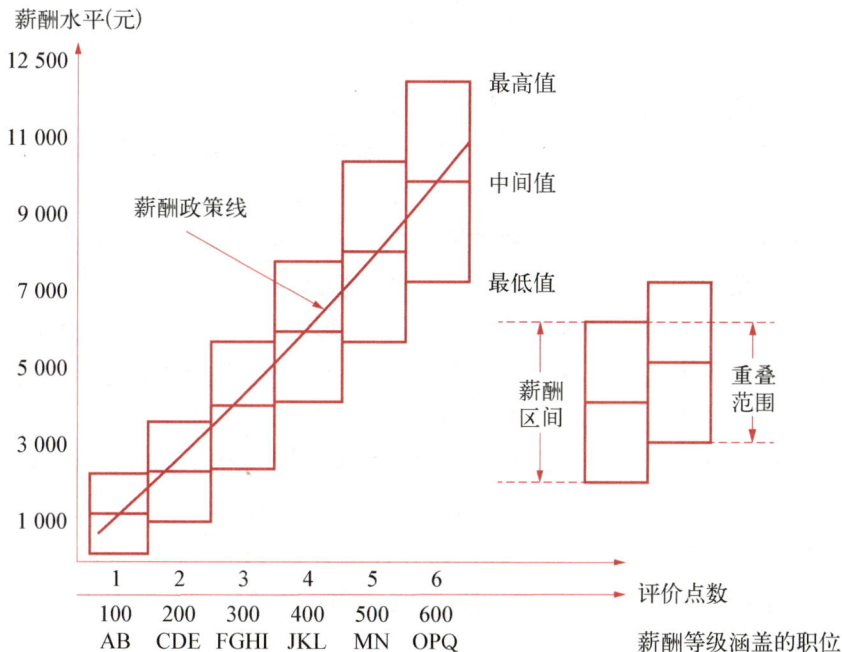

图 12-6　薪酬结构设计示意图

薪酬等级划分的数量取决于多种因素，如职位的数量、职位评价的结果、薪酬政策，以及管理的需要。显而易见，在组织价值最大的职位和最小的职位的评价点数差异既定的情况下，如果薪酬等级数量较少，即职位等级的点值范围太大，会损害薪酬的内部公平性；反之，如果薪酬等级数量较大，即职位等级的点值范围太小，管理效率太低。另外，组织内部同一管理层级的职位最好划分到同一等级中，既体现不同管理层级对组织价值创造的等同性，也利于管理。

② 确定薪酬区间。薪酬区间，即各个薪酬等级的变动范围，也就是处于相同职位等级内的不同组织成员所获得的不同薪酬的范围。这首先是要确定中间值，而该中间值是由处于该等级中间位置职位的薪酬水平决定的。如图 12-6，职位等级 1 包含的点数范围是50~150，那么该等级中间位置职位对应的点数就是 100，将该点数代入已建立的薪酬政策线方程，就可得出其薪酬水平，即该等级的薪酬中间值。换言之，薪酬政策线穿过每一职位等级上的这个点，就是该等级薪酬的中间值。

在确定中间值后，一般再确定等级的浮动幅度，即带宽。带宽表达了某个职位等级薪酬区间的最高值与最低值之间相差的比率。计算公式如下：

$$带宽 = （最高值 - 最低值）÷ 最低值 × 100\%$$
$$最低值 = 中间值 ÷ （1 + 1/2 × 带宽）$$
$$最高值 = 最低值 × （1 + 带宽）$$

可见，带宽具有关键意义。不同职位等级的薪酬区间的带宽是不同的。这主要取决于如下因素：一是职位的价值差异。职位等级所包含职位的价值差异越大，带宽应越大。二是绩效变动幅度。职位等级所包含职位的绩效变动幅度越大，即工作努力、能力又强的人和与此相反的人之间的绩效差异大，带宽就应加大。三是组织文化。如鼓励拉开收入差距的文化，带宽就大；而强调平均主义的文化，带宽就小。四是职业生涯通道设计。由于基层往往积压大量人员，难以获得晋升的机会，为使其在无法获得职位升迁时能获得增加薪酬的机会，就需要加大带宽。五是行业性质。传统行业带宽往往小，而非传统行业则相反。所以，带宽需要组织根据实际情况综合各种因素确定。

③ 确定相邻薪酬等级之间的交叉重叠。相邻薪酬等级之间的薪酬区间可以设计成交叉重叠，也可以不交叉重叠。随着职位等级的提高，职位晋升空间越来越有限，交叉重叠的存在就可以使低薪等上的人员具有获得相邻高薪等上较高水平薪酬的机会。而从资历和绩效看，处于较低薪等上的人员不一定就比相邻高薪等上的人员表现差。可见，交叉重叠程度反映了组织的理念和倾向，但没有通用的标准，需要组织根据实际情况决定。从美国联邦政府 2015 年生效的通用薪酬表（GS-15）可见，共 15 个薪等，每个薪等又划为 10 档，最高档和最低档之间的浮动范围大约为 30%，同一薪等的每一档之间的薪酬增长幅度通常为一固定值。

（6）薪酬调整。薪酬管理是一个动态的管理过程，要根据内外因素的变化适时、适度地调整薪酬体系，确保能够支持组织的战略发展。一是薪酬普调，即按统一政策对所有组织成员进行基本薪酬的调整，如普涨、普降以及最低工资标准调整等。二是岗位调薪，即根据组织成员职位变动进行的薪酬调整。另外，能力薪酬和绩效薪酬还有类似的能力调薪和绩效调薪。能力调薪是指根据组织成员的任职资格评定等级对其基本薪酬进行调整，并将调整结果作为下一次任职资格等级调整前的薪酬水平；绩效调薪是指根据绩效考核结果对基本薪酬的调整，并将调整结果作为下一个考核周期的薪酬水平。

12.2.2　公共部门人力资源能力薪酬

1. 公共部门人力资源能力薪酬的含义及其优缺点

公共部门人力资源能力薪酬是指以任职者所具备的能力来决定其基本薪酬。这不是根据职位价值的大小，而是按照组织成员所掌握的与工作相关的能力来确定薪酬。其假设前提主要是能力强的人，一定能产生高的绩效，从而对组织的贡献越大，也就应该获得更高的薪酬。

能力薪酬的最大特点是对"人"，其优点主要是：（1）能够促进人们主动学习，不断拓展知识、提升技能，并有助于构建学习型组织。（2）为组织成员提供多种发展渠道，避免职位薪酬可能的"拥挤效应"和"天花板效应"。（3）随组织成员能力的提升，便于人员水平流动，并支持组织核心能力的培养。（4）可有效支持扁平化组织结构。

其缺点主要是：（1）难以确定组织成员到底应该具备哪些能力以及如何评价、如何培训等，从而加大了组织成本。（2）职位晋升机会少，导致组织成员缺乏应有的成就感。（3）同样的工作，但可能收入不同，容易造成不公平感。（4）存在注重提高自身技能，而忽视组织整体需要和完成当前工作目标的倾向。

根据任职者所具备的能力中决定薪酬差异的因素，可将能力薪酬分为知识薪酬、技能薪酬、能力或胜任力薪酬。能力薪酬比较适用于工作较为具体且能力比较容易界定的操作人员、专业技术人员等，如知识薪酬可适用于白领专业人士，技能薪酬可适用于蓝领技术工人，能力或胜任力薪酬可适用于各种职业人群。

2. 公共部门人力资源能力薪酬设计

公共部门人力资源能力薪酬设计的一般流程见图 12-7。图中左上角基于能力所展开的四个步骤完成了对能力价值等级标准的设定，右上方基于人所推行的两个步骤是为了明确具体的个人处在哪个水平上；二者互相对应，便可得出针对具体个人（或群体）的能力薪酬。为了弥补能力薪酬往往关注个人而忽视团队、关注过程忽视结果的缺陷，设计了相应的补充计划，即图 12-7 下方的内容。

（1）知识薪酬和技能薪酬设计。知识薪酬是根据任职者所拥有的与工作相关的知识来决定基本薪酬，而技能薪酬是根据任职者所掌握的与工作相关的技能来决定基本薪酬，由于二者的操作方法基本一致，故以技能薪酬为例来说明。

技能薪酬可以根据组织成员技能的宽度和深度来设计。技能宽度是指组织成员掌握的

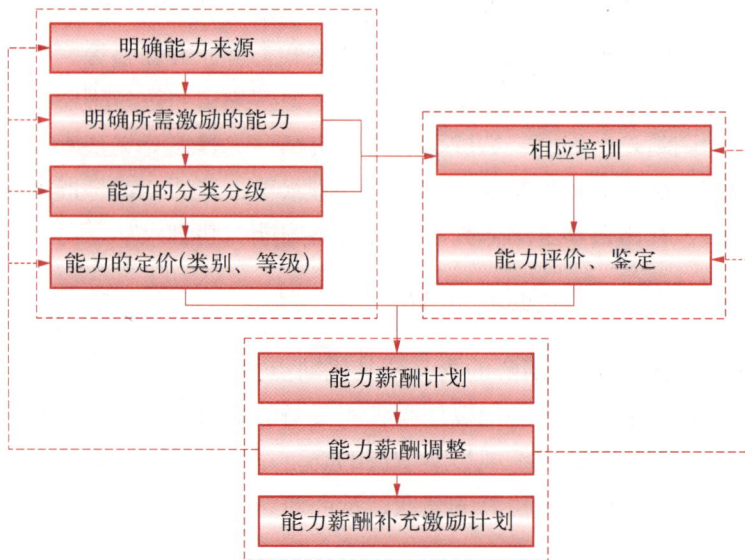

图 12-7   能力薪酬设计流程

资料来源：曾湘泉主编，《薪酬管理》（第 2 版），中国人民大学出版社 2010 年版，第 77 页。

与工作相关的技能种类数量，掌握的技能种类数量越多，薪酬就越高。技能深度是指组织成员掌握的与工作相关的某一种或几种技能的深度，即技能等级的高低。等级越高，难度越大；技能升一级，就会获得更高的薪酬。前者为水平方向，后者为垂直方向。技能薪酬的常用模型有以下几种。

① 阶梯模型。这是将一个职系中的工作从入门到复杂划分为几个阶梯，如从十级职员到一级职员，或从一级技术员到五级技术员，组织成员沿着阶梯逐步上升，既是技能难度、复杂程度的逐步提升，也是薪酬水平的逐渐提高，技能与薪酬紧密连接起来。图 12-8 表明，该组织将技能分为基础技能、核心选修和自愿选择技能，并分别分为若干项具体技能及其相应的点数。其中，所有基础技能都是强制性的，且必须通过认证才能达到 Ⅰ 级技术员的工资率（11 美元）。要达到 Ⅰ 级技术员的工资率（12 美元），除了必备的基础技能外，还必须获得 40 个选修技能点数（总点数为 370 点）；为达到 Ⅱ 级技术员，还需要再获得 100 个核心选修技能点数，外加 1 项自愿选择技能。可见，这样又可以与相应的培训等连接在一起，因为具体技能的获得要通过相应的培训和鉴定来确认。这样薪酬水平与培训课程设置相连，课程模块实为技能模块的变形。

② 技能模块模型。这是指将一个职系的工作所需要的技能划分为若干技能模块，组织成员在掌握入门技能后可以选择技能等级，参加相应的培训和鉴定。它与阶梯模型的区别主要体现在：其一，阶梯模型是从低到高循序渐进逐级获得技能，而技能模块模型是根据自己的偏好、技能水平等实际情况，在入门后学习其他技能模块中的任何技能，如模块 A 中的 A_2，然后是 C 模块的 C_1、B 模块的 B_3 等。学习技能的顺序并不重要。而一个模块

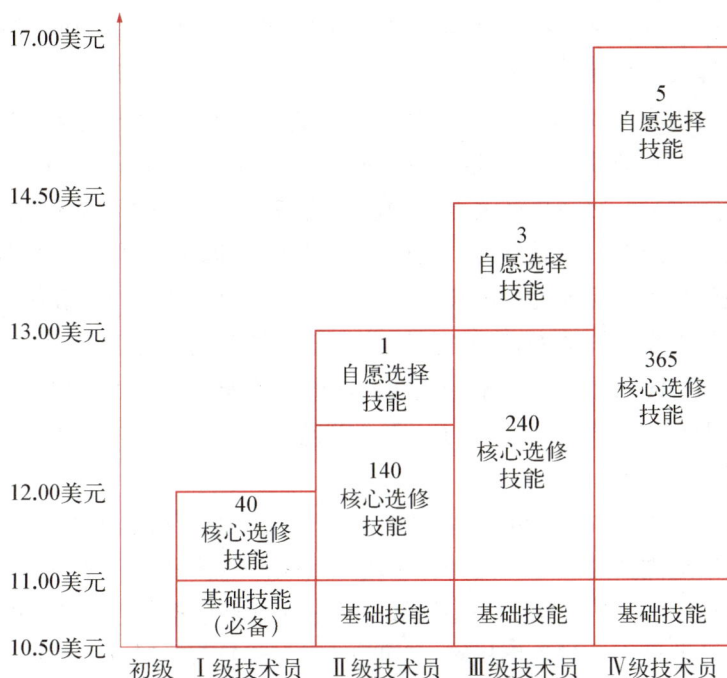

图 12-8　技术员的阶梯模型

资料来源：乔治·米尔科维奇、杰里·纽曼、巴里·格哈特，《薪酬管理》（第 11 版），中国人民大学出版社 2014 年版，第 125 页。

的任何一项技能都有相同的价格，一个人可以一次晋升两个甚至更多的等级，同时获得与每个等级相对应的薪酬。其二，阶梯模型更强调技能的深度发展，而技能模块模型不仅强调深度即垂直技能，还强调宽度即水平技能。该模型更能体现任职者的技能，从而更有利于激发人们努力掌握新技能。

③ 工作积分累计模型。这是指对每项技能进行评价并按评价得出的点数排序，而每项技能的点数与该项技能所对应职位的职位评价点数或职位等级相关联，这样，职位评价点数或职位等级越高，该技能的点值就越高。当然，如果该技能对组织的成功越关键，其点值就越高，从而能鼓励人们掌握该技能。组织成员掌握的技能越多，点数就越多，技能等级就越高，薪酬水平也就越高。

④ 跨部门模型。这是指某个部门的任职者获得了另一个部门所需要的技能，对应的薪酬应是基于跨部门的技能。因此，薪酬等级应反映其跨部门掌握的技能数量。例如，如果某部门的任职者掌握了该部门内的所有技能外，还掌握了其他部门的一项技能，薪酬等级就是二级（薪酬等级一级表明只掌握了一个部门内的技能）。这样，组织成员的灵活性得以大大提高，特别适用于其水平流动。

（2）能力薪酬设计。能力薪酬是根据任职者所拥有的与工作相关的能力或胜任力来决定基本薪酬。其前提或关键是组织必须建立起能力评估体系。通过该能力评估体系，对组织成员的能力进行评估，并根据评估结果确定相应的薪酬等级，进而根据组织成员能力的变化，对其薪酬等级进行相应调整。

① 建立能力模型。能力模型可以分为通用能力模型和分层分类能力模型。前者是指组织根据战略要求和关键成功要素而建立的对全体人员都适用的一系列能力的组合，是对所有人员的能力要求；而后者是在通用能力模型的基础上，针对不同职系或职位而建立的一系列个性化的能力组合，是该职系或职位任职者在具体工作情景下取得成功的能力要求。鉴于能力模型分为通用能力模型和分层分类能力模型，那么能力薪酬就分为相应的两种，即基于通用能力模型的能力薪酬和基于分层分类能力模型的能力薪酬。前者的优点是便于不同人员之间的比较，具有内部一致性；缺点是不能反映具体工作情境对任职者的能力要求。后者正相反。其建立与胜任力一致，详见本书 5.4。当然，还需要对能力进行分级，并明确界定各个等级。

② 对能力进行定价。这是指确定各项能力的价格，即能获得多少薪酬。方法有两种，一是市场定价法。这需要先对每项能力在市场上所获得的薪酬进行调查，然后依据调查结果确定本组织内每项能力的价格。二是绩效定价法。这是根据每项能力与绩效的相关性来确定其价格，相关性越大，其价格越高。相比而言，前者由于很难在市场中找到相应的定价，所以适用性很差。实际操作时，变通的做法是先将对能力的描述转化为对职位的描述，或将所需能力的职位作为基准职位，或将某职称等级与相应的职位等级对应，然后按职位或职位等级去市场调查。在对每项能力定价后，再将各项能力的价格分解到它的每个等级上，从而确定任职者具备某项能力的具体等级要求到底能获得多少薪酬。

③ 建立基于能力的薪酬结构。基于能力的薪酬结构多采用宽带薪酬结构。第一，确定宽带个数，这取决于能否将能力要求差异大的组织成员划分到不同的薪酬宽带中；第二，确定每个薪酬宽带的最低能力要求，作为该薪酬宽带的基本能力要求；第三，根据每个宽带的平均能力要求，以及每项能力各个级别的定价，得出该薪酬带宽的中间值；第四，确定每个宽带的薪酬范围、最高值和最低值，具体与上述职位薪酬的薪酬结构设计中的方法相类似；第五，确定每一能力的薪酬。

④ 评估和认证组织成员能力，确定其薪酬。能力薪酬的成功运用，需要掌控以下诸点：一是明确能力薪酬的适用对象，毕竟它只适用于部分人员；二是明确能力的来源和前提，进而对能力进行清晰界定和分层、分类、分级，并建立起能力鉴定和认证机制；三是注意能力的维护、调整，注重与其他人力资源管理职能活动，如培训等的匹配；四是保持与组织成员的充分沟通；五是鉴于能力薪酬往往针对个人且关注能力过程，需要开发针对团队与关注绩效结果的补充方案。

12.2.3　公共部门人力资源宽带薪酬

宽带薪酬，即宽带薪酬结构。按照美国薪酬协会（the American Compensation Association，ACA）的界定，宽带薪酬结构是指对多个薪酬等级以及薪酬变动范围进行重新组合，从而使之成为只有相对较少的薪酬等级以及相应较宽的薪酬变动范围。这是对传统多等级垂直薪酬结构的改进或替代，可以用于职位薪酬，也可以用于能力薪酬（见图 12-9）。

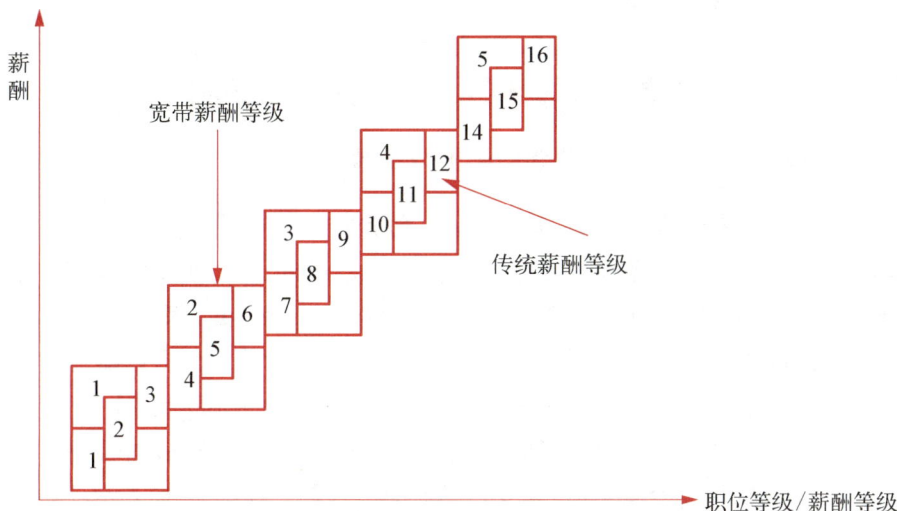

图 12-9　宽带薪酬结构示意图

　　首先，它打破了传统薪酬结构那种严格的等级制，将原来十几个甚至二三十个相邻的薪酬等级合并为一个等级，并将每个薪酬等级所对应的薪酬变动范围拉大，从而形成一个新的薪酬管理系统及操作流程。二是减少了工作之间的等级差别，有助于组织结构向扁平化发展，同时有利于提高效率，以及创造学习型的组织文化。三是在传统薪酬结构中，组织成员即便能力达到了较高的水平，但若没有职位空缺，仍然无法获得较高的薪酬，而在同一个薪酬宽带内，由于变动幅度大，组织成员只要注意培养组织所需要的技术和能力，并不断提高绩效，也可以获得较高的报酬。四是有利于培育组织成员跨职能成长的能力。在传统薪酬结构中，组织成员的薪酬水平与其所担任的职位严格挂钩，同一职位级别的变动并不能带来薪酬水平上的变化，但是这种变化又使得组织成员不得不学习新的东西，因此组织成员往往不愿意接受职位的同级轮换。而在宽带薪酬下，薪酬的高低不完全由职位决定，组织成员乐意通过相关职能领域的职位轮换来提升自己的能力，以此获得更大的回报。五是宽带薪酬的薪酬水平是以市场调查的数据及组织的薪酬定位来确定的，因此薪酬水平需要定期核对与调整，以方便组织把握市场情况，并能相应地做好人工成本的控制。六是实行宽带型薪酬，有利于管理人员和人力资源管理专业人员的角色转变。宽带薪酬下，直线管理人员对薪酬决策拥有了更大的权力和责任，可以对下属的薪酬定位给予更多的意见和建议，这有利于促使直线部门的管理人员切实承担起其人力资源管理职责，也有利于人力资源管理专业人员从一些附加价值不高的事务性工作中脱身，转而更多地关注对组织更有价值的其他一些高级管理活动，以及充分扮演好直线部门的战略伙伴和咨询顾问的角色。

　　宽带薪酬的优点也正是来自其灵活性，但它同时也带来难于控制的缺点，绩效管理的压力加大、组织成员晋升机会减少、薪酬成本上升，而且薪酬决策的主观性增强，不利于组织内部的薪酬一致性。因此，实施宽带薪酬，应注意培养一支高素质的薪酬管理队伍，完善绩效管理系统，重视薪酬沟通等。

12.3　公共部门人力资源绩效薪酬

12.3.1　公共部门人力资源绩效薪酬的含义及其优缺点

与绩效有关的薪酬概念多种，如 merit pay，译为绩效工资、业绩工资、绩效调薪；merit bonus，译为业绩红利、业绩奖金、奖金；incentive pay plan，译为激励薪酬计划；pay for performance，即按绩效支付薪酬，是笼统的说法；以及 variable pay，即可变薪酬。绩效加薪通常是指基本薪酬随着绩效的提升而增加，这是永久性的；而业绩奖金通常是指根据绩效所给予的一次性奖励；激励薪酬计划是面向未来工作绩效；变动薪酬既包括短期的也包括长期的。因此，公共部门人力资源绩效薪酬是一个比较宽泛的概念，是指根据组织成员本人及其所属群体（团队）、部门或组织的绩效来支付其薪酬。是与工作绩效相联系的薪酬体系或薪酬形式，可按激励对象维度分为个人绩效薪酬、群体绩效薪酬和组织绩效薪酬；还可按时间维度分为长期绩效薪酬和短期绩效薪酬，前者如奖金等，后者如股票期权、利润分享等。

绩效薪酬是建立在组织成员的绩效基础上的，鼓励人们为组织、团队和部门绩效而努力。因此，与基本薪酬相比，绩效薪酬的优点主要是：① 薪酬与绩效相连，有利于组织、团体或部门目标的实现，避免脱离组织战略的本位主义倾向；② 激励作用明显，特别是对高绩效者的奖励，从而有利于组织绩效水平的改善；③ 作为可变成本，能够增强组织薪酬的灵活性。其缺点主要是：① 绩效考核的难度较大，绩效薪酬难免会因此而流于形式；② 可能加剧内部竞争，包括个体之间、团队之间、上下级之间等，破坏了心理契约，最终也不利于组织绩效。

12.3.2　公共部门人力资源个体绩效薪酬

公共部门人力资源个体绩效薪酬是指以组织成员个人的绩效为依据而支付的薪酬。其优点主要是：（1）能极大增强组织成员的工作积极性；（2）减少组织的监管成本。缺点主要是：（1）导致人们过度关注个人利益，忽视团队和组织利益，不利于相互合作；（2）组织成员之间的收入可能会拉大，诱发恶性竞争；（3）增加组织成员与管理层之间的摩擦，特别是一旦人们超额完成绩效指标导致收入增长过快时，组织会制定更严格的标准，这会造成人们对组织的不信任，最终会影响组织目标的完成。

1. 计件工资制

计件工资制（Piecework Plan）是指根据产出水平和每件产品的工资率来支付薪酬。是最常见的个体绩效薪酬形式。这需要先确定一定时间（如 1 小时）内应当生产出的标准产出数量，然后再确定单位时间工资率，最后根据实际生产水平就可计算出实际应得薪酬。这分为直接计件工资制（Straight Piecework Plan）和有保障计件工资制（Guaranteed Piecework Plan）。前者是工资全部按产量来决定，后者是保障组织成员有最低工资收入。有时为了鼓励多干，还可采用差额计件制，即针对不同的产出水平制定不同的工资率。计件工资制适用于产品单一、变化不大、易于控制的生产工人，计算简单，容易理解和接受，但缺点主要是标准制定困难。

2. 标准计时工资制

标准计时工资制（Standard-hour Plan）是指根据生产效率高于标准水平的比例支付给组织成员同等比例的薪酬。这不同于通常的计时工资制，因为计时工资制是根据实际工作时间和工资标准来确定支付的薪酬，而标准计时工资制是在一定的工作标准基础上，根据节省的工作时间数量或单位时间内提高的工作效率来确定薪酬的。这里的生产效率即效率系数，是生产单位产品所需的标准时间和实际投入的工作时间之比。这实际上结合了计件工资制的特点，只不过是用效率标准替代了计件工资制中的产量标准，衍生出很多种形式。比较适用于周期长、技能要求高、非重复性的工作，而且简单易行，不过仍难以克服计件工资制的缺点。

3. 绩效调薪

绩效调薪是指根据绩效考核结果对基本薪酬进行调整，也被称为绩效加薪。一般按年度进行。调薪的比例根据绩效考核结果的不同有所区别，绩效考核结果的等次越高，比例就越高。调薪的范围或幅度要在每个职位等级所对应的薪酬区间之内，即基本薪酬的变化不能超出该薪酬区间的最大值或最小值。要说明的是，这不仅包括加薪，还包括减薪，这样才可能真正发挥其激励作用。

4. 绩效奖金

绩效奖金是指根据绩效考核结果所给予的一次性奖励，即一次性奖金（Lump-sum Bonuses 或 Awards）。这与绩效调薪有些类似，但没有针对绩效不良者的惩罚。根据支付周期，可分为月度、季度、半年度和年度绩效奖金。被认为是绩效调薪的替代方式，这不仅可以有效解决薪酬水平已经处于薪酬区间最高点的组织成员的薪酬激励问题，还可以有效避免组织固定薪酬成本的增加，绩效奖金的成本要远远低于绩效调薪。但二者存在很大区别，一是绩效调薪是对基本薪酬的调整，而绩效奖金不会影响到基本薪酬。二是绩效调薪受薪酬区间的限制，而绩效奖金则没有这一限制。三是周期不同，绩效调薪不能过于频繁，而绩效奖金则无此制约。因此，二者应配合使用，因为总是以绩效奖金替代基本薪酬的增加，就会带来不公平感。

在实际执行中，组织不仅要考虑个人的绩效，也要考虑团体或部门的绩效，以及组织的绩效。计算的基数可以根据基本薪酬来确定，也可以根据组织所规定的基数，例如部门绩效奖金分解到个人后所得到的标准绩效奖金额来确定。

5. 特殊绩效认可计划

特殊绩效认可计划是指组织对那些远远超出工作要求，并实现了高绩效表现或重大贡献的个人或团队额外给予的一种奖励或认可。其类型多种多样，包括度假、现金、实物等。其灵活性大大弥补了绩效调薪的局限性。

12.3.3　公共部门人力资源群体绩效薪酬

公共部门人力资源群体绩效薪酬是指以团队（部门）或组织的绩效为依据而支付的薪酬。与个体绩效薪酬相比，它的优点主要在于使组织成员更加关注团队和组织绩效，增强团队合作，有利于整体绩效的达成，所以越来越受到重视。特别是在具有良好的绩效文化和团队合作文化，工作产出又是集体合作、难以衡量个人在产出的贡献时，会凸显其优势。其明显的缺点是容易产生"搭便车"行为，因此在多种情况下，实施群体绩效薪酬既不意味着平均分配，也需要辅以对个人绩效的考核。

1. 利润分享计划

利润分享计划（Profit-sharing Plan）是指根据对代表组织绩效的某种指标如利润的衡量结果来支付薪酬。其优点是：（1）将组织成员的薪酬与组织绩效紧密联系在一起，增强了组织成员的责任感。（2）该薪酬不计入基本薪酬，有助于灵活调整薪酬水平。一般有三种形式：一是现金现付制，即以现金形式即时兑现。二是递延滚存制，即不立即发放，而是转入组织成员的账户，留待以后发放。有的还规定了以后发放的相应条件。三是混合制，即上述两种形式的结合。

2. 收益分享计划

收益分享计划（Gain-sharing Plan）是指组织与组织成员分享因生产率提高、成本节约和质量提高而带来的收益的绩效奖励模式。一般是先设计好收益分享公式，然后根据本人所属群体或部门的绩效改善状况进行分配。与利润分享计划相比，该计划优点有：（1）激励性更强。因为这是针对某一群体或部门的绩效，而不是组织整体绩效目标如利润，即基于生产率提高、质量提高和成本改善等方面的既定目标达成，而这些指标更容易被组织成员视为能受自己控制，因此其激励作用比收益分享计划明显。（2）奖励及时。该计划支付周期短，可能更为频繁、更加及时。（3）自筹性质。因为这是经过大家努力创造出来的收益，是组织过去无法获得或节约的钱。由于这是按群体绩效而不是个人绩效，而且是短期的群体绩效，所以通常是根据每个人基本薪酬的某一相同比例，或是按单位时间工作获得相同报酬，或平均形式发放。

此外，还有成功分享计划、员工持股计划等。

12.4　公共部门人力资源福利

12.4.1　公共部门人力资源福利概述

1. 公共部门人力资源福利的含义与特点

公共部门人力资源福利是指组织根据组织成员的身份而对其支付的间接薪酬。这是组织向组织成员支付的除了基本薪酬和绩效薪酬之外的那部分薪酬，但不是以组织成员的劳动情况而是依其身份为根据的。

与直接薪酬相比，它主要有如下特点：(1) 集体性。福利是通过集体消费或共同使用公共物品等方式让组织成员一起享有，主要是集体购买和发放一些生活物品等。(2) 均等性。所有组织成员基于其身份而享有组织各种福利的平等权利，与其工作绩效不直接挂钩或根本无关，不像直接薪酬那样具有一定的可变性，具有准固定成本的性质，机会均等、利益均沾。(3) 补充性。福利是对组织成员生活的有限的、特定的需求的满足，是对基本薪酬和绩效薪酬的补充。(4) 多样性。直接薪酬往往是货币和现期支付，而福利可以是货币、实物、服务及延期支付等多种多样的支付形式。(5) 差别性。不同组织之间的福利有所不同，而同一组织内部，对某项福利项目，也因劳动贡献、职位等不同而有所不同，如对高层管理人员、高层次人才等，组织会提供其他人员不享有的福利。

2. 公共部门人力资源福利的优缺点

福利的优点主要是：(1) 满足组织成员的不同需要。这源于其灵活多样的支付方式。(2) 吸引和挽留人才。福利是典型的保健因素，可以减少组织成员的不满意，进而有利于吸引和挽留人才。(3) 增加组织成员的收入。一方面，这是一种保障性收入，不会因绩效不佳而变化；另一方面，在薪酬成本一定的前提下，组织成员从组织获得福利，比自己拿到薪酬收入后再去购买的花费要低，即享受了税收优惠，实际上等于增加了实际收入。(4) 降低成本，因为组织集体购买某些产品具有规模经济效应，从而降低了购买成本。

其缺点主要是：(1) 缺乏激励作用。一方面，这源于其普惠性质，是明显的保健因素，与每个人的工作绩效不相关；另一方面，不同的组织成员、同一个组织成员在不同的职业生涯发展阶段，对直接薪酬和间接薪酬的偏好不同，对这部分人可能是很有价值的福利，对另一些人来说可能仅具有边际价值，福利剥夺了组织成员的选择权利，成为一种强制性消费。(2) 增大组织成本。因为福利一旦提供了，就很难取消，具有较强的刚性，这样会导致组织需要不断增加福利，从而增加组织成本。

3. 公共部门人力资源福利的功能

对组织来说：(1) 有利于吸引和保留人才；(2) 有利于营造和树立良好的组织形象，传播组织文化；(3) 有利于提高成本支出的有效性。在许多市场经济国家，福利相比基本薪酬、可变薪酬可享受优惠的税收待遇，这意味着同等金额的福利会产生更大的价值，从而提高组织成本支出的有效性。

对组织成员而言：(1) 可以增加收入；(2) 可以减低支出成本，这主要源于税收优惠和集体购买优惠等；(3) 保障身心健康和生活质量，保证在失业、生育、疾病、工伤、残障、老年、死亡等情况下获得物质帮助，解除后顾之忧；(4) 可以满足多样化的需要；(5) 可以满足尊重、公平和归属需要，福利的普惠均等可使组织成员感受到组织的公平对待和客观重视，进而获得相应的尊重感和归属感等。

12.4.2　公共部门人力资源福利的种类

各国福利项目大同小异，但具体内容众多繁杂、差别很大，依据不同的标准可以分为不同类型或形式，如以是否具有法律强制力可分为国家法定福利（强制性福利）和组织自主福利（自愿性福利、补充福利）；以给付方式可分为货币型、实物型和服务型；以选择的灵活性可分为固定福利和弹性福利，前者是指没有选择余地，后者是指在一定范围内可以灵活选择；以表现形式可分为经济性福利和非经济性福利，前者如各种保险项目、住房补贴等，后者如培训等；以福利功能发挥可分为劳动条件福利、生活条件福利和人际关系福利。最基本的划分还是第一种。

1. 国家法定福利

国家法定福利是指国家法律法规规定的福利。这具有强制性，任何组织都必须执行。主要包括社会保险、休假制度与住房公积金等。

（1）社会保险。这是指国家通过立法而建立起来的旨在保障劳动者在暂时或永久丧失劳动力时或在工作中断期间基本生活需求的一种保险制度。社会保险是社会保障制度的核心内容，以保护全体劳动者为目的，运用保险技术，并按照一定标准，向失业、遭受劳动灾害、残疾、死亡，以及年老的社会成员发放生活费，提供医疗和就业服务，并帮助其恢复和提高劳动能力。其经营主体是国家，社会保险费用的一部分由国库负担，一部分要求劳动者及劳动力的使用者承担。从理论上讲，社会保险是社会对劳动者在特殊情况下分配个人消费品的一种形式。劳动者的社会保险权属于基本人权的社会保障权的重要组成部分，国家兴办社会保险事业是国家对劳动者履行的社会责任。社会保险具有强制性、保障性、普遍性、社会性和互助性等特点。

从全球看，保险是互助共济与风险分担，是以多数人的经济力量来补偿少数人的损失的一种社会共济制度。它有狭义与广义之分，狭义的保险是指专门的保险公司按商业经营原则提供的商业保险，包括财产保险和人身保险两大类。广义的保险包括三部分：一是商业保险；二是被保险人集资合办、体现互保互助原则的合作保险；三是国家法定的强制性保险，即社会保险。社会保险制度自创立以来，世界上170多个国家或地区先后建立了社会保险制度，但由于各国社会制度、发展程度、经济实力和文化背景不同，在社会保险的政策取向、制度设计、项目多寡、具体标准及实施办法等方面都存在着很大差别。按照价值取向的侧重点和制度完备的程度，可以把这些国家分为五种类型：一是仍局限于救灾济贫范围的国家。主要包括发展较为迟缓的一些非洲国家。二是着眼于以就业保障来保证社会公平和劳动力再生产的国家，如俄罗斯和东欧国家。三是立足于保证基本生活需求和社会安全，进而开发人力资源的国家，德国、美国和日本比较典型。四是所谓"福利国家"，保障范围遍及全民，保险项目贯穿人生各个方面，英国和北欧国家最有代表性。五是完全以自助为主，以促进经济发展为目标的国家。其特征是政府不提供资助，除公共福利与文化设施外，费用由雇主和雇员负担，如马来西亚、印度尼西亚等。

综合各国社会保险制度，可以归纳为以下四个特点：一是自成体系。各国社会保险项目的划分和组合也各不相同。如德国、法国和日本采用医疗保险或健康保险的"一揽子计划"；美国的"医疗照顾"制度仅是针对老年人和残疾人实施的，其对象、范围都有限，一般人都需到保险公司参加"完全自愿"的医疗保险。二是根据本国的国情、经验、需求和传统来确定，并加以划分和组合。如日本进入高龄化社会的速度极快，超出欧美其他发达国家三四倍，因此日本政府和全社会都把研究老年人福利保障问题放在一个极其重要的位置，有关养老保险的制度就相当完备。三是社会保险制度虽然差别很大，但所设项目大同小异，如养老退休、医疗保健、工伤赔偿、失业保险等项目，这些项目虽然采取的形式各不相同，但都是每一个国家的社会保险制度中必不可少的。四是社会保险收入在国民生产总值中所占的比例，发达国家比例高、项目多，其中西欧发达国家最高，这些国家社会保险的社会化程度高、范围广。

① 养老保险。这是指国家通过立法强制建立养老保险基金，被保险人符合法定条件时，可以从中领取养老金，以保证其基本生活的一种社会保险制度。与其他社会保险相比，养老保险还具有风险的确定性、待遇给付的持续性等特点。当前，世界上的养老保险制度可分为三类：一是保险型，以德国、美国、日本为代表。它强调养老待遇与劳动者的收入和缴费水平相联系，养老资金主要来自雇主和雇员的缴费，另外还有政府补贴。二是福利国家型，以英国、瑞典为代表。其养老制度适用于全体国民，待遇标准统一，养老资金来自国家财政。三是基金积累型，以新加坡和中国香港地区为代表。它要求强制储蓄积累资金，资金来自雇主和雇员的缴费，所有缴费存在雇员个人账户。从全球来看，在已建立养老保险的 172 个国家或地区中，有 78 个国家单独建立了公职人员制度，其中有经合组织（OECD）30 个国家中的 13 国、欧盟 27 国中的 8 国。

② 医疗保险。这是指通过用人单位和个人缴费或政府补贴，建立医疗保险基金，参保人员患病就诊发生医疗费用后，由医疗保险经办机构给予一定的经济补偿，以避免或减轻参保人因患病、治疗等所带来的经济风险的一种社会保险制度。与其他社会保险相比，医疗保险还具有独特的第三方付费制、享受待遇与缴费水平不是正相关关系等特点。目前，国际上存在自愿保险、强制性医疗储蓄、免费全民医疗保险和社会保险四种模式，其中上百个国家采取的是社会保险模式。

③ 工伤保险。这是指国家筹集设立工伤保险基金，劳动者在生产、工作中遭受事故伤害与患职业性疾病并经过工伤认定后，其本人或近亲属可从工伤保险基金获得法定工伤保险待遇给付的一种社会保险制度。其目的是为了保障劳动者在遭受工伤伤害时能够得到及时有效的救济，促进工伤预防和职业康复，分散用人单位的工伤风险，减少社会矛盾。与其他社会保险相比，工伤保险还具有无偿性和待遇多样性的特点。工伤保险在世界的普及率比养老、医疗、失业等保险高得多。根据国际社会保险协会（ISSA）的资料，全球建立了工伤保险法律法规的有 164 个国家或地区，其他的 30 多个国家或地区也有与工伤事故方面相关的立法。但由于各国历史、文化、经济背景不同，实行工伤保险的国家大多数

实行工伤社会保险，还有少部分国家实行雇主责任保险，另有一些国家两种方式并存。

④ 失业保险。这是指国家法律确定的，由社会集中建立基金，对因失业而暂时中断生活来源的劳动者，在法定期间内提供物质帮助，使其享有基本生活水平的一种社会保险制度。与其他社会保险相比，失业保险还具有预防性、补偿性、期限性等特点。依据失业保险的目标和范围不同，各国的失业保险制度可分为以下类型：一是国家强制性失业保险。二是非强制性失业保险。这又分为两类，第一类是由工会等团体自愿建立，团体成员参加，政府提供大量资助，如瑞典；第二类是参加商业性的失业保险。三是失业补助制度。适用于经济状况经调查达到规定标准的失业者，以及无资格享受正常失业保险金的失业者。如澳大利亚、新西兰、阿根廷等。四是综合型失业保险制度，也就是强制或非强制失业保险与失业补助相结合的失业保险制度。多数国家是强制性的。

⑤ 生育保险。这是指通过强制方式筹集生育保险基金，为怀孕、分娩的参保妇女提供生育休假、医疗服务和收入补偿，以确保参保妇女在生育期间的生活维持和健康养护的一种社会保险制度。与其他社会保险相比，生育保险还具有性别性、特殊性、与人口政策密切相关性等特点。在统计的 136 个国家或地区中，生育保险分为四种类型：社会保险型、强制性保险和普遍医疗保健相结合型、社会保险和雇主责任制度相结合型、储蓄基金制度等其他类型。其中有 91 个国家或地区采取社会保险制度，有的采取单独立法的形式，更多的是采取将生育保险与疾病保险规定在一起的"综合立法模式"。另外，国际劳工组织还制定了多个公约或建议书。

（2）休假制度。主要包括：① 公休假日；② 法定假日；③ 带薪休假；④ 探亲假、婚丧假、产假与配偶生育假、病假等。

（3）住房公积金。这是指用人单位及其在职人员共同缴存的长期住房储金。属于组织成员个人所有。我国称为住房公积金，类似的有新加坡的中央公积金、巴西的住宅发展与就业保障基金等。

2. 组织自主福利

组织自主福利是指组织在国家法定福利之外向组织成员提供的其他福利。与国家法定福利相比，它不具有任何强制性，也没有统一的标准，各组织可根据相关情况灵活确定。大体分为如下项目：

（1）额外货币收入。包括节日的过节费、购物券等。

（2）其他保险。这是指除社会保险之外的组织提供的其他保险，包括补充养老保险，即企业年金或职业年金；人寿保险；（补充）医疗保险；（补充）失业保险；意外伤害保险等。

（3）医疗保健福利。包括免费定期体检，免费注射疫苗，药费和营养费补贴，职业病免费防护、医疗等。

（4）意外补偿金等。包括意外工伤补偿金、伤残生活补助、死亡抚恤金等。

（5）值班加班补助等。这是指法定加班补助之外的加班费，节假日值班费，以及值班、加班的伙食、饮料等。

（6）免费工作餐等。包括免费工作餐、午餐补助、误餐补助等。

（7）交通通讯福利。包括交通补贴费或班车服务、燃料补助费、移动通信费用补贴等。

（8）教育培训福利。包括免费或部分免费脱产培训、公费进修、学历教育补助、报刊订阅补助等。

（9）相关援助。这是指组织针对组织成员的职业生涯发展、健康生活方式、心理健康、工作压力、理财问题、法律纠纷、家庭纠纷、退休服务等，为其及其家人的心理和行为问题提供的系统服务。

（10）住房福利。包括免费单身宿舍、夜班宿舍、廉价公房、购房补贴等。

（11）文体旅游福利。这是指有组织的文体活动、自建的文体设施、旅游补助或免费的订票服务等。

（12）带薪休假。这是指在法定休假制度之外，组织给予组织成员一定时间的带薪休假。

（13）其他福利。这可分为：① 预支工资、生活困难补助费等；② 取暖、降温、洗澡、理发等生活津贴补助；③ 子女入托补助等。

12.4.3　公共部门人力资源福利的设计与管理

1. 公共部门人力资源福利的设计管理的影响因素

公共部门人力资源福利设计与管理的影响因素包括组织内外两种。内部因素主要包括组织的发展战略、发展阶段、经济实力，工作的特性等，组织成员的需求、构成（如年龄、工作年限、性别、文化程度）等。外部因素包括法律法规和相关政策、市场薪酬水平、劳动力供求状况、物价水平等。

2. 公共部门人力资源福利设计与管理的流程

公共部门人力资源福利设计与管理针对的是组织自主福利，国家法定福利必须设置。而自主福利的设计与管理必须综合考虑以上内外因素，并采取如下流程，以保证充分发挥福利应有的作用。

（1）组织战略分析。福利的设计与管理必须与组织的发展战略和阶段目标相适应，组织战略分析是基本前提。

（2）组织内外部调查。这是指对组织内部人员的福利需求调查，以及组织外部的福利状况调查，以此确定内部需求的合理性和组织的总体福利水平等。可作为前述薪酬调查的一部分一起进行。

（3）规划设计。这需要确定：① 福利水平。与前述薪酬政策相类似，要确定采取领先型还是跟随型，抑或滞后型的福利水平。② 具体福利项目及其成本预算，成本预算包括总的福利费用、各个福利项目的成本、每个人的福利成本等。③ 实施计划，即福利产品购买、保管的制度、发放的时间等。

（4）计划实施。即按上述计划向组织成员提供具体的福利。当然，这也需要根据情况适时调整。

（5）评估反馈。这主要是指要按计划对上述各阶段进行评估，并就计划实施情况进行调查反馈，一方面，及时发现其中存在的问题，以不断完善福利的设计与管理；另一方面，还需要定期评估组织内外部情况，及时更新福利项目，使福利效用最大化。

3. 公共部门人力资源弹性福利计划

长期以来，组织提供的福利都是统一的、固定的，而人们的需求却差别较大，因此传统的福利模式既难以满足人们的需求，也难以发挥其应有的价值，弹性福利计划应运而生，并成为福利设计与管理的一个发展趋势。

弹性福利计划是指组织在国家法定福利的基础上，设定年度福利总额，列出福利项目，而由组织成员自行选择和组合的福利计划形式。这不是一项福利内容，而是一种福利方案，方便、灵活，可以很好地克服传统福利的缺陷，并体现福利的效果。从发达国家看，主要有以下类型。

（1）附加型弹性福利。这是指在现有福利项目之外，再提供一些福利项目或提高原有福利标准，供选择组合。其优点是自由选择余地较大，但管理成本较高。

（2）核心加选择型弹性福利。这是由核心福利项目和选择福利项目两部分组成，前者是所有人都享有的基本福利，不可选择；后者包括所有可供自由选择的项目，并附有价格。超出限额的部分，可以现金支付。其优点是稳定与灵活相结合，但管理相对烦琐。

（3）弹性支用账户。这是指组织成员每年从其税前收入中支取一定数额作为自己的"支用账户"，并以此账户选购各种福利项目。拨入该支用账户的金额不必缴纳所得税，必须在本年度内用完，不能在来年使用；而且，既不能以现金形式发放，也不能将已经确定的认购款项挪作他用。其优点是吸引力大，但管理手续烦琐。

（4）福利"套餐"。这是指组织同时提供不同的、固定的福利组合，每一种组合所包含的福利项目和优惠水准不同，组织成员只能选择某种福利组合，而不能自己组合。组织一般是根据组织成员的背景，如年龄、婚姻、家庭人口、住房需求等进行设计。其优点是简单、易管理，但选择弹性较小。

（5）选择性弹性福利。这是指在原有固定福利的基础上，再提供几种项目不等、程度不同的福利组合。这些福利组合的价值，有的比原有固定福利高，有的则低。如果选择比原有固定福利高的组合，则需要从其基本薪酬中扣除相应的金额来补足；如果选择比原有固定福利低的组合，则可以得到其中的差额部分，但必须对该差额部分纳税。其优点是选择余地较大，但管理成本较大。

可见，弹性福利计划集中体现为赋予组织成员更多的自主选择权利，优势非常明显。但是，对组织来说，管理起来较为复杂，也削弱了集体购买的规模效应；对个人来说，可能因缺乏专业知识，导致只注重眼前利益或缺乏仔细考虑，而选择了不实用的福利项目。另外，需要指出的是，发达国家的福利管理存在社会化和货币化趋势。前者是指将福利委托给社会上的专门机构进行管理，后者是指将福利折合成货币形式发放。这样，前者可以使人力资源管理专业人员集中精力从事高附加值的工作，但这需要与社会机构进行大量的沟通，否则福利会缺乏针对性；而后者则改变了福利的性质，其应有的作用被大大弱化。

12.5　中西公共部门人力资源薪酬管理制度与实践比较

12.5.1　西方发达国家公共部门人力资源薪酬管理制度与实践

1. 美国公务员薪酬管理制度与实践

（1）工资。包括法定工资制度和其他工资制度。前者适用于白领雇员，包括一般职工资序列、外交人员工资序列、退伍军人健康管理人员工资序列。后者主要包括适用于高级公务员的工资序列、蓝领工人的联邦工资序列，以及行政法规决定的工资序列。联邦公务员的工资由专门的联邦工资账户支付，而各州、县、市公务员的工资则由本级政府财政负担。

① 基本工资。美国已形成以常规工资体系为主、以弹性工资体系为辅的多元化工资框架。一方面是常规工资体系。这适用于一般职序列。是美国政府覆盖面最广、涉及人数最多的工资制度。其等内增资适用于永久性职位雇员。另一方面是弹性工资体系，包括：一是最高工资标准规则，即允许行政机构给予一般职序列雇员高于常规工资标准的特殊工资规则，适用于一般职序列雇员的再雇用、调任、重新安排工作、晋升、降级以及其他职位变动。二是雇用高资格条件者和特别需要者的弹性工资。联邦政府各行政机构在雇用具备高资格条件的申请者和特别需要的职位人员时，可以给予他们高于招募职位工资等级标准的工资。三是高级雇员弹性工资。对联邦政府中的高级公务员、高层雇员、科学或专家职位雇员等高级雇员实行具有宽带结构的弹性工资。联邦行政机构可以根据高级雇员所具有的资格条件和实际工作绩效，在最低标准与最高标准之间决定他们的年薪报酬。

② 津贴、补贴。主要包括：第一，住宅津贴和生活津贴。依据《美国法典》，对派往合众国、波多黎各自由邦、运河区和合众国领地和属地以外的其他地区的公务员，给予临时住宅津贴，以及租金、取暖、采光、燃料、煤气、电和水等生活津贴。第二，给予派驻国外公务员的调任津贴、分居生活供养津贴、教育津贴和交通费等。第三，岗位津贴，这是根据环境，给予驻国外地区工作雇员的津贴，岗位差额不得超过其基本薪金率的 25%。第四，其他津贴，如制服津贴、危险薪金津贴等。此外，还享受加班费、假期补助、购房补助等补贴。

③ 奖金。联邦政府奖励包括各种现金奖、工作成绩奖、政府推荐奖、高绩效提薪、荣誉与正式赞扬、休假奖等。《美国法典》详细规定了工作成绩奖、现金奖等措施。其中，工作成绩奖金额不得多于基本薪金率的 10%，也不得少于基本薪金率的 2%。但是，经机关首长确认可以给予超过基本薪金的 10%、不超过 20% 的成绩奖。奖金现金额不超过 1 万美元，但经人事管理署批准，可授予超过 1 万美元但不超过 2.5 万美元。为了吸引、安置、稳定优秀公共管理人才，联邦政府推出了包括"雇用奖金""安置奖金""留人津贴"等奖励措施。

（2）福利。主要包括年休假、家庭与医疗假，以及出庭假、骨髓与器官捐赠假、紧急事件假、应征入伍假和无工资假等，以及健康保险、集体人寿保险、养老金、健康保险等保险。⑨

另外，在工资制度的设计上，美国联邦政府坚持两个原则：一是在同一工资区内，公务员职位与外部的社会职位之间要具有工资可比性；致力于缩小或消除同一工资区内，工作性质相同的政府职位和社会职位之间的工资差别，坚持同工同酬，使公务员工资在当地劳动力市场具备外部可比性和竞争力。二是在不同工资区之间，联邦公务员体系内部的工资要具有可比性。不同工资区的公务员工资差异要能反映出不同地区的生活成本差异，使那些在边远地区，如阿拉斯加、夏威夷等地工作与在经济发达地区工作的联邦公务员具备同样的购买力。为此，引入了两大机制——地区可比性工资机制和生活成本津贴机制。⑩州与地方政府工资制度多数是参照联邦政府的模式制定的，但工资等级和标准不尽相同。整体来看，平均工资水平约相当于联邦政府公务员工资的80%。⑪2013年，联邦雇员平均年薪7.2万美元、州的全职雇员平均年薪59 196美元、地方全职雇员平均年薪53 844美元。

需要指出的是，20世纪80年代，美国公共部门和私营部门之间的薪资差距达到了28%，政府的可比性调薪赶不上私营部门的增资速度，联邦政府薪资系统缺乏外部竞争性。为此，联邦政府开始进行宽带薪酬试验。一是1980年在位于圣地亚哥和加利福尼亚的中国湖两个海军研究开发试验室进行人事管理改革试点，简称海军项目；二是1988年在位于马里兰州的国家标准与技术研究院展开试点，简称研究院项目；三是在位于加利福尼亚州的麦克里兰空军基地后勤中心开展宽带薪资试点项目，简称空军项目。针对科学家、工程师及其他相应等级专业人员设计了三种不同的宽带薪资计划。海军项目和研究院项目划分五个薪资宽带，空军项目划分四个薪资宽带。每一项目的薪资宽带涵盖的联邦政府通用薪资表的薪资等级不同。此外，每一项目还专门为所属行政管理人员、技术人员以及事务类支援人员设计了专门的职业发展通道以及薪资宽带，但这些人员的薪资宽带包含的薪资增长潜力相对要小。每个薪资宽带的区间跨度为53%～123%，对联邦政府薪资系统做了重大简化。三个宽带薪资试点项目采用了不同的增资方式。空军项目是以年资为基础进行加薪，海军项目和研究院项目是根据绩效调整薪资。其中，空军试点项目建立了整个组织的全面质量管理系统，但不对每个员工进行绩效评价。员工每年都得到1%～3%的加薪，加薪的百分比取决于他们的薪资水平在薪资宽带内所处百分位的高低。另外，试点项目中的员工每年还可得到政府统一提供的可比性加薪。这种双重的自动加薪机制与联邦政府通用的加薪方式一样。该试点单位建立了基于组织绩效的收益分享制度，根据单位成本降低情况每季度支付一笔一次性收益分享金，以提高绩效和改善生产率。试验研究发现，宽带薪酬系统节约管理成本，改善组织绩效，管理人员的满意度上升，员工对于宽带薪酬系统整体满意度上升，政府机构的人才招募能力得到提升。

2. 日本教师定期轮岗制的薪酬保障制度

该制度的特点主要是：政策法规保障健全完善，执行严格；教师基本工资高，津贴种类多且数额大；各项经济保障制度科学缜密、全面详尽。

（1）确保质量的"高薪养教"。教师工资位于日本社会各职业收入榜的前列。日本文部科学省曾经做了一个统计，比较 2001—2005 年间日本中小学教师与一般行政职员的平均月薪酬。结果表明，一般行政职员的月平均收入为 399 128 日元，而教师的月平均收入为 410 451 日元，平均高出 11 323 日元。日本教师工资主要由基本工资、教职调整额和各种津贴三部分组成。对基本工资，每一个地区均有一个官方统一公布的"教员工资表"，该表依据教师工作的复杂、难易度等划分等级，在每一个等级中再依据教师的学历、工作年限、业务娴熟程度等划分为各级"号给"。如东京教育委员会将教师工资划分为 6 个等级和 177 个号给。如 001 级号给的第一等级的月工资为 146 000 日元，而 001 号给的第六等级的工资则为 383 100 日元。号给级别越高工资越高，等级越高工资也越高。文部科学省的统计显示，在基本工资上，教师每月比一般行政职员高了 16 096 日元。教职调整额比较固定，即每月基本工资的 4%。在各大收入排行榜上，无论是从月平均薪酬还是基本工资而言，日本中小学教师均位于社会前列。

（2）突出"公平"的基础津贴。日本教师的津贴种类繁多、覆盖面广，主要分为三种：基本津贴、普通津贴和特殊津贴，这些不同的津贴种类，在定期轮岗制中发挥的作用各不相同。基本津贴是指在一般情况下所有教师都能享受到的津贴，如单身赴任津贴。因为轮岗更换学校、居住地，而不得不与配偶分居的教师可以享受单身赴任津贴。以东京为例，其基本额度为 23 000 日元/月，再根据轮岗学校的距离、分居后家庭成员的收入等不同情况，决定增加津贴的数额。但不管如何叠加，单身赴任津贴总额不能超过 45 000 日元/月。此外，还有扶养津贴、地域津贴、通勤津贴、住房津贴、值班津贴、管理职位津贴等。

（3）彰显"绩效"的普通津贴。这是只有在完成了特定考核或者执行了特别任务的部分教师才能享受到的津贴，此类津贴有严格的范围限定和对应级别限制。如夜间教育津贴，是针对从事晚上教学或者晚间工作的中学教职员工发放的。校长和教导主任是每天 1 200 日元，除此以外的教职员工是每天 1 500 日元。此外，还有特殊业务津贴、期末勤勉津贴、义务教育教师特别津贴等。

（4）保障"轮岗"的特殊津贴。这是指在特别地区才可以享受到的津贴，如寒冷地津贴、偏僻地津贴等。当然，日本根据都道府县具体情况的不同，津贴的种类、数目也会有所差异。如长距离人事调动津贴。该津贴主要是支付给轮岗到距离过远的学校去工作的教师，其划分标准主要是距离，支付额度=（工资+工资的特别调整额度+专业员工职位调整津贴+扶养津贴）×支付比例。支付比例是 60~300 km 之间的为 3%，300 km 以上的为 6%。支付最长年限为三年。还有寒冷地区津贴、偏僻地津贴与偏僻地准津贴、特殊地区勤务津贴等。[12]

12.5.2　我国公共部门人力资源薪酬管理制度与实践

1. 我国公共部门人力资源薪酬管理的基本原则

（1）劳动、资本、技术和管理等生产要素按贡献参与分配原则。该原则是社会主义制度下个人消费品分配的基本原则，也是薪酬管理的基本原则，乃至最重要的原则，物质生产和非物质生产部门都适用。

（2）正常增资。这是世界各国的通行做法，也是经济社会发展规律的体现。而且公共部门人力资源所提供的劳动量难以精确计算，应以法律保障他们的工资与经济社会发展相协调、与社会进步相适应。

（3）平衡比较。同工同酬是现代国家普遍坚持的收入分配原则，体现了国家收入分配和社会生活的公正程度。为此，在确定和调整机关事业单位工作人员工资时，将国有企业职工作为参照，使机关事业单位工作人员的工资水平与国有企业同类人员保持大体持平，保持机关事业单位工作人员薪酬制度的外部公平性。

（4）物价补偿。根据物价（指数）的变动，适时调整工资标准，保证实际工资水平不因物价上涨而下降。尽管各国的做法不尽一致，有的直接与物价挂钩，有的则不挂钩，但物价补偿这一点各国基本一致。

（5）法治保障。这同其他人力资源管理活动一样，即依法定薪、依法支薪、依法管薪、依法保薪，加强立法和执法监督，使薪酬管理在法治轨道上运行。

2. 我国公务员薪酬管理制度与实践

（1）历史发展。

① 工资制度。1949 年以来，公务员（干部）的工资制度共经历了五次大的改革，形成六个发展阶段。

第一，供给制与旧工资制度并存阶段（1949—1952 年）。中华人民共和国成立以来，来自革命根据地的供给制与旧工资制度并存，供给制主要包括伙食、服装和津贴等。

第二，工资分制阶段（1952—1956 年）。1952 年，进行工资制度改革，实行工资分制，按工资分为供给制人员的津贴标准和工资制人员的工资标准，同时，对旧社会遗留下来的不合理工资制度进行了改革。但工资分制还不是直接用货币支付的现代薪酬制度，是从供给制向货币工资制过渡时期所实行的一种较为特殊的工资制度。

第三，货币化等级工资制阶段（1956—1985 年）。1955 年，国务院发布了《关于国家机关工作人员全部实行工资制和改行货币制的命令》。1956 年，国务院又做出了《关于工资改革的决定》，国家机关和企事业单位的干部统一实行职务等级工资制，取消实物补贴和工资分制度，实行货币发放，这标志着我国传统工资制度的形成。行政人员的工资标准分为 30 级，工程技术人员的工资标准分为 18 级；企业工人实行八级工资制；科教文卫体等也相应制定了全国统一的工资等级标准。该制度实行了近 30 年，但缺乏正常的增资机制、水平低、职级不符、劳酬脱节、标准过多过烦等，按劳分配难以落实，形成了具有浓厚平均主义特点的"大锅饭"。

第四，结构工资制阶段（1985—1993 年）。1985 年，国务院发布《关于国家机关和事业单位工作人员工资制度改革问题的通知》，并批准了《国家机关和事业单位工作人员工资制度改革方案》，建立"结构工资制"。工资由基础工资、职务工资、工龄津贴、奖励工资四部分组成。这次改革较好地反映了工资的各种功能，把普遍增资与解决"职级不符"结合起来，进一步理顺了工资关系。同时，将企业工资制度与机关事业单位工资制度脱钩。但结构工资制在实际运行中也暴露出一些问题，如过分强调职务，四个组成部分并未按预想的那样发挥作用，很难反映工作内容、责任、难易程度等不同而应在工资中有所体现，因而难以实现同工同酬、按劳分配。

第五，职务级别工资制阶段（1993—2006 年）。1993 年，国务院发布《关于机关和事业单位工作人员工资制度改革问题的通知》，结合政府机构改革和推行公务员制度进行工资制度改革。国家行政机关实行国家公务员制度，事业单位实行不同的工资制度和分配方式，公务员建立职务级别工资制。第一，公务员按职务、职级、年功和实际贡献确定工资标准，工资由基本工资、奖励性工资和津贴性工资三部分组成。基本工资的形式即职级工资制，奖励性工资即奖金。津贴分为地区津贴和岗位津贴。同时，建立正常晋级增资制度，定期调整工资标准。这对推动国家公务员制度的实施，调动公务员积极性，理顺工资关系，促进建立社会主义市场经济体制起到了重要的作用。但缺陷也逐步暴露，如工资分块较多、基础工资标准过低、收入差距较大、分配秩序比较混乱等。

第六，完善职务级别工资制阶段（2006—）。2005 年颁布的《公务员法》专设工资福利保险一章，确定了公务员实行职务与级别相结合的工资制度；2006 年 6 月，国务院印发《公务员工资制度改革方案》、人力资源与社会保障部等印发《公务员工资制度改革实施办法》，改革、完善职务级别工资制。一是使工资制度与公务员分类管理的要求相吻合，分别形成综合管理、专业技术、行政执法三类人员的工资表。二是调整基本工资结构。公务员基本工资由职务工资、级别工资、基础工资、工龄工资组成的"四结构"简化为职务工资、级别工资组成的"两结构"，取消基础工资和工龄工资。三是调整基本工资正常晋升办法。公务员晋升职务后，执行新任职务的职务工资标准，并按规定晋升级别和增加级别工资。年度考核称职及以上的，一般每五年可在所任职务对应的级别内晋升一个级别，一般每两年可在所任级别对应的工资标准内晋升一个工资档次。公务员的级别达到所任职务对应最高级别后，不再晋升级别，在最高级别工资标准内晋升级别工资档次。四是实行级别与工资等待遇适当挂钩。五是完善津贴补贴制度。在清理规范津贴补贴的基础上，实施地区附加津贴制度，完善艰苦边远地区津贴制度和岗位津贴制度。六是健全工资水平正常增长机制。建立工资调查制度，定期进行公务员和企业相当人员工资收入水平的调查比较。国家根据工资调查比较的结果，结合国民经济发展、财政状况、物价水平等情况，适时调整机关工作人员基本工资标准。工资调查制度建立前，国家根据国民经济发展、财政状况和物价水平等因素，确定调整基本工资标准的幅度。七是实行年终一次性奖金。另外，像经济特区公务员，人民警察、海关人员，驻外使领馆工作人员等特殊地区、特殊行业公务员，针对其特殊情况，也做了相应改革。

（2）福利制度。

1949 年以来，公务员（干部）的福利制度分为六个发展阶段。

第一，初步建立阶段（1949—1965 年）。福利主要是调节和补充生活温饱问题，该阶段的特点是"统包统配"，属于典型的救济式福利，是对工资制度的补充。

第二，基本停滞阶段（1965—1977 年）。文化大革命期间，有关福利制度被废止，相关部门被解散，一些福利设施也被破坏，福利制度处于基本停滞状态。

第三，恢复发展阶段（1977—1993 年）。文化大革命结束，福利制度得以恢复发展。特别是随着 1985 年工资制度改革，公务员在住房、教育、生活福利、集体福利设施等许多方面得以全面提高。

第四，改革完善阶段（1993—2006 年）。随着工资制度的改革，工资结构得以调整，部分福利纳入工资收入，福利分房制度得以改革，住房公积金制度得以实现，传统的公费医疗也进行了，公务员需承担一定的比例，等等。

第五，全面发展阶段（2006—2012 年）。随着《公务员法》的实施，包括福利制度在内的薪酬制度以及社会保障体系进行了进一步的改革、完善和提高，并逐步走向法治化轨道。

第六，法治规范阶段（2012—）。党的十八大以来，中央出台有关规定，严格规范福利发放，大力查处"违规发放福利"问题，使福利制度进一步合理、合规、合法。

（3）社会保险制度。

1949 年以来，公务员（干部）的社会保险制度分为五个发展阶段。

第一，初步创建阶段（1949—1958 年）。在这期间，国家出台了有关伤亡褒恤、公费医疗、患病期间待遇、退休、退职等暂行条例、办法等，特别是 1951 年 2 月的《中华人民共和国劳动保险条例》，与 1952 年 6 月的《关于全国各级人民政府、党派、团体及所属事业单位的国家工作人员实行公费医疗预防的指示》的颁布实施，初步建立了包括国家机关工作人员的养老、医疗、伤残、死亡等保险制度在内的社会保险制度。

第二，调整充实阶段（1958—1965 年）。在这期间，主要出台了工人、职员的退休、退职暂行规定，统一了国家机关工作人员和企业职工的退休退职办法，提高了退休退职的待遇标准；统一了国家机关工作人员和企业职工的医疗保险。

第三，基本停滞阶段（1965—1977 年）。文化大革命期间，社会保险制度遭到严重破坏。如社会保险机构被撤销，养老保险工作停滞，到 1976 年有 260 万具备退休条件的国家机关工作人员与企业职工不能退休，等等。

第四，恢复重建阶段（1977—1993 年）。文化大革命结束，国家相继出台了有关安置老弱病残干部、老干部离职休养、退休待遇标准提高、死亡抚恤标准、病假期间生活待遇等规定，社会保险制度得以恢复重建。

第五，发展完善阶段（1993—）。1949 年以来，我国建立了机关事业单位（干部）和企业（职工）两套社会保险体系，农民被排斥在外，这极不适应经济社会发展和时代要求，因此，一方面，随着 1993 年《国家公务员暂行条例》、2006 年《公务员法》的实施，公务员社会保险制度进入建设、发展的全面推进阶段。另一方面，2010 年 10 月 28 日，由第十一届全国人民代表大会常务委员会第十七次会议通过了《中华人民共和国社会保险法》（2011 年 7 月 1 日实施，下称《社会保险法》），确立了广覆盖、可转移、可衔接的社会保险制度，使社会保险体系建设全面进入法制化的轨道。《社会保险法》第二条规定："国家建立基本养老保险、基本医疗保险、工伤保险、失业保险、生育保险等社会保险制度，保障公民在年老、疾病、工伤、失业、生育等情况下依法从国家和社会获得物质帮助的权利。"这就明确规定了我国社会保险的内容包括基本养老保险、基本医疗保险、工伤保险、失业保险和生育保险。其中，要特别强调两点。

一是养老保险制度改革，机关事业单位工作人员养老保险制度基本建立。传统的干部养老保险制度问题凸显，比如没有建立基金累计制度，退休费用国家统包，每年列入财政预算，现收现付，没有形成积累，财政负担越来越重；没有建立个人缴费制度，完全依靠国家养老，缺乏自我保障责任和意识；没有形成科学的给付机制，退休费按本人退休时基本工资的一定比例计发，随在职人员工资调整一起调整，没有建立适合自身特点的正常调节机制，替代率达到 85% 以上，即占到退休前工资的 85% 以上，比事业单位高，而且企业职工缴 28% 的费率，公务员个人不缴费，但公务员退休金却是很多企业职工的数倍，相比农民而言则更高，本来养老金是消除社会养老的减震器，却成为制造矛盾的众矢之的；退休费的支付、发放等全由原单位承担，管理服务的社会化、现代化程度较低；等等。为此，几十年来，改革养老保险制度，建立公务员养老保险制度的讨论、文件、办法、试点多多。其中，1992 年，人事部下发《关于机关、事业单位养老保险制度改革有关问题的通知》，在云南、江苏、福建、山东、辽宁、山西等省开始局部试点，但最终由于各地试点步调不一，一直没有形成全国统一的事业单位养老保险的全面改革方案等原因，改革以失败告终。直到 2015 年 1 月，《国务院关于机关事业单位工作人员养老保险制度改革的决定》提出：改革现行机关事业单位工作人员退休保障制度，逐步建立独立于机关事业单位之外、资金来源多渠道、保障方式多层次、管理服务社会化的养老保险体系；2015 年 3 月，国务院办公厅印发《机关事业单位职业年金办法》，人社部、财政部印发关于贯彻落实《国务院关于机关事业单位工作人员养老保险制度改革的决定》的通知，至此，机关事业单位工作人员养老保险制度基本建立。

二是医疗保险制度改革，公费医疗向城镇职工基本医疗保险制度并轨完成。1991 年以前，尽管国企职工和机关事业单位工作人员的医疗保险制度是分开的，但实际医保待遇大致持平。此后，国企职工劳保逐步转轨为城镇职工医疗保险制度，而公费医疗则成为机关事业单位工作人员的特权，并且二者待遇差距日益扩大，公费医疗越来越带有等级化和阶层化特色，并且机关事业单位整体的医疗费用巨大，问题日益严重，为民众所诟病，如医疗费用增长过快、浪费严重；医疗费用基本由国家包下来，国家负担日益加重；对医疗服务缺乏有效的管理，漏洞较多，等等。为此，建立覆盖城镇全体劳动者的社会统筹医疗基金和个人医疗账户相结合的社会医疗保险制度就成为改革目标。这同样适用于公务员医疗保险制度。1998 年 12 月，国务院印发《关于建立城镇职工基本医疗保险制度的决定》，提出城镇所有用人单位，包括企业、机关、事业单位、社会团体、民办非企业单位及其职工，都要参加基本医疗保险。其后，国家出台了多个意见、办法、规定等，如 2009 年的《中共中央国务院关于深化医药卫生体制改革的意见》和国务院的《医药卫生体制改革近期重点实施方案（2009—2011）》，2010 年的《国务院关于试行社会保险基金预算的意见》；2000 年，国务院办公厅还转发了国务院原体改办等部门的《关于城镇医药卫生体制改革指导意见》、原劳动和社会保障部等部门的《关于实行国家公务员医疗补助的意见》；原劳动与社会保障部或人社部单独或会同其他有关部门先后颁布了一系列规范性文件，1999 年的《城镇职工基本医疗保险用药范围管理暂行办法》《关于城镇职工基本医疗保险诊疗项目管理的意见》《关于加强城镇职工基本医疗保险费用结算管理的意见》《关于确定城镇职工基本医疗保险医疗服务设施范围和支付标准的意见》，2000 年的《城镇职工基本医疗保险业务管理规定》，2002 年的《关于加强城镇职工基本医疗保险个人账户管理的通知》，2004 年的《国家基本医疗保险和工伤保险药品目录》到 2017 年的《国家基本医疗保险、工伤保险和生育保险药品目录（2017 年版）》，2009 年的《关于进一步加强基本医疗保险基金管理的指导意见》等。《社会保险法》的制定则明确了职工基本医疗保险的待遇水平、支付方式等基本问题，标志着我国基本医疗保险框架性制度的确立。[13]又经过几年的努力，截止到 2016 年，我国机关事业单位工作人员的公费医疗向城镇职工基本医疗保险并轨完成，公费医疗遂成为历史名词。

（4）党内法规制度与国家法律法规依据。

党内法规制度主要包括《2010—2020 年深化干部人事制度改革规划纲要》。

国家法律规范主要包括《宪法》（第四十二条规定，国家通过各种途径，创造劳动就业条件，加强劳动保护，改善劳动条件，并在发展生产的基础上，提高劳动报酬和福利待遇。劳动是一切有劳动能力的公民的光荣职责。国有企业和城乡集体经济组织的劳动者都应当以国家主人翁的态度对待自己的劳动。国家提倡社会主义劳动竞赛，奖励劳动模范和先进工作者，提倡公民从事义务劳动，并颁布了《公务员法》《社会保险法》《劳动合同法》《女职工劳动保护特别规定》以及《机关事业单位工作人员养老保险制度改革的决定》《关于建立城镇职工基本医疗保险制度的决定》《公务员工资制度改革方案》《公务员工资制度改革实施办法》《机关事业单位职业年金办法》《关于调整机关工作人员基本工资标准的实施方案》《关于乡镇机关事业单位工作人员实行乡镇工作补贴的通知》《实施〈中华人民共和国社会保险法〉若干规定》等。

（5）工资。

《公务员法》规定：公务员工资包括基本工资、津贴补贴和奖金。公务员按照国家规定享受地区附加津贴、艰苦边远地区津贴、岗位津贴等津贴；享受住房、交通补贴等津贴补贴；在定期考核中被确定为优秀、称职的，按照国家规定享受年终奖金。

　　机关事业单位工作人员现行工资制度是 2006 年改革建立的，这次工资改革达到了部分目的。但直到 2014 年一直没有调整，内部构成不合理、等级结构不科学、缺乏正常增长机制等问题突出，同时为配合机关事业单位工作人员养老保险制度的改革，2015 年 1 月国办转发人社部等的《关于调整机关工作人员基本工资标准的实施方案》，从 2014 年 10 月 1 日起，一是调整基本工资标准，并将部分规范津贴补贴纳入基本工资，津贴补贴标准相应减少，严格按纳入基本工资后剩余的额度执行。二是建立基本工资标准正常调整机制。落实公务员法要求，建立工资调查比较制度，定期开展公务员和企业相当人员工资水平的调查比较，合理确定公务员工资水平。建立定期调整基本工资标准的制度。今后基本工资标准原则上每年或每两年调整一次，依据工资调查比较结果，综合考虑国民经济发展、财政状况和物价变动等因数确定调整幅度。近期基本工资标准每两年调整一次，参考同期物价上涨幅度、同期企业在岗职工工资增长率等因数，确定工资增长幅度。如遇发生金融危机、重大自然灾害等特殊情况，基本工资标准延后调整。

　　按上述"今后基本工资标准原则上每年或每两年调整一次"，2016 年 8 月，国务院办公厅转发人社部等的《关于调整机关工作人员基本工资标准的实施方案》，从 2016 年 7 月 1 日起调整公务员基本工资标准，同时将部分规范津贴补贴纳入基本工资，规范津贴补贴标准相应降低，严格按纳入基本工资后剩余额度执行。公务员工资包括如下部分。

　　① 基本工资，由职务工资和级别工资构成。职务工资主要体现公务员的工作职责大小。一个职务对应一个工资标准，领导职务、职级对应不同的工资标准（见表 12-1）。

表 12-1　公务员职务工资标准表　　　　　　　　单位：元/月

职　务	工　资　标　准	
	领导职务	职级
国家级正职	7 835	
国家级副职	6 090	
省部级正职	4 765	
省部级副职	3 685	
厅局级正职	2 855	2 645
厅局级副职	2 290	2 130
县处级正职	1 835	1 695
县处级副职	1 455	1 345
乡科级正职	1 145	1 065
乡科级副职	925	865
科　员		715
办事员		585

　　级别工资主要体现公务员的工作实绩和资历。每一职务层次对应若干级别（见表12-2），每一级别设若干工资档次（见表12-3）。公务员根据所任职务、德才表现、工作实绩和资历确定级别与级别工资档次，执行相应的级别工资标准。

表 12-2　公务员职务与级别对应关系表

级别												
一	国家级正职											
二		国家级副职										
三												
四			省部级正职									
五												
六				省部级副职								
七												
八					厅局级正职							
九												
十						厅局级副职						
十一												
十二							县处级正职					
十三												
十四								县处级副职				
十五												
十六									乡科级正职			
十七										乡科级副职		
十八											科员	
十九												办事员
二十												
二十一												
二十二												
二十三												
二十四												
二十五												
二十六												
二十七												

表 12-3　公务员级别工资标准表　　　　　　　　　单位：元/月

级别	档次													
	1	2	3	4	5	6	7	8	9	10	11	12	13	14
一	6 495	6 967	7 438	7 909	8 380	8 851								
二	5 984	6 390	6 796	7 202	7 608	8 014	8 420							
三	5 517	5 883	6 249	6 615	6 981	7 347	7 713	8 079						
四	5 077	5 412	5 747	6 082	6 417	6 752	7 087	7 422	7 757					
五	4 673	4 988	5 303	5 618	5 933	6 248	6 563	6 878	7 193	7 508				
六	4 304	4 598	4 892	5 186	5 480	5 774	6 068	6 362	6 656	6 950	7 244			
七	3 977	4 251	4 525	4 799	5 073	5 347	5 621	5 895	6 169	6 443	6 717			
八	3 690	3 945	4 200	4 455	4 710	4 965	5 220	5 475	5 730	5 985	6 240			
九	3 431	3 667	3 903	4 139	4 375	4 611	4 847	5 083	5 319	5 555	5 791			
十	3 190	3 408	3 626	3 844	4 062	4 280	4 498	4 716	4 934	5 152	5 370			
十一	2 965	3 167	3 369	3 571	3 773	3 975	4 177	4 379	4 581	4 783	4 985	5 187		
十二	2 755	2 943	3 131	3 319	3 507	3 695	3 883	4 071	4 259	4 447	4 635	4 823	5 011	
十三	2 559	2 735	2 911	3 087	3 263	3 439	3 615	3 791	3 967	4 143	4 319	4 495	4 671	4 847
十四	2 376	2 541	2 706	2 871	3 036	3 201	3 366	3 531	3 696	3 861	4 026	4 191	4 356	4 521
十五	2 206	2 361	2 516	2 671	2 826	2 981	3 136	3 291	3 446	3 601	3 756	3 911	4 066	4 221
十六	2 048	2 193	2 338	2 483	2 628	2 773	2 918	3 063	3 208	3 353	3 498	3 643	3 788	3 933
十七	1 902	2 037	2 172	2 307	2 442	2 577	2 712	2 847	2 982	3 117	3 252	3 387	3 522	
十八	1 768	1 893	2 018	2 143	2 268	2 393	2 518	2 643	2 768	2 893	3 018	3 143	3 268	
十九	1 645	1 760	1 875	1 990	2 105	2 220	2 335	2 450	2 565	2 680	2 795	2 910		
二十	1 533	1 638	1 743	1 848	1 953	2 058	2 163	2 268	2 373	2 478	2 583			
二十一	1 431	1 526	1 621	1 716	1 811	1 906	2 001	2 096	2 191	2 286				
二十二	1 339	1 424	1 509	1 594	1 679	1 764	1 849	1 934	2 019					
二十三	1 257	1 332	1 407	1 482	1 557	1 632	1 707	1 782						
二十四	1 185	1 250	1 315	1 380	1 445	1 510	1 575	1 640						
二十五	1 122	1 178	1 234	1 290	1 346	1 402	1 458							
二十六	1 067	1 116	1 165	1 214	1 263	1 312								
二十七	1 020	1 062	1 104	1 146	1 188	1 230								

　　基本工资正常晋升办法有三种：一是晋升职务。晋升职务后，执行新任职务的职务工资标准，并按规定晋升级别和增加级别工资。二是晋升级别。年度考核称职及以上的，一般每五年可在所任职务对应的级别内晋升一个级别。三是晋升级别工资档次。年度考核称

职及以上的，一般每两年可在所任级别对应的工资标准内晋升一个工资档次。公务员的级别达到所任职务对应最高级别后，不再晋升级别，在最高级别工资标准内晋升级别工资档次。

② 津贴补贴。这是指按国家规定享受的地区附加津贴、艰苦边远地区津贴、岗位津贴，以及住房、交通补贴等。

③ 奖金。这是指实行年终一次性奖金，即对年度考核称职（合格）及以上的工作人员，发放年终一次性奖金，奖金标准为本人当年 12 月份的基本工资。年度考核为基本称职、不称职（不合格）的人员，不发放年终一次性奖金。

（6）福利。

除社会保险外，主要包括如下福利项目，涵盖国家法定福利和组织自主福利。

① 工时制度。这是为合理安排职工的工作和休息时间、维护职工的休息权利等而制定的职工工作时间规定。国家实行统一的工作时间，每日工作时间不超过 8 小时、平均每周工作时间不超过 40 小时，星期六和星期日为周休息日。因工作性质或者或职责限制，不能实行上述标准工时制度的，按照国家有关规定，可以实行其他的工作和休息办法。在特殊条件下城市劳动和有特殊情况需要适当缩短工作时间的，或者因特殊情况和紧急任务确需延长工作时间的，按照国家有关规定执行。《公务员法（修订草案）》第八十二条规定：公务员在法定工作日之外加班的，应当给予相应的补休，不能补休的按照国家规定给予补助。可见，公务员加班除了补休之外，终于有了补助。

② 休假制度。主要包括法定节假日、年休假、探亲假、婚丧假、产假、病事假等。

③ 优抚制度。这是指对因公致残、牺牲、死亡或病故后的抚恤、优待的制度。主要包括伤残抚恤标准、护理费标准、死亡一次性抚恤金标准，以及丧葬费、亲属享受的抚恤和优待的标准等。

④ 福利费制度。这是为解决职工的生活困难问题而建立的一种专项费用。该制度由福利费的提取比例和使用范围两部分的规定组成。福利费的提取，有的是按工资总额的一定比例，有的是按基本工资的一定比例。其使用以解决员工及其家属的生活困难为主。具体应根据"困难大的多补助，困难小的少补助"的原则，酌情予以定期或临时补助。福利费也可以用于适当补助单位托儿所、幼儿园、理发室、浴室等的零星物品购置，以及慰问住院工作人员等。福利费如有结余，可转下年继续使用。

⑤ 住房公积金。我国传统的福利分房，是由国家和职工所在单位投资建设住房，以实物形式直接分配给职工，基本是无偿分配或近似无偿分配。后期暴露出"租不养房"等诸多弊病，不适应经济社会发展，1978 年 6 月，中央宣布将实行住宅商品化的政策。1998年 7 月，国家印发《关于进一步深化城镇住房制度改革、加快住房建设的通知》，明确指出在 1998 年下半年开始停止住房实物分配，逐步实行住房分配货币化。因此，在住房商品化、市场化改革中，为保证职工具有购买住房的支付能力，国家通过立法规定强制实施住房公积金制度。1999 年 4 月，国务院颁布《住房公积金管理条例》，2002 年又做了进一

步修订。根据该条例的规定，住房公积金是指国家机关、国有企业、城镇集体企业、外商投资企业、城镇私营企业及其他城镇企业、事业单位及其在职职工缴存的长期储金。职工住房公积金包括职工个人缴存和职工所在单位为职工缴存两部分，全部属职工个人所有，两部分缴存比例均不得低于职工上一年度月平均工资的 5%；有条件的城市，可以适当提高缴存比例。具体缴存比例由住房公积金管理委员会拟订，经本级人民政府审核后，报省、自治区、直辖市人民政府批准。住房公积金应当用于职工购买、建造、翻建、大修自住住房，任何单位和个人不得挪作他用。缴存住房公积金的职工，在购买、建造、翻建、大修自住住房时，可以向住房公积金管理中心申请住房公积金贷款。可见，单位为职工缴存的住房公积金是职工工资收入的组成部分，单位为职工缴存住房公积金是单位的义务，享受住房公积金政策是职工的合法权利。

⑥ 其他福利。包括教育培训福利，交通通信福利，文体活动和文化室、图书馆（室）、健身房、娱乐室、体育场（馆）等设施福利，取暖、降温等生活补助，幼儿园、疗养院、浴室、食堂等设施福利，免费工作餐、误餐补助，生活困难补助费，免费或优惠单身宿舍、低房租住房、租房补贴等。

（7）社会保险。公务员依法参加社会保险，按照国家规定享受养老、医疗、工伤、生育、失业等保险待遇和医疗补助。

① 基本养老保险。

• 实行社会统筹与个人账户相结合的基本养老保险制度。基本养老保险费由单位和个人共同负担。单位缴纳基本养老保险费（下称单位缴费）的比例为本单位工资总额的 20%，个人缴纳基本养老保险费（下称个人缴费）的比例为本人缴费工资的 8%，由单位代扣。按本人缴费工资 8%的数额建立基本养老保险个人账户，全部由个人缴费形成。个人工资超过当地上年度在岗职工平均工资 300%以上的部分，不计入个人缴费工资基数；低于当地上年度在岗职工平均工资 60%的，按当地在岗职工平均工资的 60%计算个人缴费工资基数。个人账户储存额只用于工作人员养老，不得提前支取，每年按照国家统一公布的记账利率计算利息，免征利息税。参保人员死亡的，个人账户余额可以依法继承。

• 改革基本养老金计发办法。《国务院关于机关事业单位工作人员养老保险制度改革的决定》实施后参加工作、个人缴费年限累计满 15 年的人员，退休后按月发给基本养老金。基本养老金由基础养老金和个人账户养老金组成。退休时的基础养老金月标准以当地上年度在岗职工月平均工资和本人指数化月平均缴费工资的平均值为基数，缴费每满 1 年发给 1%。个人账户养老金月标准为个人账户储存额除以计发月数，计发月数根据本人退休时城镇人口平均预期寿命、本人退休年龄、利息等因素确定。本决定实施前参加工作、实施后退休且缴费年限（含视同缴费年限，下同）累计满 15 年的人员，按照合理衔接、平稳过渡的原则，在发给基础养老金和个人账户养老金的基础上，再依据视同缴费年限长短发给过渡性养老金。具体办法由人社部会同有关部门制定并指导实施。本决定实施后达到退休年龄但个人缴费年限累计不满 15 年的人员，其基本养老保险关系处理和基本养老金计发比照人社部《实施〈中华人民共和国社会保险法〉若干规定》执行。本决定实施前已经退休的人员，继续按照国家规定的原待遇标准发放基本养老金，同时执行基本养老金调整办法。

- 建立基本养老金正常调整机制。根据职工工资增长和物价变动等情况，统筹安排机关事业单位和企业退休人员的基本养老金调整，逐步建立兼顾各类人员的养老保险待遇正常调整机制，分享经济社会发展成果，保障退休人员基本生活。

- 建立职业年金制度。职业年金是指机关事业单位及其工作人员在参加机关事业单位基本养老保险的基础上建立的补充养老保险制度。职业年金所需费用由单位和工作人员个人共同承担。单位缴纳职业年金费用的比例为本单位工资总额的 8%，个人缴费比例为本人缴费工资的 4%，由单位代扣。单位和个人缴费基数与机关事业单位工作人员基本养老保险缴费基数一致。职业年金基金由单位缴费、个人缴费、职业年金基金投资运营收益和国家规定的其他收入组成。职业年金基金采用个人账户方式管理。个人缴费实行实账积累。对财政全额供款的单位，单位缴费根据单位提供的信息采取记账方式，每年按照国家统一公布的记账利率计算利息，工作人员退休前，本人职业年金账户的累计储存额由同级财政拨付资金记实；对非财政全额供款的单位，单位缴费实行实账积累。实账积累形成的职业年金基金，实行市场化投资运营，按实际收益计息。工作人员变动工作单位时，职业年金个人账户资金可以随同转移。工作人员升学、参军、失业期间或新就业单位没有实行职业年金或企业年金制度的，其职业年金个人账户由原管理机构继续管理运营。新就业单位已建立职业年金或企业年金制度的，原职业年金个人账户资金随同转移。符合下列条件之一的可以领取职业年金：一是工作人员在达到国家规定的退休条件并依法办理退休手续后，由本人选择按月领取职业年金待遇的方式。可一次性用于购买商业养老保险产品，依据保险契约领取待遇并享受相应的继承权；可选择按照本人退休时对应的计发月数计发职业年金月待遇标准，发完为止，同时职业年金个人账户余额享有继承权。本人选择任一领取方式后不再更改。二是出国（境）定居人员的职业年金个人账户资金，可根据本人要求一次性支付给本人。三是工作人员在职期间死亡的，其职业年金个人账户余额可以继承。未达到上述职业年金领取条件之一的，不得从个人账户中提前提取资金。

- 建立健全确保养老金发放的筹资机制。机关事业单位及其工作人员应按规定及时足额缴纳养老保险费。各级社会保险征缴机构应切实加强基金征缴，做到应收尽收。各级政府应积极调整和优化财政支出结构，加大社会保障资金投入，确保基本养老金按时足额发放，同时为建立职业年金制度提供相应的经费保障，确保机关事业单位养老保险制度改革平稳推进。

② 基本医疗保险。

- 覆盖范围和缴费办法。《社会保险法》第二十三条规定：职工应当参加职工基本医疗保险，由用人单位和职工按照国家规定共同缴纳基本医疗保险费。可见，我国机关、事业单位、民办非企业单位及其职工都要参加职工基本医疗保险。

基本医疗保险费由用人单位和职工共同缴纳。用人单位缴费率应控制在职工工资总额的 6% 左右，职工缴费率一般为本人工资收入的 2%。随着经济发展，各地在此基础上已做相应调整，如上海的单位缴费率为 10%、北京为 9%，在职职工按本人缴费基数仍为 2% 缴纳，大病医疗救助费按规定标准缴纳。

- 建立基本医疗保险统筹基金和个人账户。基本医疗保险基金由统筹基金和个人账户构成。职工个人缴纳的基本医疗保险费全部计入个人账户。用人单位缴纳的基本医疗保险费分为两部分，一部分用于建立统筹基金，一部分划入个人账户。划入个人账户的比例一般为用人单位缴费的 30% 左右，具体比例由统筹地区根据个人账户的支付范围和职工年龄等因素确定。统筹基金分别按在职职工本人缴费基数或退休人员本人上月退休费或养老金的一定比例按月划入参保人员个人账户，如南京市规定在职人员划账比例为：35 周岁及以下 1%，35 周岁以上至 45 周岁 1.4%，45 周岁以上至退休前 1.7%。退休人员划账比例为 5.4%。

- 付费方式。医疗费用的支付是医疗保险的核心问题。目前各国的支付方式主要是预付制和后付制，各又分为若干不同的支付形式。其中后付制是指医疗保险方在费用发生后，按被保险人以实际发生的医疗费用为基础向医疗服务机构进行支付。这是由作为医疗保险的第三方在医疗服务发生后对供方进行事后补偿。我国长期使用的"先看病，后报销"的费用结算方式，是一种与后付制相似的"准后付制"。《关于建立城镇职工基本医疗保险制度的决定》规定：统筹基金和个人账户要划定各自的支付范围，分别核算，不得互相挤占。要确定统筹基金的起付标准和最高支付限额，起付标准原则上控制在当地职工年平均工资的 10% 左右，最高支付限额原则上控制在当地职工年平均工资的 4 倍左右。起付标准以下的医疗费用，从个人账户中支付或由个人自付。起付标准以上、最高支付限额以下的医疗费用，主要从统筹基金中支付，个人也要负担一定比例。超过最高支付限额的医疗费用，只能通过其他途径解决。

《社会保险法》规定：参保人员医疗费用中应当由基本医疗保险基金支付的部分，由社会保险经办机构与医疗机构、药品经营单位直接结算。这是对我国基本医疗保险结算制度的规定，即实行实时结算制度。人社部 2011 年 5 月印发的《关于进一步推进医疗保险付费方式改革的意见》提出了推进付费方式改革的任务目标是：结合基金收支预算管理加强总额控制，探索总额预付。在此基础上，结合门诊统筹的开展探索按人头付费，结合住院门诊大病的保障探索按病种付费。建立和完善医疗保险经办机构与医疗机构的谈判协商机制与风险分担机制，逐步形成与基本医疗保险制度发展相适应、激励与约束并重的支付制度。其中，门诊医疗费用的支付要结合居民医保门诊统筹的普遍开展，适应基层医疗机构或全科医生首诊制的建立，探索实行以按人头付费为主的付费方式；住院及门诊大病医疗费用的支付要结合医疗保险统筹基金支付水平的提高，探索实行以按病种付费为主的付费方式。可见，我国职工基本医疗保险的付费方式正在从"准后付制"向多元化的预付制转变。

- 支付范围。《社会保险法》规定，符合基本医疗保险药品目录、诊疗项目、医疗服务设施标准以及急诊、抢救的医疗费用，按照国家规定从基本医疗保险基金中支付。同时，《社会保险法》规定了不纳入基本医疗保险基金支付范围的医疗费用。

③ 其他保险。这是指工伤保险、失业保险和生育保险。虽有相关法律规定，但在实践中，第一，公务员不参加企事业单位工作人员等参加的工伤保险，但执行其他相应规定。第二，公务员不参加企事业单位工作人员等参加的失业保险。根据我国现行法律和政策，失业保险的适用范围分为城镇企业及其职工、事业单位及其职工两大类，这包括国家机关、事业单位、社会团体、民办非企业单位和与之形成劳动关系的人员，也就是说，在公共部门，公务员不参加失业保险，其余人员均应参加失业保险。[14]目前，世界上针对公务员失业保险的模式主要是两种：一是纳入统一的失业保险，二是单独建立针对公务员的失业保险制度。ILO《关于促进就业和失业保护的公约》（第168号公约）第十一条规定，占全体工资85%以上的各类法定工资都应受到保护，包括公务员和学徒，但在正常退休年龄之前其就业受到立法保护的公务员可排除在保护之外。第三，部分地区如上海市、呼和浩特市等的公务员与企事业单位工作人员等一起参加的统一的生育保险，未参加的执行其他有关规定。

- 工伤保险。《工伤保险条例》第六十五条规定：公务员和参照公务员法管理的事业单位、社会团体的工作人员因工作遭受事故伤害或者患职业病的，由所在单位支付费用。具体办法由国务院社会保险行政部门会同国务院财政部门规定。鉴于公务员所属机关的经费由财政全额拨款，所以，其工伤待遇实际上是由财政支付。现实情况是，除个别地方已经制定或正在制定相应的规定外，大多数参照企业职工工伤保险执行。其中民政部《关于国家机关工作人员、人民警察伤亡抚恤有关问题的通知》（民函〔2004〕334号）规定，国家机关工作人员、人民警察因战因公负伤致残，其伤残性质的认定和伤残等级标准、伤残抚恤金标准、补办评残手续和伤残抚恤关系转移等，参照《军人抚恤优待条例》及《伤残抚恤管理暂行办法》的有关规定办理；公安机关人民警察、人民法院和人民检察院司法警察、司法行政系统人民警察、现役军人（含文职官兵、义务兵）按相应法律、规定等执行。

- 生育保险。我国的生育保险制度始建于1951年，国家机关、事业单位的生育保险制度建立于1955年，企业与国家机关、事业单位的生育保险制度虽然分别建立，但其项目和待遇水平是相同的。1988年《女职工劳动保护规定》出台后，统一了企业和国家机关、事业单位生育保险待遇。[15]《社会保险法》规定，职工应当参加生育保险。但这里的"职工"主要是指企业职工和机关、社会团体、事业单位的劳动合同制职工[16]，因此不包括公务员。各地根据当地的情况，在不同程度上扩大了生育保险的适用范围。目前，已有十多个地区将国家机关、事业单位、民办非企业单位及其工作人员都纳入生育保险的适用范围，如上海市、呼和浩特市等。因此，除上述少数地区外，绝大多数女性公务员的生育医疗费用、产假期间的工资等是由其所在单位负担的。公务员的生育保险主要包括生育医疗保险、生育假期、生育津贴和婴幼儿补助等。

2. 我国事业单位工作人员薪酬管理制度与实践

（1）历史发展。事业单位工作人员薪酬管理的历史发展与前述公务员的基本相同。其中不同的是：第一，关于工资制度。2006 年机关事业单位工资制度改革，按照人社部等印发的《事业单位工作人员收入分配制度改革方案》，从 2006 年 7 月 1 日起，事业单位开始实施岗位绩效工资制度，自此事业单位与机关实施不同的工资制度。第二，关于基本养老保险。如前所述，1992 年，人事部曾在云南等进行养老保险制度改革试点，最终失败。到了十多年后的 2008 年，国务院常务会议通过《事业单位工作人员养老保险制度改革试点方案》，在山西等五省试点，也以失败告终。直到 2015 年的《国务院关于机关事业单位工作人员养老保险制度改革的决定》，机关事业单位养老保险制度才基本确立。

（2）党内法规制度与国家法律法规依据。党内法规制度主要包括《2010—2020 年深化干部人事制度改革规划纲要》《关于深化教育体制机制改革的意见》。国家法律规范主要包括《宪法》《社会保险法》《劳动合同法》《事业单位人事管理条例》《女职工劳动保护特别规定》《机关事业单位工作人员养老保险制度改革的决定》《关于建立城镇职工基本医疗保险制度的决定》《机关事业单位职业年金办法》《实施〈中华人民共和国社会保险法〉若干规定》《人社部关于加强基层专业技术人才队伍建设的意见》等。

（3）工资。事业单位工作人员现行工资制度是 2006 年改革建立的，2015 年 1 月国办转发人社部等的《关于调整事业单位工作人员基本工资标准的实施方案》，从 2014 年 10 月 1 日起，一是调整基本工资标准，同时将部分绩效工资纳入基本工资；没有实施绩效工资的，从应纳入绩效工资的项目中纳入。将部分绩效工资纳入基本工资后，绩效工资水平相应减少。二是建立基本工资标准正常调整机制。落实《事业单位人事管理条例》要求，建立事业单位工作人员基本工资标准正常调整机制。今后基本工资标准原则上每年或每两年调整一次，近期每年调整一次。如遇发生金融危机、重大自然灾害等特殊情况，基本工资标准延后调整。2016 年 8 月，国办转发人社部等的《关于调整事业单位工作人员基本工资标准的实施方案》，从 2016 年 7 月 1 日起，调整事业单位工作人员基本工资标准，同时将部分绩效工资纳入基本工资。事业单位工作人员工资由岗位工资、薪级工资、绩效工资和津贴补贴四部分构成，其中，岗位工资和薪级工资为基本工资。

① 岗位工资。这主要体现工作人员所聘岗位的职责和要求。专业技术岗位设置 13 个等级，管理岗位设置 10 个等级，工勤技能岗位的技术工岗位设置 5 个等级、普通工岗位不分等级。不同等级的岗位对应不同的工资标准，见表 12-4 至表 12-6。工作人员按所聘岗位执行相应的岗位工资标准。

表 12-4　事业单位专业技术人员岗位工资标准表　　单位：元/月

岗位	一级	二级	三级	四级	五级	六级	七级	八级	九级	十级	十一级	十二级	十三级
工资标准	4 850	3 850	3 480	2 900	2 670	2 420	2 210	1 950	1 710	1 600	1 510	1 490	1 390

表 12-5　事业单位管理人员岗位工资标准表　　单位：元/月

岗位	一级	二级	三级	四级	五级	六级	七级	八级	九级	十级
工资标准	4 770	3 970	3 320	2 800	2 390	2 070	1 820	1 630	1 490	1 390

表 12-6　事业单位工人岗位工资标准表　　单位：元/月

岗　位	技术工一级	技术工二级	技术工三级	技术工四级	技术工五级	普通工
工资标准	2 010	1 720	1 550	1 450	1 380	1 360

② 薪级工资。这主要体现工作人员的工作表现和资历。对专业技术人员与管理人员设置 65 个薪级，对工人设置 40 个薪级，每个薪级对应一个工资标准，见表 12-7 和 12-8。对不同岗位规定不同的起点薪级。工作人员根据工作表现、资历和所聘岗位等因素确定薪级，执行相应的薪级工资标准。

表 12-7　事业单位管理人员和专业技术人员薪级工资标准表　　元/月

薪级	工资标准	薪级	工资标准	薪级	工资标准	薪级	工资标准	薪级	工资标准
1	215	14	657	27	1 587	40	2 903	53	4 507
2	236	15	709	28	1 675	41	3 019	54	4 650
3	260	16	767	29	1 763	42	3 135	55	4 793
4	284	17	825	30	1 860	43	3 251	56	4 936
5	311	18	890	31	1 957	44	3 367	57	5 079
6	338	19	955	32	2 054	45	3 483	58	5 222
7	369	20	1 027	33	2 151	46	3 611	59	5 365
8	400	21	1 099	34	2 257	47	3 739	60	5 508
9	436	22	1 171	35	2 363	48	3 867	61	5 651
10	472	23	1 251	36	2 469	49	3 995	62	5 794
11	513	24	1 331	37	2 575	50	4 123	63	5 957
12	559	25	1 411	38	2 681	51	4 251	64	6 120
13	605	26	1 499	39	2 787	52	4 379	65	6 355

　　[说明] 各管理岗位的起点薪级为：一级岗位 46 级，二级岗位 39 级，三级岗位 31 级，四级岗位 26 级，五级岗位 21 级，六级岗位 17 级，七级岗位 12 级，八级岗位 8 级，九级岗位 4 级，十级岗位 1 级。各专业技术岗位的起点薪级分别为：一级岗位 39 级，二至四级岗位 25 级，五至七级岗位 16 级，八至十级岗位 9 级，十一至十二级岗位 5 级，十三级岗位 1 级。

表 12-8　事业单位工人薪级工资标准表　　　　　　元/月

薪级	工资标准	薪级	工资标准	薪级	工资标准	薪级	工资标准
1	185	11	440	21	831	31	1 449
2	205	12	474	22	880	32	1 514
3	225	13	508	23	937	33	1 579
4	248	14	545	24	994	34	1 644
5	271	15	582	25	1 059	35	1 709
6	294	16	619	26	1 124	36	1 774
7	322	17	656	27	1 189	37	1 839
8	350	18	698	28	1 254	38	1 904
9	378	19	740	29	1 319	39	1 969
10	409	20	782	30	1 384	40	2 047

［说明］各技术工岗位的起点薪级分别为：一级岗位 26 级，二级岗位 20 级，三级岗位 14 级，四级岗位 8 级，五级岗位 2 级。普通工岗位的起点薪级为 1 级。

③ 绩效工资。这主要是根据工作人员的工作实绩和贡献发放的工资。国家对事业单位绩效工资分配实行总量调控和政策指导。由事业单位自主决定内部分配，合理拉开差距。事业单位实行绩效工资后，取消原来的年终一次性奖金，将一个月基本工资的额度以及地区附加津贴纳入绩效工资。

④ 津贴补贴。这分为艰苦边远地区津贴和特殊岗位津贴补贴。艰苦边远地区津贴主要是根据自然地理环境、社会发展等方面的差异，对在艰苦边远地区工作生活的工作人员给予适当补偿。艰苦边远地区的事业单位工作人员，执行国家统一规定的艰苦边远地区津贴制度。执行艰苦边远地区津贴所需经费，属于财政支付的，由中央财政负担。特殊岗位津贴补贴主要体现对事业单位苦、脏、累、险及其他特殊岗位工作人员的政策倾斜。国家对特殊岗位津贴补贴实行统一管理。

⑤ 完善工资正常调整机制。第一，正常增加薪级工资。在年度考核的基础上，对考核合格及以上等次的工作人员每年正常增加一级薪级工资。第二，岗位变动调整工资。工作人员岗位变动后，按新聘岗位执行相应的工资标准。

⑥ 完善高层次人才和单位主要领导的分配激励约束机制。加大对高层次人才的激励力度，继续实行政府特殊津贴制度，建立重要人才国家投保制度，采取一次性重奖以及协议工资等灵活多样的分配形式和办法，逐步完善高层次人才分配激励机制。逐步建立事业单位主要领导的分配激励约束机制，探索多种分配形式，规范分配程序，合理确定收入水平，加强对事业单位主要领导收入分配的监督管理。

（4）福利。基本与前述公务员相同。

（5）社会保险。基本养老保险、基本医疗保险同前述公务员。

① 工伤保险。按 2003 年颁布、2010 年修改的《工伤保险条例》第二条规定，事业单位为本单位全部职工缴纳工伤保险费，而事业单位职工依照本条例的规定享受工伤保险待遇的权利。

《工伤保险条例》具体规定了工伤保险基金、工伤认定、劳动能力鉴定、工伤保险待遇等。其中，工伤保险基金由用人单位缴纳的工伤保险费、工伤保险基金的利息和依法纳入工伤保险基金的其他资金构成。工伤保险费根据以支定收、收支平衡的原则，确定费率。国家根据不同行业的工伤风险程度确定行业的差别费率，并根据使用工伤保险基金、工伤发生率等情况在每个行业内确定费率档次。行业差别费率和行业内费率档次由国务院社会保险行政部门制定，报国务院批准后公布施行。社会保险经办机构根据用人单位使用工伤保险基金、工伤发生率和所属行业费率档次等情况，确定用人单位缴费费率。用人单位应当按照本单位职工工资总额，根据社会保险经办机构确定的费率缴纳工伤保险费。职工个人不缴纳工伤保险费。

② 失业保险。1949 年到 20 世纪 80 年代初，我国实行的是就业安置政策，20 世纪 80 年代中期到 90 年代末是针对国有企业职工的待业保险，直到 1999 年 1 月，《失业保险条例》的颁布标志着我国失业制度的建立和完善。《社会保险法》则对失业保险的覆盖范围、资金来源、享受待遇条件、失业保险金标准、领取期限和申领程序、失业人员医疗保险和遗属待遇等作出了规定。《失业保险条例》第二条规定："城镇企业事业单位、城镇企业事业单位职工依照本条例的规定，缴纳失业保险费。城镇企业事业单位失业人员依照本条例的规定，享受失业保险待遇。本条所称城镇企业，是指国有企业、城镇集体企业、外商投资企业、城镇私营企业以及其他城镇企业。"《社会保险费征缴暂行条例》第三条第三款规定："失业保险费的征缴范围：国有企业、城镇集体企业、外商投资企业、城镇私营企业和其他城镇企业及其职工，事业单位及其职工。"

从全球看，失业保险基金的来源主要有以下五种模式：完全由政府承担、完全由雇主承担、政府与雇主双方承担、雇主与雇员双方承担、雇主和雇员及政府三方承担。我国失业保险基金的筹集是最后一种模式，即我国失业保险基金包括城镇企业事业单位、城镇企业事业单位职工缴纳的失业保险费，失业保险基金的利息，财政补贴，依法纳入失业保险基金的其他资金。其中，用人单位和职工缴纳的失业保险费是失业保险基金的主要来源。城镇企业事业单位按照本单位工资总额的 2% 缴纳失业保险费，城镇企业事业单位职工按照本人工资的 1% 缴纳失业保险费。失业保险基金在直辖市和设区的市实行全市统筹，其他地区的统筹层次由省、自治区人民政府规定。

《失业保险条例》具体规定了失业保险基金的支出范围、领取失业保险金的条件、失业保险金的给付标准、失业保险金的给付期限、停止享受失业保险待遇的条件等。

③ 生育保险。在前述 1988 年《女职工劳动保护规定》出台后，统一了企业和国家机关、事业单位生育保险待遇之后，1994 年劳动部颁布了《企业职工生育保险试行办法》，将生育保险的管理体制由用人单位管理逐步转变为实行社会统筹。要说明的是，2017 年 1

月，国办印发的《生育保险和职工基本医疗保险合并实施试点方案》指出，根据《全国人民代表大会常务委员会关于授权国务院在河北省邯郸市等 12 个试点城市行政区域暂时调整适用〈中华人民共和国社会保险法〉有关规定的决定》，遵循保留险种、保障待遇、统一管理、降低成本的总体思路，推进两项保险合并实施，通过整合两项保险基金及管理资源，强化基金共济能力，提升管理综合效能，降低管理运行成本，从 2017 年 6 月启动试点，为期一年，通过先行试点探索适应我国经济发展水平、优化保险管理资源、促进生育保险和职工基本医疗保险合并实施的制度体系和运行机制。

关于生育保险基金，具体包括用人单位缴纳的生育保险费、生育保险基金的利息收入、滞纳金与其他依法应当纳入生育保险基金的资金。《社会保险法》规定：职工应当参加生育保险，由用人单位按照国家规定缴纳生育保险费，职工不缴纳生育保险费。生育保险待遇同公务员。

12.5.3　我国公共部门人力资源薪酬管理的问题与改进

我国机关事业单位工作人员薪酬管理存在的问题大体相似，其改进的方向也基本相同。

1. 我国公共部门人力资源薪酬管理存在的问题

（1）薪酬管理体制落后。这主要是指有关立法严重滞后，缺乏科学有效的工资调查制度、监管机制和调控手段，工资增长机制与市场严重脱节，其中公务员平均工资在各行业中排名偏后，低于城镇单位就业人员和国有单位人员的平均工资[17]；而像中小学教师收入之低已不仅是单纯的薪酬管理问题了。

（2）薪酬体系先天不足。对公务员来说，这主要是指由于实行的是职位薪酬体系，工资收入与其职务与级别挂钩，而与其绩效关系不大，同时基层公务员晋升空间有限，也限制其工资的增长；而对事业单位工作人员来说，虽然实行岗位绩效工资制度，但鉴于绩效考核本身的难度及其实际运行的形式化倾向等，导致绩效工资制度难以实施。

（3）薪酬构成不尽合理。党的十八大以来，对长期形成的"低工资、多补贴、泛福利"的薪酬结构进行了调整规范，地区间工资差距偏大的状况正在改变，但合理的薪酬结构尚未形成，各构成部分的作用尚没有充分发挥出来。

（4）薪酬结构单一过窄。单一过窄的薪酬结构，看似简单、公平，实则是平均主义，在某种程度上是对薪酬制度的扭曲。

2. 我国公共部门人力资源薪酬管理的改进方向

（1）加快立法。公共部门人力资源薪酬管理改革是我国收入分配制度改革的重要组成部分，应在现有法律规范的基础上，结合我国实际，制定公务员薪酬法和事业单位工作人员薪酬法，用完善的立法规范和健全机关事业单位工作人员的工资、福利和保险制度。

（2）完善工资分类管理。加强分类管理，在进一步细化人员分类的基础上，加快工资分类管理制度改革，完善工资分类管理[18]。

（3）优化薪酬构成与结构。优化薪酬构成，主要是合理确定基本工资、绩效工资和福利的比例，加快社会保险制度改革，进一步优化自主福利，充分发挥各自的功能作用；优化薪酬结构，主要是指通过引入宽带薪酬，打破平均主义，重点解决薪酬制度的扭曲问题。

（4）强化绩效管理。完善绩效考核，强化绩效管理，对公务员来说，以此建立绩效考核结果与工资收入挂钩的分配制度；对事业单位工作人员来说，为实施岗位绩效工资制度奠定科学的基础条件。

（5）建立合理的工资调节机制。一是对外建立科学的工资调查制度，健全机关事业单位工作人员工资水平与企业人员工资水平的比较协调机制，当前可以采用标杆职位族层级比较法，[19]增强工资调整的市场化水平，建立起以一年或两年为周期的定期工资调整机制[20]；二是对内在机关工作人员和事业单位工作人员之间，不同行业、地区、部门的机关事业单位工作人员之间，确定合理的工资调整系数，并注重向基层和艰苦边远地区或部门倾斜。

（6）建立工资公开机制。公开透明是现代政府实现善治的基本要求，通过建立工资公开机制，既可以使机关事业单位工作人员薪酬管理获得社会公众的理解与认可，也能遏制不明收入的发放，并降低对违规收入的监管成本。这也是许多国家和地区的普遍做法。

注释

资料

复习思考题

1. 如何理解薪酬、总报酬或全面报酬？薪酬有哪些功能？
2. 如何理解公共部门人力资源薪酬管理的含义、作用、基本原则和影响因素？
3. 如何理解公共部门人力资源薪酬管理模型？
4. 公共部门人力资源薪酬管理的策略有哪些？
5. 简述公共部门人力资源职位薪酬、能力薪酬的含义、优缺点与设计。
6. 何为宽带薪酬？它有何优缺点？
7. 简述公共部门人力资源绩效薪酬的含义、优缺点，以及个体绩效薪酬、群体绩效薪酬的含义、优缺点和种类。
8. 如何理解公共部门人力资源福利的含义、特点、优缺点和功能？
9. 公共部门人力资源福利有哪些种类？

10. 如何理解公共部门人力资源福利设计管理的影响因素和流程？

11. 如何理解公共部门人力资源弹性福利计划？

12. 西方发达国家公共部门人力资源薪酬管理制度与实践给你什么启发？

13. 我国公共部门人力资源薪酬管理的基本原则有哪些？

14. 我国公务员工资包括哪些部分？

15. 我国事业单位工作人员工资包括哪些部分？

16. 我国公务员、事业单位工作人员福利包括哪些？

17. 我国公务员、事业单位工作人员的社会保险包括哪些？

18. 试比较中美两国公务员的工资制度。

19. 试析我国公共部门人力资源薪酬管理的问题与改进。

第 13 章　公共部门组织文化管理

学习思路和重点

惠特利（M. Wheatley）说：组织文化"就像'场'一样，是一种不可见但真实存在的力量"；而一句"资源是会枯竭的，唯有文化生生不息"，则让华为誉满天下。对我国公共部门来说，用"组织文化"来"以文化人"，进而实现对组织的文化管理，更具特殊价值。学完本章，应掌握界定组织文化的三种理论观点、组织文化的类型，公共部门组织文化的结构、形成，公共部门组织文化管理的含义，我国公共部门组织文化建设的特殊意义，以及我国公共部门组织文化建设的问题与改进。

13.1　公共部门组织文化管理概述

13.1.1　公共部门组织文化的含义

1. 组织文化的含义

组织文化（Organizational Culture）是一个组织持续健康发展的内生力量、决定力量，关乎一个组织的盛衰荣辱、生死存亡，而文化管理在某种意义上可谓组织管理的最高境界，其水平决定着组织管理的起点与上限，但不论是进行组织文化的建设实践，还是从事组织文化的学术研究，首先必须搞清楚组织文化的内涵，并能具体运用。

国外关于组织文化的研究由来已久，早在 20 世纪二三十年代的"霍桑实验"中，组织文化的概念就曾被隐性地提到过，不过那时被称为工作小组文化。戴维斯（S. Davis）于 1970 年在其《比较管理——组织文化展望》一书中明确提出了"组织文化"这个概念，并系统地从民族文化、社会文化、组织文化等角度研究管理理论。1971 年，德鲁克把管理与文化直接联系起来，认为："管理是一种社会职能，隐藏在价值、习俗、信念的传统里，以及政府的制度中，管理是——而且应该是——受文化制约……管理也是'文化'。它不是无价值观的。"1973 年，他又指出："管理又受一定的社会文化的影响，并受到特定社会中的价值理念、传统和习惯等因素的制约……管理越是能够运用社会传统、价值观念和信念，它就越能够取得成就。"[①]1979 年，皮特格鲁（A. Pettigrew）在权威期刊《管理科学季刊》（*Administrative Science Quarterly*）上发表《组织文化研究》（*On Studying Organizational Cultures*）一文[②]，组织文化的研究受到了学术界和实践界的广泛关注。皮特格鲁在提出"组织文化"一词时，便认为组织文化是组织象征。20 世纪 70 年代末 80 年代初对美国、日本企业管理的比较研究，大大深化了对组织文化的认识，也使得组织文化成为备受国际学术界关注的一个重要课题。此后，该领域的研究热一直保持着较高的水平。不过，在卡梅隆（K. Cameron）和奎恩（R. Quinn）看来，直到 20 世纪 80 年代学者们才开始对文化的概念产生兴趣，组织文化被忽视的原因在于，它们反映的往往是组织中理所当然的价值观、隐藏的前提、预期的希望、集体的智慧，以及简单的定义。遗憾的是，直到组织文化受到挑战，感受到新的文化，或者新文化通过例如框架或模式被明显和清楚地制造出来以前，人们是不会发现自己的组织文化的……在大多数情况下，它是不被察觉的。③

今天，组织文化的研究基本处于理论创新阶段，但对于组织文化，至今仍没有一个统一的定义。不同的学者表达了不同的观点，各有侧重，都能自圆其说。比如，沙因提出从三个部分来理解文化内涵，第一部分是在外部环境中求得生存，第二部分是整合人的组织，第三部分是关于现实、时间、空间、真理、人性和人际关系的深层次假设。④丹尼森（D. Dension）则认为组织文化是组织的核心，是一系列信念、价值观以及行动模式，属于组织的深层结构。欧文斯（R. Owens）则认为，"组织文化是解决一个团体始终存在的内部和外部问题的方法实体，并把它作为看待、思考和感觉这些问题的正确方法去教育新成员"。⑤而麦肯锡咨询公司（Mckinsey & Company）前总经理沃顿（Lee Walton）那句"文化就是那些'带领大部队向西挺进'的东西"则给人无限的遐想。⑥奥特（J. Ott）发现用于描述组织文化的名词就有 70 余个，⑦而沃贝克（W. Verbeke）等人则发现了 54 种组织文化定义。⑧国内学者的观点大多是借鉴国外学者基础上形成的。在马丁（J. Martin）看来，国外大多数学者是通过在融合、差异、碎片这三种理论观点中选择其中一种对组织文化进行界定的。

一是融合观。融合观关注的是那些关于一种文化的阐释互相一致的现象，强调整个组织的共识性，且认为文化是一种明晰的东西，模糊性应该被排除在外。组织文化的表现具有连贯一致性和相互补充性，以及存在集体共识，是基于融合观的文化研究的重要特点。持融合观的代表性学者沙因认为："某一组织在尝试着解决外在适应和内部整合过程中出现的种种问题时，发明、发现或开发出一种基本模式，并且这种模式相当有效，因此，它被作为一种正确方法传授给新的成员，去思考或感受与之相关的一些问题。"这表明，某一组织中的现行文化包含基本假设、价值观以及由此表现出的人为饰物，都被已有的实践证明是正确的，从而为大多数成员接受并传承下来。⑨即由以下三个相互作用的层次组成：一是物质层，即可以观察到的组织结构和组织过程等；二是支持性价值观，包括战略、目标、质量意识、指导哲学等；三是基本的潜意识假定，即潜意识的一些信仰、知觉、思想、感觉等。在这里，组织文化被认定为是一种基本模式。而迪尔（T. Deal）和肯尼迪（A. Kennedy）则认为生机盎然的组织文化能够为一个深刻而持久的共同目标做出贡献，这来自一系列的文化要素：历史产生了价值观；价值观创造了行为的重心并塑造着行为；英雄人物是核心价值信念的具体化身；礼仪与庆典进一步强调了价值观，并唤醒了集体主义精神；通过故事，传颂英雄事迹，强化核心价值观，并提供有关公司事件的令人兴奋的素材。⑩罗宾斯（S. Robbins）简明地将组织文化定义为"指组织成员共有的一套意义共享的体系，它使组织独具特色，区别于其他组织"。⑪

二是差异观。差异观强调的是那些不同的文化表现。组织内部确实存在一定的共识，但这种共识仅仅属于较低层次的亚文化层面。各种亚文化可以独立和谐地存在，而在亚文化内部，一切都是明晰的，模糊性被挤到了亚文化的空隙。差异观的代表性学者米尔斯（A. Mills）指出组织作为基本的文化安排被看成一个在已定的物质条件背景下形成观念的过程。这种物质背景条件不但是一种支配与被支配的关系，而且还是一种冲突和矛盾的关系。观念和文化安排像一系列行为规则一样使群体成员互相对抗。而行为规则虽然互相矛盾，但能够以不同的方式加以规定、遵守或抵制。⑫

三是碎片观。碎片观强调模糊性，即把文化看成既非明显一致也非明显分歧，认为文化本身就是模糊的。按照碎片观的观点，共识只是就某一特定问题达成的暂时情形。更为重要的是，碎片观承认模糊性为文化的核心。⑬持碎片观的代表性学者弗尔德曼（M. Feldman）认为，文化并不一定意味着价值观的一致性。同一文化的成员确有可能表现出非常不同的价值观。在这种情况下，为把组织成员凝聚在一起，需要一个共同的参考框架，或是相关问题的共同认识。而关于这些问题是否一定相关，或是它们受到了肯定或否定，同一文化的成员则有可能存在分歧⑭。也有学者认为文化是一种结构松散、不完全共有的体系。这种体系是随着文化成员相互体验事件和组织背景特点而逐渐形成的。

国内学者于 20 世纪 80 年代中后期开始了对组织文化的研究。1986 年前后，相关杂志陆续发表过关于组织文化的文章，90 年代之后，组织文化研究在视角与深度方面都已基本奠定了发展基础。进入 21 世纪以来，比较系统地消化和吸收了国外的研究成果，研究水平也得到了提升。国际上组织文化的研究，无论是霍夫斯泰德（G. Hofstede）、沙因、大内（William Ouchi）、帕斯卡尔（R. Pascale）和阿索斯（A. Athos），还是查特曼（J. Chatman）、奎恩、肯尼迪、迪尔、卡梅隆和丹尼森等，在国内都能找到相关乃至一脉相承的研究成果，可以说，国内的组织文化研究与国际发展已基本接轨。其中对于组织文化的界定深受国外思想的影响，特别是深受沙因的影响。对组织文化的界定大多采取融合观，强调组织文化的共识性与统一性。当然，这比较适合我国历史传统和基本国情，尤其是公共部门。如济南交警将其组织文化定义为：济南交警文化，是我们全体济南交警在长期的道路交通管理活动中共创共享的精神财富和物质财富的总和，是济南交警持续成长、永续进步的成功基石和不竭动力。⑮刘理晖、张德总结了对组织文化定义的三个要点，基本概括出我国学者组织文化界定的要点，即组织文化既是组织历史的产物，也是组织内部社会化过程的产物，它由占据主导地位的价值观、基本假设、信念、行为方式等核心要素组成，并通过各种载体在组织内部进行传播。⑯另外，陈春花认为组织文化与组织的管理哲学、管理行为有密切的关系，是以组织价值体系为基础的一种观念形态。狭义上来讲，它是组织日常实践中形成的一种基本精神与凝聚力，同时也是全体组织成员所共有的价值观念和行为准则；广义上来讲，它还包括诸如组织中有关文化建设的措施、组织、制度等文化素质和文化行为，既有组织领导成员的，也有普通员工的。⑰阎光才又通过对组织文化概念的梳理，将其主要因素概括描述为四类，即观念形态、符号、规范、结构。[18]

2. 组织文化的类型

基于不同角度，组织文化被分为许多类型，下面仅是其中一部分。

（1）主文化与亚文化。主文化（Dominant Culture）是指被大多数组织成员所认可的核心价值观。人们说组织文化时，一般就是指组织的主文化。亚文化（Subculture）是指组织内部某些成员在面临共同的问题、情境和经历情况下而形成的文化，这通常出现在大型组织中。例如，某个部门远离组织总部或本部，就有可能表现出不同的个性特点，不过组织的核心价值观仍占主流，但为适应本部门的情况会有所调整。如果组织没有主文化，而是由多种亚文化构成组织文化，那么组织文化作为独立变量的价值就大大减少了。

（2）强文化与弱文化。强文化（Strong Culture）是指核心价值观得到组织成员强烈且广泛的认同。接受核心价值观的组织成员越多，对核心价值观的信念越坚定，组织文化就越强。反过来讲，组织文化越强，对组织成员的行为就会产生越大的影响，因为高度的共享和强度在组织内部创造了一种强有力的行为控制氛围。[19]在强文化中，组织成员对组织立场高度一致，从而导致组织成员具有高的内聚力、忠诚感和组织承诺度，减少流动率。如果是弱文化的话，上述影响就不会大了。

（3）优文化与劣文化。前者能够对组织发展起到巨大的推动作用，后者则会阻碍组织前进的步伐，甚至会导致组织的停滞或衰退。另外，优秀的组织文化是组织不断增值的无形资本。[20]

（4）积极文化与消极文化。关于组织文化的积极功能或作用，罗宾斯认为：一是起着分界线的作用，即将不同的组织相互区别开来；二是表达了组织成员对组织的一种认同感；三是使组织成员不仅仅注重自我利益，更考虑到组织利益；四是有助于增强社会系统的稳定性，把整个组织聚合起来；五是引导和塑造组织成员的态度和行为[21]。国内一般总结为导向功能、凝聚功能、约束功能、激励功能和辐射功能。但组织文化也有消极的功能，是阻碍组织变革、削弱个体优势、不利于组织合并和多元化发展。

3. 公共部门组织文化的含义

顾名思义，公共部门组织文化就是公共部门的组织文化。如上所述，对其如何界定，取决于界定者持有上述三种观点的哪一种。

在欧美，不论是理论研究还是实践操作，基于上述三种单一观的组织文化研究基本上是"势均力敌"，但后新公共管理改革强调有必要在公共部门内部重建"公共道德"和"凝聚性文化"。通过建立共同的文化，树立权力分享理念，建立共同的规范和价值体系等，能够取得较大的成就。澳大利亚管理顾问委员会 2004 年的报告——《把政府联结起来：整体政府对澳大利亚面临的主要挑战的回应》指出，有必要建立支持澳大利亚公共部门的文化，以"一起工作"为口号，形成相应的价值和行为准则来推进整体政府的实施。[22]

如前所述，在我国，基本上持有的是融合观，公共部门尤其如此。同时，鉴于对组织文化的结构或层次的认识差异，对公共部门组织文化的界定也有很大不同。如果仅从文化理念或精神文化或理念文化来界定，公共部门组织文化是指公共部门在长期的实践活动中形成的为组织成员认可、遵循和传承的价值观念、群体意识、道德规范、行为准则、风俗习惯等。

公共部门组织文化的主体是行政文化。可以把行政文化理解为，作为一种复杂的社会现象的文化，在行政活动领域的内容和表现形式。行政文化是与行政相关的文化，它包含人们行政行为的态度、信仰、感情和价值观，以及人们所遵循的行政方式和行政习惯等，具体分为行政观念、行政意识、行政思想、行政理想、行政道德、行政心理、行政原则、行政价值、行政传统等。

从全球看，行政文化的产生、发展也是一个历史过程；我国经过几十年的研究，对行政文化的界定和分类[23]、特质和意义[24]、变迁与发展[25]、重构和建设[26]等取得不小成就，其中受到阿尔蒙德（G. Almond）"政治文化"的重大影响和企业文化的巨大推进。

4. 公共部门组织文化的结构

关于组织文化的层次或结构或构成，几乎每个组织文化的定义都多少涉及，综合分析可见，主要有二层次、三层次、四层次、多层次等。

（1）二层次：即将组织文化划分为两个层次，如外显文化与内隐文化、物质文化和观念文化等。科特（J. Kotter）和赫斯克特（J. Heskett）认为，在较深层次的不易察觉的层面，文化代表着基本价值理念。这是共有的，即便成员不断更新，文化也会得到延续和保持，当然其改变难度也极大。较易察觉的层面，文化体现了组织的行为方式。该层面的文化，改革起来虽然仍很难，但没有上面的那么艰难。当然，每个层面的文化自然会影响另一层面的文化。[27]

（2）三层次：即将组织文化分为三个层次，如将其分为理念层、制度行为层和符号层。[28]沙因认为，第一个层次是人工成分。这"是文化的表层，涵盖了当你偶然遇到一个新的群体并且不熟悉它的文化时所看到、听到和感受到的所有现象。"[29]即是文化最表面、最明显的层次。第二个层次是信念和价值观。它是反映在组织的战略目标和意识形态当中，被组织认为理所当然的共享认知。第三个层次是基本假设。这是组织中潜意识的一些思想、信仰和假设，具有组织行为模式的终极解释力，而且一旦形成，就会反过来支配组织的价值观和行为。"共享基本假设可以被认为是个体和群体层面上的心理认识防御机制，它使群体有可能存续下去。同时，这一层次的文化为其成员提供了基本的身份感，并且界定了为人提供自尊的价值观。"[30]在沙因看来，基本假设是组织文化的核心，只有充分了解一个组织的基本假设层次，才能真正了解组织文化。陈春花提出了外化（人为饰物）、诠释化（外显的价值观）和内化（基本假设）的模型。[31]张德将组织文化的结构分为表层的物质层、中间层或里层的制度层、深层的精神层。[32]

（3）四层次：即将组织文化分为四个层次，这是对"三层次"的细化，如分为深层的精神文化、中层的制度文化、浅层的行为文化和表层的物质文化。还有的划分为物质文化层、制度文化层、精神文化层和综合文化层四个层次。其中，物质文化层是由组织的产品、容貌、环境、科技状况等构成；制度文化层包括组织的规章制度、领导体制、组织机构、民主制度等；精神文化层包括组织目标、组织哲学、组织道德等；综合文化层包括素质、行为和形象等。[33]马斯兰德（Andrew Masland）从四个方面来研究，即传奇、英雄、符号、仪式[34][35]。

（4）五层次、六层次等多层次：即将组织文化分为多个层次，如五层次、六层次，是对组织文化的精细划分。为方便研究，把五层次、六层次等称为多层次，如迪尔和肯尼迪提出的环境、价值观、英雄人物、礼仪和仪式、文化网络等，[36]欧文斯等将其分为价值与信念、传统与仪式、历史、故事、英雄人物、行为规范等，[37]眭依凡将其分为价值观念、理想信念、思维方式、道德情感、传统风气、生活方式、心理氛围、人际关系、行为规范、学校制度、物质环境等。[38]

由上可见，在确定了组织文化的结构后，再回首审视对组织文化的界定，前述公共部门组织文化的界定，仅是狭义的理念（精神）文化，广义的公共部门组织文化除包括理念文化外，还包括制度文化、物质文化和行为文化。

5. 公共部门组织文化的形成

组织文化的形成有多个模型或理论，在此列举主要的四个。一是科特与赫斯克特提出了文化产生的一般模式。他们认为：通过"行为"获得"结果"而上升为"文化"[39]。文化的最早源头是高管的思想、创意与策略。二是格罗斯（W. Gross）和雪奇曼（S. Shichman）认为，一种能够适应的组织文化可以使组织成为一个功能健全的家庭，从而提出了"回家"（HOME）途径，其中 H 代表历史（History）、O 代表整体（Oneness）、M 代表资格（Membership）、E 代表互换（Exchange），那么，通过领导和角色造型影响 H 和 O，通过奖励、任用、职业生涯管理、工作安全感、新员工的社会化、培训和开发等影响 M，培养组织成员的归属感、员工交往、参与决策、群体内协作、成员互换等则可以影响 E。三是罗宾斯总结勾画了组织文化的建立与维系过程，他认为最初的组织文化源于组织创建者的相关理念，组织理念对员工的甄选标准产生强烈的影响，同时组织要帮助新员工适应组织，这个过程称为社会化，只有适合组织文化的人才能最终留下来，并且得到晋升，而组织现任高管的言行举止对组织文化也有重要影响。对员工的社会化过程取决于两个方面：一方面，甄选过程是否成功地保证了新员工的价值观与组织价值观相一致；另一方面，组织的高管偏爱什么样的员工社会化方法。四是沙因综合运用了团体动力学理论、领导理论和学习理论解释组织文化的起源和变化。他认为，文化是团体学习的结果。当很多员工同时面临存在问题的情景并必须共同制定解决问题的方法时，就有了文化形成的基本条件。这个过程包括对问题的共同理解和共同认识，由此创造的方法实际地发挥作用并持续地产生影响。最初，实现共同拥有的能力确实包含了以前的文化知识和理解，但是共同拥有的心境里就开始了新文化的形成过程，然后，它成为某个团体的特征。从中可见，组织成员的理念及其互动，特别是高管的思想理念是组织文化的源头。

由上分析可以得出，组织文化的一般性来源，即民族文化、行业特点、地域因素、组织传统、领导者的思想理念、外来文化六大来源或六大影响因素。但要说明的是，组织文化的来源或源泉不是组织文化本身，组织文化建设是要大力利用各种文化资源，是要从社会文化，乃至国内外一切优秀文化中吸收营养，但组织文化不是社会文化，更不是宗教文化、家庭文化。当然组织文化建设也不是去改造社会文化！组织文化建设首先是让组织成员能在一个有效的文化环境中工作，进而实现组织的目标！然后，如果能影响行业、地域乃至全社会的文化进步，这是伟大的，但不是组织文化建设的目的，而是一个自然发展之果！

13.2　我国公共部门组织文化管理

13.2.1　公共部门组织文化管理的含义

关于文化管理，不少研究者都认为它是建立在科学（制度）管理、行为管理基础之上，是组织管理的最高境界。[40]还有的认为从科学管理到文化管理，管理的总体趋势是管理的软化；而文化管理是一种新的管理思想、管理学说和管理模式，是把组织文化建设作为管理中心工作的管理模式。[41]陈春花认为管理包括五个方面，即计划管理、流程管理、组织管理、战略管理和文化管理。而文化建设本身就是一种管理，所以不能再问文化建设与管理有什么关系，而是要理解文化就是管理本身。只不过文化管理更多地关注组织的氛围、员工的培养、价值观的选择等比较柔软的东西，不像其他管理方式那样"硬"。[42]实际上，可以从三个层面来把握文化管理：一是对组织文化工作进行管理，二是对组织文化进行管理，三是用组织文化进行管理。但鉴于习惯用法，本书有时用文化管理，有时用文化建设，其本质都是文化管理。

组织文化建设就是要建立组织文化，其关键或最终目的就是实现组织成员对文化理念从认知、认同到落实的具体行动，实现从理念到行为的转变，形成符合文化理念的良好的职业行为，可见，这个转变过程或落地过程就是在实施文化管理。换言之，实现文化理念的落地，就必须对组织文化实施管理。所以，塑造符合组织文化理念的行为既是组织文化建设的一个"终点"，也是组织文化建设的一个"起点"。

13.2.2　我国公共部门组织文化建设的特殊意义

我国的现代化不是内生，而是外部强行嵌入的。这就决定了我国没有促进现代化的现成的社会力量，[43]也就需要运用国家强大的国家机器和政治资源的动员能力，以刚性的方式推进现代化进程成为一种必然，[44]即通过国家建构的方式，为经济发展和社会转型提供有效的制度资源供给。制度当然能够为转型和发展"提供明确的发展方向、有序的发展空间和规范的行动逻辑"[45]，但并不能完全解决所有问题，因为行政制度最终还是要通过公职人员对公共权力的操作和行使来实现。这就无法避免制度在行使过程中受到公职人员价值、信仰、态度等的影响。达尔（Robert Alan Dahl）在研究政府决策行为时，就明确提出了政府决策结果受到行政人员当前价值观、态度、期望和信息的影响以及受到他们早期的态度、价值、意识形态、个性结构等的影响。[46]刚性的制度安排导致政府在管理过程中以制度和规则为中心、以权力强制为特征，导致政府与社会之间、干部与群众之间关系的紧张。这种制度安排的方式着重强调外在制度与规则对于公共部门人力资源行为方式的约束，是一种被动的接受过程。实践证明，这种制度与文化相对分离的安排难以有效推进国家治理能力和治理体系的现代化，因此，重视文化作用、通过文化管理克服上述问题就是必然选择。[47]

13.2.3　我国公共部门组织文化建设的主要问题

纵向看，经过 30 年的学习和实践，组织文化建设在我国管理学界和组织管理实践中有两个基本判断。一是取得重大成绩。例如，许多组织的领导人谈起组织文化都讲得头头是道，很多企事业单位、党政机关等组织乃至城市都提出了自己的文化理念，而且从文本上看，这并不比其他国家或地区逊色，甚至更系统、更富有文采。二是问题同样不少。主要是缺乏战略意识和统筹规划，缺少个性和创新意识，重形式、轻内容，忽视对中华优秀传统文化、红色基因和中国特色社会主义文化的挖掘，高管没有发挥出应有的作用等。[48]张兆端总结了警察文化建设的误区，即形式化、片面化、表层化、割裂化、虚置化等[49]。总结这些问题可以发现，其关键在于核心理念提出几年后，这些被寄予厚望的理念到底在组织成员的心里留下了多少？他们的行为改变了多少呢……所以，以"理念先行""行为滞后"为基本特征的"知行不一"就成为组织文化建设的普遍现象，令人尴尬乃至沮丧！到底问题出在哪里？从本源上分析，组织文化建设就是一个从理念到行动的过程；从逻辑上判断，问题很简单，或是理念有问题，或是行动有问题，或者理念和行动都有问题；从实践上总结，问题也不复杂，就是理念落不了地。归结起来就是，理念转化不成组织成员的行为习惯。

一方面，理念转化成为组织成员的日常行为习惯本身难度不小。道理很简单，正如特龙彭纳斯（Fons Trompenaars）和汉普登-特纳（Charles Hampden-Turner）所说：并非所有人都有同样的人为现象、规范、价值观和假设。而且它们散布的范围都很大，呈围绕平均值的模式，因此从某种程度上说，围绕着范数（标准）的变异可以看作一种正态分布。[50]

另一方面，理念转化为组织成员的日常行为习惯有两个节点，一是组织倡导的理念如何被组织成员认同、接受，即内化；二是组织成员如何从理念转为行为习惯，即外化，也可分别简化为"知"与"行"，二者同等重要，都有一个时间不短的过程。另外，在我国，即使是部属、省属的乃至百年的大学这样的文化机构，教工都尚未形成基本认同的大学理念，缺乏共同的精神文化追求，[51]可见组织文化建设的难度。因此，对我国任何组织来说，组织文化建设都在路上，而公共部门尤其如此。

13.2.4　我国公共部门组织文化建设的改进方向

1. 把握要义

即把握组织文化建设的基本要义。组织文化建设是指按照一定的目标要求，有意识地培育组织文化的过程，核心就是提炼出文化理念，然后有计划、有目的地将该文化理念融入组织的战略规划、组织设计、制度建设、日常管理等各项工作，使原本各自为政的各项工作拥有一个共同的灵魂。

（1）组织文化建设是组织实现目标的手段，而不是目的。组织管理是一系列的复杂活动，职能上有计划、组织、领导、控制等，要素上有人、财、物等，手段上有地位、名誉、金钱、机会、文化等，文化只是手段之一。无论把文化提到多高、多重要的地步，它仍然只是手段，而且是众多手段中的一个，也绝对不是万能的手段，当然更绝对不是目的。如果看不清这一点，就会误入歧途；如果忽视这一点，就会吃亏。

（2）组织文化建设的核心或关键是实现从理念到行为的转化。文化建设的一个重要步骤和重要成果，是挖掘文化理念，撰写一个"文化大纲"，表面上看就是一堆文字，但往大了看，是寻找该组织的发展规律；往小了说，是确认哪些因素影响组织的发展，从而扬长避短，这需要费时间、花精力，既不能过高、过于理想化、拔高到"治国平天下"的地步，也不能表面化、自娱化、拼盘化、虚无化；既不能赶任务、搞花架子，也不能"说起来重要，做起来次要，忙起来不要"；既不是附庸风雅、文字游戏，也不是营销手段、变相包装，更不能搞成形象工程、对组织成员的瞎折腾，以及说一套做一套……应该是既讲求历史继承与创新发展的统一，又追求共性和个性的统一。一切外表、形式、手段，如隽永的文字、朗朗上口的口号、完美的形式框架、高大上的文化墙、优美的视频，设计个标识、谱个曲子、建个图书室、搞个歌咏比赛，等等，都是其外在表现，其基本要义是"走心""入脑""融血""见行动"——"落地"，实现从理念到行为的转化！而且，这是一项长期的、艰苦的、实实在在的工作，需要周密的计划、扎实的努力和辛勤的付出。

（3）组织文化有无特色不是评判标准。一些研究者和实践者非常担心组织文化没有特色。这实际上也涉及组织管理的根本目的是什么的问题了。每个组织都有其历史发展、战略目标、自身需求、社会要求等，都会形成自己的文化。而且，很多组织的文化都是向先进学习借鉴而来的，靠组织内部逐渐认同、历史惯性慢慢得来的，只要有效，有没有特色无关紧要！如上所说，组织文化只是达到目的的手段，是否有效才是标准，以是否具有特色评判组织文化是一种误读。如果有效，但特色不明显，难道还得另搞一套？这就很荒唐了。有就有，没有就没有；有更好，没有也不错！打着特色的旗号搞组织文化建设，已经迷失方向了。实际上，仔细分析国内外诸多知名组织的文化理念与文化建设，其实就是八个字：回归常识、实事求是。

2. 战略统筹

战略统筹即从战略高度统筹组织文化建设。不论从组织文化建设是一个系统工程的逻辑判断，还是从组织文化建设实际的经验教训总结，每个组织的文化建设都需要战略统筹规划设计。既要将组织的文化建设上升到战略的高度来对待，又要着眼于组织未来的持续发展，还要服从和服务于党和国家的发展战略。关于文化建设，党和国家、各行业等都有一系列的指导思想、原则要求等，相关研究也提出了诸多原则、目标、任务、程序、步骤等，综合研究，重在把握好如下几点。

（1）统筹规划。组织文化建设的各种问题或误区或怪圈或困境，在很大程度上与缺乏统筹规划有关。没有认识到文化建设的必然性和战略性，也就只能是应付、应景。因此，组织文化建设，必须服从于组织的发展战略，同时也需要从战略高度把握，立足于系统化、规范化、制度化和科学化，从本组织实际需要出发，构建决策指挥、统筹规划和实施推进三个层面的组织文化建设组织体系，着眼未来制定中长期规划，从当下开始，以问题为导向，分工负责、协调一致、循序推进。

（2）以人为本。如本书第 1 章所述，这是现代管理学的核心概念，是公共部门人力资源管理的基本原理之一，也是各行各业组织管理的基本要旨，在组织文化建设中，主要表现为两个方面：① 对外和对内都要实现以人为本。即对外以人民利益为本，全心全意为人民服务；对内关心人、理解人、尊重人、发展人，不拿组织成员做手段，充分调动每个组织成员的主动性、积极性和创造性，最大限度地挖掘每个人的潜能，实现个人发展与组织发展、个人利益与组织利益的统一。② 强调全员参与。组织文化是所有组织成员的文化，需要利用一切手段，调动全体成员的参与，去共同实践，而且全员参与的过程就是文化建设的过程。领导干部以身作则，发挥好倡导者、培育者、推动者的作用，各个部门密切配合，所有成员广泛参与，每个人都感受到组织文化建设的价值和进程，同时又可以提高认识、校正行为，这又达到了组织文化建设的目的。

（3）注重流程。在管理实践中，对流程的解释很多，如 ISO9000 将流程定义为一种将输入转化为输出的相互关联和相互作用的活动；还有界定为管理行动的路线，但包括顺序、内容、方法和标准，这就是较为复杂的界定了。简单地说，流程就是为了一定目的而做事的顺序，就是组织文化建设的动态过程，这个过程主要包括：① 建设准备。主要是就组织文化建设达成共识，明确组织文化建设的目标、任务、原则、战略等，制定计划，获得组织、人员和资金保障等。② 文化诊断。主要是通过各种调查研究手段摸清组织文化现状，找准问题，查对原因等。③ 提炼理念。主要是在调查、诊断的基础上，提炼出组织的文化理念。④ 统一规范。主要是根据文化理念和组织发展战略、现实需要，对现有物质文化、制度文化等进行统一规范，同时进行理念识别体系、视觉识别体系和行为识别体系设计等。⑤ 示范推广。主要是选取部分基层单位进行试点，总结经验教训，以点带面，逐步推广。⑥ 完善提升。主要是在示范推广的基础上，进一步评估、完善、提高，并进行理论提升，形成自己的组织文化体系。

（4）重在实效。组织文化建设的过程，也是组织内外、组织内部各部门和全体成员全面开发、学习的过程，判断这个过程的标准只有一个，即是否与组织成员的行为实践相融合，具体体现为：文化理念是否融入组织的各项制度？是否融入每个工作岗位？是否融入每个成员的绩效？只有对上述三个融入给予肯定的回答，组织文化建设才是值得肯定的。

3. 重点掌控

重点掌控即掌控组织文化建设的重点。将文化二字拆开，即"文"与"化"。"文"在前，"化"在后，二者同等重要。由此可以得出两方面的重点。

（1）理念提炼。即要先有"文"。为此，要以前述的调查研究、文化诊断为前提，认真归纳总结组织在历史发展中积淀而成的优秀文化元素，并结合行业特点、地域地点、组织内外部环境变化及其要求、组织现状与未来发展需求等，在反复讨论、精心论证、征求全员意见的基础上，提炼出组织的文化理念。同时，要善于从中华优秀传统文化、红色基因和中国特色社会主义文化中挖掘文化元素，在共性与个性相结合的同时突出个性、创新，避免生搬硬套、牵强附会；在形式与内容相统一的同时，强调形式服从于内容，拒绝空、虚、晦涩、歧义，反对赶时髦、追时尚。这需要相当的语言文字功夫，能以语言文字为中介，上联组织的客观发展规律，下结每个组织成员的大脑和手脚，让组织成员接受、可信，感到这真的是自己组织的文化表达。

（2）理念落地。即要"化"——化为组织成员的动力、化为组织的良好的形象、化为对社会的贡献。为此，要以文化理念为依据修订全部规章制度并保证执行，按文化理念设计入职、庆典、宣誓、例会等仪式与文化体育娱乐活动，将理念嵌入建筑设施及其环境等物质文化，让文化标识完美释读理念并运用于相关物品，保证各级领导率先垂范，合理编选并有效传播各类人物故事，即用典型引路。

注释

资料

复习思考题

1. 如何理解组织文化的含义？如何理解德鲁克的"管理也是文化"。

2. 你对组织文化持融合观、差异观还是碎片观？你觉得用这三种的哪一种或哪几种来诠释我国公共部门组织文化更符合实际？为什么？

3. 组织文化有哪些类型？

4. 如何理解公共部门组织文化的结构？

5. 如何理解公共部门组织文化的形成？

6. 如何理解公共部门组织文化管理的含义？如何理解制度管理和文化管理的关系？

7. 如何理解我国公共部门组织文化建设的特殊意义？

8. 试比较中西公共部门组织文化的特点。

9. 有人说我国公共部门组织文化的来源应强调中华优秀传统文化、红色基因，你怎么看？

10. 试析我国公共部门组织文化建设的问题与改进。

参考书目

［1］埃德加·H.施恩：《职业的有效管理》，生活·读书·新知三联书店 1992 年版。

［2］埃德加·H.沙因、约翰·万·曼伦：《职业锚：变革时代的职业定位与发展》（第 4 版），电子工业出版社 2016 年版。

［3］埃德加·H.沙因：《企业文化指南》，机械工业出版社 2004 年版。

［4］埃德加·沙因：《组织文化与领导力》，中国人民大学出版社 2014 年版。

［5］保罗·C.纳特、罗伯特·W.巴可夫：《公共和第三部门组织的战略管理：领导手册》，中国人民大学出版社 2001 年版。

［6］艾永明：《清朝文官制度》，商务印书馆 2005 年版。

［7］B.盖伊·彼得斯：《政府未来的治理模式》，中国人民大学出版社 2002 年版。

［8］彼得·德鲁克：《管理的实践》（中英文双语珍藏版），机械工业出版社 2009 年版。

［9］彼得·德鲁克：《管理：使命、责任、实务（使命篇）》（珍藏版），机械工业出版社 2009 年版。

［10］彼得·圣吉：《第五项修炼：学习型组织的艺术与实务》，上海三联书店 2002 年版。

［11］陈春花：《从理念到行为习惯：企业文化管理》（珍藏版），机械工业出版社 2017 年版。

［12］陈天祥：《公共部门人力资源管理及案例教程》，中国人民大学出版社 2017 年版。

［13］陈振明：《公共部门战略管理》，中国人民大学出版社 2004 年版。

［14］大卫·约里克、迈克·洛塞、格里·莱克：《未来人力资源管理：48 位世界思想领袖谈人力资源管理变革》，机械工业出版社 2003 年版。

［15］戴安娜·阿瑟：《员工招聘与录用——招募、面试、甄选和岗前引导实务》，中国人民大学出版社 2015 年版。

［16］戴维·奥斯本、彼德·普拉斯特里克：《摒弃官僚制：政府再造的五项战略》，中国人民大学出版社 2002 年版。

［17］戴维·奥斯本、特德·盖布勒：《改革政府：企业精神如何改革着公营部门》，上海译文出版社 1996 年版。

［18］戴维·沃尔里奇：《人力资源教程》，新华出版社 2000 年版。

［19］戴维·尤里奇等：《国际化的 HR：用国际化的视野提升企业竞争力》，中国电力出版社 2014 年版。

［20］丹尼尔·雷恩：《管理思想的演变》，中国社会科学出版社 1997 年版。

［21］董克用：《人力资源管理概论》，中国人民大学出版社 2011 年版。

[22] 方振邦：《公共部门人力资源管理》，中国人民大学出版社 2014 年版。

[23] 亨利·明茨伯格等：《战略历程：纵览战略管理学派》，机械工业出版社 2002 年版。

[24] 加里·德斯勒：《人力资源管理（第 12 版）》，中国人民大学出版社 2013 年版。

[25] 姜海如：《中外公务员制度比较》，商务印书馆 2013 年版。

[26] 金·S. 卡梅隆、罗伯特·E. 奎恩：《组织文化诊断与变革》，中国人民大学出版社 2009 年版。

[27] 李德志等：《公共部门人力资源管理与开发》，科学出版社 2016 年版。

[28] 凌文铨、方俐洛：《心理与行为测量》，机械工业出版社 2004 年版。

[29] 刘俊生：《公共人事管理比较分析》，人民出版社 2001 年版。

[30] 刘昕：《人力资源管理》（第 2 版），中国人民大学出版社 2015 年版。

[31] 罗纳德·克林纳、约翰·纳尔班迪、贾里德·洛伦斯：《公共部门人力资源管理：系统与战略》（第 6 版），中国人民大学出版社 2001 年版。

[32] 迈克尔·比尔：《管理人力资本》，华夏出版社 1998 年版。

[33] 欧文·休斯：《公共管理导论》（第 2 版），中国人民大学出版社 2001 年版。

[34] 彭剑锋：《战略人力资源管理》，中国人民大学出版社 2014 年版。

[35] 乔安妮·马丁：《组织文化》，上海财经大学出版社 2005 年版。

[36] 乔治·米尔科维奇、杰里·纽曼、巴里·格哈特：《薪酬管理》（第 11 版），中国人民大学出版社 2014 年版。

[37] 琼·E. 派恩斯：《公共和非营利组织的人力资源管理》，中国劳动社会保障出版社 2016 年版。

[38] 舒放、王克良：《国家公务员制度教程》（第五版），中国人民大学出版社 2016 年版。

[39] 孙柏瑛、祁凡骅：《公共部门人力资源开发与管理》，中国人民大学出版社 2016 年版。

[40] 孙健敏主编：《人力资源管理》，科学出版社 2009 年版。

[41] 特伦斯·迪尔、艾伦·肯尼迪：《企业文化——企业生活中的礼仪与仪式》，中国人民大学出版社 2008 年版。

[42] 特伦斯·迪尔、艾伦·肯尼迪：《新企业文化——重获工作场所的活力》，中国人民大学出版社 2009 年版。

[43] 威廉·P. 安东尼、K. 米歇尔·卡克马尔、帕梅拉·L. 佩雷威：《人力资源管理：战略方法》（第四版），中国人民大学出版社 2004 年版。

[44] 吴琼恩等：《公共人力资源管理》，北京大学出版社 2006 年版。

[45] 吴志华等：《公共部门人力资源管理》，复旦大学出版社 2007 年版。

[46] 西奥多·舒尔茨：《论人力资本投资》，北京经济学院出版社 1992 年版。

[47] 许南雄：《现行考铨制度——各国人事制度研究途径》（第 4 版），商鼎数位出版有限公司 2013 年版。

［48］约瑟夫·马尔托奇奥：《战略性薪酬管理》，中国人民大学出版社 2015 年版。

［49］曾湘泉：《薪酬管理》（第 2 版），中国人民大学出版社 2010 年版。

［50］詹姆斯·W. 沃克：《人力资源战略》，中国人民大学出版社 2001 年版。

［51］张德：《人力资源开发与管理》（第 3 版），清华大学出版社 2007 年版。

［52］赵曙明：《人力资源管理研究》，中国人民大学出版社 2001 年版。

［53］赵曙明：《人力资源战略与规划》，中国人民大学出版社 2002 年版。

［54］周敏凯：《比较公务员制度》，复旦大学出版社 2006 年版。

［55］L. R. Aiken, *Psychological Testing and Assessment*, 9th ed., Needham Heights, MA：Allyn and Bacon, Inc., 1997.

［56］G. S. Becker, *Human Capital: A Theoretical and Empirical Analysis With Special Reference to Education*, The University of Chicago Press, 1993.

［57］Peter F. Boxall, John Purcell, *Strategy and Human Resources Management*, New York：Palgrave Macmillan, 2003.

［58］Robert Cardy, *Performance Management: Concepts, Skills and Exercises*, New York：Armonk, 2004.

［59］Wayne F. Cascio, *Managing Human Resources*, NY：McGraw Hill, 1995.

［60］S. Condrey, *Handbook of Human Resource Management in Government*, San Francisco：Jossey-Bass, 1998.

［61］C. P. Hansen, K. A. Conrad, *Handbook of Psychological Assessment in Business*, Westport, New York：Quorum, 1991.

［62］R. I. Henderson, *Compensation Management in a Knowledge-Based World*, 7th ed., Prentice-Hall Inc., 1997.

［63］S. E. Jackon, R. S. Schuler, *Managing Human Resource: A Partnership Perspective*, South-Western College Publishing, 2000, pp. 1−7.

［64］L. M. Lane, J. Wolf, *The Human Resource Crisis in the Public Sector*, New York：Quorum, 1990.

［65］C. Mabey, G. Salaman, J. Storey, *Strategic Human Resource Management: The Theory of Practice and the Practice of Theory*, in Christopher Mabey, Graeme Salaman and John Storey（eds）, *Strategic Human Resource Management: A Reader*, London：Sage Publications, 1998.

［66］Mark. H. Moore, *Greating Public Value: Strategic Management in Government*, Cambridge：Harvard University, 1997.

［67］National Academy of Public Administration, *Modernizing Classification: An Opportunity for Excellence*, Washington, DC：NAPA, 1991.

［68］R. S. Schuler, *Managing Human Resource*, 5th ed., St Paul, MN：West Publishing Co.,

1995.

［69］ E. Jackon Susan, R. S. Schuler, *Managing Human Resource: A Partnership Perspective*, South Western College Publishing, 2000.

［70］ Masland, Andrew T. , Organizational Culture in the Study of Higher Education. *Review of Higher Education*, 1985 （2）: 157－168.

图书在版编目(CIP)数据

公共部门人力资源管理/滕玉成,于萍编著.—上海:复旦大学出版社,2018.12(2025.7重印)
(复旦博学. 21世纪人力资源管理丛书)
ISBN 978-7-309-14058-3

Ⅰ.①公… Ⅱ.①滕…②于… Ⅲ.①公共部门-人力资源管理-教材 Ⅳ.①D035.2

中国版本图书馆 CIP 数据核字(2018)第 266616 号

公共部门人力资源管理
滕玉成 于 萍 编著
责任编辑/张美芳

复旦大学出版社有限公司出版发行
上海市国权路 579 号 邮编:200433
网址:fupnet@ fudanpress.com http://www.fudanpress.com
门市零售:86-21-65102580 团体订购:86-21-65104505
出版部电话:86-21-65642845
上海新艺印刷有限公司

开本 787 毫米×1092 毫米 1/16 印张 25.75 字数 534 千字
2025 年 7 月第 1 版第 3 次印刷
印数 5 201—6 010

ISBN 978-7-309-14058-3/D·968
定价:69.00 元